淡泊以明志
寧靜以致遠

南怀瑾大学堂

列子臆说（上）

南怀瑾 讲述

人民东方出版传媒
東方出版社

图书在版编目(CIP)数据

列子臆说/南怀瑾讲述.—北京:东方出版社,2022.1

ISBN 978-7-5207-1187-6

Ⅰ.①列… Ⅱ.①南… Ⅲ.①道家②列子-通俗读物 Ⅳ.①B223.2-49

中国版本图书馆 CIP 数据核字(2019)第 193385 号

列子臆说

南怀瑾　讲述

责任编辑: 王夕月　刘天骥
出　　版: 东方出版社
发　　行: 人民东方出版传媒有限公司
地　　址: 北京市东城区朝阳门内大街 166 号
邮　　编: 100010
印　　刷: 北京明恒达印务有限公司
版　　次: 2022 年 1 月第 1 版
印　　次: 2022 年 11 月第 3 次印刷
开　　本: 650 毫米×960 毫米　1/16
印　　张: 61.75
字　　数: 643 千字
书　　号: ISBN 978-7-5207-1187-6
定　　价: 128.00 元(全二册)
发行电话: (010)85924663　85924644　85924641

编者的话

南怀瑾先生是享誉国内外，特别是华人读者中的文化大师、国学大家。先生出身于世代书香门第，自幼饱读诗书，遍览经史子集，为其终身学业打下了扎实的基础；而其一生从军、执教、经商、游历、考察、讲学的人生经历又是不可复制的特殊经验，使得先生对国学钻研精深，体认深刻，于中华传统文化之儒、道、佛皆有造诣，更兼通诸子百家、诗词曲赋、天文历法、医学养生等等，对西方文化亦有深刻体认，在中西文化界均为人敬重，堪称“一代宗师”。书剑飘零大半生后，先生终于回到故国，建立学堂，亲自讲解传授，为弘扬、传承和复兴民族文化精华和人文精神不遗余力，其情可感，其心可佩。

南怀瑾先生曾于一九八二年在台北十方书院讲授《列子》，二〇〇九年在江苏庙港太湖大学堂补讲所余最后半篇，后经弟子友人整理而成《列子臆说》。今经南先生独家授权，由我社首次出版横排简体字本，以飨广大热爱中国传统文化的读者。

作为道家的重要典籍，《列子》今存八篇，旨意大致同于《老子》《庄子》，相传是战国时期列御寇所著。该书包括一百余则瑰丽奇幻的民间故事、寓言和神话传说，有许多是我们耳熟能详的，如“愚公移山”“杞人忧天”“夸父追日”等等，看似易读，实则难懂，因为其中不仅贯穿了那位御风而行、洒脱不羁的列子的奇特思想，而且涉及杨朱等人的人生观、宇宙观和哲学态度。

与以往对《列子》的注解不同，南怀瑾先生不再纠缠于考辨列子其人、《列子》的成书年代以及文字训诂等，而是偏重于解说《列子》所引用的故事。他认为《列子》的故事看似独立，实则上至治国、下至为人处世皆成体系，都由人生的经验而来，启发我们走好人生之路，因而他在讲述故事的同时，强调兼济天下与独善其身之道。鉴于《列子》首篇《天瑞》涉及宇宙观，较难理解，他别出心裁地采用倒序的方式，由《说符》篇讲起，对《列子》的故事进行发挥，涉猎广阔，见解精深，阐发了他对道家学术及观念的认识和看法，反映了他对生死、时势、缘遇、名利、富贵、公私等问题的理解，涵盖了他的人生观、宇宙观、政治哲学和历史哲学，体现了他对东西方文化的融会贯通和弘扬中国传统文化的深心。

南先生毕生致力于民族振兴和改善社会人心，认为中国文化的真谛是仁爱慈悲，虽未穿宗教的外衣，却包含了所有宗教的关怀。数十年来，他坚持不懈地从中国传统文化中发掘足以为现代人所理解、接受和学习的智慧，声称，我们读古书不是为了钻进古老的天地躲起来享受，而是为了建立新的文明，并且要了解如何发展未来。因而在本书中，他依然坚持从人文主义的立场出发，对历来颇受非议的杨朱哲学进行了详尽的剖析，认为杨朱的思想通于道家的自然之道，其所谓生死、名利、富贵皆如浮云，提倡及时行乐、“拔一毛利天下而不为”，本质上是正视生命的意义，提倡不做无意义的牺牲，要求对社会天下国家有实在的贡献；但因他过于强调自由主义，实际上不可能真正实现这种目标。

我社与南怀瑾先生结缘于太湖大学堂。出于对中华优秀传统文化的共同认识和传扬中华文明的强烈社会责任感、紧迫感，承蒙南怀瑾先生及其后人的信任和厚爱，独家授权，我社遵南师遗愿，陆续推出南怀瑾先生作品的简体字版，其中既包括世有公论的著述，更有令人期待的新说。对已在大陆出版过的简体字版作品，我们亦重新进行审阅和校订，以求还原作品原貌。作为一代国学宗师，南怀瑾先生“通古今之变，成一家之言”，毕生致力于民族振兴和改善社会人心。我社深感于南先生的大爱之心，谨遵学术文化“百花齐放，百家争鸣”之原则，牢记出版人的立场和使命，尽力将大师思想和著述如实呈现读者。其妙法得失，还望读者自己领会。

东方出版社

二〇二一年十二月

目　录

上　册

出版说明

《列子》这本古代的子书，为道家重要典籍之一，与《老子》《庄子》并列；但是其流传颇不及《老》《庄》之广，原因无他，该书易读而难懂之故，一般莫测其中心真正意涵。

一九八二年，台北十方书院开了《列子》的课程，南师怀瑾先生为教授师，惟在学期终结时，尚余最后半篇未克讲完。

此后，物换星移，直到廿八年后，南师始在编者再三催请下，于庙港太湖大学堂完成补讲。世事之变迁无常，令人嗟叹，结果终致圆满，又令人无限欣慰，并为读者庆幸。

经过一年的整理工作，已粗成章篇。日昨，偶示书稿予一高人，高人曰："是谁讲的？怎么那么好！"真的太好了，听众和读者被带入广阔的视野，深入难测的奇妙境界，并且打破了意识的种种局限。

《列子》，以故事神话的形态，阐释道家的学术及观念，具体展示脱胎换骨，由人走上超人的途径。列子，这个御风而行的人，千多年来敲打着人们的灵魂，要人们从一切自设的框架中突围，成就天地间的自在逍遥……伟哉！列子！

本书先由张振熔将录音转成文字，宏忍师担任电脑排字，二人并负责查核资料，后王爱华亦参与查对资料工作。最后补讲部分，系马宏达记录整理，全书小标题则为编者所加。

刘雨虹　记

二〇一〇年五月于庙港

第一讲

《列子》这本书

你会说话吗

说符篇

壶子教的第一句话

你和你的影子

好听话 难听话

《列子》这本书

《列子》这本书，现在留下来的一共八篇，究竟是不是列子本人所作，在考据学上是非常严重的问题。一般学者的看法，认为这是后人的伪造。所谓后人，当然不是指现在的人。考据的问题是很难分辨的，不过，认为不完全是列子本人所著，这个观念是成立的。现在人考据，认为《列子》是魏晋时代的作品，因为里面有些文字是魏晋时代才有的。但是，假使是魏晋时代发现了残缺的《列子》而做了修订呢？所以我们现在不讲考据，不管作者、编者是谁，《列子》的内容很重要，这是我们研究的重点。

中国文化历史上，每当天下大乱、拨乱反正的时候，都是道家的人物以道家的思想来救这个社会，救这个世界；等到天下太平了，道家的人物正如《老子》所说的“功成，名遂，身退”，自己都隐去了。所以在历史上所谓建立功业的，多半归到儒家的人物。庄子、列子的思想，更能代表道家，与一切的政治、军事都有关系，与谋略学更有绝对的关系。

道家的思想，在历史上的评论，尤其庄、列的思想，素来被认为是阴谋的鼻祖。实际上所谓阴谋、阳谋，本来是一个很难讲的问题，都属于谋略方面；讲到真正的谋略，与《老子》

《庄子》《列子》的思想是脱离不开的。所以我们看《列子》所引用的故事同它的理论，就可以发现，很多内容在人生应用上，不但与《庄子》有相同之处，而且与战国时代诸子百家之中的内容也有许多相同之处。

我们今天开始研究《列子》，为了易于了解、深入，我们采用倒过来开始的方法。请诸位翻到《列子》最后第八卷《说符》，我们先从这一篇开始，因为如果从第一篇开始，就先牵涉到宇宙从哪里来，天地万物从哪里生，这些问题就很麻烦了。

你会说话吗

中国文化法家的著作《韩非子》，其中有一篇《说难》，意思是讲说话非常困难。尤其是古代的帝王时代，一个好的建议或者一个批评，讲的时候就要准备有被杀头的后果。话讲对了，也许只是“片言”，却可能立刻晋入卿相之位；拿现在讲，几句话就可以入阁，甚至当部长以上的官，所以说话很难。

非常奇妙的是，《列子》这一篇《说符》，显示了说话与思想观念是同时的。从哲学的立场讲，言语在没有表达以前，这个内在的叫作思想，思想表达出来就是言语，把言语记录下来就是文字了。所以言语文字就是思想，而这个思想言语文字要怎么样能够相符合呢？拿现在观念来讲，就是把话说对了。如何才是对？内容的意义包括很多，必须把《说符》全篇了解后，才可以得一个结论。

历史上这种事情很多，我们举一个故事为例。唐代有一位诗人叫作温庭筠，学问好，诗也好，名气也大，当时出入于宰相令狐绹的书馆，待遇也好。有一天宰相问他一个问题，他回答说：宰相啊！你大概事情太忙，但公务之暇也要翻一下古书啊，你问的就是《庄子》第二篇里的一句话啊！宰相听了很不高兴。温庭筠同现在年轻人一样，不会说话，假使他学过道家，一定会答复宰相说，这个不知道是不是《庄子》里的一句话？我也记不得了。再不然就装作不知道，再偷偷地给他递一个条子，宰相一看自己就知道了，那更好，大概会给他升官了。可是他不会说话啊！直言那是《庄子》里的话，好像你身为宰相，连一二三加起来等于多少你都答不出来，这不是让宰相难堪吗！从此前途没有了。后来温庭筠有两句诗形容，“因知此恨人多积，悔读南华第二篇”，人生这样不好的遭遇，很多人都有经验，他后悔自己读书，尤其更不该读《庄子》第二篇。

现在青年同学们出去做事，看到这里不对，那里不对，动辄上报告，上万言书，恐怕将来也会“悔读南华第二篇”，这就是《说难》，说话之难。人生的境界，善于说话，善于处理事，就是个艺术，并不是光学滑头哦！等于现在的教育，很多青年看不起父母，因为自己以为大学毕业，拿到硕士、博士了，爸爸妈妈好像大字只认识七八个，所以对父母看不起，那是非常混账的。我们千万要注意这些道理，然后才可以了解《列子》中《说符》的精神。

还有一个交代，我们说《老子》《庄子》《列子》是道家的基本三经，属于诸子百家之言，也就是“子书”。到了唐朝李世民当了皇帝，必须找个本家来捧场，就找到姓李的老子，封老子为太上老君，所以唐朝的国教是道教。到了唐玄宗的时候，更把道家的学术系统宗教化，把《老子》称为《道德经》，《庄子》称为《南华经》，《列子》叫作《冲虚经》。

说 符 篇

> 子列子学于壶丘子林。壶丘子林曰："子知持后，则可言持身矣。"列子曰："愿闻持后。"曰："顾若影，则知之。"列子顾而观影，形枉则影曲，形直则影正。然则枉直随形而不在影，屈伸任物而不在我。此之谓持后而处先。

"子列子学于壶丘子林"，我们看古文，"子列子"，在春秋战国的时候，我们文化中的"子"是尊称，等于我们称人家先生，称老师。现在我们普遍流行叫老师了，像我们小的时候读书，对老师要称先生，非常恭敬，比现在教育叫老师恭敬多了。在春秋战国的时候，儒家的传统习惯称老师为夫子，普通称一般前辈也是称"子"。所以孔子那个"子"是尊敬的意思，"子"就是一个尊称。这里"子列子"则是特别的称呼，凡是特别有成就的先辈、先生老师们，在名字前统统先称子，这个"子"包含有特称的意思。

壶子教的第一句话

“壶丘子林曰”，壶丘子林是列子的老师，他是道家的一个高士，得道的高人。这位老师告诉他一个原则，“子知持后则可言持身矣”。我们先注意“持身”，持是保持，儒家的观念就是“诚意正心”。持身是如何保持自己的身心；换句话说，如何建立你的生命，如何爱惜你的生命。同时也有第三个意义，就是中国文化经常提到的四个字“立身处世”。我们一个人活在世界上，自己如何站起来，其实我们谁也没有躺着。所谓站起来，是一个人在社会上，自己要有所建树。不管你学问的成就如何，官做到多大，财发到多么多，一切功名富贵都不是事业，那只是职业问题。

什么叫作事业呢？我们文化里有个定义，就是孔子在《易经》里下的定义，“举而措之天下之民，谓之事业”。一个人一生的作为，能够影响到社会国家天下，这个叫事业。至于上当皇帝，或者下做乞丐，只是职业不同。我们普通把职业跟事业两个观念混淆了，搞错了，问你做什么事业，实际上是问他做什么职业。真正的事业并不是钱多少，地位多高，而是对历史的贡献，对社会的影响力。有事业的人，才叫作站起来的人，那叫作“立身”，是顶天立地，站在天地之间，不冤枉做一个人，对历史时代有贡献，有影响。“处世”两个字的意思，就是我们怎么活得有价值，活得很合适，受人的重视爱护。所以“立身处世”就包含《列子》这里提出来的“持身”这个观念。

列子是从学于壶丘子林的，这位老师告诉他“子知持后”这句话，照文字看来，似乎容易懂，好像是保持后面，就可以保持到身体了。实际上真正的意思是告诉他，一个人讲一句话，做任何一件事，都要晓得后果。譬如你今天去买股票，就要晓得后果，也许赚大钱，也许蚀本，这叫作知道“持后”，后果是非好坏，事先已经很清楚了。所以要这样高度智慧的人，才可以言“持身”，才懂得人生，懂得人生就可以了解“立身处世”了。我们看这一句话非常简单，也许要到了年龄相当的时候，回想自己半辈子做事的经验，才知道有许多事情事先太不聪明，所以人生大部分都在后悔当中，或者是机会过后又后悔，详细的申论我们看下文。

“列子曰：愿闻持后。”当老师壶丘子林告诉列子以后，列子还是不懂，他说我愿听“持后”这个名词的观念和含义，希望你告诉我。我们曾经讲过，许多古文上写“敢问”“愿闻”，那都是谦虚之称，在前辈面前表示不敢随便问问题，但是不得已只好请教了，所以“敢问”。这是一个文化礼貌的说法。现在这里是“愿闻”，很直接的，愿意听一听怎么叫“持后”。

你和你的影子

“曰：顾若影，则知之”，“愿闻”之后，这个壶丘子林告诉他说，你不要问这个问题了，你回头看看你的影子就知道了。这个很妙，我们如果研究教育，这是很好的教育法。一个名词或一个高深的哲理，不须讲理论，他说你回头看看你的影子就知道了。

“列子顾而观影”，于是列子就回头看自己的影子。这就是古文，我们现在一看，不通，没有交代清楚，应该文字里头说那一天正好天晴，列子站在太阳底下，所以看到影子。后人的文章就要来这一套，不然不合逻辑，东一逻，西一逻，把文章那个味道逻得没有了。古文写法这个不须交代，管他站在蜡烛光里或日光下面，反正他回头看影子。

“形枉则影曲，形直则影正”，列子回头一看自己的影子，就知道了。所谓“形”就是这个身体，身体“枉”，枉就是弯起来，形体一弯，自己的影子也弯了，枉跟曲是同一意义，用法不同。身体站直了，后面的影子也正了。“然则枉直随形而不在影”，所以这个影子是跟着身体走，影子的本身没有作用，它的作用完全在于身体的变动。“屈伸”，屈是弯下来，伸就是伸直了，“任物”，都跟着物质体而变化，我们做不了主。懂了这个道理才懂得“持后”。

懂了“持后”之后“而处先”，这个结论引出了道家的祖师爷老子的思想，“后其身而身先”。老子告诉我们一个原则，道家的思想认为人毕竟是自私的，不自私不叫作人，好像天生万物，人的自私是应该的。不过人要完全自私，必须先要大公，尤其《老子》这一句话。譬如军事哲学上，做领袖的人、带兵的人，乃至当家长、班长都要懂“后其身而身先”。利益先给别人，自己放在最后，最后的成功才会是你。如果碰到利益、机会自己先抓，最后不但失败，恐怕这一条命也会丢掉。所以，真正的道理“后其身而身先”，就是危险事自己先冲锋，尤其一个好的带兵官，什么艰苦都是自己来，你一上前，后面就统统跟着上了，如果你叫别人去打，自己向后面倒退，你早完了。

这个思想观念，在我们文化里，也有范仲淹的千古名言——“先天下之忧而忧，后天下之乐而乐”，表示应该如此立志，才是知识分子的气度。自己挑起来天下一切的痛苦，眼光远大，帮助社会国家，天下安定了，大家都得到了安乐，然后自己才敢求安乐。

千古名言是不错，范仲淹这是偷老子“后其身而身先”的观念。不过写文章不怕偷，偷得巧妙就是好文章。偷来当然要改头换面，要装扮一番，那就是好句子了。我们晓得，列子所说的“持后而处先”，也是由老子的观念来的，不过中间他提到，一个人回头看影子就懂得人生了，影子的变化，是因为身体的变化而形成的。

一个人做一件事情、讲一句话，就像是自己的第二生命，因为大家都看到他的影像了。事情做错了，中国的社会习惯，不大喜欢当面说穿，背后一定批评，这个就是你的影子。所以我们做任何的事情，都要顾到后影如何。所谓历史上万世留名，名就是个影子，这个影子究竟好不好？在你做的时候就先要考虑，这也就是自己的“持身”。

第二个观念呢？所谓“枉直随形而不在影”，枉就是弯，这个影子是弯是直，是随形体而变。这也告诉我们，人生想要完成一件了不起的事业时，暂时别管一切难堪与批评，因为一般人只看最后的结果。譬如要建一个伟大的建筑，必须先破坏很多东西，当时一定遭遇许多困难，万人唾骂；等到建筑完成了，大家说你很伟大，尤其后来的人，会说我们祖先多伟大。

所以我们晓得，做一件大事，立一件大功，所遭遇的这些都是影子，如果要顾全影子的弯曲，就不能做事了，从生下来就躺在床上睡觉，睡到殡仪馆为止，那绝不会遭遇做事的痛苦。所以我们想有所作为，就不要受影子的影响。

“屈伸任物而不在我”，这个第二句话我们可以写在案头，做人生的修养之用。人们对你的好与坏，长官及父母对你的不了解，当时的确是委屈，但是，人要有独立的人格，要建立一个非常之事功，就要记住这一句话——“屈伸任物而不在我”。外面的环境是外物，我，始终要独立而不遗，顶天立地站住。壶子说你懂了这个道理，你就可以知道“持后”，也就进一步了解道家老子“后其身而身先”的道理，才可以建立一个事功，做一番事业。

这一段，已经提出《说符》的精神，可是他没有明说。这是壶丘子林告诉列子的话，符合一个最高的原理，人生最高哲学的原则。这是一段故事。我们晓得“子书”里内容丰富，《列子》《庄子》都走这个路线，一段一段的故事摆在那里，兜起来则是一篇完整的文章。像现在最高的艺术，把很多的线条兜拢来构成了一个图案，把它拆开了，每个线条、每个图案，都单独地成立。

关尹谓子列子曰：“言美则响美，言恶则响恶；身长则影长，身短则影短。名也者，响也；身也者，影也。故曰：‘慎尔言，将有和之；慎尔行，将有随之。’是故圣人见出以知入，观往以知来。此其所以先知之理也。”

好听话 难听话

“关尹谓子列子曰”，关尹子是老子的徒弟，老子传给关尹子，关尹子传给壶子，壶子传给列子，列子传给庄子，这样一路下来的，这是道家、道教的说法。关尹子告诉列子，一个人说话或者写一篇文章，“言美则响美”，好的话影响很大很好，“言恶则响恶”，这两个“恶”字有两样读法，“言恶（音饿）则响恶（音勿）”，讲了坏的话，这个影响也是很令人讨厌的。“身长（音常）则影长（音涨）”，我们现在的国语，反正涨也是长，长也是涨，一个人身体长，站在太阳底下影子也长。“身短则影短”，身体短，影子当然也很短。这是当然的道理，看起来很简单，他引用这个比喻说明一个哲学道理，所以“名也者，响也”，名是一种影响。我们中国文化流传到日本去了，日本明治维新的宰相伊藤博文有两句名言，我经常引用告诉青年人：“计利应计天下利，求名当求万世名。”这是中国文化，到他手里气派很大，他自我勉励，求利不是为个人打算，要赚天下的大利，赚一个国家天下，才算本事。求名是求万世之名，流芳千古，他做到了。日本明治维新以后成为强国，是他一手创造的。

我到日本时，听那里一些老教授说，“这是我们东方文化”，我就笑一笑，什么东方文化！这是中国文化，你们日本哪里有文化，你们的文化本来就是中国的嘛！从明治维新起统统是中国文化。日本这些学者谈到伊藤博文、东方文化、仁义之道，他们那个摇头摆尾啊！非常得意。那一年我去日本正好是秋天，看到黄菊花很好看，我有无限感叹，那是黄花的文化，黄种人的文化，虽然非常美，可惜快要凋零。这是说到东方文化的这个道理。

讲到“名也者，响也”，名是客位的、客观的东西，主观是你的本身，你本身有所成就，那个名就是真的；你本身无所成就，那个名就是假的。很多人在社会上有知名度，但很快就下去了，我经常问年轻同学们，我说这一千多年来你们数得出来几个状元？能背出来十五个宰相的名字吗？很难吧！关键并不在于你做过皇帝，做过宰相，考过状元，而是留万世之名非常难。

倒是有一个人——小说家创造的孙悟空，天下人都知道。另外小说捧出来关公、诸葛亮、赵子龙、张飞，谁都知道。孔子嘛！乡下人不一定知道。还有我们上有老子，中间有儿子（倪子），下有孙子——作《孙子兵法》嘛，这三个子，恐怕乡下老太太也不知道。

由此看来，一个人所谓名，真的名，价值何在？“名也者，响也；身也者，影也。”这就严重了，我们这个身体还不是自己真的生命，是真生命的一个影子。我们先让影子休息一下再讲。

第二讲

“名也者，响也”，一个真正了解人生哲学的人，不要被虚名所骗，因为名是个假东西。这个名包括了名誉，别人对你的恭维。许多年轻同学说，某人说我怎么……我说你怎么那么笨！谁当面说你混账啊？“混账”两个字是在背后骂的。他刚才说你了不起，千万不要听这些，一个立大功建大业的人，只问自己真正所建立的是什么，一切好坏的名誉都是虚假的，靠不住。人家讲我多么好，徒有虚名，我实在没有那么好。这个道理也就是“名也者，响也”，是有些影响，但不要被它欺骗，我们要认清楚自己。

另一种影子

“身也者，影也”，这就是道家哲学，碰到形而上了。我们这个身体都不是真的生命，只是个影子。不但在太阳所照下的身体是个影子，进一步要了解，连我们现在这个身体都是影子，这就是高深的哲学了。

讲到哲学，因为接触各方面宗教的朋友，讲到基督教的耶稣，也算是圣人，你们不要把标准抠得很紧。有些同学说，耶稣怎么叫圣人？我说不是圣人是什么人啊？当然是圣人嘛！我说你看，被钉在那个架子上流血，又痛，那么难过，然后还说“原谅他们，不要恨他们”，这不是圣人是什么人啊？我们做不到耶！这就是圣人。当然这个新旧约全书不是它的全部，可是这个基督教的经典里说：“上帝照他的形象造了这个世界，照他的形象造了这个人类。”没有错啊！只是给他们解释错了。实际上也是“身也者，影也”这个道理。

整个的宇宙，整个人类，后面有个东西，宗教家叫它上帝，或者叫它是主，叫它是神，叫它是菩萨，随便你叫嘛！只是一个代号而已。中国禅宗祖师就叫作“这个”。“这个”就是“那个”，“那个”就是“这个”，就是这个那个的代号。所以一切宇宙万有，包括地球、山河、大地，包括我们这个生命，都是个影像，是第二、第三重投影。我们要追求的，是生命后面那个本有才对，不要被影像骗住了，欺骗了自己。

如果研究哲学的同学们懂了自己的文化，就知道几千年前道家已经提出来“身也者，影也”，这一句话概括了西方的宗教哲学。不管是旧的约，新的约，管他是契约也好，什么约也好，我们一句话就解决了，而西方人说了一大堆，说得活龙活现的，好像真地拿了一根男人肋骨出来造了一个女人一样。这样，男人应该比女人少一根肋骨啊！现在证明男女肋骨都是一样多，所以那个影子已经被推翻了。中国文化没有穿宗教的外衣，不套上这种形式，真正的道理就是“身也者，影也”，这一句话的哲学意义就很多了。

谨言慎行

“故曰”，所以关尹子告诉列子说：“慎尔言，将有和之；慎尔行，将有随之。”我们大家打坐修道要求神通，现在《列子》传你神通的原理。神通怎么来？他说“慎尔言”，告诉我们人生哲学，在这个社会上讲话要小心。不要随便讲话是《说符》的道理，一句话也不要随便说，要非常谨慎。古文这个“尔”字就是你，譬如在湖北、湖南、四川、贵州的山区里，少数的地方，有时候喊你就是尔。我一听，哎哟！这还是中国上古文化的保留。湖北客气话称你就是尔的变音，到了北方，“你”字下面加个“心”字——您，这些都是古文“尔”这个字的变音，因为言语是三十年一变，我们几千年文化，变来变去，各地的叫法不同了，古文就是古代当时的白话。

现在的青年千万注意，不要认为现在的白话比古文明白，三百年以后的人如果研究我们现在写的白话，比韩愈的古文还难懂。现在随便写一个“梅花牌卫生纸”，三百年后考据起来，起码可以写一部博士论文了。

所以懂了这个道理，读古书也很有趣的，我们的“四库全书”保留有十三经注解，有时为了解释一个字，写了十几万字的文章，看得人又佩服又头痛，最后是叹气。原来古人做学问，一生只研究一个字，你们都看过《三国演义》，诸葛亮舌战群儒，骂江东这一批了不起的读书人都是“青春作赋，皓首穷经”的人物，年纪轻轻开始读书，会联考，写文章，头发都白了，还在那里一个字一个字抠那个书本，然后带了一千多度的近视眼镜，讲起来那个学问，钻到牛角尖里，还摇头摆尾，不晓得多舒服啊！实际上米长在哪棵树上他也不知道，这就是读书人。所以诸葛亮骂他们“坐议立谈，无人可及，临机应变，百无一能”。讲理论、吹牛的时候，那个口水答答滴，本事之大，学问之高，天下国家大事，什么都懂；等到天下大事真出了问题，什么都不懂。可是诸葛亮自己也是读书人，他骂读书人，那叫作内行人骂内行人，骂得最痛快。我们大家在座的，自己号称是知识分子，千万注意，不要被眼孔里有一个光明的人骂了，他叫作“孔明”。

我们讲到“慎尔言”这个“尔”字，引出来很多的理论，所以古人为了一个字，考据文章写了一二十万字，有时候又不能不看，怕人家说你某一本书不懂，就吃瘪，所以古人做学问，有些真是可怜。好了，现在我们把话收回来，闲话少说。

所以关尹子告诉列子谨言慎行，人生要学的是说话谨慎，不要随便说话。“将有和之”，一个善于说话的人，说出来会引起共鸣，大家都会唱和他。所以我经常给青年同学们讲，民主时代你想去竞选，能够一句话引起大家的共鸣，那非常难；不是站在那里哀叫，“你们投我一票”！我们一听只好去睡觉。真正高明的人，就懂这个原则，善于说话“将有和之”。所以苏轼称赞韩愈的文章，“一言而为天下法，匹夫而为百世师”。韩愈文起八代之衰，说的话天下人都效法他，影响千秋万代。一个普通人，像孔子一样，为万世的师表，这才是我们的目标。我们知识分子、青年同学们要注意，这也就是“慎尔言，将有和之”。

“慎尔行”，自己的行为要小心，任何事情不要随便，行为更不能随便，“将有随之”，有好的行为，自然有很多人拥护，跟着你走。我们做一件事业，做一件事情，自己要再三考虑价值在哪里，它的影响在什么地方，这就是《列子》说的“知持后才可以言持身”，“慎尔言”，“慎尔行”。

器识 神通 先知

因此他的结论说：“是故圣人见出以知入”，这个圣人是代号，指有智慧、有道德、有高度修养的人。“见”就是眼光，儒家的文化是用“器识”表达，一个知识分子有见解，有远大的眼光，就是有器识。所以古人说“先器识，后文艺”，有器识，然后才养成雄伟的气魄。不过，这一句有人也倒过来用。现在我们讲到“见”，有先见之明的人，看到某人的行为及言语，就可以判断他的结果了。由“出”已经知道“入”是什么了，“出”“入”两个是相对的，就是一进一出。所以有远见的人，由一个动因就晓得后果了。

青年人常问，未来的时代，将来的变化会怎么样？你要懂历史的演变，知道过去就知道未来，所以“观往以知来”，完全是智慧的成就，神通是智慧的成就。“此其所以先知之理也”，先知就是神通，原理就是这样。好了，现在我们知道另外一件事情了，佛家把预知的能力翻译为神通，刚才讲到《圣经》，基督教不能用神通，只好用“先知”。“先知的预言”，这个“先知”的名词是哪里来的呢？是从《列子》里头抄出来的，“先知”的出典就在这里。

爱和被爱

> “度在身，稽在人。人爱我，我必爱之；人恶我，我必恶之。汤武爱天下，故王；桀纣恶天下，故亡。此所稽也。稽度皆明而不道也，譬之出不由门，行不从径也。以是求利，不亦难乎！”

“度在身，稽在人”，什么叫作度？中国有三个字，度、量、衡，过去政府有度量衡局。度就是尺码，譬如一英尺，一公尺，这个是度。一斗啊，一升啊，这个是量。衡就是秤，天平，一斤啊，一两啊，那个是衡。我们中国文化几千年，度量衡每一代都不统一。汉唐的制度，一直到明清都有问题，而且各地方的制度不同。譬如我们现在去买菜，还要问是台斤还是公斤，对不对？台湾几百年来习惯用的是台斤，它的秤同公斤不同。我们现在是根据西方文化，所谓的公斤、公尺，从英国人开始，大家照这个尺码，公认统一使用。这个度讲尺度，一个人有多高？多重？就是“度在身”。

“稽在人”，稽就是稽核，考察你，研究一下你究竟有多高。六尺啊，六尺半，这是别人的看法。你的高矮胖瘦长短，是别人看到比较来的。所以比较人的高度在于别人，这是讲一个人的形体。同样一个哲学的原理，一个人的所作所为，讲话做事，都看在别人眼里。所以我们有时候想想也蛮痛苦的，人活着很多事情不是为自己做，是做给人家看的。在家中要做到家人喜欢，在社会做到大家叫好。像穿一件衣服，本来是爱怎么穿就怎么穿，可是事实上穿衣服就是给人家看的，所以买衣服时在镜子前比来比去，研究心理，不是自己觉得好就对了，还要别人看到好才对，因为“度在身，稽在人”。人到了高位的时候，在公司里升个科长，薪水加一点，旁边的同事都冷眼看你，即使当一个董事长，也是一样。

我们看历史上一个经验。南宋的时候，贾似道上来当宰相，朋友写了一首诗送给他：“劝君高举擎天手，多少旁人冷眼看。”你好好地干，尤其是当了宰相，一只手要把天撑住不倒下来，别人歪起眼睛坐在那里，专门在批评，在看你。地位越高，所有箭头越会针对你而来的。所以人生要想过得舒服，要不出名，谁也不认识你，才是天下最幸福的人。有一点知名度，大家都了解你、认识你，那是最痛苦的人。因为他变成所有箭头的目标，有一点缺点，万人都看到，就完了。他如果不出名，也没有地位，他可以在地上打滚、睡大觉，谁也不看他啊！这是道家的思想，所以告诉我们“度在身，稽在人”。

“人爱我，我必爱之”，这是当然的道理，相反地，《列子》又说，你要大家对你好，你问自己对别人怎么样？你对别人都是冷眼相看，要别人热眼看你，也做不到。所以“人恶我，我必恶之”，这是当然的因果关系。

说了这个原理，下面说一个中国政治哲学的大原则，“汤武爱天下，故王”，商汤、周武王，他们爱天下，所以称王天下。我们晓得爱天下是爱得很大，拿现在工商业的观念来看，汤武是做大生意的，投资下去，赚了一个天下国家，后代称王几百年，因为他们爱的是天下。不像我们爱的就是十块、二十块，在那里拼命争，加薪加了五百，爱的就是这一点点，他的价值永远就是五百块。人家汤武爱的是天下，你五百美金、五千万美金，他们也不看在眼里，所以“汤武爱天下，故王”。

夏桀、殷纣，这两个古代暴虐的王，因“恶天下，故亡”。我们大家没有当过皇帝，也没有发过财，躺在那里想象，假定发了财，天天吃麻婆豆腐一定很痛快。那个吃惯了麻婆豆腐的人，说那算什么！有钱的人，做大生意的人，听到总经理报告今天又赚了一千万时，只淡淡地说，哦！知道了，等于我们口袋里多了十块钱，念头都没有动过，不在乎了。而且越搞久了，对于这种东西觉得讨厌得很，很烦，必须要另外找别的刺激。

不过，没有到那个地位的人，总是梦想那个地位了不起。我们在座的青年心里一定想，将来发了财当上董事长，一定要买部最好的私家车，开到这里来上课。私家汽车坐惯的人反而讨厌它，停车又找不到位置，到处都是麻烦，干脆走路好，这就是人类的心理。所以你懂了这个心理，自己真经过富贵，什么都享受过了，然后才能把这本《列子》真读懂。所以古人用字非常有道理，“汤武爱天下，故王”，不是爱天下老百姓哦！他们的欲望就是爱这个天下。每个人欲望不同，有些读书人，你叫他爱天下，他没有这个气魄；问他要不要写一篇文章，明天电视台给播出来，他立刻说可以，几天几夜不睡觉去写，他爱的是这个虚名。

桀、纣是亡国的皇帝，因“恶天下，故亡”。的确你读懂了历史，看到有许多皇帝，像明朝的几个皇帝，生来就当皇帝，他们对于国家大事，看公文啊，烦透了，你们去办好了，你们去批好了，他们看都懒得看，结果当然完了，这个道理是

“此所稽也”。上面讲到“度在身，稽在人”，稽就是一个成果的考核，是别人客观的考核。所以我们写历史、读历史是客观地读，历史上的那个主角是主观的，那个是“度在身”，我们现在来研究历史，来了解古人，了解未来，这个是稽核，“此所稽也”。

精明能干就成功吗

《列子》文章很容易懂，进一步有好几个转折，拼命提倡知识的重要，学问的重要，道德的重要，稽度的重要；反过来是相反的一个逻辑，“稽度皆明而不道也”，这就是道家的哲理了。他说稽核、测度都很高明，“而不道也”，这个道是指原则、原理，违反了原则就不合理了。所以一个太精明的人，学问很好，永远是帮人家当手下的，不会当上老板，因为太精明。你到社会上看，凡是糊里糊涂的，会发大财，所以四川人有个笑话，“面带猪相，心头明亮”。“面带猪相”，什么都不懂，讲话都不清。我们看到内地有些财主，当时没有冷气，夏天热得腋窝都要夹两块冰过的鹅卵石，胖成这样。这一种人，他就有钱啊！可是你不要认为他笨哦！“心头明亮”，他聪明得很。像我们青年同学们读书，得了工商管理硕士、博士，还不是替那些人去管理工商！所以“稽度皆明而不道也”。反过来讲，人生书是要读，读完了同我一样没有什么，天天坐在上面吹牛，等于唱歌的歌星一样，这有什么稀奇呢！所以真的学问啊，就不坐在这里吹了，那就要用，用的时候就不讲了，所以“稽度皆明”并不是道。

“譬之出不由门，行不从径也”，这两句话文字要特别注意，哪个人出门不从门出去啊？没有门你还出得了房子吗？所以出门必须要从门出去。你到外面走路必须有道路啊！没有道路你怎么走啊？这是当然的法则，这两句话等于这样讲。但是反过来说，真正第一等人是没有规格的，“出不由门”，出去不一定由门，窗子也可以跳出去。如果连窗子都没有，墙上打个洞嘛！打不了洞，地下挖嘛！“行不从径”，走路不一定从路上走，可以跳嘛！可以飞过去嘛！那是智慧了。所以表面上看起来他是正面讲，任何人出门要从大门，走路要走正路。你要深懂道家反面的含义，办法是自己智慧想出来的，如果一个人呆板得出去都从门里出去，没有路就不敢走路了，那只是一个普通人。

“以是求利，不亦难乎”，以这样的智慧想在社会上求到最大的利益，永远做不到。换句话说，这样的人是笨人，一个真正有高度智慧的人，不一定从门里出来，走路不一定要在路上走，他自己创造，自己开一个门出来。尤其所谓历代的名将，皆与常人不同，譬如说宋朝的狄青，汉朝的卫青、霍去病，都不是军校毕业的，开始大字也不认得，也没有读过《孙子兵法》，但是历史上讲他们打仗的本领“暗符兵法”，那是智慧。尤其讲狄青这个人，他原来没有读过书的，后来书读得很好，他受谁的影响啊？受范仲淹的影响。范仲淹说，你年轻当兵，好啊！好好当兵，送他一本《左传》，叫他好好去读，所以他深通《左传》。我们今天讲到这里，暂时告一个段落。

第三讲

存亡废兴的法则

重利轻道的结果

鸡狗禽兽之流

自重 自尊

《说符》这一篇，上次讲到由出世到入世之道，正提到历史哲学的问题，现在继续，他引用上古哲学的观点。

存亡废兴的法则

> “尝观之神农有炎之德，稽之虞夏商周之书，度诸法士贤人之言，所以存亡废兴而非由此道者，未之有也。”

现在讲历史哲学的问题。我们中国上古史的神农时代，有炎就是神农，代表一个时代的所谓圣王，也就是我们的老祖宗。普通讲我们中国文化五千年，这已经是打折扣的说法。近七八十年以来，根据西洋的观念，自己再打折扣，变成三千年文化。如果我们研究自己，就是从满清末年以前算起来，我们已经有一二百万年的历史文化了。因为考据五千年前的事非常困难，所以才从五千年算起。譬如说燧人、伏羲、神农，这一些名称的时代究竟有多少年，不知道。而且我们也出过女娲氏，那时是老祖母统治这个世界。所以我们真要研究自己的上古史，必须要懂得上古的神话史，拿现在人类学的演变来讲，从上一个冰河时期转变到这一个冰河时期，其中有连带的关系。有关这个问题，我相信五十年后，对整个中国文化历史的看法，不会是现在人的看法，而是有更进一步的研究了。

例如《列子》提到，“尝观之神农有炎之德”，神农氏是我们的老祖宗明王，那一代就是中华民族农业建国的基础。不过，真到了完全农业建国，是到大禹时期，这中间又相差很多很多年。由于大禹的水利完全治好，这个农业立国的基础才奠定了。在世界人类各国建立农业的历史上，中国是最早的。二百多年前的美国建立了农业基础，非常优厚，但是以历史发展来讲，我们这个民族仍是最早的。

“观之”就是看来，我们现在讲，从研究上古史看来。“稽之”就是考据。“虞夏商周之书”，神农氏的时代，很难在夏商周时代的史料中找到文字的根据，因为孔子也注重考据，以有文字的根据开始，把我们自己的历史截断，删定从唐尧、虞舜开始。至于唐尧、虞舜以前，多靠神话传述。研究历史要注意，司马迁对于这个观念，在他的《史记》里讲过的，他说上古我们祖先的历史非常悠久，只是资料不全，“搢绅先生难言之”，所以讲起来非常困难。我们看《列子》这里，“尝观之神农有炎之德”，研究观察，不敢确定，“稽之”有文字可以考据的“虞夏商周之书”，历史资料都在。

“度诸法士贤人之言”，“度”就是拿自己的心理、身体、生活的经验来体会，这个体会就是度，所以度不是完全猜想。“法士”，不是讲法家，而是一般人或圣君贤相，能使天下太平，足以为后世效法的就是法士。对于法士贤人们所说的话，都要注意。

整个的国家历史，譬如说尧、舜、禹，夏、商、周，一代一代的存在，开始创业的这些祖宗们，都是了不起的，开创了一个新的时代，天下太平，威风凛凛，武功文治都很昌盛。到了后代就慢慢灭亡了，又换成一个历史的阶段。“所以存亡废兴”，存亡是讲历史的演变大原则，废兴是讲人事的变化。历史经验告诉我们，一个国家、社会、家庭是如何兴旺起来的，又是怎么存在的，最后怎么衰败而亡等等。

“而非由此道者，未之有也”，所以一切存亡废兴，都不会脱离这个法则，这个道。这个道，不是形而上的，是形而下，就是在后天人文的社会有一个必然的法则。譬如人要做好人，这一句话就是道，就是一个原则。怎么样叫好人呢？由这个道发挥出来的那一种，都列入好人，那是道的分类。所以研究我们上古文化哲学史，好几个字有困难，一个“天”字，一个“道”字。不要看到道就想到打坐修道、超凡入圣的道，这个道是讲历史哲学，人文的法则。他说各有一个人文固定的法则，不照这个法则都会失败。所以个人也好，国家天下也好，建大功，立大业，这个原则要把守。所以“非由此道者”，不是从这个路线来的，“未之有也”，是不可能的。

严恢曰：“所为问道者为富，今得珠亦富矣，安用道?”子列子曰：“桀纣唯重利而轻道，是以亡。幸哉！余未汝语也。人而无义，唯食而已，是鸡狗也。强食靡角，胜者为制，是禽兽也。为鸡狗禽兽矣，而欲人之尊己，不可得也。人不尊己，则危辱及之矣。”

重利轻道的结果

“严恢曰”，严恢是上古一个高士，也是隐士，道家的人物。“所为问道者为富，今得珠亦富矣，安用道”，现在讲的这个道，是形而下一切的法则、原则，也就是人生的大原则，历史哲学、政治哲学的根本大原则。严恢曾经说过这个话，我们人为什么求学问、修道、求许多知识？要知道，学问就是道，这个是原则。“为富”，有了知识、学问，就是无形的财富；有学问自然有事业，有物质的生活，就是自然的财富。所谓学问包括一切技能，拿现在讲，自然科学，一切谋生的技术，都是学问。他说我们求知识学问，最后的目的就是生活的充裕。生活的充裕有两种，一种是精神生活的充裕，因为学问知识渊博了；一种是物质生活的充裕，就是钱财多了，这都属于富有，人生总是为了富有。

“今得珠亦富矣，安用道”，我们只要有了珍珠宝贝，有了值钱的东西，有了钱就有财富了，何必学道呢？读书干什么呢？这个话讲得非常妙，我们看到《论语》里孔子的学生子路也说过这个话，有人民，有社稷，有权在手，还做什么学问?！所以孔子就骂他一顿。严恢讲的话有同样的意味，他说只要有财富，何必有道？这个观念，在我们读古书时，或讲到历史哲学时经常提到。现在我们讲到现实，有钱嘛！何必读书做学问呢？何必学什么道啊？就是这个话，非常简单。

冲着这个道理，“子列子曰：桀纣唯重利而轻道，是以亡”，如果说有财富、有地位、有权力就是有利，若有利就对了，桀纣为什么亡？这一点我们插过来一句话，刚才提到上古历史的资料，第一部书就是《尚书》，比孔子的《春秋》还早，属于四书五经里的一部经，所以《尚书》也叫《书经》，这是孔子集中保留了我们上古史有文字可稽考的一部书，有三代以上的文诰等资料。《书经》里有一篇《洪范》，是讲历史哲学、宇宙哲学的一本基本的书，我们算命讲阴阳五行，金木火水土，这个五行观念就出在《洪范》。

《洪范》里头提到五福，你看我们过年时大家门口写的“五福临门”，我们都会写，但是都没有去研究它。五福是“寿、富、康宁、攸好德、考终命”。五福里头很怪，言富而不言贵，贵并不算福气！有钞票，有钱就是富，所以我们中国文字很怪，富贵富贵，富了就贵，不是贵富贵富。你说你地位高，很贵啊！没得钱，做个清官，退休了以后连饭也吃不起，那可不是福气啊！所以有钱，富了就贵。那么这个富呢？如果讲中国文化，真正的哲学，富又分两种，钱财富有谓之富；学问好、道德好、精神修养高也是财富。这个里头有分类了，所以研究我们自己的文化哲学，这个思想要搞清楚啊！对于自己的祖先保留的书籍真是要多读了。

现在严恢提出来，人只要有财富就好了，何必学道呢？列子讲，这个观念错了，我们历史上两位最暴虐的皇帝，夏桀、商纣，都是因为重利轻道而亡。但是我们真正研究历史，会发现这些很坏的帝王领袖，反而是第一等聪明人。譬如讲纣王这个人，他的身体之壮，力气之大，就是老虎、牛，他一手都可以抓住的。外加头脑之聪明，哲学啊，逻辑啊，什么都会，文武都高的，对形而上的道的修养也有他的看法，认为人生那么短暂要及时行乐。所以桀纣的时代，本来社会经济很发达，财富也很充裕，历史上那个时代十分光辉。到了他们自己手里，一二十年当中，因为尽情地享受，整个家当用光，就是整个国家也毁掉了。纣王有名的酒池肉林，喝酒起码要游泳池那么大的酒池，肉挂起来像树林一样，成为肉林，随便吃，尽情地吃。

我们讲到医学的解剖学，纣王那个时候，早开始了人体的解剖，把孕妇绑起来解剖，以了解胎儿在肚子里的状况。纣王专做这个事，王莽也做过。所以我们今天针灸穴道救了很多人，当初研究的时候，有些可不是好的动机啊！是拿活人来解剖的。不像西方，用白老鼠啊，猫啊，狗啊来实验研究生理学，不是拿活人来研究。

所以讲“桀纣唯重利而轻道，是以亡”，那个时候社会经济很繁荣，因为重利而轻道，拿现在话讲，只重物质文明的发展，不真正了解精神文明的文化的含义，所以亡了，这是一个大原则。我们今天看自由世界物质文明的发展，看集权国家的作为，这一代的历史到现在，是对是错，很快就要见分晓了。新的演变自然就要来临，我们如何建立一个新的文化，适应这个二十一世纪的时代，就更加重要了。所以我们读古书，不是为了钻进古老的天地躲起来享受的，是为了建立新的文化、新的文明，并且要了解如何发展未来。

所以列子成为道家一位了不起的人物，是有其道理的，不管《列子》这本书是否全部由他本人所著，但是绝对代表他的思想。所以说，光晓得“重利而轻道”，但求物质文明的利益，轻视了精神文明，忽略人文文化的发展，很快就会招致灭亡了。

列子告诉严恢说，“幸哉！余未汝语也”，他说你这个混小子啊！光晓得重利轻道，幸好我没有真正告诉你“道”。

鸡狗禽兽之流

“人而无义”，这个义就是义理。在古书里，大的范围有三，就是义理、辞章、考据。外国过来的名称哲学，就是义理之学。汉朝的文章，唐诗宋词元曲，属于辞章之学，韩愈啊，柳宗元啊，苏东坡啊，当然他们也懂义理，不过他们出名的是辞章，现在就叫作文学辞章，包括文学与艺术。至于研究古人一切的学术，是属于考据的范围。

现在我们提到这个问题，是为了解释《列子》所讲“人而无义”，他说一个人没有真正的知识学问，以及普通哲学的修养，就是文化的修养不够，“唯食而已，是鸡狗也”，这种人活着就是为了吃饭，那就同鸡狗禽兽没有两样。我们现在文化相当衰落了，青年一代要注意，只讲究吃，等于猪狗禽兽。如果是禽兽的话，就算喂它吃好的东西，吃补药，又有什么用呢？“强食靡角”，为了争食相互以角争斗。

“胜者为制，是禽兽也”，如果人没有文化修养，就同动物没有两样。动物的世界就是弱肉强食，这是自然的法则，所以“胜者为制”。中国这几十年，文化教育衰落得可怜，我现在回想我们那些老辈子人，真是该打屁股，认为西方可以救中国，当年就把西方文化全套搬来了，把这个国家民族搞得那么惨。只要讲达尔文思想，就说很进步，其实我们古人都讲了。

达尔文的《进化论》，弱肉强食理论，就是《列子》这句话，“胜者为制，是禽兽也”。以强凌弱，就算成功，也不是人类的文化，那是禽兽的行为。

我们人之所以有文化，尤其是中国文化，就是要扶助弱小，看到可怜的就要帮助，这是仁爱慈悲，这才是人文文化的真谛。所以以《列子》看来，“胜者为制”，那是禽兽的哲学。日本人的翻译叫“达尔文”，我常常想，要翻成“达尔昏”才对，昏头昏脑，没有搞清楚。的确，宇宙间是弱肉强食，在“动物奇观”节目上你就看到了，不但动物如此，植物世界也是这样，整个的宇宙所有生物都是以强凌弱的。但是，人类文化教育我们对待弱者更要爱护、保护，使他生存，这是人文文化同禽兽文化不同的地方。

我们用通古今之变的思想来看《列子》的话，才晓得我们先辈诸子百家的思想涵盖多么广阔。现在所谓的西方东方各种的思想，在古人都有，孟子还写过这样的人，“从许子之道，相率而为伪者也”，你那个主义、这个主义是行不通的。所以在这里，《列子》也等于批评了后辈那些徒孙，所谓“达尔昏”之类的弱肉强食，那不过是禽兽的哲学。

如果认为这个理论是文化的话，“为鸡狗禽兽矣，而欲人之尊己，不可得也”，如果是以这一种哲学思想作为人文社会的领导，那就把人类的社会倒回去，变成禽兽社会了。《列子》的预言都说到了，这个世界被这种思想领导，人比野兽还不如，还惨！他说在这种思想哲学之下，要想人能够尊重别人，能够尊重自己，永远做不到的。

自重 自尊

“人不尊己，则危辱及之矣。”一个人活在这个社会世界上，不受人尊重是危险的，也会遭致耻辱。人能够牺牲自我，帮助别人，爱护别人，更要帮助危难中人，才能够得到别人的尊敬。所以得来不易，代价也不小。拿佛家讲就是慈悲，儒家来讲就是仁义。

说到“尊己”，有两个翻译名词非常不好，一个是“自尊心”。什么叫自尊心？就是我慢，傲慢，在我们自古的文化里是不用这个名词的，因为会使人走上错误的路。另外一个是“值得我骄傲”。中国人如果自己骄傲，那是很可耻的，其实是翻译的不通。西方文化当年翻译过来，不是学问很深的人翻译的，都是年轻懂几句洋文随便翻译的，后来用惯了。其实中国人不会说自我骄傲的，而是用四个字“足以自豪”。“自豪”两个字就对了，“骄傲”就不对。自尊心的翻译，应该是“自重”，就是孔子讲的“君子不重则不威”，自己尊重自己才是自尊嘛！当年因为翻译不慎重，东西的文化都没有通，看起来是个小事，影响我们国家民族文化之大无与伦比。所以你们做翻译的要特别注意，不要随便翻。

所以人真想得到别人尊重，先要自尊，拿现在话讲，就是自重；更要先尊重别人，别人才会尊重你。如果骂人，讨厌别人，以为是自己的自尊心，拿宗教来讲，别人都逃避你，你已经陷入了孤立地狱，自己还不知道。所以，不尊重人而希望人尊重你，那是不可能的。人要读书，读书不是为知识啊！是要回到自己身心上用，这才叫学问。

这一段是《说符》基本的原则理论，古人的文章先提出来原则。

第四讲

列子学射

射击与修身治国

什么人可修道 可讲道

你会用人吗

《列子》先把哲学的大原则讲了，下面引用许多故事，每个故事所包括的意义都是既深且远，要自己慢慢以人生的经验，以精密的思想去体会。

列子学射，中矣，请于关尹子。尹子曰："子知子之所以中者乎？"对曰："弗知也。"关尹子曰："未可。"退而习之，三年，又以报关尹子。尹子曰："子知子之所以中乎？"列子曰："知之矣。"关尹子曰："可矣，守而勿失也。非独射也，为国与身亦皆如之。故圣人不察存亡而察其所以然。"

列子学射

"列子学射，中矣，请于关尹子。"列子学射箭，技术很精到了，每一箭都射中了目标，没有失败过。请教关尹子——以道家讲，关尹子是他的太老师，不过以诸子百家来讲，他们的系统关系很难讲的，究竟如何，事出有因，查无实据。但是这里他们好像又有密切的关系，所以他就请教关尹子，关尹子说："子知子之所以中者乎?"你每箭射出去都打中，怎么样打中的你懂不懂？这就是个问题，如果我们学过手枪的射击，打中容易，但懂得弹道学很难。懂了弹道学的人，枪随便怎么打一定中，因为他心里知道什么枪、什么子弹、什么弹道之故。弹道学尽管懂了，还有个哲学问题：何以计算那么准？关尹子问他，你每一箭都射中，你晓不晓得是为什么？"对曰：弗知也"，列子讲老实话，这个不知道，我只看中目标，练习惯了就中。"关尹子曰：未可"，不行！

那么"退而习之，三年，又以报关尹子"，列子被这位老师一骂，自己就谦虚起来，"退而习之"。现在顺便讲到古文，为什么古文要讲"退而习之"？那就是形容词了，不止是再练习三年，是同外界都隔绝了，关起门来才能够专心再练习三年，所以加一个"退"字，成分就有那么重。这样列子又来给关尹子报告。

"尹子曰：子知子之所以中乎"，关尹子说现在你应该懂了，为什么每一箭都射中。"列子曰：知之矣"，我懂了。"关尹子曰：可矣，守而勿失也"，你既然懂了，可以了。注意啊！下一句话，懂了以后，守住这个原则，不可以再乱、再丧失了。

这个故事，讲了半天，还没有说出来列子懂了什么，这就是《列子》跟《庄子》的思想。后来佛法进入中国，南北朝之后，到了唐代，就有禅宗的产生。禅宗的教育方法所谓"参"，是靠你自己去研究懂的，不是靠老师告诉你一个公式。公式越清楚就越没有智慧了，公式是别人的脑子，启发不了自己的智慧。老师不告诉你公式，是要你启发自己真正的智慧。

所以打中不打中在于心，在养心之道，心的宁定也就是定。列子没有说出来懂了什么，他只说我懂了。但是关尹子说你既然懂了，现在你总算可以了，下面一句“守而勿失也”，就呼应出来中心所在。心的定静，再不能散乱了，散乱就不能定；不能散乱，也不能昏迷，守住，这是定的境界，永远要定住。

射击与修身治国

下面他引出一个原理。“非独射也，为国与身亦皆如之。故圣人不察存亡而察其所以然。”这是他这一节的结论，不但射箭是这样一个道理，一个人要主持国家的大政，大原则，以及保养自己的生命身体，都是同一个原则，等于射箭一样，要非常小心，非常谨慎。

我们看到台北有很大的射箭会，不过这个也是要有钱才能玩的。写毛笔字，拉弓射箭都变成有钱人玩的，不像我们小的时候，自己用竹子烤弯做弓。我有位教射箭的老师，有几句口诀，“足踏浮泥头顶天”，两个脚跨马步，像踏在浮泥上面，头顶着天，就是如临深渊，如履薄冰。“口吐翎毛耳听弦”，箭后面是一根鸡毛，耳朵听那个弓弦拉紧射起来，噔……一响，好像弹琴的声音一样。为什么耳朵听这个弦？这一箭出去有多大的力量？射程有多远？自己听弦的声音已经知道了，这是经验来的。你看古人的画，那个箭拉到嘴边，手一放，咻……就出去了，所以“口吐翎毛”，那个鸡毛好像从嘴里吐出去一样。“前手如端一碗油”，前面的手拿住那个弓，像端一碗油。又像这只手直直地端一碗水，走很远的路，水都不起波浪，一点都不能洒出来，这个手变成一个铁杆子一样，功夫要练到这样。“后手打死一条牛”，后面这一只手一放，很大的力量，可以打死一头牛。

你看历史上，古人拿五石弓，那个弓拉力的重量，要有五石那么重，五石多少斤，这个弓就是多少斤重，这个指头就把几百斤的弓拉开了。所以弓如满月，完全拉满了，手一放，那个射程又快又远，这是讲射箭的道理，这也是中国的武艺，武功到达了艺术境界。古代讲百步穿杨，距离一百步路，一箭射出去，刚刚射到杨柳叶子，箭透过去，杨柳叶子还挂在树上，这叫百步穿杨。那个眼力之好，射程之准，要达到忘我的境界才行。

我们看《汉书》上李广射虎，夜里出来，把石头看成老虎了——我们本院的同学研究过唯识学的，知道那是非量境界、假带质境——李广拉开弓箭射去，第二天去找射死的老虎，看到自己的箭插进石头里。自己想想都奇怪，哪有那么大的力量？白天再拉弓来射那一块石头，进不去了。这种技术到达了身心合一，已经不是武器了，是精神作用。夜里他认为那一块石头是老虎，全心全意，精神心理同这一支箭合一了，所以石头都被穿了进去。白天晓得是石头，心理上有一层障碍，再大的力气也射不进去了。

我们研究心理学这是个重点，是个大问题，与精神、生理、唯物、唯心的道理都有关系，也是一个大哲学。我们懂了这许多射箭的技术、哲学原理，就知道列子所讲的不简单。不但是射箭，为国家，为自己个人的生活，“亦皆如之”，处处要小心谨慎，处处要有定力，不散乱，不心粗气浮，否则就要失败。所以，一个结论，我们上古的圣人、有道之士，“不察存亡而察其所以然”，一件事情的成功失败是两边的现象，不要考虑，有道之士不问这个，要在真正的逻辑最高处推想。

我们懂了这一段故事的说明，它同前面大原则是连起来的，实际上是整个的引申，这是旧文章的逻辑。

列子曰：“色盛者骄，力盛者奋，未可以语道也。故不斑白语道，失，而况行之乎！故自奋则人莫之告。人莫之告，则孤而无辅矣。贤者任人，故年老而不衰，智尽而不乱。故治国之难，在于知贤，而不在自贤。”

什么人可修道 可讲道

下面又讲一件事，“列子曰：色盛者骄，力盛者奋，未可以语道也”，色就是颜色，颜色盛就是年轻，年轻人脸上的颜色很旺盛，很漂亮。你看现在年轻人个个翘头翘脑，因为色盛他自然骄。到老了的人啊！看起来彬彬有礼，实际上是骄不起来啦！“力盛者奋”，一个体力好的人坐不住的，就想动一下，奋斗一下，所以孔子也说，年轻“戒之在斗”，年轻人喜欢打架，其实戒不掉的。年轻人学拳，刚刚学了三天，觉得无比的英雄，在公共汽车上，这个手也要动两下，表示是学武的；到了功夫深了，反而动都不敢动，怕出手伤到人。所以力气很盛的人，奋，这个奋代表一个原则，非常奋发，好像不可一世。你看这两句话下面“未可以语道也”，少年体力好的人，经验不够，要学道，你跟他说死了他也不懂。像我们这里，满堂年轻人很多，来听《列子》《庄子》，你看色又盛、力又盛，公然还来学道，这个了不起了，可见超过古人。

下面问题来了，“故不斑白语道”，什么叫斑白呢？人到中年两鬓已斑啊！斑就是花点，有几根白的。白的多一点黑的少一点不叫斑白，那叫颁白，也是同样的音，意义不同了。斑白还是在中年，两鬓稍白；颁白就是年纪大一点了。给年纪不大的人讲道，“失”，错了，“而况行之乎”，行就是做到，他更做不到了，这一句原文就是这样。我们看古人的解释，恰恰相反，他说《列子》这里意思是年纪大了的人没有办法讲道，讲了道也做不到了。这个话绝对解释错了，所以你不要看古人张湛文章学问那么深，有时候解释书也有错误的。

全篇上文讲起来，我们的意思同古人解释相反，“色盛者骄，力盛者奋”，他说年轻人没有办法了解道，最高哲学不会，为什么呢？虽然聪明有知识，人生经验不够，一定到了斑白中年以上的人，生活经验够了，才可以同他讲道。给不斑白的年轻人讲道就是错误，讲道都不可以，更何况要他们能做到、行到，绝不可能。

《列子》这一段，多么注重人生的经验！这是顺理成章的解释。照我们现在手里这一本注解，这一节解释错了，不能采用。由他解释的错误，我们了解一个道理，这一本书的注者叫张湛，他注释《列子》是在逃难的时候。当时是晋朝，国家在变乱，人在忧患中常需要找哲学，需要学道，因此他逃难时行李里就带着这一本《列子》，在患难中注解下来。那么我们可以判断，人在患难中，自己想救社会，救国家，年纪又那么大，无能为力，因此借古人的观点来发自己的牢骚。老了，没有办法讲道了，虽然懂得道也做不到了，于是就错解了这个意思，实际上他是在发挥自己的观念。

你会用人吗

我们现在了解了这一点，再看《列子》的原文，“故自奋则人莫之告，人莫之告则孤而无辅矣”，所以一个人不要骄傲，不要自奋，自奋就是主观非常强。譬如历史上项羽跟刘邦二人，项羽的失败就是因为自奋。项羽失败的时候不过二十八九，自刎乌江。而刘邦那个时候四十多岁，是斑白之人。清末民初，湖南一个诗人，才子易实甫先生，有诗讲项羽：

二十有才能逐鹿　八千无命欲从龙
咸阳宫阙须臾火　天下侯王一手封

“二十有才能逐鹿”，二十多一点就起来打天下了。“八千无命欲从龙”，项羽有八千子弟，最后在乌江失败了，命运不好，这是讲项羽英雄失败的悲惨。“咸阳宫阙须臾火”，你看咸阳秦始皇修的宫殿，修了那么多年，假使现在还留着，那卖门票不知道收多少钱啊！结果项羽点一把火烧了三个月。“天下侯王一手封”，汉高祖也是被他封为汉王的。所以你们青年翘头翘脑，要自尊，好嘛！你学学项羽，有这个本事的可以学，没有这个本事自奋不起来啊！易实甫的这首诗有味道，历代的人吊项羽的诗，恭维项羽的诗，骂项羽的诗，反正很多，我还是觉得易实甫的四句话有味道。不管如何，他把项羽自奋的那个味道写出来了，项羽就是犯了自奋的错误。

刘邦有张良、陈平、萧何三个人帮忙他，对他们言听计从，就可以统一中国。项羽只有范增这老头子帮忙他，但他虽有个军师也不听，自己认为聪明，变成别人没有办法把意见提供给他，所以永远没有辅助，就失败了。

这就告诉我们，尤其年轻同学留意，成功立业需靠人际关系。“贤者任人，故年老而不衰，智尽而不乱”，他说一个贤圣的人，就能够信任人。譬如汉高祖刘邦，他能够信任陈平、张良，信任萧何、韩信等等，他就成功了。当然做领袖也很难，我们经常讲历史上的故事，当陈平帮汉高祖去做所谓间谍，做外交官，要运动敌人的部队投降，汉高祖很慷慨，拿黄金五十镒给他支配，不要报销。陈平拿到钱放在家里，汉高祖的老部下就有点眼红，来说小话，告诉刘邦，这个家伙靠不住，人格卑鄙。

世界上攻击人、毁谤人，只有两件事，古今中外一样，都是财、色二字，不是说他贪钱，就是说他男女关系乱。有人就在汉高祖前攻击陈平，这个家伙靠不住的，穷小子，他跟嫂嫂男女关系搞不清楚。陈平是有嫂嫂，但年纪比他大很多，早就分居了。所以当领袖的人就要注意，要以“来说是非者，便是是非人”来处理才对。历史上讲汉高祖豁达大度，就是说他度量大，可是他身边的人白天说，晚上说，最后刘邦也听进去了。第二天跟陈平见面的时候，他就问起了家庭状况，陈平一听就明白了。陈平了不起，这些都不分辩，他说你要我办的是大事啊！你怎么问这些事呢？好，你不放心，钱还在这里，你拿回去，我不办了。汉高祖一听，脸色变绿了，赶紧说对不起，对不起，我绝对相信你。

所以一个领袖信任人之难，是要气度的，很不容易。你们听了，将来做了老板，如果说某人偷了你一百块，你气得一夜都睡不着，明天就想开除人了，你还能够做老板吗？不要说假的偷，真偷百把块，不在乎的，只要他一个月给你赚进来五六万就可以了。要有这个气度啊！

所以“贤者任人，故年老而不衰”，任人很难啊！非常难，这要气度的养成。因为任人，自己年纪大了也没有关系，下面可以培养年轻的嘛！就是任人的道理，所以“年老而不衰”。“智尽而不乱”，年纪大，自己智慧之力不够了，也不会衰乱，后面自然有人接火把上来，这是“贤者任人”的重要。

“故治国之难，在于知贤”，政治大原则，你们年轻同学，将来创业做老板的时候，也要记住今天听的《列子》。创业，做个领袖，成功的难处在哪里？在知贤，认得人，这人是不是人才，要看得准，拿得稳。我不会打牌，听他们告诉我，打牌的原则是要忍、要狠、要准、要等。没有人才要等，机会抓住了要狠，他要一万，你给他一万五，这要狠了。对人才要忍、要等，能够知贤，信任别人，你就成功了。

所以“而不在自贤”，千万注意，认为自己最能干，比被你用的人都能干，你就完了，下面人不能做事了。所以真有办法的人只领导，问这个主管就好了，如果这个主管一天到晚乱七八糟乱搞，你准备一年测验他，如果半年以内有人告诉你某人乱七八糟，花天酒地，你听都不要听，让他花天酒地，算不定八个月后，他花天酒地当中给你赚回来好几倍呢！你等结果再说。所以知贤难，任贤更难，不但治国之道如此，个人创业道理都是一样。你看《列子》现在传给我们的道，是形而下的入世之道，做人做事之道，也就是我们老古出版过的《正统谋略学汇编》的正统谋略。这是正统里的正统，谋略里的谋略。今天我们到这里为止。

第五讲

技艺与道德

不能接受的赠予

有智慧判断的人

技艺与道德

> 宋人有为其君以玉为楮叶者，三年而成。锋杀茎柯，毫芒繁泽，乱之楮叶中而不可别也，此人遂以巧食宋国。子列子闻之曰："使天地之生物三年而成一叶，则物之有叶者寡矣。故圣人恃道化而不恃智巧。"

"宋人有为其君以玉为楮叶者，三年而成"，有一个人，为他的国君用玉做成树叶子，做了三年成功了。而这个玉，在古人都认为很名贵的，一片树叶子那么大的玉，尤其是新疆那一带的和田玉，价值极高。这个三年做成功的叶子，"锋杀茎柯"，叶子有锋芒，旁边锯齿形，"杀"就代表刺手。"毫芒"，乃至树叶上的小毛毛，在太阳光里都有反影，"繁泽"，颜色非常好看。"乱之楮叶中而不可别也"，把玉做的树叶放在真的树叶之中，分不出来真假。不但玉的本身名贵，艺术的造诣达到如此境界，那个价值就更高了。

从《列子》说的这件事，后世对于东西真假难分，在文学上就有"楮叶莫辨"这句话。这句话也可以形容头脑不清、是非善恶不分、好坏不分的人。这个成语就出自《列子》这一篇。现在人一般文学修养不高，没有读过这些古书，就搞不清楚了。

下面列子的理论就来了，“此人遂以巧，食宋国”，这个人啊！太巧，就是巧极了，手艺高到极点，因此宋国的君王非常喜欢。拿我们现在讲，有这么一个技术，一辈子吃用不完，地位也高，待遇又好，可见中国古代非常尊重艺术家。

“子列子闻之曰”，列子听到了这件事，认为“使天地之生物三年而成一叶，则物之有叶者寡矣”，他说假使天地宇宙生万物，三年才生一片树叶子，那完了！我们种稻子、麦子，三年才长一片叶子，植物有树叶的就很少，闹饥荒了嘛！不但我们饿死，而且连子孙都饿死了。

他的道理是讲什么呢？下面说一个道理，“故圣人恃道化而不恃智巧”，这是名言，也就是政治哲学、人生哲学的名言，一个人要合于自然，什么叫自然呢？自然是有规律的。这一点特别注意啊！我们普通说这个要听其自然，好像认为自然是随随便便；自然不是随随便便，自然是有规律的、有法则的，这一点千万要搞清楚。道家说“道法自然”是讲道法的规律，你看宇宙万有，太阳东边出来西边下去，初三的月亮、初八的月亮、十五的月亮，都是千秋万代始终不变的。我们看到月亮照在大地上那么柔和，那么美，那么自然，但是，它也是非常规律的。所以由这个道理就了解，所谓自由、自然、自在，是应该非常符合法则规律的。

“圣人恃道化”，恃就是靠，依赖道德的感化，这个道德的感化是自然的；一个社会风气的形成，文化的构成，也是自然的。譬如前一阵子一位朋友谈到北京，怀念我们当年住过的地方，大部分住过北京的人，只要住上一年，永远会怀念它。

这个地方有什么好呢？照我的个性，倒觉得很讨厌，风沙来时屋子里都是黄沙，这有什么好？山水绝对比不上苏州、杭州啊！中国人讲“上有天堂，下有苏杭”，当然江南的风景一切好。可是一般人，就是江南人在北京住久了，也怀念北京。道理是什么？因为它是文化的古都，是宋朝以后，辽、金、元直到清朝，八九百年中国的帝王之都。

那么所谓文化又是什么呢？每人的生活，任何一切，自然有一种深厚的礼仪之感。就是那位朋友讲的，住在那里，谁也没有干涉谁，衣服穿得不规矩时，自然觉得不好意思出门了。这是一个什么力量呢？这个是文化力量，行动乱了，自会感觉在这个社会不大合适。所以，那里人连吵架都有自己的文化——“你今天怎么搞的？我又没有得罪你！”总是很礼貌地讲，不像我们动不动拳头就先拿出来。为什么那个地方会形成这种情况？详细讲的话有很多细节，根本原因就是文化的基础。这个基础就是现在讲的“圣人恃道化”，不是命令，也不是法律；可是形成这么一个状态要八九百年，也是自然教育下来的力量，这就是“道化”。

“而不恃智巧”，智巧是什么？是头脑玩聪明。换句话说，我们今天整个的人类社会，不止一个国家，不止一个地区，统统在玩聪明，玩智巧。所以我们听到某人很有办法，这个办法就是智巧，玩智巧最后是失败的，我在三四十年以前已经讲过了，因为是从生活上体验、经验得来的。尤其现在的小孩，讲话之聪明，玩手段的本事啊！不是“道化”，是“电化”，都是电视、电脑上学会的。在这个世界上人人都在玩聪明，聪明已经没有用了，所以未来的时代，成功的人一定是诚恳的、规矩老实的。当然你也可以说，规矩老实也是一种手段，在理论上可以那么讲，但是毕竟古今中外的人都喜欢诚恳老实的人。就拿我们自己来比，你交一个朋友，他办法多，有智巧，很聪明，你一定非常喜欢，但是你也非常害怕。所以你最爱的朋友一定是那个老实诚恳的。所以《列子》也说“圣人恃道化而不恃智巧”，智巧再高，也只能高到这个程度了。

这一段故事，刚才大概加以说明，至于在人生的体会，在人生哲学、政治哲学思想的应用上，这一段故事也包含各方面的学问、内容。所以读中国的子书，诸子百家之学，它启发我们的智慧是很多方面的。

不能接受的赠予

子列子穷，容貌有饥色。客有言之郑子阳者曰：“列御寇盖有道之士也，居君之国而穷，君无乃为不好士乎？”郑子阳即令官遗之粟。子列子出见使者，再拜而辞，使者去。

子列子入，其妻望之而拊心曰：“妾闻为有道者之妻子，皆得佚乐，今有饥色，君遇而遗先生食，先生不受，岂不命也哉！”子列子笑谓之曰：“君非自知我也，以人之言而遗我粟。至其罪我也，又且以人之言；此吾所以不受也。”其卒，民果作难而杀子阳。

这个故事就讲到列子的本身，“子列子穷，容貌有饥色，客有言之郑子阳者”，列子很穷，穷得连便当都吃不起了，所以容貌都有菜色，发青了。“客”，在古书里这个客是另外有一个人，就向郑国的领袖郑子阳讲，他说列御寇是有道的人，有学问，有道德，他现在在你郑国很穷，一个有道、有学问的人，在你郑国都无法生存，是这个社会国家的耻辱，也会使人觉得你不喜欢有道德、有学问的知识分子。

“郑子阳即令官遗之粟”，郑子阳听了这个话，马上就派官人送粟去给列子。古代负责管理某一件事的人称为官，就是管的意思。其实这个粟是五谷里的一种，古代社会粮食也代表钱币，同样有流通的价值。

“子列子出见使者，再拜而辞，使者去”，列子看到国君送粮食来，就很客气地行礼致谢，不接受这个赏赐，使者就回去了。这个再拜的“再”字，并不是说拜了又拜，这个“再”字在古代与“载”字通用，所以有时候写信，某某再拜不一定用这个“再”，而用这个“载”字，就是很恭敬地拜。拜，古人是跪拜，等于我们行三鞠躬礼。

你看日本的电影，不管男女都跪拜。以前中国有个不好的笑话，说住要住洋房，吃要吃中国菜，老婆要讨日本女子。为什么呢？因为日本女人很有礼貌，见到丈夫就跪了。实际上他们男女都跪惯了，他们的跪就是坐。为什么讲这个笑话呢？跪拜是我们中国的古礼之一，东方都行跪拜，包括日本、韩国、越南、泰国等，都是受中国文化的影响。

“子列子入”，国君派来的人走了以后，列子回到屋里，太太不高兴了。我们这些男子们，所谓“男子汉，大豆腐”，碰到没有办法的时候，是很为难的。所以社会上有句名言，“妻共贫贱难”，古人说“贫贱夫妻百事哀”。但是另外有一句

“夫共富贵难”，两个人结婚的时候穷得不得了，到了中年慢慢发达了，男人有钱有地位了，对不住，大概花起来了。本地有一句话叫“老来花”啦！那时夫妻共富贵就难了。不过现在的社会不同哦！男女都一样，共贫贱不容易，共富贵更难。据我所了解，现在社会家庭，许多中年以上的夫妇都各管各的了，这种家庭问题、社会问题太多太多。过去的社会，夫妇的问题是出在少年，现在家庭出问题是中老年的时候，社会情况不同了。不管如何，古代妇女多半靠男人过生活，结婚是买了长期的饭票，结果买了列子的饭票，连他自己都没有饭吃。

所以列子一进屋来，“其妻望之而拊心”，她气极了，看看他，就要脾气，自己捶起胸口来。“妾闻为有道者之妻子，皆得佚乐”，她说，据我所知，一个有学问、有本事的人的妻儿，生活过得都很舒服。“今有饥色”，现在你也有学问，有道德，有本事，结果我们饭都吃不饱。“君遇而遗先生食，先生不受”，国家的领袖送生活费给你，结果你却不接受，“岂不命也哉!”这一段如果演电视的话，这个太太一定大哭大闹，我命好苦啊！她又跳又哭又闹，几乎要自杀那个样子，又像马上要跑到西药店买安眠药那个样子。

列子没有被她吓住，“子列子笑谓之曰”，笑起来，哈哈大笑。他说你要了解，这个国君要人来送粮食给我，他并不是真正了解我是个什么样的人啊！这一句话很有道理，不管你们将来当了什么大老板，发财之后，要想透彻了解别人很难，接触人的机会非常少，人家接触你的机会也不多。任何的地位都是一样，还有就是年纪大了，更是如此。这个里头就是一个大哲学，有很多人生的经验。换句话说，一个人到了某一个阶段，精力已经不够用了，事情太多了，不像当大学生的，上了四节课，游手好闲，坐茶馆里都觉得时间好长！一天过的日子很无聊。

那些高位的人很痛苦，他没有时间机会接触到旁人，所以要想了解别人也很不容易。因此列子讲，“君非自知我也，以人之言而遗我粟”，这位国君他并不是真正了解我，他接受了别人的建议，表示自己很有风度，爱天下士，因此送生活费用给我。我们青年同学们在这个地方就要想一想，假使自己碰到这样高薪的机会，大概夜里睡不着啦！不要说这样，一张表扬状给你，都要贴在墙壁上看三个钟头，对不对？可是一个有学问、有智慧的人，像列子一样，他可不会这样。他又说，“至于罪我也，又且以人之言，此吾所以不受也”，明天有一个人讲我不对，他就会派人来杀我了。因为这不是他自己的本意，只是受左右之言的影响。一个人到了某一个地位，左右旁边人的话很容易听进去，所以做一个领袖能够不听左右亲信的话，或者虽然听了，自己有高度智慧来分别，确实非常不易。

有智慧判断的人

我们常常引用历史上唐朝女皇帝武则天的故事，这是女同学最高兴、最拥护的，女人就是这样当了皇帝，真正了不起。历史上讲她坏，攻击她私生活方面乱，但是武则天在政治的作为上，有许多方面非常了不起，的确很难得，也很能够接受人家的建议。最后接受了狄仁杰的建议，不要搞下去了，你年纪大了退休吧，她就规规矩矩放下而退休了。慈禧太后就做不到，汉高祖的太太吕后也做不到，武则天做到了，提得起放得下，说不当皇帝就不当了。这一点就很不容易，尤其是女性很难的，女性到了年纪大时，什么东西都要抓，越想抓得紧，越是什么都抓不住，所以孔子说人“年老戒之在得”。

武则天有一天问她的同宗兄弟宰相武三思，她说我们政府里头哪一个是好人啊？武三思讲老实话，他说跟我好的都是好人。武则天这位精明的女皇帝说，你这个是什么话？武三思说这个道理很简单，我假使不认识他，是好人我也不知道啊！所以我认识的人，我认为是好人的，才肯与他多来往，所以我讲跟我好的都是好人。武则天说这个蛮有道理。是这个样子嘛！社会上好人多得很，可是机会不凑巧，我不认识嘛！我怎么知道哪个是好人啊！这个话蛮合逻辑。武三思本来在唐朝政治上是个坏的，奸臣之流，虽说是奸臣，有时候做一点事情也不同。所以说认人很难。

我们为什么讲这个历史故事？说明列子不接受别人轻易的赏赐，尤其上面轻易的恩惠，反过来则同样有轻易的祸害，这就是人生哲学。古人说“求于人者畏于人”，所以我常常说笑话，告诉年轻同学，过去我没有钱的时候，向朋友借钱，我有个哲学的。我一进门，不要讲什么客气话，也不坐下来，直接对朋友说我今天来借钱的，有没有？他说有，拿给我以后，再见了，下一次再跟他谈，今天没有时间；如果他说没有，再见了！不要多心，没有关系，我另找别的朋友去。这不是很痛快嘛！因为你一坐下来，你好啊！请坐啊！泡茶啊！最后你再借钱啊！开不了口；万一开了口，对方告诉你他今天没有钱，他也难过，两个人很伤感情。你们去向人家借过钱的，一定有这个经验，等你坐下来东谈西谈，结果肚子还饿着，开不了口。然后请你吃饭，不要，不要，我还有约会，实际上要去借钱，好痛苦啊！这就是“求于人者畏于人”，不管什么人，你只要求人就怕人。譬如你们有些同学来，老师啊！有没有空啊？那个很恭敬的样子，就让我想到这句话，就为了有问题想问我，就怕了我了，这个何苦嘛！所以古人说“人到无求品自高”，一个人到了处世无求于人，就是天地间第一等人，这个人品就高了嘛！由此你也懂一个哲学，一个商业的原则，做生意顾客至上，做老板的总归是倒霉，做老板的永远是求人啊！要求你口袋里的钱到我口袋里来，那个多难啊！然后讲我这个东西怎么好，那个态度多好多诚恳，叫作和气生财。这个道理就是求于人者就畏于人。所以你读懂了《列子》就懂了人生，列子不是故意清高，肚子饿了要吃饭那是真的，但是这个饭有时候是毒药啊！吃不得的！所以他告诉太太，不能接受这个赠予。

那么列子的判断对不对呢？“其卒，民果作难而杀子阳”，结果啊，郑国果然政变，把郑子阳杀掉了。如果列子接受了他的赏赐，当一个什么官，那老百姓会把他列入郑派，他吃饭的家伙也靠不住了，就掉下来了。

可见人生处世，这个钱该拿、不该拿，要有高度的学问，高度的智慧。所以《礼记》讲君子之道有两句话，“临财毋苟得，临难毋苟免”。苟就是随便，不要随便看到钱就拿，要考虑该拿不该拿。人碰到困难危险的时候，譬如说车祸发生了，只管自己逃跑不管同车的人，这个在中国文化上是不许可的，因为“临难毋苟免”，不轻易逃避。尤其是担当国家大事的时候，做忠臣孝子的，就要有“毋苟免”的修养。

讲到这个“毋”字，就是不可以，这个“苟”是苟且，不可以随便。我们讲一个中国古代的笑话，有一个人不读书，不认识字，但是在私塾边上住，听学生们念“临财毋苟得，临难毋苟免”，他听得很熟了，也在书上看这个字，同母亲的“母”字差不多。此人死后去见阎王，阎王说你这个人很好，投胎想做什么样的人，你自己去选。这个人想了半天说，我想做母狗。阎王说，为什么呢？他说《礼记》上说的，“临财母狗得，临难母狗免”，所以当母狗最好。这是挖苦认白字的人。

第六讲

学识同　遭遇不同

得时者昌　失时者亡

知时知量　心灵智慧

会说话的公子

鲁施氏有二子，其一好学，其一好兵。好学者以术干齐侯，齐侯纳之，以为诸公子之傅。好兵者之楚，以法干楚王，王悦之，以为军正，禄富其家，爵荣其亲。施氏之邻人孟氏同有二子，所业亦同，而窘于贫。羡施氏之有，因从请进趋之方，二子以实告孟氏。孟氏之一子之秦，以术干秦王。秦王曰：“当今诸侯力争，所务兵食而已。若用仁义治吾国，是灭亡之道。”遂宫而放之。

学识同 遭遇不同

鲁国姓施的人家有两个儿子，一个学问好，另一个军事学好。“好学者以术干齐侯，齐侯纳之，以为诸公子之傅。”干就是干涉，参加贡献的意思。学问好的这个儿子跑到齐国去，齐国的国王接纳了他，并派他做皇室公子们的老师。“好兵者之楚，以法干楚王，王悦之，以为军正，禄富其家，爵荣其亲。”懂军事的这个儿子去到楚国，向楚王贡献策谋，楚王很欣赏，任他军中的要职，这二人又有官位，待遇又高，十分圆满。

“施氏之邻人孟氏同有二子，所业亦同，而窘于贫”，施家的邻居孟家也有两个儿子，所学的与施家的一样，可能都是同学吧！但孟家颇穷，看到施家二子都发达了，就很羡慕，于是就到施家请教，如何才能进取得到富贵。施家的儿子把求职的方法和过程，老老实实地告诉了孟家弟兄。

“孟氏之一子之秦，以术干秦王”，孟家一个儿子立刻跑到秦国，向秦王讲述他的高见，仁义如何、道德如何等等，都很正确高尚。“秦王曰：当今诸侯力争，所务兵食而已。若用仁义治吾国，是灭亡之道”，秦王听了孟家这个儿子的建议，却说目下各国都在争霸之中，大家主要的任务都在军事兵力以及给养粮食方面，如果我们只讲仁义，那会招致灭亡的。“遂宫而放之”，因为秦王讨厌孟氏子的建议，心中十分不快，就把他刑伤之后才放走。宫是宫刑的意思。

> 其一子之卫，以法干卫侯。卫侯曰：“吾弱国也，而摄乎大国之间。大国吾事之，小国吾抚之，是求安之道。若赖兵权，灭亡可待矣，若全而归之，适于他国，为吾之患不轻矣。”遂刖之，而还诸鲁。既反，孟氏之父子叩胸而让施氏。

孟家另一个儿子到卫国去献策，他大概有军事专才，但是卫王说，我卫国是个小国，在大国的夹缝中生存，“大国吾事之，小国吾抚之，是求安之道”，对于大国我们是小心奉承的，对小国则是安抚的，为的就是求得国家的平安无事。在两个大国之间生存，要建立自卫军队都不行，连警察的权力都不能加强，会被大国怀疑的——这个就是现在日本的处境，防卫能力加强，要得到国际上的同意——“若赖兵权，灭亡可待矣”，你老兄这一套加强军事，不是要我快点亡国吗？

“若全而归之，适于他国”，卫侯心想，这个家伙思想非常好，是个大将之才，我现在不听他的意见，让他随便走掉，到了别的国家，将来得志还不是来打我这个小国家吗？“为吾之患不轻矣”，他将来恐怕是卫国的一个祸患。不行！不能“全而归之”，“遂刖之而还诸鲁”，于是就把他两只脚砍掉，同孙膑一样，变成残废人放回去。这两个弟兄遭遇那么惨，那么倒霉地回来，不但没有工作，还变成残废人。所以孟家父子“叩胸”，捶胸大哭，“而让施氏”，到了施家的门口叫，你害了我们，教得不对，结果变成这样。

这个故事很妙吧！同样的家庭身世，同样的环境里出来，学同样的东西，人家两个弟兄干得这样好，这两个弟兄就那么倒霉，结果无处可怨就埋怨到施家身上来了。这里头又产生一个现象，自己不成功就埋怨别人，可见人生怨天尤人是很平常的现象，觉得自己本事很大，都怪别人不对，孟家的这两个儿子也是这样。

> 施氏曰：“凡得时者昌，失时者亡。子道与吾同，而功与吾异，失时者也，非行之谬也。且天下理无常是，事无常非。先日所用，今或弃之；今之所弃，后或用之。此用与不用，无定是非也。投隙抵时，应事无方，属乎智。智苟不足，使君博如孔丘，术如吕尚，焉往而不穷哉？”孟氏父子舍然无愠容，曰：“吾知之矣。子勿重言！”

得时者昌 失时者亡

那么施家的人一听，头脑就比孟氏好，“施氏曰：‘凡得时者昌，失时者亡’”，他说你啊！真是不懂，时间不对，得不到机会；有同样的本事，眼光不对，机会也把握不住，只能怪你运气不好。注意哦！人生一切的境界，时间、空间这些都是条件，机会来了要知道把握，当然你把握得不对也不成功。“亡”就代表失败。

像我常说的，看赶公共汽车就看到人生。每人都想上车找个好位子，你就要把握机会了，公共汽车一停就上，找个地方就坐，没有位子，只有站在中间。能站着也不错了，不要站在那里还在埋怨，坐着的人还讨厌你。这还是好的呢！还有些人当公共汽车停下来，他差几步赶到，拼命地跑，跑得一身大汗，刚跑到，车子“噗”开走了，后面黑气喷出来，他指着那个公共汽车骂，你该死……骂了半天，还是在那里吃臭气，有什么用呢？还不如老老实实等下一部车，这就是把握时间的问题。没有时间等，你又怕坐车子难过，走路嘛，埋怨个什么呢？这就要懂得处世，懂得自己的人生，所以要知道“得时”的重要性。

他说人生的境界，天下大事、个人事情都是一样，机会过了，你在后面赶，那没有不失败的。“子道与吾同，而功与吾异”，他说你们家的两个弟兄，所学的与我们一样，我们两个成功了，你们失败，什么道理呢？就是不晓得把握时间，对环境、机运不了解。譬如大家在学生时代都晓得电脑的发展好，也有人学会了电脑找不到工作的，是什么原因？要自己反省。如果跑到乡下去，见人正拿着锄头挖地，你告诉那些人我是学电脑的，来帮你好不好？他一定不要，因为不合时宜，这就是“失时者也”。不是赶时髦就成功，赶时髦不一定成功，“非行之谬也”，并不是说你的学问不对，是你用的时间不对，机运错了嘛！

最重要的还不止此，“且天下理无常是，事无常非”，天下的是非是没有一定的，某一种原则，某一种道理，在某个时候、某个环境是对的，到另一个环境就不对了。就像我们这里，大家看到有人打坐，也上来参加，就是合时合地，如果你跑到别人公司两腿一盘打坐，不把你送神经病院才怪呢！因为环境不对嘛！所以是“理无常是，事无常非”，任何事都是这样，没有永远错的，就看你用的那个时间、空间、环境。如果不晓得把握这个原则，你就错了。

“先日所用，今或弃之”，他说天下的事情，过去那个时代非常重视的，现在可能无用，已经落伍了。但是，你也不要认为你学的东西落伍，譬如我常常说，像我们当年学佛学禅，一般人认为，唉！这个孩子，那么好一个人才，搞这个事情，真是糟糕，他怎么那么灰心啊！可是，现在禅不是都很吃香吗？你看天下事有一定吗？

“今之所弃，后或用之”，这个里头你就要注意了。孔子也讲过了，“古之学者为己，今之学者为人”，古人是为自己而求学问，就是现在讲性向问题，我的兴趣所在，我必须要努力这个事情才有成果，当父母的不要勉强他。你不要认为这个孩子学了这个，三千块钱一个月的工作也找不到，算不定二十年以后，给他几万块钱还不干呢！走运了，那个时候和现在所抛弃的，将来也许有大用，这个很难讲。

所以要了解这个人生的境界，“此用与不用，无定是非也”，得志与不得志，没有呆定的，没有一定什么叫作对，什么叫作不对。所以我常常说学医的人，过去我在国防医学院也讲过，大家唯一的出路靠医，现在再学医就未必那么前途无量。时代不同，所以为了要发财去学医，错了；说我要救世救人去学医，对了。目的就是看你立志如何，就是“此用与不用，无定是非也”。

知时知量 心灵智慧

下面几个字，两个大原则，你要把握住，就是道家的教育原则，“投隙抵时，应事无方”，这八个字要紧得很啊！你懂了以后一生妙用无穷，包你不会饿饭，随便哪里都可以找到工作，大的大做，小的小做。“投隙”，隙就是有空隙的地方，你说你是个博士到处找不到工作，现在为了吃饭，有个地方需要一个工友，这个地方有这个空隙你就来。不要说我是什么博士啊！问你学历，只说我小学毕业，工友的事情我少年时候都做过。问你认不认得字啊？大字认得几个，小字不认得，因为目的是来做工友，要工作啊！在战争的时代，到了外地，人生地不熟，要解决吃饭问题嘛！如果说自己学问怎么了不起，你完了，那你只有两只脚刖掉，或者被人家宫刑。天下任何事总有一个空隙，要把握那个空隙去应用。“抵时”，掌握住那个时间，就是跟人家讲一句话也要找时间。常常有些同学来找我，看到我正忙的时候，他也不管三七二十一，老师啊！我有事给你讲。我说，我这里正忙，你等一下。这就是不晓得“抵时”嘛！那个时间不对，再搞不好只有挨骂的份儿了。“投隙抵时”，万事都有它的空隙，在那个空隙里头就是你的天地，能建立你的事业，所以要把握那个原则。

“应事无方”，在世界上做人做事，没有呆定的方法，也没有呆定的方向，也没有呆定的原则。像有时候跟年轻同学一谈，哎呀！我是学工商管理的，以我的工商管理看……他贡献了很多的意见。我说你给我上的课听完了，对不起，你讲的那些我都懂，我这里都用不上。他这个是呆板，自己设一个方位看天下事，也就是职业病了。你跑到一个工厂里头，大家都在忙、在做工的时候，你说我是学心理学的，给你们讲心理学，那不是疯子吗？那个时候是不能讲心理学的，那时要做工耶！一分一秒都是钱耶！所以要懂这个道理，发挥起来很多。

但是这个原则你尽管懂了，你也听了《庄子》《列子》，但是你还是不行，什么道理？“运用之妙存乎一心”，智慧、头脑不同，有智慧的人拿到一用就对；等于一个照相机，聪明技术高的人一照，那就是好，最新最好的照相机给那个笨蛋，照起来变鬼相了。所以“应事无方，属乎智”，这个智啊，智慧可不等于聪明，聪明是属于后天头脑，一堆学识知识凑拢来，可以了解的。聪就是耳朵好，脑筋反应得快；明就是眼睛好。据近视的同学告诉我，近视度数太高时，听力都很差，我旁边好几位近视同学，我说你怎么搞的，反应那么慢？老师啊！我没有戴眼镜。

“智苟不足，使君博如孔丘”，他说假使你智慧不足，就算你学问好得像孔子一样，“术如吕尚”，你的本事大得比姜太公还高明，“焉往而不穷哉”，焉往就是何往，如果智慧不足，不管你到哪里去都要倒霉的啊！就是这个道理。

施家与孟家的两对弟兄，本事、学问一样，结果却大不同。我们看到同一个学校、同一个科系毕业的同班同学，大家所学都一样，但机运不同，他们的应用也不同，遭遇不同，几十年后，只有一两个成功出头了。俗语说“福至心灵”，表面上看起来这句话是没有出息的话，是靠运气，实际上是智慧的道理，心灵就是智慧，心境灵敏，智慧运用无方，自然福气就来了。把文字倒过来说，就是“心灵福至”了。

这一段故事，仍是总题目《说符》的内容，这中间每个故事好像都是独立的，其实不是独立的，都是跟上面连续下来的，是一个系列。大家读《列子》，这一点不要忘记，每一个故事，都是由人生的经验启发我们人生之路要怎么走。

孟家父子听施家父子说过以后，“舍然无愠容”，舍就是放，心里就放下；愠就是埋怨。自己心里的痛苦都放下，外面态度也变了，也不埋怨了，就对施家父子讲，“吾知之矣”，我们都懂了，“子勿重言”，希望你不要再说下去了。失败了，又得了教训，教训已经懂了，再说就受不了啦！

这一段故事意义很深长，重点是人生做人做事要知时，所以佛经上讲打坐修行一切工夫，就连练拳、练武功都要“知时知量”。等于我们身体虚弱要吃补药，吃下去身体好了就要知止。但是你认为补药很有利，继续拼命地吃，那要吃出毛病来的，所以要“知时知量”。

上面是讲普通老百姓如何一步登天，走到成功之路。拿春秋战国来讲，等于说“以布衣而干诸侯”，以一个平民老百姓去向皇帝报告，贡献很好的意见，用三寸不烂之舌取得卿相之位。一番话谈下来，马上可以当部长，当大元帅，在当时是很多的。其实这一番话，并不是嘴巴乱讲，是几十年读书累积下来的知识学问。这中间有一个大原则，刚才我们都讲过了，你们自己再去体会。

会说话的公子

晋文公出会，欲伐卫，公子锄仰天而笑。公问：“何笑?”曰：“臣笑邻之人有送其妻适私家者，道见桑妇，悦而与言，然顾视其妻，亦有招之者矣。臣窃笑此也。”公寤其言，乃止。引师而还，未至，而有伐其北鄙者矣。

接下来这个故事，不是讲老百姓了，“晋文公出会，欲伐卫，公子锄仰天而笑，公问：‘何笑’”，这个晋文公啊！有一天离开他的宫廷，召集一个大会，准备出兵打卫国。刚才我们已经看到，卫国在齐、晋两大国之间，当齐国强的时候，卫国只能跟在齐国屁股后面跑。晋文公是春秋五霸的霸主，卫国跟着晋国，小国家抱着大国的大腿走，很难的哦！非常痛苦。这个当家的痛苦不是我们想象得到的，卫国有一点不对，晋文公就想出兵打他。可是晋文公面前有位公子锄，是晋文公的侄子或是兄弟辈，所谓诸侯之国的世子称公子，“锄”是他的名字。这个公子锄看到晋文公要出兵，当着他的面仰天哈哈大笑。

我们晓得这一篇的题目叫作《说符》，是说讲话难，非常难啊！所以你们做人家的部下，讲话要合时啊！知时知量啊！什么时间该讲什么话，不会讲话就糟了。像施家的两个兄弟，那么会把握时间，取功名如探囊取物那么方便，而孟家的两个弟兄，把命都赔上还达不到目的，这就是《说符》的问题。

现在你看，晋文公已经穿上元首的衣服，正要出席御前军事会议，马上要出兵消灭卫国。这个多机密啊！只有少数的人才知道，公子锄反对这个事情，可是他不能向晋文公直说不可以打，算不定脑袋就掉下来了，所以他以一个特别的态度表达，“仰天而笑”。晋文公就问他笑什么？因为他到底还是公子。他说，“臣笑邻之人，有送其妻适私家者”，今天早晨我笑死了，我看到隔壁的邻居送他的太太回娘家，“道见桑妇，悦而与言”，这个男人不老实，在路上看到桑树园里有个采桑的女子，很漂亮，就向这个女的勾勾搭搭，也不管他太太了。“然顾视其妻，亦有招之者矣”，他跟这个女的还没有讲完话，回头看看自己太太知不知道，结果看到另外一个男人也同他太太勾搭上了。他说你看奇怪不奇怪？这一件事情把我肚子都笑痛了，所以我现在忍不住，就是笑这一件事。

晋文公一听，不开会了，也不打了，“公寤其言”，脑子清楚了。换句话说，你一出兵打别人，也有别的国家打你呀！不能这样干啊！干不得啊！“乃止”，停止这个会议，也不出兵了。“引师而还”，有些部队已经到了前方，赶快召回来。“未至，而有伐其北鄙者矣”，前方的部队还没有回来，果然齐国已经出兵打晋国的北部了。如果他要把大军都摆到前方打卫国的话，自己的国家可能被吃掉一半还不止。

公子锄虽然看到，可是晋文公那个威风一来，兴致一动要出兵的时候，正面刺他是阻止不了的；不但阻止不了，还会出问题。你们看《三国演义》，袁绍出兵，那个沮授谏袁绍不可以打，说一打一定失败的。袁绍不听，把他关起来，大军失败回来之后，第一个还杀了他。当沮授一听袁绍败兵回来，他说，完了，我死定了。为什么？因为晓得袁绍的个性，打了胜仗回来一定不会杀我，因为我说他失败，而他成功了，笑我一顿了事。结果他打了败仗，被我说准了，他就丢不起人，一定会把我砍头的。历史上这种故事很多，因此晓得说话之难。

公子锄这一段故事，虽是讲国家大事，但家庭也是一样，在家里跟父母讲话，也要懂得知时知量，也要会讲，不会讲话父母会气得哭起来。如果懂得讲的话，算不定爸妈正在吵架，听你笑话一讲，两个人就不吵了，要有这个本事。所以做人也一样，遇到危险的大事，讲起话来知时知量，有时候一句笑话就解救了天下。

第七讲

会识别窃盗的人

如何消灭盗乱

什么是神道设教

孔子见到一个奇人

奇人说忠信

我们再提起诸位特别的注意，《列子》每个故事看来都是独立的，一条一条，其实，以我们的人生为标准，上至治国，下至个人的做人做事，都有个体系。不要只记了每个故事的分段，而不了解全面。

会识别窃盗的人

晋国苦盗。有郄雍者，能视盗之貌，察其眉睫之间，而得其情。晋侯使视盗，千百无遗一焉。晋侯大喜，告赵文子曰："吾得一人，而一国盗为尽矣，奚用多为？"文子曰："吾君恃伺察而得盗，盗不尽矣，且郄雍必不得其死焉。"俄而，群盗谋曰："吾所穷者郄雍也。"遂共盗而残之。

晋国有一个时期，坏人很多。这个"盗"，包括了凶杀案、小偷、抢劫，都在内。"有郄雍者，能视盗之貌"，晋国有个人叫郄雍，他有特别的本事，现在讲就是会看人的相貌，特别的相法，"察其眉睫之间，而得其情"，看看人家的眉毛、眼睛、脸上表情，就知道这个是小偷，那个是抢人的，某个案子是谁做的。

“晋侯使视盗千百，无遗一焉”，晋侯就叫郄雍办案，办了无数的案子，“千百”是指很多的意思，没有哪件不破，而且坏人都抓到了。晋侯非常高兴，对赵文子说：“吾得一人，而一国盗为尽矣”，我国有一个最好的防盗人才，很会抓窃盗，只要有这个人，全国的窃盗就没有了。所以得到这样的一个人才，天下太平，“奚用多为”，不必用那么多人了，连警备部都可以撤销了，警察也可以不要了，多好啊！

“文子曰：吾君恃伺察而得盗，盗不尽矣”，赵文子说，那是靠人的侦察而抓住盗贼，我告诉你，小盗没有了，大盗要起来了。靠秘密侦察这个方法来抓盗贼，这只是偶然用的手段，政治不能经常玩这个。光靠这个想治天下，就糟糕了，这非常严重。

我们现在是讲《列子》，中国历史上好多帝王都是用这种手段，尤其是明朝的时候，所谓东厂、西厂，皇帝派出太监来侦察大家的事，越来越糟，这是第一点。讲到政治领导，应该是道德的政治，领导人与家长一样，“不痴不聋，不做阿翁”，有时候做公公婆婆的，小事情假装看不见，每一件事情都很精明就完了。文子说的第二点，“且郄雍必不得其死焉”，他说我告诉你，那个侦察很高明叫郄雍的人，不得好死，很危险了。赵文子就批评了这两点，他说这不是天下的良才。

“俄而，群盗谋曰：‘吾所穷者郄雍也’”，过了一阵子，这一班流氓太保做强盗的一起商量，说最可怕的人物就是郄雍，必须把他除掉。结果“遂共盗而残之”，这个“盗”字是动词，叫作偷盗，偷偷地把这个郄雍弄走，就把他谋杀了。

如何消灭盗乱

> 晋侯闻而大骇，立召文子而告之曰：“果如子言，郄雍死矣！然取盗何方？”文子曰：“周谚有言：‘察见渊鱼者不祥，智料隐匿者有殃。’且君欲无盗，莫若举贤而任之，使教明于上，化行于下。民有耻心，则何盗之为？”于是用随会知政，而群盗奔秦焉。

郄雍失踪了，被坏人杀了，晋侯听了非常惊恐，立刻把赵文子找来，告诉他这一件事。“果如子言，郄雍死矣”，真给你说准了，郄雍会看相，你大概会算命，怎么把他算得那么准！郄雍是死了，“然取盗何方”，这个社会那么乱，应该怎么办啊？有什么方法？

“文子曰”，这个赵文子讲，“周谚有言”，周朝的周公、文王、武王是建立中国文化的中心人物，周朝流传下来的话，“察见渊鱼者不祥，智料隐匿者有殃”。这一句话我们注意啊！经常在书上看到，它是出在这个地方，这是两句名言，尤其是一个做领导的人，当然非要精明不可，但是精明要有个限度，而且精明更不能外露，这是中国做人做事的名言。

“察见渊鱼者不祥”，一个人眼睛太好了，河里有几条鱼都看得清楚，那是不吉利的，这个人会犯凶事，再不然将来眼睛会瞎。这个道理在什么地方呢？譬如我们在儒家的书上可以看到，孔子有一天，带颜回一班同学到鲁国的东门去看泰山，好像开同乐会一样。孔子看鲁国的东门时，就问这一班同学，东门有一条白练，像白布一样在走动，不晓得是什么东西。等于孔子测验大家，你们看不看得见啊？结果大家都戴近视眼镜了，看不见。孔子说你们视力太差了，连我老头子都看见鲁国东门有一条白练在走。颜回在旁边说，老师啊！不是一条白练，是一个穿白衣服的人骑在白马上，跑得很快。孔子一听很惊讶，看颜渊一眼，愣了半天不说话，摇摇头。拿我们现在医学来讲，颜回读书用心太过，把精神外露了，所以四十来岁就走了。这是以道家的观点，从生理学上来讲保养精神的道理。

这也是讲做人的道理，觉得自己非常精明，精明里头聪明难，糊涂亦难啊！由聪明转到糊涂是更难！所以精明得太过分了，什么小事都很清楚，“察见渊鱼者不祥”，就是不吉利。这一句话，我们为人处世千万记住，随时可以用到。有时候在处理一件麻烦事时，你只要想到这个道理，就可以完成很多好事，成就很多事业，自己人生也减少了很多麻烦。

“智料隐匿者有殃”，一个人的智慧很高，很聪明，别人家的隐私虽然你不一定看到，但是一判断就知道。这并不是好事，会有祸害的，这一种祸害的原因那就很多很多了。

这两句是名言，我们现在只是照文字的讲法，而真正运用在人生的境界上，有很多方面。不过注意！也有用反了的，为了这两句话，守住原则不知变通，你绝对变成一个大糊涂蛋，那必然注定失败。所以，运用之妙，还是在于智慧，这是第一点。他这两句话也就解释郄雍之所以被杀了，就因为犯了这两句话的毛病，精明太露，福德、福报就差了。

第二点他说治盗，处理社会的盗乱，这是政治哲学的原则，“且君欲无盗，莫若举贤而任之，使教明于上，化行于下，民有耻心，则何盗之为”，他说一个社会国家没有坏人，没有强盗，那要在文化教育方面着力才行，国家要重视贤人——有道德、有学问、有才能的人才是。

我们中国文化，自上古以来，不管儒、墨、道，哲学思想始终是尚贤。孟子更提出来“贤者在位，能者在职”，贤是贤，能是能，是分开的。我们现在看到选举的宣传，也是选贤与能，“贤”是有道德、有学问、品德好的人；“能”是有才能，参与、指导政治思想，领导做行政工作的人。如地方首长，要能干，要有才能。不过，学问道德很好不一定有才能啊！有些人学问非常好，但遇事拿不出办法，团团转，然后睡不着，还吃镇静剂，这是无才能。如果是能干的人，哪怕他学问不好，办起事来干净利落，事情到手马上就解决了，不管什么社会问题、政治问题，一大堆，都拿得出办法来。

《列子》这里把贤能笼统地概括在一起，所以说“举贤而任之”，要社会好，是靠教育文化的力量。这个教育不是狭义的学校教育，而是家庭教育、社会教育，乃至现在的电视教育、报纸教育以及广告的宣传教育都包括在内。“使教明于上”，在上有昌明教化，建立一个泱泱大国，一个真正文化的教育风气，“化行于下”，使国民道德得到养成教化。“化”字要特别注意，“化”字不是严格的教育，是自然的影响。我们到一个公共场所，看到人人衣冠整齐，我们不整不齐的，穿拖鞋、头发又乱，立刻自觉不妥了。所以“化”是感化，是无形的。所谓教育这个“教”字，旁边一个文章的“文”，解释是“教者效也”，效果那个“效”，教育是一个效果。

还有一个道理，“教”字右旁，现在写这个“攵”字，过去是写成“攴”。我们小的时候书读不好，背不来，老师用桌上一个戒尺，我们南方叫格方，就是打手板。所以古人说“棒头出孝子，杖下出良臣”，对老师来讲，杖下教出来的学生会做状元，将来了不起，做忠臣孝子。“教者效也”，所以“教”字旁从“攵”，“攵”就是扑挞；“化”是无言之教，自然受影响、受感化。如果教也教不了，化也化不动，那就要用刑法了。中国法治的哲学，刑法的哲学，也是属于教育的范围，因为实在教不了，没得办法，所谓一家哭不如一人哭，对于一个妨碍社会的害群之马，只好去掉，所以刑法也属于教的一种，是教的分化。

什么是神道设教

《列子》提出来“君欲无盗，莫若举贤而任之，使教明于上，化行于下”，下就是普遍整个的社会。譬如我们中国的教化，几千年前《易经》就有“神道设教”，《礼记》上说“化民成俗”。其实外国也一样，西方信仰基督教，总统就职以及其他就位仪式，一只手按在《圣经》上，一只手举起来宣誓，就是神道设教啊！你说那个上帝究竟管里根或者管卡特啊?!所以每个民族都是神道设教。前几天我听到有些人说，这个“拜拜”太严重啊！应该把乡下这些庙子拆掉。我说你少胡扯了，“拜拜”对，太过分了不对。乡下人吵架，来，来，我们两个人不要吵，买三支香到土地公、关公、妈祖前面跪下来，斩一个鸡头，赌个咒，看谁没有良心。都怕了，这比什么都好。所以神道设教，化民成俗，如果说土地公会找你，阎王会找你，你有果报，你听见觉都睡不安宁了，安眠药都没有用，这也是教。所以宗教也称为教，也有教的意义，也有化的意义，化民成俗，这个叫教化。

所以“民有耻心”，古文这个民不是光指老百姓，现在白话就是人们。一般社会上讲人们知耻，是自己晓得什么该做什么不该做。自己做了错事都脸红，这就是教育的成功了，不需要刑罚，不需要诉之于法院。人们知耻，“则何盗之为”，社会自然就安定，没有盗，所以是道德的政治。

“于是用随会知政，而群盗奔秦焉”，晋侯接受了这个建议，马上用了一个了不起的人，姓随名叫会，用他来主持政务，结果晋国的坏人、流氓、土匪、强盗都跑到秦国去了。就用这么一个人，就做到了“使教明于上，化行于下”，得到了成果。

孔子见到一个奇人

孔子自卫反鲁，息驾乎河梁而观焉。有悬水三十仞，圜流九十里，鱼鳖弗能游，鼋鼍弗能居，有一丈夫，方将厉之。孔子使人并涯止之，曰：“此悬水三十仞，圜流九十里，鱼鳖弗能游，鼋鼍弗能居也。意者难可以济乎？”丈夫不以错意，遂度而出。孔子问之曰：“巧乎！有道术乎？所以能入而出者，何也？”

这一段故事，讲个人问题，你看它配套非常好。“孔子自卫反鲁，息驾乎河梁而观焉”，孔子从卫国回到鲁国来，到了山东河梁之间——这个在《庄子》里提到过，非常有名的地方，有流水，等于石门水库一样，河梁是大河上面一个桥，就是水闸，平常没有完全关死的，水流下来，这在我们南方江浙一带很多，到处都看到，山东一带比较少。

“有悬水三十仞，圜流九十里，鱼鳖弗能游，鼋鼍弗能居”，河梁这个地方，上面的水像瀑布一样流下来，“三十仞”，二十多尺高。“圜流九十里”，那个水冲下来，变成一个潭，水冲到潭底就转起来，转起来的漩涡周围有九十里那么远。这个里头连鹅毛都可以沉底的哦！水中功夫再好的人到这里都不敢动了。在这一种流水之下，比鱼鳖更大的鼋鼍——大乌龟之类，都无法生活。我们海边经常买到大乌龟，最大的有圆桌面那么大。有一次，海边人弄上来一个，上面挂了很多金牌，是在乾隆年间放生的牌，我还记得小的时候被抱上去坐了一会儿。那一种属于鼍，很大，它的力量也大，可是在这个水里也没有办法停留。

“有一丈夫”，结果有一个男人，真是男子汉大丈夫了，不是大豆腐了。“方将厉之”，他准备下这个水，“孔子使人并涯止之，曰”，孔子马上派人阻止他不要下去。孔子派去的这位同学，不晓得是子路还是子贡，就告诉他“此悬水三十仞，圜流九十里，鱼鳖弗能游，鼋鼍弗能居也”，孔子派人告诉他这个流水太猛了，水势太大了，太危险了，这几句话是重复，我们不解释它。但是这里为什么用重复的文章？就代表非常好意，很仔细地告诉人家这个危险性，这是强调孔子的仁慈，重复一次，不能省掉的，省掉味道就不好了。“意者难可以济乎”，恐怕很难适应吧！到底是孔子的学生啊！讲话很有礼貌，在我们的意思劝人家，你不要下去了，恐怕不容易过得去哦！这个讲法是读书人的味道。“丈夫不以错意”，这个男人一听，不在意，理都不理，咚！就跳下去了。跳下去以后，优哉游哉，在水中转了一圈，“遂度而出”，他很轻松地就出来了，没有淹死。

这一下孔子也奇怪了。孔子大概同我们一样，旱鸭子，不会游泳的，只有他的学生会游泳，没有听到过孔子游泳。“孔子问之曰：巧乎”，大概他身上水都没有擦干，孔子马上就跑来了，孔子求学的精神很厉害的，马上来请教。你的本事很巧，高明巧妙极了，巧跟妙配起来，妙极了。“有道术乎”，他说你有什么本事啊？这个道代表形而下的法则。你这个功夫怎么练出来的？“所以能入而出者，何也”，这样危险的水势，你能够进去，能够出来，是什么原因？

奇人说忠信

丈夫对曰：“始吾之入也，先以忠信；及吾之出也，又从以忠信。忠信错吾躯于波流，而吾不敢用私，所以能入而复出者，以此也。”孔子谓弟子曰：“二三子识之，水且犹可以忠信诚身亲之，而况人乎？”

“丈夫对曰”，这个男子就告诉他，“始吾之入也，先以忠信”，他教训起孔子来了，就是公然在孔子门前卖“四书”了。他也不晓得这人是姓孔的啊！姓什么都不管，他说，告诉你，当我跳下水去的时候，就忘掉我自己了。

忠，什么叫忠啊？于一事一物无不尽心谓之忠，这是中国文化古代的解释，宋朝以后的解释很狭义，好像只是为了老板而被杀叫作忠。所以在《论语》里有“为人谋而不忠乎”，朋友托你的事，讲过的话一定去做到，这就是忠。什么是信？信任自己，也信任他人，尊重自己，也尊重别人，这就是忠信之道。

他这里所讲的忠信，是说他信任了水性。水有个什么性能啊？水有个性能，出在佛经里，“大海不宿死尸”，任何的尸体在大海里，一定把它送上来。水很爱干净，死掉的东西一定都把它浮送上来。由于这个原理，所以他很信任水性。换句话说他忘掉自己，也忘掉了水。所以他说他跳进去的时候，身心跟水合一了，不抗拒，顺其自然，水怎么转就怎么转。“及吾之出也”，等到他出来的时候，“又从以忠信”，也顺水性自然之势，那么一转就上来了。“忠信错吾躯于波流”，他以忠信、信任水性、忘我的态度，使心跟物两个合一了。“错”就是把我的身体与水流合一了。“而吾不敢用私”，这中间一点私念都没有。什么叫“不敢用私”？就是不主观，不抗拒，不用私心，顺水性的圜流而转，自己不用个人的意见。因为不敢用私心，“所以能入而复出者以此也”，就是这一点，没有什么别的秘诀，既没有念咒子，也没有做观想，既不拜上帝，也没有求观音菩萨保佑，就是忘我。中间没有妄念，没有自主，心跟身、身跟水都合一了，就是这个本事。

孔子一听，又拜了一个老师了，“孔子谓弟子曰”，转过来对学生说，“二三子识之”。古书上孔子讲话经常用“二三子”，拿现在白话讲，你们这一群同学们注意。这个“识”字应该读“志”。孔子告诉学生：你们记住，“水且犹可以忠信诚身亲之，而况人乎”，你们看这个物，水是个物质的东西，人跟物质相处，只要忠信，人跟物质两个可以合一，就是神通了，无我无私。他说水尚且可以忠信，如果以此来对人、对社会、对国家、对天下，不论是做一个带兵的，或者是做一个教学生的，或者是做一个工商界的主管，只要忠信、诚信处世，物都能够转变，何况是人。

问题是我们之所以做不好，是因为自己的诚信不够，只有反求诸己。上面讲了对于国家大事的处理，下面又提到个人，我们今天先到这里为止。

第八讲

这篇《说符》，其中道理非常多，运用无穷，大至国家天下，小至个人的修身养性以及修道，都有关联。我们用的是《四库备要》这个本子，上一次讲到卷八的第六页，都是一段一段故事衔接的，但是你不要以为各个故事独立互不相关，事实上，每个故事都有连续性的，这个道理要我们慢慢去体会。现在开始另一节故事。

白公问孔子曰："人可与微言乎?"孔子不应。白公问曰："若以石投水，何如?"孔子曰："吴之善没者能取之。"曰："若以水投水，何如?"孔子曰："淄渑之合，易牙尝而知之。"白公曰："人故不可与微言乎?"孔子曰："何为不可?唯知言之谓者乎!夫知言之谓者，不以言言也。争鱼者濡，逐兽者趋，非乐之也。故至言去言，至为无为。夫浅知之所争者末矣。"白公不得已，遂死于浴室。

白公请教孔子微言

"白公问孔子曰：人可与微言乎？孔子不应。"这几句话是故事的纲目，但我们先要了解它的背景。白公姓白名胜，是春秋时代楚王的后人，也是当时楚国的领导人。白姓是因地名白邑而来的，后来像长江以南、两湖姓白的人，都因白邑这个地名而姓白。

在春秋二百四十多年之间，天下大乱，有儿子杀父亲的，有弟弟杀哥哥的，有部下叛变杀君王的，多得很。所以孔子痛心而著《春秋》，给后人一个说法，认为社会的混乱是有知识有学问，尤其是当权在位的人应该负最大的责任。所以《春秋》是责备贤者，不责备一般老百姓，因为一般老百姓多半是盲从的。

有关白公胜的这一段历史，是当时发生部下叛变，所谓"臣弑其君，子弑其父"。青年同学们特别注意，这就是我们中国文化的一个大问题了。现在我经常讲，大家同学们洒扫应对都不知道，教育八十年来的失败，一个青年人，怎么扫地？怎么抹桌子？怎么样对长辈讲话？怎么站？怎么坐？都不知道。现在小学里教的是老师早，老师好，老师不得了。中国文化的基本教育，是从洒扫应对教起的。到了中学、大学，也没有教这个基本文化了。所以当长辈、老师、父母问他事情办了没有，大声回答办了啊！对父母好像训孩子一样，我们很多同学是这样。问他东西放在哪里，我刚才给你了啊！好像我犯了很大的错误，有很大的罪，几乎要我向他下跪才对，这就是我们现在的基本教育。这种教育是从家庭教育开始，严格地讲从胎教就开始，所以我们现在是很可怜的一个时代，几乎像春秋战国时期一样的混乱。

为什么讲到这个呢？因为古书上"臣弑其君，子弑其父"

这个“弑”字，为什么不用“杀”呢？这是中国文化的规范，以下犯上用“弑”，不能用“杀”字。等于说天子、皇帝死叫“崩”，不叫死亡，因为他是全民所景仰。诸侯死叫“薨”，大夫死了，就是知识分子有地位的，叫作“殁”，普通老百姓叫“亡”。“死”只是个普通的名词。所以就是连死的文化也要分好几个阶段，有好几个意义，代表了文化的精神，我们现在都不懂了。所以现在学生对老师讲话或者跟长辈讲话，都是提高嗓门大声回答。这个态度在从前很严重啊！对父母或长辈、上级讲话，我们说“是”，不敢说“对”，“对”是平辈答话。

讲到白公胜这个人，他是被臣子弑，臣子叛变杀死了他。当时这位诸侯白公胜已经发现政体的演变，社会变坏而且乱。白公胜有一天问孔子说：“人可与微言乎？”什么叫“微言”？就是很小很轻的话，孔子没有答复这个问题。在文字上看我们好像懂了，内容却不是这么简单。

什么是《春秋》微言大义

孔子著《春秋》，二百四十多年之间，记录历史上“臣弑其君”有三十六次之多，天下社会大乱，以致家庭变化，儿女可以斗争父母。那个时代，乱到极点，孔子非常的痛心。《春秋》除了责备贤者以外，讲了三世，就是衰世、升平、太平盛世。历史上以《春秋》为标准来说，三代以下的历史只有偶然的升平，那是由衰乱变乱的社会进步得到安定，算是升平之世，并没有达到真正的太平，太平太难了。真正的天下太平，众生平等，是跟佛的思想合一，那个叫太平。

《春秋》有三传，孔子只著了《春秋》，等于写了大标题，历史的内容在《左传》《公羊传》《谷梁传》三传里。在这三传，我们普遍容易读的就是《左传》，在中学、大学念国文课，应该都是念《左传》；《公羊传》和《谷梁传》是历史的哲学，更难读了，很少人去研究，除了专家之外。我们要通中国文化，《春秋》必定要懂。现在我们讲“微言”，《春秋》叫作“微言大义”，非常难懂。文字好懂得很，“微言”，是看起来不相干的一个字，包括了全部文化的精神。所以孔子著了《春秋》，鬼神都在哭，都害怕，因为他的笔下判定了千秋万代的罪恶。我们大家在中学都读过《郑伯克段于鄢》这一篇，郑伯跟段是两兄弟，郑伯故意纵容段这个兄弟，结果把他当敌人一样，消灭了这个兄弟。对敌人打了胜仗叫作“克”，除了敌人以外不能用“克”字。郑伯把弟弟当敌人一样看待，违反人本位的人类文化。孔子这个《春秋》的诛法，用了一个“克”字，郑庄公千秋万代翻不了身，这个叫“微言大义”。孔子只写了这一笔，至于内容如何，你去读《左传》就懂了。

再进一步说，“微言”是什么呢？就是跟禅宗的“机锋”一样；也等于我们普通讲话点你一下，点你一个窍，或者用一句歇后语。譬如说“和尚不吃荤”，肚子里有素（数），大家笑一笑，晓得了，这就是“微言”，歇后语，后面没有了，后面都懂了。这个事情怎么样？“外甥打灯笼”，照舅，照到娘舅，谐音，就是照旧的意思。像这些都属于“微言”。

白公胜要问孔子一件国家大事，但是他很会问话，“人可与微言乎”，一个人有些话不能明讲，可以用别的方法吗？“微言”是不相干。孔子不答复，为什么不答复？这个里头问题大了，因为孔子始终不肯讲谋略，只讲人道正面的话，对就是对，黑就是黑，白就是白；什么阴谋、阳谋、用兵之道、政治大原则，他全懂，他不讲而已。也因为白公胜所问是决策国家的大事，非常危险，所以孔子不答复这个问题。

关于孔子为什么不答复，注解的这个小字里头有历史上一段故事。“白公，楚平王之孙，太子建之子也，其父为费无忌所谮，出奔郑”，费无忌是个奸臣，在白公胜祖父前面挑拨，白公胜的父亲太子建就逃到了郑国。“郑人杀之”，结果郑国把他的父亲杀掉了。“胜欲令尹子西”，令尹是楚国的宰相；“司马子期”，拿后世来比方是元帅，陆军总司令或国防部长。白公胜要这二人“伐郑”，出兵打郑国，“许而未行”，结果这两位大臣不听令，不认同这个领导人的道理。碰到“晋伐郑，子西子期将救郑”，晋国来打郑国了，他们两位不听领袖的命令，要出兵救郑国。“胜怒曰”，白公胜发脾气了，“郑人在此，仇不远矣”，郑人现在出了问题，正可以报仇。《春秋》之义，不反对为国家民族复仇，所以说“仇不远矣”。“欲杀子西子期”，所以白公胜想杀这两位高级部下，因为他们不听命令。但是在朝廷政府中想除掉两位文武大臣，就像房子要去掉两个主要的柱头一样，很困难，“故问孔子”。孔子已经懂了，“故不应”。“微言犹密谋也”，“微言”就是秘密的计谋。

诸葛亮的微言

这一段历史故事，在注解里引证都有，看注解就晓得了。所以孔子没有答复，因为孔子很不愿意教一个君王做阴谋的事，但是孔子也不反对。这等于什么？诸位年轻同学有没有看过《三国演义》的原文啊？像我们小时候原文都能背出来很多，那个文字太好了。《三国演义》第三十九回，刘表原配太太死了，大儿子叫刘琦，后娘对他不好，准备让自己儿子上来接位。刘琦急死了，就请教他的叔叔刘备，刘备很高明，他说你问我们军师诸葛亮吧。刘琦就问诸葛亮，诸葛亮听到就不答话，故意岔开，刘琦总讲不上话。后来刘琦就告诉诸葛亮，他说我有个绝版的好书，你要不要看？我这是比喻，差不多是这个意思——诸葛亮也是喜欢搞学问的，就跟他到楼上，诸葛亮一上去，刘琦就把楼梯抽掉，下不去了。刘琦立刻跪下，先生啊！这个时候一个人都没有，你非教我不可。诸葛亮没有办法，他不及孔子，孔子还跑得了，他逃不了。但是，古人说的"疏不间亲"，夫妻吵架，兄弟之间闹家务，第三者绝不能讲话，讲话是最笨的事。

我有一个经验，年轻的时候很热情，有两夫妻刚刚结婚，都是我的朋友，结果两个人吵架，都跟我埋怨对方。我想让他两夫妻讲和，跟男的讲，你不要听她的，她就是脾气坏；然后告诉女的，我那个同学好讨厌，你不要理他，过一两天就好了。结果他们到了晚上，两夫妻就和好了，然后说某人讲你坏耶！那样啊！这样啊！弄得我猪八戒照镜子，两面不是人。这个道理就是"疏不间亲"。

诸葛亮说刘公子啊！你何苦逼我呢？疏不间亲，那没有办法。刘琦说今天只有军师可以救我，诸葛亮就讲历史上太子申生的事。春秋战国的典故你不知道吗？你向父亲请求带兵外调嘛！部队归你掌握，又守了边疆，跟后娘分开远远的，不起冲突。等到你父亲一过世，军权在你手里，爱怎么干就怎么干。诸葛亮只好把历史的故事告诉他，刘琦就懂了。

孔子这一次也是这样，所以他不好讲。为什么呢？我昨天讲一个同学，“不在其位，不谋其政”，常常看到年轻同学，有人把公司里的事跟他一谈，他出了很多主意，这就是没有受过好的教育的原故，你又不是那个公司里的职员，不知道内容，又没有参与经过。譬如刚才同学提起来，我们楼上有大法会，方丈和尚亲自主持，很庄严肃穆，但是你晓得吗？昨天夜里，他们为了布置这个会场，到早晨六点钟才睡觉。你没有参与过就不晓得那么辛苦，就不知道内情。所以由这个道理就要懂天下一切事，“不在其位，不谋其政”，绝不随便讲话，因为你不懂别人的辛苦，固然你是好意，这是做人做事的分寸。所以孔子就是这个意思，对于这一段事，他也不在楚国，而是客位。

孔子微言　禅宗机锋

这位白公胜逼不得已，再问他，“若以石投水，何如”？问得高明极了。他说孔老夫子啊！假使拿一块石头丢到水里去，你看怎么样？两个人都在打哑谜。孔子不肯参与他的国家大事，而且这种事，要杀人、要救人都是他手里做，孔子又不是白公的宰相，又不是军师，不好讲话。白公胜看他不答复，也懂了，换个方式来。问以石投水，你看怎么样？我们青年现在想想，石头丢到水里就沉底了嘛！就把这两个人消灭了。孔子的答复更妙，“吴之善没者能取之”，这一句话孔子答复了，孔子说那不算高明，吴国，就是江浙一带，靠海边水多，那些善于游泳的人，海底的石头都可以拿上来。

像我们海边的人，我小的时候看到，冬天年轻人脱得光光的下去打鱼，起码五六个钟头才上来，上来之后身上一擦，好热，还出汗呢！我看傻了。实际上他们已经吃了药的，药吃下，冬天下海不怕冷，还热。如果不下海，不下冷水里头，马上血管要爆裂的，这个中药下去是这样。所以这个海边的人，江浙一带游水，还有三天三夜在水里头不出来的，是很普通的事情，没有什么了不起。在内地，如果在高原地带的人，听了一定说你这个人扯谎，说神话，不可能的。

所以孔子的知识极渊博，白公胜问他丢石到水里如何，孔子说没有用，善于游泳的，深水里的石头还是给你拿上来。换句话说，你这个方法没有用，高明的人你不一定杀得掉。白公胜再问，“若以水投水，何如”，水倒在水里头呢？水倒在水里头，或者咸水倒在淡水里头，淡水倒在咸水里，清水倒在混水里头，你看怎么样？

“孔子曰：淄渑之合，易牙尝而知之”，也没有用。淄、渑就是山东两条水，一条是清水，一条是混水。清水、混水在一起，流得快的水性硬，流得慢的水性柔和。中国人讲究喝茶，会喝茶的人，水一烧出来，是松树的柴火烧，或是哪一种树的柴火烧都知道。电炉煮的味道已经不是茶了，像我们现在不叫茶道，叫牛饮之道，尤其我这个喝茶，这么一缸，两口就把它喝光了。我也喜欢喝茶，但是是牛饮，牛喝水一样，也是另外一道。

所以“以水投水”，孔子说，那也没有什么高明，两条不同的水放在一起，齐桓公的厨师叫易牙，一尝便知。易牙这个人，水到嘴里一尝，就知道是哪里的水，做某一种菜可以，做另外一种不行。白公与孔子两个人在打哑谜，禅宗讲打机锋。

我们讲个故事，明末有个高僧苍雪大禅师，在明末四大高僧之外，可以说是第五大高僧，非常有名。他的诗好，文好。明朝亡国了，一班不投降的遗老都到他那里，都是这位和尚包庇。有人画了一幅画——画了一座高山，一棵松树，下面有一块石头，石头上有一个棋盘，棋盘上摆着棋子，却没有人在那里下棋。这一幅画意境高，画也画得好，就请天下第一大法师、诗僧——苍雪大师题字。要看懂这一幅画很难，苍雪大师看懂了，就写了一首诗：

松下无人一局残　山中松子落棋盘
神仙更有神仙着　千古输赢下不完

“松下无人一局残”，松树下面没有人，一局没有下完的棋摆在那里。“山中松子落棋盘”，深山里头一个人都没有，松子掉下来，掉在棋盘上，也变成一着棋了，这个就是“微言”。“神仙更有神仙着”，我们中国人画画不是神仙下棋吗？一着棋，两着棋，神仙下棋凡夫看不懂呀！但是你神仙不要以为高明，神仙背后还有高明的神仙，比你下得更高明。“千古输赢下不完”，你不要自认为高明，人外有人，天外有天，千古历史是没有结论的。这就是懂了人生境界，这也是禅啊！这是口头禅，但是很有道理，你懂了最后这一句话，对于人生你就很安详了，成功失败都靠不住，永远没有结论。现在白公问孔子，孔子的答话就是这个意思，等于苍雪大师的诗，你高明有人比你更高明，“千古输赢下不完”。

对谁说微言

白公听到这里，就愣住了，傻了。他问了天下第一高人孔子，孔子的答话竟然如此，“白公曰：‘人故不可与微言乎’”，哎呀！孔老先生啊！照你这样一讲，天下高明人就难办了。白公当时的局面很难，心里想，你难道都不肯点我一下吗？你教我一下都不肯吗？所以常常有些同学，在我很忙的时候在那里问，我眼睛拼命眨，同学愣住了，还问我老师啊！你今天眼睛痛啊？真笨得要命！没办法只好苦笑一下。像张良帮汉高祖，张良在桌子下面踢一脚，汉高祖就懂了，所以汉高祖就成功了嘛！我们有些青年人，你不要说踢他一脚，你把他打三拳，打伤了，他还说老师你今天怎么搞的？我要去验伤告你伤害罪。这种人怎么办呢？所以“人不可与微言”，点窍都不能点。

“孔子曰：何为不可”，他说哪有这个道理，当然可以，其实孔子已经答复他了。你们现在懂了没有？他开始一问，孔子就已经答复了，他没有懂。第二次又问了，孔子否定了。第三次又问，孔子又否定了，还不懂。所以他这个人注定是要失败的，不能当汉高祖。到这一步还是笨笨的，同我们现在年轻人差不多，还死问到底，你说这怎么办呢？

“唯知言之谓者乎”，孔子说要懂话的人才给他讲。换句话说是骂了白公，我已经答复你，你不懂嘛！不过孔子看他可怜，又讲“夫知言之谓者，不可以言言也”，注意“言言”这两个字，上面这个“言”是名词，是所说的话，下面“言”字变成动词，讲话叫作言。孔子这里告诉他什么人才算懂话的。所以我常常告诉青年人一个修养，善于听话的人才会善于讲话。能够坐下来听人家乱七八糟地吹牛，听了半天不答复一句话，每一句话都听清楚了，这个人可以当主席了。譬如你们将来有机会当了立法院院长，下面对的、不对的，对与不对之间的，黑的、白的，各种意见，你统统静静地听，都听得很清楚，然后要点在哪里，几句就答复了。大会的主席不容易当啊！不善于听话的人就不会讲话。换句话说，多言的人不一定会听话，他喜欢表达，喜欢表达心就不冷静，所以别人要紧的话听不进去。孔子告诉他，真正的知言人，“不以言言也”，是无话可讲，不需要讲话，就是已经讲了。你问我，我已经答复了嘛！这个就是答复。孔子看他好可怜，很仁慈地对这位可怜的诸侯说明。

孔子再说微言

“争鱼者濡，逐兽者趋，非乐之也”，孔子又点他，一个人喜欢吃鱼、喜欢打鱼，他不怕衣服打湿了，不脱衣服也下水，为了追求这个鱼嘛！喜欢打猎的人，他不怕累，拼命地跑，兔子跑多快，他就跑多快，为什么？前面有个目标嘛！等于你们年轻人讲恋爱，要追的时候，管他累不累，电影院门口等三个钟头，站在那里都不累。当兵的时候，只叫你立正站半个钟头，你还讨厌那个长官，站了半个钟头，还不叫“稍息”，对不对？但是他追起女朋友啊！就不怕累了。等到追到手了，变成了太太，那就讨厌了，人生就是这个道理。叫你们大家不上《列子》课，到十一楼跑步两个钟头你干不干？因为不是你的目的嘛！如果说大家全体跑步两个钟头，每人发二十万，你一定干了。就像我们打坐是要成佛，也有一个目标啊！佛看不看得见不管啦！我总想成佛所以两条腿尽管熬，酸啊！痛啊！麻啊！我想得道啊！并不是那个腿打坐麻得好舒服，对不对？这也是“争鱼者濡，逐兽者趋，非乐之也”，如果不是成佛的目标，你就麻得好痛苦！是为了悟道所以甘愿挨嘛！这把人情世故都讲完了。

“故至言去言”，最高明的话，是不讲话也懂了。“至为无为”，最高的谋略，要干你就干吧，不能又想吃又想不吃，然后还把秘密问我，如果我泄露了秘密你就完了嘛！所以，“至为无为”，是看起来没有动作。“夫浅知之所争者末矣”，如果智慧不够的人，东问西问，那就完了。他就骂了白公，你问我已经很低级了，你是最高领导啊！权力在你那里，要干就干，干了以后那人还不知道呢！他还谢主隆恩。结果你却要问我，我不能叫你杀人啊！

白公没有懂孔子的意思，“白公不得已，遂死于浴室”，怎么叫不得已？就是不懂，也没有办法，最后被两个大臣叛变所杀，死在洗澡间，多可怜啊！就是笨。孔子样样都教他，第一次问，“孔子不应”，不应就是说你这个问我干什么呢？你已经决定了要这样做就这样做嘛！我们先休息一下。

第九讲

问不孝有三
赵国领导人的忧患
孔子谈忧患
以强示弱而胜的人
幸与不幸的道理

问不孝有三

有同学问“不孝有三”是哪三样的问题。我们古代重男轻女，但是中国上古男女还是平等的，男女不平等是宋朝以后的事，所以在古书上女孩子也可以称兄弟，叫女兄、女弟。所谓“不孝有三”，不一定是指男性而言，“无后为大”，无后是第一不孝。第二不孝是“家贫亲老不仕”，父母年纪大了，家庭生活贫寒，自己还装清高，懒惰，这样不做，那样不做，不肯养父母，这是第二条不孝。第三不孝就是自己“曲意阿从，陷亲不义”，父母教育你立身，自己站不起来，永远靠父母生活。这是三样不孝。

“无后为大”是第一条，其他两条不讲。那么依据在哪里呢？要看朱熹的“四书”注解。其中《孟子》里“不孝有三，无后为大”，在朱熹集注里，也不是朱熹的见解，是朱熹引用古人的见解。这个问题很麻烦，你几乎把我考倒了。

不过，有些问题我不大同意，怎么说呢？“不孝有三，无后为大”，这个是不错，因为民族主义，事关人类的衍生，这个暂时不管。有一条我非常反感，就是“家贫亲老不仕”也算不孝之一，我很反对。中国的知识分子好像只有一条生路，只有做官。其实知识分子不一定要做官，做官、做皇帝是职业的不同，人生要有自己的事业，对社会国家有贡献叫作事业，能够创出事业来才是大孝子。这个观念在哪里呢？在《孝经》这一本书里。《孝经》是中国文化十三经之一，是孔子传道的学生曾子所著的。所以真正的大孝是大孝于天下，换句话说，对社会人类有贡献就是大孝子，这是《孝经》里头的道理。

另外，一定要做官才叫孝子吗？那是解释错误，所以孟子也不引用。我认为中国几千年的教育犯一个错误，重男轻女，因为重男，每人都想生个儿子望子成龙，成龙的方法只有教育他读书。读书有什么好呢？读书可以做官。做官有什么好呢？升官可以发财。现在一直到选举也是这个观念。不过《朱子治家格言》里说，“读书志在圣贤，为官心存君国”，这是我们小时候的一个基本教育。读书人志在圣贤，不是诗作得好，文章写得好；为官呢？心存君国。但是尽管从小那么教，结果出来还不是想升官，升官以后想发财？所以，升官发财这个观念是错误的。我在讲《孟子》的时候也提到过，“不孝有三”之中这一条我是不大同意的。好啦！现在我们回过来看《列子》。

赵国领导人的忧患

赵襄子使新稺穆子攻翟，胜之，取左人、中人，使遽人谒之。襄子方食而有忧色。左右曰：“一朝而两城下，此人之所喜也；今君有忧色，何也？”襄子曰：“夫江河之大也，不过三日；飘风暴雨不终朝，日中不须臾。今赵氏之德行，无所施于积，一朝而两城下，亡其及我哉！”

注意啊！这一段是人生的哲学，也是天下国家大政治的哲学。

“赵襄子使新稺穆子攻翟，胜之，取左人、中人”，春秋战国时是诸侯分治，等于现在欧洲一样，一个县就是一个国家，每个诸侯都是自称国君的。赵国的诸侯赵襄子，派一个叫作新稺穆子的人出兵“攻翟”，翟国是一个小国家，结果赵国打了胜仗，占据了“左人、中人”两个翟国的地方。打了胜仗，侵略他国，占有人家的土地，如果是拿破仑的话，马上就要建立一个凯旋门了。可是中国文化不同，“使遽人谒之”，战败的国家派“遽人”，就是外交官之流，来呈投降书，地方也献给你，地图也呈送上来。“赵襄子方食而有忧色”，他正在吃饭，看到敌人递了降书，一点都没有高兴，反而很难过忧愁的样子。你们注意呀！一个国家出兵打了胜仗，这个领袖不但没有高兴，而且连饭都吃不下，端着碗，筷子停下来，脸上很难过那个样子。

“左右曰”，旁边的参谋长啊、卫队啊，站在那里看到老板这个样子就问，“一朝而两城下，此人之所喜也；今君有忧色，何也”，出兵打敌人，一天就胜利了，占据了两个地方，任何人碰到这样胜利的光荣都高兴，可是你脸上不高兴，为什么？

赵襄子讲话了。“夫江河之大也，不过三日”，大江、大河水涨起来，势力好大，按照宇宙的自然法则，不过三天这个水一定会退了。《老子》中说“飘风不终朝，骤雨不终日”，大台风来，下大雨，不超过一天的。你看我们每次刮台风，最多三四个钟头最大，过了这几个钟头就慢慢地减弱了。《列子》《庄子》都是道家的思想，发挥《老子》的道理。所以赵襄子也引用《老子》的思想，“飘风暴雨不终朝”，这个“暴”字是“暴”字的古写。突然来的幸福，突然来的机会，不会长久，不能再得。我们有一句俗话，“福无双至，祸不单行”，好事没有连着两样来的，坏事算不定两三件一齐来，这是一个什么道理？这是一个哲学大道理，这是宇宙的法则，这就要懂道家的道理了。

“日中不须臾”，太阳当顶的时候，只有几秒钟就要下坡了，这也是人生的境界。所以一个人得意的时候要留意了，不可以引满，佛家就叫作无常，不永恒，把握不住。佛家只讲个大原则，《列子》这里说得非常深刻，很现实。赵襄子懂得这个哲学的道理，这个领导人在历史上很了不起。

“今赵氏之德行，无所施于积”，赵襄子自己说我们赵家德行不够，对全国的老百姓没有大的功德，贡献的力量积得不厚。所以我们晓得，佛家讲功德，世法也讲功德。“一朝而两城下”，现在战争胜利，一天之内占领人家的土地，“亡其及我哉”，我在还可以，我的儿孙会以为是胜利的光辉。他说赵国马上就要亡国了，你们不要只看到胜利，胜利之后保持不住，就会像太阳一样下去了，所以他说我难过，这不是好事。这是赵襄子说的，也是政治历史人生大哲学。等于你们年轻人，十七八岁，年轻力壮还不努力，过了二十岁太阳就开始下坡了，“日中不须臾”啊！就过去了。

孔子谈忧患

> 孔子闻之曰："赵氏其昌乎！夫忧者所以为昌也，喜者所以为亡也。胜非其难者也；持之，其难者也。贤主以此持胜，故其福及后世。齐楚吴越皆尝胜矣，然卒取亡焉，不达乎持胜也。唯有道之主为能持胜。"

"孔子闻之曰：赵氏其昌乎"，孔子听到人家讲赵襄子说的这番话，就说赵国后代还会好。"夫忧者所以为昌也"，一个人随时有忧患意识就有前途。如果忘记了忧患而傲慢自大，自以为了不起，这个人非失败不可。越觉得自己不够的人，越是会成功的，所以忧患就是最后成功的条件，一个国家也是如此。孟子也讲过，一个国家，"无敌国外患者，国恒亡"，一个国家没有敌人，也没有外面的力量来威胁你，这个国家看起来很太平，其实危险极了，是亡国的象征。太平日子过得太舒服了，一旦有事发生，毫无抗拒之力，自然就亡了。

所以政治的道理，自古以来有文治者必有武备，文武两个不能缺一。显明老法师，也是我的师兄，他到印度去一趟，最近回来说，师兄，印度你不必去。我说我早知道，印度这个国家，几千年来没有起来，因为它欠缺治国之道。而中国的儒家、道家，这方面非常完备，所以几千年来这个民族国家虽然遭遇许多灾难，终未倒下，因为有两大巨流文化之故。印度人自己文字、历史都没有，十七世纪以后才靠英国人整理，靠不住的。大部分印度原始的文字历史，宋朝以后都在我们《大藏经》里，他们不采用，为什么呢？就是所谓治国之道的原理有所欠缺。

所以孔子讲“赵氏其昌乎，夫忧者所以为昌也”，做人的道理也是这样，你们青年人每天都在烦恼中，前途无“亮”，没有亮光，怎么办？就烦啊！因为烦就晓得努力啊！就要去找这一个亮光，当然有希望。假使人生没有忧患，不去找这一点亮光，就完了，所以“忧者所以为昌也”。

“喜者所以为亡也”，自己认为一切很满意了，高兴了，这是灭亡的一个先兆。所以一个人很得志，自己认为了不起了，那当然是灭亡，那不必问了。等于西方基督教的话，“上帝要你灭亡，必先使你疯狂”，这也是真理啊！要毁灭一个人就使他先疯狂。中国文化只讲一句儒家的道理，“天将厚其福而报之”，也就是因果的道理。所以世界上有些坏人比一般人发财，运气更好，因为上天要使他报应快一点，所以多给他一点福报，故意给他增加很好的机会，使他昏了头，他把福报享完了，报应就快了，就是这个道理。

孔子又说“胜非难者也”，他说像赵襄子这样出兵侵略人家，一天当中打了胜仗，不困难，英雄事业，大英雄可以做到。“持之其难者也”，打了胜仗以后，保持这个成果是最大的困难。所以你看，像我们今天中午，同学们在准备汉唐的资料，唐代的唐太宗，当了皇帝统一了中国，有句名言“为君难”，当皇帝不容易啊！为臣也不易啊！当人家好的干部很难。所以说，创业难，守成也不易啊！父亲创业，发了财，到孙子手里就开始要败了，有些到儿子手里就败家了，所以守成也难。

“贤主以此持胜，故其福及后世”，贤明的领导人知道，把胜利的果实如何好好在忧患中保持，使他的财富可以延伸到后代。“齐楚吴越皆尝胜矣”，他说你看我们历史上的经验，春秋的时候，齐国、楚国、吴国、越国都成了霸主，在几十年当中都领导了一个国家，都是绝对的英雄霸主，结果呢？齐国在哪里？齐桓公的功业在哪里？楚国的后代怎么样？越王勾践又怎么样？吴王夫差又怎么样？“然卒取亡焉”，都完了。什么道理？“不达乎持胜也”，因为他们不懂政治大哲学的修养。换句话说，不懂圣帝明王之道，不懂领导的哲学。领导的最高哲学是道德，不是靠权谋。所以“唯有道之主为能持胜”，只有得道的领导人，才能保持这个胜利的果实，因为能谦虚，知忧患，才能永远保持下去。

我们注意刚才的两段故事，一个是白公的，如此之失败，一个是赵襄子的，如此之成功，都是对照的啊！国家天下大事，个人的修养，人生的大事、事业都在其中。以禅宗来讲都是话头，这些故事你要去参。相对的又有另一个故事，这是故事的总论。

以强示弱而胜的人

> 孔子之劲，能拓国门之关，而不肯以力闻。墨子为守攻，公输般服，而不肯以兵知。故善持胜者，以强为弱。

“孔子之劲”，这个是《列子》提出来的。历史上的教主与圣人，文字都好，譬如释迦牟尼叫作释迦文佛，既然叫他文佛，那必定是懂学问的。释迦牟尼佛十几岁时，世间学问统统学完了，所以称为释迦文佛。孔子是文宣公啊！也叫文宣王，历史上的每一个教主都是文武俱全的。释迦牟尼佛十二岁可以一只手抓起大象，把它丢出城外；拉弓射箭，可以射穿九重金鼓，文治武功都到了家。孔子也一样，我们都晓得孔子文好，但是孔子的劲，就是力气，“能拓国门之关”，城门的铁闸子下来，他一只手可以撑住。他跟释迦牟尼佛一样，都是力气大的，“而不肯以力闻”，但他绝不表演武功，不肯以力大示人。

第二个是墨子。中国春秋战国以后，是孔、墨、道三家的文化，唐宋以后则是儒、释、道三家。墨子是墨翟，“墨子为守攻，公输般服，而不肯以兵知”。《墨子》这本书，是诸子百家之一，墨子是真讲人类平等的，是救世主义，“摩顶放踵而利天下”，所以后世有人研究墨子，很有趣，写墨子是印度过来的一个和尚。“摩顶放踵”，头顶光光的，剃了光头；放踵是不穿鞋子，光脚的，做利天下之事，随身拿个雨伞就走了。还有一个人写论文，说墨子是回教徒；另有一个人研究墨子，说他又黑又丑，是西伯利亚放逐的一个罪人，所以研究墨子的人很多，很好玩。墨子尚贤，尚同，尚平等。

公输般，是春秋战国时的一个大工程师、科学家，什么战争武器他都可以发明。墨子对他说，不要挑动国际战争，挑起了战争，要死多少人啊！墨子说我一个人来，你把所有的武器拿出来打我。公输般把所有的武器都使出来，墨子都可以防守而不失败，最后公输般输了。他说我还有一样武器，拿出来你绝对守不住。墨子说我知道，你是想把我杀掉；我告诉你，我的弟子遍天下，就算你现在把我杀了，天下还有千千万万个墨子。

所以中国的帮会可以说是由墨子开始的，他每派的领袖叫巨子，巨子就是巨头，墨子的弟子们各领导一方。我们现在称工商界领导人为巨子，就是根据墨子这个历史来的。墨子有个弟子是秦国的巨子，就是墨家帮会的分支派，我们讲青洪帮的堂主，也就是小说上写的堂主。当时墨子在秦国的巨子有一个儿子犯法了，秦国的君王知道他是墨子的某一个巨子的儿子，就特赦了他，只不过巨子最后仍照国法处理。所以墨子的那个组织很了不起，严重得很，那个时候国际上都怕他。

所以“公输般服”，当时国际上唯一的武器专家公输般，服了。根据另一个考证，以前木工的工程师所拜的鲁班祖师，就是公输般。

墨子的用兵也是第一等的，军事最高明，但是墨子“而不肯以兵知”，不愿意以军事出名。你要晓得，军事上打胜仗是很难的，但是比起打败仗还算容易，最难是打败仗。所以诸葛亮六出祁山，打六次败仗，古今一般批评认为他政治可以，用兵非其所长。其实错了，在中国历史上诸葛亮用兵，六次都是完美的撤退，没有损失一兵一物。善于打胜仗固然难，善于打败仗更难。诸葛亮善于撤退，后面敌人不敢追来，他是历史上第一人。所以研究历史的人不懂军事，批评诸葛亮不长于军事，是错误的。诸葛亮军事的高明等于墨子一样，很内行而不愿意在军事上出名。这一段举了两个大人物，一个孔子，一个墨子，这两个都是教主。

"故善持胜者"，所以他们两位在文化上能够影响千秋万代，成为诸子百家之一的教主，因为他们都善于保持成功的果实。善于持胜是什么原因呢？"以强为弱"，等于我们社会上有钱人装穷，越有钱的人越装穷。那些假装自己很有钱，衣服又穿得阔气，金手表金戒指都戴上，反正身上戴的都是金子，一定是刚刚发一点财的人。老发财的人，他还深怕人家知道他有钱，衣服也穿破的，不过有一个道理，因为大家知道他有钱。过去我有一个有钱的朋友，他说，你猜我这一套衣服穿了多少年？我一看这个是旧料子嘛！他说四十年了，好旧啊！可是我今天出去，人家一看我的衣服说，你这个料子好贵的。我说嗯！嗯！很贵，很贵。这个衣服穿在我身上就贵，天下人就是这个道理。所以要注意啊！"故善持胜者，以强为弱"，因为他谦虚，才能持胜。

宋人有好行仁义者，三世不懈。家无故黑牛生白犊，以问孔子。孔子曰："此吉祥也，以荐上帝。"居一年，其父无故而盲。其牛又复生白犊，其父又复令其子问孔子。其子曰："前问之而失明，又何问乎？"父曰："圣人之言先迕后合。其事未究，姑复问之。"其子又复问孔子。孔子曰："吉祥也。"复教以祭。其子归致命，其父曰："行孔子之言也。"居一年，其子又无故而盲。其后楚攻宋，围其城；民易子而食之，析骸而炊之；丁壮者皆乘城而战，死者大半。此人以父子有疾皆免。及围解，而疾俱复。

幸与不幸的道理

另一件故事又来了，“宋人有好行仁义者，三世不懈”，宋国有一个人，全家人做好事，不是偶尔这里拿十块钱，那里拿一百块，那不算。这家人做好事不止一代，做了三代。“家无故黑牛生白犊，以问孔子”，有一年这家出了怪事，黑牛生出一头白小牛来，认为是反常不吉利。家里有白狗啊，白猫啊，那就麻烦了；尤其全身都是红色的马，有个地方一片白，那不得了，是吊丧的马。这家黑牛生白犊，害怕了，来问孔子。

“孔子曰：此吉祥也”，不要害怕，等于你们学佛的做了一个怪梦，门上什么影子掉下来，动不动就问，烦死了，是迷信。这一家人也迷信起来，就来问孔子。孔子说你不要迷信，大吉大利，是吉祥的，“以荐上帝”，最好你把这个小白牛杀掉，来祭拜一下天。

这家人听了孔子的话当然照做了，“居一年，其父无故而盲”，可是过了一年，这家的父亲莫名其妙眼睛瞎了。可见孔子的话不大灵光，好像孔子的密宗大概没有学通一样，这家的儿子起了怀疑。“其牛又复生白犊”，这个黑牛又生白牛了，“其父又复令其子问孔子”，这家的父亲对孔子很有信心，派儿子再去问孔子。

儿子是年轻人，告诉父亲，“前问之而失明，又何问乎”，去年你问他，他说大吉大利，你看，你倒霉，眼睛都看不见了，你还要相信那个孔子，再去问他干什么？

“父曰：‘圣人之言先迕后合，其事未究，姑复问之’”，父亲说你这个孩子不要乱讲，孔子是圣人，圣人的话先迕，迕是不对的，先看起来相反，最后有结果。“其事未究”，他说这个结果还不知道呀！不要认为我眼睛瞎了就不对，你姑且听我的话，再去问孔子。“其子又复问孔子”，这个孩子不像现在的青年，现在的青年一气就到咖啡店去了，再不然去看电影了，不理你。古代的教育不同，父亲既然讲了，只好又去问孔子。

“孔子曰：吉祥也。”好事，“复教以祭”，还是祭天。“其子归致命”，这个儿子回来向父亲报告，“其父曰：行孔子之言也。”父亲说，我们就照孔子的话去做。

“居一年”，再过一年，“其子又无故而盲”，儿子眼睛也瞎了，真倒霉，可见孔子的话不灵。“其后楚攻宋，围其城”，后来楚国打宋国，把宋国的首都包围起来，结果城里吃的都没有了，“民易子而食之”。历史上经常有这种人吃人的时代，战争的时候，我们这里好几个人都看到过，很多做父母的，自愿自杀给儿女们吃。老百姓交换儿子，自己儿女亲手杀不下去，这是历史上战争的痛苦，所以世界上不能有战争。要如何做到升平，大家要好好修行了。“析骸而炊之”，把死人的骨头拿来当柴烧，历史上太多了！有一本书专门集中这些资料，哪一年，哪一代，讲起来很痛苦，看得人都不敢看了，人类原来是那么残忍，同野兽是一样的。“丁壮者皆乘城而战，死者大半”，“丁壮”，就是壮丁，十八岁称丁，二十以后称壮年，各种说法不同。少年都临时被征召，没有受过军训就要做防御战，结果大半年轻人都被打死了。

“此人以父子有疾皆免”，这一家人因为父亲和儿子的眼睛瞎了，不需要出来打仗。“及围解，而疾俱复”，等到楚国的兵退了，宋国解围之后，这父子两人的眼睛又看见了。所以孔子的密宗还是学通了的，预言兑现，大吉利。

这一段故事的道理，就是祸福相倚，不一定的。这个是《老子》哲学，“祸兮福之所倚，福兮祸之所伏”，有时候你发了财，很得意，这是好运气了；但是因为你发了财，好运气，会出别的不好的事情。有时候你说我现在很倒霉，到处都吃瘪，算不定好运气在后头，所以祸福是相倚伏的。总而言之，正心、诚意、修身为本。

第十讲

有特技的不同遭遇
伯乐说良马天下马
九方皋相马
相马与相人

现在还是《说符》这一篇，告诉我们一个重点，人生处世做事，乃至于说话，都要有高度的智慧。如果没有智慧的处理，同一个方法，同一句话，同样做法，用在某一个时候是对的，而在某一个时候却是错误的。所以，人这个生命，活下去并不简单，处处需要智慧。这就要说到怎么样“和十”，关于“和十”这两个字，不要写成适合的“合”，那就不对了，规规矩矩是“和十”，就是一二三四五六七八九十，一与九、二与八……两个和起来变成十，“和十”是这样两个字。佛家的合掌就叫作“合十”，就是双手合拢来。“和十”的道理出于《易经》，我们这个宇宙的法则根据南北磁场同太阳的经纬度，这中间就要“和十”，一“和十”就对了，不“和十”的话，宇宙的轨道也会有错误，重点在这里。

有特技的不同遭遇

宋有兰子者，以技干宋元；宋元召而使见。其技以双枝，长倍其身，属其胫，并趋并驰，弄七剑迭而跃之，五剑常在空中。元君大惊，立赐金帛。又有兰子又能燕戏者，闻之，复以干元君。元君大怒曰："昔有异技干寡人者，技无庸，适值寡人有欢心，故赐金帛；彼必闻此而进，复望吾赏。"拘而拟戮之，经月乃放。

现在说另一个故事，"宋有兰子者"，宋国这个"兰子"，不是人名，而是春秋战国时的一个俗语，等于我们讲这个人很烂。现在我们常听年轻人说某某人很烂，就是一个人好玩，一个太保，这个总称叫作"兰子"。有一个兰子，"以技干宋元"，用他的技术来"干"，就是向宋国君主献技求赏。"宋元召而使见其技"，宋国的这位君主听到有一个年轻人会玩花样，第一等技术，就召见他。他表演什么呢？"其技以双枝，长倍其身"，他的技术现在讲就是踩高跷，他可以用两个木棍子，所谓身，是人站着，手举起来，这个高度是一身。"长倍其身"，有两个身体那么高的两支竹竿，"属其胫"，绑在两条腿上站着。"并趋并驰"，等于人三倍那么高，可以站住，绑住也可以跑步。然后手里有七把剑在抛耍，两把剑在手里，另五把剑经常在空中，这一把掉下来，那一把抛上去，这个样子丢来抛去，本事很大，技术很高。"元君大惊，立赐金帛"，宋元君看到都吓住了，这个家伙的本事真大，你这个很了不起，马上赏赐。这是一节故事。

"又有兰子又能燕戏者，闻之"，另外有一个年轻的太保，这个人也有一套本事，人像燕子一样在空中旋转飞跃。听到有人因为技术而得了君主的赏金，"复以干元君"，所以他也来看宋元君，报告他的本事，想把自己这个高明的技术向君主表演。

“元君大怒曰”，宋元君一听到这个人的报告，大发脾气。“昔有异技干寡人者，技无庸，适值寡人有欢心，故赐金帛”，他说前一个月，有一个人报告说有特别的本事，而这个特技只是个表演而已，对社会、对人生一点用处都没有，碰到那一天我高兴，所以赏赐金帛给他。“彼必闻此而进，复望吾赏。拘而拟戮之，经月乃放”，现在这个人会玩空中飞人，他一定听说我给那个特技人那么多钱，所以他觉得有机会，想来看我。这种人是投机分子，把他抓起来杀了！结果坐了一个月的牢，大概宋元君想想，脾气也好了，算了，可怜人，把他放掉。

这个故事我们看到，同样玩特技的人，有人可以成名，也有人玩特技翻了车，整个人玩死了。所以世界上的事没有绝对的，哪一样是对？哪一样不对？所以人要确定自己人生的目标，不要跟别人走，你认为人家踩高跷的有好处，你跟着学，学完了以后，一辈子不过是跑江湖、玩把戏。这又是一段故事。

伯乐说良马天下马

> 秦穆公谓伯乐曰：“子之年长矣，子姓有可使求马者乎？”伯乐对曰：“良马可形容筋骨相也。天下之马者，若灭若没，若亡若失。若此者，绝尘弭辙。臣之子皆下才也，可告以良马，不可告以天下之马也。臣有所与共担缠薪菜者，有九方皋，此其于马，非臣之下也。请见之。”

另一个故事跟着来了，我们晓得中国历史上，有周穆王、秦穆公两个人都爱马。周穆王有八骏马，每一匹马都能够日行万里，那不是在飞吗？比飞还要快。所以周穆王历史上有名的事是骑了这匹马，到昆仑山上见到玉皇大帝的妈妈，宗教上叫她西池王母。在佛经上说，一个转轮圣王有一匹宝马，日行三万里，可以统治全世界。

同样地，这位秦穆公也喜欢马。我们年轻的时候喜欢谈马、骑马，现在是玩不起了，养一匹马比一部汽车的保养还麻烦。一匹马要一两个人招呼它，还要喝酒，还要吃补药，夜里还要有人服侍，还要洗澡，那名贵得很！

秦穆公喜欢马，有个名马师叫伯乐，这位我们都晓得，伯乐会相马，可以说，他不但是个兽医，还是个生物学家，他还能够同马说话。所以天下的马经过他的眼睛一看，就知道是不是良马了。良马不良马很难看出来的啊！同人一样，我们在座那么多人，中间哪些是英雄，哪些是什么雄啊，没有办法看得出来的。只有伯乐，他一望就知。世界上常常有千里马，但是有些千里马一生被埋没，因为没有伯乐。所以中国文化是伯乐难得，不是千里马难得。很好的人才，没有碰到一个赏识的人，不管你是什么雄啦！大英雄，小英雄，乃至别的雄，一生就那么埋没下去了。

我们中国有一本书叫《相马经》，不晓得你们看过没有？马啊、狗啊，都可以看相。我有一个同学，家里很有钱，专门玩狗、养狗，他每次来，讲狗经给我听，那真是佩服得很。狗生下来一摸，就晓得将来是什么狗，每一根骨头他都晓得，这个骨头会长多好，腿有多长，跑的力气多大，连狗的大便他自己都尝。小狗生病了，他把大便拿到嘴里尝，哎呀！这个狗已经医不好了，可惜了！他爱狗到这个程度。所以天下事，学问到了专门，那就是名师，我说他是相狗的伯乐。

秦穆公有一天跟伯乐讲，“子之年长矣”，你的年纪大了，“子姓有可使求马者乎”，他说你的同宗里头，你的儿子、侄子啊，你的学生里头，有没有可以传他这一套学问的？“伯乐对曰：良马可形容筋骨相也”，他对秦穆公报告说，良马看相可以看得出来，从它的形体、筋骨、马蹄大小、关节这些地方细看就知。中国讲马同外国不一样，外国马跑起来与中国的良马不同，中国的马，从小训练出来，在陆地上跑像在游泳一样，人骑在上面不动的。不知道蒙古还有没有这一套，四只脚从小练起，两只平的出去，马的背是平的，所以你坐在马背上，像坐在床上、沙发上一样稳。那个马跑快的时候，肚子贴在地上，是飞起来跑，身体不动；不像外国马这样一拱一拱，把人拱下来。中国讲骑马技术的，看这些外国马不是马，看都不要看。所以良马、千里马，像小说上写的关公那匹赤兔马，都是受过严格训练的。这种良马，可以从形体、筋骨上看得出来是第一等马。但是特等的“天下之马者，若灭若没，若亡若失”，没有相可判断，那很难的。除了历史上看到外，这一种马好像绝种了。不过，说没有，算不定仍有，很难找出来，不能确定。

讲马就是讲人。我们经常感觉，现在全世界好像都没有人才，所以不管青年人、中年人、老年人，都差不多。十九世纪末期前后，整个历史上的人才都过去了，全世界再找不到一个了不起的人，连那个踩高跷、玩七把剑的都没有了，人才很难。良马已经不可得，天下马更不属于相貌可相的了，所以那不是相貌问题。你说看某人的相，鼻子长得好，眼睛长得好，将来到什么地位，那是普通人，从他的相看得出来；如果到了最高处，看相是相不出来的，不在相上面，这属于天下之马，太难太难了。

"若此者，绝尘弭辙"，他说天下马没有办法用形相来看，表面看不出来。我们看人的相，一个人将来会发财啊，会做官啊，会做一番事业啊，可以看出来的，是属于普通人；如果大善人、大菩萨、大坏人，那个相就看不出来了。除非是极高明的人士才会看，那不是看相啊！那是神通智慧，一望而知。所以他说天下之马"绝尘"，跑起来脚步很轻，没有灰尘，一眨眼睛就看不见了，绝尘而去。刚看到前头尘起，好像马过来了，霎时已经到了天边那么快。"弭辙"，马蹄踏过的地上，没有蹄的印子，就像武侠小说写的，这些马已经有轻功了，踏雪无痕，飞行绝迹。"臣之子皆下才也"，伯乐说我的后辈子侄学生们都是普通的人才，"可告以良马"，有形相的良马、第一等的马看得出来；"不可告以天下之马也"，至于天下马无相可看，就是《金刚经》说的无相，无相那个相是什么相？他们看不出来。

他说我的后辈子侄学生们都不行，他跟秦穆公讲，你如果要找一个真正会找天下马的人的话，我有一个人，"臣有所与共担缠薪菜者，有九方皋"，这个人是跟我做苦工的，我砍来的柴呀菜呀，他会帮我捆起来，他一辈子只做做苦工，在家里扫扫地啊，倒倒垃圾啊，这个人名叫九方皋。所以中国文学上一提到九方皋，就晓得。"此其于马，非臣之下也"，他说这个人看马的本事不比我差，可以说比我还高。可是他跟在伯乐旁边，做最低、最劳苦的事，默默无闻，言不压众，貌不惊人，是这么一个人，但在伯乐的眼中他是高人。不过世界上的高人，都喜欢做默默无闻的事，所以伯乐是他的知己，他愿意这样做就让他这样做。现在秦穆公问到他，他就推荐了九方皋，说他是高人，比我还要高，“请见之”，请找他来见。

九方皋相马

穆公见之，使行求马。三月而反，报曰：“已得之矣，在沙丘。”穆公曰：“何马也？”对曰：“牝而黄。”使人往取之，牡而骊。穆公不说，召伯乐而谓之曰：“败矣，子所使求马者！色物牝牡尚弗能知，又何马之能知也？”伯乐喟然太息曰：“一至于此乎！是乃其所以千万臣而无数者也。若皋之所观天机也，得其精而忘其麤，在其内而忘其外；见其所见，不见其所不见；视其所视，而遗其所不视。若皋之相马，乃有贵乎马者也。”马至，果天下之马也。

“穆公见之，使行求马。三月而反”，秦穆公听说了这个人，赶快召见，就命令他去找一匹天下马。这个家伙在外面跑了三个月，“报曰：已得之矣”，回来报告，说我找到了，这个马是不得了的马，“在沙丘”，在河北这个地带，有一匹天下马，你去派人找来吧。“穆公曰”，秦穆公说你要告诉我一个目标，派人去找，“何马也”，什么马呢？“对曰：牝而黄”，你找人到沙丘那个马场里去买，有一匹母马，黄颜色的，就是天下马。秦穆公听了，“使人往取之”，下命令去把这一匹马弄来。结果弄来的是“牡而骊”，这匹不是母马也不是黄色，而是一匹公的黑马。

“穆公不说”，秦穆公一听，怎么把这么一个人找来？倒霉，花了那么多钱，三个月回来报告，连公马母马都认不出来，黄马黑马都搞不清楚，伯乐还讲他那么高明，所以穆公很不高兴。“召伯乐而谓之曰：败矣”，召见伯乐告诉他，你这个失败到透顶，“子所使求马者，色物牝牡尚弗能知”，你所推荐的人去找马，公的母的他都分不清，毛色黄的黑的都看不准，“又何马之能知也”，他怎么会懂得马？所以你看我们中国古代的帝王，我们想象中当皇帝的动辄杀人，其实没有，这些帝王，充其量不过骂人一顿，你这个彻底失败嘛，就骂伯乐。

“伯乐喟然太息曰：一至于此乎”，伯乐听了秦穆公的骂，“喟然”，唉！这样大声叹一口气，说皇上你把他看成这样一毛钱都不值吗？“是乃其所以千万臣而无数者也”，他说你错了，我推荐九方皋的才能比我高千万倍，我怎么能比他呢？我加上千万倍都比他不上。这就是古文，写得很美，“是乃其所以千万臣而无数者也”，有一千一万个我，乃至一亿百亿个我，都比不上一个九方皋，就是这个话。

“若皋之所观，天机也”，九方皋看马，他不是用眼睛看的，他是用智慧的眼睛来看，拿佛家来讲，就是法眼。天眼还有相，他无相，他把宇宙的根本都看通了，生命怎么来，他已经看通了。所以他得的是精华，“得其精而忘其麤”，外表上粗糙、糊里糊涂。有些真智慧的人外表笨得很，看来笨透了，可是他有真智慧。你看有些人非常聪明，但没有智慧，一做事情就糟糕，讲理论啊，写文章啊，吹牛啊，那牛吹得比新西兰的牛肉还便宜、还大。叫他做一件事情，却没得智慧。所以九方皋“在其内而忘其外”，他了解任何一件东西，看透底了，看到内在去，外形他忘掉了，所以问他白的黑的，他随便讲，他脑子里不记这个外形。

“见其所见”，他看要看的东西，看那个重点，该看的地方他已经看到了，“不见其所不见”，旁边那些根本没有看。等于我几天前告诉一个同学一样，交代你一件事情去做，那就是老虎、狮子出栅一样，老虎吃人以前，旁边那些刀枪啊，弓箭啊，看都不看，扑到目标前面就是了，这样才能做事情。普通的人不是如此，像出门写个报告，一出门说，哎呀！他看我不顺眼，也不满意我，我看还是不做吧。世界上这一类的人很多，所以什么雄都不雄。大英雄他看着这个目标，就像狮子抓人使出全力，抓一只老鼠也使出这个力量，它不敢轻视任何细小的东西，也不愿意重视一个大动物，在它看来都是平等，所以它为百兽之王。高明有智慧的人，“见其所见，不见其所不见”，他所看到的是该看的重点，至于其他的小活、小事，听都不听，理都不理，目标是什么，自己把前途搞清楚。你今天上十一楼，管它是七楼八楼，我的目的是到十一楼，中途一概都不理。

“视其所视，而遗其所不视”，他要看的东西，看那个重点，应该看的看，其他的任何一个东西、人、事情都不看。他有长处，一定有缺点，选那个长处的时候，把缺点都丢开，不看了。结果你又看长处又看缺点，天下没有一个人可用的，也没有一匹马是好的，也没有一部真正好的车子。我们去买一部车子总有缺点，最好的牌子，任何一个东西，就问你这个合用不合用，缺点的地方就不理了。所以“视其所视，而遗其所不视”，这都是人生的哲学，一般普通的人都做不到。普通的人是“见其不见，不见其所见”，不应该看的地方他拼命去看，而且越是普通人，越是看那些不应该看的地方、毫不相干的地方，可能非常重要、大的地方他忘记了。

所以伯乐的结论，“若皋之相马，乃有贵乎马者也”，他告诉秦穆公，这九方皋的看马，那真叫作相马，他说我是比不上的。他报告秦穆公，你不相信的话，等着看看。“马至，果天下之马也”，结果这一匹马找到了，果然是天下马，天下马是超过良马的，那无以名之，没有办法形容。

相马与相人

这一段故事，在中国文化哲学史上最为有名，叫作“九方皋相马”，看起来是讲看马的一个故事，也就是我们看天下事，一个特殊人物，更有特殊的见解。学佛学道，做人做事，首先从见地——所谓见地，普通地讲就是见解，一个人没有特殊的见解，眼光不够远大，“鼠目寸光”，像老鼠的眼睛所看的，只有前面一寸，再远一点就看不见了。所以伟大的思想、理解、见地，必须要高远，这是讲见地的地方，这也是我们讲中国文化历史，其中一个有名的故事。

那么由这个道理又引出来另外一个故事。刚才这一段故事是讲历史上九方皋的相马，也就是告诉我们看天下人之难，不可以轻易见。古人有一首诗，与我们一般相人有关，你们年轻人当然可以吹啦，不过年轻人同良马一样难相，也是真的。但是大部分人是可以相的，到了无相境界，那就非常高了。一般人呢，就像古人的一首诗写松树一样，讲人生的哲学，同这个故事差不多。

自少齐埋于小草　而今渐却出蓬蒿
时人不识凌云干　直到凌云始道高

“自少齐埋于小草”，一粒松树种子从小埋在小草里头，“而今渐却出蓬蒿”，到现在这一棵松树慢慢出头了，不断地上长。“时人不识凌云干”，当时的人不认识这是一棵会同云一样高的树，“直到凌云始道高”，直到松树长成，才发现比阿里山那棵神木还高。所以青年人由此可以安慰自己，但是尤其应该自己努力，要你自己站起来。你自己站不起来，希望人家把你看高，做不到。你站起来了，别人就是踮着脚还看不到你的影子，然后在后面拼命地鼓掌，这个就是社会，这就懂得人生哲学了。所以年轻同学们注意，只有自己站起来，不要求任何人帮忙你。古人说“蓬生麻中，不扶自直”，能够站得起来的，你不必帮助，他自己会站起来；是人才的就是人才，你盖都盖不住的。了解了九方皋相马这个故事，也就了解人生许多道理了。

所以中国的哲学都在文学里头，研究中国哲学史，照我们一般著的《哲学概论》啊，什么《中国哲学史》啊，那可以说只了解了哲学的千万分之一。真要讲中国哲学，对于历史、文学，尤其是小说、诗词都要了解，因为哲学也在文学里头。

第十一讲

治身与治国

人生的三种麻烦

孙叔敖的智慧

人在人情在

我们前面讲到九方皋的相马，是关于人的方面，在每一段中间，最重要的都是几句话，所谓“观天机，得其精而忘其麤，在其内而忘其外，见其所见，不见其所不见，视其所视，而遗其所不视”，像这些好的句子，虽是文学的句子，却包括了很深的人生哲学，为人处世的道理，这是一生用之不尽、取之不竭的。所以要好好记住，并且去体会才能受益。下面由人事转到一个政治的大哲学方面。

治身与治国

楚庄王问詹何曰：“治国奈何？”詹何对曰：“臣明于治身而不明于治国也。”楚庄王曰：“寡人得奉宗庙社稷，愿学所以守之。”詹何对曰：“臣未尝闻身治而国乱者也，又未尝闻身乱而国治者也。故本在身，不敢对以末。”楚王曰：“善。”

詹何是个隐士，楚庄王问“治国奈何”，这是问大政治的哲学道理。“詹何对曰：‘臣明于治身而不明于治国也’”，他对楚庄王讲，你问我政治的道理我不懂，我只懂对自己本身如何治理。所谓治就是修养问题，我只晓得修养自己，我不晓得如何治国。

“楚庄王曰：‘寡人得奉宗庙社稷，愿学所以守之’”，楚庄王看他的答话好像答非所问，因此进一步说，我承蒙祖先遗留下的宗庙社稷——就是国家，古代文化与现代观念不同——祖先遗留给我这一切，我愿意学怎么样保存守住，总不能在我手里把它搞掉了！

“詹何对曰：‘臣未尝闻身治而国乱者也，又未尝闻身乱而国治者也’”，这是一个原理，正反两方面地说话。楚庄王再三追问，詹何就讲了，他说据我所知，没有听说过本身有修养的人在处理国家政治时会乱，他说不可能；相反地，也没有听说过本身乱而能把国家治理得好的。“故本在身，不敢对以末”，所以政治的根本，在于每个人本身修养的建立。至于说政治的体制，现在所讲的自由民主，或者古代君主的政治，或者独裁专制等等，都是政治体制。所谓体制是形式的问题，等于说头痛医头，脚痛医脚，这个都不相干。而平常修养身心，才是治身之道，所以我讲的是本身的问题。虽然现在时代不同了，但是千古以来的政治，究竟是哪一种体制好，帝王政治好？无政府主义好？还是哪一个主义好？人类到现在也没有办法下定论。因为都用过了，没有一个方式可以使千秋万代太平。这就是《易经》的道理，永远是“水火未济”，下不了结论。

也可以讲世界上有两件事无法下定论，除了政治，另一个是军事，尤其是军事，也没有办法得学位。像是军事用兵，这个仗要怎么打，虽然学了很多的军事兵法，真打起仗来，运用之妙在乎一心，没有固定的章法，只要打垮敌人就对了。所以不能叫敌人慢一点打，让我想一下《孙子兵法》，没有这一回事！就像打架的时候，你用牙齿也好，用拳也好，用头也好，能打就对了。所以詹何这里说，那些都是枝末，边边上的事，不相干，我告诉你的是根本。“楚王曰：善”，对！懂了。这一段故事就很短。

我们了解历史上道家的思想，政治哲学是以治身为本的，因此也就了解儒家孔孟的《大学》《中庸》，乃至《孟子》的思想了。儒家的思想始终对政治不多谈，只谈个人的成就，即所谓治身为本。身不治而国治者，他说未之有也，不可能。可是我们注意啊！这些故事看起来很凌乱，它是连在一起的，由九方皋的相马，这个看马的哲学，谈到了政治的大原理。

> 狐丘丈人谓孙叔敖曰：“人有三怨，子知之乎？”孙叔敖曰：“何谓也？”对曰：“爵高者，人妒之；官大者，主恶之；禄厚者，怨逮之。”孙叔敖曰：“吾爵益高，吾志益下；吾官益大，吾心益小；吾禄益厚，吾施益博。以是免于三怨，可乎？”

人生的三种麻烦

“狐丘丈人谓孙叔敖曰”，狐丘是个地名，丈人是指老先生，也许是道家古代高人，所以本身不留名字，但称丈人，以地方为名，叫狐丘丈人。你不要看到丈人就以为是指岳父，就搞错了。我们古代称老前辈、老先生为老丈，古代小说上都有。孙叔敖是楚国的宰相，你们都读过斩两头蛇的孙叔敖，很有名。历史上的名宰相以及许多有名的人物，十之八九都是矮子，不是高人，包括拿破仑在内。

所以狐丘丈人对孙叔敖说，“人有三怨，子知之乎”，就是有三种事情可以招致社会上对你怨恨，你懂不懂？这个要注意了，将来你们年轻同学出去做事，乃至当一个家长、户长，那些兄弟姊妹、太太儿女或者先生都会埋怨的。人只要一管事，所有的人都会埋怨。你在部队里当一个班长，管十个人，这十个人都在埋怨。“孙叔敖曰：何谓也”，他请教这个有道的高人什么叫三怨。

“对曰：‘爵高者，人妒之’”，这个你们注意了，这就是人生最高的哲理，一个人地位一高，任何人都嫉妒，这个道理很多了。像古人说，我也经常告诉你们做人的原则，“女无美恶，入宫见妒”，一个女人不管她漂亮不漂亮，只要靠近那个最高的领导人，到了皇帝的旁边，所有的宫女都嫉妒她，并不是为了她漂亮不漂亮，因为上面宠爱她嘛！“士无贤不肖，入朝见嫉”，知识分子不管你有没有学问，突然同学里头有一位当了部长，一下入阁了，你们同学一边恭维他，一边心里不服气，你算什么东西啊！我还不晓得你吃几碗干饭吗！就会嫉妒，这是必然的。古人有诗，“一家温饱千家怨，半世功名百世愆”，所以有些知识分子看通了，做学问是为自己，不出来做事了，去做隐士。有些领导就懂这个道理，故意把社会仇恨挑起来，方便自己领导。

我们只要看到人家房子盖高了，有钱多盖一些，你走在路上都会骂它一声，那个房子同你什么相干？一个人做官做了半辈子，做官运气再好，也不过做个二三十年，半世的功名就留下后代愆。因为地位高了，官做了几十年，不晓得哪一件事情做错了，这个因果背得很大，也许害了这个社会，害了别人。所以古人学问好了，怕出来做事，自己不敢过于信任自己，非常慎重，因为一个错误办法下去，危害社会久远，受害的人很多。所以狐丘丈人告诉孙叔敖，人生有三怨，第一是爵位高的人会遭人嫉妒。

第二，“官大者，主恶之”，古代帝王的时候，官做大了非常小心，地位高，出将入相，所谓功高就震主。只有懂得人生哲学的人，才了解其中的道理。岳飞为什么被杀？“主恶之”，宋高宗讨厌他。譬如写历史名著《资治通鉴》的司马光，是宋朝大有名的名臣。司马光是几朝元老，等到宋神宗一死，他有一度退休回家了。哲宗小皇帝上来接位，皇太后在管事，召司马光再来，因为是老前辈。老百姓听到司马相公来了，自动出去欢迎。他一看，马上吩咐家人立刻回去，他知道这个不行，老百姓都拥护我，皇帝怎么做啊？这些都是历史名人故事，学问之道。

昨天有一个老辈子的朋友来看我，六七十岁，他在国际上开会刚刚回来，是美国非常大自动化公司的亚洲代表，也是这个大公司里的老资格，亚洲方面非靠他不可，跟我谈了许多国际上经济的情形。然后他发现世界上的大公司，他们最高的上层内部的家族，也会争权夺利的。我说你是几朝元老，那你讲话可要留意了。他就说，我很难讲话，很难办。这是“官大者，主恶之”，老板会怀疑你，会害怕你。这是人生经验，不是你们年轻人所能够想象的。

第三怨，“禄厚者，怨逮之”，待遇高了，担任了重要主体的事，只要有一点错误，大家都怪领导错，不会怪自己。这个很简单嘛，目标高，要打靶的时候，一定往最高处打。所以地位到了最高处，一点都不好玩；不要说地位，像我们年纪大了，稍稍有一点所谓的知名度，走一步路都不好走，都要小心。如果你在地上打个滚啊，明天报纸上都给你登出来了，打滚都没有自由，这个人生到此真不好玩。所以他告诉孙叔敖人生有三怨，他是警告这个楚国的名宰相孙叔敖，因为他是一人之下、万人之上的地位。

孙叔敖的智慧

孙叔敖的答复——“吾爵益高，吾志益下；吾官益大，吾心益小；吾禄益厚，吾施益博”，他说我懂了，谢谢你的教诲。我的爵位越高我越谦虚，自己越觉得没有什么了不起，对别人更尊重。我的官越来越大，我也越来越小心，没有一点傲慢。我的待遇越拿越多，拿来的薪水帮助社会贫穷的人，帮助亲戚朋友也越多。所以他说这三件事情——地位高、待遇高、爵位高，对我都没有关系，我还是我，是个平民老百姓。“以是免于三怨，可乎”，这三种怨都到不了我身上，你认为可以吗？那当然可以，不要回答了。此所以孙叔敖在历史上成一个名相，不但是名相，也是名臣，同时更是国家的良臣、大臣，那是了不起的人物。历史上很多名臣，不一定是良臣，不一定是大臣，至于奸臣之类，那谈都不要谈了。

这个故事是历史的经验，也就是人生的经验，不一定只讲做官的哦！财富上也是同样的道理。譬如说，台北市很多年轻的财阀，财富很多，但是他自己不知道怨他的人也很多，因为有资本嘛！什么生意都要做，别人都做不成了。所以也要留一点饭给人家吃啊！

孙叔敖疾，将死，戒其子曰："王亟封我矣，吾不受也。为我死，王则封汝；汝必无受利地！楚越之间有寝丘者，此地不利而名甚恶。楚人鬼而越人禨，可长有者唯此也。"孙叔敖死，王果以美地封其子。子辞而不受，请寝丘，与之，至今不失。

孙叔敖之所以了不起，他不但懂得人生哲学，有一件更了不起的事。孙叔敖在楚国的功劳之大，那可不得了，可是他死后，家里的人生活很困难。晏子也是这样，所以像诸葛亮这一班历史上所谓名臣、大臣，死后有些人连棺材都没有。而在世时那个威权，一只手就可以把太阳遮住。这是大国文化，历史上这样了不起的人很多啊，你们年轻的要注意。"孙叔敖疾，将死，戒其子曰"，所以孙叔敖死的时候，自己家里没有财产，但是他还吩咐儿子，"王亟封我矣"，他说楚国的君王对我非常感激，每次想封我。古代的封，譬如说把台北封给你，这个台北所有土地税收都归他了。"吾不受也"，他在世时始终不要。这个南方的楚国，当时在历史上之所以强盛几百年，是有其道理的。楚国地方很大，包括现在安徽、湖北、湖南、江西、河南南边一部分，出了很多的名王与名将相。

他说“为我死，王则封汝”，等我死了以后，楚王一定怀念我，晓得我不肯接受，一定要封给你。“汝必无受利地”，你可以接受，不过我嘱咐你，好的黄金地段千万不能要，你只问他讨一个坏地方。“楚越之间，有寝丘者”，在浙江、安徽之间，一个边区荒凉的地方，有个小山坡很大，平常闲在那里没有用，“此地不利而名甚恶”，谁都看不起，也没有人要。他说地名也不好，叫作寝丘，寝丘是做坟墓之地，埋葬死人用的。“楚人鬼而越人禨”，楚国的人迷信鬼，迷信得很。浙江一带的这些越人，那个时候还是野蛮地区，也是迷信得很，认为这块地风水不好。楚国也不要，越国也不要，三角的地带，你就要那个地方好了，“可长有者”，你要了这个地方，后代子孙才可以永远保留。这就是道家的思想，人之所弃我取之，别人要的，赶快让。

人在人情在

像我当年在大陆的朋友，在南京、重庆有这么一两条街，都是他的财产。我这个朋友送人戒指、金刚钻，口袋里一摸，拿个大的，也不管什么克拉不克拉的，他就是这个威风。我这些朋友很多，反正富的也好，穷的也好，都是我的朋友。我一辈子有一个坏毛病，喜欢骂人，所以把牙齿都骂掉了。那么在威风上的朋友，我看到就骂，当然我骂是开玩笑地骂，所以他对我又恭敬，又没有办法，因为我什么都不要，所以拿我没办法，他不敢在我面前玩这些。

此人到了台湾之后饭都吃不上，当年的威风一点都没有了，连我的大门都不敢进来。有一天我厨房门一开，他站在那里吃饭。我说你干什么？为什么不从前门进来？他说你前面那么多客人。我说你浑蛋，你是我的朋友，再穷也是我的朋友，大大方方进来吃饭，为什么这样窝在后面吃?！收起来，叫他们加菜，某人没有吃饭。这是真的啊！他后来没有办法，说要自杀，我说你不能死啊，你自杀了我丢人，说我有一个朋友饿得自杀了，这不行。但是我也没有办法帮助你，那时萧先生在宪兵司令部当政治部主任，我说拜托他帮你找个小工作。当年高得那么高，后来找个工作低得没有再低的，我跟萧先生都关心他，千万不要自杀。这个人如果讲到名字，你们老辈子人都知道。像我这些看得多了，不止一个两个，是一打两打算的。我一生的学问是从这些人身上读出来的，我还是我，看到很好玩。所以孙叔敖就懂，告诉儿子，好地不取，取最差的才可以长久。

“孙叔敖死，王果以美地封其子”，孙叔敖一死，楚王果然要以最好的地方封给他儿子。“子辞而不受，请寝丘”，孙叔敖的儿子也很高明，推辞了。其实历史上还有一段内幕，这就是中国人的话，“人在人情在，人死就两丢开”。孙叔敖死后，楚王也忘掉他的儿子了，因此历史有一个“优孟衣冠”，唱戏的叫优孟，看到孙叔敖的儿子那么可怜，楚王忘记了他的功劳，这个唱戏的演话剧给楚王看，扮孙叔敖，楚王一看到孙叔敖出来就想起来了。然后这个戏子在台上就讲，做人不要做孙叔敖，对国家那么大的功劳，死了儿子在那里饿饭。楚王一听难过了，所以把他儿子找来，封很好的地给他，那么这个儿子照爸爸的意思要了那个最坏的地方。“与之，至今不失”，结果呢，楚王当然答应了，孙叔敖的子孙后来永远保有这个坏地方。所以吃亏就是占便宜，千万不要占眼前的便宜，你们年轻人做人也好，讲话也好，不要只顾眼前，要看结论，这些历史告诉我们的，都是人生的结论。

第十二讲

遇到抢匪怎么办

财多又好客的下场

江湖侠义 社会百态

为道德而死的人

为不知己而死的人

遇到抢匪怎么办

牛缺者，上地之大儒也，下之邯郸，遇盗于耦沙之中。尽取其衣装车，牛步而去。视之欢然，无忧恡之色。盗追而问其故。曰：“君子不以所养害其所养。”盗曰：“嘻！贤矣夫！”既而相谓曰：“以彼之贤，往见赵君，使以我为，必困我，不如杀之。”乃相与追而杀之。燕人闻之，聚族相戒，曰：“遇盗，莫如上地之牛缺也！”皆受教。

俄而其弟适秦。至关下，果遇盗；忆其兄之戒，因与盗力争。既而不如，又追而以卑辞请物。盗怒曰：“吾活汝弘矣，而追吾不已，迹将着焉。既为盗矣，仁将焉在？”遂杀之，又傍害其党四五人焉。

“牛缺者”，牛缺这个人，是“上地之大儒也”，在春秋战国时，等于山西上面比较高的地方一个很有学问的人。那个时候的儒，不是讲孔孟这个儒家，凡是读书人、知识分子就称儒。“下之邯郸”，以地的高低来说所谓上地下地，他向下方走到邯郸去。邯郸是在河北，就是吕纯阳遇钟离权的那个地方，很有名的。等于四川人叫我们外省人为脚底下的人，因为四川、陕西都在上游较高地方，我们在下游地带。“遇盗于耦沙之中”，耦沙是地名，究竟哪里很难考据，反正在旷野里碰到土匪。“尽取其衣装车”，土匪抢了他的衣服、行李装备乃至于车。古代的车子是牛拖的，牛同车都被抢走了。“牛步而去”，牛缺这个人被土匪抢得光光的，什么都没有了，只好走路。“视之欢然，无忧悉之色”，色就是态度，被人家抢光了，什么都没有了，他就步行走路。看他的样子，并没有忧愁烦恼，也没有舍不得。

“盗追而问其故”，他这个人很奇怪，被土匪抢得那么光，走路就走路吧，好像在禅堂里打七一样，大步地走，欢然而去，很解脱的样子。这些土匪就觉得很奇怪，追过来问他什么原因，你被抢了还那么高兴。“曰”，他说，“君子不以所养害其所养”，读书人讲出一番道理，所谓哲学家道理。这就是《列子》《庄子》的古文。什么是“所养”？前面这个“所养”是讲外物，身外的一切东西；后面“所养”这两个字，是讲自己的身体，肉体。他说一个有修养的人，并不因为他的所养——我们普通讲物质是身外之物，实际上身体是心外之物，不过比较起来，这个身体比外面的物质重要一点。所以身外之物有什么关系，拿去就拿去了，我只要还有自己的生命就很好了。

这些土匪一听，“嘻”，就是我们现在讲，嘿，“贤矣夫”，这个人了不起。“既而相谓曰”，问话的土匪回来跟同伙报告，大家商量，“以彼之贤往见赵君”，这个有道德、有学问、很贤圣的人，现在一路向赵国邯郸走去，“使以我为，必困我，不如杀之”，如果他向赵国的国君报告我们这一班人干的事，国君必派兵来抓我们。所以不如杀人灭口，把他杀掉，以绝后患。大家说有道理，“乃相与追而杀之”，于是回头再追过去把他杀掉。所以好人也难做，就是这个道理。

“燕人闻之”，这个是赵国的事情，靠赵国的北面，就是现在河北一带的燕国，燕国的人听了以后，“聚族相戒曰”，把自己的宗族——家里同宗的人都召集拢来，告诉他们这一件事。“遇盗莫如上地之牛缺也”，你们年轻人将来出门，碰到土匪抢了，不要像那个牛缺一样，不能假大方。这些年轻子弟们“皆受教”，全体都知道了。

“俄而”，过了一阵子，“其弟适秦，至关下果遇盗”，他的兄弟到秦国去，果然也碰到土匪。“忆其兄之戒”，因为家族曾把牛缺的故事向他告诫过，“因与盗力争”，于是土匪抢了以后，他又把东西抢回来——土匪拿了他的手表，他把土匪的钢笔也拿回来了——跟土匪争。“既而不如”，结果，打架打不过土匪，“又追而以卑辞请物”，东西又被土匪都抢走了，因为牛缺的故事在他脑子里，所以土匪走了，他在后面跟着跑，然后“卑辞”，讲得很可怜，我家里还有老母亲啊，至少给我一百块钱做路费啊，给我吃一餐饭啊，“请物”，至少你把旅行袋还给我，或者我们说，你公共汽车票不要给我拿走之类。

“盗怒曰”，这一班土匪发了脾气，“吾活汝弘矣，追吾不已，迹将着焉”，他们说不杀你我们已经是度量很宽大了，结果你在屁股后面紧跟着要东西，大家都看到我们是土匪，抢了人，“既为盗矣，仁将焉在”，既然我们做了强盗还有什么仁义啊，“遂杀之”，就把他杀掉。“又傍害其党四五人焉”，不但杀了他，而且把他同路的四五个人都杀掉了。

《列子》这一段故事讲到这里很妙，同样的土匪抢劫，好人难做，坏人也不容易做，这个世界上你说究竟做哪样的人？怎么样做？这几个都是相对的，告诉我们为人处世的困难，怎么做才对，才恰到好处？这是大学问了。聪明难做，糊涂也难做；做人如此之难，做事也如此之难。跟着又来一个故事。

财多又好客的下场

> 虞氏者，梁之富人也，家充殷盛，钱帛无量，财货无訾。登高楼，临大路，设乐陈酒，击博楼上。侠客相随而行，楼上博者射，明琼张中，反两搶鱼而笑。飞鸢适坠其腐鼠而中之。侠客相与言曰："虞氏富乐之日久矣，而常有轻易人之志。吾不侵犯之，而乃辱我以腐鼠。此而不报，无以立慬于天下。请与若等戮力一志，率徒属必灭其家为。"等伦皆许诺。至期日之夜，聚众积兵以攻虞氏，大灭其家。

"虞氏者，梁之富人也"，这个虞姓，在春秋战国也是个小国家，后来我们中国人有许多姓氏都是以国家为姓，譬如宋国之后就姓宋。这个虞家的人，是梁国的客人，梁国就是河南洛阳一带，孟子见梁惠王，就是河南一带。后来梁、卫地名不同，这个区域就在河南、洛阳、开封那一带，古代称为中原。这个中原的富人虞氏，"家充殷盛"，家里什么都有，"钱帛无量"，帛是布匹，古代的布匹是物资，也同钱财一样。等于现在有土地就是财产，那个时候有布匹也是财产。“财货无訾”，所以他的财货讲不出来数字多少。因为这一家太富有就盖个高楼，那个时候高楼最高也不过两三层，他盖的不晓得多高。当然有钱都向都市里走，“临大路”，在交通要道。家里太富有了，“设乐陈酒”，自己有歌舞厅，有音乐厅，也有酒楼，“击博楼上”，书上小字有注解，古代那个博就是赌博，现在就是说投骰子、打弹子、玩电动玩具啊，这些都属于博，赌钱的，赌着玩。

过去我们在大陆很多朋友家里很阔气，有钱的，每天家里都招待客人，麻将七八桌、十来桌不算什么，朋友打牌，主人家就把钱统统发了，叫每个人拿钱去玩，所有的钱主人家都付掉，这一种做法以前很普通。现在当然没有了，现在如果有人这样做，会被认为是傻子。那个时候这个样子认为是当然，到某人家里做客，就是这样招待，吃完饭，开桌子打牌，赢了钱拿走，输了钱，走吧！主人付了。

“侠客相随而行”，所谓侠客，游侠之士，这个名称，春秋战国的时候就有，就是游手好闲，好勇斗狠之人。司马迁的《史记》写侠客“任侠尚气”四个字，就是好打抱不平，喜欢把人家的棺材抬到自己家来哭的，这一类任侠的个性。但是尚气，气大，一句话不对，就是我们现在青年一样，身上的什么扁钻啊，圆棍啊，就拿出来了，好赌一口气，什么都可以受，就不能受气。侠客这些人，古今中外都有，你说这种人有那么大的力气，好好去做工嘛，不干。他们打架力气大得很，做起工来他是文武全才，做事他是文的，打架、吃东西、喝酒是武的。就是这一类的人，叫侠客，他们就跟在后面，也到虞家楼上去玩了。

“楼上博者射”，博者是赌钱，古代有一种赌法，水里头放骰子，两边有鱼，手上拿标枪射鱼，以射的鱼多少来赌钱，后来把鱼做成木头的，有各种赌法。如果研究赌博史，从春秋战国开始就有赌博了。大概文化太久了，赌术的发明也就太久了。“明琼张中”，射的那个标枪打中了很多，“反两擒鱼而笑”，两排的鱼都翻起来，于是高兴得哈哈大笑，大家欢乐，就像是同乐会。

你注意啊，这一户人家那么有钱，正在与朋友们同乐的时候，“飞鸢适坠其腐鼠而中之”，空中的飞鸟，这种鸟叫鸢，肩膀很宽，同老鹰一样，喜欢吃死的小动物。此刻飞鸢衔着一个快要烂的死老鼠，刚刚飞到这个楼顶，死老鼠恰巧掉下来半只，落到那些侠客的酒里。“侠客相与言曰”，大家就讲，这个可恶，“虞氏富乐之日久矣”，他们说这家人又有钱，好日子过得太久了，“而常有轻易人之志”，这个注意啊，我们有地位、有钱的人家，或者一个世家子弟，家庭出身好一点，富有一久，就会产生一种看不起人、不尊重别人的心理，这是很糟糕的，一定失败。尤其现在的家庭，都是家富小儿娇，孩子们都很娇惯，就把天下事、天下人都看成轻易的。

这些侠客们误会了，“吾不侵犯之，而乃侮我以腐鼠”，他们说我们对他很客气呀，我们也保护他，没有侵犯他，结果他拿个死老鼠掉下来侮辱我们。“此而不报，无以立慬于天下”，“慬”与“勇”字相同，表示我们这个面子挂不住，太难堪了。古今中外都是这样，做侠客的人“任侠尚气”，所以睚眦必报。我们不是经常看到报纸，晚上在面摊上多看人家两眼，那个人眼睛一斜就来杀你，那个是睚眦必报。

“请与若等戮力一志，率徒属必灭其家为”，侠客们给统领的人说好，大家一起，同心协力，“一志”，就是后来用的成语“有志一同”。“等伦皆许诺”，这个侠客一说，大家都答应。“至期日之夜”，约定好日期的那天晚上，“聚众积兵，以攻虞氏，大灭其家”，大家集合起来，拿武器到虞氏家里，把他全家杀光。

江湖侠义 社会百态

这个多冤枉！我们看到这个故事，有钱人家请人吃，请人玩，招待得样样都好，结果如此不幸。四川的袍哥们，就是哥老会，也是如此，同门弟兄们讲话，“你哥子，我兄弟，你不吃，我有气”。要你喝酒就要喝，宁可醉死也要喝，不醉的话他就生气，要揍你了。到边疆地带也一样，我们做客的很麻烦，假牙齿就不行了，吃肉的时候，那个主人刀抽出来割一块肉，往你嘴里一送，你嘴张开就要咬住，咬得咔啦咔啦的满嘴油腻，你只要咬慢一点，就是看不起他，第二刀就向你喉咙里过来了。大家就是这样蹲在那里那么吃，然后吐口水什么都没有关系，只要你吃得痛快。这是我们当年经过的日子，自己吃不下还要吃。

到贵州、云南一带，有人坐在那里专门添饭，饭吃完了，高高的一碗给你盖下来，到最后说我不要了，搞得没有办法，赶快把碗放在地上，实在吃不下了，这是很诚意的请客。还把蚱蜢、蜜蜂都用油炸给你吃，只好当花生米一样，抓起来往嘴里送就是了，表示他待客很诚意，我也吃得很痛快。如果你皱起眉头吃，主人不高兴了，说你这个客人不诚意。这些境界，你们年轻人在台北很少碰到了，那个味道真不好受，尤其像我一杯都不会喝的，那个大杯送过来，真没办法。如果你说不会喝酒，绝对不会喝，不喝酒？那什么意思啊？我这个主人不够诚恳啊？所以逼得你要死的。中国这样，外国也一样，你们到美国去留学啊，有人什么都没有学到，结果留学到黑社会里去了，所以也是这个味道。

你说人难做吧！虞氏招待那么好，结果被误会了，惹来杀身之祸，家破人亡。这个死老鼠虽不是他丢的，不过这里有个重点，就是这一般侠客们讲的，“虞氏富乐之日久矣，而常有轻易人之志”。所以人生做人做事很难，地位越高，越有财富，越要谦虚，越要表示比人低下。我们看社会上发生的事，很多人稍稍觉得自己了不起，就注定慢慢变成“起不了”，这就是社会的百态，都是事实。你不要看《列子》所引用的这个故事好像是古人发生的事，不是！人类的社会，中外都一样，都有这种事。所以我们要懂得如何做人做事，重点在这里。我们要晓得一个道理，只要地位高了的，都很容易犯这个毛病，“有轻易人之志”，因而就遭杀身之祸。

这一段是因财富、因待客而遭遇的不幸，一般年轻人出来都是这个气概，少年待客江湖上，像汉朝的孔融，他是孔子的后代，家中“座上客常满，樽中酒不空”，一天到晚有客人，所以他别号北海，好客是出名的。孔融当时学问也好，是世家，财多，名气又大，后来天下变乱，孔融在山东一带出了事情，当时刘备还没有起来，孔融还提出来说，这个事情叫刘备来还可以干。刘备听了很高兴，被人家提到名字就很兴奋，你看一个人的名气到了那个程度，连刘备这么一个人都觉得发了光了，真是光荣。孔北海还说得我刘备啊！好，你的事情我帮忙，马上带领关公、张飞就去打仗了。当然孔融的做法也了不起，不过最后遭杀身之祸，被曹操杀掉，所以名气大在乱世当中也是问题。《列子》这一篇告诉我们人生太多的道理，这是一个故事。接下来有连续关系的另外一个故事。

为道德而死的人

> 东方有人焉，曰爰旌目，将有适也，而饿于道。狐父之盗曰丘，见而下，壶餐以餔之。爰旌目三餔而后能视，曰："子何为者也？"曰："我狐父之人丘也。"爰旌目曰："嘻！汝非盗邪？胡为而食我？吾义不食子之食也。"两手据地而欧之不出，喀喀然遂伏而死。狐父之人则盗矣，而食非盗也。以人之盗，因谓食为盗，而不敢食，是失名实者也。

"东方有人焉，曰爰旌目"，这个东方是指山东一带，有一个人名叫爰旌目。"将有适也，而饿于道"，出门到外面去做事，路上大概丢掉钱财了，一毛钱没有，饿得快要死了。

"狐父"，是一个地方，"之盗曰丘"，有个强盗，名字叫丘，也可以叫他狐父丘。看到路上一个出门人，饿得差不多快死了，这个强盗就发善心，当了慈悲人，做菩萨了。"见而下，壶餐以餔之"，下了马，赶快从壶里倒水给他喝，拿食物给他吃，喂他。

“爰旌目三铺而后能视”，爰旌目营养不良啦，眼睛都看不见了。吃了三次，眼睛也恢复了，看见人了。“曰：子何为者也”，就问喂他的这个人，你这位老兄救了我，你是干什么的啊？你怎么会好心救我？

“曰：我狐父之人丘也”，他说你不晓得呀，我就是那个有名的狐父丘。这个土匪头，出名的坏蛋，所以知名度很高的。

这个爰旌目一听，说“嘻，汝非盗邪”，嘿嘿，你不是那个强盗的头子吗？“胡为而食我”，你为什么要可怜我，拿便当给我吃啊？“吾义不食子之食也”，他说我这个人讲道德、讲学问一辈子，发了誓的，不吃强盗的东西，所以别人救我可以，你救了我，不干。爬起来“两手据地”，两个手趴在地上，想把胃里的东西吐出来。“而欧之不出”，拿手去挖也挖不出来，“喀喀然遂伏而死”，再拼命呕，把自己肠胃都翻过来要把它吐出来，强盗东西我不吃，“喀喀”这样吐，怎么吐也吐不出来，趴在地上死了。你看这个人，如果讲宗教信仰，是殉道而死，是为道德而死的。

现在列子评论了，“狐父之人则盗矣，而食非盗也”，他说这个狐父丘固然是强盗，但是他的食物不是强盗啊！米粮做的饭或者面包馒头，不是坏东西啊！“以人之盗，因谓食为盗，而不敢食，是失名实者也”，因为人坏，就认为他的东西也坏，宁可死而不敢吃坏人的东西，这叫作读书读迂了。这就是我们普通骂读书人、知识分子，像茅坑里的石头，又硬又臭。所以儒家、墨家、名家（就是讲逻辑的哲学家）讲“名实”，“名”是理论上的，“实”是实际上的，“是失名实者也”，把理论跟实际读死了，变成这个样子，也就是要做好人，把自己往死路上推。

《说符》这一篇，描写了很多人的心态、形态、个性，你说究竟哪一个人做得对，哪个人不对？恐怕人类历史下不了定论。

柱厉叔事莒敖公，自为不知己者，居海上。夏日则食菱芰，冬日则食橡栗。莒敖公有难，柱厉叔辞其友而往死之。其友曰：“子自以为不知己，故去。今往死之，是知与不知无辨也。”柱厉叔曰：“不然！自以为不知，故去。今死，是果不知我也。吾将死之，以丑后世之人主不知其臣者也。”凡知则死之，不知则弗死，此直道而行者也；柱厉叔可谓怼以忘其身者也。

为不知己而死的人

又有一个非常有趣的相反的故事，“柱厉叔事莒敖公”，柱厉叔这个人，他是莒敖公的部下，事就是服侍、侍候。莒是山东地名，我们现在都晓得“毋忘在莒”，山东现在有个莒县，古代是个小国。莒国有个莒敖公，是地方上的领袖。“自为不知己者”，柱厉叔认为莒敖公不懂他，不是他的知己。这一种事情很多啊！很多青年在外面做事的，据我所知，每个同学回来都一肚子牢骚，都认为自己的才能马上可以统一全世界，如果共产党碰到他，他就把共产党变成党共产了，本事大得很。因为在那里只拿一点薪水，认为这个待遇不足以买他的才能，所以老板们都不是他的知己。认为除了上帝以外就是他了；学问除了尧、舜、禹、汤、文、武、周公、孔子以外，就是他；武将除了岳飞、关公、诸葛亮、周瑜、赵子龙啊，甚至法国的拿破仑以外，就是他。

所以世界上的人都这样，认为老板不知己，“居海上”，因此柱厉叔看不起这个老板，自己离开隐掉了，到青岛崂山或者到崇明岛啊，或者到东沙群岛、钓鱼台去住了。“夏日则食菱芰”，夏天吃菱角或者荷花的花梗。冬天吃什么呢？“冬日则食橡桌”，海岛上有树，有板栗。反正你看不起我，我也看不起你。像现在很多青年，思想社会不懂我，我到山上修道去，出了家又再去成家，又到山上搭一个茅棚，也没得善知识，然后自己就是善知识里头的知识善，然后在那里……多得很啊！你看古今中外都有这种人，这个柱厉叔就是这么一个人。

“莒敖公有难”，后来听说莒敖公这个老板有了国难，死了。“柱厉叔辞其友而往死之”，听到原来的老板被人杀了，国家也破了，他表示够朋友，有义气，向朋友告辞，要去为老板死。“其友曰”，他的朋友劝他，“子自以为不知己，故去”，他说你原来离开他，是因为你认为他不是你的知己，“今往死之”，现在他有难死掉，你也去死，死在他的坟上报答他，“是知与不知无辨也”，那么知己跟不知己就没有差别了。因为很知己，所以他死你才死啊！既然你认为他不知己，那你何必为一个不知己的人去死呢？这个理论逻辑上讲不通啊！

譬如两夫妻，好得不得了才说一起死，有一出戏叫《庄子劈棺》，演这个太太跟庄子讲，如果你死了我一定跟你去。后来庄子诈死，在棺材里伸个手，死要感情，把太太衣服拉住。太太正在哭的时候，看到棺材里伸个手拉她，哎呀！我不去呀！我还有事情没有完，就是这个道理。所以你们学逻辑、学哲学注意！逻辑啊，真是很难讲，我经常对这个翻译的名词说笑话，非逻非辑，越逻越辑，不得了。

各有各的理由，“柱厉叔曰：不然”，他是另一个逻辑的道理，他说不对，不对，“自以为不知故去”，过去我离开他，因为他不是我的知己啊！“今死是果不知我也”，现在他倒霉死掉，就因为他不了解我，因此失去了我这个人，他该死。“吾将死之”，现在我到他坟前死，给大家知道，“以丑后世之人主不知其臣者也”，在历史上留下一个证据，当老板的不认识部下就有这个后果，这就是我死在他坟上的道理。你们说，他这个死，多有意思啊！

第十三讲

实为怨恨而死
杨朱论因果
羊追不回　杨朱戚然
仁义的三种解释
杨朱答话
大道多歧而失羊

柱厉叔这人要死给大家看，给后面当老板、当君王的看看，要他们知道不懂人才、不能用人才的后果。古代有这样的人，这个人多勇敢！不过历史上很多的忠臣是死给大家看的。譬如汉朝那个小官朱云，跟汉成帝争一个问题，把头撞到栏杆上，流血而死。汉成帝还是了不起，叫部下留下这个血不要擦掉，也不要粉刷，让历史知道我是个不高明的皇帝。这是把朱云的血留给后世做个榜样，警告当老板的要聪明。后来有些皇帝看到有人也要那么干，就说你也想做朱云啊！譬如朱元璋时也有人跑来想跟他玩这一套，希望朱元璋杀掉他而能在历史留名。朱元璋很聪明，说这个家伙是乡巴佬，要我杀了他历史留名，我才不干，放他回去。

实为怨恨而死

“凡知则死之，不知则弗死，此直道而行者也”，这是《列子》的评论，中国文化都是相对的，如“君礼臣忠”，如果当领袖的对部下有礼、爱护，部下就对他忠心；“君不礼则臣不忠”，是一定的道理。所以父慈子孝，父母要儿女做孝子，父母本身要健全，父母能够真爱子女，真会教育子女，子女则是孝子。自己是个浑球的父母，光要求儿女做孝子，也不可能。兄友弟恭，也是一样道理，由此可知，中国文化并不是呆板的规定，而是相对的。所以这里也讲，“凡知则死之，不知则弗死”。古人讲，“士为知己者死”，一个知识分子为了一个知己可以把命送了。“女为悦己者容”，这是中国文化的名言，一个女人打扮是给爱自己的人看的，他不喜欢你，你打扮起来有什么好看啊！你越打扮，他越觉得讨厌，这是必然的道理。所以说，不是知己，我又何必为你卖命！这是人生的直道，是当然的道理。

“柱厉叔可谓怼以忘其身者也”，什么是怼？怨恨。柱厉叔这个死是一股怨气促使的，把身体生命都不要而去死。这种怨恨的心理死得很冤枉，死后变鬼也是冤枉鬼，到枉死城里去报到。据说地狱里有一个监狱叫枉死城，凡是冤枉死的、自杀的，都到那里报到，不大容易投生了。不晓得经过多少时间，等到地藏王菩萨来视察，阎王才来清理枉死城，可怜的就放出去投生。

这个所谓生死之间，中国文化另有一套价值看法，也是我们中国文化严重的问题。中国古人所讲，“死有重于泰山，有轻于鸿毛”，这是所谓死的价值的定义。中国文化，有时候对生命轻视得像一根鸡毛一样，有时很有价值不妨一死。有时候上了氧气还不肯死，那是否也是重于泰山？

杨朱论因果

杨朱曰：“利出者实及，怨往者害来。发于此而应于外者惟请，是故贤者慎所出。”

接着下一件事在中国文化史里非常有名，就是人生的大道理，你们学佛修道的人、不修道的人都要注意。“杨朱曰”，杨朱大家都认识，孟子最反对的一个人。杨朱是主张“拔一毛以利天下，不为也”，你叫他拔掉身上一根汗毛，对社会有利益，他都不干。孟子一生反对杨朱、墨子两家，他们都是道家思想的人物。我们现在讲中国文化，你们青年要懂，像我们中国文化精深博大，墨子“摩顶放踵以利天下”，这个思想几千年了，佛家的思想也一样，大慈大悲，平等看待一切众生如亲人。孟子反对墨子，认为他陈义太高，理想太高，做起来太困难，所以要一步一步地来，认为有限度的仁爱才是对的。

另外，杨朱的思想是把个人主义发展到极点，属于自由主义，也是真的民主。自由主义的杨朱思想，绝对尊重他人的自由，各有各自的范围，所谓自由民主的结果是绝对的自私、为己，所以杨朱就是为己。但是杨朱不是那么狭隘，杨朱虽然为己，对社会有贡献都不干，但是别人的利益绝不沾。如果天下人个个都是杨朱，我有我的自由，不妨碍你的自由，那天下太平了。可是人是绝对做不到的，口口声声讲自由的人，最喜欢妨碍别人的自由。等于我常说口口声声讲科学的人绝对不懂科学。真正学科学的人，嘴巴闭住不敢讲，因为科学这个东西太难太难。像我们同学里头，好几位学科学的博士，他嘴里不敢谈科学，一提科学，哎哟！这个问题很严重。就晓得这是学科学的，他不轻视每一个问题。只有我们这一些科学不科学、文学不文学的人，一提就是科学，其实科也不科，学也不学，这很奇怪。

现在这里提到杨朱，他应该是所谓自由主义思想的领袖、祖师爷，他的哲学你看多高明啊！他说“利出者实及”，你有利益给人家的话，实际好处就回到你身上，这也是因果问题，就报应回来，所以你给人家利益，还是为了自己的利益。“怨往者害来”，你到处都埋怨别人，看不起别人，人家也看不起你，也讨厌你。所以你去怨恨别人，马上反应过来是对你有害的。你看杨朱的思想不是那么简单吧！孟子是他的反对派，尽管《孟子》讲杨朱好像一毛钱不值，可是杨朱有他的一套哲学思想，也是不得了的。所以你看杨朱的自由主义多么实际，“利出者实及，怨往者害来”，就是他的哲学名言。

“发于此而应于外者惟请”，这个“请”就是“情”字，所以杨朱也是明白因果报应道理的。任何人的思想行为，只要一发动，内外就有感应，相应的作用。这个道理是什么？就是情。人到底不是普通的动物，还有一种情感的怀抱，其实动物也是，生物都是这个样子。依现在科学的研究，植物也有感情，所以一枝花啦，一棵树啊，好好地招呼它，它对你也未免有情，也有这种道理。我们看历史上也很多，譬如说玄奘法师要到印度留学，他的庙子门口有两棵松树，他就摸住那个松树暗自发了一个愿，准备二十年回来。庙子里的小和尚就问他，师兄啊你几时回来？他说等这个松树的树枝从东方转向西面伸手，我就回来。结果玄奘法师回国那一年，松树枝由东向西转了，所以师兄弟们讲玄奘要回来了。这是物理的所谓相应，就是“发于此而应于外者惟请”。

“是故贤者慎所出”，因此这个贤人，有道德的人，小心谨慎自己的起心动念，对自己情感的发出非常谨慎。大家认为，我们心里头的思想，外面的人怎么知道？可是人之所以不同，有他的电感，你对一个人有所怨恨，对方已经收到电波了，他也不高兴你了。所以一切只能求于自己，这就是杨朱为己的哲学道理。下一段引用杨朱的话，又是另一个道理。

羊追不回 杨朱戚然

> 杨子之邻人亡羊，既率其党，又请杨子之竖追之。杨子曰：“嘻！亡一羊，何追者之众？”邻人曰：“多歧路。”既反，问：“获羊乎？”曰：“亡之矣。”曰：“奚亡之？”曰：“歧路之中又有歧焉，吾不知所之，所以反也。”杨子戚然变容，不言者移时，不笑者竟日。门人怪之，请曰：“羊，贱畜；又非夫子之有，而损言笑者，何哉？”杨子不答，门人不获所命。弟子孟孙阳出，以告心都子。

“杨子之邻人亡羊”，杨朱邻居有个人养的羊丢掉了一只，不晓得跑到哪里去了。“既率其党”，这个邻居集合他的家人亲友去找这只羊，因人手不够，“又请杨子之竖追之”，找杨朱的学生、孩子、用人们，一齐来帮忙追那只羊。

杨朱一听，“嘻！亡一羊，何追者之众”，只跑掉一只羊，何必用那么多人去追呢？我们去跑股票市场就是亡羊，股票不晓得哪一家会涨，但是股票市场有多少人在追这只羊啊！天下事都是追这只羊，羊跑掉只有一只，但追的人那么多。“邻人曰”，这个邻居说，“多歧路”，他说岔路太多了。这个注意啊！人生的岔路多得很，向哪一条路追呢？就因为岔路太多，所以去了那么多人追这只羊。大概追了一天吧，“既反”，没有追到就回来了，“问获羊乎”，杨朱问他羊追到了没有，“曰：亡之矣。”丢掉了，追不到了。“曰：奚亡之?”，怎么丢掉呢？“曰：歧路之中又有歧焉”，岔路里头又有岔路，再多人去追也没有用，“吾不知所之，所以反也”，我不晓得向哪一条路去追才好，所以回来了。

杨朱听了这个话，“戚然”，这个眉头皱起来，“变容”，脸色都变了。“不言者移时”，很久也不说一句话，“不笑者竟日”，一天也没有笑。就听了这一件事，一只羊跑掉了，这么多人追不回来，搞得不相干的杨朱在旁边愁容满面，一天不笑。

“门人怪之，请曰”，这些学生奇怪了，就问这个老师杨朱，“羊，贱畜；又非夫子之有，而损言笑者，何哉”，一只羊是个小动物，丢掉就丢掉，而且这一只羊又不是老师的，是隔壁邻居的，结果你不笑，也不讲话，难过了一两天，这是为什么？学生们搞不懂就问杨老师。“杨子不答”，学生们问他，他也不说话，不讲理由。“门人不获所命”，学生们得不到杨老师的答案，“弟子孟孙阳出，以告心都子”，姓孟的这位学生啊，受不了，跑出去给另外一个人讲，这个人叫心都子，他和杨朱是朋友跟学生之间。

仁义的三种解释

心都子他日与孟孙阳偕入，而问曰：“昔有昆弟三人，游齐鲁之间，同师而学，进仁义之道而归。其父曰：‘仁义之道若何？’伯曰：‘仁义使我爱身而后名。’仲曰：‘仁义使我杀身以成名。’叔曰：‘仁义使我身名并全。’彼三术相反，而同出于儒。孰是孰非邪？”

“心都子他日与孟孙阳偕入，而问曰”，另外一天，这位心都子同这位孟同学两个一齐进来问杨朱。“昔有昆弟三人”，这个人会问问题，问得好，这就是禅宗了。他不问杨朱为什么不高兴，他说从前有兄弟三个人，“游齐鲁之间”，在齐鲁之间游学，当时齐国与鲁国文化最高。“同师而学”，在同一个老师那里求学。“进仁义之道而归”，学什么呢？这三兄弟就学儒家的仁义。你看啊！下面是道家杨朱对于仁义的解释，由这个解释再看《论语》，再看孔孟的书里如何解释仁义，归纳起来是这三种。

“其父曰：仁义之道若何”，这三兄弟毕业了，回来了，父亲问，你们在老师那里学仁义，什么叫仁义？

“伯曰”，大哥讲，“仁义使我爱身而后名”，这是道家解释儒家的仁义最正确的，说仁义之道，真懂了仁义，第一要爱惜自己。不是自私啊！是爱惜自己人格的建立，人品学问的养成，不要贪图外面的虚名，自己学问没有成就，道德修养没有好，只有外面知名度，那是假的，不是仁义之道。所以大哥了解，生命最重要的是建立自己的人格，完成自己的人品，外面的名望、知名度有没有不重要，那是假的，是虚名。这是我所了解的仁义，他向父亲这样报告。

“仲曰”，老二说，“仁义使我杀身以成名”，懂了仁义的人要做忠臣，“杀身”，就是必要的时候这一条命可以不要，要在历史上留万世清高之名。这是第二种了解。

“叔曰”，最小的这个弟弟说，“仁义使我身名并全”，我所了解的仁义，一个人真懂了学问，懂了仁义，自己本身也站得起来，在历史上、社会上也留名，这就是仁义之道。

你看三个亲兄弟同一个老师，所学的东西、成就三个人完全不同，对于仁义的了解都不同，这就是教育。一娘生九子，九子各不同。所以教育这个东西很难说，都在一代一代变样。所以禅宗讲“见过于师，方堪传授”，陈义虽然很高，却是真理。要找到一个可以教的学生，见解要比老师高的才有资格，一点就透，才会发扬光大；否则帆布袋变草袋，一代不如一代，那是当然的。现在全世界文化，像你们在座的，找些中学生来看看，你们已经看不上眼了。

因此有一个结论，“彼三术相反，而同出于儒，孰是孰非邪”，这个心都子问杨朱，你看同样一种学问，三个人的结论不同，老师是同一个人，学校也是一个，哪个对？哪个不对呢？

杨朱答话

杨子曰：“人有滨河而居者，习于水，勇于泅，操舟鬻渡，利供百口。裹粮就学者成徒，而溺死者几半。本学泅，不学溺，而利害如此。若以为孰是孰非？”心都子嘿然而出。孟孙阳让之曰：“何吾子问之迂，夫子答之僻？吾惑愈甚。”心都子曰：“大道以多歧亡羊，学者以多方丧生。学非本不同，非本不一，而末异若是。唯归同反一，为亡得丧。子长先生之门，习先生之道，而不达先生之况也，哀哉！”

“杨子曰”，杨朱的答复也妙得很，这就是学问。“人有滨河而居者”，他说有人住在河边，在水边长大。因为从小就在河边嘛，“习于水”，爱玩水，“勇于泅”，游水的本事很高，天然环境养成的。所以长大了以后，“操舟鬻渡”，会驾船，不用到海洋学院，自然会做轮机长驾船。“利供百口”，因他有这个游泳的技术，所以赚来的钱，养活全家一百个人的生活都很充裕。有人看了眼红，去学游泳，学海上的生活，“裹粮就学者成徒”，自己带了粮食来上课，还交了费，来跟他学游泳，徒弟多得很。结果跟他学的“而溺死者几半”，学游泳没有学好，在水里淹死的有一半以上，这都是自己愿意来学的啊，结果淹死了一半。

在我们这里也是一样，来到这里学佛学道的，也有学得淹死了，学不成的，一半以上。“本学泅，不学溺，而利害如此。若以为孰是孰非”，他本来是为要淹不死才学游泳，结果反而淹死了，利害相差那么大。我问你这个样子哪个对，哪个不对？心都子没有讲话，这就是逻辑了，这个善于问话的心都子和善于答话的杨朱，两个都是第一等高明人，天下是非下不了定论，给你们第三者去作结论。所谓禅宗的机锋，问答也都很漂亮。你们要学会演讲，演讲就是会讲话，这两个讲话讲得非常好，说话艺术高明透顶了。

“心都子嘿然而出”，这个一听，一声不响，答案已经有了，出来了。另外一个同学孟孙阳到底是一个笨蛋，“孟孙阳让之曰”，出来就抓住这个心都子讲，“何吾子问之迂”，他说你问的什么问题啊？要你问老师人家的羊跑了，他难过个什么？要问这个问题，你怎么问到仁义之道？你问得很迂，莫名其妙，问得好远。而“夫子答之僻”，我们这个杨老师也答复得怪，他又不是答复你这个问题。这叫作“两个黄鹂鸣翠柳”，不晓得你们两个说些什么，“一行白鹭上青天”，越说离题越远了。“吾惑愈甚”，搞得我更加迷惑，越发不懂了。当然不懂！这样高明的问答，这样高明的逻辑哲学，一般学生怎么懂啊！

大道多歧而失羊

“心都子曰”，心都子一听就给他作结论了，“大道以多歧亡羊”，这个大道是广义的，所谓道就是天下的大道，很宽的路，真理只有一个，真理本来就很简单嘛！后来儒家有儒家的真理，佛家有佛家的真理，道家有道家的讲法，耶稣有耶稣的讲法，越来越多了。每个人表达的方法不一样，耶稣也不错，里头又分了几百个宗派；佛也不错，到中国来又有禅宗啊，禅宗又分五个宗派，到现在你有你的禅，我有我的禅。到我们学生手里，有些学生告诉我，老师啊，我不是这样看法，那我就不说话了，那就是你的禅啊，也没有错啊，因为你的鼻子也对到嘴嘛！谁不对呀？个个都对，就不要说了。“大道以多歧亡羊”，但是羊只有一只，跑出去，因为岔路太多了，岔路里头又有岔路，结果你永远找不到了。做学问修道也是，“学者以多方丧生”，方法越多，懂得越多，最后是一无所成。依我看来，现在全世界的教育普及了，知识越来越广博，却没有真正的学问，就是“多方”，方向太多了，生命的真谛没有了，结果是“以多方丧生”。

“学非本不同，非本不一”，学问本来是一个东西，并非本来不同，也并非本来不是一个，真理就是一个。“而末异若是”，最后越学越复杂，所谓科学分门别类越详细越错。所以我常常感觉，有许多同学讲，老师啊，看古书不懂，我看现在人翻译的白话懂了。对不起，我看那些翻译白话的人，古书他们自己都没有懂。还有些同学说，哎呀！《易经》啊，中国学问高深，我不懂，我看到外国人写的《易经》才懂。我说真的吗？那叫外国《易经》，他《易经》究竟学好了没有？对了没有？都是问题。他说看了那个懂，越浅的当然越容易懂啊，所以你们看了现在的书，越容易懂的越没有真东西。

现在学问就是这样，市面上出的书，依我看就是这样。这是我们讲到这一段的感触，学问到了越分析越详细，越科学化，学问也越没有了。“唯归同反一”，他说只有一切归纳，归纳又归纳，归纳到最后，找一个共同的归依，叫作唯一的真理，“为亡得丧”，就不会丧失了。

“子长先生之门，”心都子讲这个孟孙阳，你老兄，你在老师那里是大弟子，“习先生之道”，学的是杨老师的学问，“而不达先生之况”，你对你老师一点都不懂，“哀哉”，他说真悲哀啊。我们现在在本院的同学们，千万不要哀哉啊！今天先到这里为止。

第十四讲

狗吠缁衣

做善事 要小心

幸臣说了高明话

会方法 做不到

狗吠缁衣

杨朱之弟曰布，衣素衣而出。天雨，解素衣，衣缁衣而反。其狗不知，迎而吠之。杨布怒，将扑之。杨朱曰："子无扑矣！子亦犹是也。向者使汝狗白而往，黑而来，岂能无怪哉?"

现在讲的这个故事还是连续的，属于正反的观念，讲人生处世的哲学，处世的道理。"杨朱之弟曰布，衣素衣而出"，杨朱的兄弟名叫杨布，穿素色的衣服出门去了。上面这个"衣"是动词，是穿的意思。"天雨，解素衣"，出去的时候是天晴，结果在外面碰到了下雨。古代的农业社会，泥巴到处都是，素色的衣服容易弄脏，像我们小的时候念书，回来就是一身泥，所以古人的诗句，"微雨作轻泥"，微雨会制造轻微的泥巴。这首诗的境界看起来很美，实际的境界却很痛苦。因此，杨布把没有颜色、干干净净的衣服脱掉了，"衣缁衣而反"，换上缁衣回家。缁衣是染色的衣服，大半是灰色的。

注意啊！出家人穿的衣服统称缁衣。根据印度佛教规矩，出家人穿坏色衣，各种碎破布剪裁接拢来的衣，所以也叫作衲衣，就是不要漂亮，穿最坏的颜色。到了中国以后，禅宗穿深色衣，在外面念经的穿淡灰色的，叫作月白色。修密宗的穿紫、红、黄、蓝、白、黑，各种都有，反正佛教的规矩，出家人穿的衣通称缁衣。在家居士自称白衣，印度人的规矩尚白，婆罗门教、上流阶级的人统统穿白的，下等阶级穿黑衣，像小偷穿黑衣，夜里好行动，看不出来。我们夏朝也重视白色，中国历史文化，有时候重视白色，有时候重视黑色、红色、黄色，每个朝代都不同。

你们诸位看过《红楼梦》，迎春、探春、惜春三姊妹，最后小妹妹出家了。所以在梦游太虚幻境中说的预言，第一句是“勘破三春景不长”，都是双关语，这种小说也与禅、与道相关的，因为她三姊妹的名字都有个春字，也代表人生的境界青春好景不长。年轻的时候看小说都背下来的，到现在几十年还忘不掉，所以叫你们背书啊！

勘破三春景不长　缁衣顿改昔年妆
可怜绣户侯门女　独卧青灯古佛旁

这是在家一般人的看法。如果出家的看法，那不是“可怜绣户侯门女”了，而是最高的境界了，可以去掉“可怜”二字，改成“绣户侯门女，高卧青灯古佛旁”，那个境界就好了。

现在因为讲到缁衣，顺便告诉青年同学们中国文化、文学里的这些典故。杨朱的兄弟回来碰到下雨，把素衣换成深灰色或者蓝色的衣服回家。“其狗不知，迎而吠之”，这个狗认不得主人了，狗眼看人低，乡下养的狗，不是我们抱在家里吃牛肉的狼狗，但也差不多，狗看见穿破衣服的叫花子来，它就叫；衣服穿得很整齐的，它不叫了，所以狗是认衣服不认人的。古人经常借这个情形来骂世界上的人，“只重衣冠不重人”，那是当然的。

像我们小的时候老辈子人就告诉我们，年轻人出门，像大学毕业后两三年找不到工作，那个倒霉相，皮鞋也破了，西装牛仔裤已经发白了，头发留得长长的，然后履历表到处送，一看到就晓得是个倒霉的青年。碰到这样倒霉时，怎么办啊？勤理发，理得干干净净的；勤洗衣服，哪怕只有一件，晚上烫得笔挺，早晨出来还神气，把裤带缩紧一点，肚子饿了，问你吃了没有，吃了。那神气十足，工作容易找到的，碰到有些老板就会用你了。

这个狗是相反的，所以这个狗看到主人衣服穿得不对，不出来摇尾巴，反而拼命地叫。“杨布怒”，这个杨布气极了，我养这狗多少年，现在我回来，看我衣服换了就叫，“将扑之”，要把这个狗打死。

“杨朱曰”，他哥哥知道了，“子无扑矣”，哥哥杨朱说你打死它干什么？狗嘛！它是个禽兽不懂事，“子亦犹是也”，你也是一样，骂这个弟弟。“向者”，他说刚刚，上午，“使汝狗白而往，黑而来，岂能无怪哉”，假定你的狗一身白毛出门，结果在煤炭洞里滚了一身黑回来，你不把这个狗干掉才怪啊！你也认不得是你的狗啊！外形变了样子，就引起人家怀疑了。

天下事，天下人，这些道理就很多了，我年纪大了退休的朋友很多，刚刚退休的人，开始两三个月，在家里整理东西，还没有完，慢慢来。三年以后苦恼了，开会惯了，办公惯了，忽然没有事做，他就活不下去。像爱打坐修道的，每天多给他事情做，他也觉得活不下去。所以人生就是那么怪，你说哪一样对，哪一样不对？这也可以看到，外形的转变就影响人心理思想的转变，天下事有如此之怪，其中的是非善恶没有定论的。

做善事 要小心

杨朱曰："行善不以为名，而名从之；名不与利期，而利归之；利不与争期，而争及之。故君子必慎为善。"

这一段就看到杨朱的人生哲学了。孟子反对杨朱，给他的罪名是他主张人都要为己。俗话说，"人不为己天诛地灭"，这一理论就是近于杨朱的思想，是绝对的自由主义，以自我为中心，尊重自己也尊重别人，可惜人做不到。人类是什么心态呢？你的就是我的，我的不是你的，那不知道是什么主义！讲起来很好听，反正不是杨朱的道理。孟老夫子反对杨朱，说他太自私，但是，杨朱的自私哲学，有他哲学的基础。他的哲学理论就在这里，所以他的哲学，人不但不做善事，当然更不做恶事，杨朱的学说思想就是道家思想的演变。

我们先讲一个故事。有些中国文化的书，内容有很多东西，其中提到一个故事，说有一个人嫁女儿，古代出嫁以前，在家里请妈妈训话。她的母亲说，没有别的话讲，你到了这一家做媳妇，不要做好事。这一句话好严重，女儿一听，你叫我不要做好事，那我专做坏事吗？这个母亲就骂她，好事都不做，坏事哪里可以做啊！这就是道家思想，也是杨朱的思想。

现在杨朱就说，“行善不以为名”，一个真正做好事的人，不是为了求名，为了别人表扬、宣传才去做好事，这不是好事，因为这是有目的的。我每年都接到要我推荐好人好事的文件，要我推荐几位，我问同学你们要不要，都说不要。我说我也不想推荐，也不晓得哪个好，哪个坏，我看我也不错，不过我自己不好意思推荐，我说算了吧！这本是一个好事，假设一提倡，变成惯例以后，有人专走这个路子，那就失去意义了。

所以官方常说要表扬老人，我说你们做做好事好不好！你不要害人嘛！人家活到七八十，把他们请来站在台上，你年纪轻轻还去训这些老头子半天，然后送些东西给他们，这样搞几个钟头回去非死不可。何苦来哉呢！这些事情都是糊涂蛋做的事，不读书，不懂事。真的要敬老，你去给老人行个礼，东西就交给他，门口贴一个敬老就好了。一定把老人推上车子送上来，你不是玩人嘛！我看到世界上很多不通的事，有时候很气，不过我又怕把自己气死了，只好笑一笑，也知道划不来，不值一笑，只好睡觉。所以人家问我信什么宗教，我什么都不信，我信睡觉，就是这个道理。

所以真正的行善不是为名，中国文化叫阴功积德，阴功是人家看不见的。我们从小受的教育，像我们桌子上一定摆两部书，一部是《文昌帝君阴骘文》，这个现在大概很少有人看到了；还有一本功过格，一定摆在那里，专门劝人家做好事，都是课外读物啊。像《朱子治家格言》，我七岁就会背了，早晨一早就起，站在父亲前面背，“黎明即起，洒扫庭除”，都要真做的。现在尽管学校有公民教育，有什么训导啊，同学看到训导处的人背后都在骂，都讨厌，对不对？老师对你们训两句，那就是冤家。像我们就是由这些训导训过来的。所谓行善要阴功，大家看不到的，这个累积下来才叫功德。出了钱，做了好事，还要表扬一下，你已经得了果报了，有知名度了，晓得你是善人了，所以再不要期望有果报了。

“行善”，这个“善”字不一定只包括善事啊，做任何好的事都是行善。“不以为名”，真正的行善，虽然你目的不在求名，“而名从之”。事实上很怪，你越不求名，那个名自然而然会跟着来，那是真的。不过，你们年轻人不大信，当然，那要时间的累积，你三天就要效果办不到。我发现社会还是很公平的，真正的好人好事你是盖不住的，它自然会出来。

行善是第一步哦，第二步名就来了。名来了以后第三步怎么样？天下事都会变的，“名不与利期，而利归之”，在这里这个“期”是期望，就是现在讲的希望、目的，有时候也可以说是目标。有了名以后你不求利益也不求钱，最后钱也来了，因为你有了知名度，很多的机会可以使你发财，大财纵然得不到，小财就不必担心了。他说求名是一条路线，求名不一定求利，但是最后利益也因这个名来了，名越高，招牌越硬，生意越好。这是第三步了，以后是第四步。

“利不与争期，而争及之”，有名有利了以后，就有人来争了。任何一件事，就算玩宗教也好，你盖一个教堂、庙子，别人也会盖一个教堂、庙子，你有徒众，他也有徒众。你说你的一派好，他说他的一派高，世界上的人最后还是争。所以人在争，万物都在争，生命以争斗而活，就那么可怜，莫名其妙。有了名利就自然有人来争，做公务员也好，教书也好，到处碰到排挤，大家心里头都明白，嘴里不肯说。哪个地方没有人排挤啊？公司里当一个职员，你负责一点，能干一点，别人就嫉妒你，因为你不懒嘛！你懒了他也要笑你。反正进来一个新人总想排挤掉，最好都归自己，虽然自己也做不了。

最近这几个月很多负责人跟我谈公司情况，我说不要悲哀了，全世界都一样，现在年轻人难用啊，进来以后各种毛病不说，学了三个月，他学会了，也想去开一家了；如果老板生意做不好，他出去讲这个老板不会做生意。反正都不对，这就叫作人，人就是那么一个动物，就是白狗黑狗一样，差不多。因此杨朱哲学的结论——“故君子必慎为善”，在做人做事、讲一句话时，应该非常谨慎才好。

这是由于他兄弟白衣出去黑衣回来这件事，引出来杨朱对于人生哲学观点的专论，其中很多做人做事的道理。我向诸位所报告的这一点，还没有解释完全，所以像这种故事多去研究，多去想想，当你碰到事情的时候，你慢慢就会有所启发了。

昔人言有知不死之道者，燕君使人受之，不捷，而言者死。燕君甚怒其使者，将加诛焉。幸臣谏曰：“人所忧者莫急乎死，己所重者莫过乎生。彼自丧其生，安能令君不死也？”乃不诛。有齐子亦欲学其道，闻言者之死，乃抚膺而恨。富子闻而笑之曰：“夫所欲学不死，其人已死而犹恨之，是不知所以为学。”胡子曰：“富子之言非也。凡人有术不能行者有矣，能行而无其术者亦有矣。卫人有善数者，临死以诀喻其子，其子志其言而不能行也。他人问之，以其父所言告之。问者用其言而行其术，与其父无差焉。若然，死者奚为不能言生术哉？”

幸臣说了高明话

这里又说一个道理，注意啊！你们诸位出去传道的、喜欢当老师的注意，“昔人言有知不死之道者”，从前有一个人说有人会打坐，会修长生不死之道，以这个为号召，广告做得很大。“燕君使人受之”，春秋战国的时候，我们中国一批修道的人都在燕、齐之间，历史上这些人，科学家、医生研究生命的道理，都叫作“方伎”。我们拿现在观念讲，就是上古研究科学的。所以像炼丹，就是化学制药，天文、数学、化学这些科学的发展，在整个人类历史上中国最早，都是一路领先的，现在是一路退后。

战国时燕齐之间充满方伎，所以燕王听说有人会传不死之道，就要找来拜他为师，接受这个学问。“不捷”，结果打坐练工夫，练了半天，没有效果，照样生病，照样变老，“而言者死”，传道的人却死了。“燕君甚怒其使者，将加诛焉”，燕王一听大发脾气，要抓那个介绍人来杀掉，说他乱宣传，乱吹牛，乱讲话，要把背后指示传这个谣言的人统统抓来杀掉。这一下这个案子很严重了。

“幸臣谏曰：人所忧者莫急乎死”，注意呀，皇帝旁边最亲信的是幸臣，不一定是大臣、宰相、大将。国家的大臣很严重的，尤其是帝王政治的时代，大臣几乎就是副皇帝，有时候跟皇帝当面反对顶撞的。大臣又叫重臣，分量很重。历史上有些名臣，学问好，道德好，不一定是大臣，当然也不是奸臣。又有权臣，权力很大，那不一定是名臣或重臣，所以分类有十几种。

至于幸臣，历史上很多，也有个名称叫弄臣。在高明的皇帝旁边名臣大臣很多，但是小人也有啊，你认为皇帝那么高明，为什么都被小人骗了？那你读历史是理解错误，所以我们当不了皇帝。好的皇帝清楚得很，但是他喜欢啊！为什么？一天到晚跟君子在一起，这个日子很不好过啊！像汉武帝时的名臣汲黯，什么都敢讲，汉武帝要做不对的事情他就反对，汉武帝要修道他也反对，这个皇帝的日子怎么过啊！但是高明的皇帝处理国家大事时，喜欢这一些重臣，喜欢反对派；至于弄臣、幸臣，虽然会拍皇帝的马屁，但是高明皇帝心里明白。

我经常告诉大家，读历史很难读的。对于幸臣啊，乾隆一句话讲到了家，他的幸臣叫和珅，也是他的弄臣，乾隆相当精明的，满朝文武都讨厌和绅这个人，可是和珅权力大，乾隆喜欢他。乾隆到晚年，八十多了，已经让位给儿子自己当太上皇了。人家问他，你那么精明的人，为什么要包庇这个和珅？乾隆说你们不知道，做皇帝并不好过呀，你总要留一个人给我玩玩啊！一句话说到了家了。一个人到了某个位置上，碰到人笑话都不敢讲，别人都能讲笑话你就不能讲，那个高位置很难坐啊！就像年纪大了当老师的，心里想开一个玩笑，开了一半只好吞进去了，这个日子也不大好过啊！所以他要一个弄臣陪着玩玩。你看懂这个书，才晓得唐明皇玩弄李林甫、高力士、杨贵妃，这些皇帝都是聪明人，聪明人一定会搞这个事，他明知道，吃毒药也要吃了，因为他不是圣人。圣人就来打坐了，不管了，不要玩了；皇帝是要玩的，这就是幸臣的道理。

那么在这一段书里，你要看到历史的哲学，当燕王大发脾气时，非要杀人不可了，谁都劝不了的。就像汉武帝一发脾气，谁也没有办法，这个时候东方朔来了，个子矮小，一辈子滑稽，他一到汉武帝前面，一个笑话说下来，汉武帝哈哈一笑，算了，算了，不杀人了。所以人各有各的用处，会说笑话的人也有他的用处的。

所以燕王这个时候发怒，不是一般大臣、权臣、重臣可以化解的，唯一可以解危的是幸臣，在旁边可以随便说笑话的，可以跟他调皮的。这个幸臣讲话了，可是这个人讲的话有道理啊，“人所忧者莫急乎死”，他说一个人啊，最担心的就是死，世界上的人都怕死。“己所重者莫过乎生”，世界上的人最要紧的就是要自己活着。一个生、一个死，两头。“彼自丧其生”，这些修不死之道的人，结果因为修道做工夫把自己弄死了，他难道愿意死吗？他为了要活得更长，结果弄不好反而死了。“安能令君不死也”，连他自己都死掉了，他能教你不死吗？那当然不能嘛！这有什么稀奇啊！他跟燕王讲，你信他的这些鬼话干什么呢？“乃不诛”，这个燕王一听，高兴了，就不杀了，放他回去，算了，算了。这个故事没有完。

会方法 做不到

“有齐子亦欲学其道”，齐国有一个人，也想学长生不老之道，“闻言者之死”，听说这个人死了，“乃抚膺而恨”，捶胸顿足，恨自己恨得要命，没有机会在他死以前找到他。“富子闻而笑之曰”，有一个姓富的人听到，哈哈大笑，笑这个傻瓜，“夫所欲学不死”，他说这个家伙笨啊，这个奇怪的齐国人，他不是想学不死吗？“其人已死，而犹恨之”，结果那个知道的人已经死了，“是不知所以为学”，证明这个人不是真知道不死之法，所以这个“齐子”不是傻瓜、白痴吗？

“胡子曰”，另外一个胡子听到就说，“富子之言非也”，这个老富啊，讲错了。注意呀！这个胡子的讲法是另一个理论，也对。他说那个老富错了，笑人家干什么！“凡人有术不能行者有矣”，你们注意，这个话你们一定同意，世界上有些人真有一套办法，但是一辈子做不成。有人一辈子有学问，有能力，像我有许多朋友，讲做生意头头是道，可是看他们穷一辈子。不过我始终佩服他们，他们那个脑筋是对的，命不好而已。“能行而无其术者亦有矣”，也有人能做到，但是并不知道理论方法。因此说世界上这两种人都有，古今中外人类都是一样。

“卫人有善数者”，胡子就讲，卫国有一个人，算数很高明，能知天文地理，还能知过去未来。历史上相传，中国人算数最高明的是宋朝的邵康节，能知过去未来，上至几万年，下至十二万年以后的事情都知道了。所以算命有个铁板数，河洛理数，是笨的办法，如果学会了算命准得很。据说这个铁板数是邵康节教给儿子的，他怕儿子因为笨没有饭吃，所以就教儿子学铁板神数，也叫蠢子数。以前算铁板数的都是瞎子，灵得很，不过我也算过，过去的事百分百的灵，连你哪一天跌倒他都说对了；未来的好像都不大对，可是你过后给他算，他又说对了。这个很奇怪，所以叫铁板，呆定的。

卫国这个人善数学，“临死以诀喻其子”，临死就把口诀教给了儿子。“其子志其言而不能行也”，他的儿子把口诀记下来，但是自己做不到，不会用。“他人问之”，另外一个人问他的儿子，“以其父所言告之”，这个儿子就把父亲留下来的口诀告诉了这个人。“问者用其言而行其术”，结果问的人用了这个口诀，把数学研究得很高明，“与其父无差焉”，跟他父亲一样成就。“若然”，这种事实很多，“死者奚为不能言生术哉”，难道死掉的人不可能传一个长生不老的方术吗？虽然他自己没有修好，但是从古相传，是有这个方法留下来的。

所以一个结论，同样的一个技术，譬如学校里学电机、学科学应用、学电脑的，一班学生几十个，而真的成为工程师的，在科学上有发明、有贡献的，有几个人啊？我发现非常少。乃至看历史上，几千年来所谓状元、进士的，多得不可胜数，而有贡献留下名字的也并不多。这个道理就是在于人本身，不在于这个道理的是非对错。

这些故事看起来都是单独一个，整个连起来它有一套的，这个道理要诸位自己去贯通，我只能讲到这里，这也是一个秘诀，这个秘诀将来看留给谁，能研究出来就对了。

第十五讲

放生的问题
动植物为谁而生
谁不是乞丐
心理作用的影响
精神专注的结果

放生的问题

> 邯郸之民以正月之旦献鸠于简子，简子大悦，厚赏之。客问其故。简子曰：“正旦放生，示有恩也。”客曰：“民知君之欲放之，竞而捕之，死者众矣。君如欲生之，不若禁民勿捕。捕而放之，恩过不相补矣。”简子曰：“然。”

“邯郸之民”，邯郸，我们已经提到过几次，在古代历史上是有名的区域，在研究中国的内战史、军事学，研究地理战略上，也是重要的重镇。历史上很多的故事都发生在邯郸这个地方，战国时候属于赵国。“正月之旦献鸠于简子”，有一个人，正月初一献一只鸠鸟给赵简子。我们过去在大陆，年纪大的人拐杖头上那个鸟就是鸠鸟，代表高年。“简子大悦，厚赏之”，简子很高兴，赏给他很多的钱。“客问其故”，这个“客”字在古书上经常提到，就是旁边有一个人，贵姓大名都不讲了。有一个人就问赵简子，为什么正月初一送你这个鸟你就厚赏呢？因为简子是当时赵国的权臣，历史上有名的，后来篡位。

“简子曰：正旦放生，示有恩也”，正月初一得到一只鸟，把它放生了，有恩，今年运气会好。所以放生并不是由佛教开始的，自己中国人不懂中国文化，放生是中国的古礼，上古流传下来的。“客曰”，这个人就讲了，他说你这个办法不对，“民知君之欲放之，竞而捕之，死者众矣”，老百姓晓得你喜欢放生，不得了啦，拼命去抓鸟，抓到了，活的卖给你放生，弄死的就吃掉了或者丢掉，反而把鸟弄死更多了，这样你不是放生啊！“君如欲生之，不若禁民勿捕”，你是个国家的领导人，要放生，不如下个命令禁止打猎、捕鸟，不准杀生，这样不就是解决问题了吗？“捕而放之，恩过不相补矣”，抓来，然后叫人念经放生，他说你是做好事还是做坏事啊？恩与过两个不相抵的。换句话说，你这个罪过比做好事还大，你鼓励大家去抓鸟，这不是做好事啊！赵简子一听，“曰然”，对，就采用了他的意见，向全国下命令禁止打猎。

我经常说学佛的同学们，做好事要有智慧，很难做。今天我从电梯下来，碰到外面来两个彪形大汉，一个人背了个袋子，有几十只乌龟，拿到这里来放生。因为这里有个同学莫名其妙，告诉他们我们这里放生，我叫他们把乌龟放到楼顶去吧！反正楼顶有个自来水管！（众笑）

动植物为谁而生

齐田氏祖于庭，食客千人。中坐有献鱼雁者，田氏视之，乃叹曰：“天之于民厚矣！殖五谷，生鱼鸟以为之用。”众客和之如响。鲍氏之子年十二，预于次，进曰：“不如君言。天地万物与我并生，类也。类无贵贱，徒以小大智力而相制，迭相食；非相为而生之。人取可食者而食之，岂天本为人生之？且蚊蚋噆肤，虎狼食肉，非天本为蚊蚋生人，虎狼生肉者哉?”

“齐田氏”，齐国的田氏，是齐国的权臣。在中国历史上齐国本来是姜太公的后代，六七百年以后，他的权臣田家篡位，自己当王了。所以战国以后齐国已经不是姜太公的后代了。孟尝君的祖先就姓田，那个时候是权臣，“祖于庭，食客千人”，就是祭祖宗的时候，田家素来是很豪气好客，客人很多。所以到孟尝君手里，在他家里常年吃住的有三千多人。我们看看没有什么了不起，不过现在再有钱的家庭也养不起啊，除非办厂、大公司。他那时候都是食客啊，不要你做工的，就在家里住，发薪水给你，一天吃饱了没有事，各种各样的人都有。

战国时候流行养士培养声誉，那个时候全中国的人口也不会超过现在的台湾啊，所以孔子三千弟子同孟尝君养三千食客，在现在人口来比，就是有几百万的学生、几百万的部队，那不得了的。换句话孟尝君在组党，他有群众的力量。虽然食客三千，最后有问题的时候，那些学问好的，讲哲学、科学的都没有用，能够救他的是鸡鸣狗盗之徒。这是历史上一个大故事，也是历史上一个大讽刺，所以人的专长没有一定，历史上说鸡鸣狗盗之徒就是指这件事。

这里的齐田氏，是田家另外一件故事，是不是孟尝君或者是他的父亲，不知道。这个田家，“中座有献鱼鴈者”，可以说在他一千客人中有个人奉献了鱼还有鴈，不是天上的鸢，其实就是鹅啦！“田氏视之，乃叹曰”，田家人一看，感叹说，“天之于民厚矣”，上天生万物，对我们人类太厚了，“殖五谷，生鱼鸟，以为之用”，生了米、麦子、高粱、大豆、青菜、萝卜，各种都有，又生了一些鱼鸟，给我们大家用，就是说上天的恩惠太大了。“众客和之如响”，这一班都靠他吃饭的人，看到老板那么讲，大家都说是、是，是上天的恩惠。佛教信众说那是菩萨的慈悲。

“鲍氏之子年十二，预于次”，中间有个姓鲍的小孩十二岁，也是他门下的宾客，“进曰”，这个孩子站起来讲，“不如君言”，他说你的话我反对。这个孩子胆子很大，天才儿童，“天地万物与我并生，类也”，天地生万物，生人、生鱼、生鸭子、生虫子……上天是一律平等的，“类无贵贱”，哪样好哪样坏，没有标准的。“徒以小大智力而相制，迭相食”，他说天地生万物，结果生物界是弱肉强食，你吃我，我吃你，大吃小，都是不公平的。尤其人最坏，因为人聪明有智力，什么都吃，连老虎虽会吃人，也害怕人，因为人专门吃老虎。不过人吃了万物，而蚂蚁、蚊子、细菌也吃人，互相吃。“非相为而生之”，这个天地宇宙，是个悲观、惨痛的宇宙，万物互不相爱。

老实讲，在世界宗教哲学界，只有佛教提出来众生平等。所谓众生不是只讲人啊，包括一切生命，细菌、蚂蚁，有生命的东西一律要互相爱护，要平等，这是佛家几千年前提出的口号。在《列子》这里，这个小孩讲的也是一样，他说“人取可食者而食之，岂天本为人生之”，人最可恶，凡是可以吃的统统吃，难道上天是为人类而生这些东西的吗？

有些宗教的哲学认为，上天是生这些给我们人吃的，这一点是错误的，这个哲学不通，这是人类文化自己吹牛，自己定的，是人类的悲哀。哲学通达的话是众生平等，所以我们几千年前的文化，这个鲍家的小孩子就讲出来了，上天生万物难道是给人吃的吗？所以你看了古书，看了《列子》，再看达尔文的进化论，十七世纪以后的这个世界，强权胜于公理，一直到现在都流行。其实中国人几千年前就讲过了这个道理，自己不读古书不知道。

“且蚊蚋噆肤，虎狼食肉，非天本为蚊蚋生人，虎狼生肉者哉”，并且蚊子专门吃人类的皮肤，老虎、豹子、狼啊，专吃生物的肉。难道说上天生人就是专为蚊子吃才生的吗？为了给老虎豹子吃，才生出有血肉的动物吗？

所以《列子》讲到这里是一个问号，你们自己去研究，他不作结论。这个哲学从这个小孩子嘴里讲出来，反驳了田家这个空话，这是一段，道理是连起来的。

谁不是乞丐

齐有贫者，常乞于城市。城市患其亟也，众莫之与。遂适田氏之厩，从马医作役，而假食郭中。人戏之曰：“从马医而食，不以辱乎？”乞儿曰：“天下之辱莫过于乞。乞犹不辱，岂辱马医哉？”

跟着下来说，“齐有贫者，常乞于城市”，齐国有一个人，穷得不得了，在城市中讨饭。齐国的国都在山东临淄，“城市患其亟也”，都市里的人讨厌这个家伙，来的次数太多了，“众莫之与”，所以他来讨饭要钱，没有人给他。“遂适田氏之厩”，他讨饭都讨不到了，就到了田家后院马厩养马的地方去。古人养马，尤其大户人家，那马多得很啊，几十匹、几百匹马，马厩里有专人管的。这个人到了田家马厩处，找谁帮忙啊？找兽医，“从马医作役”，跟着那个兽医做一点事情，“而假食郭中”，得到一点饭吃。“郭”是范围，在那个马厩的围墙里。

“人戏之曰：从马医而食，不以辱乎”，大家看到他，笑这个讨饭的，你这个家伙倒霉了，因为古人很看不起医生，中国古代把医跟画符念咒跳神的巫字连在一起，所以叫巫医。而且中国上古凡是会医的人，一定会画符念咒，会装神弄鬼，所以上古对医这个方伎非常看不起。到了民国初年，我小的时候，还有些医生门口挂一个牌子——“儒医”，代表这个医生不是普通的医生，是读书人。以前学医的是学专门技术，除了医，其他学问不懂，所以那些名医、儒医啊，就很难得了。这个乞儿被大家耻笑，讨饭都讨不到，现在从马医那里讨饭吃，“不以辱乎”，真不嫌丢脸。

“乞儿曰”，这个就是讨饭的哲学来了，注意啊！讲出来我们世界上的人都是讨饭的，哪个不讨饭？你们大学毕业拿到博士，我经常说你读出来博士干什么？给世界上那些“不是”用的。什么都不是的人，只要有钱，开公司行号，开大工厂，叫你这个博士专家来，高薪给你，干不干？你一定干。你做得不好，开除，另请专家。所以我劝你们要做“不是”，那是最高的，只要有办法，你站得起来，无论什么学问专才都可以呼之即来，挥之即去。你看这个是什么力量？哪个力量最大？所以天下人都是乞儿，都是讨饭吃，我们哪个人不在讨饭？你不要认为是大学毕业，拿高薪，不过是高级讨饭的，你还不是靠别人发薪水给你吗？你有办法，你发薪水给别人，对不对？所以向人家讨饭的多，做老板给饭的人到底还是少数，这个哲学在这里。

现在我们看讨饭的哲学，“天下之辱莫过于乞。乞犹不辱，岂辱马医哉”，他说你们笑什么？天下最耻辱的是向人家讨饭吃，对不对？向人家讨饭吃自己都不脸红的话，替马医做一点事，换一口饭吃，又有什么耻辱啊？这是天经地义嘛！换句话说，我以劳力换来的。

归根究底，天下人都在讨饭，有哪个觉得羞耻啊？这个哲学道理很高明了，我们要认清楚，不要傲慢。年轻的同学们本事再大，还是非去讨饭不可，如果人家不用你，你一点办法都没有，除非你用你自己。下面另有一段故事。

心理作用的影响

宋人有游于道，得人遗契者，归而藏之，密数其齿。告邻人曰：“吾富可待矣。”

宋国有一个人到外面去游玩，在路上“得人遗契者”，捡到一样东西，是人家财产的证据，比如说在路上捡到一个银行定期存折。他高兴得不得了，把这一笔财产“归而藏之”，回去把它保护起来。“密数其齿”，这个“齿”古代代表年龄，所以看马年龄是看牙齿，马是一岁长一颗牙齿。他捡到了以后计算，定期还有多久就到期了，躺在那里去数。“告邻人曰”，他跟隔壁邻居说，“吾富可待矣”，你看着啊，我马上要发财了。

> 人有枯梧树者，其邻父言枯梧之树不祥，其邻人遽而伐之。邻人父因请以为薪。其人乃不悦，曰：“邻人之父徒欲为薪，而教吾伐之也，与我邻若此，其险岂可哉？”

有一个人有一株枯掉的梧桐树，隔壁邻居讲，家里庭院中的树木枯掉了风水不好，不吉利。这个人一听啊，就把这个树砍了。“邻人父”，隔壁这个老头子，见他把这株枯梧桐树砍掉了，“因请以为薪”，他说你不要丢掉，给我做柴烧吧。

“其人乃不悦曰”，这个人不高兴了。“邻人之父徒欲为薪，而教吾伐之也，与我邻若此，其险岂可哉”，起先我以为他是好意，告诉我风水不好让把树砍掉，结果我听他的话上了当，原来他要拿回去做柴烧。我悟了！原来他是要柴烧，所以讲风水不好，要我把树砍了。他说这样的邻居太危险，太坏了，会打主意的人，我不要跟他做邻居了。

> 人有亡铁者，意其邻之子。视其行步，窃铁也；颜色，窃铁也；言语，窃铁也；作动态度，无为而不窃铁也。俄而扫其谷而得其铁，他日复见其邻人之子，动作态度无似窃铁者。

“人有亡𫓧者”，𫓧打成斧头叫作𫓧，有一个人丢掉了一把斧头，“意其邻之子”，研究了半天，谁偷的呢？啊！隔壁邻居那个孩子，学校功课不好，外面有名的太保，一定是他偷的。“视其行步，窃𫓧也；颜色，窃𫓧也；言语，窃𫓧也；作动态度，无为而不窃𫓧也”，看他走路就是个小偷的样子，看他的态度，越看越像小偷的样子，看他穿的衣服，就是小偷。看他的讲话，尤其最近这一两天，跟我们讲话时，越看越像，这个𫓧斧子一定是他偷的。

“俄而扣其谷而得其𫓧，他日复见其邻人之子，动作态度无似窃𫓧者”，过了几天，在家里找别的东西，又把那把斧头找出来了，没有被偷走。再看隔壁邻居那个孩子，看他讲话，看他的动作，看他的态度，看他的衣服，都不像偷东西的人。

你们在座的同学，很多研究心理学的，这个地方就要注意了，这是很好的一个心理学资料，关系到行为心理、政治心理、医学心理，各种各样。所以常常有人来跟我讲，哎呀！家里有个坏孩子，有神经病啊！好几个人来跟我讲。我说把你孩子叫来我看看。我后来痛骂他，你这孩子一点也没有神经病，你们家里把他搞神经了。很多事情都是这样，被别人造成的。这三段故事，看起来都不连贯的，好像不相干的，孤零零单独的，你们去想想看，这要靠我们智慧去参透了。最后还有两段，这一章就结束了。

精神专注的结果

白公胜虑乱，罢朝而立，倒杖策锻，上贯颐，血流至地而弗知也。郑人闻之曰："颐之忘，将何不忘哉？"意之所属着其行，足蹶株埳，头抵植木，而不自知也。

"白公胜虑乱"，白公是春秋战国时一个小国的领袖，名字叫胜，前面讲过他。白公忧虑下面的人会有叛变，怕人家杀了他。"罢朝而立"，有一天上朝完毕，他站在那里不敢下去，"倒杖策錣"，把手边拿的有铁叉子的那个拐杖，古人做武器用的，他倒过来靠在那里想，谁靠不住？哪个会叛变？他越想越烦，不知不觉把脸靠在那个拐杖叉子上，"上贯颐"，结果杖叉子把脸戳破了，"血流至地"，他自己都不知道。

"郑人闻之曰"，这一个故事被郑国一个人听到了，等于现在说英国人发生这个事，被一个美国人听到了，"颐之忘，将何不忘哉"，听到的人说，一个人自己的脸都可以忘掉，别的事还有什么忘不了的呢？所以一个人啊，思想专心在某一件事上，把身体都忘了，尤其人在恐惧害怕、烦恼忧虑重大之事时，就会把自己忘掉，连生命都忘掉。这都是心理的道理，一切唯心造的。所以做人做事都要懂这些道理，不要自己捣鬼，如果精神专注在某一桩事，其他一切一定会丢得开。像你们学打坐的，坐在那里腿发麻，这里痛，那里痛，然后讲我要空，你空掉个什么？真要空掉的时候就不麻不痛了。他说"颐之忘"，这个脸上反应最灵敏的部位都会忘掉，被另一个严重的心理换去了，"将何不忘哉"，还有哪一样不可以忘？你怎么空不掉？不过，人就是空不了，因为人不能对自己下一个决心。你说，哎呀！我今天工夫好一点，能够空掉。其实，那不过是你心理、生理另外换一个状态而已。

所以结论，“意之所属着其行”，这个“意”就是代表心理作用。心理作用专注于某一件事上，就表达在你的行为上，从你的行为上就看得出来。“足蹶株埳”，足踮起来，乃至踏到一个刺，踏到陷阱里，自己还不晓得，因为自己走路专心。“头抵植木，而不自知也”，头撞上树枝都不知道，像白公胜一样，刺伤了自己，自己都忘记了。这是代表最后一个唯心的作用。下面最后这个故事是全篇的结论，连贯首尾的。

昔齐人有欲金者，清旦衣冠而之市，适鬻金者之所，因攫其金而去。吏捕得之，问曰：“人皆在焉，子攫人之金何？”对曰：“取金之时，不见人，徒见金。”

“齐人有欲金者”，齐国有一个人想黄金、想钱想疯了。“清旦衣冠而之市”，早上穿了最漂亮的衣服到闹区去抢金店。“适鬻金者之所”，到了金店、银楼的地方，“因攫其金而去”，看到人家正在做黄金买卖，他穿得衣冠整齐，好像大商人，进来看到黄金在柜台上，他把黄金一拿就走了。这就是白昼攫金的故事。

“吏捕得之”，最后被警察抓住了，“问曰：人皆在焉，子攫人之金何”，就问他，那么多人在店里，你公然把人家的黄金拿去，好像目中无人，胆子好大。你们在座的，如果做过行政工作的，就问问这个犯人，你怎么搞的？为什么这么傻呢？这个人讲一个道理，“对曰：取金之时，不见人，徒见金”，他说我要黄金，那个时候根本看不见一个人，只看到金子，就拿了。

这一篇故事的结论是什么？好的也有，坏的也有，像历史上的汉高祖、唐太宗、朱元璋都是这个样子。这些人要拿金的时候目中无人，只拿金，所以他成功了；项羽也是这样拿金的，但是他倒霉，失败了。所以这个世界上都是白天到街上拿金的人，太多了，看到就拿。这个结论很妙，其实《列子》的文章跟《庄子》的一样，外表是不给你作结论的。全篇的《说符》，开头讲什么，最后以这个故事作结论，其中意义深长，我只提起大家注意。这里把宇宙的哲学、人生的哲学，一切做人做事，领导别人或被人领导的道理统统告诉你了。青年同学们不要听了列子的话白天上街抓人家的金子，那就不对了，要有本事像刘邦、唐太宗、朱元璋那么抓才可以。我们今天到这里为止。

第十六讲

杨朱篇

私心的名利

真名利

齐国的两个宰相

真实则无名　有名则不真

真假谦让

杨 朱 篇

《列子》第八《说符》讲完了，今天我们开始第七卷《杨朱》这一篇。让我们再重复一次，杨朱是战国时代的人，在中国文化的分类，传统把他划为道家的人物。他的思想因为孟子的反对而声望很高，在孟子的书里也记载有“天下之言不归于杨则归于墨”。战国末期的时候，一般的思想，不是走杨朱的路线，就是走墨子的路线。

墨子的思想接近于大乘的佛学，同时充满了鬼神的思想，信神，信鬼，信天。所谓鬼，不是现在普通讲灵魂学的鬼，而是认为除了我们人类以外，还有非人，有天人，很像一个宗教。但是他的入世的思想是社会主义思想，牺牲自我，救世救人。拿现在的观念来讲，杨朱没有宗教形态，但是绝对相通于道家自然之道，非常自然，违反自然的都不对。所以一切自然而来，自然而去，自然而生，自然而死。因为生死是自然的两头，所以对于生死也没有忧愁。杨朱之道主张个人的绝对自由，每一个人都爱惜自己，尊重自己，拿现在思想来说，就是真正的、绝对的自由主义、个人主义，所以墨子的思想就是社会主义。世界上其他文化，各种主义，各种思想，在我们古代文化诸子百家里早已经全部有了。

孟子之所以反对杨朱，前面也讲到过，认为杨朱个人主义到了极点，“拔一毛而利天下，不为也”，这一段故事也在本节里。为什么“拔一毛而利天下，不为也”呢？杨朱的哲学是，我不能损失一根毛来利人，但是也不要拔你一毛来利我，每人如果都是自尊、自我到极点，天下就太平了，这是杨朱思想的大概。儒家反对个人主义，因为绝对自私是做不到的，人不可能绝对自私；至于墨子的思想“天下为公”，牺牲自己，救世救人，只有少数人可以，大多数人也做不到。所以儒家在杨朱的自我与墨子的为公之间，形成中国文化思想争辩的主流，非常有意思。

至于杨朱的哲学，现在能够看到的，就靠《列子》所留下的《杨朱》这一篇了，因此我们今天开始第七卷，就是专讲杨朱的思想。

私心的名利

> 杨朱游于鲁，舍于孟氏。孟氏问曰：“人而已矣，奚以名为？”曰：“以名者为富。”“既富矣，奚不已焉？”曰：“为贵。”“既贵矣，奚不已焉？”曰：“为死。”“既死矣，奚为焉？”曰：“为子孙。”“名奚益于子孙？”曰：“名乃苦其身，燋其心。乘其名者，泽及宗族，利兼乡党，况子孙乎？”

“杨朱游于鲁”，杨朱在当时也是周游各地到处讲学的，这个风气是孔子开始的。杨朱讲学到了鲁国的时候，“舍于孟氏”，舍就是寄居，他住在孟家，是孟家招待他。不是孟子家啊，这个鲁国的孟家也是大族。“孟氏问曰”，孟家这个人就请教他，“人而已矣，奚以名为”，奚就是有什么，他说一个人啊，做人就做人，为什么要求名？尤其现在我们社会，很多年轻人都想要知名度，人为什么要知名度高？

“曰：以名者为富”，杨朱说人求名是为了发财，有了名就有钱。又问“既富矣，奚不已焉”，既然求名是为了发财，有名了也有钱了，这个人生不也就可以了吗？

“曰：为贵”，杨朱说有了名，也有了财，下一步就是为了贵，人的欲望一步一步提高。有名有钱，但社会地位不高，高阶层的社会进不去，所以要求贵。而自称学者者，认为有钱有名又算什么！理都不理人。而这些学问好的所谓有名的学者，在富贵人家看来，是茅坑里的石头，又臭又硬。所以到了名利场合，看到是个教书的，也看不起。这个社会就是这样，很奇怪。可是这个人假使又有名，又有钱，又贵，又有学问，我看很严重了！这个人恐怕要神经了，因为样样都吃得开了。

所以他这里问，既然有名有钱又贵，“奚不已焉”，人的欲望为什么不停止啊？还要追求什么？“曰：为死”，为了死。“既死矣”，既然死嘛大家都要死，人生到了尽头，“奚为焉”，还有什么要追求的？“曰：为子孙”，为子孙啊！这就是一般人的思想。杨朱并不主张这样，只是说一般人的思想都是这样。

那么这个孟先生又问了，开始人为了求名，去联考啊，尤其现在的家庭，硬要逼孩子联考，结果考焦了还在考，眼睛都考成近视了，考到出国留学，留学回来，公务员也要考。公务员考试三年一大考，考到临死退休的时候还要考一考，我看进了殡仪馆是不是要考就不知道了。至于为了什么？不知道。所以孟氏提出来，“名奚益于子孙”，这个名对于后代子孙有什么利益？这是讽刺的啊！讽刺世界上的人，究竟是为了什么？

“曰：名乃苦其身”，杨朱说，求名太痛苦了，身体一天东跑西跑，你看这个名气越高的，作秀的地方越多，这里讲演，那里讲演，这里唱歌，那里演戏。作秀是外来文化翻译过来的新名词，到处作秀，我们今天也在作秀，越来越苦其身体。“燋其心”，思想痛苦得像烤焦了一样，身心都憔悴。所以在社会上名气大并不痛快，的确是“苦其身，燋其心”这六个字。但是“乘其名者”，有了名的人，名只是个工具，是个敲门砖，有了名就能“泽及宗族，利兼乡党”。

所以我们中国文化三千年的教育始终都在这里转，一直到现在的联考，都是教育上的错误，是民族文化思想错误的地方。我说中国文化三千年错误，是从有家庭制度以后，就是重男轻女，生了儿子以后望子成龙，成龙的办法呢？“万般皆下品，唯有读书高”，这是我们小时候就开始念的，现在则是“万般皆上品，唯有读书低”，因为时代不同了。那么要求名只有读书，书读好了以后干什么呢？就要考取功名，所以“十年窗下无人问，一举成名天下知”。有了名就有官做了，升官就可以发财，这都是连着的，一路的思想。

我们仔细检讨，讲起来很好听，我们的文化思想，知识分子几千年来没有脱开这个范围，没有说真为学问而学问，为人生而研究知识，那是高调。真正的实际状况就是这样，也就是《杨朱》这一篇所讲的，“乘其名者，泽及宗族，利兼乡党”，功成名就，同宗亲戚朋友都沾到利益了，地方都大受其光荣，“况子孙乎”，子孙后代更得其利益。

真名利

“凡为名者必廉，廉斯贫；为名者必让，让斯贱。”曰：“管仲之相齐也，君淫亦淫，君奢亦奢。志合言从，道行国霸。死之后，管氏而已。田氏之相齐也，君盈则己降；君斂则己施，民皆归之，因有齐国，子孙享之，至今不绝。”

这位孟先生又问一个问题，“凡为名者必廉”，这是讲真正的名，真正为了求名的人，自己的修养必然很廉正。譬如孔子、老子、释迦牟尼佛，都放弃了名利，结果反而给人捧去当教主，不求名而名自至。所以真正的求名就是宗教家，一定清廉，一定清高，“廉斯贫”，但一定很穷。还有第二个要点，“为名者必让”，真正为名的人，他的道德修养、学问必然谦退、谦虚。学问好的人一定是处处谦虚，利益让给别人，自己退一步。退步太过分了，“让斯贱”，自己就没有地方住了，愿意走到最低贱的地方。

它的文字连起来，为名为利的正反两面都有，所谓“乘其名者，泽及宗族，利兼乡党，况子孙乎”，这是为名利的，可以说是真名的反面，我们一般人就是在这个反面。而杨朱的思想所指出来的真正为名的人，则是走道家的路线，“凡为名者必廉，廉斯贫”，一定是走清高的路线，但是贫苦；“为名者必让，让斯贱”，所以道家愿意处于下流，这个下流不是普通讲下流，是人所不要的位置我来做，一切都让给他人，就是这个结果。

《列子》文章的章法，每个问题都挂在那里，挂了很多，不给你作结论，实际上都连起来的。

齐国的两个宰相

“曰：管仲之相齐也”，名利的范围扩大来讲，就是我们后世讲功名富贵的道理。他这里提出了一个历史的问题，说明名利的范围、人生现实的现象。我们晓得历史上齐桓公称霸是管仲这个有名宰相的帮忙而成的，“一匡天下，九合诸侯”，管仲使他的老板在当时的国际上多次为联合国权威的真主，领导了天下。管仲是了不起的人，孔子都很佩服他的，他比孔子早了一百年左右。

“君淫亦淫”，古代这个淫是过分的意思，譬如辛稼轩的词我非常欣赏，“平生有负溪山约”，本来想入山修道，但是没有做到，辜负了溪山之约。“无药能医书史淫”，自己爱读书的毛病太大，太过分了。有一次我写这个词句，有个同学看到这个“淫”字脸就红了，他问这个字什么意思？我说淫是过也，不是现在的黄色意思。

齐桓公是所谓春秋五霸之一，但是齐桓公不是个好君王，本来就是个太保，所以开始管仲看他不起，而去帮助他哥哥，结果哥哥在兄弟争权斗争中失败了，管仲还成为齐桓公的俘虏。在与齐桓公作战的时候，管仲曾射中了他的腰，好在皮带太厚，射不进去。齐桓公挨了管仲一箭，所以他当了王之后，非要抓管仲来杀了不可。管仲的好朋友鲍叔牙就对齐桓公说，你要做普通的王就算了，如果想做统一天下的领袖，你只有找管仲当宰相。齐桓公一听马上就把他请出来，过去的事一笔勾销，这一点气度是了不起的。所以像汉高祖啊这些人等，都是这样的个性，器量之大，不会因一句小话就瞪眼打架。齐桓公的长处在这里，但是齐桓公又好吃，又爱喝酒，反正烟酒赌嫖样样都来，管仲帮助这样一个老板很难办，这要有方法。所以孔子很感叹管仲，说他命不好，如果管仲碰到一个好老板，他的功业在历史上不止这样，是可以同姜太公这些人媲美的。可是他的对象就是这个人，没有办法，只好跟着他跑。所以他自处之道，“君淫亦淫，君奢亦奢”，老板喜欢奢侈，他也跟着奢侈；齐桓公讲究吃，他也讲究吃。其实管仲不一定这样，这个里头是人生之道，是所谓君臣之间一个大学问，不是迎合，不是拍马屁，但是不能不做同道，否则没有办法合作。“志合”，因此管仲跟齐桓公君臣之间思想一致，利害相合。“言从”，他的话没有一句不听的。“道行”，因此管仲的政治思想大行于天下，成为“国霸”，在国际上称霸。

这四点都很难，我们做一个普通人，做一个生意人，经理跟董事长两个人能够志合的，在现在社会我看很少。有些工商界的老板经常来跟我谈起，说现在的青年人不敢用，本事没有，脾气来得大，而且不老实，搞搞就跳槽，不像古人，所以很头痛。老板想找一个志合、言从、道行的都找不到；有才能的人想找一个能够做到这四点的老板，似乎也不可能。

譬如诸葛亮帮助刘备，谁都知道这段历史，但是刘备对诸葛亮这四点都没有做到。志不一定合；言从，刘备有时候听，有时候不听；这个道行，也并不一定行；国霸呢？没有霸起来，三分天下只据其一，所以并不高明。真高明的是管仲，他做到了，诸葛亮跟刘备做不到同路人，因为诸葛亮有诸葛亮的风格，刘备有刘备的作风，这两人不同。

所以《杨朱》这一篇对历史的评论非常恰当。这两字一句含义很多，现在大概介绍一下古文的写作方法，帮助青年人多了解。"死之后"，管仲死了以后，"管氏而已"，古文就是那么简单，包括意义很多，他说管仲死了以后就为止了，"而已"，下面没有了。管仲的儿子叫什么？不出名了，到他这一代而已。这是春秋战国有名的一个历史的证明。另外人生历史，大事小事合拢来都是一个证明，这是人生实际的哲学。

"田氏之相齐也"，齐国山东姓田的是名家，几千年了，实际上田家的田完敬仲，原来姓陈，是从陈国逃过来的，在齐国落籍。在战国的时候，孟子见的齐宣王已经不是姜太公的后人了，是田家篡位，把齐国拿下来自己当了君王，三代以后就是齐宣王，也就是孟子所见到的这个人。那么这里讲"田氏之相齐也"，也同管仲一样做了齐国的宰相，他的做法不同，"君盈则己降"，君王非常傲慢，等于西方的亚历山大那个样子，暴躁，专权统治；但是这个田常为相就谦虚起来，权力给君王一个人。"君敛则己施"，这个君王不但权力集中，而且经济集中，很悭吝用钱。田常则相反，爱布施。

我们非常奇怪，中国历史上有十几位皇帝跟皇太后，当了一个国家民族的领袖，但是悭吝之极，一块钱都舍不得用，而且最好大家都送钱给他。如果你们研究心理学，这是很有趣的事。譬如明朝亡国的崇祯皇帝，是好皇帝，道德人品样样都好，就是舍不得钱，吊死在煤山上。打仗的时候他叫大家捐钱啊！捐钱啊！皇上自己国库里的钱就是舍不得拿出来。最后李闯打进了北京，发现皇宫里的金子堆积如山。

这个田家做宰相时就会布施，君王收敛，他大大布施，收买人心，“民皆归之”，所以社会上所有的人都归心投向田家了。“因有齐国”，因此到了相当的时间，他把君王拉下去，自己做了齐国的王，“子孙享之”，也是延续了一两百年。所以孟子见齐宣王的时候，在国际上齐国还是第一的国家，不过换了老板，“至今不绝”，到了战国的时候还没有完。

真实则无名 有名则不真

“若实名贫，伪名富。”曰：“实无名，名无实，名者，伪而已矣。昔者尧舜伪以天下让许由、善卷，而不失天下，享祚百年。伯夷、叔齐实以孤竹君让，而终亡其国，饿死于首阳之山。实伪之辩，如此其省也。”

这样看起来，对于名与利的研究，很难下定义，孟氏说，这样就是“若实名贫，伪名富”吧。一个人有了好的名誉，名誉里头有差别啊！伪善的人非常多，处处做善事，非常谦虚，非常客气，又信宗教，谁看到他都说是善人，但是有许多是假冒的。也有些人看起来很暴力、很坏，但是很直爽，却是真善。所以这个善名所包含的内容及真假，实际与否，其中大有差别。事实上，真正流传万世之名的，忠臣、孝子、宗教家、有学问的人等等，都是穷苦一生。包括现在清高的艺术家、文学家、学问家，真求实际之名，想留千秋万代的名，这些人的人生境界一点都不马虎的，一生清苦。而那些假冒伪善的，就像田家一样，开始看不出来，最后富有四海，把人家的国家夺过来自己做老板，他说这又是什么道理？

所以杨朱讲到真正为求万世之名的都很苦，除了历史上崇拜的这一些名臣外，很多人死了连棺材都没有，可是却留万世之名。那么杨朱的哲学来了，“曰：实无名，名无实，名者，伪而已矣”，社会上有名的，不管哪一种名气，照杨朱哲学来讲，包括了一切宗教，一切学者，任何一种名气，“实无名”，如果真实为道的话就没有名，名是假东西。

这一点我们光看佛、道两家，佛家出家当比丘，也叫和尚，女的叫比丘尼，也叫尼姑，因为不要名，所以随便取一个名字，什么观啊、圆啊、慧啊、定啊，反正翻来覆去，那几个字摆来摆去，无所谓，挂一个标记就是，心里没有名的。如果我们真的要出家，还求这两个字的名吗？那就不对了，那恐怕要再出一次家了。道家的人也这样，所以中国道家的修道人，本名不知道了，自己随便取一个什么子，姓氏不知道，或者装疯卖傻。所以道家跟佛家很高的人物死了不知所终，究竟死了没有，考据不出来，名更不要；凡是留下名来的都是不真实的，都有假，都有问题。所以杨朱的结论“名者，伪而已矣”，一切有名的都是假的，因为假所以有名，真的东西没有名，这是他对于历史哲学的批评。下面就很严重了。

近百年来，在中国学术思想上都是走疑古路线，尤其前几十年，对自己历史都在怀疑。现在反过来了，因为很多东西的出土证明我们上古历史一点没有错。可是几十年前我们年轻的时候，大家都在怀疑，甚至怀疑尧舜禹是否真有其人。日本人首先怀疑，想毁灭中国文化，说大禹是个爬虫，把中国的土地爬出来九条河。尧是个香炉，舜是个蜡烛台，搞得我们中国的学者跟着西方、跟着日本，自己也怀疑起来。那些学者的名字都不提了，大家对于这些学者也非常反感。几十年后大陆挖出了夏代的东西，把外国造的谣言整个都推翻了，证明我们自己的历史是对的。再加上美国现在相信我们的远古史，美国的风气开始研究《山海经》，相信大禹曾到过美国的，在我们上古史上都有记载，也到过非洲，到过欧洲，统统去过的，通四夷，通九州。现在美国人研究《山海经》，疯了一样，比研究禅宗还要疯。

真假谦让

但是对于历史的怀疑、反感和批判，不仅是这百年当中的事啊！从古代就有，尤其是从道家杨朱这一派就开始了。“昔者尧舜”，他说我们历史上讲三代禅让，尧让位于舜，舜让位给禹，杨朱讲那是假的，“伪以天下让许由、善卷”，尧年纪大了，这个位子要找好人来做，结果找两个修道的隐士，一个许由，一个善卷，但是他们不干。许由嘛，有一个很有趣的故事，我们讲过很多次了——许由听了很生气，把尧赶跑了，然后跑去洗耳朵。他有个隐士朋友叫巢父，放牛过来，就问他为什么洗耳朵呢？他说我听了脏话所以洗耳朵。巢父就骂他，你把脏话洗在这个水里，我的牛就不能喝了，所以把牛就拉走了，这是有名的故事。杨朱说尧当时让位给许由、善卷是假的，因为尧发现自己的儿子不行。

圣人的儿子不一定好啊！诸位家长们注意呀！了不起的人的儿子多半都是起不了的啊！起不了的父母往往生出了不起的儿女。所以当家长的头脑要清楚，不要把自己的希望寄托在下一代身上，这是我非常反对的。大丈夫难保妻贤子孝，为什么一定要自己儿女好啊？也可以让人家的儿女好一阵子啊！人不要这样狭隘，而且儿女好不好各有因缘。这个在教育上，我们觉得是家长出了问题，家长把自己平生的痛苦失败、假想的光荣拼命逼到孩子身上，然后近视一千度，最后弄到一个学位，酸不溜丢的，如此而已，何苦来哉！

所以尧是儿子丹朱不肖，大舜是父母不好，父亲是老太保，父亲跟这个后娘生的兄弟处处害舜。所以历史上称大舜是孝子，不但是对父母孝顺，对后娘也孝顺，后娘生的兄弟虽然害他，他还是爱护他们。父亲的眼睛瞎了，大舜已经当了行政院长，父亲还不跟他见面，后来尧下了命令，总算见了面。大舜抱着父亲哭，传说用自己的舌头舔父亲的眼睛，这一舔啊，父亲看见了，晓得自己上了太太的当，太对不起这个儿子了。所以大舜是孝子。就是这个原因，尧把自己的两个女儿同时嫁给了舜，最后把皇位让给他。这一段是有名的历史。杨朱说这个尧是打算盘的，儿子不好，培养一个女婿来当皇帝，所以天下还是归自己。

后来大舜让位给禹，禹的父亲叫鲧，整理了几年的水利工程，整不好，所以被杀了。但是这个洪水还是没有治好，因此提拔了鲧的儿子大禹出来治水，大禹几十年在外奔波治水，三过家门而不入，九年当中把中国的水利治好了，奠定了中华民族以农业立国的基础，因此舜把天下让给他，请他当了皇帝。由这一段历史上的看法，我们发现一个哲学，人做得再好，还是有人骂，而且骂得更难听。所以世上没有绝对的是非，没有绝对的善恶，因此孟子讲两句名言，“有不虞之誉，求全之毁”，就是说有些人特别恭维人，加油加酱地恭维，好啊，好得不得了！实际上没有那么好，不虞之誉，想不到的来了。可是批评人家却很刻薄，求全之毁，所以人生的道理啊就很难讲了，这一段就是这个思想。在这个位子上的尧舜，“伪以天下让许由、善卷，而不失天下”，假意让天下给隐士，结果天下还是属于他自己，“享祚百年”，自己百年千代以后，历史上还留名。

第十七讲

人生好日子有多少
人生是为了什么
太古人的生活
生命你能自主吗

刚才我们提到，古人已经对于历史有所怀疑，对于历史哲学是反面的驳斥。下面杨朱提一个相对的说明，“伯夷、叔齐实以孤竹君让，而终亡其国”，伯夷、叔齐这两位历史上的名人，大概诸位同学在初中都念过《史记》的《伯夷叔齐列传》。我们都很清楚，殷商时的孤竹君也是一个诸侯，伯夷叔齐两兄弟都不想当王，晓得爸爸孤竹君喜欢弟弟，愿意让位给弟弟，所以两兄弟就逃掉当隐士了。他们太谦虚退让，做人做得好，结果他们国家亡了，最后两人“饿死于首阳之山”，到了周朝就都饿死了。所以真正的求名，像伯夷、叔齐太清高，就会自己苦一辈子。

历史上的这两件事，尧舜让位同伯夷叔齐的让位，在道家的哲学，列子、杨朱的眼光里，认为尧舜的让位是作假，伯夷叔齐的让位是真，这个文化道德的标准究竟在哪里？“实伪之辩”，一个真，一个假，这个中间的论辩、推论就很多了。“如此其省也”，省是清醒、清楚的意思，就是这样一来，我们头脑应该清楚了，清楚什么叫真，什么叫假。他现在提出来“实伪之辩”，这个名与实际，换句话说就是理想与现实，哲学的道理与实际的行为，究竟是如何？接下来，由大的讲到小的。

人生好日子有多少

杨朱曰："百年寿之大齐，得百年者，千无一焉。设有一者，孩抱以逮昏老，几居其半矣！夜眠之所弭，昼觉之所遗，又几居其半矣。痛疾哀苦，亡失忧惧，又几居其半矣。量十数年之中，逌然而自得，亡介焉之虑者，亦亡一时之中尔，则人之生也奚为哉？奚乐哉？"

杨朱这里提出了人生哲学，他算了一个账。说到这个账，有一个日本哲学家，记不得他的名字了，第二次大战以前非常有名。日本人要打中国，他非常反对，他说日本这样做完全错了，将来自己国家要亡。日本政府没有听他的话，他就跳楼自杀了，因为他不愿意看到自己国家亡掉。以前看他的书，觉得他这个账算得很好，原来又是千古文章一大偷，偷的是杨朱的道理。

杨朱把我们的人生算一算，"百年寿之大齐"，大家都希望长命百岁，但是一百岁有什么了不起！"得百年者，千无一焉"，一千个人里头没有一个人活到一百岁。假定有一个人活一百岁，"孩抱以逮昏老，几居其半矣"，从小孩到成年的十几二十年，加上六七十岁以后昏老的三十多年，人生已去了一半，一百年打了一个对折五十年了。在五十年之中，"夜眠之所弭，昼觉之所遗，又几居其半矣"，夜晚睡觉加上三餐、大小便及生活，还有电视一看，再加上在那里愣头愣脑，又去了十来年。再加上“痛疾”，生病，发烧感冒，头痛牙齿痛；“哀苦”，讲恋爱失恋，躺了一个月都不肯起床，然后股票失败，又痛苦好几个月；“亡失”，被扒手偷了，给土匪抢了；“忧惧”，这里担心，那里害怕，又去了一半。结果你算算看，真正的人生不过十来年。而且在“量十数年之中，逌然而自得”，有多少时间心里头是舒服的，是自由自在的？“亡介焉之虑者”，一个人坐在那里心中无忧无虑，这样的日子没有多少时间。纵然有，也“亦亡一时之中尔”，偶然瞎猫碰到死老鼠，既没有感冒，肠胃又好，心里也没有烦恼，坐在那里一笑，这很难得了，是偶然碰到的。所以把人生这样一算，“则人之生也奚为哉”，人生究竟是干什么？自己想想看，“奚乐哉”，人生有什么好？有什么快乐呢？

人生是为了什么

“为美厚尔，为声色尔。而美厚复不可常猒足，声色不可常玩闻。乃复为刑赏之所禁劝。名法之所进退；遑遑尔，竞一时之虚誉，规死后之余荣；偊偊尔，慎耳目之观听，惜身意之是非；徒失当年之至乐，不能自肆于一时。重囚累梏，何以异哉？”

这个人生被杨朱一分析、算账，完蛋了，人生没有道理的。他说人活着“为美厚尔”，为了美厚，衣服穿得漂亮，口红啊、粉啊，擦了一堆，一个礼拜或三天又要去洗一次头发。“为声色尔”，为了好听的，好看的，工商业发达的世界，人生就是为了享受。“而美厚复不可常猒足”，猒足就是满足，美厚欲望不会常常满足的，好吃的、享受的东西不会常常有。“声色不可常玩闻”，好听的、好看的并不是随时随地有，打开电视，正想看《楚留香》，结果广告又来了，坐在那里生气，讨厌的广告，人生就是这个样子。“乃复为刑赏之所禁劝”，你要买的东西，进口货，进不了口，海关扣留，法令禁止。除了法律以外，“名法之所进退”，社会的舆论，文化的包袱，社会道德的观念，这个是“名法”，都在限制人。人不可以穿这个衣服上街，露背装太露了，去换了才准出门等等。

“遑遑尔”，他说人生啊，栖栖遑遑，一天忙忙碌碌，“竞一时之虚誉”，只为了争取短暂的光荣，这个光荣是毫无道理的。像在大庭广众演讲，尤其那些长官带领，来了，鼓掌。下面有些人在那边骂，这个家伙讨厌，讲那么长，啰唆。你们年轻人这些要知道啊，这些都是“竞一时之虚誉”，假的名誉，有什么用?“规死后之余荣”，再弄个死后假的风光。这两句是很好的对子，也是很好的挽联，天下人死了都可以用这一副挽联的。我们可以换成白话，“遑遑尔”把它换成“可怜的”三个字，可怜的争一时之虚誉。“偊偊尔”，就是自己的满足，我多么了不起啊！等于我们看大家化妆，男士梳头，女孩子化妆，然后对镜子这么一看，自己越看越好看。“慎耳目之观听”，好看不好看谁知道啊！不过自己觉得好看，你就好看去吧！这就是“偊偊尔，慎耳目之观听”。

“惜身意之是非”，自己珍惜自己，你看！我的观点完全对了！尤其是写文章的人，天下文章就是我第一。他说这个人生的境界啊，就是这样给骗去了，一毛钱不值了。“徒失当年之至乐”，所以人生真正自由在哪里？没有自由，都是被外境界依他而起，人生不是为自己活的，都是为别人活的。你说打扮漂亮，穿衣服漂亮，绝对不是给自己看，是给别人看的，所以丧失了当年的至乐，“不能自肆于一时”，肆就代表真正的自由，人生真正的快乐、自由自在一直做不到。

到底什么叫作人生？“重囚累梏”，所以人活着等于在牢狱的囚犯，戴了手铐，戴上刑具。照杨朱的观念，人就是宇宙世界上被判有期徒刑的重犯，“何以异哉”，与当犯人没有什么两样。你看道家的思想到杨朱嘴里那么的锋利，那么的刻薄。佛家呢，也是一样，佛说“三界如牢狱”，岂止这个世界上的人，就是做鬼也是坐牢啊！“世事如空花”，佛家几个字就讲完了；道家讲得那么尖刻，好像法医解剖死人一样，一点一点把你剖开了，明明白白地拉出来给你看，把人生解剖得一毛钱不值。现在我们要注意啊，这一段是杨朱到孟家去做客，孟家问他的问题，他的答复，到现在都是他一个人在作秀。他的嘴巴还在说下去，我们到这里还没有鼓掌啊！

太古人的生活

“太古之人，知生之暂来，知死之暂往；故从心而动，不违自然所好，当身之娱非所去也，故不为名所劝。从性而游，不逆万物所好；死后之名非所取也，故不为刑所及。名誉先后，年命多少，非所量也。”

杨朱继续说，“太古之人，知生之暂来，知死之暂往”，这是讲中国所谓道，什么叫作道，不是说叫你念个咒子，念一句佛，打坐啦，身上搞气脉，放个光啦，这些都不是道，那都是花样。真正的道，中国文化的大道，也通于禅宗佛家的道。他很明白地讲，我们中华民族上古祖宗的文化，包括人类祖先都有道，什么是道？用不着了生死，“知生之暂来”，活着也没有什么稀奇，生是暂时来，到这个世界上做客，住旅馆，暂时住在这里。这个世界值得我们感谢，总算让我们来观光一番，已经玩了几十年，可以走了。“知死之暂往”，死了来不来？会来的，死是暂时离去而已，所以死没有那么悲哀。生与死都是两头的现象，等于每天早晨跟晚上一样，这自然之道，自性同虚空一样，不因白天夜里有所变动，那个是道，那个是性。至于生死如何真的去“了”，人有把握去死，那是小乘了生死，还不是究竟的，那是工夫做出来的。

大道的了生死是什么？“知生之暂来，知死之暂往”，这两个“暂”字注意，都是偶然的、暂时的。在佛家呢？对这个暂时形容得很清楚，就叫作因缘生法。在这一点来说，佛学和道家一样，把“暂来”“暂往”分析清楚，叫作因缘生法，缘生则聚，缘去则空。

所以真正修道的人，“故从心而动”，就是从心所欲，不要解释错了。这句话，哪个人讲得最彻底呢？就是孔子。孔子对于中国文化所谓道下过工夫。孔子晚年的报告，从十五而志于学，到七十岁才从心所欲而不逾矩，他加三个字就彻底了。这是孔子走渐修的路线，讲得最清楚了，经过几十年的修持，到了晚年才做到，这个叫作真自由，得道了。所以杨朱讲真正修道同孔子表达的方法两样，但目标是一个，就是“从心而动，不违自然所好”，也就是享受自然，合于自然。什么叫自然呢？是大自然的空灵，这个特别要弄清楚啊！不要认为肚子饿了要吃是自然，这个不是自然，这是人为的法则。

“当身之娱”，为了身体之娱乐跟享受，享受是要享受啊，并不是说叫你那么刻薄自己，“非所去也”，想是应该啊，普通人饿了要吃饭，冷了要穿衣，不要过分简朴，“故不为名所劝”，这个名就是代表了名法之名，外在的行为，虚名。就说我们穿衣服吧，很多为虚名而穿，今天穿这件衣服好漂亮啊，哪里买的啊？真漂亮！你听了不晓得多高兴！这个就是为名所动。这些是虚名啊，都是假的。“不为名所劝”就是不为外界的环境所影响，要合于大自然的空灵，这是外面外在的行为。内在的修养，提出来“从性而游”，道家提出来明心见性的道理，从人性合于自然的真正的自由，“不逆万物所好”，不违背天地万物的原则，冷了自然要加衣服，热了自然要脱衣服，不违背原则。

所以《易经》里也讲到，得道的人“与天地合其德，与日月合其明，与四时合其序”，不违反自然。譬如说一个功夫做得好的人，夏天可以穿皮袄，冬天可以开冷气，这是违反自然，不是这样的。“不逆万物所好”，不标新立异，虽然可以做到，但很平凡，因为平常就是道。“死后之名非所取也”，死了以后说万古留名同你有什么相干啊？“故不为刑所及”，这个刑就是刑法，换句话说，死后之名管它干什么！何必活着找罪受呢！一般人活在世界上，都是死要面子活受罪，为了死后之名，那又有什么意思啊！所以要合其自然，这是道家思想，人性、天性始终就是那么自然，个个都有道。人所以忘记了道啊，都是人为的自己加上太多东西了。

“名誉先后”，讲到名誉，这两天有个老朋友很生气，因为到一个地方开会没有给他排到前面的位子，所以很不高兴。我劝他几个钟头，不过一边劝我心里一边在笑，搞了半天连这个还看不通！我后来告诉他，像这种地方我根本就不去。常有些什么顾问帖子给我，我就丢到字纸篓里，我也不顾，也不问，我也不想去。除非对人有好处的地方，那非要去一下不可，为了帮助别人才要去。去干什么呢？然后还争位子，坐在前面，何苦来哉啊！所以修道的人，自己将来、生前及死后的名誉，“年命多少，非所量也”，活多久不必介意。有人还去算命看相，看能不能长寿，活一百年或者活五百年，我毫不考虑，明天死同再活一百年以后死是一样的。所以这就是解释老子一句话，“道法自然”，就是那么自然而然，生从自然来，我们人生来的时候，谁也没有跟妈妈打个招呼，我要做你的儿子，做你的女儿，莫名其妙就跑来了；要跑回去时，也莫名其妙就跑走了，没有什么。讲到这里，杨朱的话大概讲完了，下面是另外一段，观念是连着的，因此又起个头，这是文章的做法。

生命你能自主吗

杨朱曰：“万物所异者生也，所同者死也。生则有贤愚贵贱，是所异也；死则有臭腐消灭，是所同也。虽然，贤愚贵贱非所能也，臭腐消灭亦非所能也。故生非所生，死非所死；贤非所贤，愚非所愚；贵非所贵，贱非所贱。

然而万物齐生齐死，齐贤齐愚，齐贵齐贱。十年亦死，百年亦死。仁圣亦死，凶愚亦死。生则尧舜，死则腐骨；生则桀纣，死则腐骨。腐骨一矣，孰知其异？且趣当生，奚遑死后？”

你们常讲现实主义，这一段文章就是现实，大家大概都看懂了，现在我们浪费一点时间，再说一下。杨朱说“万物所异者生也”，万物有所不同，是在活的时候，就是《庄子·齐物论》的分析，万物不齐；“所同者死也”，有一个相同的是死。“生则有贤愚贵贱，是所异也”，中国文化对人性的分类在春秋战国时候已经有了，有贤、愚、贵、贱的不同，就是生活的形态、道德文化的水准不同。另有贤、愚、智、不肖四种，是以道德、知识做标准。国父孙中山先生的三民主义，就是以这个做分别的。“死则有臭腐消灭，是所同也”，到死后，不管哪一种人都是一样，臭了，烂了，没有了。

“虽然”，但是，“贤愚贵贱”不是我们自己做得了主的啊，注意啊！“非所能也”。想把自己弄聪明一点，你弄不成啊！笨就是笨，聪明就是聪明。这个后面有个东西了，不是自己要聪明就做得到的。譬如我生来不漂亮，要弄漂亮一点，就是去整形，到老了痛苦得要死，千万不要干。人活着一切都不是你能做主的，后面有个东西要注意。

“臭腐消灭亦非所能也”，死了谁做主呢？臭了，烂了，消灭了，自己也做不了主。严重地讲，“故生非所生，死非所死”，活着不容易，死也不容易啊！你们仔细研究看看，就是现在想死也不容易呀，虽然勉强自杀，那不算本事。所以不能自主嘛！死了以后要回来就能回来吗？不一定。现在几千年以上的尸体还挖出来，他要烂也不容易呀，死后三千年不想被挖出来，也办不到，所以说这个生命后面是有个东西。

你不要看到这一篇文章容易懂，一下就读过去了，后面有东西哦！所以“虽然”这两个字一转，里头出来有哲学的意义，这个做主的东西是什么？因此说“故生非所生”，活不是你活着的，宗教家就讲上帝让你活着，菩萨让你活着，那也不是，是后面有个东西，你自己后面有个大老板在指挥。目前你们坐在这里听课，我在这里讲课，都是二老板在指挥，有个思想在指挥你，思想还不是真的生命，思想后面还有个老板。所以你不要搞错了，我们觉得现在生活得很痛快，但是你这个活着的是假的，你还没有找到自己的老板啊，主宰没有找到。“死非所死”，因此你的死也是听人家支配的，除非真明白了，这个死才可以做主。因此“贤非所贤，愚非所愚；贵非所贵，贱非所贱”，道家把这个生命后面的第二个投影叫什么？命也，这个叫命，它不是根本啊！命的后面还有个东西，中国文化传统的道学叫作性和命。

所以性命之理，命是第二个投影，原来那个老板叫作性，后来佛学叫明心见性，追求第一个生命的老板，就是禅宗所要证悟的这个东西。你看这个文字很好懂，但是文章后面有个东西。“然而万物齐生齐死，齐贤齐愚，齐贵齐贱”，“然而”，这个虚词都要注意，现在他谈话后面提出来一个重要问题，到达了形而上哲学，又一转，转回来。但是有一个相同的你们不要怕，齐就是相同，什么相同啊？死是相同的。“十年亦死，百年亦死”，活十年死了叫作死，活百年死了叫作死。“仁圣亦死，凶愚亦死”，圣人死了叫作死，凶人、笨人死了也叫作死。

“生则尧舜，死则腐骨”，所以人活着的时候叫圣人，叫尧舜，尧舜又怎么样？死了还不是一堆烂骨头?!“生则桀纣，死则腐骨”，像桀纣活着是坏人，死了也是烂骨头。“腐骨一矣”，所以死了都变成一堆臭骨头，是一样的。“孰知其异”，这一句来了，骨头里头有不同了，虽然说形象大家都变成一堆烂骨头，但是那个能够做主、能够知道自己是不是烂骨头的东西，是自己。“孰”就是谁，中间同异的关系谁能够知道？你找出来这个生命真谛，就得道了。大家都找不出来，所以结论是“且趣当生，奚遑死后”，因此不要灰心，只管现实好好地活着，不要担心死后的事。“且趣当生”，趣就是追求，就是痛痛快快地活，万一生病痛苦呢？就快快乐乐地生病，哎哟就叫，没有关系，因为生病也是一种活着的艺术，这就叫活着。所以只管现实的人生，“奚遑死后”，不要管死后的事。杨朱的思想，我们今天先讲到这里。

第十八讲

伯夷与柳下惠的欲望

善乐生 善逸身

生前死后的人情

管仲说养生

不可压抑 快活自在

上次讲到《列子》的主要思想是齐死生。这个生死问题，先要我们看通，尊重自己的生命，泯是非，把人世间一切是非这些观念平息，过一个真正自在的人生。下面接着：

伯夷与柳下惠的欲望

杨朱曰："伯夷非亡欲，矜清之邮，以放饿死。展季非亡情，矜贞之邮，以放寡宗。清贞之误，善之若此。"

道家杨朱的思想，现在提另外一个观念。"杨朱曰"，他提到历史上的两个故事，"伯夷非亡欲"，我们晓得儒家所标榜的伯夷、叔齐，历史上都很推崇，尤其是孔子，认为这二人清高到极点，君王不要当，让位给兄弟，自己两人逃去当隐士，最后饿死在首阳山，这是儒家标榜最清高人格的一个典型。第二个人是展季，就是柳下惠，也是非常有名的，至少我们大家知道柳下惠坐怀不乱。柳下惠在中国文化历史上代表非常有正义感的人，也是非常有侠义精神的一个人。现在杨朱对此作了评论，他说伯夷、展季真做到心中没有爱与欲吗？拿我们学佛的讲，爱与欲能够完全清净，破掉了，那是证了道的，证到了罗汉果位或者证菩萨地。杨朱也有这样的看法，“伯夷非亡欲”，他并不是没有欲，他的欲望转向了，转到哪里？“矜清之邮”，这个“矜”字注意啊，“矜”字有一种坚持自我意见的意思，对自己的主观不轻易放掉，是一种非常傲慢的态度。清，就是为了清高，执著自己清高的人品。邮，是把这个清高人格广布出去，宣扬出去。所以伯夷并不是亡了欲，而是把这个欲转向另一方面，就是自己清高的这一面。“以放饿死”，为了求得自己理想的清高，人格的清高，所以“放”，就是散放在社会上冷清的地方，结果是饿死了。这是为了清高，清高也是欲，还是没有彻底，没有得道。“展季非亡情”，柳下惠难道对人世间所谓的情欲真的没有了吗？不是的，“矜贞之邮”，为了坚持自己的贞节境界，想广布出去，“以放寡宗”，因此放浪不羁，做到寡情好像没有情欲。杨朱说其实这两个人还是有欲望，只是欲望换了一个方向；还是有感情，感情转了一个方向。他们转到两个字的目标，一个是为了养成自己的“清”，一个是为了养成自己的“贞”，实际上这也是欲。

像杨朱这种思想，同佛家的思想是一样的，尤其同佛家修持的思想相同，如果你有一个空，有一点清高的“清”，有这么一个境界在心中，还不是彻底了道。所以他说“清贞之误，善之若此”，后面这四个字就妙不可言了，司马迁后来写《史记》，可能也受杨朱这个思想的影响。司马迁说一般人都想当个善人，善人怎么样呢？上天对于善人的报应又如何？善人的结果竟然是这样，这是一个幽默的看法。

善乐生 善逸身

杨朱曰："原宪窭于鲁，子贡殖于卫。原宪之窭损生，子贡之殖累身。然则窭亦不可，殖亦不可，其可焉在？"曰："可在乐生，可在逸身。故善乐生者不窭，善逸身者不殖。"

"杨朱曰：原宪窭于鲁，子贡殖于卫"，这也是历史上有名的故事。孔子有三千子弟，七十二个贤人，在学生之中，也有帮会的领袖，最有名的就是这位原宪，这个人等于是帮会的头目，应该是武侠小说中侠义道的人。在孔子当鲁国司寇的时候，他做过孔子的总务长，孔子下台，他也就回到民间社会了。孔子死后，他始终没有出来，在民间隐于一个地方，穷得要死。他的师兄弟子贡，到了晚年，外交、政治各方面权位都很大，尤其还是工商界的巨子。子贡想到这个同学在乡下，很穷，有一次去看他，"结驷连骑"，随从的保镖卫队、侍从人员，几部大车子，巷子里进不去，只好下来走路进去。他说你怎么穷成这个样子啊？原宪说我没有穷啊，就骂子贡，好像你学了夫子之道，既不能救世，又不能救人，光是有钱，名气大，像你这个样子，排场那么大等等，就把子贡训了一顿。子贡的一生最遗憾的，就是受了原宪的这一顿骂，所以原宪是个非常有名的人。

这里杨朱就提到这个事，"原宪窭于鲁"，孔子死后，原宪在鲁国穷一辈子，可是他在下层社会是一个领袖了。相反地，他的同学子贡，“殖于卫”，殖就是货殖，在卫国做生意，是工商界的巨子，钱多场面大。所以司马迁写《史记·货殖列传》，就是关于工商界发展、国际间的贸易，第一个是姜太公，子贡也在内。

杨朱的看法，原宪、子贡这两个人，一个有钱，一个那么穷，“原宪之窭损生”，这是讲人生的境界，原宪的穷，太穷了，刻薄自己，他并不是不能赚钱，而是不愿意；为了救济社会把自己搞穷了，损害自己的人生。子贡呢？人生观点相反，认为要救社会，要做事业必须要有钱，所以发展工商业，做货殖，事业做大了，把自己的身体也累垮了。而清高的人，打坐啊、饿肚子或者是讨饭，营养不良而短命，也把自己害死了。两个都一样。“然则”，那么说起来，“窭亦不可，殖亦不可，其可焉在”，怎么样做才对呢？

“曰：可在乐生”，他说人生的原则是恰到好处，自己的人生是快乐地活着，幸福地活着。“可在逸身”，恰到好处适可而止，身体很安逸，安逸不一定是求享受，这个观念要搞清楚。“故善乐生者不窭，善逸身者不殖”，因此一个人真正善于安排自己，过一个快乐的人生，绝不过分把自己弄穷。有人故意求个穷，因为不穷不清高。那么同样的话，一个人善于保养自己的生命，注重身体安逸，“不殖”，是不想发大财的；因为事业大了，名气大了，钱多了，累得要命。至于说钱多了，多舒服啊！名气大了，多有权威啊！那是一般没有名利的人幻想，真到了名气大，事业大，钱多了，不晓得多烦，那简直活不下去。每分钟、每秒钟都有事，都在痛苦中。我们普通人以为当皇帝很舒服，真当了皇帝宁可换做老百姓，真不想做，就是这个道理。

生前死后的人情

杨朱曰："古语有之：'生相怜，死相捐。'此语至矣。相怜之道，非唯情也，勤能使逸，饥能使饱，寒能使温，穷能使达也。相捐之道，非不相哀也；不含珠玉，不服文锦，不陈牺牲，不设明器也。"

"杨朱曰：古语有之"，杨朱讲人生的现实哲学，他说我们上古文化传下来的话，"生相怜"，活时彼此互相怜惜，彼此同情，彼此相爱；"死相捐"，死后彼此就丢开了。这个话是文言，讲得非常好，白话有一句俗语勉强也可以讲，"人在人情在，人死就两丢开"，人活着就有情在，人死掉就没有了。我常告诉有些朋友的太太，我说你啊，最大的福气要死在先生前面，为什么？丈夫地位高声望还在，夫人的丧礼大家都来；如果先生早早死了，最后剩一个孤老太太，死的时候啊，殡仪馆旁边那个小厅，大概来个小猫三四只都很难得。这也代表了"生相怜，死相捐"。

我们讲到社会上这种现象，了解许多人生，所以学问在哪里？不一定在书本里，你要观察才懂。假设一个人生病找你救济，第一次出三千，第二次两千半，第三次就是一千五，第四次就很讨厌了。死的时候买不起棺材，有替人做好事的，一出一二十万。我说与其这个时候出二十万买个棺材，他活着的时候你为什么不给他多弄一点钱呢？当然也有道理，因为这一趟跑完了，烧了，以后就没事了；如果平常给你医好了，又不死不活的，更是麻烦。所以做人应该怎么办？这是大家的课题，怎么样叫作做好事？这个好事里头有学问了，这就是人生。杨朱讲“此语至矣”，这一句话“生相怜，死相捐”，古今中外，千古的名言，说到家了。

“相怜之道，非唯情也”，他说相怜之道并不只是情的关系。注意下面的话，所以我们鼓励青年同学们，要保存自己的文化，非要学古文不可。你看这四个字一句，都在说相怜之道：“勤能使逸”，勤劳的人可以使他安逸，古文好像这个文法不对，逻辑交代不清楚，但是古文有它的文法。“饥能使饱”，肚子饿了，可以使他饱，那当然是相怜了，同情嘛！“寒能使温”，衣服穿不够冻得要死，使他能够得暖。“穷能使达”，这个人倒霉到极点，使他有地位、有钱，这都是相怜之道。

这个文字是不是这样呢？佛家禅宗有一句话，“依文解义，三世佛冤”。讲佛经的时候，依照文字解释佛学的道理，过去佛、现在佛、未来佛都在喊冤枉，冤枉啊！你把我们的话解释错了。下面还有两句话，禅宗祖师讲“离经一字，允为魔说”，如果说法的时候没有根据佛经的话，就不是佛法，而是魔说的，你看难不难！所以真正讲到禅宗，不但要真参实证，工夫到，而且佛经都要通达，既不可依文解义，也不可离经说法。这个道理现在我们引用《列子》的这几句话，刚才的讲法是依文解义，文字解释没有错，进一步呢？我们看出一个道理，青年同学们读书要认真，就是“好学深思”，要再三地研究，不但要好学，还要深深地思考。

“勤能使逸”，进一步的道理，使就是使唤、指挥，就是一个在勤动当中的人才能指挥安逸的人。“饥能使饱”，肚子饿的人可以叫肚子饱的人做事，使唤、指挥他。“寒能使温”，自己冻得要死的人可以指挥穿皮袄、有暖气机的人。“穷能使达”，只有穷苦的人才能够指挥有钱有地位的人。这个道理是什么？用之于谋略去了，所以古代“子书”里包括了很多策略的谋略道理。换句话说，富贵不能骄人，贫贱可以骄人。富贵的人当皇帝都没有那么大的权威，世界上权威最大的是穷人，穷到极点，准备求死嘛，连皇帝都怕他。

古代有一种剐刑，把犯罪的人脱光了，拿网袋网起来，网袋有眼洞，把露出来的肉，一块一块慢慢地割。所以四川人有句土话，“不怕一身剐，皇帝前面耍”，就是这个道理。你看到是一句随便的话，却说明人生的道理。一个饥寒到极点的人，跑到你这个富贵的地方来，他如果硬是不要命，你非听他的不可。

何以作这样的解释呢？下面有一句话，你就懂了，他说这个是“相捐之道”，彼此相抛弃，没有感情，也没有必然的利害关系。拿现在观念来说，是矛盾斗争的道理。所以古代不准多读“子书”，读了深思以后，对人情世故的另外一面就看透了。

“相捐之道，非不相哀也”，虽然人死了就死了，并不是说人与人之间没有同情心，只不过用不着那么多陪葬。所以他说死后“不含珠玉”，我们古代人死了，富贵人家很麻烦，把死人嘴巴撬开，放进去一块珠玉。一个棺材里七层东西，连茶叶木炭种种都有，有些高贵的还放水银，都是保护尸体不腐的。身上戴的都是金银珠宝，多得很，所以装进去不久就会有人来盗墓了。“不服文锦”，身上不要穿那么漂亮。“不陈牺牲”，反对拜拜，鸡鸭、牛肉，都不要。“不设明器”，弄个石头刻个碑啊，或者多少人马陪葬，这些都不要。这是一段，引出来下面的故事。

> 晏平仲问养生于管夷吾，管夷吾曰：“肆之而已，勿壅勿阏。”晏平仲曰：“其目奈何？”夷吾曰：“恣耳之所欲听，恣目之所欲视，恣鼻之所欲向，恣口之所欲言，恣体之所欲安，恣意之所欲行。夫耳之所欲闻者音声，而不得听，谓之阏聪；目之所欲见者美色，而不得视，谓之阏明；鼻之所欲向者椒兰，而不得嗅，谓之阏颤；口之所欲道者是非，而不得言，谓之阏智；体之所欲安者美厚，而不得从，谓之阏适；意之所欲为者放逸，而不得行，谓之阏性。”

管仲说养生

“晏平仲问养生于管夷吾”，晏子、管子两人都是齐国的名宰相，春秋时代第一个名宰相是管仲，就是管子，号夷吾。管仲比孔子还早约一百年，孔子对他都非常佩服的。后来一个宰相是晏子，比较后一点了，但是这里扯在一起，没有办法考证他们的年代关系了。这些子书讲起来中间差别很大，可以说道家喜欢作假托之文。管仲当宰相奢华得很，气派大，好享受，要吃好穿好，神气得不得了。晏子，名叫晏婴，号平仲，也当宰相，穷得不得了，清高得不得了，连衣服都是破的，所以这两个相反的就放在一起比较。

晏平仲问养生，这一点我们特别提出来注意。中国传统文化一个名词叫“养生”，后来道家修道打坐求长生不老之学，所以神仙之道叫作养生之道，也叫作摄生。西方文化翻译过来叫作卫生，可以说卫生是消极的，养生是积极的，卫生是防御性的，养生是保养性的。等到有毛病再保卫自己，来不及了。所以中国的医学是主张养生不是卫生，没有病先注重医药，并不是等生病的时候去找医生，去吃药。现在晏平仲问管夷吾一个人怎么养生，保养自己，求健康长寿之道。

“管夷吾曰：肆之而已”，管仲是喜欢享受的人，他活得虽然不太长，也并不短。他告诉晏平仲，他说人要活长啊，就放任自然，“勿壅勿阏”，不要压制欲望，自己的思想也不要压制，不要把它堵住，不要把它闭掉，就是这个话。“晏平仲曰：其目奈何”，晏子说，你讲了半天，方法是什么呢？

“夷吾曰：恣耳之所欲听，恣目之所欲视，恣鼻之所欲向，恣口之所欲言，恣体之所欲安，恣意之所欲行”，管仲说，耳朵喜欢听的时候，就让它去听，想听歌就去听歌，不听歌的时候，法师讲经、唱赞，赶快跑来听经。有时候听烦了，跑到山里去听听高山流水的声音，去享受享受。眼睛要看就去看，鼻子要闻就去闻。他说用不着把自己身体的官能欲望压制得那么厉害。下面管子有他的道理。

管子的思想放任自然，这个放任很不容易啊！我们要特别注意，我们刚刚看了管仲那么讲，要看就看，换句话说，难道我看到银行钞票，要抢就抢，不抢就不是养生之道了吗？看到馆子店好吃的，就要拿筷子夹一口，因为我要养生啊！管仲可不是这个意思，不要解释错了。如果我们只看道家这一段就会误解放任之道，这样的自由主义发展到极点，就变成个人主义，社会上太保、流氓乃至坏蛋就非常多。在美国好多年前，公园里头有个老头子坐在那里晒太阳，小孩一刀就把他杀死了，警察抓去问他，他说我听说杀人很有味道，所以试试看。自由主义不是这样。

管仲所讲的这个道理，拿什么来解释呢？唐宋禅宗经常用的一个名词，“任运自在”，那你就懂进去了。所以，并不是放纵自己眼、耳、鼻、舌、身、意，让这些欲望乱发展，而是要自己非常宁静地听其自然。所以这一段文字我想容易懂，不要再一句一句解释了。他说的两段意思相反，前面第一段讲眼睛要看美色，你就要看。我们青年人不要误解了，不是说男的要看女的，女的要看男的，丑的不要看，要看漂亮的，美色不是指这个。这是说耳目五官的享受，听其自然，虽然是听其自然，不可过分。譬如我要做好人好事，也有限度啊！你说一定要把自己弄得像梁武帝一样，卖给庙子，然后文武百官捐钱把他赎回来才算吗？这种行为不是皇帝，也不是真正的学佛的人，是像小孩子一样。所以梁武帝始终成不了什么，就是这个道理。

不可压抑 快活自在

“凡此诸阏，废虐之主。去废虐之主，熙熙然以俟死，一日、一月、一年、十年，吾所谓养。拘此废虐之主，录而不舍，戚戚然以至久生，百年、千年、万年，非吾所谓养。”

现在管子下面的结论，这里是重点。他说譬如我们老辈子读四书五经出身的，每人都标榜自己是儒家，实际上大家都是宋朝朱熹、陆象山的理学，规矩得很，这个话你们年轻人不容易体会到。所以我经常说，中国的理学家是佛教律宗的人，坐也规矩，行也规矩。要出去，祖宗前面敬个礼，回来敬个礼，规规矩矩。我在这些老师前辈的前面，就深深体会到那个理学家之可怕，也就是这一篇里头管仲所讲的，把自己的欲跟意志压制得死死的，一点活的生气都没有。

所以管子这一段反对假装、堵塞，非常有道理。“凡此诸阏”，故意使自己要看的不敢看，要听的不敢听，装那个死相，他说硬把自己堵起来。“废虐之主”，把自己的自由意志废掉了，虐待自己。“去废虐之主”，把心里头这些鬼心思拿掉，“熙熙然”，熙熙就是我们笑的声音“嘻嘻”，写成“熙熙”，形容一个人非常活泼自由，如沐春风中，一脸的自在相。“以俟死”，人生最后有一天要死，可是没有死以前还是高兴的、快乐的，脸上不要绷得那么紧。我经常在街上看到，尤其到银行、办公的地方，每人都是债主的面孔。有个人说，老师啊，我在美国的时候，一个美国人好朋友对我说，你从出生到现在会不会笑啊？我才警觉到我这个脸孔太不对了，不会笑，像讨债面孔。

所以要学着笑，人生何必摆起那个死样子啊？“一日、一月、一年、十年，吾所谓养”，活一天也好，一年也好，十年也好，反正在没有死以前要快活自在，宗旨在这里，这个叫作养生。用不着吃维他命，你就是快乐，这就是中国道家说的“神仙无别法，只生欢喜不生愁”，就会得道。所以你看从前大陆的丛林，不管是显教、密教的修行，已经传道给你了，一个大肚子的弥勒佛，哈哈地笑，弥勒佛前面一副对子，“大肚能容，容天下难容之事；开口常笑，笑世间可笑之人”，就是先学笑。所以学佛的人先学弥勒佛，学道的人先是“熙熙然”。总而言之，没有断气以前一秒钟，我活得还是快活，何必在那里担忧死了怎么办！

我们讲到杨朱代表管仲说的话，讲人生的境界，“拘此废虐之主，录而不舍”，一个人非常拘束，虐待自己，把自己活着的生命变成一个残废人一样，让自己心中的这个观念做了主，始终不放下。“戚戚然”，一天到晚愁闷不乐，这样地活着。包括我们修道，一天到晚忙得要命，尤其是后世道家思想，子午卯酉一定要打坐，饭也可以不吃，“以至久生”，拼命求长生。不过我看了几十年，也没有看到一个修道家的人能好好活得久的，不是高血压就是心脏病死了。练工夫的人都练到这个结果，管仲认为不是养生之道。“百年、千年、万年，非吾所谓养”，假使把自己拘束得那么痛苦，一天到晚担心得要命，小心得要命，这样地活着，活一百年、一千年、一万年，在管仲的看法，不是养生之道。这个话是不是管仲讲的无法考据，不过在历史上，管仲的作风是比较自由的放任主义，可是他不超过范围。

第十九讲

死和死后的事
宰相的兄弟们
教化家中子弟

死和死后的事

管夷吾曰："吾既告子养生矣，送死奈何？"晏平仲曰："送死略矣，将何以告焉？"管夷吾曰："吾固欲闻之。"平仲曰："既死，岂在我哉？焚之亦可，沉之亦可，瘗之亦可，露之亦可，衣薪而弃诸沟壑亦可，衮衣绣裳而纳诸石椁亦可，唯所遇焉。"

管夷吾顾谓鲍叔、黄子曰："生死之道吾二人进之矣。"

"管夷吾曰：吾既告子养生矣，送死奈何？"注意一个问题啊！我们经常讲中国文化，几千年来对人生有四个字，"养生送死"。包括《礼记·礼运》篇里的一段，也就是我们政治哲学所标榜的世界大同的思想，"老吾老以及人之老，幼吾幼以及人之幼"，平等爱世人、救世人，这个思想都属于养生。但我们更注重"送死"，对于这个死亡，也包括了现在社会主义、社会福利思想，都重视如何使一个老年人安心地活下去，直到最后。

讲一个例子，我们有一个老朋友，现在九十岁了，过去在大陆是财政部管盐务的官，那不得了，比一个省主席威风大，钱多，权也大。他满清的时候出去留学，回国在武昌起义的时候还拿旗子在喊的，当然都是你们这个年龄。后来推翻了满清，国民政府成立了，就做四川盐务总督，我们上将军的威风还不及他啊！到台湾来时，还带有一千两金子，一个晚上没有了。我问他怎么没有了？他说到了台北没有熟人，跑到延平北路一个开金店的同乡那里，就把这个金子借放在他的钱柜里，明天去拿。第二天下午跑去，一看银楼关门倒闭，其实就为了他这个黄金倒闭的。我说蛮好，蛮好，你这个礼送得蛮大。从此就在台湾，也修道，现在活到九十岁了，老病不堪。前天我们听到消息以后，晓得他在台中，赶快送钱去。有一个同学发心走一趟，回来报告，说他两夫妻老了，头脑昏聩，时好时坏。人生到此你说怎么办？也是修道的人啊！

所以修道是养生之道，修道也要养生，我常说你们修道学佛先不要讲远大目标——了生死，能够活时无病无痛，快快乐乐，死的时候干脆利落，既不麻烦别人也不拖累自己，说走就走就是成功了。

讲到这里管仲就问晏子，你问我养生之道，我已经跟你说了，老弟啊！你认为送死怎么办呢？晏子说，“送死略矣”，他说我问你的问题麻烦，你问我的问题送死，死了很容易嘛，“将何以告焉”，他说这个还有什么可问的呢？不需要多讨论啊。

“管夷吾曰：吾固欲闻之”，管仲说，虽然我知道，但是我还是想听听你的意见。“平仲曰：既死，岂在我哉”，晏子讲既然死了，我还能管吗？管他干什么？“焚之亦可，沉之亦可，瘗之亦可，露之亦可”，烧了可以，丢在水里也可以，把我埋在土里也可以，丢在路上也可以。“衣薪而弃诸沟壑亦可”，外面拿个草包起来，丢在水沟里也可以；“衮衣绣裳而纳诸石椁亦可”，给我穿皇帝的衣服，化个妆，弄个漂亮的棺材把我装起来也可以。反正都不属于我的，随便怎么弄。“唯所遇焉”，看是什么际遇，由他们搞就行了。

讲到这里，晏子的话他只说了一半。有些人对于死啊，也同晏子一样，死后由人安排，随便都可以。譬如我们年轻时碰到抗战，一边读书一边逃难，那痛苦得很。这个时候我们想到了两句话，“求仁得仁又何怨，老死何妨死路旁”。可是有些人虽对于这个看通了，不过想留死后之名，做人一辈子不要遗臭万年，所以要在历史上留点好名。我的朋友很多有这种想法，虽然生死看通了，这一点没有看通。

这个里头还有个故事了，京戏里头有个《赵五娘》，讲的是东汉时候的蔡邕，字伯喈，他的太太是赵五娘，蔡伯喈中了状元，讨了宰相的小姐做太太，把自己家乡的太太赵五娘丢弃。后来她去找丈夫，蔡状元不承认是他的太太，所以历史上这是男人忘恩负义的代表。实际上蔡伯喈没有太太姓赵，蔡伯喈在汉朝也没有中过状元；只是宋朝有一个人也叫作蔡伯喈，民间编的故事，就编到汉朝蔡伯喈身上去了。到了宋朝我们有个名诗人陆放翁，有一天到乡下去，看到乡下人唱戏，就唱这个《赵五娘》。陆放翁学问当然好，就作了一首诗，也看出人生的无奈。

斜阳古柳赵家庄　负鼓盲翁正作场

身后是非谁管得　满村听唱蔡中郎

把那个忘恩负义的故事搬到蔡邕的身上来了，可见天地间的冤枉事多得很，古今中外历史，把好人说成坏人，多得很呀！所以人生要把身后的虚名看通，我们从小读书，这一些事牢牢地记住，有时候给人家骂得冤枉了，我们就拿这个当作“是无上咒，无等等咒，能除一切苦，真实不虚”。人生就是这个样子，这就是养生送死的哲学。所以有些人拼命为死后之名、光宗耀祖，在那里红起脖子跳起来，如果学过道、学过哲学，觉得真可笑啊！你说历史上那些祖宗的故事都是真的吗？都靠不住，十分七八都是假的。历史上人名地点都是真的，故事都变了；小说中人名地点都是假的，故事都是真的，社会上就有这一种事。

“管夷吾顾谓鲍叔、黄子曰：生死之道吾二人进之矣”，杨朱借管仲、晏子的嘴，讨论了生死的问题。辩论到这个时候，管仲回过头来看看鲍叔、黄子。鲍叔也是齐国很有名的一个内相。管仲说关于生死道理，了生死，我跟晏子两个人总算“进之矣”，通达了。

宰相的兄弟们

子产相郑，专国之政三年，善者服其化，恶者畏其禁，郑国以治，诸侯惮之。而有兄曰公孙朝，有弟曰公孙穆，朝好酒，穆好色。

朝之室也聚酒千钟，积曲成封，望门百步，糟浆之气逆于人鼻。方其荒于酒也，不知世道之安危，人理之悔吝，室内之有亡，九族之亲疏，存亡之哀乐也。虽水火兵刃交于前，弗知也。穆之后庭比房数十，皆择稚齿婑媠者以盈之。方其聃于色也，屏亲昵，绝交游，逃于后庭，以昼足夜；三月一出，意犹未惬。乡有处子之娥姣者，必贿而招之，媒而挑之，弗获而后已。

这都是好文章，你们好好学哦！我们小的时候朗朗上口，唱歌那么唱的，一个字用错了，音韵就不对了。他说“子产相郑”，郑国的名宰相子产，比孔子还早一点点，差不多同时。孔子也很佩服他，“专国之政三年”，这个宰相，上面君王不大管事，因为太信任他，三年之中他把这个国家治理得好好的。“善者服其化”，好人更感谢他，听他的教育教化；“恶者畏其禁”，坏人怕他，不敢犯法，因为子产在当宰相，坏人不敢动了。“郑国以治，诸侯惮之”，郑国因此天下太平，大治，各地诸侯不是怕郑国，是怕子产。“而有兄曰公孙朝，有弟曰公孙穆，朝好酒，穆好色”，这个子产与管仲、晏子都齐名的，都是名宰相，可是他有一个哥哥叫公孙朝，一个弟弟叫公孙穆，坏透了，哥哥好酒，弟弟好色。这里我们读书懂了一个事情了，郑国宰相子产姓公孙。

这就告诉我们，一个圣贤的人，不一定有圣贤的家属。孟子也说过“君子之泽，五世而斩”，意思是说，圣贤的后代不一定是圣贤，英雄的子孙不一定是英雄，所以人生的道理都要通达。虽然子产是了不起的人，子产的哥哥、弟弟就不行了。

我经常告诉大家，现在少有好的家庭教育，老实讲你们不是好家长啊！我很想办一个家长大学，真的呀！现在的家长都要重新受教育，因为最上流的家庭受的是末等的教育，夫妻都要去上班，小孩子交给用人去管，交给司机去管了。然后电视教育，坏的都学会了，好的没有学，所以二十几年前我在大学教书时，哲学系六十多人，我说哲学系顶多是三个学生，因为哲学不可能普及的啊！六十几个学生，五十几个都是女的，我说女哲学家我到现在还没有看见过一个。你们学这个干什么？将来不能做贤妻良母，大学毕业做职业妇女，家庭教育没有了，生了孩子交给用人管。就算不做职业妇女，知识高了嘛，打麻将；再不然呢，外面玩玩，打打屁，到了中年以上都出了问题。所以我始终讲民国以来，都是教育的问题。过去抗战时大家埋怨政府，我说你们莫名其妙，政府有什么可埋怨啊？政府里的成员都是别人的儿女呀，自己没有把儿女教好，你怎么埋怨政府呢？政府成员都来自社会嘛，所以是教育的问题。你看名宰相子产，也是有家庭的问题啊！

自古以来父子骨肉之间，是人生最难处理的问题。你不要看你本事大、学问好，碰到家庭问题，你看汉高祖、唐太宗，这些英雄、圣贤，哪一个解决了家庭问题？你说苏格拉底碰到那么坏的太太，林肯也是，有说孔子、孟子也离婚，都是家庭问题呀！英雄豪杰我给他们一算账，没有一个家庭问题处理好的，这是个历史大问题，不是给你们讲笑话。

现在这里也是家庭问题、兄弟问题。子产那么好，他的哥哥阿朝却嗜好喝酒，弟弟阿穆好色。你看他形容，“朝之室也”，这个阿朝的家里，“聚酒千钟”，拿破仑、白兰地、金门高粱、葡萄酒，无所不有，家里堆的都是酒。“积曲成封”，做酒的曲一袋一袋堆起来。“望门百步，糟浆之气逆于人鼻”，离他家里还有一百步路，那个酒糟的味道已经冲到你鼻子里来了。“方其荒于酒也”，这个家伙一天到晚喝得醉醺醺的，叫作“荒于酒”。下面好文章来了，你们可以引用，这个家伙“不知世道之安危”，他哪里晓得什么抢银行啊，英国跟阿根廷打起来了，他理都不理；说这个汇率多少啊，经济问题，他听都不听，世道安危他不管。“人理之悔吝”，人情世故他一概不理。“室内之有亡”，家里头有什么问题？不管，有的就是酒。“九族之亲疏”，什么亲戚朋友，哪个贫穷该救济啦，哪个要帮忙啦，哪个做生日，他根本不管，亲的、疏远的，一概不理。“存亡之哀乐也”，某人死了父亲，他说那些事不要找我，我要喝酒，就是这样一个人。“虽水火兵刃交于前，弗知也”，火烧到他眉毛，也是先拿酒来喝了再逃，你刀砍到他脖子，他还是要喝酒。这么一个爱喝酒的阿朝，就是这个宰相的哥哥。

这个弟弟好女色，跟哥哥两样，各走一端。“穆之后庭比房数十”，一个女的一个小公馆，像皇帝的后宫一样，小太太编号有多少已经不知道了，“皆择稚齿婑媠者以盈之”，都是年纪轻的，最漂亮的。“方其耽于色也”，他在好色的时候啊，“屏亲昵”，亲戚朋友，万事不管。“绝交游”，朋友也不要了，一天到晚混在女人堆里，比贾宝玉还要贾宝玉。“以昼足夜”，夜里不够，白天也加上去，“三月一出”，三个月偶然向外面走一下，马上就回到房间去了。“意犹未惬”，漂亮的那么多还不满足，看到地方上哪一个女的长得漂亮，一定用钱买过来，或者想办法把她骗来。你看这个弟弟给子产丢人吧！

教化家中子弟

子产日夜以为戚，密造邓析而谋之，曰：“侨闻‘治身以及家，治家以及国’，此言自于近至于远也。侨为国则治矣，而家则乱矣。其道逆邪？将奚方以救二子？子其诏之。”

邓析曰：“吾怪之久矣，未敢先言。子奚不时其治也，喻以性命之重，诱以礼义之尊乎！”

子产用邓析之言，因间以谒其兄弟，而告之曰：“人之所以贵于禽兽者智虑，智虑之所将者礼义，礼义成则名位至矣。若触情而动，聃于嗜欲，则性命危矣。子纳侨之言，则朝自悔而夕食禄矣。”

“子产日夜以为戚”，这个子产啊，觉得太丢人了，那么好一个名宰相，人品好、学问好，碰到两个兄弟这样坏，怎么办？一天到晚愁这个事。“密造邓析而谋之”，好朋友邓析是诸子百家里一个名家，“密造”，偷偷地，夜里给邓析打个电话说我来看你了，有事情商量。他跑来找到邓析商量，这兄弟家人骨肉之间最难相处，没有办法讲利害，没有办法用权力。“侨闻治身以及家，治家以及国，此言自于近至于远也”，“侨”，就是子产的名字，他对邓析以小弟弟身份说话。他说我是读书人，我们中国文化，修身齐家治国平天下这个道理，我们都晓得啊！“侨为国则治矣”，我今天把郑国治好了，“而家则乱矣”，但是我家的两个兄弟，没有办法。怎么办呢？就问邓析，“其道逆邪”，难道我错了吗？“将奚方以救二子”，请问老兄，你救救我，教我一个方法，我总要把兄弟两个搞好，“子其诏之”，我没有办法把兄弟教育好，我今天夜里来拜托你，转个弯，你来帮个忙，你把他们找来训一顿，好不好？

“邓析曰”，邓析一听就说，“吾怪之久矣，未敢先言”，他说老兄啊，你今天晚上才来跟我讲，我心里头也在怪你啊，你怎么对哥哥弟弟都不负责任呢？但是你不跟我讲，我也不好讲你。“子奚不时其治也”，他说你现在太晚了，你对于哥哥弟弟太爱护、太放纵了，少年的时候你没有把他们教好，到现在年纪大了改不过来了。不过呢，你还是应该教他们，“喻以性命之重”，告诉他们生命要紧啊，不要这样乱玩啊，“诱以礼义之尊”，告诉他们文化、精神文明的道理。

“子产用邓析之言”，子产听了他的朋友邓析的建议，“因闲以谒其兄弟，而告之曰”，找到一点空闲时间，去给哥哥弟弟讲话。他讲大道理，他说我们人与禽兽不同啊，禽兽没有思想，人有思想，有思想就有文化、有智慧，就是教育成功，懂得人伦的道理，有礼义。

这里要提一个问题，我记得二十七八年前了，我一个学生，师大研究所硕士毕业了，出去教书好多年，有一天到我家里谈，讲教育种种的痛苦、种种的不对。正在谈，很多同学都跑来了。那一班师大出来的同学，在外面当校长的，当训导主任、教务主任的，多得很。我说我要问你们，现在的教育的目的是什么？第一个来的同学说，老师你这个还要问。我说我们教育的目的在“考”，一路考试考到底。小学考中学，中学考大学，大学考留学，留考出去了以后回来考考公务员，三年一大考，一年一小考，一路考到底，退休了以后是不是还要考我不知道了。所以我们非常感叹，美国的教育目的是生活；我们中国文化，过去几千年来始终把“成己成人”作为教育的目的。至于人做成了以后，你该当皇帝你去做皇帝，或去挑葱卖蒜，那是职业的不同，人品是平等的。我们现在的教育，西方东方混乱了，只教知识，教技能，教育为了生活，为了技能，不管人格养成，这个教育混乱了。现在美国也出问题啊，教育经费也没有，所以现在美国的校长也到处要钱。可是我们的教育还要跟着人家学，跟着人家走，研究所什么系啊，系来系去，系的什么影子都没有了。

所以教育的目的，这里头看得出来，“人之所以贵于禽兽者智虑”，人不同于禽兽，是因为人有智虑，有思想，有文明。“智虑之所以将者礼义”，成人教育有礼义。“礼义成者名位至矣”，人做好了再谈事业，人都没有做好有什么能力啊！谈什么事业啊！“若触情而动”，如果跟着情绪跑，这是个禽兽，禽兽饿了就要吃呀，冲动了就要咬人，因为它没有文化。“耽于嗜欲”，随自己的欲望爱怎么样就怎么样，“则性命危矣”，这样像禽兽一样，这一条命就活不久了。“子纳侨之言”，他给哥哥弟弟说，你们两位做做好事啊，听我的话，“则朝自悔而夕食禄矣”，他说你们今天肯忏悔，改过自新，我马上就发给你们一个职位，你们的功名富贵就来了。

你看子产多么了不起啊！他自己是一个当权的宰相，王下来就是他，两个兄弟不对，他绝不让他们做事，连个公务员都不给他们当，所以他到此时给他们摊牌。哥哥弟弟听了，有他们一套哲学，把子产骂了一顿，你那一套不对的，我们的才对。

第二十讲

享乐人的人生观
治外与治内
善恶的定义
子贡的财力　后代的作风

上次讲到郑国的名宰相子产与他兄弟三个人的故事。子产受了邓析的指导，就给他两个兄弟说教，希望他们二人走上正人君子之路，不要乱搞了。

享乐人的人生观

朝穆曰："吾知之久矣，择之亦久矣，岂待若言而后识之哉？凡生之难遇，而死之易及，以难遇之生俟易及之死，可孰念哉？而欲尊礼义以夸人，矫情性以招名，吾以此为弗若死矣。为欲尽一生之观，穷当年之乐。唯患腹溢而不得恣口之饮，力惫而不得肆情于色；不遑忧名声之丑，性命之危也。且若以治国之能夸物欲，以说辞乱我之心，荣禄喜我之意，不亦鄙而可怜哉？"

子产要兄弟改邪归正，朝穆两兄弟听了子产的教诲以后，怎么说呢？"朝穆曰：吾知之久矣"，你这些道理，我们老早就懂了，"择之亦久矣"，对于人生的选择啊，也考虑了很久了，就骂他这个哥哥你来啰唆什么——聪明人都是这样，一讲他都懂。“岂待若言而后识之哉”，我们还等到你来教训我们才懂吗？他们就讲自己的人生哲学观点，“凡生之难遇，而死之易及”，人生嘛，生命难得，死太容易。

前天有个朋友来讲，他现在年纪大了，也是个老将领，他说大家都怕死，他就骂这些朋友，有什么怕呢？父母不生我们到这里来，连死的机会都没有，上天已经给我们一个死的机会，多可贵啊！看自己怎么样死，何必怕？很有气派。现在这篇文章里也这样，这个生命很难得，死呢？很容易就死了，随时随地都有死的可能。“以难遇之生俟易及之死”，俟就是等，怕这个难得的生命死掉，天天在害怕等死，“可孰念哉”，谁愿意把这个怕死的念头老是摆在脑子里？多难受啊！这是第一点。

第二点，“而欲尊礼义以夸人”，他们说，叫人做好人做好事，一天到晚规规矩矩，礼啊，义啊，“以夸人”，夸就是夸大，有点吹牛夸大。“矫情性以招名”，这个人性本来很浪漫，很奔放，因为受了教育只好自己规矩起来，就矫揉造作，那是错误的——教育本来就是塑造一个人，使人变成一个什么形态，以教育的立场来说，塑造是教育的宗旨。但是以公孙朝的哲学来讲是矫揉造作，改变人的个性与情绪，为了求名，算是有学问道德。“吾以此为弗若死矣”，他们说我们认为人生勉强改正自己，走向不愿意的路上，那是变成个活死人，不如死了好。这是他们的第二个观点。

第三个观点讲人生，“为欲尽一生之观”，这个观就是看得见，换句话说，我们人活着就是享受，享受为了要好看、好听、好穿、好吃，过这种人生。“穷当年之乐”，他们说因此人生要把握现实，同现在人所讲现实观念是一样的。“唯患腹溢而不得恣口之饮”，就怕自己肚子太小，吃不下太多就满了，要想喝什么就喝就好了，有酒就喝，有茶也喝，汽水、可口可乐什么都行，只要能吃得下，尽量地吃。“力惫而不得肆情于色”，生怕体力不够了，不能尽情地玩，包括男女之间，爱怎么玩就怎么玩。“不遑忧名声之丑，性命之危也”，至于别人怎么批评，毫不考虑，没有空啊，怕明天死掉。所以明天是明天的事，我今天玩了再说，哪有时间为明天死去担心啊！

“且若以治国之能夸物欲”，骂他们的兄弟，你现在当郑国的宰相，国际上有名，说你的政绩好，你在我们这里吹牛，把世间物质的欲望夸大其词。“以说辞乱我之心”，这个“说”字就是悦，你想以好听的话改变我们的观念，“荣禄喜我之意”，以利益来诱惑我，叫我改过就有官做，就有财发，以这个荣华富贵来骗我，“不亦鄙而可怜哉”，你这个做兄弟的真下流，而且我们觉得你很可怜。

治外与治内

> “我又欲与若别之。夫善治外者，物未必治，而身交苦；善治内者，物未必乱，而性交逸。以若之治外，其法可暂行于一国，未合于人心。以我之治内，可推之于天下，君臣之道息矣。吾常欲以此术而喻之，若反以彼术而教我哉？”

刚才他的哥哥公孙朝与弟弟公孙穆骂完了第三点，恐怕他不服气，第四点还有理由告诉他。这又是道家的观点来了，这是道家思想所作的结论。“我又欲与若别之”，我们再告诉你，你不懂哲学，看不懂人生，一个人“善治外者，物未必治”，这是哲学千古名言哦！这个物代表一切的外境，生命身体以外的东西，譬如说政治也好，工商管理也好，社会、军事、教育、政治、经济这一些等等，都是治外。

我们看人类的文化，各种制度，各种思想，各种主义，什么无政府主义啊，共产主义啊，民主政治啊，帝王政治啊，独裁政治啊，什么唯物、唯心思想，这一大堆，人类闹了几千年了，结果几千年古今中外人类没有过到一百年太平的日子，顶多二三十年，不是东边冒火就是西边冒烟，总有战争，总有变乱，不一定安定。

所以我常说，柏拉图的理想国，我们的大同世界，黄帝的华胥国都是理想，华胥国比柏拉图的理想国还美，这些东西啊，永远是理想。假使人类达到了大同世界，天下太平了，大概地球也毁灭了。这就是一个悲哀，人类永远在痛苦矛盾中，就是那么过下去。所以由这个哲学我们就懂中国文化的《易经》，八八六十四卦以天地开始，最后一卦“火水未济”，这个宇宙人生永远是未济，就是得不到结论的。所以由乾坤始，以未济终，这就是一个大哲学了。这个法则是道家的思想，“善治外者，物未必治，而身交苦”，一辈子累死了，所以人生真正的哲学修养是要先医治自己的心。

“善治内者，物未必乱，而性交逸”，你心安了，心定了，尤其佛家禅宗啊，万缘放下，一念皆空，外面虽然乱，但跟你没有关系，外物的乱也不是乱，它有自然的规律。所以只管内在的修养，只管自己内心，不管外物，外物自然清净，本来安详。可是人只觉得外面乱，这个不对，那个不对，是是非非，善善恶恶，是你自己给自己捣鬼。自己心里只要一念放下，就清净了，管那些干什么呢！

“以若之治外”，譬如你现在当郑国的宰相，外在的行为把社会安定起来，政治上了轨道，“其法可蹔行于一国，未合于人心”，你这个政治哲学的法则，看起来暂时对一个国家有用、有贡献、有帮助，“未合于人心”。这个人心代表了人类世界，古今中外，所有能够安定人心的。他们说你这一套是不行的，不合人心，政治到底是一个地区、一个时间、一个空间的行为，不能解决人生基本的问题。他们说像我们这样，你看我们整天喝酒，整天玩，那个是外形啊，我们是治我们自己的内心。“以我之治内，可推之于天下”，像我们这样只管自己的内心，换句话说是真正个人主义，我们只要把个人修养好了，不想害别人，至于别人害不害我们，毫不在考虑之内。

他说我是治内的，你玩政治是治外，我的治内可推之于天下，凡有人类的地方，这道理永远走得通。也就是叫天下人人绝对的自私，专门管理自己，不伤害人，也不被人伤害；不想听是非，也不讲你的是非；也不管别人的善恶，我们只管自己的心。如果个个都是如此的话，“君臣之道息矣”，不需要政治，皇帝啊，部下啊，老百姓，都平等嘛，人人都做到如此，社会没有变乱，天下也可以太平了。子产兄弟骂他，“吾常欲以此术而喻之”，我们常常把这一套哲学道理、方法告诉天下人，“若反以彼术而教我哉”，结果你反而要教我们改邪归正，学习做人，我们正想教你改正呢！

善恶的定义

> 子产忙然无以应之，他日以告邓析。邓析曰："子与真人居而不知也，孰谓子智者乎？郑国之治偶耳，非子之功也。"

子产这两个兄弟这一套哲学讲完了，"子产忙然无以应之"，忙然就是茫然。子产是何等高明的人，孔子也佩服的，他一听这个道理啊，自己讲不出话了。这两个兄弟并不是没有道理，也有他们哲学的道理。这一套个人修养，道家与佛家都是同样的道理，不过要求个人可以，以此要求天下人，要求个个众生都做到，不可能！人性到底不同。因此回转来说，孔子儒家之道、这些法家之道还是对的，不过在哲学的前面，像在法律前面一样，不得不低头。子产是茫然难以答复，在哲学的真理面前也低头了。

邓析告诉子产劝兄弟两个人，结果子产在兄弟两个人前面吃瘪了。有一天子产又同邓析碰面了，他说我照你的话告诉哥哥弟弟，我还吃瘪。邓析一听，"子与真人居而不知也"，他说你这个昏头，你家里有得道的真人，也就是讲哥哥弟弟比你高明，你跟神仙住在一起，自己却不知道。"孰谓子智者乎"，别人都讲你智慧高，我现在才看出来，你真是一个笨蛋，你家里有菩萨，有神仙，你自己不知道。因此他批评子产，"郑国之治偶耳"，郑国被你治好了，那是瞎猫碰到死老鼠，偶然碰上的啦，"非子之功也"，不是你的功劳。

这一卷是列子借杨朱这篇子产的故事，说明一个人生的大哲学，也是政治哲学的大道理，更是形而上境界的一个大哲学。所以政治哲学归纳起来，不管自由民主的思想，帝王专制的集权思想，什么有政府主义、无政府主义等等社会制度，不外乎两大原则，一个是天下为公，一个是天下为私。杨朱之学，所谓自由主义、个人主义，是天下人人为私的道理，这一篇后面的结论，如果人人为私，天下可以太平。

不过，人很奇怪，你叫他为私一点，不要管人家闲事嘛，他不肯，非要管不可，看不惯，吃饱了饭狗拿耗子多管闲事，所以天下乱。反过来讲，你既然爱管闲事，就牺牲自我去救世救人嘛！只要有利于人，饿死都可以，他也不肯，所以天下为公也做不到。儒家之道，为公为私都不采用，而把天下为公作为目标，但是保留人类天性为私的一部分，这个叫中庸之道。你以为学到马马虎虎叫中庸吗？孔子骂这个叫作乡愿，不是中庸，乡下的滥好人。两个人吵架请他评理，你没有错，他也不错，究竟谁对呢？都不错。看起来这个人很有道德，实际上是滥好人。

孔子说，“乡愿，德之贼也”，看起来很有道德，实际上真不道德。所以过去老一辈子的风云人物，我们一提某人怎么样？只说乡愿我们就懂了。这是一个很圆滑的人，什么都好，你说我这个儿子要请你介绍介绍，可以，可以，拿履历来，我慢慢给你想办法。实际上压在抽屉里好几年了，他也忘了，他也不去想办法，什么都可以，所以孔子说“乡愿，德之贼也”。接下去有个大故事来了。

子贡的财力 后代的作风

> 卫端木叔者，子贡之世也。藉其先赀，家累万金。不治世故，放意所好。其生民之所欲为，人意之所欲玩者，无不为也，无不玩也。墙屋台榭，园囿池沼，饮食车服，声乐嫔御，拟齐楚之君焉。至其情所欲好，耳所欲听，目所欲视，口所欲尝，虽殊方偏国，非齐土之所产育者，无不必致之；犹藩墙之物也。及其游也，虽山川阻险，涂径修远，无不必之；犹人之行咫步也。

“卫端木叔者，子贡之世也”，孔子有个学生叫子贡，我们常常提到他，大名人。子贡姓端木，这个卫国人端木叔是子贡的后人。我们晓得孔子有三千弟子，七十二位贤人，实际上了不起的只有十几个。等于释迦牟尼佛十大弟子一样，耶稣也有十大门人，这些教主们真正得力的门人没有几个，千千万万人中能够成就的没有几个。颜回、子贡当然算得上，都是了不起的，子夏、子路都还不及子贡。拿庄子的话来批评，子贡有圣人之才，无圣人之道，这个颜回呢？有圣人之道，无圣人之才。颜回短命死，有圣人之道，而无圣人之福，所以四十来岁就死了，营养不良死的。子贡则不然，你看后来孔子死了，有人看准了一块地葬老师，子贡回来一看，他说不可以，这个只能葬人世间帝王，葬皇帝，不能葬我们的夫子，夫子是万世的素王。他找到曲阜这个地方，可惜对孔家的女性方面下一代不大好，过一代又好。大家同学一商量，天下没有十全的地方，所以就葬下来了。以后子贡庐墓三年，你看所有同学都散了，他一个人搭一个茅棚在老师的坟边，守坟守了三年，这是子贡。

昨天我跟学企管的同学还提到，《货殖列传》上提到子贡、范蠡、姜太公，都是了不起的人，是中国工商界的祖师爷，也就是经济学家。子贡后来又做生意，又会外交，又是政治，你看齐国要来打鲁国，孔子憋不住了，自己国家出了问题，最后子贡站出来说，老师你年纪大了，我去。孔子说你去我就放心了。他一出来就把吴越之战挑起来，国际上的战争一挑动，自己的鲁国就安定下来了，那个谋略就是不得了。像苏秦、张仪这些谋略家，在子贡前面都谈不上了。这些道理经过要查《吴越春秋》才知道，那精彩得很。子贡出来这一段，那很神气，所以子贡后来非常有钱，孔子穷一辈子，晚年后半生都是靠子贡供养。

你们学佛的看端木叔这个故事，就是佛经上所描写的一个菩萨的行为。子贡的后代端木叔，“藉其先赀，家累万金”，靠先人的资产，累积的财富不晓得多少，讲不清楚了。因此他用不着做生意发财，也更不必去找工作。“不治世故”，人情世故，社会上的事情，他用不着管，有的是钱。在家里干什么？“放意所好”，自由到极点，爱怎么样做就怎么样做，有的是钱，祖宗留下来的财产用不完。子贡有这样的孙子够光荣了，“其生民之所欲为”，凡是社会上一般人的欲望，要想做什么事，他都可以随意做得到，钱多到这个程度。“人意之所欲玩”，人类爱玩什么，他要玩就玩，因为有钱。

世界上只有两个东西，一个是权力，一个是金钱。所以我讲个古人编的故事给你们听，有一天玉皇大帝召集开会，财神菩萨也接到命令要去参加。中国的财神骑着老虎，《封神榜》上姓赵的，叫赵公明，塑的是黑脸，良心黑不黑不知道。他骑个老虎，拿个鞭子，拿个元宝，老虎下来要吃人的，这就是财神的装像。这个财神到达南天门，碰到关公骑着赤兔马，拿着大刀也来了。这个财神就问关公，怎么请到你呢？你是个军人啊，带兵打仗才找你。关公说我手里有这把刀，就等于你手里有元宝一样。

世界上就是这两件东西最重要，权力和金钱。这一篇文章形容有了财富跟帝王的权力一样，甚至帝王还没有他自由。历史上皇帝很痛苦耶，监察御史、大夫、宰相都管着你，很多宰相可以把皇帝的命令留中不发，锁到抽屉里去。过几天皇帝问起来，回答说不能办，常常碰这种钉子，一点办法都没有，他站的是正理。

有钱的倒好玩了，“人意之所欲玩者，无不为也，无不玩也”，要什么有什么，统统都有。他形容“墙屋台榭”，家里要做公园就做公园，要摆地毯，有的是地毯。“园囿池沼”，像美国迪斯尼乐园，要修十个都可以。“饮食车服”，要好吃的随便都可办得到，车子是最新的、最名贵的都有。“声乐嫔御”，什么舞厅歌厅要买票进去，家里开一个就是，歌星舞女都请来。他说他的享受，“拟齐楚之君焉”，楚国与齐国的君王都比不上。

“至其情所欲好，耳所欲听”，心中想什么，耳朵想听什么音乐，“目所欲视”，眼睛想要看什么，“口所欲尝”，嘴巴想要吃什么，“虽殊方偏国，非齐土之所产育者，无不必致之”，世界上的东西，他只要一想，不管多偏远的地方，北极的熊掌啦，“非齐土之所产育者”，本土没有的，“无不必致之”，他一定办得到，只要钱嘛，就买来了。“犹藩墙之物也”，现在我们台北大家有钱，外国来的东西好像自己院子里的东西一样，要什么有什么。你看这个人生享受到这个程度，这个叫作豪富，他也用不着再做生意了，钱太多了。“及其游也”，要出去玩啊，不必参加旅行团，像给人家耍猴子一样；自己准备一千万美金，带一个司机，翻译员，打字的，还要带中国茶，一切自由随意。

“虽山川阻险，涂径修远”，端木叔出去爬山，不管山川多么危险阻碍，不管路途多远，“无不必之”，他都会达到。我们中国有一个爬山专家，又有学问，叫作徐霞客，中国的名山都爬完了。人迹所不能到只有猴子能爬到的，他一爬到上面，看见有个和尚住茅棚，他佩服极了——天下名山僧占多。可是这种游山很危险的，有时候是用树藤一条一条拉上去，那些和尚住茅棚的都是这样住的。到了那个地方，风景之美丽啊那无以复加。现在你们出家人要去住茅棚，在街上租个洋房，盖个佛堂，是你的茅棚精舍，又有沙发，又有汽车，那不叫作茅棚啊！你要看茅棚，要看《徐霞客游记》，要到他到过的那个境界。要经过山川的险阻，有时候没有路啊，他就跟和尚一起，利用这一头的山，用一个藤子，人就那么吊过去，那两个膀子要有武功啊，如果你们小姐去爬，爬到一半，尖声一叫，把猴子都叫下来了，这就是山川阻碍的地方，非常危险。当然端木叔玩起来不会像徐霞客一样，跟着和尚用藤子挂过去，他说这样危险的地方，他要去玩就不危险了，马上修一条路，因为有钱嘛！所以他出去玩，“犹人之行咫步也”，咫就是八寸，等于我们走一小步一样，他等于坐在家里没有动过，这样舒服。

我们再讲一个历史故事。明朝有个宰相张居正，湖北江陵人，又叫张江陵，蒋老先生选他为中国十大政治家之一，不过这个人是好是坏再说啦。当了宰相以后，是铁腕宰相，手段厉害，就是很有脾气，谁的话他都不管，不过他当年的确是了不起，有良好的政治。可是他也有坏的一面，妈妈年纪大了，从江陵宜昌附近要到北京来玩，湖北宜昌要坐船，因为妈妈怕晕船，所以不出门，结果各省的地方官把船调拢来，钉在一起，搭了板就不动了。就这样把妈妈接到了北京，那个船在长江风浪里没有动过，这个权势就可贵了。后来张江陵失败了，最后妈妈很悲惨地死去，这是人世间的势利，这就是人生！所以要多读历史就懂得人生，这个老太太我替她可惜。所以佛说长寿是灾难，你想她这个老太太如果在儿子当宰相时死的话，我看那个风光就无人可比了。

第二十一讲

江湖豪气　风月情怀

是狂人　是达人

长生不死可能吗

随遇而安　随缘自在

宾客在庭者日百住，庖厨之下，不绝烟火；堂庑之上，不绝声乐。奉养之余，先散之宗族；宗族之余，次散之邑里；邑里之余，乃散之一国。行年六十，气干将衰，弃其家事，都散其库藏珍宝车服妾媵。一年之中尽焉，不为子孙留财。及其病也，无药石之储；及其死也，无瘗埋之资。一国之人，受其施者，相与赋而藏之，反其子孙之财焉。禽骨釐闻之曰："端木叔，狂人也，辱其祖矣。"段干生闻之曰："端木叔，达人也，德过其祖矣。其所行也，其所为也，众意所惊，而诚理所取。卫之君子多以礼教自持，固未足以得此人之心也。"

江湖豪气 风月情怀

讲到端木叔，他还有江湖豪气，古人有一副很好的对子，"江湖豪气，风月情怀"，这都是战国时代的社会风气，当时四大公子都在养士。现在讲啊，就是大专毕业或有什么专长的，就到他家里拿薪水吃饭去；就连会狗叫的、耍滑稽的、说相声的，他都养。像齐国的孟尝君，名叫田文，门下养士三千人，这是有名的。现在看到三千人不多啊，在当时全中国几十个国家合起来，不比台湾现在的人口多。三千人中有高级知识分子，有专长的各种人，统统是他的门下客，等于是他的部下，也就是讲社会学、社会福利、社会主义里的另一章。

由此我们想到民国以来有两个名人，湖北的才子饶汉祥，湖南的才子杨度，清朝下来的才子都是公子，饶汉祥是黎元洪的秘书长，杨度是袁世凯得力的幕僚。当然清朝被国民革命军一推翻，这些家伙就是开溜的名士了，一溜就溜到上海来，这些遗老也不肯合作，谁养他们呢？杜月笙。你看杜某一个大字不认识，下层出身的，他有这个本事，乃至章太炎都是他养的。杜月笙的养士，不是每月拿单子来领薪水的，只要坐在家里抱怨，他就派人送钱过去了。漂亮！所以我到大学讲演时，他们拿讲演费叫我签个收据，我说你是拿救济金给我吗？我就训他们。你看杜月笙他们懂得做人，把这些老前辈们供养着，按月派人规规矩矩送去红包，“恐怕你府上不够用，杜先生叫我送来”。所以人都让他养得很舒服，他后来自己学问也蛮好。

你看饶汉祥、杨度这些人，都傲慢得很啊！普通人父母死了叫他写副挽联，你拿几万块摆在那里也不给你写啊！章太炎一辈子不给人家写寿句，这些文学界都知道，但是杜月笙母亲做寿的时候，他亲自作文章，亲自写。这是江湖义气，侠义起来谁不感动啊！饶汉祥送给杜月笙的对子，“春申门下三千客，小杜城南五尺天”，下联把杜月笙捧得很过瘾，成为民国时期文学上的名对。“五尺天”就是半边天，说杜月笙一手可以遮半个中国，都是他的范围。所谓读书，我告诉你们青年同学，昨天也给企业管理的同学讲，你们要读万卷书，行万里路，交万个友，才能谈企业管理。发了财干什么？要晓得用，就是这样用。

讲到这里，我昨天晚上翻元曲，天下的书读不完，我们中国的文学，汉朝的文章，唐朝的诗，宋朝的词，元朝的曲子，就是代表了一个时代。到明朝就是小说啦，清朝是对子，这是我给它定的，现在也流行了这个话。很可惜我没有申请专利。元曲里头有一个书生，作一个好对子，曲子中的歌词完全白话，同词两样，像唱绍兴戏那样唱出来就好听了，用昆曲也可以唱，其中几句，“宁可少活十年，休得一日无权，大丈夫时乖命蹇，有朝一日，天从人愿，赛田文养客三千”，就是要比孟尝君还好。这是读书人的幻想，却永远做不到，又不会做生意，又不会什么工商管理，怎么办得到啊？这个曲子叫作《越调》，就是绍兴戏，曲名《天净沙》，作者严忠济，榜上无名的人物，大概酸不溜丢，读书人就是茅坑里的石头，又臭又硬又酸。

我们唐代的诗人杜甫也有这个思想，文人有这个志气，没有这个行动。杜甫是“安得广厦千万间，大庇天下寒士俱欢颜”，他希望自己将来有房子，国民住宅几千栋，穷人到他这里都有房子住。人生到此是很舒服啊！可是这是在戏台上吹吹的，谁能够做到呢？

现在讲“宾客在庭者日百住”这一段，引出来这些插曲，你不要当笑话听哦！要你们去翻书才读到，我敢跟你们打赌，凭你们这一般青年，大概用二十年，还摸不着这些东西在哪个地方呢！所以要好好读书，这是刺激你们的话，也是鼓励你们好好念书，中国文化，祖宗留下来的东西多得很。好了，现在我们回过来看《列子》这一段，这个端木叔的故事还没有完，他家中养的食客那么多，“宾客在庭者日百住”，在他家里吃饭的人，一天百把人，这个不稀奇，但还不及孟尝君门下三千食客，那比他更多。

“庖厨之下，不绝烟火”，大厨房里一天到晚炉火没有停过，你看靠他家吃饭的人多少！不要说孟尝君养士三千，就像帮会头子杜月笙，第一个也要有资格请得起好厨师，家里的菜比别家都不同，才可以谈养士，才可以谈请客。你以为炒个萝卜丝牛肉端出来，加上一盘花生米，再加一个炒鸡蛋，就算招待客人吗？那个算什么呢？“堂庑之上，不绝声乐”，他家走廊上、客厅里，一天到晚什么爵士音乐啊、流行歌曲，乃至古典音乐，随时不断，比舞厅、歌厅闹热得多了。

是狂人 是达人

“奉养之余”，靠他吃饭的人，每月照发薪水，供养大家，仍有多的钱他就“先散之宗族”，同宗的亲戚朋友，该救济的，他到处送。“宗族之余”，帮助自己同宗朋友之余，然后是“次散之邑里”，对于同乡同县的也帮助，“邑里之余，乃散之一国”，他还有多的，就救济全国穷人的医药费，签名都不要签。子贡后代的这种做法，连孟尝君都做不到，只有佛经里的菩萨做得到。在自己享受之外，使大家、天下人都得到益处。

“行年六十，气干将衰”，到了六十岁花甲以后，年纪大了，身体也衰败了，“弃其家事，都散其库藏珍宝”，家里不管了，把财产花得清洁溜溜，散得光光的，只有佛经上看得到这种句子。“车服妾媵”，连小太太、丫头都送人，人口都送掉了。所以佛经上说，如果有人要他把眼睛挖下来，他也会挖，头目脑髓都可以布施了。“一年之中尽焉”，一年当中把所有财产、家庭所有人口都送出去，“不为子孙留财”，不为儿女子孙打算，他不管，一毛钱都不给他们留，散光了。“及其病也，无药石之储”，结果他自己老了、病了，没有钱了，光身一个人，买药都没有钱。“及其死也，无瘗埋之资”，病死之后，买棺材也没有钱。你看看子贡的后代，这个叫作端木叔的人。

“一国之人，受其施者，相与赋而藏之”，可是全国的人都受过他的恩惠，最后晓得他没有医药费，没钱买棺材，你告诉我，我告诉他，大家一起，把他用金棺材、石棺材藏之于名山，当神一样。“反其子孙之财焉”，然后大家共议，谁得了他多少钱，都送回给他后代的子孙。他本人并没有这个意思啊！他把这些财产送出去，结果又都转回来了。中国佛教有一个人做过这种事，不过他财产没有那么多，就是禅宗傅大士，把太太、儿子都卖了来作布施，可是他自己没有钱。

“禽骨釐闻之曰”，有一个诸子百家里墨子这一派的名人叫禽骨釐，这个“骨”与三点水的“滑”字古代通用的。“端木叔，狂人也，辱其祖矣”，禽骨釐对于端木叔的做法不认同，批评说他是个疯子，对他的祖先子贡是个侮辱。这是一派，所以社会上一样，善恶没有标准的，我们俗语讲，人的嘴两片皮，说过来说过去，没有一定的，都靠不住。

“段干生”也是诸子百家里的一个名人，“闻之曰：端木叔，达人也，德过其祖矣”，他说端木叔是得道的人，通达到极点，人生看通了。他的道德修养比他的祖先子贡还高明，“其所行也，其所为也”，他的行为，他的作风，“众意所惊，而诚理所取”，大家听了会吓死，好像发疯了，其实人生真正懂了道理，钱多了，是要晓得用才行。

我有个理论，赚钱容易，但是你用钱的本事有没有？花钱要有意义才行，这个要本事啊！撒手千金，要撒得有意义。你说我随便捐了做好事，那也不算本事，谁不会捐！譬如二十年前，台南有个财主的儿子是个太保，很会花钱，随时回来要钱，有一次伸手要一百万，父亲就说没有，给你二三十万最多了。他就骂父亲，三十万吃一碗面都不够，这个父亲气就来了，痛骂他一顿说，你能四十万吃一碗面，我的钱就给你花。结果他跑到面摊上要什么呢？那个时候养鳗鱼苗，一条一条头发一样很细很贵，他说专买鳗鱼的苗，下一碗面给我，这一下就花了四十多万。

你说这个头脑聪明吧！做浪子做败家子也要有一点本事啊！所以我常骂有些同学，你们做坏人也不会，怎么会做好人呢？“放下屠刀立地成佛”，这是说一个人的气度、气魄、头脑智慧。结果你看到刀就发抖，你还想成佛？叫你做好人，你说没有钱；那你去做坏蛋，又不敢。那你做什么呢？做乡愿，看起来蛮有道德的，实际上姓窝，名字叫窝囊。所以你看段干生的批评很正确，他说端木叔达人也，这是真懂得人生的人。下面是总结论。

“卫之君子多以礼教自持”，卫国受孔子文化的影响，都是讲仁义道德。“固未足以得此人之心也”，他说你们胡乱批评，哪里懂得他的心理！他这是菩萨行为，这是布施。所以我的经济理论是会赚钱，也会用钱。今天赚了一万块钱，放到口袋里还不算钱，因为上街可能被小偷扒走了，或者是在公共汽车上掉了，那就不是你的钱。一万元用完了，才可以说赚了一万块钱，赚钱要有使用的价值嘛！如果拿纸包起来锁进铁柜里，每天拿出来晃晃看，有什么用呀？这就是哲学道理。

讲到这一段，要晓得中国文化所谓达人这个名称不简单，达人不容易做。我们过去读书，老辈问读通了没有？通了就是融会贯通，所以叫通人，不是读成专家。人生修养要成为达人，通达两个字很难，端木叔这个样子才是达人也。

接下来是另一个故事，《杨朱》这一篇里，凡是这一类的故事都是说明个人主义，这就叫作真自由，自由主义就是这一段所讲的思想，接下来是自由主义的反面。

长生不死可能吗

孟孙阳问杨子曰：“有人于此，贵生爱身，以蕲不死，可乎？”曰：“理无不死。”“以蕲久生，可乎？”曰：“理无久生。生非贵之所能存，身非爱之所能厚。且久生奚为？五情好恶，古犹今也；四体安危，古犹今也；世事苦乐，古犹今也；变易治乱，古犹今也。既闻之矣，既见之矣，既更之矣，百年犹厌其多，况久生之苦也乎？”

孟孙阳问杨朱说，“有人于此，贵生爱身”，有人珍惜自己的生命，爱惜自己的身体，“以蕲不死，可乎”，想要做工夫修到长生不死，可不可以呀？杨朱答，“理无不死”，这不可能，道理上讲不通的，人一定会死；想长生不死，永远活下去，不可能。杨朱的思想，也是道家的思想，这叫作了了生死，了现实生命的生死。

孟孙阳又问了，“以蕲久生，可乎”，虽然晓得理上没有不死的，但我希望多活一段时间，做做工夫呀，打打坐呀，做得到吗？“曰：理无久生”，杨朱说道理上讲不通，“生非贵之所能存，身非爱之所能厚”，这个生命，不是你贵重它就可以留长久一点，这个生命自有它的主宰，不是因为你爱它、不想死就可以不死。这个身体，“且久生奚为”，你爱护自己的身体，谁不爱呀，可是到时间你生病了，再爱护也没有用。你要活那么长干什么？想长寿，佛说长寿是灾难。道家思想、杨朱思想只问自己活得有没有意义，长短没有关系。“五情好恶，古犹今也”，五情是喜怒哀乐等的情感，好恶是高兴欢喜或失意悲观。人的心理情绪，古今中外是一样，凡是情感都是一样，只是表达的文字与名称不同。“四体安危，古犹今也”，古今中外身体感冒头痛也都一样。“世事苦乐，古犹今也”，世界上的苦乐的事情，古今中外都一样呀。“变易治乱，古犹今也”，社会时代的变动，一治一乱之间，古今中外也都一样，可是形态两样。这些问题，“既闻之矣，既见之矣，既更之矣”，也听过了，也看过了，也经验过了。“百年犹厌其多，况久生之苦也乎”，活一百年已经觉得太痛苦了，还想活更久干什么？

我们现在活了几十年，这些话你们年轻人不懂，我们在座的老头子们都会之于心。你看每个老头子老太太，爱情也经历过，钱也用过了，烦恼也烦恼过，倒霉也倒霉过了，得意也得意过了，古今中外都是一样，就是活一千年还是一样。而且我发现越活久越没有意思，人老了讲个笑话都没有对象，像我嘴里算不定把文学句子背出来，你们说老师呀，这两个字怎么写呀？句子都听不懂，那怎么来讲？然后饶汉祥、杨度是什么人，还要解释半天。如果你们没有听过《列子》，还以为指头裂开了呢！这个真要命呀！

所以杨朱讲活久了没有道理，“百年犹厌其多”，人生一切都经历过了，一百年都太多了，老了活得再长真没有意思。我们小时候看到看相算命喜欢学，坐在那个算命的旁边，学经验。记得一个看相的在老先生走了以后，他摇摇头说，看相算命只能说假话，不能说真话。这个人譬如说要倒霉，要死了，我不能够说你明天要死，这不得了呀，只能说最好你这几天不要出门，多做一点好事。聪明人就懂了嘛！这个是转弯地说，所以这不是假话。我问他这个老先生有什么不好？他说命太长，命长的人见孙不见子，儿女也活不过他，最后是孙子孝顺他，同儿女的孝顺就两样了，就不舒服，所以说他命不好。

随遇而安 随缘自在

孟孙阳曰：“若然，速亡愈于久生；则践锋刃，入汤火，得所志矣。”杨子曰：“不然。既生，则废而任之，究其所欲，以俟于死；将死，则废而任之，究其所之，以放于尽。无不废，无不任，何遽迟速于其间乎?”

孟孙阳听了杨朱的话就问他，“若然，速亡愈于久生”，杨先生照你这样讲，人何必活太久，快死就好了嘛!“则践锋刃，入汤火”，看到有刀枪、有战争的地方，就冲进去，或者看到火烧就跳进去好了嘛，“得所志矣”，就如愿了，人早死早好，是不是这样?

“杨子曰”，他说你听话都听错了，“不然”，我不是这个意思啊!“既生，则废而任之”，既然父母生下我们，“废而任之”就是不管了，听其自然，佛学叫作随缘而遇。你不要认为道呀、佛呀有什么差别，差别是你们读书没有读通，就变成青蛙跳井扑通、扑通，就不懂了。既然随缘而遇，那何必要去自杀呢?“究其所欲，以俟于死”，所以随缘而遇，随心所欲而不逾矩，时间到了，要死的时候，痛快地去死，不要上氧气了。“将死，则废而任之”，到了真正要死的时候就不要留恋，也是随缘而遇，听其自然。“究其所之，以放于尽”，随便它，死了到哪里都可以，死了不知道了，不知道不是蛮好嘛!知道更痛苦，何必找痛苦呢?任其天命，完了就完了。

所以人生的境界，“无不废，无不任”，就是随遇而安，佛学里头有两句话，“随缘消旧业，更不造新殃”，在这个世界上是住旅馆，来还账的，该还就还，还完了两手一摊，再见，两不相欠。你们看过《红楼梦》里的名句，“不是冤家不聚头”，夫妇爱情就是前世的冤家，“冤家聚头几时休”，所以你看长命百岁、白头偕老的夫妻都吵吵闹闹一辈子的，如果两个人爱情好，万事圆满，不是早死一个就是穷一辈子，再不然就有很多的缺陷。因此说随缘自在，“何遽迟速于其间乎”，何必加以快慢的选择呢？他们两个人的论辩还没有完，杨朱哲学为什么拔一毛利天下而不为也？下一段正要讨论。

第二十二讲

一毛利天下的问题

为公为私之辩

可怜的大舜

一生忧苦的大禹

上次正讲到杨朱所讲的生死问题，也就是他的生死哲学观点，这也说明上古文化的道家对生死之道是顺其自然的态度。下面开始就是杨朱哲学的要点，杨朱哲学的反对派——孟子好像气得胡子都翘了，如果我们先读《孟子》，就会把杨朱看扁了。所以天下事古人也好，今人也好，一边的话都很难确定，必须要弄清楚。照孟子骂的话，杨朱实在不太对，墨子也是过分一点；但是你如果研究了墨子的学术，看懂了杨朱的思想，问题就不是那么简单了。

一毛利天下的问题

杨朱曰："伯成子高不以一毫利物，舍国而隐耕。大禹不以一身自利，一体偏枯。古之人损一毫利天下不与也，悉天下奉一身不取也。人人不损一毫，人人不利天下，天下治矣。"禽子问杨朱曰："去子体之一毛以济一世，汝为之乎？"杨子曰："世固非一毛之所济。"禽子曰："假济，为之乎？"杨子弗应。

我们接着上次讲的，杨朱这个所谓道家的思想，对生死的看法是那么自然，不足以恐惧，没有什么欢乐，也无所谓悲哀，杨朱接着还告诉孟孙阳他的观念。这一段本来念过去大概就懂了，不过我们为了研究，再发挥一下。

“杨朱曰：伯成子高不以一毫利物”，伯成子高是古代一个高士，所谓隐士，杨朱拿伯成子高来做标榜，也就是代表了道家的思想。“不以一毫利物”，他说这一派的道家不以一毛利于天下。因此“舍国而隐耕”，连君王也不当，自己归隐了；等于现在说出家了，跑到高山上，自己耕种生活。这是一个标榜，在中国文化里头所谓隐士派，也称为高士，历代都有许多这种人。有一位同学现在写博士论文，题目就是这个，可是现在碰到困难了，有名的隐士都知道，但那些真正的隐士并不留名，怎么去找呢？

另外的一派是大禹，我们的老祖宗大禹王，“不以一身自利”，墨子的思想走的就是大禹的路线。大禹王治水，自己身体生命都不管，一辈子忙忙碌碌治九河，为我们国家民族奠定了农业立国的基础。因此“一体偏枯”，整个的身体等于说都枯槁了，变成干柴了，劳苦到极点。墨子也是走这个路线，有人说他的样子就像印度的苦行僧。

伯成子高和大禹是两个对比。“古之人，损一毫利天下不与也”，杨朱说上古的人，有一派的思想是不损害自己的自由，所以拔一根毛而利天下不会做；相反的有一派，“悉天下奉一身不取也”，把整个的天下都给他，天下的财富也归他，一切人随便他指挥，他也不干。这就是说假使做到“人人不损一毫，人人不利天下，天下治矣”，每人是既不拔一毛利天下，人人不利天下，个个只顾自己，那天下也太平了，这是杨朱的哲学。所以个人自由主义发达到顶点，人人有自己范围的自由，天下就太平了。

杨朱的学生中有个禽子，“禽子问杨朱曰：去子体之一毛以济一世，汝为之乎”，他说那照这样说，老师啊，把你身上的汗毛拔一根，或者头发拔一根，就可以救这个世界的话，你干不干呢？杨朱答复说，“世固非一毛之所济”，他说这个世界，不是我拔一根汗毛就可以安定的。他只答话到这里，他没有说自己肯不肯。

“禽子曰：假济，为之乎”，禽子好笨，就追问下去，他说这是假定的说法，这两天，如果你拔一根头发英国跟阿根廷就不打仗了，你干不干？杨朱说我拔一根头发英国跟阿根廷也不会太平的。这个人很笨又问，假定他们两个国家肯的话，你拔不拔？“杨朱弗应”，杨朱不说话了，不答复这个问题。拿禅宗来讲，就是那个和尚拂袖而去。这个禽子是“笨”字下面加一个蛋，不会讲话嘛！

为公为私之辩

> 禽子出语孟孙阳。孟孙阳曰：“子不达夫子之心，吾请言之。有侵若肌肤获万金者，若为之乎？”曰：“为之。”孟孙阳曰：“有断若一节得一国，子为之乎？”禽子默然有间。孟孙阳曰：“一毛微于肌肤，肌肤微于一节，省矣。然则积一毛以成肌肤，积肌肤以成一节，一毛固一体万分中之一物，奈何轻之乎？”禽子曰：“吾不能所以

答子。然则以子之言问老聃、关尹，则子言当矣；以吾言问大禹、墨翟，则吾言当矣。”孟孙阳因顾与其徒说他事。

“禽子出语孟孙阳”，这个禽子出来就对孟孙阳说，刚才我问杨老师这个问题，结果他不答复我。孟孙阳说：“子不达夫子之心”，你呀真是不懂杨老师的意思，“吾请言之”，我来告诉你吧。“有侵若肌肤获万金者，若为之乎”，假使把你身体的皮肤削掉一块，给你一万块钱，你干不干？这个禽子大概是讲现实主义的，“曰：为之”，也可以啦，一万块钱割我一小块皮，可以干的。孟孙阳说好，你干，“有断若一节得一国，子为之乎”，如果砍掉你一个膀子，或者砍掉你一条腿，然后把一个国家的财富都给你，干不干？“禽子默然”，就不敢答复了，有那么多财富，不过自己残废了有什么用？所以默然，答复不出来了。“有间”，过了一阵子，想了半天，他也没有答。

孟孙阳就说“一毛微于肌肤”，身上一根汗毛跟皮肤比小得多。“肌肤微于一节”，皮肤一小块比起身体的四肢又小得多。“省矣”，省就是清醒，由此你就懂了，你可以反省清楚了。究竟这个禽子懂了没有？还不知道，因此孟孙阳怕他不懂就告诉他。“然则”，这是古文，拿白话就是你要理解，“积一毛以成肌肤，积肌肤以成一节”，我们身体的皮肤靠一个个细胞累积拢来构成的，虽然是一根小的汗毛，也是身体的一部分，不能轻视呀，皮肤堆拢来就是身体的四肢，一个骨节。“一毛固一体万分中之一物”，一毛是我们整个身体的一点点，但是你不要小看这一点啊，整个的大体是从一点一点累积起来的，“奈何轻之乎”，为什么你要轻视一根汗毛呢？

因此杨朱说拔一毛而利天下而不为，就是这个道理，他并不是不肯拔一根汗毛，而是正视生命的意义。假定生命牺牲了对社会天下国家有贡献，那另作考虑；但牺牲而没有贡献的话，就不要谈了。虽然一根汗毛是很小的东西，但是它的价值大小是一样，是相等的。杨子就是这个哲学观念，孟子骂他“拔一毛而利天下不为也”，却把他全部的哲学一概丢到字纸篓去了，所以孟子这也不对。这个孟老先生与孔子不同，火气是大一点，我们孔夫子修养是高明得多了。

“禽子曰：吾不能所以答子”，禽子一听还是不服气，他说你这个话我也没有办法答复，听了好像蛮有道理，好像也没有道理。“然则以子之言问老聃、关尹，则子言当矣”，照你这样解释，如果问老子或关尹子，以道家的思想，你这个话对了。但是“以吾言问大禹、墨翟，则吾言当矣”，如果以我的话去问大禹王、问墨子，那么我的话就对了。我们虽然幽默禽子说他很笨，他并不笨，他是赞成墨子的思想，“摩顶放踵以利天下”，等于佛家的菩萨精神。

两人都有道理，其中是一个不明说的哲学，也就是中国哲学史上天下为公与天下为私两派。天下为私是杨朱个人主义发展到极点的自由主义，墨子的路线是天下为公。这两个不同的路线，古今中外几千年来的人类，任何一派都没有做到。依我看来，几百万年以后也得不到优劣结论。我们只要看看自己就会知道，有时候非常自私，万事不管啦，最好只管自己。那好吧！只管自己，闭着眼睛什么都不管，睡一阵想想，不对，这是责任问题，非去管不可。那么你去管吧！管人家你就要牺牲自我，这个好麻烦呀！我还是管自己……永远在那里矛盾下去，永远得不到结论。所以杨朱这个哲学也是讲到这里为止了。

跟着下来，孟孙阳听了禽子这个反对意见，没有办法答复，“因顾与其徒说他事”，回头看看自己的学生，讲别的事，把问题岔开了。因为这个问题不好答。就是《孟子》里“王顾左右而言他”，梁惠王被孟子问得没有办法答话了，只好看看旁边站的人，讲别的话岔过去了。所以孟孙阳跟禽子辩论到最后，不好下结论，只能顾左右而言他了。

可怜的大舜

杨朱曰：“天下之美归之舜禹周孔，天下之恶归之桀纣。然而舜耕于河阳，陶于雷泽，四体不得蹔安，口腹不得美厚，父母之所不爱，弟妹之所不亲，行年三十，不告而娶。及受尧之禅，年已长，智已衰。商钧不才，禅位于禹，戚戚然以至于死：此天人之穷毒者也。”

《杨朱》这一篇有个中心，诸位要把握住，是讲人世间的名与利，也告诉我们不要被现实环境所骗了，不要被虚伪的虚荣所骗，告诉我们“名利富贵”四个字不可靠。全篇的宗旨还在这里转，中间插过来哲学的观点非常多，现在就讲这个。

“杨朱曰：天下之美归之舜禹周孔”，杨朱说，我们把天下所做的好事都归之舜、禹、周公、孔子；“天下之恶归之桀纣”，一提到历史上的坏人，就是商纣、夏桀。桀纣两个都是坏蛋，历史上很暴虐的帝王。

“然而舜耕于河阳”，他说但是大舜多可怜啊，父亲对他不好，后娘生了弟弟，家庭不和把他赶出去，受尽种种的折磨，在河南边境种田，父亲还是赶他。又跑到山东来，“陶于雷泽”，发明陶器，所以陶器是大舜发明的。他到雷泽这个地方，父母又要赶他，所以“四体不得蹔安，口腹不得美厚”，由少年到青年这一段，身心生活都安定不下来，饭也吃不饱。“父母之所不爱，弟妹之所不亲”，父母亲不爱他，兄弟姊妹对他不亲。“行年三十，不告而娶”，大舜到了三十岁，尧的两个女儿下嫁给他，没有得父母同意啊！他就是这样可怜，而且讨了两位公主以后弟弟还整他，叫他挖井准备活埋他，好在尧的两位公主给他出主意，叫他带着锄头，如果上面压下来把你活埋，你横地打井可以爬出来。后来又叫他盖房子，要用房子压倒他，也是太太出主意，戴个斗笠上去，如果房子塌了就跳下来，不容易受伤。“及受尧之禅，年已长，智已衰”，后来尧把皇帝的位子交给他，舜虽然当了皇帝，年纪也大了，智慧聪明已经用不上了，“商钧不才，禅位于禹”，生个儿子商钧又不行，不成才，因此让位给大禹来当皇帝。

历史上这三代所谓公天下，都是让位出去的，在中国的神话史上，尧、舜后来也成仙了。舜为了修道成仙，让位给大禹以后向南方走，在哪里成仙呢？在广西的九嶷山成道升天的。后来两个太太也到南方来找，到了湖南没有找到大舜，埋怨丈夫成了仙不带她们走就哭，眼泪滴到竹子上留下了斑点，就是湖南的斑竹。结果两个太太跳下洞庭湖死了，就变成湘妃、湘君，也成了水仙了。中国有很多眼泪的故事，杜鹃花也是眼泪变的。这是中国神话故事。

杨朱讲了这个历史，他的结论说，“戚戚然以至于死”，你看大舜，从小到老，虽然当了皇帝，一辈子痛苦，在忧患中过了一生。可见他虽然修养很高，可是悲哀啊，痛苦啊，有什么福气呢？所以在道家杨朱的观点，“此天人之穷毒者也”，“毒”是受人家迫害，他一辈子又穷，又受迫害，这就是天下第一等的可怜人。

一生忧苦的大禹

“鲧治水土，绩用不就，殛诸羽山。禹纂业事仇，惟荒土功，子产不字，过门不入；身体偏枯，手足胼胝。及受舜禅，卑宫室，美绂冕，戚戚然以至于死：此天人之忧苦者也。”

“鲧治水土，绩用不就”，再讲到大禹的父亲鲧治水的事情，上古整个中国大水弥漫。我们小时候读四书五经的《尚书》，现在叫《书经》，里头描写我们上古的时候，“浩浩怀山襄陵”。这个古书就是难读，你读懂了以后，那是一幅画面，全中国的大陆整个都是大水，那个大水把高山围绕——那时大概台湾还在海底下，没有出来——襄陵，高的山陵，只看到一小片土地露出水面，水是那么大。

那个时候尧是皇帝，舜等于当了行政院长，碰到大水灾难，尧下命令找人治水，开始找了鲧。鲧搞了三年多，大水没有安定下来，还更糟糕，浪费财力人力，水利工程做不好，崩溃后死了不少人，财产生命都完了。鲧的工程不成，“殛诸羽山”，就活活地把他埋掉，以谢天下。“羽山”在江浙这一带的江北一个地方。

后来找天下工程人员治水利，仍找不到，鲧的儿子大禹在四川家中做研究，对父亲如此下场也伤感。后来调查报告说鲧的儿子大禹有办法治水，大舜就找他出来。大禹治水九年，把黄河、长江水利工程搞好，我们中华民族农业立国的基础才奠定下来。照上古《山海经》这部书的记载，大禹治水九年当中把黄河长江治理好，那就是神话，现在的大工程师集中起来还做不到，可是他的确治好了，所以不叫神话我们也想不通。

在中国道书上说大禹治水是鬼神帮的忙，什么王母娘娘、九天玄女，各路的鬼神都来帮忙。说打开龙门的时候，是玉皇大帝派一个大神帮忙，那个神人一下就长到几百万丈，一手搭在龙门，一脚蹬在华山，叫一声“开!”就把龙门打开了。古书上描写得很热闹，认为大禹也到过美国、南非、欧洲，统统去过了。现在美国人正在研究《山海经》，认为大禹的确是到过美国，我们自己不要笑啊！人家是科学地研究，发现很多的迹象。

你们很少人看我们自己的远古史了，大禹怎么开山这些神话，那多得很呀！说我们淮阴有一块石头，下面有一个水怪支祁，被大禹用链子锁在那里，有时候每一朝代，二三百年还出来一次。它一旦出来，长江的水位大涨，大风大浪，船统统翻了，人统统死了，这些神话很多，历代都有记载。我们不管这些神话，只说九年当中那么大一个大陆，大禹就把长江、黄河、淮河、珠江流域的上游都打开治好了。上古时候的人口有限，既没有那么多的人力，也没有那么好的工具，却能把水患治好，放之于大海，真是个奇迹。现在要研究远古史，资料很难找，所以这一段历史我们现在大概讲一讲。

“禹纂业事仇”，这个“纂”字是继承的意思，就是说禹继承了他父亲的治水事业；“事仇”，尧、舜活埋他的父亲，都是他的仇人啊！“惟荒土功”，这就是道家的看法，挖苦的话，专门管这个水利工程。“子产不字”，太太告诉他生了儿子，给儿子取个名字他都没有时间。你不要看成是郑国的宰相子产不认识一个字，那就搞错了。“过门不入”，九年治水三过他家门口，都没有时间进去，所以为了国家、为了老百姓做到这样。“身体偏枯”，累得已经不成人形了，身体都干枯了，“手足胼胝”，那个手像牛皮一样，皮长得厚厚的。“及受舜禅”，舜年纪大了让位给他，他当了皇帝以后，“卑宫室”，没有修过宫殿，因为他是一个疾苦出身的，晓得老百姓的疾苦。“美绂冕”，从大禹开始，皇帝穿什么衣服，戴什么帽子，衣冠定了。“戚戚然以至于死”，父亲给国家治水无功，计划错误，犯罪而死，他重新把父亲的荣耀争回来，把国家水患治好了，可是一生劳苦。土木工程建筑师的祖师，本来是拜大禹，不过一般都拜鲁班祖师了。所以大禹是烦恼忧患痛苦一生，“此天人之忧苦者也”，他是一个人生最痛苦的人。

第二十三讲

痛苦一生的周公

多灾多难的孔子

生前死后　名实不符

浪漫的夏桀　放荡的纣王

四圣二凶俱往矣

成大功者不成小

痛苦一生的周公

"武王既终，成王幼弱，周公摄天子之政。邵公不悦，四国流言。居东三年，诛兄放弟，仅免其身，戚戚然以至于死：此天人之危惧者也。"

刚才讲到大禹，这是杨朱的看法，也代表了道家隐士派的看法。现在跟着讲周公了。

"武王既终，成王幼弱，周公摄天子之政"，周文王及武王姓姬，周公名叫姬旦，是周武王的弟弟。不过我们考据发现，周公相貌并不高明，身材也不高明，但他是大圣人，头脑之好，学问、道德之好，历史上描写他不得了的好。在孔子以前，中国文化称圣人是指周公；到了秦汉以后，圣人是以孔子做代表。由于周公是孔子以前的圣人代表，所以孔子常常做梦会梦到他。

武王死后，他的儿子成王只有六七岁，不成器，又顽皮。周公因为这个侄子小皇帝不成器，他是叔叔，就把成王废了，关起来，好好地教育，自己则担任摄政王。所以摄政这个名称，在中国政治思想史上，来源就是周公。现在我们看历史上的记述很简单，不了解周公当时痛苦的心情。历史上很多后人仿照他的做法，但多半是假的。曹操也自称摄政，汉代的霍光、满清的多尔衮都是摄政王。所以我们顺便插过来，提到白居易的诗，也是历史哲学的名言：

周公恐惧流言日　王莽谦恭下士时
向使当时身便死　一生真伪复谁知

原诗八句，最有名的是其中这四句。“周公恐惧流言日”，流言就是谣言。据说文王有一百个儿子，原来是九十九个，《封神榜》里加了一个，是石头里崩出来的雷震子，后来就是雷公，长两个翅膀，凑成了一百个儿子。所以周公当时兄弟有百个之多。自古以来帝王的宫廷，父子、母子、兄弟姊妹遇到权力之争，就没有亲情，只有仇杀。所以帝王的宫廷，古今中外没有一个是闹得清楚的。以周文王、武王的家庭而言，本是教育最好的家庭，结果还是闹不清楚。当周公摄政时，兄弟们如邵公等好几位，故意造谣，说他有意当皇帝，这个侄子将来会被弄死，政权永远归于周公自己。这是古代宗法社会一个有关传统正统的问题。在这个谣言当中，周公痛苦无比，所以说“周公恐惧流言日”。

另外汉朝的王莽，在他没有篡位以前，人很谦虚，上至中央，下至全国老百姓，没有讲他不好的，历史上对他当时的描写是对人也好，对部下也好，什么地方都好，结果就达到他篡位的目的了，这是指“王莽谦恭下士时”。

所以人生啊，是非善恶很难断定，假使当时他们半路就死掉，一生的真与假就没有人知道了。还好周公他活得长，后来成王长大，也改过了，周公把权位又交给成王。我们现在下的象棋是周公发明的，当时的目的是教成王修心，那个时候要他打坐也坐不住，那就教他下棋吧！围棋是尧发明的，为了教他的儿子丹朱收心。

所以周公摄政，“邵公不悦”，他的兄弟不同情他，三四个兄弟联合起来要拱掉他。“四国流言”，所以周公只好避位，另外再来一个办公厅，这是一个形容，“居东三年”，到洛阳办公，不在长安。最后这些兄弟闹得太不成话了，“诛兄放弟”，所谓“周公诛管放蔡”，周公只好把管公杀了，把蔡公流放。“仅免其身”，到了晚年他的心事大白于天下，他并没有想当皇帝，还是交还给成王。杨朱说这样的人生多么痛苦，少年开始帮哥哥武王打天下，起来革命，推翻了纣王而建立周朝的天下。等到哥哥死了以后，哥哥的儿子又那么幼小，所以他一生都在痛苦中度过，但是他建立了中国文化的制度，制礼作乐，中国政治的体制也是由他建立的。

我们的《礼记》一共是三部书，一是《礼记》。二是《周礼》，就是后代帝王政治的政府组织，等于中国三千年来最高的宪法；其实到我们现在的宪法，所谓大同思想，还是在这个《周礼》的范围里面。三是《仪礼》，建立社会人伦的制度。三部书合拢来叫《礼记》。所以《周礼》《仪礼》《礼记》共称三礼之学，现在我们研究中国文化，了解三礼的人大概不多，甚至可以说没有。你们年轻人真要研究中国文化的根基，三礼是必须要研究的。这个文化的基础是周公建立的。孔子后来所谓删诗书、订礼乐，是弘扬周朝的文化，中国文化的大成都集中在周公的手里。

所以这样一个人，政治、军事、社会、经济、教育集中于一身，也痛苦一生。也是这句话，“戚戚然以至于死：此天人之危惧者也”，做人到这个程度，在我们看起来是了不起啊！父亲是皇帝，哥哥也是皇帝，周公封于鲁国，儿子还是国王，这个人生已经够威风了，谁知道他永远在痛苦中！随时在危险忧患中！杨朱说这有什么好啊！

多灾多难的孔子

> “孔子明帝王之道，应时君之聘，伐树于宋，削迹于卫，穷于商周，围于陈蔡，受屈于季氏，见辱于阳虎，戚戚然以至于死。此天民之遑遽者也。”

现在讲到孔子的一生，杨朱描写得真透彻，真是这样，都是不好的。孔子就是学问道德高，“明帝王之道”，古今中外都通，上古三皇五帝的帝道，下至王道，再下来到春秋时的霸道，孔子皆十分通达。我们三千年来的文化是讲王道，事实上统统是霸道。秦汉唐宋元明清，都是霸道，只是以王道做标榜而已。他说孔子明帝王之道，“应时君之聘”，周游列国，国际上到处跑，当时每个国家的君主都聘请他，欢迎他，很光荣。可是他在宋国，“伐树于宋”，他不是去砍树哦！是树立的敌人太多了，反对派太多，宋国的一个权臣桓魋带兵来讨伐他，结果没有把他杀掉，后来他就离开了宋国。

“削迹于卫”，他在周游列国的时候，自己本国不能住，最受恭维是在卫国，卫国的妃子，我的同宗南子也恭维他，宰相蘧伯玉又是好朋友，所以他在卫国最久。可是卫国也有反对党反对他，最后还是住不下去，只好离开了。“穷于商周”，他周游列国到了周朝的殷商之地，却被赶出来了。“围于陈蔡”，孔子绝粮于陈蔡，好几天饿着肚子，还在唱歌弹琴，带学生舞蹈，只有子路等人跟着跳啊跳的。“受屈于季氏”，鲁国是季家当权，孔子在自己的国家也遭到种种的侮辱，所以离开了本国。

“见辱于阳虎”，鲁国有个政治上的浪人阳虎，日本的观念叫浪人，就是政治流氓，有权力，好像又有帮会。阳虎相貌跟孔子一样，所以后来孔子在陈蔡之间饿饭是冤枉的，因为别人把他认作了阳虎，要把他杀掉。阳虎想拉拢孔子，所以来见孔子，孔子不见，要学生告诉他不在家。但是他有回礼给阳虎，后来阳虎跟他在路上碰面，狠狠说了他一顿，所以说孔子“见辱于阳虎”。

总而言之，这些都是孔子的事实，我们算算孔子有几次灾难，“伐树于宋，削迹于卫，穷于商周，围于陈蔡，受屈于季氏，见辱于阳虎”，一共六次。释迦牟尼一辈子弘扬佛法有九次灾难，所以圣人都会遭遇很大的灾难和痛苦，不然就不叫作圣人。孔子还不止这六次，大小加上有十几次，所以这个人生“戚戚然以至于死”，一生痛苦直到去世，“此天民之遑遽者也”，一辈子栖栖遑遑，如丧家之犬，《论语》里那个看门的人是这样批评他。

生前死后 名实不符

“凡彼四圣者，生无一日之欢，死有万世之名。名者，固非实之所取也。虽称之弗知；虽赏之不知，与株块无以异矣。”

这是杨朱的结论。这一篇从杨朱第一句话开始，一直是批驳名利富贵，讲人的可怜，看不通，为了一个虚名。譬如“南怀瑾”这三个字，同我毫不相干，因为讲这三个字，知道的人蛮多，我这个人向来不出去交际应酬，认识人不多，所以人家问贵姓，我当然不好说我姓贵，只好说姓南，南……哪个“南”字也讲不清楚。万一知道，你就是南怀瑾啊？因为他记的是南怀瑾，不是我，那三个字同我毫不相干。所以有一次在火车上，有个人看我的书，看得津津有味，一路看到高雄。我跟他坐同一排位子，快到高雄了，我说你看什么书？他说这部书是……大吹一番，你看过没有？我说好像听到过，你认识这个人吗？我听说过，没有见过面。好，好，再见，就走了，那同我毫不相干嘛！为什么被名骗？恭维你是名，骂你也是名，都没有相干。

“凡彼四圣者”，所以他说像这四个人，“生无一日之欢，死有万世之名”，活着时没有一天快活，可是了不起啊，死后留万世之名。名有什么用啊？“名者，固非实之所取也”，名与实际不同，因为现实是一辈子在痛苦中，有什么用？孔子死了以后，我们天天去拜，“虽称之弗知”，孔子啊！你就是上帝，全靠你了。万世师表同他有什么关系？他也不知道。而且“虽赏之不知”，孔子在的时候那么可怜，死后封“大成至圣文宣王”。从汉高祖拜了他开始，历代都封他，真正“大成至圣”的封号，一般学者研究还是元朝封的。所以人一死了，这个名有什么用？“与株块无以异矣”，人死了同一棵树、一团泥巴有什么两样？这个名有什么用呢？

浪漫的夏桀 放荡的纣王

“桀藉累世之资，居南面之尊，智足以距群下，威足以震海内；恣耳目之所娱，穷意虑之所为，熙熙然以至于死：此天民之逸荡者也。纣亦藉累世之资，居南面之尊；威无不行，志无不从；肆情于倾宫，纵欲于长夜；不以礼义自苦，熙熙然以至于诛：此天民之放纵者也。”

对桀纣的历史评论，恐怕只有《列子》这一段最正确。我们看历史、看桀纣啊，有一点你们青年同学要知道，历史上不管中外，凡是被称暴君的人，都有相同之点，就是特别聪明，特别的个性，身体强壮，样样都会，样样都好。所以构成暴君的条件并不容易，因为他的聪明无人可比，他自然看不起人，自然脾气坏，这是一个典型。除掉皇帝之外，历史上的人才，如果是世家公子出身的，大多都很聪明，都很能干，大毛病就是不能成功。三国时的袁绍就是世家公子的代表，而且世家公子出身的，良心多数蛮好，项羽也是世家公子。做朋友宁可跟项羽，不喜欢跟刘邦，项羽很仁慈的，你不如他时，他爱护你得很呀！你比他好，他非发脾气杀了你不可，他是这样一个人。至于桀纣的故事，《列子》的评论都很真实。

第一句话要注意，“桀藉累世之资”，这一句话我们就做不到了，桀纣之所以当皇帝，八字好，这是命好啊！上代的资源给他，天生就是皇帝。藉就是依赖，靠上代，一代一代传下来的帝王的权力，他有这个资本。所以后世评论起来，像刘邦、朱元璋啊，那真不容易，一点没有依靠的；桀这一些人有依靠，“居南面之尊”，天生是个皇帝。古代皇帝一定坐北朝南，西边是师位，左边是客位。你说桀纣当暴君，“智足以距群下”，学问聪明第一等，所有的部下及大臣没有一个学问知识超过他们的。部下的意见提到他们前面来，被他们一辩，永远是不行，就是不及他们。“威足以震海内”，武功又高，力气又大，精神又好，威力使天下都怕，天生的能力就强，有用不完的精力，所以拼命要玩弄天下。“恣耳目之所娱，穷意虑之所为”，非常任性，因为没有一个人比他们高明，他们也看不起任何人，想要怎么做就怎么做。虽然后来亡国了，“熙熙然以至于死”，但是没有亡国以前活得很快活。“此天民之逸荡者也”，杨朱说这是人类天生的、逸荡的浪漫主义，一辈子在浪漫中度过。所以说，凡是浪漫主义的人，他有天才，像西方的歌德也好，乃至德国的宰相俾斯麦也是一样，不过他很幸运。这些带有浪漫色彩的人，都有特殊的头脑和精力。

讲到纣王，“纣亦藉累世之资，居南面之尊；威无不行”，桀纣两个人都是暴君，两人个性不同，我们研究心理学，这里很严格地定了一个范围，夏桀是“逸荡”，个性有点浪漫，先天性浪漫；纣王是先天性的“放纵”，也就是任性之极。但是照历史上看纣王，也不得了哦！手裂虎豹，那个武功之高，老虎被他一抓就撕开了，那个力气多大！像我这种身体，他大概抓都不要抓，撕都不要撕，就裂掉了。他拉弓射箭样样好，文字也非常好。

后世研究纣王，他因好奇而解剖孕妇，所以我们这个穴道针灸的道理，是从他那个时候开始的，他用活人来解剖，以判定穴道的位置。后来到王莽时，又拿犯人来解剖，之后是元朝的宰相耶律楚材造了四个铜人图，把三百多个穴道搞清楚。不过现在研究，穴道又增加了，这都是中国历史文化。

纣王“志无不从”，他的思想意志必须要达到目的，“肆情于倾宫”，肆情就是放纵，他好色，天下的美女都要；“纵欲于长夜”，有个人的精力，烟酒赌嫖，样样都来，从夜里到白天。他文化思想样样都懂，聪明绝顶，“不以礼义自苦”，他不用礼义限制自己，因此任性、放纵了一生。“熙熙然以至于诛”，最后被武王、姜太公杀掉，“此天民之放纵者也”，这是历史上一个大坏蛋放纵的典型。

四圣二凶俱往矣

“彼二凶也，生有从欲之欢，死被愚暴之名，实者，固非名之所与也。虽毁之不知；虽称之弗知，此与株块奚以异矣。彼四圣虽美之所归，苦以至终，同归于死矣。彼二凶虽恶之所归，乐以至终，亦同归于死矣。”

“彼二凶也，生有从欲之欢，死被愚暴之名”，杨朱说不错啊，他们这两个暴君也活了一辈子，讲究现实的放逸、纵欲。死后历史上留个愚痴、暴虐的罪名，但与他们又有什么关系？“实者，固非名之所与也”，事实上他们是坏蛋，但是后来你讲他们坏也好，暴虐也好，这个历史上的虚名同他们有什么关系？“虽毁之不知，虽称之弗知”，你就是骂他们、毁他们到极点，他们也不知道，你恭维他们到极点，他们也不知道，“此与株块奚以异矣”，因为死掉就死掉了，同木头、石头一样。这是道家的正反两面的思想，对于善恶是非的看法。

“彼四圣虽美之所归，苦以至终，同归于死矣”，他说舜、禹、周公、孔子四个圣人，天下的好话、恭维都归到他们身上，但是痛苦一生，最后的结果也是死。“彼二凶虽恶之所归，乐以至终，亦同归于死矣”，桀纣两个人，历史上坏蛋的代表，但是他们二人快活了一辈子，最后的结果也是死。人生到死这个时候，所谓是非善恶，是人为观念建立的一件事，在道体上，跟这个肉体的人身毫不相干。这是道家有一派的看法，是有关唯物的思想；另一派唯心思想的讲法又不同了。这一个故事到这里为止，下面另起一段。

成大功者不成小

杨朱见梁王，言治天下如运诸掌。梁王曰：“先生有一妻一妾而不能治，三亩之园而不能芸；而言治天下如运诸掌，何也？”对曰：“君见其牧羊者乎？百羊而群，使五尺童子荷箠而随之，欲东而东，欲西而西。使尧牵一羊，舜荷箠而随之，则不能前矣。且臣闻之：吞舟之鱼，不游枝流；鸿鹄高飞，不集污池。何则？其极远也。黄钟大吕，不可从烦奏之舞。何则？其音疏也。将治大者不治细，成大功者不成小，此之谓矣。”

这是杨朱自己的故事，“杨朱见梁王，言治天下如运诸掌”，杨朱有一天去看梁王，这个不是孟子见的梁惠王，是另外一个梁王。杨朱就对这个梁王说，如果能听他的意见，政治上就可以做到天下太平，“如运诸掌”，就像拿毛巾在手掌上玩一样的简单。这不是佛经上的“如观诸掌”，如观，是静态地看；“如运诸掌”，是动态的，所以同样的字要注意。

“梁王曰：先生有一妻一妾而不能治”，这个梁王也很聪明，他说杨先生啊，你家里有一妻一妾，家里生活都不够，“三亩之园而不能芸”，只有三亩田地，还不是好田，不晓得种红薯还是种洋芋的，你都种不好。结果你对我讲，可以把天下国家在手里玩玩，马上就弄好了，“何也”？他说杨先生啊，你不要开这个玩笑了，这是什么意思啊？这个梁王讲的道理也对啊，你自己都弄不好，你还吹个什么牛呢？

“对曰：君见其牧羊者乎？百羊而群，使五尺童子荷箠而随之，欲东而东，欲西而西”，一百头羊叫作一群，两百头也是一群。杨朱就对梁王讲，你有没有看过放羊的人？一群羊在一起，五尺高的童子，就是十几岁的小孩，拿个竹竿鞭子后面赶一赶，一群羊就走动了，要它们东就东，要它们西就西。“使尧牵一羊，舜荷箠而随之，则不能前矣”，如果叫尧来拉一只羊，舜在后面拿个箠子在羊屁股上打，恐怕这只羊一步都不肯走了，前面拉不动，后面赶不动。这个是哲学道理，这个里头有政治上的行动哲学，涉及行动性的社会群众心理学，很多很多道理都在内。这个故事，你去想想看，不能跟你们讲完，讲完了你们脑筋会生锈的，你们要加一点油，去研究一下其中的道理。

“且臣闻之”，他继续说，据我所知，“吞舟之鱼，不游枝流”，海里头可以把船吞到肚子里的鱼，绝不会在小河中游的。“鸿鹄高飞，不集污池”，大鹏鸟要飞到大海，那个小水池看都不看，“何则？其极远也”，为什么？眼光远大，目标远大，气派也大。“黄钟大吕，不可从烦奏之舞，何则？其音疏也”，黄钟大吕的庙堂音乐不伴奏烦杂的歌舞，为什么？因为黄钟大吕的音质疏通条畅。“将治大者不治细”，所以他说一个有大目标、大智能、大才具的人，小事情不愿意干，注意啊！是不愿意干，不是不能干啊！他要做起来也是很能干啊！不过不愿意而已。但是如果连小事情也做不好，那就是不能，不是不愿意，这个中间有差别。“成大功者不成小”，要成大功立大业的人，小的成就是看不起的，并不是办不到啊！“此之谓矣”，就是这个道理。换句话说，你不要看我家庭生产都弄不好，生活都不能安定，因为我志在天下。

可是话说回来，这也不一定，你看历史上成功的人物，大小都弄得好，中国的名人如此，外国的名人也如此。我们这里有同学在研究俾斯麦，这两天就困在俾斯麦里头，德国的这个铁血宰相，此人少年也是放浪，吊儿郎当，又任性，又浪漫，又悲观，很复杂的一个性格。父亲给他财产他没有败完，整理得井井有条，能大者就能小。在中国来讲，诸葛亮未出隆中时种田，农业搞得很好，最后留下的遗嘱，告诉刘备的儿子后主，不要给我家属什么钱，成都我有桑树五百株，有个农场，够我家里人吃饭了，什么都不要了。所以能治大的，小的也能治啊！这个要注意。下面连下去今天讲不完了，杨朱的演说还没有完。

第二十四讲

中国历史有多久
是非成败皆成空
东西方的宗教
人靠智慧而活

今天还在《杨朱》这一篇，是讲杨朱的思想，代表道家的一个流派。杨朱思想的所谓为我的道理，是尊重自己的生命，尤其是该篇重点在名实之辩。这个名并不是指虚名，以现在的观念来说，就是指生命以外的一切皆是虚名，都是不实在的。所以我们不要被身外之物所欺骗，要尊重自我的生命，安详地活着，自己不要找麻烦。拿佛学来比喻，这属于解脱的一种方法、一种思想，人不要被现实所困，重点在这里。

中国历史有多久

杨朱曰："太古之事灭矣，孰志之哉？三皇之事若存若亡，五帝之事若觉若梦，三王之事或隐或显，亿不识一。当身之事或闻或见，万不识一。目前之事或存或废，千不识一。太古至于今日，年数固不可胜纪。但伏羲已来三十余万岁，贤愚好丑，成败是非，无不消灭，但迟速之间耳。矜一时之毁誉，以焦苦其神形，要死后数百年中余名，岂足润枯骨？何生之乐哉？"

上次杨朱讲到了大小之辩，说清楚了，现在继续他这个观念，也就是哲学理论的基础。这一段是杨朱对于历史哲学的看法，就拿我们的历史来讲，中华民族的历史最悠久，这是历史学，专讲历史。中国人五千年前就很注重历史了，像《书经》也是记载历史的事，有唐尧、虞舜、夏禹、商、周，虽然资料不够完备，大概都有。《书经》又叫作《尚书》，是经过孔子整理的，在尧前面还有一些，那属于远古史的范围。讲到我们的远古史，我们祖先的记载，已经有一二百万年的历史了，孔子在整理时认为资料不够完备，所以裁定从帝尧时开始。

后来我们算历史的命运，由开天辟地，到世界地球上的变动，一共是十二万年。十二万年用十二个时辰来做代表，子、丑、寅、卯、辰、巳、午、未、申、酉、戌、亥，一个时辰代表了一万年。所以天开于子，地辟于丑，人生于寅，这是数字的阶段。人生于寅，帝尧登位就职那一天是甲辰年辰月辰日，以后一路推算下来。譬如你们在街上买到的《中国两千年之预言》《烧饼歌》《推背图》等，上面画的每个时代的变动都很准确，不过都是过后方知。譬如一九三七年开始抗日，这个第二次世界大战拖了八年，打仗很烦闷，大家烦起来就翻《推背图》看，什么“一朝听得金鸡叫，大海沉沉日已过”，上面画一个海洋，海岛下面一个太阳，有只公鸡在那里叫，结果鸡年（一九四五年）日本人宣布投降，我们这才把《推背图》弄明白了。这个几千年流传下来，这种历史的演变，是根据什么推算的呢？是根据刚才讲十二万年用十二时辰推算出来的，这个是象数。所以我讲佛经时曾提到里头的数字，跟这个都有非常密切的关系，但很少有人注意。

现在回过来讲到本书，对于历史上这些事，上古史不可考，但是依据有没有？有。譬如《神仙传》啊，还有一本书叫《竹书纪年》，这些都是关于上古史的。乃至于《山海经》，有关大禹开辟中国的土地，而且同地球变动的历史都有关系，这些都是远古史里的。杨朱现在提到远古史，也是他对历史哲学的看法，他说“太古之事”，现在新名词叫作“远古”，“灭矣，孰志之哉”，早过去了，谁能够记得清楚啊！譬如我们讲三皇五帝，就远得很了。三皇是天皇、地皇、人皇，不是代表三个皇帝，那不是三代，因为天皇有十二个兄弟，地皇有十二个兄弟，连续管这个世界。

这个还不是历史的开始，我们的历史开始，认为天地不是上帝造的，也不是先有鸡或先有蛋的问题，是说这个天地没有开始以前，这个宇宙像鸡蛋一样，所以叫作混沌。也就是说地球是个蛋黄，蛋黄外面，大气层就是蛋清（白），这个蛋清的外面还有一层壳，现在所谓科学说是游离层，离开这个太空最外的这一层。这个宇宙开始是这么个混沌。我们一个老祖宗盘古出来，他拿一把斧头，就把天地辟开了，所以我们小时候的天文知识说盘古老王开天地。我们照历史推算，盘古开了天地再过一百多万年才有三皇出来，三皇过了才是什么伏羲、神农、黄帝等五帝。

现在他说“三皇之事”，这些上古的历史，我们真难研究，你说三皇没有吗？“若存”，有这件事，“若亡”，好像依据找不到了。这四个字形容得很妙。后来到了司马迁著《史记》，关于三皇五帝他补了一篇，把上古史补完整。换句话说，司马迁对孔子的这个裁定有点不大同意，不过不好意思表示，所以在《史记》里补了一篇。司马迁只说了一句话，有，都是有，我们老祖宗这些历史，“搢绅先生难言之”，就是说读书人啊，都要讲证据，人证、物证，所以历史上没有文字证据的，知识分子不好意思随便空口讲，所以把上古史变成很隐晦。现在不扯远了，上古史又是一套学问，讲起来都是神话，非常好玩的。

“五帝之事若觉若梦”，五帝是一场大梦一样，都过去了。“三王之事或隐或显”，他说三王也是靠不住，有些事是真实的，有些都不太确实，这都是很奇怪的事。所以我们对于自己历史的怀疑，古人早就有了，所以这里就说“若存若亡”，“若觉若梦”，“或隐或显”，就是这样。

是非成败皆成空

他又讲人生多短暂啊！“亿不识一”，我们自己要找自己的根，在一亿桩事中，真值得确实考证的只有亿分之一，还不要讲那么遥远的历史。“当身之事”，我们现在肉体活着，“或闻或见，万不识一”，眼睛所看到的，耳朵听到的，一万件事还记不到一件。譬如昨天你做了些什么事，现在已经记不清了。我常常问大家，早晨醒来第一个思想是什么？谁记得？如果有人记得，我真要发奖金给他了。所以，眼睛还没有张开，第一个念头是什么？不记得。人生就是这样，再进一步，“目前之事或存或废”，就在我们眼前，譬如我们刚刚讲了上古史，有一半听过去已经忘掉了，“千不识一”，就是眼前的事情，所记得的也不到千分之一。

接着再说“太古至于今日”，他说由上古到现在，就是写这一篇文章时，“年数固不可胜纪”，历史年代搞不清楚。至少在他当时的知识范围是如此。我们晓得祖先们从伏羲开始画八卦，八卦就是文字的开始。文字的来源先从漫画开始，八卦就是漫画，先从图画来。“但伏羲以来三十余万岁”，这是他的知识范围，这三十多万年，人类社会生了多少好人，多少坏人，多少好事，多少讨厌的事。所以“贤愚好丑”，这个丑是指丑陋的事情。历史上的这些“成败是非，无不消灭”，这几十万年的事都过去了，就是佛经上说的四个字，“了不可得”，影子都抓不住。不过在当时啊，“但迟速之间耳”，只是时间的问题，活半年死和活三年死是一样的，一个时间长一点，一个短一点，就是这个道理。杨朱对历史哲学跟佛家的看法，表面看是消极，实际上非常积极。积极是什么？他觉得人要为自己活着，为自己如何活得好，不是为给别人看的，他是完全个人的自由主义。

他下面的哲学观点，“矜一时之毁誉”，矜就是满足、骄傲，也是夸耀的意思。所以他说，人那么不聪明，非常可怜，为什么为短时间的毁誉而烦恼呢？一旦被这个骗住，你就不能做事了，你已经把自己套上一个绳子吊起来了。所以毁誉这个东西啊，是最可怕的。孟子也讲过“有求全之毁，不虞之誉”，批评别人容易，而且都拿圣贤的标准来批评人家。我的学生中有个人，几十年没有批评任何一个人，所以我很佩服这个学生。人是爱批评他人的，这个菩萨好不好？好呀，就是衣服塑得不对，这是“求全之毁”。“不虞之誉”，恭维太过了，有时候恭维人是靠不住的，其实他没有那么好，想不到的荣耀都到他身上了。所以人生要看通是很难的。

在佛学里头，利衰、毁誉、称讥、苦乐，这就叫作“八风”，实际上都在毁誉之中。利就是有利于我，衰就是倒霉。毁誉是广义的，称讥是狭义，扩大了就是毁誉了。所以你看这四个字，用起来是一个，为什么分开来四个呢？因为称讥的范围小一点，你我之间；毁誉是全面性的，社会之间或者历史之间。苦乐，不是苦就是乐。这叫八风。有个故事你们研究佛学的都知道，苏东坡学佛，自己觉得很高明，写了一首诗，“八风吹不动，端坐紫金莲”，给他那个和尚朋友佛印禅师寄去，佛印禅师打开信一看，拿起笔来写两个字，“放屁”，就把信送回去。苏东坡受不了啦，马上就过长江来看他。佛印说“八风吹不动，一屁打过江”，那个是称讥。所以人啊都在八风里头转，《列子》这里也提到这个事，在毁誉里转。

为了顾全毁誉，“以焦苦其神形”，弄得自己形体、精神都痛苦。实际上《列子》讲的这些道理，也就是说人生都是做死要面子活受罪的事，个个人都是这样，真受罪啊！他说人看不通这个道理，“要死后数百年中余名”，自己认为万古留名最重要。我们年轻的时候，觉得人生就要青史留名，历史上总要写一笔，写一笔又怎么样？你也不会来收账，这一笔还是白写。而且写了那个名字同自己没什么相干啊！可是这一点对现实的人生鼓励很大。但以哲学的观点来看，“岂足润枯骨”，你名气再好，难道死后的那一块骨头还能给你抹一点油吗？死了化了，也抹不上油了，还是一具死骨头。“何生之乐哉”，所以人活在这个社会又有什么好呢？当然他没有赞成非死不可，他只说说生命活着都是这个道理。下面一直连续下去，都是道家对人生的看法。

杨朱曰："人肖天地之类，怀五常之性，有生之最灵者人也。人者，爪牙不足以供守卫，肌肤不足以自捍御，趋走不足以逃利害，无毛羽以御寒暑，必将资物以为养性，任智而不恃力。故智之所贵，存我为贵；力之所贱，侵物为贱。然身非我有也，既生，不得不全之；物非我有也，既有，不得不去之。身固生之主，物亦养之主，虽全生身，不可有其身；虽不去物，不可有其物。有其物，有其身，是横私天下之身，横私天下之物，其唯圣人乎！公天下之身，公天下之物，其唯至人矣！此之谓至至者也。"

东西方的宗教

他讲的人生哲学，简单地说，就是中国文化对天地宇宙以及人类的看法，与西方文化完全不同。所以西方人研究中国文化，往往认为中国没有哲学。中国人当然有哲学，中国哲学中不但研究本体论，也研究知识论。西方人的看法，中国只有人生哲学最发达，过去西洋人写的中国文化历史，认为中国的宗教都是外来的，中国本身没有。对于这一点，我是绝对反对，所以很多美国来的教授跟我谈起这个，我都把他们驳得一塌糊涂，告诉他们，你们不懂，中国有宗教，只是不像你们的宗教形式。而且世界上五大教主都是东方人，释迦牟尼佛是印度人，默罕默德是中东人，耶稣也是中东边上的人，犹太人也是东方人，不是西方人；至于孔子、老子，都是我们中国人，都是东方人。这个还不说，你们过去的所谓宗教，是泛神教；我们过去看起来好像也是多神教、泛神教，其实不是。中华民族过去文化只有一个宗教，就是祖宗，是孝道，祖宗这个根根就代表宗教了。所以拜祖宗代表了一切，是一样的宗教情操。我说哲学也有很多的道理，我们历史就代表了中国的宗教哲学。在道家来说，几千年前非常科学，但是脱开了宗教的外衣，没有任何宗教形态。

杨朱说“人肖天地之类”，我们人的生命，完全是天地的模型，拿现在的名词来说，人的形态、面孔、个性、思想等等，都是这个天地的投影。那么西方的宗教呢？譬如说人是上帝照他的形象来造的，但是上帝造的并不是我们中国人的形象哦！我们看看那个画的上帝，还是高鼻子、蓝眼睛的。所以前几个月有个比利时的神父来，他特别打电话来预约访问的。他说现在教会里开会，想派专人来东方，把基督教的教义同耶稣的像东方化，东方艺术化。我说我非常赞成，我支持你，你们弄个高鼻子、蓝眼睛的耶稣，我们一看，为什么要拜他？印度的佛法来到中国以后，佛像就变成圆圆脸中国人的样子，大肚子坐在那里，我们就顶礼膜拜了，谁晓得佛是不是那个样子啊！我说你把那个上帝啊、耶稣啊也画得跟我们一样，或者八字胡子，蒙古人似的，同我们一样黄面孔黄皮肤的，也许我们可以敬礼。因为《圣经》最初的翻译太粗俗，难被接受。你看佛经那个文学价值多高啊！这个神父说我马上回去报告你的意见。我说我这个人什么宗教都好，只要肯做好事就好，我管你上帝耶稣，默罕默德！反正好人请上坐，泡好茶，排排坐，吃果果，没有关系，好好地教化人，我都赞成。反正好人就请坐啊，坏蛋出去，就是这个道理。

他们的教义说是照他的样子，那就不通了。实际上在中国文化哲学，“人肖”，这个肖就是像，所以有位同学给我照相，他说老师啊你写一个字嘛，什么像，我说你的意思是要写遗像是不是啊？遗像是死后，现在人活着要写肖像。年轻人只看过总理遗像，所以弄不清楚。当我们写信给父母时，我们自称不肖子、不肖男，不是那个“孝”字。就是说我这个儿子不像父母那么好，就是一代比一代差的意思。

人靠智慧而活

现在他说“人肖天地之类”，这一点牵涉很多，道家的思想，人的头是圆的，像天；脚是方的，像地；人身上整个的宇宙都有，所以道家说人身是个小宇宙、小天地，天地不过是个大人身。以此类推，我们的大肠就是大地上的大河，中国是黄河，印度是恒河；小肠就是长江；五窍都有，以及人体内部的一切都可类比。古代学中医，先懂天文地理，人体血液的循环，气血的运行与宇宙太阳的行动，这个法则是一样，当然并不是那么呆板。所以人肖天地，万物里人最像天地；畜生不像，佛经上叫作傍生，四个脚走路，身体是横的。所以西方文化认为人是猴子变化来的，中国文化则认为人倒霉了，堕落了才变猴子，两个相反。

“怀五常之性”，这个五常问题多了，也叫作五行，就是金木水火土。金木水火土怎么来呢？同太阳系统金星、木星、水星、火星、土星这个关系来的。这个又牵涉阴阳地理之学，天地有五常金木水火土的五星，所以人身体上有五脏六腑等等，变成了人的心理，心态有喜怒哀乐，又变成人的伦理的行为，就是仁义礼智信，这些名称统统归类到五常里头。所以人的外形，“肖天地之类，怀五常之性”。

现在有了医院，医院里有专门医生，要很发心的医生才肯做法医。像我们一位同学做法医几十年，接触的都是死人。当法医验尸，他先把死人眼睛拉开看看，死了多久了，因为他有宗教信仰，一边看死人一边就对死人说帮帮忙啊，我是来给你申冤的，你给我灵感啊。他是学科学的，那个时候奇怪的事情多得很，解释不出来。为什么讲到他呢？因为讲到人体的内部、五常之性、同肖天地之类，现在因为他站在科学的立场，研究解剖人体多了，所以他也相信人体的气脉啊，人体上这些东西同宇宙的法则一模一样。

在我们古代，这两句话讲的内容就非常多了，可惜我们大家只晓得学外面，自己古老科学的东西不去找。你们青年同学常常出去拿学位，找不到题目写，当然因为肚子里没有什么东西啦。古文骂人，有一句“可怜公子是无肠”，叫作无肠公子，就是螃蟹，那是骂你的，说你没有学问，没得肠子，没有脑筋。假使我们书读多了，你把中国旧文化拿到西方去，写出论文来，很容易拿到学位。有一个美国人，就把冯友兰的《中国哲学史》翻译了，博士学位也拿到了。所以我们同学里头有一位，他要翻译我的《禅与道概论》，他说已经得到哈佛大学的承诺，这本书翻好就给他学位。我说你慢慢去试吧，结果一翻到道家的时候，他全垮了，他说这个学位我不要了，因为道家的学术太多太广，并不容易，所以道家里头实在太多东西了。

接下去杨朱说“有生之最灵者人也”，一切众生里头，最有灵性的是人，但是人的缺点非常多，“爪牙不足以供守卫”，老虎狮子有爪子牙齿可以保护自己，人就不行。“肌肤不足以自捍御”，皮肤太嫩了，没有保护作用；不过人的皮肤本来有毛的，养尊处优，盐巴吃多了，毛掉下来，所以养猴子不能给它吃盐巴。“趋走不足以逃利害”，两只脚跑不快，有个限度，所以人跑也不行。“无毛羽以御寒暑”，也没有毛可御寒，只有头发；不过人的头发越剪越短了，没有保持温度的作用。所以这个人啊，“必将资物以为养性”，必须靠万物维持生命。

第二十五讲

真正的我

四种要求　四种惧怕

快乐人的生活

野人献曝是谁

忠义有什么用

生命的现实　客位的名利

逸乐与解脱

真正的我

前面讲到人超过万物，了不起的是有智慧，有思想，有灵性。但是人的身体、生活方面不如动物，因此，我们的生命是靠万物来维持的。所以，人类生命的价值就是“任智而不恃力”，这是《列子》的名言。人是靠智慧活着，不是靠体能维持生命，是用智而不是用力。“故智之所贵”，智慧最宝贵的地方，是怎么样使我们的生命存在，活下去，不是说这个肉体，而是肉体以外有一个生命的道理。“存我为贵”，真正使我存在的那个真我要找到才是。“力之所贱，侵物为贱”，人具备了力，妨碍了其他的生物，这个行为最下贱。所以佛道两家的思想都一样，表达的方式不同，佛家是衍绎法，说得很详细，如何慈悲布施；道家是中国文化，简单明了两句话。诸位千万要注意啊！侵略别人，妨碍其他生命存在的，是最下贱的事情。

“然身非我有也”，这个身体是不属于我的，“既生，不得不全之”，既然活着，就要爱惜自己的身体；故意把自己身体弄得很苦，故意修一种苦行，是自杀的行为。所以既然父母生下来，有这个身体存在，要好好保持它。“物非我有也，既有，不得不去之”，一切身外之物，本来不属于我们的，但是，我们这个生命身体是靠万物供生的。不过，对于身外之物不要贪，如果被外界环境引诱，那是没有智慧。“身固生之主，物亦养之主”，他说我们这个身体的生命，现在活着的做了主，做了老板，其实我们真生命不是这个肉体。但是既有了这个肉体，我们这个生命只等于一个电灯泡，并不是电；可是要它发亮光的时候，这个电灯泡跟电一样的值钱。所以你要爱惜万物，万物是养之主，不靠万物，你这个身体还活不下去。

“虽全生身，不可有其身”，因此，虽然保全我们的身体是为了现在生命的存在，但是你不要把肉体当作生命的究竟，这个肉体不是生命的究竟。“虽不去物，不可有其物”，虽然我们现在的身体要万物来养，但你不要有占有的思想，要感谢万物，乃至我们喝一口水，也要谢谢这个水，如果没有水，生命活不下去，所以任何一点东西都要爱惜。“有其物，有其身，是横私天下之身”，假使一个人，对于万物，包括吃的、穿的以及这个身体都认为是自己所有，这是人类自私的起点，“是横私天下之身”，横着来是人类的一个错误，智慧不够，私心起来，所以想占有一切。这个宇宙万有，乃至我们的身体，学法律的人讲，只是我们暂时保有的使用权，不是你的主权，不实在，只给你使用一下，你要爱惜。“横私天下之物，其唯圣人乎”，可以占有天下万物，绝对自私到了极点，只有圣人做得到。为什么这样说？因为圣人是大公，他占有一切是为了大家，这是杨朱哲学思想的重点。

“公天下之身，公天下之物，其唯至人矣”，道家对于人的价值分三个阶段，圣人、至人、真人。真人就到极点了，真人的另外一个代名词就是神人，所以道家得道的人称真人。你到指南宫看，吕纯阳真人就是道家得道的人。换句话说，以道家的标准，佛也称真人，不过真人换了一个名字，叫金仙，所以《华严经》上称佛也称金仙。这个金是另外一个意思，代表了明心见性，又代表西方的圣人，所以称金仙，因为金在五行里代表了西方。中国文化道家的观念，就在名词上看得出来，人要做到有道德，有智慧，爱天下，爱万物，这是真正自私的人，也就是大公的人，是圣人。比这个道德还高一点的叫至人，虽做到头了，还不算到顶，最好的是真人，那才叫作一个真正的人。所以这样看起来，我们没有得道的就叫作假人，道家叫假人为行尸走肉。人做到了顶巅，大公无私，爱自己，爱世界，爱万物，这才叫作至人。

这一段，他把人生哲学讲得很清楚了。东汉以后，中国文化思想有个玄学，玄妙之学，这个大家都知道，我们也晓得三玄之学就是《老子》《庄子》《易经》三种学问。所以两晋南北朝有玄谈之学，就是哲学的发展，这个时候佛学的大乘思想正好进来，与三玄之学碰头了，造成南北朝哲学思想的极端发达。这个三玄之学，把人的价值提得很高，除了真人、至人的说法外，《易经》更提到一句话，“参赞天地之化育”，天地是有缺陷的，佛经也讲天地有缺陷，叫作娑婆世界。这个缺陷要谁来补救呢？人来补救，因为人有智慧，所以人能够盖房子，挡住太阳，挡住风雨，吃饭能够想些花样，要穿各种各样的衣服，就是人的价值。所以人能够弥补天地的缺陷，达到智慧，这个也就发挥人生的价值，所以叫作天地人三才，这是杨朱所代表的道家思想。下面他继续讲形而下的道理。

四种要求 四种惧怕

杨朱曰："生民之不得休息，为四事故：一为寿，二为名，三为位，四为货。有此四者，畏鬼，畏人，畏威，畏刑：此谓之遁人也。可杀可活，制命在外。不逆命，何羡寿？不矜贵，何羡名？不要势，何羡位？不贪富，何羡货？此之谓顺民也。天下无对，制命在内。故语有之曰：'人不婚宦，情欲失半；人不衣食，君臣道息。'"

杨朱说人生有四样事情使我们不得休息，哪四样呢？"一为寿，二为名，三为位，四为货"，这是人生四大障碍。第一人想长寿，真正正统的道家反对人求长寿，后来道家衍生一派神仙之学，想把这个生命修到长生不死。这属于丹道派，修炼丹法，做一种功夫，把人现有的生命用各种的方法修炼，以能活得长久为目的。正统的道家，老庄、列子等，并不主张延长寿命，但是也不反对你活得长，要听其自然。可是人类不懂这个道理，为了自己要活得长久，非常辛苦。佛家也是一样不主张延寿，所以《金刚经》也反对有寿者相，因为人是做不到的。第二个障碍，人活着为了虚名，所以《杨朱》这一篇专门分析名是假的，不要受它骗。第三人生为了地位，第四为了钱，这个货是代表物质的享受。这四点是人生最大的障碍。

"有此四者，畏鬼，畏人，畏威，畏刑：此谓之遁人也"，他说人要是具备了这四种障碍，活的时候又怕人，又怕鬼，又怕权威，又怕法律，这四样都怕。我们在座的，尤其研究佛学的同学很多，你把这一段拿来跟《金刚经》一对比，非常有意思，可见两家的教化思想大部分相同，表达的方式不一样罢了。他说人生为了寿、名、位、货而无知，因此就怕人，怕鬼，怕权威，怕法律。一般人有四样要求，也有四种惧怕，因此产生了后面“可杀可活，制命在外”，自己活着的生命不得真正的自由，所以我们的生命操纵在别人的手里，人家要杀你就杀你，要你活着你就活着。尤其是帝王时代，“学成文武艺，货与帝王家”，不管你学文、学武，货就是卖，卖给当皇帝的，考取了，有了官位，升官就发财，然后就是控制你的一切，富贵功名，要杀要活都在一人之手，因为帝王的话就是法律。你说现在自由民主的时代，可杀可活则在资本家的手里，或者是独裁统治者的手里，因此我们生命是由别人控制，自己没有办法。你说推开了集权、民主来讲，我们完全自由的社会，生命有没有操纵在自己手里？没有，是操纵在物质的手里，你没有钱就活不下去，所以还是“制命在外”，除非你功夫修养到不吃饭、不睡觉，也不穿衣服，随时两腿一盘可以涅个槃就走了，也行！否则就不行。

他下面说，“不逆命，何羡寿”，人生不要违背自己的生命，这个生命该活多久就多久，你也不要去自杀，如果叫我们明天就死，你也不要留恋，留恋这个世界只有痛苦，所以不逆命，逆就是违背自己生命本有的自然法则，因而对于寿命的长短就没有什么介意了。“不矜贵，何羡名”，他说不贪图贵，也就不介意有名无名了。“不要势，何羡位”，我们不要权势，不把它当一回事，所以对于人生有没有地位不会羡慕。“不贪富，何羡货”，不图发财，所以对物质、钞票也没有什么羡慕。能够做到这四样都不贪图的话，“此之谓顺民也”，这个才是真正顺应自然的人生。

“天下无对，制命在内”，生命能够这样，天下就没有相对抗的，自己独立而不移，在天地之间顶天立地，自己的生命自己做得了主，不靠别人，这叫作真正的自由主义。这与西方的自由主义思想不同，也可以说比西方自由主义思想更彻底，更尊重自己的生命。

所以“故语有之曰：人不婚宦，情欲失半”，婚就是结婚，宦就是出去做官，这是中国上古乡下人的老古话。他说一个人既不结婚又不求一个职务，则感情和欲望的苦恼就减少了一半。这个话当然你们诸位同学不会赞成，我也站在你们这边，有一半赞成，但有一半我投票赞成出家的同学，出家的同学这两个障碍没有了，可以说情欲就减半了。“人不衣食”，进一步做到既不要吃饭，又不要穿衣服，就可以“君臣道息”，此时什么社会啊，政治制度啊，都不需要了，你盘腿一坐，得道了，这些都没有了，社会制度在你前面都垮了，就是这个道理。

快乐人的生活

“周谚曰：‘田父可坐杀。’晨出夜入，自以性之恒；啜菽茹藿，自以味之极；肌肉麤厚，筋节蜷急，一朝处以柔毛绨幕，荐以粱肉兰橘，心痟体烦，内热生病矣。商鲁之君与田父侔地，则亦不盈一时而惫矣。故野人之所安，野人之所美，谓天下无过者。”

“周谚曰”，周朝的老百姓有句俗话——我们上古周朝，周文王、武王这个政权维持了八百年，一直到列子写书的时候，历史上所谓春秋时代，实际上春秋战国都还属于周朝，当然有四五百年是有名无实。但是我们讲中国文化，老实讲统统是周朝的文化，孔孟老庄思想所代表的也都是周代的文化。所以这里引用周朝老百姓的土话说，“田父可坐杀”，乡下人，没有知识的叫作田父，他说可以坐在那里“杀”，就是消磨时间，一辈子就是那么过去了，因为他活得很快活，活得很自然。他家里也没有电灯，这种日子我是过过的。譬如在山上闭关，就过那种生活了，太阳月亮就是两个很好的灯，看到太阳下山，早早准备睡觉，睡到鸡啼，等于现在大概三点钟，一听是头啼，第二次叫是四点多钟或五点钟。公鸡就是闹钟，猫的眼睛或者鼻子的呼吸就是手表。所以你们修道的做数息观，体会了以后你做数息很快就入定了。真的，这个人体就是个小天地，自己的呼吸、血液流动，会感觉到同宇宙太阳的行度配合得很好。这个知识我们现在很缺乏，不过我也不想教给你们，因为你们没有意愿，你们如果是外国朋友，我就教你们了；因为外国人一写，说中国人这个好啊！大家就信了。我们自己讲好有什么用呢？这是我们这一代的悲哀，对不对？

他说这个田父“晨出夜入，自以性之恒”，认为早出晚归劳动是自然的生活，“啜菽茹藿，自以味之极”，吃最粗的饮食，像北方人吃窝窝头、苞谷这些东西，认为是天下最好的味道。这句话是真的啊！“肌肉麤厚”，乡下人肌肉粗，皮肤粗，尤其海边的人，背上晒得古铜色的，比油漆还亮，的确有这个事。“筋节𨃖急”，因为劳动嘛！乡下人两条腿外面都是青的血管，一坨一坨的，可是他很有力量。这个样子的生活，他们觉得很自然很享受，的确很享受，我很喜欢过那一种生活，我都过过，觉得好舒服。

“一朝处以柔毛绨幕”，一旦你把这个农夫弄来，给他毛织品、丝的衣服穿，“荐以粱肉兰橘”，最好的肉菜给他吃，所谓我们这个文明的饮食给他吃，“兰橘”，就是很好的营养，什么维生素一大堆，给他吃下去，“心体烦”，他马上生病，真的，身体内部受不了。“内热生病矣”，一定发炎，真的。不相信你到山里头弄一个人出来，你给他过几天这种日子，他一定生病。

“商鲁之君与田父侔地”，如果商朝、鲁国的君王，跟这个种田的人比一比，看谁的田地多，“则亦不盈一时而惫矣”，乡下人自己觉得也很满足，君王的财富虽多，跟他来比啊，君王还会觉得很疲劳。乡下人看到君王那么多财产，他也觉得很疲劳。“故野人之所安，野人之所美，谓天下无过者”，所以我们找一个山里没有知识、没有物质享受过的人来研究，他觉得他的生活是天下第一等快乐，没有人超过他。

野人献曝是谁

“昔者宋国有田夫常衣缊黂，仅以过冬，暨春东作，自曝于日，不知天下有广厦隩室，绵纩狐貉，顾谓其妻曰：‘负日之暄，人莫知者；以献吾君，将有重赏。’里之富室告之曰：‘昔人有美戎菽，甘枲茎芹萍子者，对乡豪称之。乡豪取而尝之，蜇于口，惨于腹，众哂而怨之。

其人大惭，子此类也。’”

他说从前宋国有个种田的人，“常衣缊黂”，穿的衣服是麻做的、很粗的缊黂，“仅以过冬”，冬天加一点棉花，可以保暖。到了春天来了，“暨春东作”，春天东方的太阳容易发暖，“自曝于日，不知天下之有广厦隩室”，所以到了春天，太阳一晒，温度就高起来了，很舒服。那个身上的棉袄晒了太阳，比我们冬天的暖气还舒服。他不晓得天地之间还有放暖气的大厦，也不晓得人家穿的还有皮袄，这些他都不知道，因此他在冬天晒了太阳，就觉得冬天的太阳之可爱啊。“顾谓其妻曰”，回来给他太太讲，“负日之暄，人莫知者”，他说春天到了，把背转过来对着东方的太阳晒太舒服了，大家都不知道。

这个“负日”很有道理呀，十九世纪最可怕的病是肺病，那时没有特效药，很痛苦。有一个方法可以治肺病，就是晒太阳，很多人也晒好了。夏天头要盖好，就是把背部肺这一节让太阳晒，晒得皮焦了，脱皮了，慢慢地肺部的细菌也杀死了，这个是十九世纪靠太阳晒肺病。二十世纪威胁人的是癌症，也靠太阳治的，现在照的钴六十也是太阳能量之一，不过还没有自然的太阳好。二十一世纪快来了，癌症将来很快就有对症的药，不怕了。不过二十一世纪的麻烦是精神病，现在已经开始了。青年同学们注意，这个不要传染上，因为无药可救。所以这个乡下人他好像发了神经病，告诉太太，背上晒太阳是那么舒服，可惜世界上没有人知道。“以献吾君，将有重赏”，他说他要把这个秘方献给君王，君王一定会重赏他。

“里之富室告之曰：昔人有美戎菽”，同乡有个富贵人家听到了，就对他说，从前有个人，他对于粗糙的饮食——窝窝头啊，西北的锅盔啊，像铁饼一样的硬，他认为“甘枲茎芹萍子者”，就是芹菜、空心菜等等，是天下最好的饮食，“对乡豪称之”，对一个富人夸耀。“乡豪取而尝之”，有钱人听了把这个菜拿来吃，“蜇于口”，嘴巴都吃麻了，“惨于腹”，结果拉肚子。“众哂而怨之”，所以一班人就笑这个乡巴佬不懂富贵人的享受，大家笑他又埋怨他，乡巴佬受了耻辱以后，非常惭愧。“子此类也”，他说你把晒太阳的秘方也去告诉君王，你真奇怪，你也像这个乡巴佬一样的。

所以我们我们文学上有一个名词，叫作“野人献曝”，就是《列子》这里来的。我们中国还有一本清朝人写的小说，拿王阳明的时代做背景，叫《野叟曝言》。这个书名同这个典故，都出在《列子》这个地方。

忠义有什么用

> 杨朱曰：“丰屋、美服、厚味、姣色，有此四者，何求于外？有此而求外者，无猒之性。无猒之性，阴阳之蠹也。忠不足以安君，适足以危身；义不足以利物，适足以害生。安上不由于忠，而忠名灭焉；利物不由于义，而义名绝焉。君臣皆安，物我兼利，古之道也。”

“杨朱曰：丰屋、美服、厚味、姣色，有此四者，何求于外”，他说人生的境界，有好房子住，好衣服穿，好吃的饮食，有很好看的太太或丈夫，人生只要具备了这四个条件，已经够满足了，还对外面有什么要求呢？“有此而求外者，无猒之性”，如果有些人四样东西都有了，欲望还不能满足，还向外面求，又买股票，股票又暴跌，他贪求无厌，就是“无猒之性”。“无猒之性，阴阳之蠹也”，这个阴阳代表天地，贪求的人应该受这个毒害。蠹就是生在阴湿地方的蠹鱼，也叫书虫，书物就慢慢被吃了。

杨朱这个道家的思想为什么在中国不流行啊？因为古代的帝王表面不喜欢，偷偷都是用他的，所以是挂羊头卖狗肉。中国历史有个秘密，“内用黄老”，政治上用的都是道家黄老的学问；“外示儒术”，外面招牌挂着孔孟，就是挂羊头卖狗肉。为什么表面不喜欢呢？因为道家有些话会使民智开，人们懂了以后很难统治，所以古代帝王不提倡。譬如第一句话碰到就很可怕，“忠不足以安君”，对国家效忠，皇帝不一定信赖，他说忠臣有什么好处啊？“适足以危身”，把自己身体生命先牺牲掉，这叫作忠臣。“义不足以利物”，所谓义就是帮助人家啦，见义勇为、拔刀相助就是义，侠客之道。义有什么好处？“适足以害生”，也不好，有时候对自己对别人都无益。人家打架同你什么相关？结果你去劝架，自己身上被捅了五六刀，害了自己。杨朱所讲的话令帝王很讨厌。但是道家的道理在下面，他也主张忠义，另外一面的道理一般人做不到。

他说“安上不由于忠”，真正要使国家天下太平，何必要靠忠呢？不需要提倡忠臣，乱世才有忠臣，天下都安定了，当然不需要忠臣。譬如文天祥是忠臣，我们为什么提倡文天祥呢？亡国的时候才有文天祥啊，不要复国就不需要文天祥了。你说岳飞是忠臣，碰到昏君了嘛！就出了岳飞，我们不希望历史上有昏君嘛！如果历史上都是明王，就不必要出岳飞了，所以道家的道理还是对的，真正的安定，不是靠忠。而一个真了不起的人，把社会安定下来，天下太平，你也不晓得他是忠臣，“而忠名灭焉”，所以他并没有忠臣之名。老子思想说到孝子，父母不好才有孝子，父母又好，家庭又好，个个都是孝子嘛！二十四孝都是父母不对，问题家庭，所以才出孝子嘛！这是道家的思想。国家坏了才有忠臣，国家永远太平，个个是忠臣，所以忠这个字也不需要。“利物不由于义，而义名灭焉”，真正利人利世，就不需要义，大家都是你爱我、我爱你，也人人自爱，什么慈悲啊，博爱啊，都不需要了。所以这个样子的天下，这个样子的人类，“君臣皆安，物我兼利”，自利利人都有了，个个能够自利利人的话，连自利利人这个名词都不需要了，“古之道也”，这个就是道家的道，中国文化道就在这里，这叫自然之道。

生命的现实 客位的名利

“鬻子曰：‘去名者无忧。’老子曰：‘名者实之宾。’而悠悠者趋名不已。名固不可去，名固不可宾邪！今有名则尊荣，亡名则卑辱，尊荣则逸乐，卑辱则忧苦。忧苦，犯性者也；逸乐，顺性者也；斯实之所系矣。名胡可去？名胡可宾？但恶夫守名而累实；守名而累实，将恤危亡之不救，岂徒逸乐忧苦之间哉！”

“鬻子曰”，鬻子是周朝的一个隐士，在《神仙传》上也是神仙，可以说他比列子的年代还高远，跟姜太公那个年代差不多，也是一个长生不老的人。“去名者无忧”，一个人去掉这些外表的名称，他就永远没有忧愁。

“老子曰：名者实之宾”，这个我们读过《老子》都晓得，虚名是假的，生命的现实才是真的，所以人不要被外面的虚名所骗。名是客人，我们生命活着的真谛才是主要的事。“而悠悠者趋名不已”，悠悠是形容词，是普普通通的人，后世佛学进来以后，就换了一个名词“芸芸众生”。芸芸也是形容，什么是芸呢？就是普通地下的草，不要培养的，乱七八糟长出来，叫作芸草。芸芸众生，形容众生有那么多。可是这世界上一般人都被名所骗，拼命求名。“名固不可去，名固不可宾邪”，人为什么那么愚蠢啊？被这个虚名骗，被这个外客骗了。

逸乐与解脱

《杨朱》这一篇剩下一点结论，这个结论所讨论的，就是以杨朱的哲学说明人不要被外界的虚荣所困扰，最后他引用老子的观念——“老子曰：名者实之宾”，这句是《老子》的原文，一切外界不实在的虚名，都是我们生命现实以外的、客观的东西，不需要去注重它。

下面是列子的话，前面已简单地讲过，现在再多说几句，“而悠悠者趋名不已”，悠悠代表一切众生，世界上的一切人都被外界的虚名所困扰。“名固不可去，名固不可宾邪？今有名则尊荣，亡名则卑辱，尊荣则逸乐，卑辱则忧苦”。他说普通世上的人，对于外界的虚名始终没有办法舍弃。“不可宾邪”，不认为这个是身外之物，所以去不掉。为什么呢？一般社会的现象，有名就受人尊重，就有光荣；没有名到处被人看不起，就会有遭遇侮辱的状况。但是大家忘记了一个矛盾，就是这个虚名的后遗症，尽管有表面的光荣，受人家的尊敬，自己对自己不免就宽松，对自己的要求也不会严格了，逸乐因而就产生了。如果没有名，环境又不好的，“卑辱则忧苦”，则都在忧患、苦恼中，这是道家的观念，佛家叫作烦恼。有了烦恼，“犯性者也”，这个本性的清净就受了妨碍。

“逸乐则顺性者也”，杨朱的哲学走的是道家的路线，主张逸乐；这个逸乐等于佛家所讲的解脱，不是孔孟思想的逸乐。“斯实之所系矣”，人能够随时使自己心中安逸、快乐，才是真实的人生。我们提过几次，后世道家修神仙之道有一句话说，“神仙无别法”，要随时保持自己的心境“只生欢喜不生愁”，所谓逸乐是这个意思，这就是修神仙之道，并不是一定要打坐。

“名胡可去”，一般人爱好虚名、虚荣，名哪里能够去得掉呢？一般人去不掉，因为没有高度的修养。“名胡可宾”，相反地说，何以一定要把“名”当作客观的呢？当主观也没有关系啊，反正不必在意就是了。他讲了半天，这个理由在后面，全篇的要旨就是说，“但恶夫守名而累实”，这个恶就是厌恶的恶，最可怜的就是一般人也知道名是假的，功名富贵都是假的，可是被假的骗住了，不能够利用它，反而被它所利用。“守名而累实”，死守虚名而拖累真实的人生，这样的人生，“将恤危亡之不救”，随时随地在烦恼、痛苦、危险、死亡之中，那么所谓解脱烦恼也都谈不上了。

所以如果人看不通的话，解脱也很困难；换句话说，烦恼死了也没有办法，古文就是一句话，“岂徒逸乐忧苦之间哉”。好了，本篇我们做了一个结束，接着下一篇是《力命》。

第二十六讲

力命篇

力量与命运

你认不认命

好人苦命　坏人得意

穷通贵贱皆自造

力 命 篇

力量与命运

《力命》，这个“力”字很妙了，这篇讲人生的境界两件事，一件是我们普通讲命运，另一件就是力，代表了权力、势力。讲到这里，我们附带讲一个有趣的问题，譬如佛教界都晓得念“阿弥陀佛”，所谓西方三圣，中间是阿弥陀佛，左右两边，一边是观世音菩萨，是阿弥陀佛的继承人，因为西方极乐世界只有一个名号阿弥陀佛，继承的也叫阿弥陀佛；另一边叫大势至菩萨，这尊菩萨，解释他名号的经典不多。

可是到了清末，有一部名小说《老残游记》，写得很妙。这部小说就引用了大势至菩萨，不过不用这个名称，改了一个名称，叫势力尊者。大势代表什么？代表一个世界、国家、民族的趋势，我们过去叫作潮流，时代的潮流，那个力量来的时候，谁也挡不住。这本小说的作者刘鹗，是清末有名的文学家，也是有志之士。那时正爆发义和团，八国联军还没有来，南方也在闹革命，所以他说了很多的预言，还有道家的思想，说北拳南革，讲中国的命运。他说上帝最有办法，可是上帝碰到这一位势力尊者，就吃瘪了，没有办法了。这个大势至一到，谁都挽回不了这个命运，这是讲命运的一个道理。

所以西方极乐世界旁边要加一个大势至菩萨，这个大势一到，无常一来，谁都抗拒不了，天王老子也没有办法，上帝也没有办法，谁都没有办法，因为这位菩萨的威权最大。这是代表哲学上一个很好的观念。

关于人是否相信命运，也是个大问题。我们晓得很多人一提到命运，就认为是迷信；可是那些说命运是迷信的人，最为迷信。你告诉他，像你这样头脑那么清楚，那命运对你真没有办法。“嗯！差不多！”他已经中毒了。所以世界上最迷信的人是什么人啊？知识分子。越是讲这样迷信、那样迷信的人，他就是一个非常迷信的人，你们仔细观察那个心理就知道。关于这个命运的问题，究竟有没有命运？这是哲学上非常严重的一个问题。

我们看《列子》中的这一篇《力命》，这两个字用得非常好，尤其这个“力”字，这就看到中国文化是跟印度佛学文化相吻合的东方文化了。佛学后来翻译命运叫作“业力”，这个业包括善、恶、无记。无记属于非善非恶、在好坏之间的莫名其妙的东西。这三种力量都属于业，佛家讲到业，讲到人为什么有命运，因为人有所谓过去生，认为生命是连续的，这又是另外一个问题了，我们只能够讲到这里为止。一个人一生的遭遇，命运的安排究竟有没有？我们先看列子的说法，再作讨论。

世界上有许多事情不可抗拒，是莫名其妙来的，在中国文化里有一个代表名词叫作“命”。这是一个代号，抽象的，并不是说你生下来的八字就固定了一生，而是说，命是前生的业力带来的。研究唯识就了解，所谓种子生现行，就是命运的道理。命运可不可以转变呢？可以转变，我们自己可以控制，一切唯心，心的转变就可以转变命运。但是这个转变非常困难，要莫大的善行功德才能够转变得了。

很多人为了这个命运而低头，我还记得几十年前，有一位前辈的读书人告诉我，唐宋以后读书人必须要通三理。第一医理，因为中国文化以孝道治天下，父母生了病自己要懂得医理。第二命理，孔子说“父母之年不可不知”，父母年龄知道了，然后算算八字啊，了解一下他们大概还有几年可活，那么这几年就不敢出门了。第三地理，父母死了之后，要懂地理，找一个好地方埋葬。

这位老前辈还权威性地说，算八字非懂不可。什么理由呢？他说孔子也在《论语》里讲“不知命无以为君子”。他这一句话就解释错了，孔子讲“不知命无以为君子”，并不是要你会算命。但是孔子的思想以及我们传统的思想，关于命，的确是个大问题。古今多少人都向命运投降，不只中国如此，现在在西方，尤其在美国，算命也非常流行，还有一所大学特别开了算命的课，当然不是正式的课，但是已经开了这个风气。西洋算命，印度算命，埃及算命，中国算命，每一个民族的文化，所用的算命方法都不同。十七八年前，一位外国朋友从欧洲来，送了一套埃及人算命的东西给我。我说你要教我怎么算，你先给我算算看！他一张一张像扑克牌一样摆了一桌子，搞了三四个钟头，算了半天，我只好笑了一下，也不过如此。可是你说不灵嘛，也有一点灵，可以断定这个人容易生哪一种病，这一点特别灵。他说我的牙齿、耳朵、眼睛这三处容易出毛病，我说一点没有错，这一点我承认。

你认不认命

每个民族的文化都很妙，都有它一套特长，所以我们看世界文化，不要只站在一个立场。站在东方立场看西方文化，好像一毛钱不值；站在西方立场看中国文化，那是野蛮。这都是错误的，各方面接触多了，就发现各有各的特长。我经常说，我们大学里开哲学系、哲学研究所，只能说是学哲学的，没有出一个哲学家；等于你们都学过科学，并不是科学家，大家只是学一些科学、哲学的常识罢了。真正大哲学家在什么地方？像我们看到乡下的老太太，真像大哲学家。据我所知，有人一个大字不认识，一辈子就守着一间破房子。你们大家心烦了还去看一场电影、到街上喝杯咖啡，她们也不知道咖啡是什么东西啊！她们一辈子就是在夕阳西下时，弄一条破板凳放在门口，看看田地上的草啦，看看下雨啦，看那个乌鸦回窝啦，看那个鸡咕咕叫啦，夜盲鸡找不到鸡窝啦……那比你们看电影、跳舞快乐得多了。你问这些老太太，为什么能够在这里过一辈子啊？哎呀！我命不好，这都是命啊！她们很安详，人生再痛苦她们也没有什么烦恼，那是自己的命。老太太，你这个孩子不对啦、不好啦！哎呀！命，我的命。她们绝不自杀，你看她们有多好的哲学修养。倒是我们许多学了哲学的人，还有跳楼自杀的，再不然去跳海的，哲学都没学通，所以还不如乡下人。

我们年轻的时候，在西南边疆一带，那个山里头多穷苦啊！那真是“古道西风瘦马”。至于什么叫作“小桥流水人家”，哪里看到桥，哪里看到水啊！什么都没有，都是“荒郊野岭人家”，可是那些住在小茅棚的人也过了一辈子。我经常骑马到那个地方，觉得骑在马上那个威风实在没有意思，如果我能够在这个地方修个茅棚住一生多好！可是我这一生到现在还做不到，这也是命，这就是命的道理。

力跟命是两种东西，力是个现实力量。譬如有名的《唐诗三百首》总念过吧！里面有李商隐写诸葛亮的两句诗：

管乐有才原不忝　关张无命欲何如

“管乐有才原不忝”，赞叹诸葛亮同管仲、乐毅一样。诸葛亮平生自比历史名人管仲、乐毅，诗人说这个不是假的。但是诸葛亮也没有大成功啊！帮了那个刘老板，占了四川一角，过了一二十年就完了。“关张无命欲何如”，关公、张飞没有封王之命，不过如此，这就是命。

中路因循我所长　由来才命两相妨
劝君莫强安蛇足　一醆醇醪不得尝

这首诗是杜牧讲自己，“中路因循我所长”，这是他的长处，事情做一半就算了，看看觉得后面没有什么结果，算了，中间夭折了——我的个性有点像他，所以经常引用他的诗。“由来才命两相妨”，有学问、有本事、有才能，但是没有这个命有什么办法呢？有人又没有学问，又没有本事，又没有能力，但是他有这个命。这两句是唐诗里的名言，是哲学思想的最高境界。所以我经常告诉青年同学，研究中国哲学的不通诗词，很多哲学的宝贝东西都错失了。“劝君莫强安蛇足”，他说人生有时只需把握一点现实，得过且过，今天好就是今天，明天就不需要考虑了。已经画好一条蛇，你再添个脚就不是蛇了。如果你自作聪明，在那个现实世界里添一点，“一醆醇醪不得尝”，分明一杯很美的酒，已经吃到嘴边，你想给它加一点点东西，完了！这一杯酒也喝不成了。这就是道家的思想，也是诗人的境界，也是中国的一种人生哲学思想。

关于力命的资料很多，上次讲《庄子》也说过，“有圣人之道，无圣人之才”，也没有用；“有圣人之才，无圣人之道”，也没有用；要有圣人之道，也要有圣人之才，才能成为一个圣人。我们学佛也一样，你说有道，有了般若智慧，如果没有福报、福德，也修不成；有福德、福报，智慧不够也修不成。所以学佛讲福智二严，就是智慧与福德的两种庄严成就。换句话说，也就是才与命的问题，因为道与命也是要并重的，缺一而不可。

好人苦命 坏人得意

力谓命曰：“若之功奚若我哉？”命曰：“汝奚功于物而欲比朕？”力曰：“寿夭穷达，贵贱贫富，我力之所能也。”命曰：“彭祖之智不出尧舜之上，而寿八百；颜渊之才不出众人之下，而寿四八；仲尼之德不出诸侯之下，而困于陈蔡；殷纣之行不出三仁之上，而居君位。季札无爵于吴，田恒专有齐国，夷齐饿于首阳，季氏富于展禽。若是汝力之所能，奈何寿彼而夭此，穷圣而达逆，贱贤而贵愚，贫善而富恶邪?”

现在我们看原文。“力谓命曰：若之功奚若我哉?”这个势力尊者对命运之神说，你的功劳哪里比得上我呢！“命曰：汝奚功于物而欲比朕?”这个命运之神就回答说，你对人类万物有什么功劳……他们就吵起来了。

“力曰：寿夭穷达，贵贱贫富，我力之所能也”，这个势力尊者讲，我要一个人长寿，要他短命，要他穷，要他通达得意，要他贵或贱、贫或富，我的力量都做得到。

这个命运之神怎么讲呢？“命曰：彭祖之智不出尧舜之上，而寿八百”，听了权力之神吹牛，这个命运之神就讲了，并且提出证据。彭祖是我们中国上古一个长寿的人，大家都晓得彭祖年高八百岁。命运之神说，彭祖的智慧并不比尧舜高，可是寿命八百岁。

这个命运之神又讲，“颜渊之才不出众人之下”，颜渊是孔子的学生，学问道德第一，“而寿四八”，而颜渊只活到四十岁左右就死了，据说是营养不良，又近视，看书太多了。“仲尼之德不出诸侯之下”，仲尼就是孔子，孔子的德行并不比一般诸侯差，而一辈子倒霉，“困于陈蔡”，受困于陈国、蔡国之间，饭都吃不上。“殷纣之行”，殷商的纣王是历史上暴虐的皇帝，“不出三仁之上”，殷商有三个圣人称为三仁，就是微子、箕子、比干，是纣王的亲属。微子的后代到了周朝被封于宋，我们现在讲的朝鲜民族五分之三四都可能是箕子的后代；比干则是纣王的叔叔，被纣王杀掉了。以后你们青年同学们如果读古书，看到一句话“殷有三仁”，就知道是讲这三个圣人，是历史上的忠臣。“而居君位”，不管纣王怎么坏，他总是当了皇帝。

“季札无爵于吴”，季札就是吴国的祖先，但他没有官位。“田恒专有齐国”，田恒是战国时候齐国的诸侯，篡了原来姜姓的侯位。“夷齐饿于首阳”，伯夷、叔齐饿死于首阳山。“季氏富于展禽”，季氏是鲁国的奸臣、权臣，孔子就是被他赶出去的，但是季家有权也有钱。季家三兄弟，我们读《论语·八佾》那一篇，孔子就是讲季家的事情。展禽是什么人呢？就是柳下惠，我们历史上有名的坐怀不乱，一生很清高。季家是权臣，展禽人格清高，权臣反而比清高的人有钱。

这个命运之神说那么多相对的道理，孔子道德虽好却穷，颜渊虽好却短命。坏人都活得很好，又长寿。当然也有好人活得长寿啊，彭祖活了八百岁等。“若是汝力之所能”，如果这些都是你这个势力尊者力量做得到的，“奈何寿彼而夭此”，为什么你使好人不长命，祸害的人反而活千年？那你怎么不改变过来呢？现在有人如果问上帝、问菩萨，世界那么乱，你上帝怎么不叫他们不要打仗？上帝能把桌子一拍，英国跟阿根廷两边不要打了，两边的飞机都掉下来了，行吗？又说你这个势力尊者，既然有那么大的势力，为什么“穷圣而达逆”，让好人可怜、坏人得意？“贱贤而贵愚”，贤人遭遇痛苦，笨蛋却很得意？“贫善而富恶邪”，善人贫穷，坏人反而富有？这是命运之神跟势力之神提出问题辩论。

穷通贵贱皆自造

力曰："若如若言，我固无功于物，而物若此邪，此则若之所制邪？"命曰："既谓之命，奈何有制之者邪？朕直而推之，曲而任之。自寿自夭，自穷自达，自贵自贱，自富自贫，朕岂能识之哉？朕岂能识之哉？"

这个势力之神听了以后就提出个问题，"若如若言"，照你这样讲的话，"我固无功于物"，我这个势力尊者难道对万物一点功劳都没有？一点办法都没有了吗？"而物若此邪，此则若之所制邪"，难道万物跟我无关，都是你这个命运之神做主的吗？

"命曰：既谓之命，奈何有制之者邪"，这个哲学道理来了，《列子》所谓命运之神所代表的，同佛教的哲学观念完全一样。相信命运的人注意，这个是真正生命的哲学了。命运之神讲，你的观念错了，既然叫作命，谁能控制它？谁能够做它的主宰啊？"朕直而推之"，我作为命运之神，只是顺势而导之，命是他本身的业力，他自己所造的业，因果已经定了，我是顺势帮忙推他走上直路；"曲而任之"，该转弯的，踢一腿他就转弯了。这也不是靠我腿的力量，也不是靠我手的力量。总而言之，人活得长，活得短，或发财，或困难，"自寿自夭，自穷自达，自贵自贱，自富自贫"，都是自己所造，没有哪个神可以主宰。同佛家"无主宰，非自然"的道理一样，一切皆是因缘所生，都是因果的道理。

下面是命运之神感叹的话，上古“朕”就是“我”，春秋战国以后，皇帝专用这个“朕”字，我们老百姓不能用。“朕岂能识之哉”，这个要注意了，读到“识”这个字，要读“志”。譬如我们写一篇序文，后面写“某年某月某日，某某识于台北”，是写这个“识”。识、志、记，三个字通的。他说既然是命定了，我也做不了主，我也没有办法做他的主宰。第二句再重复“朕岂能识之哉”，意思是老实说我也真的没有办法帮忙啊！古文重点在这里，有时候两句相同的下一句是表达声调语气，加重那个语气味道。我们当年读古书，摇头摆尾，念后面这句“朕岂能识之哉”，声音就很低沉了。

这篇的题目是《力命》，这就是人生的一个大问题。我们先休息一下。

第二十七讲

条件相同 际遇不同
作风不同的结果
非作风也 是命运也
真正的朋友
相知 相友 相合作
前无古人的管鲍之交

刚才说《力命》这一段的点题，在古代作文的方法，点出来这个题目的作用。现在接着几个故事来了。

条件相同 际遇不同

北宫子谓西门子曰："朕与子并世也，而人子达；并族也，而人子敬；并貌也，而人子爱；并言也，而人子庸；并行也，而人子诚；并仕也，而人子贵；并农也，而人子富；并商也，而人子利。朕衣者则裋褐，食则粢粝，居则蓬室，出则徒行。子衣则文锦，食则粱肉，居则连欐，出则结驷。在家熙然，有弃朕之心；在朝谔然，有敖朕之色；请谒不相及，遨游不同行，固有年矣。子自以德过朕邪。"

这一段有很多同样的文句，我们提要点，不需要一句一句讲。北宫子与西门子，两个都是代号，在古代都是姓氏。我们晓得中国的姓不止百家，有万家之多，有姓西门、东门、南门、北门的，有很多怪姓。我们现在所晓得的，在台湾统计下来——大陆来的同台湾原有的，已经有几千个不同的姓氏，有些姓我们根本没有见过。有些姓氏，宗族比较衰一点，不过都还存在。

北宫子有一天对西门子讲，我同你“并世也，而人子达”，我跟你同一个时代的，而人以为你显达；“并族也，而人子敬”，我的家庭同你的家庭都是世家，都是大家族，而别人当你是世家公子，态度恭敬；“并貌也，而人子爱”，我们两个相貌也差不多，而一般人却敬爱你；“并言也，而人子庸”，我们两个人同样说话，而人以为你有信用；“并行也，而人子诚”，你我的德行都差不多，你也没有比我高到哪里去，而人以为你诚实；“并仕也，而人子贵”，至于阶级地位嘛，我们也差不多，而人以为你高贵；“并农也，而人子富”，别人晓得我们家里都有田产，古代是以农业立国，耕地多，而人以为你很富有；“并商也，而人子利”，我们家里都做生意，钱财多，而人以为你得利多。“朕衣则裋褐，食则粢粝，居则蓬室，出则徒行”，因为我喜欢保守一点，穿粗布的衣服，吃嘛，也是粗饮食。拿北方来讲，吃点窝窝头啊，锅盔啊。我的家庭节省，住的房子也不太好，出门公共汽车都舍不得坐，走路。你嘛！“衣则文锦”，穿的衣服都是最讲究的，“食则粱肉”，吃白米饭，鸡鸭鱼肉，“居则连欐”，住的房子几十层，几十栋，“出则结驷”，出门有几部车子，前呼后拥，“在家熙然有弃朕之心”，你平常的时候，有看不起我的意思。“在朝谔然有敖朕之色”，一起在政府里开会的时候，你看到我好像理都不理，很傲慢。“请谒不相及”，请客啊，你从来没有发过帖子请过我，有什么会议你也不通知我。“遨游不同行”，到世界上环游，你也没有约过我，“固有年矣”，我们俩这种情形很多年了。“子自以为德过朕矣”，你认为你的一切都超过我吗？有什么了不起啊！北宫子就质问西门子。他们两个本是好朋友。

作风不同的结果

西门子曰：“予无以知其实。汝造事而穷，予造事而达，此厚薄之验欤？而皆谓与予并，汝之颜厚矣。”

北宫子无以应，自失而归。中途遇东郭先生，先生曰：“汝奚往而反，偊偊而步，有深愧之色邪？”北宫子言其状，东郭先生曰：“吾将舍汝之愧，与汝更之西门氏而问之。”曰：“汝奚辱北宫子之深乎？固且言之。”

西门子曰：“北宫子言世族、年貌、言行与予并，而贱贵贫富与予异。予语之曰：‘予无以知其实。汝造事而穷，予造事而达，此将厚薄之验欤？而皆谓与予并，汝之颜厚矣。’”

“西门子曰”，西门子答话很简单，他说你讲了半天，“予无以知其实”，你问我什么理由，我也讲不出一个理由，实在很难说。但是有一点——这两句青年同学统统要注意了，“汝造事而穷，予造事而达”，这是一个要点。他说你做事啊不对，给自己画了一个范围，自我约束得很厉害，又节省又内向。而我呢？我对人对事很达观，就这点差别。这就是处世最重要的人生哲学。所以做事谨慎，处处小心，并没有错。不过，处处小心，在太平盛世，社会安定，要想保持祖宗留下来的财产，这样做是对的。创业不行，创业是“造事而达”，非常通达。他说就凭这一点，“厚薄之验欤”，我跟你两个的差别、好坏就在这里。“而皆谓与予”，他说你样样跟我一样，家世一样，财产什么都一样，但是做人绝对的南北极两样。结果你认为跟我还是一样，“汝之颜厚矣”，你这个人脸皮好厚啊！他就骂北宫子，你大概是厚黑学李宗吾的徒弟，脸皮太厚了。

“北宫子无以应，自失而归”，北宫子听了这个话，答不出来了，实在如此嘛！这两人个性不同，造成各自的命运不同、遭遇不同。所以人生一切的遭遇，究竟有命运没有命运，一切是自己造的。北宫子听了以后，自己觉得真的完蛋了，低着头回来了。“中途遇东郭先生”，东郭先生大家常常提到的。

“先生曰：汝奚往而反，偊偊而步，有深愧之色邪?”他说你啊，到哪里去了?偊偊是形容词，两条腿拖不动了，好像风湿病一样，一步一步拖着走。他说看你走路低着头，好像受了什么委屈，很惭愧的那个样子，为什么?“北宫子言其状”，北宫子告诉他，刚才在西门子那里碰了钉子。

“东郭先生曰”，这位老前辈东郭先生年纪比较大一点，他说“吾将舍汝之愧，与汝更之西门氏而问之”，他说你受了气，一脸难过的样子，我为你打抱不平，你不要难过，我陪你去，我们再到西门子家里去，我要给他讲。他见到西门子说，“汝奚辱北宫子之深乎”，他说你为什么侮辱北宫子啊?侮辱得那么尖刻，“固且言之”，你把道理再讲一遍给我听听。

西门子听了，就把北宫子与他自己的对话向东郭先生重复说一遍。注意“世族、年貌、言行”，一个人在社会上要站起来，必须具备这些条件，古今中外一样；尤其在美国更是如此。你看出来竞选总统的人，像肯尼迪的家族，一二百年来形成的；汽车大王福特、洛克菲勒这些人，他们都是形成一个世族，古今中外家世问题影响很大。一个人言不压众，貌不惊人，他成功的几率就差了，所以世族、年龄、相貌、人品、言行——说话同他的行为，都是一个人成功的条件。特殊的人不靠这些条件可以闯出来，那是天下的英雄了，普通人差不多都脱离不了这个范围。西门子对东郭先生说，北宫子认为样样跟我一样，“而贱贵贫富与予异”，但是他所遭遇的现实环境却比较低了，而且只是保有祖宗留下来的财产，现在财富也没有增加，同我两样。所以我告诉他，你要了解这个，就是前面说的这几句话，所以我骂他脸皮厚。

非作风也 是命运也

东郭先生曰：“汝之言厚薄，不过言才德之差，吾之言厚薄，异于是矣。夫北宫子厚于德，薄于命；汝厚于命，薄于德。汝之达，非智得也；北宫子之穷，非愚失也。皆天也，非人也。而汝以命厚自矜，北宫子以德厚自愧，皆不识夫固然之理矣。”

西门子曰：“先生止矣！予不敢复言。”

北宫子既归，衣其裋褐，有狐貉之温；进其茙菽，有稻粱之味；庇其蓬室，若广厦之荫；乘其荜辂，若文轩之饰，终身逌然，不知荣辱之在彼也，在我也。东郭先生闻之曰："北宫子之寐久矣，一言而能寤，易悟也哉。"

"东郭先生曰：汝之言厚薄，不过言才德之差，吾之言厚薄，异于是矣"，这也同佛家唯识的道理完全一样，妙不可言，又如同陆象山说的，所谓"东方有圣人，西方有圣人，此心同，此理同"。东郭先生怎么讲呢？他说根据你刚才的说法，你所讲的厚与薄是两个东西，本事、学问、知识等等一切是才能；德是他的品性，个人的人品。他说照你所讲，才德形成了厚薄，你跟北宫子两个比较起来，现象有厚薄，你认为是才德的原故，所以有厚薄。我现在告诉你啊，这与现象的好坏没有关系。"夫北宫子厚于德，薄于命"，北宫子人品好，好人一个，规规矩矩的人，只是八字不好，运气不对。"汝厚于命，薄于德"，你呢？命好，但做人很差，你的品德很不对。"汝之达，非智得也"，你今天的得意，并不是你智慧的成功。"北宫子之穷，非愚失也"，北宫子一辈子好像没有什么出息，但并不是因为愚笨，"皆天也，非人也"，是命运的原因。这里承认有个命，命运和遭遇不同。他说结果啊，"而汝以命厚自矜"，因为命好，自己认为了不起，骄傲；结果他被你骂得低着头走路，他笨得要死。其实你只是命好而已，而他的道德比你高，各有长处，但"北宫子以德厚自愧"，结果他自己还惭愧得很。你们两个都不对，"皆不识夫固然之理矣"，他说你们都不懂天地间有个真理，真理是什么？不可知，佛学叫作"不可思议"。

常常有人问，什么是命？我经常讲两个笑话，古代的笑话很多，《笑林广记》啊，各方面记载的都有。以前有一个地方官，坐在大办公室里批公文，这个官位是钱买来的，他不会写“七”字，向另一边弯；旁边站的那个勤务兵，比他认字还多一些，就说大老爷啊，你这个“七”字写错了。他就把笔一丢说，格老子，我七字不好，八字好啊！你七字会写又怎么样？还不是给我当差。所以“七字不好，八字好”就是命，一点办法都没有，命也。

第二个道理，这个命是什么？只能说四个人上牌桌，每人都有输钱的可能，个个没有赢钱的把握，关键就是那一张不可知的牌，不晓得哪个时候到了谁的手里，那个就是命。到了他手里，他成功了，你本事再大，学问再好，也没有用。这一张牌上帝也做不了主，对于命谁都没有办法，所谓“固然之理矣”，就是这个道理，佛家称为定业。

“西门子曰：先生止矣，予不敢复言”，西门子被东郭先生骂到这里，他就说先生啊，好了，好了，你不要说下去了，我再也不敢骂他、不敢乱说话了。

“北宫子既归”，东郭先生这一段话救了北宫子，所以他一回来啊，非常高兴，“衣其裋褐，有狐貉之温”，虽然穿在身上的是破衣服，觉得比穿皮袄都暖和；“进其茙菽，有稻粱之味”，吃那个粗饮食，觉得比什么营养都好；“庇其蓬室，若广厦之荫”，住那个矮房子啊，他觉得比高楼大厦都舒服；“乘其荜辂，若文轩之饰”，弄一部破的脚踏车，他觉得比福特汽车还神气。所以一辈子不管什么光荣，也不管别人怎么想，人生过得很痛快，一句话，“终身逌然，不知荣辱之在彼也，在我也”，这就是人生哲学。人为什么要外面人讲你好，你才觉得自己好呢？外面跟我毫不相干，在我自己，我认为好就好，爱笑就笑，爱哭就哭，跟别人毫不相干，所以一切在于自我，因此他建立了自我的信心。

由于这件事情，他回家态度改变了。“东郭先生闻之曰：北宫子之寐久矣”，他说这个家伙睡觉睡了很多年，“一言而能寤”，听了我这一句话就醒了，“易怛也哉”，好啊，这个人，现在变得那么坦然。这个就是人生境界，不是禅宗的开悟，不过也差不多；禅宗的开悟，许多都是言下顿悟，就是这个味道。

真正的朋友

下面一段也是历史上有名的故事，我先说一说，中国历史上讲朋友之间的交情，都以管鲍之交做标榜，司马迁在《史记》里也写过，可是《史记》在《列子》之后啊，所以《史记》也可能是用《列子》这些材料做参考的。

第二点我们讲中国的伦理学，伦理就是人类社会的一个秩序、一个规范。我们中国讲伦理有五伦，就是君臣、父子、兄弟、夫妇、朋友。换句话说，就是人类社会中人际关系的分类。君臣是古代的，就是长辈与后辈的关系。古代这个君字不一定指皇帝哦，所以君字照篆字的写法是个拐棍，下面一个口，代表一个人年纪大了，拿个拐棍，年高德劭，有资格，可以为君，可以做领导人，后来专门用于做皇帝了。父子、兄弟、夫妇、朋友，大家都了解。曾经有一个哈佛大学的教授跟我谈过这个事，他说你们这个《大学》《中庸》，我非常佩服，可是缺乏一个社会问题。后来我告诉他，所谓齐家就是社会，不是现在两夫妻的小家。中国讲家庭，是几代同堂、几百人在一起的大家族，所谓齐家是齐那个家，那就是社会，朋友也就是社会。

讲朋友这个“朋”字，就是两串钱，或者宝贝，挂在这里，“有酒有肉皆朋友，患难何曾见一人”，所以朋友这一伦非常重要。一个人啊，有时上不可以对父母、下不可以对妻子讲的话，只有朋友可谈，兄弟姊妹都没有办法讲，痛苦烦恼的心事只有向朋友诉说。但是这种朋友哪里找啊？我说朋友很多，朋友分类，有经济上的朋友，可以借钱的；有些人你跟他好得要死，但是不要问他借钱，你只要跟他借一毛钱，交情就完了。有些是政治上的朋友，有些是点头之交的朋友，街上看见点个头，也是朋友，多得很。

真正的朋友啊，只有两人，一个死掉了，一个没有生，所以古人说“人生得一知己，死而无憾”。一个人得到一个知己啊，死了都可以，可见知己难得。是好兄弟的，不一定是知己的朋友，没有办法谈心，两夫妻也没有办法谈心。人家说夫妻意见不同是“同床异梦”，我说胡扯，世界上哪有同床做一样的梦！同床一定异梦的嘛！这也说明人与人之间心性很难沟通。真正沟通了，够得上是朋友，也很难。所以历史上只有管、鲍二人是知己的朋友，朋友一伦是十分贵重的。很多青年同学有笔友，通信也是朋友，我说三年五年最长了。通信时的好朋友，一见了面啊，不到三个月，完蛋了，因为理想中的都是好的，现实都是坏的。所以我们就了解，管仲跟鲍叔牙何以是千古朋友的榜样！这一段也代表了力与命的问题。

相知 相友 相合作

管夷吾、鲍叔牙二人相友甚戚，同处于齐。管夷吾事公子纠，鲍叔牙事公子小白。齐公族多宠，嫡庶并行，国人惧乱。管仲与召忽奉公子纠奔鲁，鲍叔奉公子小白奔莒。既而公孙无知作乱，齐无君，二公子争入。管夷吾与小白战于莒道，射中小白带钩。小白既立，胁鲁杀子纠，召忽死之，管夷吾被囚。鲍叔牙谓桓公曰："管夷吾能，可以治国。"桓公曰："我雠也，愿杀之。"鲍叔牙曰："吾闻贤君无私怨，且人能为其主，亦必能为人。君如欲霸王，非夷吾其弗可。君必舍之。"遂召管仲。鲁归之齐，鲍叔牙郊迎，释其囚。桓公礼之，而位于高国之上，鲍叔牙以身下之，任以国政，号曰仲父。桓公遂霸。

这一段故事翻译成白话就很精彩了，如果穿插起来拍成电视剧，可以演两个月了。"管夷吾"，管仲单名仲，夷吾是他的字，"鲍叔牙"，鲍叔的字叫叔牙。"二人相友"，这一段说管仲跟鲍叔牙两人朋友"甚戚"，重点在这里，感情好得很，"同处于齐"，两人都在齐国。齐王的儿子，都有接王位的希望，"管夷吾事公子纠"，管仲支持齐国公子纠，"鲍叔牙事公子小白"，小白就是后来的齐桓公。这两个人虽然是好朋友，一个帮老大，一个帮老二。"齐公族多宠"，就是齐桓公的父亲有很多妻妾，儿子也很多。"嫡庶并行，国人惧乱"，领导政治的这个君主，妻妾不分大小，这样一个混乱的家庭，所以全国的老百姓已经判断齐国会有大乱。“管仲与召忽奉公子纠奔鲁”，管仲帮公子纠逃到鲁国去，“鲍叔奉公子小白奔莒”，莒是山东现在一个小县。我们现在常说“毋忘在莒”，就是这个莒。果然这个老王一死，政变起来了。

“既而公孙无知作乱，齐无君”，过不了多久，一位大臣公孙无知看齐王家庭没有人接位，自己想来当王。公子纠和小白都得到消息了，哪个先回来就接王位了。所以“二公子争入”，二人都抢着回来，在路上碰到了，两兄弟就打起来。管仲帮这个公子纠，“管夷吾与小白战于莒道”，在莒县路上，管仲拿起弓来，一箭想把公子小白射死。问题在这里，现在讲到命，“射中小白带钩”，刚好射在皮带的铜环上，打不进去了，这不是命吗？结果小白先进齐国，自己当王了，就是齐桓公。“小白既立，胁鲁杀公子纠”，小白威胁鲁国，把他的哥哥公子纠杀掉。帮忙公子纠的是召忽、管仲两人，召忽当忠臣就拔剑自刎死了；管仲不肯死，被鲁国抓去关起来。齐桓公已经当了王，写公文要引渡管仲到齐国来，非杀掉他不可。

你看这两个朋友，“鲍叔牙谓桓公曰”，管仲做了囚犯，带上了手铐，从鲁国一回来，马上就要杀头了。鲍叔牙告诉齐桓公说，“管夷吾能”，他说管夷吾的才能很大，“可以治国”，可以帮忙你，做宰相治国家。这个齐桓公一听，他说你老兄怎么搞的，“我雠也”，他是我的仇人呀，一箭几乎送了我的命，“愿杀之”，我就想把他要回来杀掉的。

注意啊！你们天天讲什么企业管理啊，想当工商领袖、政治领袖的要注意，“鲍叔牙曰：吾闻贤君无私怨”，他说一个好领袖不计私仇，没有私怨，但问是不是人才，看能不能替国家做事。私怨算什么？你又没有死，你已经当了王，还记这件小事吗？你要找一个人才多难啊！这是历史上的名言，“贤君无私怨”，做人也是一样。我经常骂你们同学，尤其女同学们，一点小事都啰哩啰唆，还能做大事吗？做大事也是无私怨，你们年轻人要想成大功、立大业，这个度量养不成功，什么都不要谈了，所以，多大的度量就成功多大的事业。你看鲍叔牙这个时候多得意啊！齐桓公靠他保进来，当了王，当然对鲍叔牙言听计从。他第一句话就是“贤君无私怨”，你不能杀他，你要想治国平天下，非找他不可，他能帮你。

第二，注意哦！“且人能为其主，亦必能为人”，他说你要知道，他当时保你哥哥的时候，当然为你哥哥尽忠，看你是敌人；等于我帮你一样，我当时也想把你哥哥杀掉啊！人各为其主嘛，他既然能够忠心帮助他老板，如果你把他收服了，他也能帮助你，这个道理你不懂吗？“君如欲霸王，非夷吾其弗可”，鲍叔牙说，除了管仲以外，没有第二个人可以帮助你成霸主。“君必舍之”，你必须要放掉他，不能杀他。

齐桓公后来能够称霸，就是因为用了管仲。齐桓公在历史上是窝囊君王，什么都不能，又好吃好玩，是一个花花公子，就是用了管仲、鲍叔牙，他就成功了。实际上只用了一个管仲，像他那么一个花花公子，能当领袖就是因为懂话、听话；只要是对的，他就听了。“遂召管仲”，马上把管仲从鲁国引渡过来，“鲍叔牙郊迎，释其囚”，听到管仲回来，鲍叔牙很了不起，虽当了部长以上，还跑到飞机场老远在等了，等到管仲来到，马上把他手铐打开。齐桓公在办公室门口欢迎他，“桓公礼之”，给他行个礼，马上发表官位，“而位于高国之上”，高国是齐国权威最高的，也就是当宰相了。

“鲍叔牙以身下之”，你看看鲍叔牙这个朋友，管仲这一条命都是他救的，管仲穷的时候，吃饭都是靠他的。这个时候，管仲在他的推荐之下当了宰相，鲍叔牙则是“以身下之”。看到他就行礼，看到管仲坐在上位，他绝不敢坐在旁边。这个你们做朋友的注意，要是你们一定在旁边推他一把，喂！老兄，再不然就是老管！鲍叔牙不是这样，这个地方就是值得你们学习了。像我有两位朋友，当年一起都是少将，一位升了中将，两个人本来是好朋友，出去的时候，该在一起嘛！却一个走在前面，一个就站在旁边。我说这就是他的成功，你们懂吧？朋友是朋友嘛，阶级不同，代表国家的职位，公事上他要这样。如果到私人家里，骂架都可以，但不能给人家看见的啊！在公事上，鲍叔牙处处以属下自居。

“任以国政”，这位花花公子齐桓公什么都不管，一切交给管仲，而且还不称他宰相，也不叫先生，“号曰仲父”，这个名位大了，这个名不是官位，仲是管仲的号，父是代表男性，大丈夫，是对他的尊敬。像刘备对诸葛亮，是朋友相处；齐桓公对管仲，不是朋友相处，是以老师对待，自己是学生的姿态。

中国历史上的名言“用师则王，用友则霸，用徒则亡”，这三句名言什么人说的？孔子的学生曾子说的。“用师则王”，能够谦下于人，把人才当老师看待，则可以称王。“用友则霸”，像刘备用诸葛亮以朋友相处，所以只能守一个小小的局面称霸。“用徒则亡”，用学生，不讲了，下面文章有。这三句名言，古今中外历史，都没有违反这个原则。因此说“桓公遂霸”，齐桓公遂在当时国际上称霸，领导一个时代。

前无古人的管鲍之交

管仲尝叹曰：“吾少穷困时，尝与鲍叔贾，分财多自与，鲍叔不以我为贪，知我贫也。吾尝为鲍叔谋事，而大穷困，鲍叔不以我为愚，知时有利不利也。吾尝三仕三见逐于君，鲍叔不以我为不肖，知我不遭时也。吾尝三战三北，鲍叔不以我为怯，知我有老母也。公子纠败，召忽死之，吾幽囚受辱，鲍叔不以我为无耻，知我不羞小节，而耻名不显于天下也。生我者父母，知我者鲍叔也。”

这一段是有名的历史上的文章，也是名言，你们仔细研究研究看。“管仲尝叹曰”，这个尝就是平常自己感叹，跟朋友们讲，“吾少穷困时，尝与鲍叔贾，分财多自与”，他说我们合伙做生意，赚了一点钱，我就多拿，给他的少，“鲍叔不以我为贪，知我贫也”，鲍叔并没有怪我贪心，他晓得我很穷。这一点我们就很难办到了，你们做得到做不到？你们大概一毛钱都要争得脸红了，两毛钱就流鼻血了。“吾尝为鲍叔谋事，而大穷困，鲍叔不以我为愚，知时有利不利也”，鲍叔托我干的事，我没有一样给他做好，鲍叔没有怪我笨，他只说我运气不好。“吾尝三仕三见逐于君，鲍叔不以我为不肖，知我不遭时也”，他说我三次当公务员，三次都被赶掉，鲍叔不觉得我不对，晓得我运气没有来，时间没有到。当我做军人去服兵役作战时，“三战三北，鲍叔不以我为怯，知我有老母也”，每次都打败仗逃回来，鲍叔没有认为我窝囊，他晓得我还有一个老母在，我不敢在前方战死，我死了，我妈妈怎么办？所以，打不过只好开溜逃回来。只有鲍叔可以原谅我，别人都笑死我了，那么没有勇气。这一次政变当中，公子纠失败，跟我一齐共事的召忽自杀，但我没有自杀，为什么？我认为自杀对国家天下没有贡献，做个小忠小孝而已；我要大忠于天下，不愿意死，只有鲍叔懂得我，所以“生我者父母，知我者鲍叔也”。这就叫管鲍之交，还没有完，这还不算数哦，精彩的还在下一次，且听下文分解吧。

第二十八讲

善用善交的问题
不得已的局面
管仲临终之言
领袖人才的心胸气度

在《力命》这一篇，提到历史上有名的、真正朋友交情的一个榜样，就是管鲍之交。该篇的宗旨，是讲一个问题、一个趋势，也就是大势所趋的这个势。以佛家来讲就是业力，是现实的一个力量，属于人生禀受的命运的作用。因此提到管鲍之交，重点不是专讲历史上的管鲍之交，不过管鲍之交这一件事实，在《列子》这里说得最清楚。

善用善交的问题

> 此世称管鲍善交者，小白善用能者。然实无善交，实无用能也。实无善交实无用能者，非更有善交，更有善用能也。召忽非能死，不得不死；鲍叔非能举贤，不得不举；小白非能用雠，不得不用。

上次讲到管仲做了齐国的宰相之后，说了两句名言，“生我者父母，知我者鲍叔也”。我们从小读书，这些名言都记得很牢的，后人则会运用到各方面去。下面是对历史哲学的评论，“此世称管鲍善交者，小白善用能者”，这个“世”就代表历史上每一世、每一代，我们文化里讲管鲍之交和齐桓公善于用能。小白是齐桓公的小名，齐桓公看起来是我们中国历史上第一个霸主，“善用能者”，当领袖的，只要这个人真能干，能够治天下国家，有帮助于他，他就会用。因为管仲本是他的仇人，最后因鲍叔牙的一番话，要治国家、治天下，要想当一个霸主，万代留名，你非用管仲不可。他就把过去情结抛弃了，所以是“善用能者”。

其次说到“善于交者”的问题，善交很难。孔子在《论语》里提到另外一个齐国名宰相晏子。晏子名叫晏婴，是有名的矮子，高不满三尺。所以出使楚国时，楚国故意侮辱他，开了一个狗门，要他进来。他就站在外面不进来。他说“使狗国者，从狗门入”，如果我要到狗国去做大使，我当然走狗门啊，不晓得你这个国家是狗国还是人国。楚国人没有办法，只好打开大门。

晏婴跟孔子交情很好，管仲年代比孔子早。《论语》里有一句话，“晏平仲善与人交，久而敬之”。我们普通读《四书》，读到“善与人交”，就是交朋友要像晏平仲一样，很难得，够朋友。下面四个字最难，“久而敬之”，跟他做朋友越长久，越发现他的长处，对他越起恭敬心。恭敬心很难，朋友交久了以后，等于男女两个人恋爱时，彼此客气得要命，彼此能够原谅，明明知道他是错误的，也觉得很可爱。结了婚以后，明明是长处、很可爱的地方，反而非常讨厌。这个就不是“善与人交，久而敬之”了。时间越长久，越能够起恭敬，这个“敬”字还不止指恭敬，而是越好，这个太难了。所以以孔子的经验，只有晏子能够做到这样，这是讲善交的问题。

另外，历史上记载，本来齐景公准备请孔子到齐国去，把政权交给他，但是晏子反对，给齐景公讲了一句话，齐景公就不请孔子来了。看起来好像晏子对孔子很不好，仔细研究啊，这就是孔子佩服他的地方。因为当时齐国已经很乱，孔子如果到了齐国，后果不堪设想，恐怕自己和学生弟子们的命都会送在齐国。所以晏子为了爱护他的领袖，也爱护孔子这个朋友，他宁可让邀请孔子这件事情办不成功。从历史的角度来看，就发现晏子的了不起，这就是所谓的善交。管仲也是一样，这是谈到善交的问题。

回过来再看原文，“然实无善交”，这一句话是说，其实不是真正的善交，鲍叔牙跟管仲也不能说善交；“实无用能也”，齐桓公也不能说真能够用能者。为什么？这个话很刻薄了，像管仲、鲍叔牙他们两个人的交情还不算善交，像齐桓公这样的度量还不算是真正的用能者，这是什么理由啊？这种说法太苛刻了。

下面是《列子》的哲学，“实无善交，实无用能者，非更有善交，更有用能也”，这个话很难懂了，说一个真正善于交朋友的人，并没有一个目的要善交，要做到对每一个朋友好，或者对某个朋友好，有这个观念已经做不好了，所以说“实无善交”。“实无用能”，一个领袖或老板，想把每个人用得很好，对每一个人都很优待，那也用不好的，“非更有善交，更有用能也”。为什么？因为人的个性各自不同。譬如历史上讲汉高祖，豁达大度，一边骂人，一边喝酒，一边还在洗脚，一边还召见这些大将军、大臣。有人说你这样没有礼貌，好，好，不要洗脚了，听你的。这是他的天性，他的态度非常天然诚恳，没有故意的“善于用能”或者交朋友。如果故意要善交，有此存心，一定做不好。这是该篇的宗旨，就是力与命。天然有这个领袖的气度与才能的人，自然做得很合适。所以像鲍叔牙对管仲，也是天然的天性，这个天性在中国文化里就叫作友爱。我们读古书，“兄友弟恭”，兄弟、朋友之间要友爱，真正的好，真正的爱；如果为了学佛学道，或者讲道德，才对兄弟朋友特别好，已经不对了，是假的了，做不好的，要是自然天性才行。

不得已的局面

下面对这一段历史再作评论，这是道家的看法，很深刻了。跟管仲同时的召忽，因为帮助公子纠失败而自杀，所谓对老板报知遇之恩。管仲没有死，看起来管仲很差劲，这里的评论有一点道理，“召忽非能死，不得不死”，并不是召忽必须要为公子纠尽忠，非死不可，事实逼到那里，不得不死，也非死不可。所以中国人讲到死，“死有重于泰山，有轻于鸿毛”。我们经常讲到历史上忠臣，非死不可。古人有一句名诗，“千古艰难唯一死，伤心岂独息夫人”。湖北长江边上有个息夫人的庙，纪念一个春秋时的息国夫人。息夫人很漂亮、很有名。息国是个小国，当时楚国是大国，楚王好色，听到息夫人很漂亮，要息国把太太送上来。这个息国不肯，结果就被消灭，息夫人还是被楚王抢去了。历史上对息夫人有所微词，就是有所评论，说她当时为什么不死。有人对历史的评论不同意，才说“千古艰难唯一死，伤心岂独息夫人”。中华民族要求尽忠，结果变成要求去死，但是，死这件事并不是那么简单的。

这一个历史的故事，以召忽跟管仲两个来讲，管仲当然不会死，为什么？因为管仲与鲍叔牙两个人商量好的，一个人帮忙小白，一个人帮公子纠，也就是说他们故意安排的。而且管仲当时之所以失败而不去死，是因为他晓得成功的那一方有好朋友鲍叔牙在，到时候一定会帮忙保全他。这是后人有这样很尖刻的看法。老实讲是不应该的，如果这样评断，世界上就没有一个是真正的好人。换句话说，人用这种眼光来看历史、看古人，这是很有问题的。所以《列子》论这一件历史事实的时候，看法就不一样，只讲“召忽非能死，不得不死”，等于文天祥、岳飞一样，不得不死，这就是“死有重于泰山”，这一死的价值，在历史上的分量很重。

下面讲“鲍叔牙非能举贤，不得不举”，他说鲍叔牙为什么推荐管仲，他不得不举啊！齐桓公当时要在诸侯间称霸，统一天下，需要人帮助；鲍叔牙知道自己不是这个材料，帮助齐桓公的几个高级干部也做不到，观察天下人才，只有管仲能做得到，因此推荐管仲，所以说到举贤，是不得不推荐管仲的。

说到齐桓公用管仲，“小白非能用雠”，明明是仇人，恨死了，结果用了之后自己成为一代的名王。并不是齐桓公的度量真正大，而是“不得不用”，这就是“力”的问题。这一篇讲力与命，力就是那个趋势，当你肚子饿极了，看到一碗饭，实在不应该吃，不属于你的，可是已经饿了四五天了，那个形势下就不得不吃。所以人到了某个时候，看到是毒药都要吃下去，就是不能不如此，所以说“不得不用”。

但是我们要知道，历史上的故事告诉我们的是人生经验，我们在做人用人时，有时候是不得不用；有时候是不得去用，不应该用；有时宁可死，以换取这个生命的价值。这一句话，文字上是那么讲，但是我们也要了解，所谓鲍叔牙不得不举，小白不得不用，那是利害关系；但是鲍叔牙举荐管仲，齐桓公能用管仲，其中仍有了解、友情、欣赏等等的感情因素，绝非只有利害的想法。所以我们的思维观念，对别人的作为，不可轻易认定为利害关系。

管仲临终之言

及管夷吾有病，小白问之，曰："仲父之病疾矣，可不讳云？至于大病则寡人恶乎属国而可？"夷吾曰："公谁欲欤？"小白曰："鲍叔牙可。"曰："不可。其为人，洁廉善士也。其于不己若者不比之人，一闻人之过，终身不忘。使之理国，上且钩乎君，下且逆乎民。其得罪于君也，将弗久矣。"小白曰："然则孰可？"对曰："勿已，则隰朋可。其为人也，上忘而下不叛。愧其不若黄帝而哀不己若者。以德分人，谓之圣人；以财分人，谓之贤人。以贤临人，未有得人者也；以贤下人者，未有不得人者也。其于国有不闻也，其于家有不见也。勿已，则隰朋可。"

现在接着讲下半截的历史，"及管夷吾有病，小白问之曰"，管仲年纪大了，快要死的时候，齐桓公来到病床边看他，"仲父之病疾矣"，他很恭敬地说，"仲父"，一个君王对自己的部下客气到这个程度，显示他多么重视他，多么需要他。他说你的病啊疾矣，病就是疾，疾就是病，疾又代表快。小白说你的病严重了，“可不讳云”，你不忌讳我讲一句话吧！生病的人最忌讳一个死字嘛，所以先问一下，这是一个礼貌。他说你的病看起来很严重，我有一句很要紧的话，你不忌讳我问吧？大概管仲点个头表示可以，他就问了。“至于大病”，大病是什么？死亡，他不好意思把死字讲出来；“则寡人恶乎属国而可”，我找谁接你这个位子呢？

“夷吾曰：公谁欲欤”，管仲一听，说你心里想交给哪一个啊？因为小白下面有两派，一派就是三个好人，管仲、鲍叔牙、隰朋，这三个大臣；另一派是马屁派，有竖刁、公子开方、易牙三个最坏的，因为管仲等人在位置上，所以他们三人不敢动。易牙是名厨师，齐桓公有一次讲，天下的美味我都吃过了，只有人肉没有吃过。第二天易牙给他做了一碗肉，特别好吃，他就问这是什么肉啊？易牙说你没有吃过人肉，我把我的儿子杀了给你吃。易牙就是这样一个人，所以如果要修个马屁庙，里头的祖师爷就应该是他了。历史上有名的皇帝，像周宣王、汉宣帝、唐太宗这些人物，这一套就吃不开了，这种人立刻疏远，不要了，不把他杀掉已经很客气了，因为这个行为违反人性。齐桓公就属于历史上不同的一个人，觉得易牙杀儿子给我吃，对我感情太好，所以才有这样三个小人在旁边。

我们年轻人注意，作为干部，你看管仲的大臣风度，齐桓公问他你死了我交给谁啊？像我们年轻同学没有经验，就会说交给老王啊、老李啊。管仲不是，“公谁欲欤”，他先把小白的心理抓住，也防止他后面乱，他说你心里想交给谁啊？这一句把小白问住了，他不敢对管仲讲的，这个时候他有点怕管仲，不是权威的怕，是道德上尊敬。所以管仲就是叫他自己讲出来。一个领袖不能随便讲话，他只好提正派的人物，“小白曰：鲍叔牙可”，他说鲍叔牙这个人可以接你的位子吧。

他们两个是最好的朋友，但是管仲“曰：不可”，不行。这是管鲍之交，这个难吧？前面你看，“生我者父母，知我者鲍叔”，他一生的事业在历史上留名，诸侯间第一位名相，权位之大，是鲍叔牙培养出来的。我们历史记载管仲，“一匡天下，九合诸侯”，匡就是正，使天下走上正路，走上和平的大道。后来的历史，没有一个皇帝、一个宰相做得到的。他一手把这个天下国家安定下来，多次联合国的会议上他都是最权威的秘书长，齐桓公被他捧起来，是会议唯一的主席，成为联合国的君王。所以这个人前半生那么倒霉，晚年有如此的威风，齐桓公对他是真正不得了的好。鲍叔牙从他年轻一直帮忙，我们想，那个宰相位置你不干，总该他干了吧？你看管仲，齐桓公已经提出来“鲍叔牙可”，但是他却说“不可”。这个才是真朋友，当然只有管仲能够做这样的朋友，也只有鲍叔牙有这样的朋友。如果是别人的话，不恨死才怪，我帮了你一辈子，你要断气以前还不推荐我！结果鲍叔牙听了，不晓得多么感激管仲！什么理由？这是历史上的大人物、大作风，年轻人要注意了。

为什么说不可？“其为人，洁廉善士也”，管仲把鲍叔牙看得透透的，他说鲍叔牙人格太好，人太好了不能干大政治，“水太清则无鱼，人太清则无福”，你们注意哦！头脑太清醒的，太爱干净的，这些人没有福气；反而脏兮兮的啊，邋里邋遢的，福气好得很。所以中国人讲话，选媳妇要选一个丑一点的，“福在丑人边”，太漂亮就红颜多薄命，这是同样的道理。他说鲍叔牙这个人太好了，既规矩，又清廉，人格高尚，要求自己太干净了，不能玩政治的。难道政治是坏人玩吗？不是的，而是大政治家能够包容好人，也能够兼容那些坏的，黑的白的，五颜六色他都能够包容。譬如我们这一堂人坐在这里，如果叫电视公司来照，放出来一定很好看，因为我们各种颜色都有，不像他们出家同学清一色，头上都光光的。这个社会就是形形色色，要能够包容得了形形色色才行。所以他提出来鲍叔牙不行，因为鲍叔牙是廉洁之士，善士，意思是包容不了其他的人。

“其于不己若者不比之人”，他说鲍叔牙对于不如他的人，比他穷的人，学问不如他、人格不如他、一切不如他的人，他宽大得很，他能够包容。可是有个毛病，“一闻人之过，终身不忘”，你如果做错一点事，讲错了话，人格有一点毛病，他会牢记，认为这个人不行。鲍叔牙的个性就是这样，因为他是个好人。这一种好人我们社会上很多哦，对印象不好的人，你说死了，他仍然认为不好。很多人有这样的个性，就是说主观成见特别强。他这样子怎么可以做领导人啊！“使之理国”，你如果把国家、全国的政治大权交到他手上，“上且钩乎君”，上面妨碍到你，因为他做错了老百姓不会骂他，而会怪你这个领导人。“下且逆乎民”，下面对老百姓也不好。“其得罪于君也，将弗久矣”。他说我死了以后，你把政权交给他啊，搞不好对不起国家，对不起老百姓，也对不起你，而且充其量干一年两年就出大毛病，所以你不能交给鲍叔牙。

你们注意，这就是管鲍之交，管仲敢讲“生我者父母，知我者鲍叔”；换过来鲍叔牙也可以这样讲，“生我者父母，知我者管仲也”。所以这叫知己，人生得一知己之难，你看历史的经验就会明白。

领袖人才的心胸气度

“小白曰：然则孰可”，他说鲍叔牙不行，那谁行呢？“对曰：勿已，则隰朋可”，“勿已”两个字注意，他说实在找不到合适的人的话，可以把政权交给隰朋。接着管仲对隰朋作了评论，就是现在讲人事考核，这一种考核是大考核了。

古人的考核，我们历史上，曾国藩考取了进士，他的老师穆彰阿大学士就培养曾国藩，向皇帝保荐说，这个人“胆大心细，才可大用”，这是人事考核，密件，只有皇帝一个人看见，推荐这个人不错，值得培养。曾国藩自己也不知道穆彰阿培养他。皇帝看到这个奏本，当然太监都看不到，过几天忽然召见曾国藩。哪里见？小殿，不是正式的皇帝办公室。穆彰阿就告诉曾国藩，你小心啊，没有说是自己保荐的。

曾国藩到了一个偏殿里，什么都没有，只有皇帝一个座位摆在那里，后面挂一幅字，曾国藩进来看到皇帝没有来，就对着这个座位三跪九叩，三呼万岁，然后就规规矩矩等着。等了两三个钟头，皇帝还没有来，他也不敢动，也不敢乱看。等一下太监来了，皇上有旨，曾国藩退回，改日再行召见。回来后穆彰阿就问，怎么样？见到什么东西啊？曾国藩说座位后面有一幅字，字小看不清。清朝这些老做官的，那个头脑之精灵，穆彰阿就叫家里的人带着红包，马上进宫找值日的太监打听，上面挂的是什么？原来是《太祖圣训》，回来就告诉曾国藩。过几天皇帝又召见曾国藩，问了一大堆，又问上次在偏殿召见，我没有到，你说说看我位子后面有什么？曾国藩就一路背下来。皇帝告诉穆彰阿，你讲得不错，这个人的确心细。曾国藩后来前途就那么上去了，不过他真正是一个胆大心细的人。

这些历史故事你们年轻人要注意啊，尤其当人事主任的，不要随便给人家签两句评语，这两句影响人一辈子的命运，因为这个资料满天飞。所以我常常感觉，有人知识不够，看人又看不准，然后给人家下了评语，耽误人家一辈子的前途，不要说他儿子恨你，孙子都恨你，这个因果还背到三代去，真不可以乱干呀！

隰朋这个人，才具没有管仲好，但人很可爱，现在你看管仲对他的评语，“其为人也，上忘而下不叛”，他作为部下，长官不会害怕他，不会防备他，觉得他很可信任，因为上面会忘记了这个人。你说谁能够做到？像我们坐在办公室里，你再好，坐在旁边我也不会忘记啊！觉得有个人坐在这里是一种妨碍。如果一个人坐在这里，使我们忘记了他，这个人不是菩萨就是鬼了。那真是好人啊，好得使你忘记他，所以“上忘”很难。如果上面随时记着你，那要命了，这件事不能让你知道，让你看到不行，那就难办了。这个忘不是忘记你这个人，是忘掉你在这里的妨碍，这样就没有压迫感了。你们年轻同学，能做到这样就成功一大半了，后面就好办了。“而下不叛”，部下对他没有不信仰的，没有部下会违背他的。这一句考核，说明这个人已经可以当宰相了。

“愧其不若黄帝”，他的道德还不止如此，他自己每天总觉得自己的学问道德不够，天天求进步，惭愧没有像我们老祖宗黄帝那么伟大。“而哀不己若者”，对部下有些程度不及他、人品不及他的，他很怜悯同情，没有傲慢，没有看不起人。

所以管仲说“以德分人，谓之圣人”，能够以道德感化人的是圣人。“以财分人，谓之贤人”，能够拿经济钱财帮忙别人，这个已经够得上称贤人。“以贤临人，未有得人者也”，这个“临”字要注意，居高临下叫作“临”，自己觉得有能力有恩惠给人家，有贤德给人家，有居高临下的姿态，这个人不能当领袖。换句话说，你有道德也不足以骄慢人，你对人家有好处，早就应该忘掉。我几十年来常常碰到这种人，他牢记自己对人如何如何好，这一种人就不行了，所以施恩不忘的人不能领导人。如果施恩于人的话，当下就要忘掉，不要希望人家报答你。而我们受恩的人，一辈子不能忘记报答。所以“以贤下人者，未有不得人者也”，施恩不望报的人，别人对他一定非常恭敬，一定服从他领导的。

第二十九讲

不得不做的天下事
可生可死 不可生不可死
生死可以掌控吗

管仲评论隰朋，说他是个贤德之人，但是他谦虚，能够下于人。“其于国有不闻也，其于家有不见也”，他那么好的道德有些人还不知道，这一句话，更显示他的优点了。乃至他家里的人，对他还没有这样彻底的了解。所以管仲的结论是“勿已”，他说你实在找不到人，“则隰朋可”，你把宰相的位子交给隰朋吧！

不得不做的天下事

然则管夷吾非薄鲍叔也，不得不薄；非厚隰朋也，不得不厚。厚之于始，或薄之于终；薄之于终，或厚之于始。厚薄之去来，弗由我也。

邓析操两可之说，设无穷之辞。当子产执政，作竹刑，郑国用之。数难子产之治，子产屈之。子产执而戮之，俄而诛之。然则子产非能用竹刑，不得不用；邓析非能屈子产，不得不屈；子产非能诛邓析，不得不诛也。

“然则”，这是古文写法，就是这样的一件事，“管夷吾非薄鲍叔也，不得不薄”，这就是政治上，也是人生最高哲学。《列子》说这样讲起来，管仲并不是看不起鲍叔牙，并不是轻视自己这个朋友，他对齐桓公不得不把鲍叔牙的优点与缺点讲出来。“非厚隰朋也，不得不厚”，管仲对隰朋这个人，也并不是特别优厚，而是为了国家，为了齐桓公对他的感情，他必须找一个为国家、为老百姓真正做事的人，所以“不得不厚”。

下面讲一个道理——“厚之于始，或薄之于终；薄之于终，或厚之于始”，人的交情，有些朋友一开始好得不得了，亲热得很，厚道得很，最后搞得非常薄，刻薄。有些则是开始清淡，马马虎虎，最后非常之好，所以人生一切事情要看结论、看结果。但是看结果就很难，所以讲“厚薄之去来，弗由我也”，总之不要有主见，没有我见，没有成见，应该完全为公。在做人的道理上，要完全为真理，这样才对。

这一个故事讲完了，我再补充一下，这是讲力与命的关系，是说有一个自然的力量，自然的趋势，也是命运，这就叫作命。这个命并不是说算命看相、摸个骨头，命不是这个道理，命与力，是自然的趋势而已。

下面讲到另外一个故事。邓析，是春秋战国时代的一个哲学家，非常有名的逻辑学专家。据说他是郑国人，跟子产非常好。前面我们讲到《杨朱篇》时，也提到郑国有个名宰相，跟管仲一样有名，叫子产。子产对于国家天下的问题解决得了，家庭问题就没有办法。他有两个太保兄弟，他一点办法也没有，最后子产还找邓析商量，可见两个人是好朋友。现在讲“邓析操两可之说”，照文字看，两可之说，好像邓析是这样也可以，那样也可以，不是这个意思。这是辩证法，是正面、反面，矛盾、统一，正反合的道理，称为两可之学。以他逻辑的推理，论辩一切问题，“设无穷之辞”，他的辩论术极高明，你没有办法批驳他的。他跟子产是好朋友，“当子产执政”，当子产在郑国当宰相的时候，“作竹刑”，邓析私编了一部刑法，因为写在竹简上，所以叫竹刑。我们中国用竹子做刑具也有好几种，譬如有些女人受刑法，古代用竹子夹手指头，还有些鞭子也是竹子做的。

据我们所晓得，过去用刑有很多花样，被罚打一百板的，二十板就打死了。送了红包的打二百板也打不死，打得越响越不会死人，竹片子打到皮肤上，轻轻一拉，虽然又红又肿，却打不死人。如果打下去没有声音，几板就打死人了。以前我们虽年轻，为什么懂那么多啊？我们读老书出身的，这些刑法等等都教过的，怕出去做官不懂，因为司法跟行政不分。所以老辈子都告诉你，官府中下面有些做鬼的，一听就晓得是收了红包；没有收红包的，一听也知道了。以前有句老话“红黑都要挨打”，我们老式的部队或者教育机构，门口挂一条棍子，半截是红的，半截是黑的，所以过去叫作打军棍。军人拿这个东西打，一红一黑，表示黑白分明，所以是“红黑都要挨打”，不对的要挨打，对的也要挨打，所以干脆就打吧。

邓析创作了竹刑，子产当政，“郑国用之，数难子产之治，子产屈之”，社会老百姓反感，对于子产发布这个命令，大家有责难，子产也觉得不对，所以屈服了。这是邓析创作的，所以“子产执而戮之”，把他抓起来杀掉。《列子》讲这个故事马虎了一点，实际上邓析不是子产杀的，邓析被杀的时候，子产已经死了，应该是子产死后执政的后辈所杀。这一件历史的故事我们顺便提到。

“然则”，那么说来，“子产非能用竹刑，不得不用”，当时，以子产的智慧才具，为什么接受邓析的建议，采用竹刑呢？时势到了那里了，“不得不用”。“邓析非能屈子产，不得不屈”，邓析这个建议使子产受了委屈，遭到全国的责备，最后还是投降，这个是什么道理呢？“不得不屈”，也是一个时势的趋势，所以力与命之间有这样困难。“子产非能诛邓析，不得不诛也”，子产也不是要把好朋友杀掉，因为邓析犯了罪该杀，他没有办法。

这几段故事说明什么呢？就是力与命的问题。运气不好，碰到那个情势一点办法都没有，谁都不能挽回。天下有没有冤死的人？有的是！如果碰到战争的时代，一个原子弹，一个机关枪扫射，大家都没命了，你说哪个该死，哪个不该死？没得办法，力与命也，碰上了。依佛家的解释，认为是业力。

可生可死 不可生不可死

可以生而生，天福也；可以死而死，天福也。可以生而不生，天罚也；可以死而不死，天罚也。可以生，可以死，得生得死，有矣；不可以生，不可以死，或死或生，有矣。

道家的哲学，对于生死看得那么宽广，非常达观，“可以生而生，天福也”，可以活就活着，活着不错，幸福；“可以死而死，天福也”，到该死的时候就死，死也不错，也是幸福。真的哦，有人不得其死哦，这些你们青年同学们想不到的。譬如我有一位老朋友，很有名的，都八十几了，他说当年在某一个时候我不死真可惜啊，如果那个时候死，就是死得其所，就非常有价值。结果到现在老了，还要人照应，走路还拿个拐棍，眼睛又看不清，虽然活得很长寿，可是并非幸福。我有一位朋友，是个军人，他也到这里演讲过，他说一般到了老年都很怕死，他就不同。他有两句名言很好，他说死多好啊！是个幸福啊，那是上帝给我们很难得的机会，如果我们父母没有把我们生到这个世界上，连死的机会都没有，所以死是一个机会，那多宝贵啊！听起来好像他讲幽默话，如果真看通了就是这个道理。《列子》讲的也是这个，就是在可以不可以之间很难。

“可以生而不生，天罚也；可以死而不死，天罚也”，人生的境界到了可以生而自己却不想活，为一点小事就去自杀，去跳水、去上吊，多闷气呢！吃安眠药，多头痛啊！这是不应该的。可以生而不生，自己害自己，这是天罚。但是换句话说，可以死、该死的时候而不死，也是天罚。最近有一部书，一位当年很有名的学者写的文学书，老一辈子的朋友都在看。他在序言中讲他是忏悔，借别人的过失来忏悔自己。我说这个忏悔没有道理。他的序言又讲，到了这个时候“不做无益之事，何以遣此有涯之生”，他引用这一句话，只好做一点无聊的事排遣人生。我看他活得好痛苦啊！“可以死而不死，天罚也”，在那里受活罪。

这些故事的道理，你们年轻同学尽管听啊，听了没有用，就算你拿到博士你还是读不懂，人生非要到某一个情况时才懂。不管年龄大小，只要他做过大事、当过头子，或经过了艰难困苦，他一读这本书，就完全懂了。

所以《列子》这本书不是问你对“天罚也”有没有意见，问了等于白问，绝对没有意见，既没有意也没有见，因为他没有这个问题啊！像我们当年在学校听课，老师讲上一句，下面他怎么说已经懂了，那就有意见了，有意也有见，就会问了。

“可以生，可以死，得生得死，有矣；不可以生，不可以死，或死或生，有矣”，你看这些文字是什么文章？好像是莫名其妙，把字堆起来而已，看似衍文，多余的。如果你懂了历史上的故事，有大的人生经验看它，才明白都是一字千金，非常有力。当人生碰到可以生也可以死的两可之间，决定活下去，或者听其自然结束自己的生命；或者碰到那个情况，绝对不应该活下去，或不应该死掉。在两可之间的，在历史上有很多案例。

譬如我们讲三百年前的历史，清军入关前，明朝的末年，那个时候洪承畴经略辽东，防守满洲这个最大的敌人，海陆空三军的权力都在他的手里，结果满洲的祖宗用一点办法就把他困住了。这个时候吴三桂还没有出来。明朝的崇祯皇帝得到报告，说洪承畴在前方战死了，皇帝痛哭，在忠烈祠供起他的牌位，还亲自写祭文上香主祭。当时他是全国的忠臣，就是说在可以生可以死、不可以生不可以死之间。他被俘虏后，绝食，就是不投降。最后顺治的母亲出面，故意泡一点参茶给他喝喝啊，然后怎么恭维一顿啊，就把他动摇了，就投降了。

不过他虽然投降了，也做了很多的好事，对清朝最后有几项不投：俗投僧不投——在家人投降，出家人不投降，所以出家人穿的是明朝的衣服；生投死不投——活时投降，死后可以穿明朝衣服；男投女不投——男人投降，女人不投降，所以清朝近三百年间，女人结婚是穿明朝的衣服，凤冠霞帔。另外有语言文字不从和官号不从等。这都是洪承畴的花样，后来他给清朝出主意，如何统治中国。洪承畴一路带领清军到南方来，直到统一中国。

洪承畴有两个重要关系人物，一个是他在扬州的恩人，当年他考功名时，这个老先生曾帮过他。当洪承畴帮助清军威风凛凛到了扬州时，亲自去见他，老先生不见。勉强见到了，你是谁啊？我不认识。他说自己就是洪承畴。老先生说，冒充！我那个学生是忠臣，早死了的，你是个什么东西要来冒充！硬把他轰出去。另一个是洪承畴的妈妈，他回到福建接他的母亲，母亲当面骂他又要打他，我儿子是忠臣啊，已经尽忠报国死了，你是哪里来的野种，跑来冒充我的儿子，硬把他赶出去。

讲到历史上这些人物，现在我们几十年当中，看的也多了，由大陆到台湾，看到现在，才读懂了这些古书，读懂了所谓“可以生，可以死，得生得死，有矣；不可以生，不可以死，或死或生，有矣”的道理。

生死可以掌控吗

然而生生死死，非物非我，皆命也，智之所无奈何。故曰：“窈然无际，天道自会，漠然无分，天道自运。”

天地不能犯，圣智不能干，鬼魅不能欺，自然者默之成之，平之宁之，将之迎之。

道家对于生死早看通了，禅宗学佛的人要了生死，道家早了了，说这个东西用不着去了的，了了了时无可了，有什么可了啊？所以说“然而生生死死，非物非我”，生死也不是属于物理的主宰，也不是我自己能够主宰，这叫作命。道家所说的这个命，就是佛家讲的业力，这是一股力量，生命的业力。“智之所无奈何”，纵使有高度的智慧、高度的能力，也没有办法左右它，这是力，是自然的趋势。

《列子》对命运、对宇宙的生命这个力量，完全是道家思想。“窈然无际”是老子的思想，老子的原话是“窈兮冥兮”，窈就是形容看不见摸不着，无所在无所不在，无量无边。“天道自会”，这个叫作道，佛家叫作真如，就是这个东西。“漠然无分，天道自运”，它没有一个实质的东西，是它自然有这一股力量运转。“天地不能犯，圣智不能干”，虽是大智慧也不能干扰的。“鬼魅不能欺”，鬼神对于这个命运也没有办法，有些人要死的时候，有报应啦，看到鬼来要他的命。等他运气好的时候鬼怎么不来啊？因为他的命运之中自然的力量没有完，鬼魅都没有办法。

历史上记载，张献忠杀人无数，杀到重庆的时候，杀得天都黑了。张献忠拿一把刀还骂天，格老子杀人同你有什么相干啊？你给我开开，天就晴了，天都怕他。到了失败的时候，一个乡下老百姓拿个锄头就把他打死了。这怎么讲呢？这就是一股力量，任何人，连鬼神都没办法，这个就叫作道家的自然。

所以道家的自然不是印度哲学学派那个自然，印度哲学有个自然学派，那不同。道家的自然不是物理的，只是一个代名词，就是道。所以“自然者默之成之”，只有顺应自然的力量，默认这一股力量，顺应它，人为不能帮忙。“平之宁之”，自己心里头修养到平安宁静。“将之迎之”，既不等待它，也不拒绝它，既不欢迎它，也不排斥它，只是顺其自然。

第三十讲

杨朱歌颂生命之主

普通医生诊病

良医诊病

神医诊病

有人提一个问题，力与命的含义究竟是什么？提问的人自己有一个引申的解释，是否天命重于力？他这个“天”字的含义提高了，更近于道，他说天接近于形而上的道。力命这个力呢？看来好像没有证到形而上道的这个内涵，而偏重于时势；而且时势推广下来就是物理环境的力量，离天道好像又隔了一层。

实际上关于天命，儒家在《中庸》里特别提出来，“天命之谓性”，这个天是什么呢？不是天体的天，代表了形而上道这个天。《列子》里头所讲的力与命，都属于形而上道体的现象，不过把这个现象分开为二。所谓力，是专指时势，就是说势的这个作用受外面环境的影响；所谓命，属于本身的定命，就是佛家讲的业力，是这个业的影响。这两种归纳起来，在佛道两家是同一个体，或者叫作道，或者叫作天。它们的差别大概在这个地方，请诸位自己再研究。

杨朱之友曰季梁。季梁得疾，七日大渐，其子环而泣之，请医。季梁谓杨朱曰：“吾子不肖如此之甚，汝奚不为我歌以晓之？”杨朱歌曰：“天其弗识，人胡能觉？匪佑自天，弗孽由人。我乎汝乎！其弗知乎！医乎巫乎！其知之乎?”其子弗晓，终谒三医。一曰矫氏，二曰俞氏，三曰卢氏，诊其所疾。矫氏谓季梁曰：“汝寒温不节，虚实失度，病由饥饱色欲，精虑烦散，非天非鬼。虽渐，可攻也。”季梁曰：“众医也，亟屏之。”俞氏曰：“女始则胎气不足，乳湩有余。病非一朝一夕之故，其所由来渐矣，弗可已也。”季梁曰：“良医也，且食之。”卢氏曰：“汝疾不由天，亦不由人，亦不由鬼，禀生受形，既有制之者矣，亦有知之者矣。药石其如汝何?”季梁曰：“神医也，重贶遣之!”俄而季梁之疾自瘳。

季梁这个人是杨朱的朋友。“季梁得疾，七日大渐”，季梁生病了，病情很危险，我们素来文化的习惯，人快要死亡就叫“大渐”。季梁的儿子就围着季梁哭，主张找医生。

杨朱歌颂生命之主

季梁告诉杨朱说，我的儿子太不像我，“不肖如此之甚”，拿现在话讲就是那么差劲。他说你呀是我的朋友，为什么不替我教训教训他？如何教训呢？他说你作一首歌吧！唱一唱。所谓歌，古代就是写一篇诗，把哲学的道理放在文学里头。

杨朱于是写了一首歌，古代的歌，四个字一句，唱起来要用另外的方式唱，最好用广东话唱，比较接近古代的音；实际上，战国时候的音，还不是广东音能够代表。我们假使把秦汉以前的人从坟墓里拉起来跟我们讲话，一定听不懂，因为口音两样。

他这一首歌的本意说，“天其弗识”，天都不知道的一个东西，什么东西呢？就是生命的本来，这个生命谁做主呢？有没有一个主宰呢？生命怎么来的？如果有主宰的话，主宰在哪里？而且生命活着是什么意义？怎么会生来，会死去？所以他说，连老天都不知道。宗教家对这个问题没有办法，只有归之于信仰，因为答不出来嘛，只好找一个代表，你信就得救，不信就救不了。其实不信也会得救啦，自己救自己。“人胡能觉”，如果问上帝，上帝哪里来，他自己都搞不清楚。所以说人哪里能够了解生命真正的道理?!

“匪佑自天”，你一切求之于菩萨、上帝，没有用，先要求自己，自己改过做好事、做好人，自助以后，天才能够助你；自己不向好的路上走，光想求上帝、菩萨、天来佑你，不可能。我们晓得《易经》里说，“自天佑之，吉无不利”。所以儒家经常提倡“自助而后人助，自助而后天助”。《列子》的思想呢？“匪佑自天”，更进一步，以宗教哲学来讲，尤其是《列子》的这个道家哲学是更深一层的生命道理，上天都不会保佑你，上帝也做不了主，阎王也做不了主，一切在自己的人为。“匪佑自天”，古代这个“匪”字，同“非”字相通，人的生命完全靠自己，没有靠天保佑。

完全靠自己吗？自己能够做得了生命的主宰吗？也做不了。“弗孽由人”，道家还是用这个孽，佛学里头不用这个孽，这个孽代表了罪孽，佛学用“业”。这个业包括了善、恶、无记三种，我们以前都讲过的。《列子》现在讲生命的根本，并不是上帝给你，也不是天给你，天做不了主，我们自己也做不了主，谁做主呢？答案就在这里面，但没有告诉我们。

下面转到了感情话，“我乎汝乎”，是我吗？是你吗？“其弗知乎”，恐怕谁也不能知道。所以真到了生命要结束，“医乎巫乎”，要找医生吗？找神父吗？找牧师吗？找法师吗？乃至找一些画符念咒的巫师吗？“其知之乎”，他们会知道吗？他们连自己都救不了，还能够救得了我们吗？杨朱就作了这么一首歌，这首歌非常的妙。

前天有一位香港回来的同学，陪另一个同学去看病，回来贴了一身药。我说你也贴了，他就笑笑，广东人讲“找医生就有药，找巫师就有鬼”。你要是找医生，拿一点药吃吃就好了；你去看那些巫师啊，走阴哦！一定有鬼。所以他说“医乎巫乎”，医生吗？巫师吗？“其知之乎”，到了要死的时候，他们自己也没有办法，他们能够懂得什么呢？就这么一首歌。

杨朱作了这一首歌，是接受了他的朋友季梁的委托，想用歌教训季梁的儿子。可是“其子弗晓”，季梁的儿子不懂这个意思。父亲病了，快要死了，当然要请医生来救治，“终谒三医”，结果请了三个医生来给父亲看病。

普通医生诊病

“矫氏谓季梁曰”，第一位医生姓矫的告诉季梁，“汝寒温不节，虚实失度，病由饥饱色欲，精虑烦散，非天非鬼，虽渐，可攻也”，这是医学的道理哦，一点也没有错。这位姓矫的医生说“汝寒温不节”，是指气候的变化，暑湿寒热，有冷有热的天气，这是属于外界，所以有寒温不调和现象。人有七情六欲，思想、知觉与感觉随时随地可以使人生病。而且每种病，不管大病小病，它的力量都可以使人死亡。纵然病好了，不死，生命已经消耗了不少。

照中国古代的医学观点来看，人起码活十二万年，因为七情六欲的变化，高兴笑一下，减几年；哭一下，减几年；生闷气又减几年……那个账我记不得了，十二万年减下来，我们大概只能活个四五十年了。听起来很玄，但绝对有道理的，因为人的生命非常脆弱。如果医生真能够医好病的话，人就不会死啦！可见真有病要死的话，西医中医都没有办法，所以医尽管医，死还是照样的死，人要不死是做不到的。

说到寒温不节，譬如说现在这个气候，大家喜欢用冷气，现在很多的病，都因为冷气吹风来的，进到身体内都不知道，等到将来一旦爆发，不可收拾。最近开了冷气以后，很多人病了，我说是不是开冷气睡觉啊？他们说对。我说活该，看医生去吧。尤其有些人，夏天冷气都开到像冬天一样冷，坐在办公室，穿着毛衣，所以最后病起来啊，西医也叫作冷气病，没办法，这就是寒温不节，自己不晓得调节，不晓得应用。

我们讲中医“望闻问切”，四个字很难了。进来一眼就看出神气、病情，叫作望。听你讲话的声音，西医则听心脏，这是闻。问你哪里不舒服等等，这是问。切就是把脉，西医的诊断靠仪器来化验，比把脉靠得住多了；把脉三个指头在那里试，除了神仙，多半判断错误。所以有许多人有病，我说你先去西医检查，把资料拿来再看吃不吃药。三个指头把脉，要多高深的工夫啊！把脉的时候完全忘我，自己已经进入定境了，而且把自己的精神进入病人的身体内部去了，那才有一点点像样。

小的时候我生病，那个老医生，看到我把药吃下去了，然后难过打滚，他说对了，对了，等一下就出汗了，又把被子捂一下。我闷得要死，要把被子拿掉，不行不行，要出汗出到脚，再摸摸看脚底心真流汗，好了，抹一抹，然后他才回去。不像现在，几天还不好，哎呀！你大概吃了什么东西吧？我的药本来对的，是你搞错了。

怎么叫“虚实失度”？譬如说你饿过头了，就是虚，胃的消化力量减弱了；吃的太多就是实，这是容易了解的。譬如有些人生病了，因为身体里头虚了，虚了就吃补药，完了！补药不能乱吃啊！什么人可以吃补药？身体特别好的人可以吃补药，因为他有吸收的能力。你身体里头衰弱，是个穷家，忽然送了一千万美金给你，地方都没处放，又怕小偷，又怕土匪，虚不受补啊！假设你感冒了，高丽参啊什么补药，一吃进去，本来三天好的，三个月都好不了，把病封死在里头了，就像把土匪、小偷封死在家里一样。所以“虚、实”二字，那是很难懂的。

昨天一个人问我，他要去考医生执照。我说我读了一辈子的医书，只给人家治治小病，至于大病，对不起，我不敢下手。我从小因为老师是医生，他逼我读医书的，每一种药性酸的凉的都要背。我哪里肯背药呢？他在桌子上贴一张今天要背的药名，厕所里一张，蚊帐上都贴了。我现在想想，我今天能够懂一点道理，还靠他当年逼我的。你们许多同学喜欢学中医，规规矩矩，要么去读中医学院。像我的中医老师，又会武功，又有学问，都是第一流，都还没有把我教好，谈何容易啊！凭你们这样子学三年，关起门来看看书，然后考取了。我说你们去做刽子手多好呢！要学这个东西可难了。据我所知，《伤寒论》是南方用的，你到了黄河以北，很多的病用《伤寒论》，绝对不通，我这是受过名师传授，黄河以北要用《温病条辨》。有许多病，到了中原、四川、贵州、云南，用药就和台湾用的完全不同，这也就是虚实的道理。

“寒温不节，虚实失度”，寒温虚实失了调节，自己不晓得调整。一般人讲卫生是西方的文化观念，中国人讲养生，养生就是修道。要想懂得养生，第一先懂得这两句话，寒温要晓得节制。譬如冷气，像昨天这个同学跟着我做事，我说打开冷气吧！他说不要啦，老师你不是讲流一点汗舒服一点吗？我说对啊，可是现在你一流汗，昏了头就不能做事了。我说打开最弱的，两个钟头以后关了就够了。他照我的办法，蛮好，凉快一下就好了嘛，何必一定要冷得非穿毛衣不可，那就是“不节”，不晓得节制；那就叫作“失度”，不晓得调整，就会致病。

还有饥饱，是肠胃问题，譬如感冒分两种，一是细菌性传染，一是受气候风寒暑湿影响来的，不能用一样的药。“饥饱”两个字代表了消化系统，消化系统绝对健康的，细菌进来就杀死了，也把它消化了，所以说“病由饥饱”。还有一个很重要，性行为的关系，“色欲”来的，这个是非常非常重要，很多人生病都是这个问题来的，自己还不知道，医生也不好意思问，问也不会老实讲。据我所知，人十分之九死在这个色欲上面，十分之零点五死在消化系统上面。所以“病由饥饱色欲”。还有“精虑烦散”，人因为有痛苦有烦恼才生病。

你看这个医生看病第一等的高明，那真的是医生，“非天非鬼”，并不是什么被鬼迷了，或是上帝菩萨使你病，没有，都是自己的寒温虚实问题，或由饥饱、色欲、精虑烦散来的。

所以这个医生判断季梁，“非天非鬼，虽渐，可攻也”，他说你虽然到了最后的关头，但是还有希望，可以用药攻，就是把里面的病打出去，这个在中医的名称就叫攻。不管中医西医，只有三条路，汗、吐、泻。不是发汗就是呕吐，把它吐出来，再不然从大小便把病气排泄掉，这是攻的道理。

季梁这个生病的本人，有道之士，一听，“季梁曰：众医也”，就说他这个医生是一般的好医生。反过来说，坏医生就是庸医了，庸医杀人不用刀，开方子一定都照医学的道理来开，但是他把人医死了自己还不知道。所以中国医药的哲学，学医的人要第一等智慧，中医的道理，“医者意也”，就是要思想。所以季梁批评这第一个医生是“众医也”，就是个医生，“亟屏之”，吩咐家里的人赶快送路费，请他走路，我不需要吃药。第一个医生去了，第二个医生俞氏来了。

良医诊病

“俞氏曰：汝始则胎气不足”，第二个医生理论不同，进一步了，告诉季梁，你啊身体天生衰弱，你从生下来胎气不足，就是不足月而生。有人七个月生、八个月生，九个月生的也有，有些人会到十个月生，还有十二个月生的。胎气的问题，多半是不足月生。有些人月数也够，生下来非常衰弱，因为母亲怀孕时补药吃多了，饮食补得太多时，胎儿变成衰弱了。很多穷人家的小孩生下来，母亲也没有营养，反而身体特别好，那奇怪得很；很多富贵人家的孩子被父母糟蹋了，拼命补啊，补啊，那会补死的，所以造成胎气不足，这也是一种原因。

譬如几十年前有个医生，一看病常说是胎毒，吓死人。他说每一个人生下来都有胎毒，这个印象我很深刻，非常有理。婴儿脐带一剪，马上要靠口鼻呼吸，嘴里一堆黑的胎毒，没有挖干净，开口一哭就咽下去了。到了中年以后，胎毒走到哪一部分，哪一部分就有病。现在我问妇产科的护士，有些很注意挖了，有些马马虎虎，特别是年轻的护士，不注意的时候，抠了一点点，大部分吞下去，这就是胎毒的形成。俞氏医生说，你先天胎气已经不足了，“乳湩有余”，靠后天营养维持生命，但是营养太过了，把身体搞坏了。他说你的病啊，“病非一朝一夕之故”，生病的原因，不是一天两天造成的，“其所由来渐矣”，来源已经很久了，“弗可已也”，据我的判断，无药可救。第一个医生说可以下药，这个医生说没有药可救，快要死了。季梁一听，“良医也”，好医生，比“众医”高明了，“且食之”，招待他吃饭，吃了饭不要他下药，就请他走吧！

神医诊病

第三个医生再来看，“卢氏曰：汝疾不由天，亦不由人，亦不由鬼，禀生受形，既有制之者矣，亦有知之者矣，药石其如汝何”。这第三个医生来看了，他说你的病啊，不是上帝给你的，不是菩萨给你的，也不是因为人，也不是因为鬼。一个人既然生下来，有了这个形体，寿命自然有一定的时间，自然有个确定的力量。有人懂得这个道理，所以不与自然抗衡，不抗拒。他说你这个病，你自已也懂，到了某一种情况，吃药啊、针灸啊，这些都没有用了。

换句话说，有人一辈子生病，但是带病延年，这就是中国的哲学道理，可怜兮兮的反而活得很长。有些人身体壮壮的，好像生命很壮实，突然就死去了，有时候身体越壮死得越快。所以我常常告诉同学们，你去研究研究《神仙传》《高僧传》，每一个修成神仙的，小的时候都是多病。我小的时候，从六岁到十二岁，没有吃过饭，药当成饭吃的。所以说我过去所有的病都生完了，伤寒、麻疹、天花啦，我都生过，其实我一辈子都多病。现在你们看我身体比你们都好，但是我一天到晚都在药中，因为多病嘛，就小心了。你们以为自己身体好得很啊，肚子一大坨，胖胖的，都是油，算不定哪一天就崩溃，真的哦！很严重，这是生命的道理。“药石其如汝何”，卢氏医生说到那个时候，药物对你也没有办法了。

这个人讲的跟前面两个都不同，等于宣告死亡了。季梁一听，说“神医也”，这个是神医，“重贶遣之”，好好送一笔礼金给他。第一个医生讲得都对，赶走了；第二个医生讲的比较严重了，就请他吃饭，才送走；第三个医生等于说，你快要死了，他反而送红包，送他走。很怪吧！“俄而季梁之疾自瘳”，这一下他的病自己好了。这是人生哲学道理，因此你们学社会心理学的、学教育学的，都要注意这一段了。

第三十一讲

自生自死的生命
命的定义
人活着为了什么
信命 信理 信心 信性

自生自死的生命

生非贵之所能存，身非爱之所能厚；生亦非贱之所能夭，身亦非轻之所能薄。故贵之或不生，贱之或不死；爱之亦不厚，轻之或不薄。此似反也，非反也；此自生自死，自厚自薄。或贵之而生，或贱之而死；或爱之而厚，或轻之而薄。此似顺也，非顺也；此亦自生自死，自厚自薄。

鬻熊语文王曰："自长非所增，自短非所损。算之所亡若何？"老聃语关尹曰："天之所恶，孰知其故？"言迎天意，揣利害，不如其已。

关于这个生命的理论，列子说，"生非贵之所能存"，这个生是生命的意思。人的生命，并不是权力、富贵、地位可以买到的。古今的英雄豪杰、帝王将相，他们有生杀大权，但却没办法主宰自己的生命，所以人的生命并不是有权势地位就可以掌控的。

第二句讲身体的身，"身非爱之所能厚"，世界上男女之间相爱，常常爱得要死，但在紧要的时候，还是自己的身体最重要。所以约好一齐上吊殉情，然后想办法把气闭一闭，你吊死了，我还活着，因为人最爱的是自己的身体。但是你不管多么爱自己，想不老不死做不到，不是你爱自己就可以做到不死不老的。

第三句，“生亦非贱之所能夭”，我们看历史上很多了不起的人物，宗教家、大英雄豪杰，生下来受痛苦的折磨，结果站起来了；他们也不会短命，越受折磨越站起来，所以不会因为下贱、痛苦而短命。

第四句话，“身亦非轻之所能薄”，有个老朋友觉得活着多余，我说求生不容易，求死也很难哦！我说你越想死，它越要你活，佛经说长寿天是三灾八难的一难，因为长寿让你受罪嘛！

我们的身体，如果自己轻视它，它跟你来个要好，它就健康得要命；如果你重视它，天天打针、吃药，它反而跟你捣乱，让你天天生病。“故贵之或不生”，你对生命种种的保养，可能反而害了自己。讲到这一句话，我想起四五十年前，我一个朋友是中将师长，得了肺病。那个时候他地位高，又有钱，就在四川的青城山休养，住进去后，到处都要消毒，保护得那么好，结果一年半就死了。

所以说你虽宝贵你的生命，不一定活得健康，“贱之或不死”，越是丢在那里好像很贱的，它往往会健康。“爱之亦不厚，轻之或不薄”，太爱护这个生命，爱护这个身体，不一定好得了；随便轻视，随便对待，也不一定死得快。“此似反也，非反也”，这个道理是最高深的道理，不懂的人看起来是相反的理论思想，实际上不是故意唱反调。“此自生自死，自厚自薄”，生命这个东西啊，上帝也做不了主宰，也就是说人的这个命，它有一定的程序、一定的时间，是自生自死，该死的时候谁也救不了，所以自厚自薄，都是自己。

“或贵之而生，或贱之而死，或爱之而厚，或轻之而薄，此似顺也”，有时候你觉得自己这个身体生命，好像因为保护得好，活得长。这个现象看起来很顺，“非顺也”，不是这样，“此亦自生自死，自厚自薄”，不是你的本事大把它保护得好，这是自我生命的哲学道理。这一段就是解释命的道理。

“鬻熊语文王曰”，鬻熊和姜太公都是周文王的老师。春秋战国时楚国的祖先，在南方叫作祝融的，也是鬻熊的祖先，据说祝融后来还成了仙。楚国的这个祖先，生了很多儿子，彭祖年高八百岁，就是祝融的后代。所以南岳衡山就有祝融峰。

古代这位高人，神仙鬻熊氏，告诉周文王，“自长非所增”，这就是修道的原理，一个人修道想长生不老，他说你修不了多少，它都是自生自长的，不是人为可以增加得了的。“自短非所损”，有些人自己糟蹋自己，很想快点死，求死也不容易，你也糟蹋不了。“算之所亡若何”，算就是数学，如果生命这个命数里头没有，你想增加也增加不起来；你的命数里头该有的，你想逃避也逃避不了。

老就是老子，他告诉关尹子说，“天之所恶，孰知其故”，上天自然有个法则，这个天代表形而上的道体，生命的本来。这个生命的本来如果厌恶你了，该灭亡的时候，谁也做不了主，谁也留不住，你也不晓得是为什么。

下面这一句话是列子讲的，“言迎天意，揣利害”，我们一般人都在努力想迎合天意，揣测利害。所以儒家有一句很有气魄的话，“力挽天心”，想把上天的意志拉回来，你拉得回来吗？自己都拉不回来，何况天意?！列子演绎老子的观念，说我们迎合天意，揣测利害，都是不应该的。“不如其已”，你还不如放下算了，听其自然，这是讲力与命，是生命哲学的道理。

杨布问曰：“有人于此，年兄弟也，言兄弟也，才兄弟也，貌兄弟也；而寿夭父子也，贵贱父子也，名誉父子也，爱憎父子也。吾惑之。”杨子曰：“古之人有言，吾尝识之，将以告若。不知所以然而然，命也。今昏昏昧昧，纷纷若若，随所为，随所不为，日去日来，孰能知其故？皆命也。夫信命者，亡寿夭；信理者，亡是非；信心者，亡逆顺；信性者，亡安危。则谓之都亡所信，都亡所不信。真矣慤矣，奚去奚就？奚哀奚乐？奚为奚不为？”

命的定义

这段文字很好懂，杨布问杨子一个问题。他举一个例子，“有人于此”，就是有些人，“年兄弟也，言兄弟也，才兄弟也，貌兄弟也”，兄弟就是平辈，年龄相等，讲话、学问、才能、相貌、神气都差不多。可是有人“寿夭父子也”，父子是代表差了一代。或者山难死了，或者车祸死了，遭遇不一样，有些短命就死了，有些活了几十年，寿命长短不同。“贵贱父子也”，贵贱不同，都是大学的同学，结果他当了部长啊、院长啊，可是有些人呢？没有事做，当“马路巡回使”，在马路上转来转去的。“名誉父子也，爱憎父子也”，知名度也不同，同样有学问的两人，到一个场合，一个大家都欢迎；另一个来了，对不起，不准进来，大家看到他就讨厌。“吾惑之”，同样的两人，爱憎之间差距那么大，遭遇这样不同，这个问题我很疑惑，所以来问。

“杨子曰：古之人有言，吾尝识之”，这个“识”就是“志”。杨子听了，说我们中国的老祖宗有一句话，我记下来了，“将以告若”，我要告诉你这一句古人的话，我们老祖宗讲，“不知所以然而然，命也”，中国人所讲的命是什么？不是算八字那个命，这里对命的哲学作了结论。凡是不知其所以然的，而又的确有这样一件事的，这个就叫作命。有这样的事，永远没有办法懂它们的学理是什么，这个叫作命，这是答案。

但是对于杨子的话，我要加一点不同的意见。我常常告诉人说，天下任何一件事情没有不可以知道的。例如，道是什么？天是什么？都可以知道，有其事必有其理；有其理论，必定有这一件事，这是我的说法。但是你同时也要晓得，天下有这个事实，道理找不出来，是因为智慧不够，所以不知其理；有时有这样一个原理，而不见其事，没有看到这个事实，是因为经验不够。

我提了很多的例子，譬如科学家的发明，自从牛顿看到苹果落地，他就发现地心吸力，之后人类的文化就有一个变化。后来到爱因斯坦发明相对论，表面上推翻了地心吸力这个定律，但是地心吸力这个原理还是照样地存在。我们几千年都晓得，苹果熟了一定掉下地，我们都是把它吃下去而已。牛顿也吃这个苹果，但他在这个事情上找出这个理，所以理找不出来是智慧不够。像看到烧开水，发明了蒸汽机，把人类的文明改变了，这就是从真实的事上找出它的道理。关于理跟事，这是我要补充的一点意见。

所以说这个命绝对可以懂，并不一定像杨子说的“不知所以然而然”。依我的经验，这个生命的道理，只有佛学唯识学讲得透彻，不过太难懂，太难了解。况且那不是理论上懂就行了，还要求证到。这是补充，现在回过来看原文。

人活着为了什么

这个命，前面下了定义，下面又形容，“今昏昏昧昧”，他说我们的人生，一天到晚昏头昏脑，昧昧就是糊里糊涂。“纷纷若若”，纷纷就是乱，一天到晚生活忙乱；若若是随便，就是跟着环境转。“随所为”，跟着时代、社会、家庭、一切的环境变化。有时候不耐烦了，格老子我不愿意起来，我还没有睡够；火车开了，开了就开了，我明天再走。这就是“随所不为”了。“日去日来，孰能知其故”，一天过去，一天又来，谁也不知道生活是为了什么，生命的意义是什么，谁也没有答案。

我们假使对人类考试，问你们生命活着是为了什么？一定都答不出来，答出来也都不对。我也跟你们讲过，几十年前我在四川大学，那时大学生年纪都比较大，三十岁左右，不像你们现在大学生二十几岁。当时我还年轻，上去教课，这些学生们不服气，故意提问题——“人生的目的是什么”。这是个哲学问题，所以告诉你们当老师的经验，这个问题提得非常调皮，尤其在那个时代讲哲学，这个问题里头有骨头的。我说好，站在哲学的立场上告诉你们，这个不是问题。我说你们学哲学应该学过逻辑，人生目的为了人生，这就是答案。你们懂不懂？这一下就把他们打闷了，就是“昏昏昧昧”了，下面听了以后就“纷纷若若”。我说你们怎么有资格学哲学？我告诉你们什么叫作目的。你要来上课，这是你的目的，对不对？譬如你要买一张戏票去看戏，看戏是你的目的。譬如肚子饿了，拼命向福利社跑，目的要去吃饭，对不对？请问哪个人出生时带一个目的来啊？所以人生没有带一个目的出来。像以享受为目的啊、以服务为目的啊，那是哲学家加上去的，人生来没有带一个目的来嘛！人生莫名其妙地来，莫名其妙地走，谁也找不出目的是什么，所以人生以人生为目的。

《列子》的答复是说，这个人生，生命的存在，“不知所以然而然，皆命也”，这个叫作命，这是第一重答案。现在还有个答案，“昏昏昧昧，纷纷若若，随所为，随所不为，日去日来，孰能知其故，皆命也”，这是没有答案的答案，这是命。这里下了这个命的定义，下面有个道理。

信命 信理 信心 信性

道家的哲学，《列子》达到了顶巅。刚才把命的定义下了，一个真正的哲学家，懂了生命的哲学道理，“信命者，亡寿夭”，真正信得过生命的这个真理，真懂的人，也就忘记了自己寿命的长短，不介意这些事了。因为活一百岁死、二百岁死，同三天死一样，这是真懂得生命的道理。

“信理者，亡是非”，一个人真正相信哲学的道理，或者真相信真理，就没有是非的计较了。是非是人为的，哪个对，哪个不对，都是时间空间加上了人为。我们现在认为很对的，古人认为不对，将来的人也认为不对；我们现在认为不对的，也许以后的人认为很对，所以真理面前没有是非。

“信心者，亡逆顺”，真正明心见性了，信得过心，知道一切思想观念都是唯心所造的，所以真明白了心的人，也就忘记了哪个顺、哪个不顺。佛家说的是明心见性，《列子》提出来的是心性，属于两重道理。

“信性者，亡安危”，心的后面这个功能叫作性，懂得人性、懂得物性、懂得天性的人，生活在这个世界上，也就不介意是否平安或危险，没有什么可恐惧的，因为这些都是人性自性的自然规律。注意哦，四个字合起来就是命理心性。

这四条是道家的信条，也是最高的真理，要特别注意，懂了这个道理可以入世，可以出世；入世可以做大事业，出世可以成圣贤。

杨子说人生的修养如果到达了这个程度，“则谓之都亡所信”，得道就是“都亡所信”，拿佛家的话说就是统统空了，空去了一切，那才能真到达空的境界得道。“都亡所不信”，也可以讲不是空的，没有什么信与不信，所谓宗教家的信仰这样、信仰那样，信仰都是个理啊，到这个时候理都不存在了，无所谓信与不信，空与有都丢掉，这样子才叫得道了。

到了这样的境界，杨子给它定个名词，“真矣慤矣”，就叫真人，这个就是很笃实、踏实。真正得道了，脚踏实地，所以禅宗讲脚跟点地。禅宗祖师骂人，有些人认为自己开悟了，到了大禅师前面，大禅师一笑，嗯！你认为开悟了，脚跟还没有点地啊！脚跟不落地，还在跳啊跳啊，无根的。所以这个慗就是踏实，得了道踏实了。“奚去奚就”，就是何去何就，没有什么出世入世、出家在家的分别，也没有这样对、那样不对的分别。“奚哀奚乐”，没有什么叫悲哀，没有什么叫欢乐。“奚为奚不为”，也无所谓有所为，也无所谓无所为，得道就是到达了这样的境界。

第三十二讲

黄老与道家

脱离力与命的控制

不同类型的四友

巧佞的秦桧

不同类型的人们

"黄帝之书云：至人居若死，动若械。亦不知所以居，亦不知所以不居。亦不知所以动，亦不知所以不动。亦不以众人之观，易其情貌，亦不谓众人之不观，不易其情貌。独往独来，独出独入，孰能碍之。"

黄老与道家

这一段所引用的是道家黄老思想，黄老思想就是中国文化的渊源、根源。其实所谓黄帝的书主要是医学，叫作《黄帝内经》，其中包括了《灵枢》《素问》两部分。这是关于医学养生的，也就是后世道家所谓讲修道，乃至修神仙之道、丹道的根本。宋代的朱熹认为，凡是中华民族的公民，《黄帝内经》是必读的书，读了这本书，才知道养生之道，未病不使它病，未老不使它老，未衰不使它衰。《黄帝内经》同时也包括了整个政治的道理，黄帝其他的学术思想，司马迁在《史记》里说了一句话："缙绅先生难言之"，就是一般有功名的知识分子、学者也没有办法考证。绅就是挂在身上的带子，像是印绶带，过去我们国家制定的礼服也同外国一样，你们现在同学们不大知道了。这里《列子》所引用的“黄帝之书”，根据什么？是哪一本？就没有办法考据了。

得了道也称为至人，“至人居若死”，居，就是平常行住坐卧四大威仪，学佛的人都晓得的。他说一个得道的人，平常时像个死人一样。怎么像一个死人呢？就是心念、情欲都不动了，心境非常宁静。

在两宋之间，中国文化另出一个门派，是禅宗与道家的综合，也就是道教非常有名的北派全真教。全真教的开创祖师是王重阳，陕西人，当时中国北方被金国占领，王重阳不愿意做亡国奴，因此他修了个坟，自己就住在坟里修道。这个坟墓的门口挂了一个招牌：“活死人”，晚上睡在棺材里，醒了就出来。因为他学禅宗，也修道，成就后传下来七个弟子，都成神仙了。

王重阳最小的弟子就是丘长春真人，后来做了元朝成吉思汗的国师。丘长春和弟子们由山东动身，到了印度边境跟成吉思汗见面。弟子们把一路的经过记录下来，道藏里有这一部书，叫作《长春真人西游记》，研究中国地理、历史的人必须要看的。

全真教讲清修，中间有位女弟子，就是孙不二。起初王重阳不收她，因为她太富贵了，又漂亮；修道的人要露宿、坟居，所以不收她做弟子。结果她烧油毁容，王重阳才收。她后来修成了女仙，还有一部《孙不二女丹》流传。这些历史的故事，都在道家《七真传》这本书里。

刚才讲到道家的这个教条，“至人居若死”，如果此心不死，想修道，一无是处，也是不可能的，那是玩玩宗教而已。

像跑庙子啊，到处皈依啊，到处唱念啊，像做戏一样可以。真要修道，平常先要死掉心，所以佛家有一句话，“修行容易死心难”，修行并不难，死心太难，此心能够大死之后才有一番大活。《列子》提出“至人居若死”这个观念，也是一样的道理。

“动若械”，修道的人是活死人一样，难道就不能做事吗？不能多情？不能做社会慈善事业吗？绝对可以，但是此心不动，心如止水。这个身体行动是机械性动作，讲话也是一样，像录音机，讲完心中就无事了，就过去了。

脱离力与命的控制

下面引申两个观点，“亦不知所以居，亦不知所以不居”，怎么说呢？譬如佛家经常讲，不动妄想，不动心。不动不是死东西，是动而不动。佛学讲无生，什么是无生啊？生而不生是无生。道理就是《列子》所引用的这句话，“亦不知所以居”，平常活着，没有觉得自己活着。譬如今天有一位老朋友告诉我，某位老太爷死了，今天出殡。我说我一点都不知道，假定知道我必须去行个礼，因为我有一个习惯，养生送死。喜庆、婚事大家高兴热闹，可以礼到人不到；丧事的话，人必须到一下，行个礼就走。后来这位朋友说，殡仪馆不能去呀，去了碰到都是老朋友，老朋友见面有人说心脏不好，有人说血压高……听多了都觉得自己也快了，这个心理危机很大，所以殡仪馆不能去。青年救国团都是年轻人，可以去，自己也忘记老了。这种心理就是有活的观念，有衰老的观念，就不对了。

佛家说死心难，什么叫作死了心呢？活着也没有觉得自己活着，不知道为什么我现在活着；换句话说，为什么死也不考虑。一切很自然，很平常。

因此修道的人在做人做事的时候，“亦不知所以动”，行如无事，做了就做了，过了就马上空了。“亦不知所以不动”，但是也没有一个空的观念，如果觉得我是学佛修道的，我心里都空了，有了这个观念，那已经不行了，不是道。“亦不以众人之观，易其情貌”，并不因为环境影响，而改变自己平常的行为、感情与外形。但是该化妆的，你化化也无妨，我想擦粉就擦，也不是给你看的，也不是给我看的，反正我要怎么样，很自然，不是为求人知而变动。“亦不谓众人之不观，不易其情貌”，也不是因为不为人所不知而不求变动，那都是假造的。

“独往独来”，我就是我，我要做好人，不是为了给你看，当然做坏人的人都做得到，格老子要做坏人，你管我干什么？做好人也做到像做坏人一样，格老子要做好人，你管我干什么？不过有意要做好人的，是有意为善，已经不善，这就不是“独往独来”，所以要真做到独立而不移才行。“独出独入，孰能碍之”，能对人生了解到这个程度，做到这个程度，才真叫作解脱。真得了解脱，什么都没有障碍，自由自在，还我本来面目，我就是我，就是这样。

今天这一段，还是力与命的问题。注意啊，这篇的重点是力与命，力就是佛教的所谓大势至菩萨，时代的趋势，环境的趋势，社会的趋势，这个力量非常大；另一个是命，就是命运。这两样都无法抗拒，力跟命两个比较，究竟是力的本事大，还是命的本事大？中间讨论得很多，却没有办法得一个结论。

刚才我们所讲的《列子》引用道家黄老的思想，提出来一个人要独立而不移，有顶天立地的风范。佛家也是一样，像佛学所讲的释迦牟尼佛，生下来走七步，一手指天，一手指地，说了一句“天上天下唯我独尊”，这句话已经脱离了力与命的问题。力与命本来都是人们不能抗拒的，可是学佛的人要解脱，解脱什么呢？就是刚才这一段，做到至人境界，“独来独往，独出独入，孰能碍之”，脱离了力与命的影响，没有障碍，真正的解脱。

研究东方文化，发觉有很奇妙之处，因为在列子这个时候，佛法根本没有进入中国，这是春秋与战国的这个阶段。所以说东方有圣人，西方有圣人，此心同，此理同。

像我们老祖宗黄帝轩辕氏，那就是真正佛经里所谓的金轮圣王。我们老祖宗做皇帝的，好几个都成道了，黄帝、尧、舜、禹都是。黄帝把国家天下治好，宣布要走了，成道，在河南荆山肉身升天。我们读古书一读到“鼎湖龙去”，就是黄帝的故事。后来皇帝死了，下面人写挽联恭维，都写成“鼎湖龙去”。黄帝在鼎湖骑龙上天，带领部下宰相等许多人，有抓到龙角的，有骑在龙尾的，抓住龙胡子的，上到一半有些人掉下来了，连彭祖也是那个时候掉下来的，因而活了八百年。所以我们后来中国历史，描写一个人跟上一个好老板，做了大官或发大财，形容为“攀龙附凤”，就是这个典故。

研究上古的中国文化，这些故事非常有趣，同埃及、印度、希腊文化，都非常相像。人类最初究竟是怎么样的？不知道。不过我们汉满蒙回藏，都是黄帝的子孙，再扩大研究，整个的人类几乎都是他的子孙，搞不清了。《列子》这里提出了这个问题，黄帝因为是得道的人，所以传下来什么是道，道家思想、佛家思想都包括在内，也告诉我们做人做事如何才能修道，不出不入，无所谓出家，无所谓在家，就是这个样子。

大原则讲完了，所以说脱离力与命的范围，才是得道的人，如果还受力和命的影响，那不是得道的人。下面讲没有得道的人，属于形而下的，社会上一般人生的形态，有二十个不同的典型，非常之妙。你们诸位，尤其在美国的同学要注意，研究人类学的、心理行为学的，还有研究工商企业管理学的，都要特别注意这一段，其中有很多非常宝贵的数据。

不同类型的四友

> 墨杘、单至、啴咺、憋懯，四人相与游于世，胥如志也；穷年不相知情，自以智之深也。
>
> 巧佞、愚直、婩斫、便辟，四人相与游于世，胥如志也；穷年而不相语术，自以巧之微也。

“墨杘、单至、啴咺、憋懯，四人相与游于世”，这四个人就是四个典型。墨杘这个杘字，尸字下面一个木头，读“眉”。墨杘是古代的音，现代来说叫作无聊无赖的人，形容好吃懒做、莫名其妙的这么一种人。战国时南方长江一带，称这种人为墨杘。“单至”，这个名称是说每一样小事情都注意、都很仔细的一种人。第三种人“啴咺”，马马虎虎的意思。第四种人叫“憋憋”，古古怪怪的，讲话吧，讲两句又吞回去了，他总是别别扭扭的，忍了一半。这四种形态，有人很无聊，有人很精细，有人马马虎虎，有人很别扭，讲话内向，都憋在里头。可是四种不同形态的人，他们是好朋友。

我们看《列子》引用这个故事很奇怪，这四种人像是一个桌子的四个角，四个不相同的人做朋友。社会上做好朋友，或者夫妻的，常常个性绝对两样，如果夫妻两个个性一样，不会到头的。一个不爱说话，一个就爱讲话；一个肚子里生闷气，一个嘴巴哇啦哇啦的，这样的夫妇吵了一辈子，但是白头偕老。两个好得要死的夫妻，好不了多久的，几年就没有了。所以这四个人做朋友，“胥如志也”，各人走各人的路线，生活形态都不同，“穷年不相知情”，四个人彼此都不了解，却做了一辈子朋友。西方人讲夫妇之道，不是有个哲学吗，因误解而结婚，因了解而分手。这四个人，“自以智之深也”，每人认为自己聪明智慧是世界第一，而且认为另外三个人是笨蛋，怎么能够了解我呢？也不希望他们了解自己。我们看到社会上这样的人多得很哦，如果两个人或四个人完全了解了，一定吵架的，一定不到一年就分手。所以古今的知己只有管仲与鲍叔牙，其他很少有真正的知己。

巧佞的秦桧

“巧佞，愚直，婩斫，便辟”，又是四个典型。“巧佞”是非常灵巧，拍马屁工夫第一。要知道什么是巧佞，就要晓得历史上所谓佞臣比奸臣还厉害，搞得你样样舒服。你如果在部队里当个班长，管十来个人，那些会拍的啊，茶泡好了，最新的毛巾拿上来，反正都搞得好，这还是有形的招呼，巧的是你不知道他在拍你，还拍得恰到好处。你说自己素来不喜欢拍马屁，他就说世界上都是一些混蛋，哪像你这样不爱拍马屁的呢！巧佞是这样的人，这是一种形态。

譬如害岳飞的秦桧，他也是会拍马屁的，因为宋高宗本来就想把岳飞拿掉的，不好讲，秦桧懂。秦桧本事大得很啊，学问又好，人又漂亮。你再看唱戏唱曹操的，脸上白的，肩膀端起那么高，多难看，那是丑化了曹操。其实曹操是非常漂亮的美男子，白面书生。白脸谱在戏台上只有两种人，一种是神仙，一种是奸臣。像刘备啊，黄脸的，普普通通的人，袁绍也是黄脸，红脸的是脾气大的人，像关公就是。

所以你看秦桧就是像曹操一样，很漂亮，学问好，样样好，他的相府里养的鱼，皇宫里都没有。有一天宋高宗跟秦桧讲，有一种鱼很好吃啊，我记不得叫什么了。秦桧说那可以找得到，回来告诉太太说，我们鱼池里养的都是这种鱼，皇宫里头没有，你赶快送几条到宫里给皇后。皇后问这鱼哪里来的啊？太太说我们家鱼池里都是啊！秦桧知道后，赶快把鱼池里所有的鱼都毒死，然后马上进宫见皇帝，说我刚才把鱼送来了，我们家里有些海边的人来，送来的都是死鱼，只有这几条是活的。这就是秦桧，这叫巧佞。

另有一个读书人，学写秦桧的字三年，写得跟秦桧一样，就冒秦桧的名写了一封信，刻上假图章，送履历表要做一个官。这个年轻人胆子很大，把头拿到手里当西瓜那么玩。这个地方官看到这一封信啊，害怕了，宰相来信非照办不可，不过研究下来，旁边的秘书长就告诉他，这一封信口气不对，与秦桧平常写的文章那个味道不对。这样好了，我们把这一封信送到秦桧的面前去，并写一封信告诉他，你所交代的事，我们都做了。如果宰相说要给他十万就给十万，要发表他做处长，就给他做处长。这个官就是巧佞了。结果秦桧一看，啊？没有这一回事啊！马上把那个人叫来。这个年轻人跪下，坦白承认，相爷！我该死，是我作假。秦桧说你起来，又请他吃饭，十万块你拿去，我亲自给你写信，你到边疆做更大的官。这就是秦桧。

旁边的人就问秦桧，这个家伙那么坏，造假信，你为什么还要帮忙啊？他说一个青年人敢假冒我的名字写信，这个胆子够大了；而且字也写得好，气派够大，才具够大，这种人可以培养，我就让他改邪归正。这是秦桧哦！不过历史上因为他是奸臣，做的其他事都被埋没掉了。秦桧还有一点好处，我不是替他辩护，这是真的。他杀了岳飞以后，岳飞的家属他没有杀，岳飞的太太带着孩子流放到广东，秦桧给县长手令，要给她们生活费，结果县长不懂秦桧的意图，要拍长官马屁，就克扣，连粮食都不发给岳飞的家人。有人就密报给秦桧，秦桧立刻下条子派人到广东，还是要发放，这就是秦桧。这些地方，我们说奸臣坏是坏，可是坏人也有本事啊，有他另外的一面，因为他人坏，又何必结怨那么深呢？讲到巧佞的人，巧就佞，佞就巧，佞就是坏，坏要有本事啊，有时坏人本事比好人本事大、聪明，所以要巧。我可不是叫你们学做坏人呀！

不同类型的人们

“愚直”是笨的意思，有些人讲话很直，不过直得可爱，是什么人啊？是愚直的笨人。讲到愚，告诉你们，你们写信给我，常常上面写老师，下面写愚生，你们的意思是“我是你的笨学生”。可是你们加上一个“愚”字，就变成我的长辈了，所以不能这样写的呀。你们知道吗？哥哥写信给弟弟可以称愚兄，是哥哥的谦虚。娘舅写信给外甥可以称愚舅。老师写信给学生，可以自称愚兄，愚表示长一辈。老师下面点两点，不是老师二，是老二啊，四川人讲老二就是土匪。后面又来个愚生，这一愚不晓得愚到哪里去了，千万注意啊，不能这样写。所以我常常讲，你们过节过年，送个节礼，那是节敬嘛！写拜仪也可以。过年呢？写年敬。下面称学生，或者称弟子、受业，也可以啊，受业就是学生嘛，再不然写一个“生”字就好了，你偏要来个愚生，那真太愚了。

其实，愚直嘛，愚了就直，越笨越直。中国文化《增广昔时贤文》这本书，经常叫你们读的，做人做事一辈子用不完。我们都是童子功，七八岁就会背了。“山中有直树，世上无直人”，有人说自己讲话心直口快，那是假的啊，准备骂你才是真的，对不对？哪有真直的人？真直的人上面加一笨字，这一种人可以做朋友了，你要当菩萨一样把他供起来，那就是菩萨。不愚笨的人绝不会说直话，像我也常常告诉人，对不起啊，我心直口快。那是怕你被骂了听得难过，只好来一个花样耍一耍。要是真笨直的人就是愚的直。

“媥斫”是傻里傻气，非常颟顸，像那个黑旋风李逵（理亏），那是媥斫了。这个人是一塌糊涂，宋江最怕他，因为宋江有时候会作假，故意装起斯文，李逵就在旁边说，大哥何必作假，要吃就吃啊！他就是这样的人。宋江的外号叫及时雨，夏天下一阵及时雨多好，但是及时雨宋江（送江），都送到江里去了，有什么用啊！可见这个雨是假的。智多星吴用（无用），《水浒传》里的这些外号就是哲学。

“便辟”，便辟的人啊，什么都非常古怪，表面上非常有礼，却不是那么一回事，你不要给他骗了。

这四个形态完全不同，犹如桌子的四个角不同，“四人相与游于世”，四个人做朋友，“胥如志也”，彼此都很好，各人有各人人生的一面，“穷年而不相语术”，一辈子也没有说过真话，“自以巧之微也”，每一个人都觉得自己最高明，他们三个都是笨蛋。

第三十三讲

一样米养百样人
被命运支配的人
悟道人 迷糊人
无二心 不怨尤

上述八个典型里包括两件事，第一类四个是讲智，第二类的四个典型讲术，术就是方法，就是我们现在讲有没有办法，说这个人很有办法，有办法属于术。

一样米养百样人

> 缪伢、情露、謇極、凌谇，四人相与游于世，胥如志也；穷年不相晓悟，自以为才之得也。
>
> 眠娗、諈诿、勇敢、怯疑，四人相与游于世，胥如志也；穷年不相讁发，自以行无戾也。
>
> 多偶、自专、乘权、只立，四人相与游于世，胥如志也；穷年不相顾眄，自以时之适也。
>
> 此众态也，其貌不一，而咸之于道，命所归也。

第三个例子，“缪伢、情露、謇極、凌谇”，这四种人。“缪伢”这种人外表很豪迈慷慨，心里头啊，城府很深，就是心里头的东西你猜不到，这叫作城府很深。“情露”呢？这种人有一点什么外面都看得出来。“謇極”，讲话口吃，个性又很急，讲了半天你还不晓得他讲什么。“凌谇”就是嘴巴琐琐碎碎的，啰啰唆唆的一大堆。这样四个人做朋友，各人走各人的路。“自以为才之得也”，四人一辈子也没有觉悟，彼此也不劝导，自己认为都是世界上第一等才能。你看这些人的人生态度多有趣。

“眠娗、諈诿、勇敢、怯疑”，又是四种人。所谓“眠娗”，是昏昏默默的，懒散得很。“諈诿”这种人呢？就是现在所谓会打太极拳，因为太极拳归纳有三个字，“推，拖，拉”。有事情找到他，好，好，最好呢，你找某人，他比我有办法，反正推拖拉。“勇敢”就是真勇敢。“怯疑”，胆子小又害怕、又多疑。这四个不同的典型，也是朋友，各人走各人一条路，谁也不指出谁的毛病，这些都是手段，谁也不讲谁的缺点。这种朋友好办了，“自以行无戾也”，每个人都认为自己的行为是成功的做法。下面再讲四个典型。

“多偶”，这种人与多方面都有关系。以前在重庆的时候，就碰到这么一个朋友，一讲三教九流没有不认识的。某人那是我同学，某人是好朋友，某人我们吃饭就在一起，实际上，他认识不认识不知道。有一次我有一个朋友，性格鲁直，不过他很聪明，看到这个人就很讨厌。那个时候美国总统是罗斯福，大家正在吃饭的时候，他看到这个人就问，“斯福兄这两天有信给你没有？”“谁啊？”“罗斯福啊！”我们赶快拿起酒杯喝酒，就把话岔开了。否则这两个人对起来，做主人的不好办了。又有一次，有一个人结婚送帖子给我，不过这个人是谁我搞不清楚。我就叫一位陆同学，替我去送个礼吧！顺便查查是个什么人。他一去就代表我签名，那个新郎就出来说，南教授你来了。这个同学是慢吞吞的，替我签了名，下面签陆健龄代。新郎说，老师没有来？又说，我跟你老师啊，好朋友。这是讲到人情百态，有这种人，都是事实。社会上人各种各样，所以中国古代的子书不能不读，子书里头把这些事情告诉你，让你懂得人情世故。

还有一个“自专”，做事情除非你不交责任给他，一旦交给他，就要听他的，自专起来。还有“乘权”，乘权的人，一旦权在手，便把令来行，那就要弄权了。第四个是“只立”，孤立，谁的话我都不同意，这种人的个性跟谁也不喜欢打交道，自己认为自己对。我们同学里也有这种个性的哦，不改的话，前途有限，后患无穷，千万注意要改。他说这四个人也是好朋友，各人走一条路，“穷年不相顾眄”，朋友是朋友，彼此理都不理。这个顾就是眼睛斜起来看一下，看你一下都不干，每个人都很傲慢。“自以时之适也”，自己认为是最赶上时代的，最能够把握现实。以上是人生百态，《列子》提出来的是最严重的二十种典型。

下面说“此众态也”，这里描写的是人生丑态，都是坏的方面。但是，从古到今，任何社会、种族、国家都有这些人，是病态，也是人生的常态。“其貌不一”，外面行为形象不一样，“而咸之于道”，这个道不是修道的道，各人有各人人生的法则，也各有他自己人生的规范。你说悭吝的人一毛钱都舍不得花，难道他会活不下去吗？他一样活下去。乱花钱的人，他活不下去吗？他也活下去了。所以人生百态啊，人就是那么活下去，也不要看不起哪一种人。

我们注意呀！他前面先讲最高的人品，那是黄帝所说的得道的人；没有得道的人，也就是各种形态不一样的人。这些都是“命所归也”，这就是人生。佛家讲定业，儒家、道家讲这就是命，每个人有他的生命。你说这个家伙坏透了，你天天咒他早一点死，越咒他，说不定他越健康、越长命，因为那就是定业，不是你能够转的，所谓“命所归也”。

佹佹成者，俏成也，初非成也；佹佹败者，俏败者也，初非败也。故迷生于俏，俏之际昧然。于俏而不昧然，则不骇外祸，不喜内福，随时动，随时止，智不能知也。信命者于彼我无二心。于彼我而有二心者，不若揜目塞耳，背阪面隍亦不坠仆也。故曰：死生自命也，贫穷自时也。怨夭折者，不知命者也；怨贫穷者，不知时者也。当死不惧，在穷不戚，知命安时也。其使多智之人量利害，料虚实，度人情，得亦中，亡亦中。其少智之人不量利害，不料虚实，不度人情，得亦中，亡亦中。量与不量，料与不料，度与不度，奚以异？唯亡所量，亡所不量，则全而亡丧。亦非知全，亦非知丧。自全也，自亡也，自丧也。

被命运支配的人

人生这个道理你要了解，各有各的命运，所以人生成功与失败不是你的本事，而是业报，命里的定业。有一位同学在笑了，自己不怕失败了，反正是定业嘛！“佹佹成者，俏成也”，这个“佹”是形容，就是差不多，偶然达到了理想，碰上了。

这两个字只好用一句土话来形容，一切成功与失败都是瞎猫碰到死老鼠，不是你的真本事，命也！

一个人的成功，你不要认为是成功，那只是好像成功而已。这一句话最难懂，什么道理呢？你看历史上的皇帝、状元、宰相，你们脑子里记得几个状元的名字？历代皇帝的名字，他们的小名叫什么？报不出来吧？拿一句古文讲，“而今安在”？这些人到现在，在哪里啊？这些人当时都算成功的人哦！“佹佹成者，俏成也”，好像是成功，没有真的成功，都没有了，都过去了。“初非成也”，那不是究竟的成功。什么叫作成功？你下不了一个定义；相反的，什么叫作失败呢？你也下不了一个定义。“佹佹败者，俏败也，初非败也”，所以没有一个真正叫成功，没有一个真正叫失败。至于说你觉得自己了不起，命好，那就是“七字不好，八字好”，有什么办法呢？就是这个道理，这是命也！

下面讲命运成功与失败的道理。我们在座很多同学不要灰心，是命不好；我也知道你们了不起，可是命不好就起不了了，了不起跟起不了是两兄弟，这没有什么严重的。道理在哪里？“故迷生于俏，俏之际昧然”，一个人为什么不能悟道呢？迷掉了。“迷生于俏”，《列子》这一句是名言，那不得了，连一些禅宗祖师还没有讲到过。人生为什么迷了？都被这些相似的成就现象骗了。《列子》里这一句话，把全部唯识学都讲完了，唯识学讲一切都是假象，都是比量，没有一个真的现象，一般人都被那个差不多的现象骗了。像你们年轻谈恋爱一样，他爱我啊，我爱他啊，你在骗他，他也在骗你，谁把谁骗住就叫作爱，这也是“迷生于俏”。

我在辅仁大学讲课时，大家觉得我上课很随便，他们不像你们这么乖。那些女同学问，老师啊！哲学慢一点讲，先问一个问题，什么是恋爱哲学？我说这很难办啊，我上哲学的课，没有负责讲恋爱哲学啊！不过要我讲也可以啦！我说，什么叫恋爱啊？自私到极点就是恋爱的最高峰，因为恋爱的时候，我爱你才爱你，我不爱你就不爱你，所以一切都要听我的，这个就是恋爱哲学，自私到极点就叫作爱。对不对不知道啊，请你们诸位年轻同学给我评论一下。这个道理就是“迷生于俏”，人都被假象骗了。

可是“俏之际昧然”，当你在这个假象的影像里时，“昧然”，是莫名其妙，“俏之际”，那个现象、假象的本身莫名其妙，假的，可是假得很迷糊、很有趣。所以我常常跟你们讲，人在做梦的时候不要叫醒他。法师们喜欢度人，我是反对度人，他迷得很舒服的时候，你何必把他叫醒呢！梦醒了多难受，对不对？所以我主张不叫醒他，等他自己梦醒了，头痛好几年，那个时候他自然会清醒。

悟道人 迷糊人

“于俏而不昧然”，当人在那个莫名其妙的假象当中，觉得自己并没有迷啊，清醒得很啊，每个人都是这样。所以糊涂到极点，迷到了极点，也近于道。《列子》哲学讲到这里有个关键，大彻大悟是得道的人；糊涂到透顶的人啊，也好像得道了，他也没有痛苦。所以，要么大彻大悟，成佛了，没有烦恼；要么就是糊里糊涂，他也没有痛苦烦恼，他也得道了。

所以得道与不得道、大糊涂与大觉悟是一样的，“则不骇外祸”，这种人外面闯了大祸，他还得意得很，因为他糊涂，同得道的人一样。“不喜内福”，他也不喜欢搞内在修养，你叫他打坐，修止观、念佛啊，他不干，因为他糊里糊涂，很有福气，同开悟的人一样，这就是人生。但是真得道开悟的人，会达到“不骇外祸”这个境界，外面劫火烧来也不怕，完全在定中；“不喜内福”，内在此心坦荡荡的，“本来无一物，何处惹尘埃”，他用不着求什么。在佛学上到达这个境界有个名称，叫作“无学位”，智慧、福报也不需要再修学了，因为已经达到无学位了。你们学禅宗的，看永嘉大师《证道歌》，第一句话就把菩提大道说完了，“绝学无为闲道人，不除妄想不求真”。这就是佛境界，他已经到达绝学境界，世间法、出世法都不要再学了，已经绝对无为了。你说他是佛吗？他不是佛。你说他是凡夫吗？不是凡夫。另外取个名字叫“闲道人”。“不除妄想不求真”，都说完了，这就是禅学的最高境界。刚才讲到《列子》“不骇外祸，不喜内福”，也是这样。

所以一个真大糊涂的人同一个悟道境界的人，几乎是相同的。得了道的人并不是不敢做事哦，“随时动”，注意这个“时”，时节因缘不来就不动。我也告诉过你们同学，百丈禅师告诉沩山禅师一句重要的话，一切圣人教主都懂这个，“欲识佛性义，当观时节因缘”，这个时非常重要。时是什么？就是我们普通讲运气，命跟运。所以你们有许多会算八字的，要学中医针灸看病，也要懂得八字。哪个时候得的病，哪一种年龄，哪一种人，必须要到哪一天才会好，讲命的话是呆定的。有人八字非常好，命真好，但一辈子倒霉，因为不得其时嘛，不走运。

所以命跟运是两回事，运就是时。譬如这个茶杯，工厂一次做出来一万个，茶杯的命好，但运各个不同。有个茶杯被买来给大法师泡茶，他不在我们都不敢动啊！同样一个茶杯买去给一个生病在床的人，接小便用的，它两个运就不同，命是一样，懂了吗？运就是时。所以算命的道理，“命好不如运好”，不得其时就不行。《易经》的学问讲了半天，孔子就讲一个字——“时”，随时而动。佛家也讲一个时，在每一本佛经开始，“一时，佛在舍卫国……”，这里告诉你，就是这个时，所以随时而动。孟子也告诉我们，“虽有智慧，不如乘势，虽有镃基，不如待时”，也就是列子这个意思。连孔子、孟子碰到那个时候都没有办法，你本事再大，那个时代不属于你的，就没有法子。所以我常常给老朋友们说笑话，“随时动”，不是随时都要动，应该是“随、时、动”，那个时到了你就动，时不到你不能动。比如说现在还没有下课，你一个人在课堂动，走出去，大家都要看你，这就不是“随时动”。等到下课大家都走，你也就一起走了，这就是时的重要。

但是也要知道“随时止”，动止之间，一进一退，对于这个时间的把握，“智不能知也”。得了道的人，他能够把握这个时，该动的时候动，该止的时候止，不会勉强，勉强是没有用的。为什么？佛都不能转定业，在定业这一段时间内你绝不能碰，碰了也没有用，也过不了。等这个业一消，轻轻一招手就过来了，就得度了。所以纵然你有智慧，这个动止的机关在哪里，你还不能了解，了解以后，就可以了解天下事了。

无二心 不怨尤

因此这里作了一个结论，“信命者于彼我无二心”，所以《列子》说，真正懂了业力这个业的道理，明白在人我之间没有是非，他好我也不羡慕，他坏我也不歧视，因为都是业报，业力自然。也就是我上次给大家讲的，“欲除烦恼须无我，各有前因莫羡人”，真想人生没有烦恼，除非你修到无我的境界。人生的遭遇，一切各有前生的因果，不怨恨他人，也不羡慕他人。

万一你不懂这个哲学，“于彼我而有二心者”，对于人生有分别心处世的话，那你的痛苦烦恼就多了，这个时候用消极的办法，“不若揜目塞耳”，你只好把眼睛遮起来少看一点，把耳朵塞起来少听一点，“背阪面隍”，背对现实，像日本人学禅宗一样，把背朝外面，面对墙壁，认为是面壁。“亦不坠仆也”，你还可以保命，不会倒下来。

由于这个理由，归根究底告诉我们一个结论，“死生自命也”，这个死生之间，不是你意志可以左右的，命也；“贫穷自时也”，富贵贫穷是时也，时就是运，运气不到，一点办法都没有。但是，命还是可以自己改的，不是不可以改啊！

所以《列子》这里说，“怨夭折者，不知命者也；怨贫穷者，不知时者也”，一个人怨天怨人，怨自己命短，因为他不知道命的哲学道理，早死迟死都是死，死后火化土埋都一样。我经常叫你们研究人死后有几种埋葬的方法，在西藏，把尸体给秃鹰吃，那是天葬。像我们现在，街上死人的队伍，前面咚咚咚洋乐队，后面又是法师又是道士，又有人哭又有人笑的，这个是不合礼的。有些葬法坟墓是在山顶上，棺材下面这个板可以抽掉的，抬到坟地，把下面那一块板子一抽，人体掉进坟坑，棺材抬回来，下一次还可以用。另有水葬的，有些民族，把死人丢到水里给鱼吃。你看人类社会的做法，哪一种对？哪一种不对？你讲讲看，怎么叫是非？所以没有绝对的是非，命也！生死都是一样。死后这样安排、那样安排，该安排去安排吧，也不错。这一段很长，还没有讲完，先讲到这里。

第三十四讲

成败得失 自然现象

看江山无恙

晏子说人生历史哲学

有上就有下

成败得失 自然现象

现在还在《力命》这一篇，接着上次的观念继续讲到生死问题，“当死不惧，在穷不戚”，所以真正的道家看得很通达，无所谓了与不了，对贫贱的遭遇也看得很平淡，没有忧愁，就有这样豁达的胸襟。“知命安时也”，他了解生命的道理，顺时是生命的自然之理。“其使多智之人量利害，料虚实，度人情”，因此了了生死的人，看通了这个自然生命的规律，这是智慧高的人，在《列子》里称之为“多智之人”。这些人活在这个世界上处世做人，计量利害关系以及虚实的道理，了解人在这个社会上一切的情况。“得亦中，亡亦中”，这个“中”字念“仲”，打中了，就是有所成就也对，失败了也不错。

“其少智之人不量利害，不料虚实，不度人情，得亦中，亡亦中”，笨人活在这个世界上，不计量人类世间的利害关系，不懂人情世故虚实的道理，成功也行，不成功也行。因为成功与失败没有绝对的标准，是根据人自我的观念、利害的道理而下断语。因此说“量与不量，料与不料，度与不度，奚以异”！所以我们的人生，大家都打虚实的主意，什么事情都估计一下，就是量；什么事情预先判断一下，就是料；度就是猜想，一个事情还没有实行先猜一猜。其实猜与不猜都是一样，因为他的遭遇属于定业的命定。

“唯亡所量，亡所不量”，所以要一切放任自然，生命自然之理就是自然地活下去，也就是上一次我们讲到生命的目的就是活着。活到差不多了，要跑路就跑路了，没有什么了不起。这个样子“则全而亡丧”，一切什么都有，很满足，“亦非知全，亦非知丧”，满足也不知道，丧失也不知道。所以“自全也，自亡也，自丧也”，一切成败得失，都是很自然的现象。这是补充上次的观念，简单明了地把它说完了。现在举一个事实为例。

看江山无恙

> 齐景公游于牛山，北临其国城而流涕曰：“美哉国乎！郁郁芊芊，若何滴滴，去此国而死乎？使古无死者，寡人将去斯而之何？”史孔梁丘据皆从而泣曰：“臣赖君之赐，疏食恶肉可得而食，驽马棱车可得而乘也；且犹不欲死，而况吾君乎？”晏子独笑于旁，公雪涕而顾晏子曰：“寡人今日之游悲，孔与据皆从寡人而泣，子之独笑，何也？”

“齐景公游于牛山”，齐景公是春秋末期的一位诸侯，不算好，也不算太坏。不过他有一位名宰相，就是我们再三提到的晏子，晏婴。这个人有名的矮小，跟孔子是很好的朋友。齐景公“游于牛山”，牛山是当时齐国的一座山（山东临淄县南)。在中国文学里有“牛山濯濯”这句话。这个濯字，就是水洗得干干净净的。牛山这座山上啊，一棵树都没有，都被人砍完了，只有草，所以这座山是光光的。我们形容一个人头上光了，就说他“牛山濯濯”。

“北临其国城而流涕曰”，齐景公回头看看自己的国家，自己所统治的这个区域，不免感慨而流泪。等于明朝永乐皇帝，把侄子建文帝赶走，建文帝是朱元璋的孙子，只好跑去当和尚，几十年以后回来。清朝的词人曾作词形容他的心情，很有名的，“雄城壮，看江山无恙”，自己回头看看统治过几年的天下，“谁识我一瓢一笠到襄阳”，这个时候他是和尚的身份。所以有人说，明朝郑和下南洋开展了海疆、海上的航运，实际上是永乐怕这个侄子逃亡海外，所以叫这个最信任的太监郑和航海搜索，想把建文帝抓回来杀掉，这是历史的一个秘密。可是建文帝没有逃到国外，一直躲在云南迤西一带当和尚。据说过了几十年，永乐死后他才回宫，说自己是皇帝，大家都不敢相信，最后把全宫的老太监找出来，有两个老太监还认识他，一看到他就跪下了。

我们为什么说到这个啊？就是说齐景公当时在山上，一看自己所统治的区域，就是“雄城壮”，因此感慨而落泪。下面是赞美他当时统治的土地，“美哉国乎”，一个伟大的国家，土地、资源茂盛，物产丰富；“郁郁芊芊”，一些树木花草，各种自然的境界；“若何滴滴”，所谓青翠欲滴，到处都是翠绿原野，显示这片土地的富饶。

“去此国而死乎”，看了自己所统治的美丽国土，他就想到总有一天我要离开这片土地而死去。但是人生自古谁无死呢？“使古无死者”，如果自古以来人都没有死的话，“寡人将去斯而之何”，那么不晓得我会是做什么，是不是做君王？想到这里，所以很感伤。一个人到了风景好的地方，快乐的时候，常常会产生伤感心情。

当时有孔梁、丘据两个人跟在他旁边，看到这个诸侯的伤感，他们也哭了。这是马屁主义，他们的眼泪也来得快，不用抹辣椒就流出来了。不过他们的哭也有道理，下面讲一个理由。他们说，大王你不要想得那么悲惨，“臣赖君之赐”，我们都是靠你才有饭吃，有官做，有权位，“疏食恶肉可得而食”，这个恶肉不是说坏的肉，而是好吃的。“驽马棱车可得而乘也”，有交通工具，衣食住行，种种的享受。像我们啊都不想死，都怕死，何况你是一国之主，当然有这么一种悲伤心理。这两个人就陪着齐景公掉眼泪。

齐景公的名宰相看到这两个人马屁拍得很有趣，“晏子独笑于旁”，他们两个和君王都在那里哭，晏子却在旁边笑。“公雪涕而顾晏子曰”，就是把眼泪鼻涕擦一擦，然后回头看晏子。“寡人今日之游悲，孔与据皆从寡人而泣，子之独笑，何也”，他说我们今天出来郊游，因为触景生情，所以哭了，孔梁跟丘据两个人也跟着我伤感，而你一个人笑，这是什么意思啊？晏子的回答是一个人生哲学，也是对马屁主义的一个批评。

晏子说人生历史哲学

晏子对曰：“使贤者常守之，则太公、桓公将常守之

> 矣；使有勇者而常守之，则庄公、灵公将常守之矣。数君者将守之，吾君方将被蓑笠而立乎畎亩之中，唯事之恤，行假念死乎？则吾君又安得此位而立焉？”

“晏子对曰：使贤者常守之，则太公、桓公将常守之矣。”解释这段话之前，先了解一下历史背景。周武王统一天下，姜太公的功劳很大。周武王分封诸侯，历史上叫“封建”，中央集权，地方分治，姜太公被封于齐，是齐国的祖先，就是山东的胶东这一带，当时封了几百个国家。

有一部小说叫《封神榜》，都是神话。姜太公在没有得志以前，多倒霉！做什么都失败，卖面粉碰到大风，把面粉都吹跑了，所以七十多岁时他太太闹离婚离开了他。这个姜太公孤家寡人，在渭水钓鱼，“愿者上钩”就是他的话。其实他是在那里钓人，结果总算周文王上钩了。姜太公那个时候差不多八十岁，周文王有九十多了，姜太公坐在车上要周文王给他推车，姜太公看他推得很累，问推了几步啊？周文王说八百零八步了，姜太公说我保你子孙八百年天下。所以周朝政权八百年，据说是周文王给姜太公推车推出来的。《封神榜》里说，姜太公帮助周文王统一天下，最后是姜太公封神，什么雷公、电母啊，一个个封完了以后，只剩一个小小土地公的位子给自己。《封神榜》这一部小说的精神你就看到了，一个成功的人是“无我”，真地忘了自己，连玉皇大帝都是他封的，这个玉皇大帝本来是姓张的，不过据说上天也民主，玉皇大帝改选，现在是关公上任，这是一贯道里传出来的。这个姜太公的故事，是神话小说，但里头的哲学非常有味道。姜太公封于齐，四百年后，齐国出了春秋时代第一个霸主齐桓公，管仲当宰相。

晏子回答齐景公时，说出一个历史故事，你们注意啊，晏子本人有一部《晏子春秋》，说了很多道理。这一部著作与孔子同时，比管仲后一点，管仲有一部书叫《管子》，比孔子还早一点，这都是中国文化，所以叫诸子百家。

晏子这里所说的属于历史哲学，他先说一个道理。他对齐景公说，假使一个国家的权位由了不起的贤者永远统治下去，像姜太公、齐桓公都不死的话，那么他们就永远当君王，也不会轮到你了。这是讲齐国上一代的历史。“使有勇者而常守之，则庄公、灵公将常守之矣”，齐国的庄公、灵公武功了不起，统治了一个时代，他们都是齐景公的祖先，如果不死，也可以永远统治齐国。万一“数君者将守之”，你的祖宗先辈都不死，那权位就始终在他们手里了。

“吾君方将被蓑笠而立乎畎亩之中”，你不过是他们后辈的小孙子，虽然是个龙种，龙种又怎么样？古代称皇帝的子孙为龙种，好像老百姓的儿女都是狗种一样，这是统治者的毛病。尽管你是龙种吧！许多皇帝的后代，所谓末代王孙，比普通老百姓还不如，因为他们娇贵惯了，自视很高，可是一无所能，所以很可怜。末代王孙我们当年亲眼看到了很多，非常同情，但是无可奈何。

晏子说你不过是个末代的王孙，了不起做一个种田的老百姓，“将被蓑笠”，穿个蓑衣，戴个斗笠，“而立乎畎亩之中”，这一些话文学境界都很美，种种田，下雨天还在田里忙。“唯事之恤”，在那种情况下，你就怕一天工作没有做好，只想挣一口饭吃，“行假念死乎”，没有时间给你想明天会不会死，或者考虑将来死了会怎么样，没有那么多闲情逸致让你这样胡思乱想。这是哲学道理了。“则吾君又安得此位而立焉”，如果那些英明君王长生不死，你哪里会坐得上这个位子啊！你今天坐上了这个位子，就是“山中无老虎，猴子称大王”，否则当然轮不到你了，如此而已。

有上就有下

> “以其迭处之，迭去之，至于君也，而独为之流涕，是不仁也。见不仁之君，见谄谀之臣，臣见此二者，臣之所为独窃笑也。”景公惭焉，举觞自罚，罚二臣者各二觞焉。

“以其迭处之，迭去之，至于君也”，晏子说你要晓得哦，刚才讲过了，假使你的祖宗，那些英雄们都在，还会有你的位子吗？同样的道理，因为人有生有死，所以历史上，周朝以后有秦汉唐宋元明清，就是那么在转，那个位子永远有人上，永远有人下。

常常有人问我，有没有风水啊？我说有啊，绝对有道理，但是要懂一个道理。北京的故宫，从辽金元开始，到明清八百年，为了风水，皇宫有九门，哪几年的运气在哪一个门，就开那个门，所以九宫八卦，都是想子孙万代。但是你看看，辽金元明清有五个朝，每一朝代，有时皇帝三年五年就翘辫子了，只有清朝两个皇帝康熙与乾隆，当了六十年皇帝。懂了北京的皇宫你就懂了风水，都是天下第一流看风水的研究了九宫，那还有不好的吗？但是仍然不断有人上去，有人下来。

懂得风水的道理，你就不要太讲究了，重点在德行，不在风水。所以中国人讲看风水，有“一德，二命，三风水，四积阴功，五读书”这句话。风水在五个成分里头只占一个成分，有什么用啊！不要上当了，第一个条件还是道德的修养。这就是中国文化，你们很多同学要研究风水，但是千万不要迷信。

晏子讲到君王这个位子“迭处之”，屡次有人登上，“迭去之”，也常常有人下台。“至于君也”，到你今天坐上那个位子，深怕位子掉了，在牛山顶上流涕，“是不仁也”。晏子等于教训老板，这个不仁不是讲他不仁慈，而是没有哲学境界的修养。人生有生必有死，有成功一定有失败，要上台的时候就准备下台。古人有句名言，“上台容易下台难”，要下台下得好，那才是漂亮。

晏子又讲，“见不仁之君”，我亲眼看到一个不懂事的君王，“见谄谀之臣”，我还亲眼看到拍马屁的部下。“臣见此二者”，这两件事我亲眼看到，“臣之所为独窃笑也”，你叫我怎么不笑呢？他说我当然笑啦。

所以我常常告诉美国的朋友，你们假民主、真统治，虽是民主选出来的，真正幕后统治的是资本家。中国文化过去讲君主制度，你懂了中国历史，就知道是真民主、假统治。当碰到一些大臣当面给你难堪时，皇帝一点法子都没有。有时候皇帝下的命令，一些厉害的宰相留中不发，放进抽屉一锁，不发布了；等到皇帝问起，办了没有？没有，不可以办。

中国古代的读书人、做大臣的，他们真正的目标就是《朱子治家格言》里的两句话："读书志在圣贤，为官心存君国。"古代知识分子出来做官，是对老百姓负责，对国家负责，所以他不管你皇帝不皇帝，皇帝错了，他一样地说。《朱子治家格言》的最后两句话，"为人若此，庶乎近焉"，教育的宗旨目标就在这一篇里，做人做到这个样子差不多算是一个人了。这是中国文化教育的宗旨与目标。

你看晏子马上指着齐景公就批评了，"景公惭焉，举觞自罚，罚二臣者各二觞焉"，齐景公听晏子这样给他刮胡子，脸都红了，跟晏子讲自己很惭愧，你的教训对，该罚。拿起酒杯，自己罚一杯，叫两个拍马屁的罚两杯。所以齐景公不算是个坏君王，被晏子一顿教训，他承认错误。

这一段历史故事，说明了什么呢？刚才提到，对生死问题要看得很通，生死问题看通了，成功失败、是非得失之间就看通了。这在中国文化里叫作达人，这个人通达了。所以老辈子的读书人，不问你联考考取没有、博士拿到没有，只问书读通了没有。读书怎么样叫通了？懂得了做人，懂得了人生，叫作达人，就是非常豁达，什么道理都了解了。

所以我常常告诉同学们，尤其你们喜欢研究禅宗的，那个懒残禅师有一首长诗，非常高明，文学又高，道理又深，最后的几句：

世事悠悠　不如山丘　青松蔽日　碧涧长流
山云当幕　夜月为钩　卧藤萝下　块石枕头
不朝天子　岂羡王侯　生死无虑　更复何忧

这一段故事是补充前面所讲的，生死都了了，看通了，这个世界上还有什么了不起的呢！还有什么事情可怕的呢！我们讲到生死问题，那么重大，同道家这个观念是一样的，生死一了之后，就看空了。生死要怎么了呢？就是活跟死是一样，死同活差不多，这就叫了了。

第三十五讲

你做不了主的事

汤问篇

万物开始之前如何

天地有边际吗

四海之外又如何

女娲补天的故事

你做不了主的事

> 魏人有东门吴者，其子死而不忧。其相室曰：“公之爱子，天下无有。今子死不忧，何也?”东门吴曰：“吾常无子，无子之时不忧。今子死，乃与向无子同，臣奚忧焉?”农赴时，商趣利，工追术，仕逐势，势使然也。然农有水旱，商有得失，工有成败，仕有遇否，命使然也。

“魏人有东门吴者，其子死而不忧”，这是一则民间故事。战国时的魏国有一个人，姓东门。东门是复姓，普通叫作双姓，我们中国的姓很多，起码万把个姓，《水浒传》里有西门庆，还有南门、北门。这个人姓东门，名字叫吴，他的独子死掉了，他一点都不难过。“其相室曰”，相室是家里的总管，这位管家就问他，“公之爱子，天下无有”，他说你这个儿子，真好啊，又聪明，又能干，天下无双。“今子死不忧何也”，现在你这样一个儿子死了，你一点也不难过，这是什么理由啊?

“东门吴曰：吾常无子”，他说我们生下来是没有儿子的，谁生下来带了儿子来的?“无子之时不忧，今子死，乃与向无子同”，当我没有结婚没有儿子的时候，一点都不担忧；现在儿子死了，不是同从前我没有儿子时一样吗？“臣奚忧焉”，因此他说这有什么可忧的啊？这个人我们看来不是疯子就是得道的人了。

这是《力命》全篇的结论。种田的人，一年到头忙着赶时间播种收割，就是二十四个气节，清明啊，谷雨啊，芒种啊，这些都是气节，是根据太阳系统订立的。不过了惊蛰节，没有办法下种，台湾在回归线上，稍稍不同，所以“农赴时”，农耕注重时节。做生意的，“商趣利”，唯一目标是赚钱，追求利益。“工追术”，学工业的人研究技术，一天一天求进步。“仕逐势”，做官的追逐势利，要抓权，地位越高权越大，这是必然的道理。这个是什么道理？“势使然也”，生活在这个世界上，趋势是社会现实必然的道理。

虽然是必然，但是有一个东西你做不了主的，连上帝也没有办法，“农有水旱”，老天不下雨，一点办法也没有。“商有得失”，做生意有时候赚钱，有时候蚀本。“工有成败”，学化学物理的，学工艺的，有时候成功，有时候失败。“仕有遇否”，做官的有时候运气好就上了，运气不好就下了。“命使然也”，这是命，也是无主宰，非自然。

汤 问 篇

接下来这一卷就妙了，篇名是《汤问》，汤就是商汤，是历史上的名王。上古时代的夏商周，商汤在夏禹之后，比周朝早，所以我们称尧舜禹汤。该篇他所问的问题，由科学到哲学，由物理世界到形而上道，都包括在内。研究中国古代科学思想，就要看诸子百家的道家，其中有很丰富的物理思想、科学思想跟哲学思想，所以要通道家才行，不然不能懂。《列子》这一本书就属于道家，尤其这一篇，讲到物理而到达哲学。

万物开始之前如何

> 殷汤问于夏革曰："古初有物乎？"夏革曰："古初无物，今恶得物？后之人将谓今之无物，可乎？"殷汤曰："然则物无先后乎？"夏革曰："物之终始，初无极已。始或为终；终或为始，恶知其纪？然自物之外，自事之先，朕所不知也。"

"殷汤问于夏革曰：古初有物乎？"殷汤，我们历史的惯称叫殷商，实际上，商是正统的称呼。商朝维持了五百多年的政权，中间一度发生了革命，叫作汤武革命，汤继承的这个朝代，改了一个名字就叫殷，所以殷纣是商朝最后一位皇帝。后来周武王发动革命推翻了他，建立了周朝的政权。因此，我们历史上称汤为商汤，也可以称殷汤。

殷汤这位皇帝问一位高士，名叫夏革。他说宇宙开辟天地以前，这个草啊、花啊、人啊，这些万物存在不存在？他说的"古初"是最古的、最原始的，那个时候万物在哪里？这就是西洋哲学喜欢问的先有鸡还是先有蛋，以及人从哪里来等问题。

“夏革曰：古初无物，今恶得物？后之人将谓今之无物，可乎”，夏革的答复是，假使远古最初没有东西的话，请问现在这些东西是哪里来的？人也是人所生的嘛！最初那个人就是人种嘛，花也有花的种子啊！如果最初没有东西的话，现在哪里会有万物啊！这个话答得很妙。将来世界上的人会认为我们这个时代没有东西吗？他故意用反问的方式，就把这个问题答复了。这个问题同佛学唯识学碰到一起了，“种子生现行，现行熏种子。”学唯识学的同学要注意，这个问题这里就不要谈论了。

“殷汤曰：然则物无先后乎”，那么照你一讲，这个万物无所谓先，无所谓后，也无所谓上古远古宇宙开始，也无所谓将来的宇宙结束，都没有开始没有结束了吗？

“夏革曰：物之终始，初无极已”，这一点我们在座研究佛学的同学特别注意，我们都晓得佛家讲宇宙的问题有个名称，“无始以来”，宇宙没有办法划分哪一天叫开始。西方的宗教哲学是把上帝拿出来，说上帝七天当中创造了世界。而上帝是谁造的，他是姓张？姓关？搞不清楚。以东方的宗教哲学讲，宇宙的缘起是个圆圈，这么一个圆圈，哪一点算开始？哪一点是最后？谁都不能确定，所以佛家叫无始以来，无始之始。所谓哪一天开始都是人为的假定，宇宙是无始无终的，所以叫无始。在列子这个时候，佛学还没有传来，而我们传统的文化道家，早就晓得无始以来，无始无终。

《列子》这里说得很清楚，万物几时开始，几时终结，这个问题不要多问，因为是个圆圈，无穷无尽，没有一个极点。“始或为终”，一个圆圈，起点那个地方就是它的终点。“终或为始”，终点就是另外一个起点，它永远是圆的。“恶知其纪”，世界上谁都不能够下一个定论，没有什么叫开始、什么叫终止，开始与终止都是人为的假定。

“然自物之外”，然而你今天问到我这个问题，除了万物以外，“自事之先”，除了有人事的开始，你问究竟是哪一天开始有这个天地，有这个世界。他很妙，同释迦牟尼佛的方法一样，“置答”，就是把你的问题放置不答。这位殷汤的老师夏革也用这个办法，“朕所不知也”，你这样问，我也不知道，因为知道就是不知道，既然无始无终，何必求一个知道，这个知与不知也是无始无终。

天地有边际吗

> 殷汤曰：“然则上下八方有极尽乎？”革曰：“不知也。”汤固问。革曰：“无则无极，有则有尽；朕何以知之？然无极之外复无无极，无尽之中复无无尽，无极复无无极，无尽复无无尽。朕以是知其无极无尽也，而不知其有极有尽也。”

讲到这个宇宙来源论的时间观念问题，殷汤又问，“然则上下八方有极尽乎”，这是问到空间的问题。他说照你这样讲起来，这个上下天地，四面八方，世界上的空间，究竟是有边还是无边？有尽还是无尽？

“革曰：不知也。”他说我也不知道，懒得答复，“置答”。

“汤固问”，这位皇帝啊，仍然挖根挖底的，非要问到底不可。

“革曰：无则无极，有则有尽，朕何以知之”，他说你怎么那么啰唆啊！既然无极，没有边际，那是无嘛！佛学叫无量无边，道家叫无极，就是无量无边的意思。所谓空，空就是无量无边，无极；所谓有，则一定有一个限度，就叫作有尽。所以你问我，既然是空的，怎么生出有来呢？太空里怎么形成一个地球、一个世界呢？我怎么知道！古代这个“朕”就是我，老百姓皇帝一样用。后来只有皇帝才可以用，变成了专称。据我的研究，是古人的讲话口音不同，我们后世应该读成“我”。

夏革说“然无极之外”，但是我告诉你，我们讲了一句无量无边，已经有量有边了。边在哪里啊？边就在这一句话无量无边的上面，因为有一个观念就是边际了。所以无极之外用人为的知识去判断，“复无无极”，无极外面还有个无极，这个圈圈永远画不完。“无尽之中复无无尽”，再回来讲无尽，无尽的中间还有“无无尽”，永远无尽，你分析起来，分析到空，把原子、核子分析到最后是空的，空的里头还有空，永远分析不完的，分析到最小点，最后就是无量大。把无量大分析到最后就是无量小，这是个数理哲学，在哲学与科学都是一样的问题。

“无极复无无极”，所以他说无极还有无，讲一个无极已经错了，加上一个观念无无极，更错了，再加一个无无无极，那又错了，无无无无极。所以我们看佛经，般若经讲空，一连串写了十八个空。空不对，空还要空掉，空空；空空不对，空空也空，一路空啊空啊，空到底，你敲起木鱼念那个经，自然空了。因此般若经不可不念，像《金刚经》、《心经》都属于般若经。夏革接着又说“无尽复无无尽”，无尽里头又有无尽，就一个一个圈子套进去，套不完的。他说你要问我，我怎么知道啊？我就是因为这个逻辑，才知道“其无极无尽也”，而不知道有个有极有尽。

关于这个空间，几千年以前在《列子》这一段里，已经同现在最新的科学一样，认为太空不断在扩张，无极是不断地扩张。但是，它有一个比现在的科学还进步的说法，就是这个宇宙也不断地在收缩，因为收缩也是无尽。现在你懂了这一套学问，跑到国外留学包你拿最前卫的学位，赶到时代的前面去了，因为今天科学只讲宇宙无限度地膨胀，还没有讲到宇宙无限度地收缩。（编按：二〇〇七年六月，美国宾州大学物理学家 Martin Bojowald 发表了宇宙收缩的论文。）

所以说，中国的科学思想、文化精神，很多都在道家的书里，只把四书五经当做中国的文化，那是莫名其妙。中国文化有太多东西了。“而不知其有极有尽也”，因此，夏革说我告诉你，这个宇宙空间无量无边，无量地膨胀，无量地收缩，下不了定论，下定论都是人为的妄想，他说你不要问了。

四海之外又如何

汤又问曰：“四海之外奚有？”革曰：“犹齐州也。”汤曰：“汝奚以实之？”革曰：“朕东行至营，人民犹是也。问营之东，复犹营也。西行至豳，人民犹是也。问豳之西，复犹豳也，朕以是知四海、四荒、四极之不异是也。故大小相含，无穷极也。含万物者，亦如含天地。含万物也故不穷，含天地也故无极。朕亦焉知天地之表不有大天地者乎？亦吾所不知也。”

可是我们这位老祖宗皇帝，打破砂锅问到底，“汤又问曰：四海之外奚有”，他说我们这个地面，东南西北四海之外还有些什么地方呢？

“革曰：犹齐州也”，也等于山东一省一样，可见道家早就说地球外面还有世界，中国外面还有其他的国家。

“汤曰：汝奚以实之”，讲到现实的问题，像说我们中国外面还有土地，你怎么样证实啊？

“革曰：朕东行至营，人民犹是也”，他说我啊向东面走，到营，山东地带，那里也有人啊，也有老百姓啊，像中原一样。“问营之东，复犹营也”，问问他们，再向东边去还有地方没有？他们告诉我还有地方，那些人还是这个样子吃饭、穿衣。夏革说我向西面也走过，到了陕西，人民也是同我们一样过，人总是要生活。再问他们，如果再向西面走呢？西面还有地方。我们要了解，在三千年以前的时代，那个土地的观念，一条江、一条河、一座山就隔住了。到了四海以外，地球还有那么广大，是想不到的。可是在战国时，不但列子知道，道家另外有一个人邹衍，跟孟子同时的，他也知道。他说天下有九大州，中国居其一也。我们中国不过是九州岛里的一州，中国的古名叫赤县神州。所以几千年前的人都讲邹衍是吹大牛的祖师，因为中国就是天下，中国外面怎么还有地方？现在我们晓得地球上是八大洲，至少科学证明是八大洲，我们的祖宗们几千年前就知道了。

夏革说因此我晓得，四海以外也叫作四荒。经文下面的小字你们注意看看，“《尔雅》云：九夷八狄七戎六蛮谓之四海”。所以有四海，有四荒，有四极，是地球的边缘。“不异是也”，因此我知道走遍了天下，总是有人生活。

讲到哲学问题，“故大小相含，无穷极也，含万物者亦如含天地”，因此我知道，大的里面包含了小，小的里面也包含了大。我们人当然不敢跟山来比，也不敢跟天来比，登到高山自己也会掉眼泪，觉得自己太渺小了，渺小得无地自容。像我们身体里面生存的那些细菌、蛔虫，它们也觉得这个里头的天地非常大，肠子里面的蛔虫想爬到喉咙上面来，等于我们要爬到太空外面去一样，好困难。所以大小互相包含，“无穷极也”，这个无穷极就是大小内外的观念下不了定论。大小相含，万物里头另外有自己的宇宙，哪怕一个橘子，那个小虫在橘子核里面，它玩得比我们玩得还痛快，因为它有它的天地，这个宇宙观念就是如此。

“含万物也故不穷，含天地也故无极”，这个好像不必讲了，道理都一样。“朕亦焉知天地之表不有大天地者乎”，所以由此推理，我哪里晓得天地的边际以外有没有更大的宇宙存在？“亦吾所不知也”，究竟有没有？他告诉商汤说，我也不知道。

女娲补天的故事

“然则天地亦物也，物有不足。故昔者女娲氏练五色石以补其阙，断鳌之足以立四极。其后共工氏与颛顼争为帝，怒而触不周之山，折天柱，绝地维，故天倾西北，日月星辰就焉；地不满东南，故百川水潦归焉。”

因此夏革下了一个结论，这是科学性的，是道家几千年的观点，“然则天地亦物也”，这个太空，这个星球世界，也是万物里头一个东西而已。所以我们读《老子》看到“物”字，说老子是唯物思想，那真是笑死人了。等于我们这里叫东西，“东西”二字只是个代号。所以天地也不过是个东西，但是“物有不足”，凡是世界上的东西，这个物永远是有缺陷的，物理世界就是个有缺陷的世界。能够发亮的就不能暗，能够走的就不能爬，能够跳的就不能跑，这个物理世界总是怪得很，有缺陷的，只能够有一方面的长处，不能全体，所以说“物有不足”。

“故昔者女娲氏练五色石以补其阙”，中国上古史中，我们的老祖宗叫盘古，当盘古老王一斧下来，天地分开了以后，《幼学琼林》里说“气之轻清，上浮者为天，气之重浊，下凝者为地”，就是由中国道家思想来的。这个宇宙像个鸡蛋一样，我们地球是蛋黄，外面太空包围的就是蛋清（蛋白）。这个时候这个天地开辟了，还没有万物，万物在哪里？就在这个地球上，种子自然都有了，慢慢地发生。这个天地像个蛋一样，这个蛋就叫作混沌，等于我们现在吃馄饨，包起来的。

这个天地有缺陷，太空上有黑洞，伏羲的妹妹女娲氏炼石以补天，锻炼五种颜色的石头，把上天的这个漏洞缺点补起来。下雨天太阳要出来时，出现七彩的彩虹，这是我们女娲姑妈的衣带，展放出来给我们看看。所以你看，任何一个文化最后都是尊重女权，女性最高明，靠我们的姑妈女娲氏补天；我们还有好几个了不起的姑妈，有一个早就跑到月亮里了，她就是嫦娥。

这个时候要把地球稳定下来，女娲氏“断鳌之足”，把神鳌的四只脚砍断，放在地球上变成四个角，把地球稳定了，“以立四极”，所以这地球四个角（脚）像乌龟一样的稳住了。

“其后共工氏与颛顼争为帝，怒而触不周之山”，后来出来两个老祖宗，一个是邪的，叫共工氏；一个叫颛顼，是正的，一正一反，两个人“争为帝”。共工氏发了脾气，一摇头啊，“触不周之山”，西北的一座高山，被他头一撞，撞碎了。“折天柱”，本来我们地球上的人类跟上天是连接的，走来走去，有时候我们提一串香蕉就到月亮上看看姑妈。碰到这个共工氏发脾气，把天柱撞断了。“绝地维”，地维是什么？地球科学叫作地幔柱，因为西北的天撞翻了半边，地球陷下了一半，好在蹬出一个台湾海峡，形成台湾，都是这个共工氏搞的。“故天倾西北”，所以我们中国西北是高原，有昆仑山、喜马拉雅山，有世界上最高的高原青藏高原；东南就是海边，都是给他蹬出来的。因此“日月星辰就焉”，因为西北的天空给他撞了一个洞，所以外太空的太阳、月亮露出来了，露到我们这个天上。“地不满东南”，东南变成海洋，“故百川水潦归焉”，所以山上的水下来，统统流到东海。中国人说，“天上众星皆拱北，人间无水不流东”，其实也不尽然。

第三十六讲

三山五岳 海川江河

漂流的仙山

小人国 大人国 奇鸟异物

谁能听到最小的声音

这一篇表面上看起来都在讲神话，因为这与中国上古史有密切关系。这一篇的内容，在现在说来也是最时髦的，因为美国方面的研究发现我们的神话古书《山海经》所讲的地理环境，证实大禹治水到过了美国。所以《山海经》变成流行研究了。不但如此，我们要研究《山海经》之类的东西，讲到地球上的许多神秘，《列子》这一篇里特别多。如果当神话看，它好像与《封神榜》一样，都是笑话；如果以另外一种眼光，拿地球物理太阳以及地质学，乃至哲学的观点来看的话，它与我们上古史非常有关。当然不只是中国的上古史，人类的上古史也一样。

三山五岳 海川江河

汤又问："物有巨细乎？有修短乎，有同异乎？"

革曰："渤海之东不知几亿万里，有大壑焉，实惟无底之谷，其下无底，名曰归墟。八纮九野之水，天汉之流，莫不注之，而无增无减焉。其中有五山焉：一曰岱舆，二曰员峤，三曰方壶，四曰瀛洲，五曰蓬莱。其山高下周旋三万里，其顶平处九千里，山之中间相去七万里，以为邻居焉。其上台观皆金玉，其上禽兽皆纯缟。珠玕之树皆丛生，华实皆有滋味，食之皆不老不死。所居之人皆仙圣之种，一日一夕飞相往来者，不可数焉。”

“汤又问：物有巨细乎”，汤又问，天地间的万物有没有大小？譬如说我们台湾这个海岛，当然没有日本大，日本三岛当然没有大陆大，地球当然比月球大、比太阳小，宇宙间的东西究竟有没有大小之分？这是第一个问题。“有修短乎”，修就是长，时间有真正的长短吗？什么叫长？什么叫短？“有同异乎”，这是第三个问题，天地间的物理，宇宙万物来源是不是一个东西？有同或者有异？由一个源头分出了万象，还是本来就有多源？这些都是人类哲学科学的大问题。我们看夏革的答复，他从中国讲起。

“革曰”，就是夏革的答复，“渤海之东”，这个渤海，以当时的大陆来讲，就在中国的东面，再向东走，“不知几亿万里”，古人的统计没有现在精确，不晓得多远，“有大壑焉”，他说有一个大洞，“实惟无底之谷，其下无底”，这个大洞是无底之谷，下面没有底，“名曰归墟”。中国文学里所谓归墟，就是无底洞的一个代名词。

看起来这些神话真多，但是我们讲到中国文化，自己上古史里这些文化来源都不知道了。譬如现在世界上流行科幻小说，那是作家构想出来的，它是真的科学吗？靠不住。譬如我们人类对于南极、北极还在探险，指南针到了北极失灵了。据说北极还有一个大洞，也等于上面讲的“归墟”，假使飞机真到了北极的中心，就会被吸进去了。地球的中心据说还另外有一个世界。我们现在看到天上那个白光，有人说是外星球来的，有人说是地底下的人，还有好几个人被外层空间人带走了，到了地心去，长生不死。

这同我们中国科幻、神话故事一样，道家说的，修神仙修到地洞里头去，就永远长生不死。地下很多地方都是相通的，湖南通广西，很多啦！像我们听说在大陆另有一洞，通台湾的，究竟通不通也不知道。大家注意啊，这是科学问题。道藏里有一本书，叫作《五岳真形图》，上面都画着图，一个一个黑白的洞。据我的研究，它是以中国五岳的名山为起点，画的是山脉下面地球的通道。这就很难研究了，可是非常重要。现在这个地方就提到这个问题。

这个地球上，“八纮九野之水”，就是说地球表面这些水，“天汉之流”，神话里的天汉就是天上的银河，地理上的天汉就是长江的最上游、根源之处。因为从西北天上流下来，这些水都到了这个洞里；就是刚才夏革所讲的，向东边去就是大海的中心、大海的海底。大海的海底究竟有多深？是个什么情形？现在研究海洋科学的还不敢说，还不知道。我常说笑话，想要知道的话，有一本小说《蜀山剑侠传》，一个四川朋友写的，文学也好，大概五十多年前风靡一时。他描写那个海底，另有地府，比海洋科学所讲的还要漂亮。他写得很妙，写到那几个女剑仙，探险到北极去，乘着剑光，从北极下去原来可以在南极出来，因为地球是圆的。他那个想法，是根据道佛的神话来的，也就是根据我们上古的传说来的，所以现在只能存疑。

夏革讲从东海过来，“其中有五山焉”，这个大海上面有五座山，就是五个海岛。“一曰岱舆，二曰员峤，三曰方壶，四曰瀛洲，五曰蓬莱”，我们现在把台湾叫作蓬莱仙岛，是不是古人所讲的蓬莱仙境还是问题。这个里头很妙了，你看那些故事，像台湾跟日本、琉球，“其山高下周旋三万里，其顶平处九千里，山之中间相去七万里”，不晓得用什么去量的。“以为邻居焉”，这五座山都连着的，你们到过日本就晓得，日本三岛中部、南部、北部同香港一样，有交通船，坐在上面也可以打球的。夏革说这五个地方啊，就是这个样子。

“其上台观皆金玉”，这五个仙岛，我们古人称它们为仙岛，上面的房子都是黄金白玉造的，那大概不是台湾了。“其上禽兽皆纯缟”，上面那些鸟兽、动物啊都是白颜色的。“珠玕之树皆丛生”，宝树都是一丛丛的，金刚钻都是树上长的，是自然的。“华实皆有滋味，食之皆不老不死”，一切的花果都很好吃，吃了既不会老，又不会死，都是仙果啊，可惜我们没有吃到一个。“所居之人皆仙圣之种”，住的人都是神仙、圣人，当然还会生生不已，传之后代。而且住在这些海岛上的人，“一日一夕飞相往来者，不可数焉”，他们每一个人都会飞的，要到哪里心念一动就飞起来，我来看你，你来看我，就在上面飞来飞去。

漂流的仙山

“而五山之根无所连着，常随潮波上下往还，不得蹔峙焉。仙圣毒之，诉之于帝，帝恐流于西极，失群圣之居，乃命禺强使巨鳌十五举首而戴之。迭为三番，六万岁一交焉，五山始峙。而龙伯之国有大人，举足不盈数步而暨五山之所，一钓而连六鳌，合负而趣归其国，灼其骨以数焉。于是岱舆、员峤二山流于北极，沉于大海，仙圣之播迁者巨亿计。帝凭怒，侵减龙伯之国使阨，侵小龙伯之民使短。至伏羲神农时，其国人犹数十丈。”

海上的这五座山，没有根的。这同现在地质学很相像，台湾同大陆本来连着的，不晓得哪一次变动，就这样脱开了，所以中间有个台湾海峡。这个海峡究竟有多广？海峡的下面有多深？不清楚。我们古代几千年前就讲，“五山之根无所连着”，与大陆不相连，在那里漂着，但是也不会漂远了。“常随潮波上下往还，不得暂峙焉”，这五个岛随海水的涨落在漂，不会永远固定在一个地方，不过始终在东方这个海面上。

“仙圣毒之，诉之于帝”，古人这个“毒”字同政治这个“治”有关联。这些海岛上都是民主的，是圣人神仙在那里治理。这些神仙们很喜欢这五个岛，就跟天上的玉皇大帝讲了。这个玉皇大帝一听，好吧！“帝恐流于西极，失群圣之居”，怕它们在东边的太平洋上漂，万一漂到西太平洋去，就不好了，恐怕失掉这些神仙们的居所。因此“乃命禺强使巨鳌十五，举首而戴之”，禺强是古代一个神，因为修道成功了，列入《神仙传》中。玉皇大帝就告诉禺强，因为他有大神力，找了十五只大鳌鱼，抬起头来把这五座山撑住，所以有时我们画这些海岛的神仙啊，下面都是鳌鱼把这个山背着。“迭为三番，六万岁一交焉，五山始峙”，他派了这十五只鳌鱼来做苦工，要背住这些海岛，轮三班来做。五只鳌鱼背五座山，一只背一座，背六万年。这样海上的五座山就不动了。

但是在东方，“而龙伯之国有大人”，有个国家叫龙伯，这个国在哪里就不知道了，这个国家的人大得很，多大呢？“举足不盈数步而暨五山之所”，他一脚一跨几步，这五个岛就走遍了，“一钓而连六鳌”，他在海上玩，看到那么小的山，他就在那里钓鱼，把海底六只鳌鱼钓走了，“合负而趣归其国”，管你几只鳌鱼，他一个钓竿就背回去了。然后把鳌鱼杀了，“灼其骨以数焉”，把它们的骨头烤了，用来卜卦。

“于是岱舆、员峤二山，流于北极，沉于大海”，于是本来都在东边的二座山漂到北极去了，因为没有鳌鱼背着，沉于北冰洋海底去了。所以有时候啊，冰化了一点点就露了一点点山头。这样一来啊，“仙圣之播迁者巨亿计”，这些住在海岛的神仙到处乱跑，多少亿人在搬家。

消息报告给玉皇大帝，“帝凭怒”，玉皇大帝发脾气了，这怎么得了啊，乱搞！“侵减龙伯之国使阨”，下一个命令，把这个大人国变小，“侵小龙伯之民使短”，处罚他们，把他们捏短，这些人就变短了。“至伏羲神农时，其国人犹数十丈”，但到我们老祖宗伏羲神农氏的时候，龙伯国人虽然已经被玉皇大帝捏得变小了，可是还有几十丈高，这叫大人国。

小人国 大人国 奇鸟异物

“从中州以东四十万里，得僬侥国，人长一尺五寸。东北极有人名曰诤，人长九尺。

荆之南有冥灵者，以五百岁为春，五百岁为秋。上古有大椿者，以八千岁为春，八千岁为秋。朽壤之上有菌芝者，生于朝，死于晦。春夏之月有蠓蚋者，因雨而生，见阳而死。

终发北之北有溟海者，天池也，有鱼焉，其广数千里，其长称焉，其名为鲲，有鸟焉，其名为鹏，翼若垂天之云，其体称焉。世岂知有此物哉？大禹行而见之，伯益知而名之，夷坚闻而志之。”

夏革说在东方还有一个小人国，这个小人国啊，在明清有很多的记载，究竟有没有，很奇怪。“从中洲以东”，从中国的河南、河北一带，一直向东海上走，过“四十万里，得僬侥国”，到一个小国家，“人长一尺五寸”，只有一尺五寸长的人。“东北极有人名曰诤”，这个地球东北极有一种人种，名字叫作诤，“人长九尺”。在这里讲僬侥国的人一尺五寸，我在古书里看到好几处的笔记，在一百多年前有个广西人写的笔记，他在一个地方得到小人国的人，男男女女一家人，他做一个笼子把他们养起来，这些小人很有礼貌，也很有文化，就是讲话听不懂，声音小得不得了。他们看我们是大人啦，我们大人隔着笼子多看他们一眼，他们都觉得很羞耻的样子。这个世界上古怪的事情很多啦，而这些都是神话。

然后他又讲地球上物理的现象，汤不是问了三个问题吗？“荆之南有冥灵者，以五百岁为春，五百岁为秋”，这个荆就是湖北，长江以南，有大乌龟叫作冥灵，一活就是一千年，还不算长寿。“上古有大椿者，以八千岁为春，八千岁为秋”，中国上古时有一种大椿树，一万六千年的寿命。“朽壤之上有菌芝者，生于朝，死于晦”，他说有些土壤，在不见太阳阴湿很重的地方，容易长香菇、木耳、灵芝。所以种木耳、香菇的地方，要很潮湿才能种。这些菌类，自然地生长，早晨生出来，晚上就死了。上面这段庄子就提过，列子是庄子的老师。“春夏之月，有蠓蚋者，因雨而生，见阳而死”，有些蚊蚋下雨生出来，见阳光就死了。这个世界上的生物，究竟生命哪个长、哪个短，他举了很多的例子。

“终发北之北，有溟海者，天池也”，这里讲“终发”，《庄子》及别处的记载则称为“穷发”。据后人讲，穷发就是前苏联北部，夏革说那个地方“有溟海者”，溟海好像是北极的北冰洋，那里据说有很好的境界，可是谁受得了那个冷呢？古书里又讲到有个天池，“有鱼焉”，这个同《庄子》一样，“其广数千里”，有几千里宽广，“其长称焉，其名为鲲”，它的长度跟宽度相等，等于说有几千万平方里。“有鸟焉，其名为鹏，翼若垂天之云，其体称焉”，那里另有一种鹏鸟，翅膀张开，东半球西半球都遮住了，这个鸟身体跟翅膀一样大。“世岂知有此物哉”，可是这个世界上谁有这个常识、智慧能够看到呢？所以，世界上的生命，小的那么小，大的那么大。

讲到这里，我们先岔一下，他讲这个太平洋海岛的变化，同地质学的看法差不多，是上一个冰河时期的变化所造成的。这些海岛本来都是连在一起的，因为北极冰山的融化、地球的震动，海岛就分开了，把根分开了；加上有人把鳌鱼钓起来的神话，所以不再相连了。这个地球就是这样，沧海桑田，这倒是真的。我也是海边人，出门读书十几年，再回到小时候玩的海边沙滩上，发现沙滩已长满了红薯，人距离海边越来越远了。海边慢慢出来新生地，而那一边高山慢慢低下来，将来也许沉到海底去了。我们今天的高山，阿里山也好，喜马拉雅山也好，原来就是海底，因为地球一个翻身，海底变成陆地、高山。古人用神话来讲，但，是不是真有神呢？世界上是有些特别的人。老实讲，我的态度是，不敢批评，因为不知道。算不定古代人类的老祖先是比我们大多了。你看《三国演义》中常说一个人“身高八尺”，那是什么尺不知道。又说“腰大十围”，关公的腰有十围，如果关公站在这里，我们都无处可坐了，对不对？有人讲十围是十尺，十尺也够大了，所以究竟有多大呢？不知道。我们现在看这些啊，是另外一面的看法，晓得世界上有许多事是人的知识所不知道的，所以现在美国有科学家在研究《山海经》了。

“大禹行而见之”，我们这个老祖宗大禹王，为了治水，走遍全世界，他亲自走到、看到。我们的历史，大家读的大禹治水九年，就把黄河、长江治好了。那很奇怪。那个时候全中国人口不会超过现在的台湾，上古全中国那么大，整个都是洪水，分不出黄河、长江。大禹治水，即使把全国的人都发动了，一条黄河，照现在工程的进度，九年大概只治了一段，而事实上，大禹九年却把全中国的水利治理好了。

依《神仙传》的记载，大禹治水完全是用神通治的，王母娘娘也来帮忙，什么玉女啊、九天玄女啊，尤其女神来帮忙的太多了。当时佛教没有进入中国，这都是古代的传说，说大禹能够骑在龙身上，如果真的是这样，也许上古的科学比我们现在还要发达。

前两天我看报纸，日本人又在修改历史了，抗战以前已经修改过历史，说孔子也是日本人，苏格拉底也是日本人，中国的尧舜禹三圣，尧是个香炉，舜是蜡烛台，大禹是爬虫。日本人修改历史不打紧，中国还有几位大大的历史学家盲目跟随日本人的观念，就很可笑了。

“伯益知而名之”，伯益是大禹的大臣中最有名的，这个管政务的大臣，能够知道很多名称，知道这个叫什么、那个叫什么。“夷坚闻而志之”，夷坚也是大禹的臣子，他听到就记下来，所以中国有一本书叫《夷坚志》，专门写世界上的怪物怪事。

谁能听到最小的声音

“江浦之间生么虫，其名曰焦螟，群飞而集于蚊睫，弗相触也。栖宿去来，蚊弗觉也。离朱、子羽方昼拭眦扬眉而望之，弗见其形；觥俞、师旷方夜擿耳俛首而听之，弗闻其声。唯黄帝与容成子居空峒之上，同斋三月，心死形废，徐以神视，块然见之，若嵩山之阿；徐以气听，砰然闻之，若雷霆之声。”

有些虫生在长江南方一带，“江浦之间生么虫”，越到南方越有，福建广东都很多。我们小的时候把这些虫叫一个好听的名字——妹妹虫，细小得不得了的小蚊子，湖北话叫“么虫”。这些小虫，“其名曰焦螟”，看不见，夏革说这种小虫，把蚊子的眼睫毛当运动场，“弗相触也”，一群飞到蚊子眼睫毛上开运动会，蚊子还不知道眼睫毛上有这种东西，小到这个程度。这个神话很会说吧！但是你想科学的道理，真正微生物是肉眼看不见的，用放大镜多少倍才看得见。

古代当然没有放大镜，他说我们历史上有离朱、子羽两个人，眼睛亮得不得了，几乎有天眼通了。他们两个人"方昼拭眦"，白天太阳好的时候，把眼睛用最好的眼药水洗了以后，"扬眉而望之"，把眼睛瞪得很大，好像戴了一千度的放大镜，看这个微生虫，"弗见其形"，可是一点都看不见。

古代另有两个人，耳朵好得很，叫鯱俞、师旷，"方夜擿耳俛首而听之"，夜深人静，把耳朵掏得干干净净的，来听这种虫的声音，把头那么歪下去听，也一点都听不到。

这些虫谁看得到呢？佛经说，因为佛有神通就看到了，所以佛能够看到一杯水里有八万四千只虫。中国不讲这一套，那个时候佛法也没来。什么人看得到呢？"唯黄帝与容成子，居空峒之上"，容成子是古代一个神仙，也是黄帝的老师，我们已经说过。他们在西北甘肃崆峒山的山顶上，这两个得了道的人，要观察这种虫。

"同斋三月"，黄帝跟容成子两个神仙，同时斋戒。斋不是吃素哦，就是我们学打坐的一念不生，万缘不动，这个叫斋，所以《庄子》叫这个为"心斋"。光是吃素、洗澡啊，不算持斋哦，那是吃素，所以你们学佛的八关斋戒，斋是斋，戒是戒。斋是斋心，戒是戒律。

他说黄帝跟容成子两个得道的人，在崆峒山顶一齐闭关三个月，一念不生，入定了。到什么境界呢？"心死形废"，心等于死掉了，身体打坐动都不动，在那里入定三个月。"徐以神视”，不是用眼睛来看，是用生命精神那个神，就是佛学说的天眼来看，才看到那种小虫。因为他们在静极的境界，人的精神妙用出来了，“块然见之”，我们平常看不到，这个时候看到大得很，多大呢？“若嵩山之阿”，有嵩山转弯山脚那么大。“徐以气听”，不是用耳朵听这些小虫的声音，而是用气去听，这都是秘诀哦！“砰然闻之，若雷霆之声”，听到的声音像打雷一样大。讲到这里，再看书里写达摩祖师在嵩山面壁，“闻阶下蚁斗如雷鸣”，听到蚂蚁打架，声音像打雷那么大。所以你们注意啊！入定以后什么都知道，不是入了定像个死人一样，不要搞错了。

第三十七讲

地气形气的影响

愚公移山 金石为开

刚才夏革讲到世界上最小的这些生物，等于我们现在讲最小的细菌，肉眼看不到的。古代的人何以看到呢？他就说明是用神来看，用气来听，看起来都是神话，实际上都不是神话；至少说要透视看不见的生物、看不见的物质时，人的功能是做得到的，这个是生命功能。以道家的观点或佛家的观念来说，我们人的一生，没有把生命的功能真正发挥出来，用的都是假的，真的生命功能都潜伏了，到最后死亡时也消散了。如果把人的生命本能都发挥出来，那个神妙极了，就叫作神仙，也是佛境界。这一篇都是讲这个物理上、地球上的奇奇怪怪的事情。

地气形气的影响

"吴楚之国有大木焉，其名为櫾。碧树而冬生实，丹而味酸，食其皮汁，已愤厥之疾。齐州珍之，渡淮而北而化为枳焉。鸜鹆不踰济，貉踰汶则死矣；地气然也。虽然，形气异也，性钧已，无相易已。生皆全已，分皆足已。吾何以识其巨细？何以识其修短？何以识其同异哉？"

“吴楚之国”，吴楚是指江苏、安徽，两湖一带，长江以南。“有大木焉，其名为櫾，碧树而冬生实，丹而味酸，食其皮汁”，就是我们现在所谓柚子这一类，各地方各有别的土名。这个树是绿的，冬天慢慢结果，果肉的颜色带一点红色，略酸。果皮同它的汁，“已愤厥之疾”，可治胸中发闷，我们乡下人都吃的，用它的皮来熬茶喝，尤其是女性，以前都讲心口痛，实际上是胃部，肝气发闷，它可以治。“齐州珍之，渡淮而北而化为枳焉”，可是一到了北方，样子还是一样，叫作枳，但变小了。

“鸜鹆不踰济，貉踰汶则死矣”，有一种鸟叫作鸜鹆，它不会越过济水；貉就像狐狸一样，喜欢睡觉，如果它们到山东以南的地方，过了汶水就死了，活不下去，因为土壤不同、气候不同。你看他这样乱说一顿，东一句，西一句，中间包含的道理，除了地质问题外，其他的问题也很多。

所以学医的人这个就要懂了，不同地方治病用药都不同。我讲个笑话给大家听，阎王的小姐生病了，叫小鬼去找阳间好医生来。小鬼就问阎王，阳间的医生哪一个好？阎王说医生后面跟的鬼少，一定是好医生，冤鬼少一点！这两个小鬼找来找去，看到很多医生后面都跟了一大堆鬼，后来看到一个医生后面只跟了两个鬼，这个医生不错，就把他请来了。阎王很恭敬地问他，先生你开业多久？他说我刚刚开业，才医了两个人。

所以我对刚刚考到医生执照的青年同学们说，你们都考上了，我还考不上呢！但是医不是那么简单啊！西医也好，中医也好，学医真是难！明朝李时珍的《本草纲目》，那是中国的大博物啊，好多药。李时珍走遍了全中国，以几十年的工夫写了这一部《本草纲目》；不像现在人，坐在书房里拿个剪刀、糨糊，十天半个月就编出了一部书，把人吃死都不管，只要卖钱就行，真可叹！

《列子》对生物改变地区生活就会死之事，作结论说“地气然也”，说这些物理的变化是地气的关系。地质是地质，地气是地气，现在科学只讲地质，不管气不气。这个气很难讲了，土地方位不同，它地下的能量也不一样，这个能量是什么东西啊？照道家讲，地球是个活的生命，人类是地球表皮上的细菌。现在地球很讨厌了，盖房子挖啊挖啊，又挖石油，等于在骨头里抽骨髓，所以地球一旦发了脾气，它只要这么一转，大概我们就完了。

现在夏革继续答复汤的问话，他把汤所提的问题作一个结论。如果我们站在唯物哲学思想，或站在地球物理学的立场的话，这一篇完全是物理性的，没有讲到其他。

“虽然形气异也”，但是，这一段哲学性的理论也来了。一个人也好，一棵植物、一朵花也好，为什么花开的时间不同？同样一棵树，在房子前后，向着太阳或背着太阳，成长绝对两样，你用不同的水也两样，因为形气不同。“性钧已，无相易已”，万物的本质是一样的，地质关系，气候关系，空气、阳光、水，各种因素不同，使它的形象变了。“生皆全已，分皆足已”，拿哲学来讲，不管是矿物、植物、动物，都是生命，成分都是相等的。所以我们讲不杀生，绝对做不到。连我们呼吸都在杀生，很多细菌跟着空气进来，碰到鼻腔这个黏液，细菌就死掉了，所以每个人鼻子里都很脏。他这里讲既然这些成分都相等，“吾何以识其巨细”，我分析不清楚大小巨细的；“何以识其修短”，我也没有办法分别哪个寿命长，哪个寿命短；“何以识其同异哉”，我当然更没有办法分辨生命及万物的异同。以哲学的观点理论来讲，万物都生于空，都从虚空来，不是从这个太空来，这一点是相同的。

他的话还没有完，这个人的理论也很妙，上面讲了许多大大小小、稀奇古怪的事，最后结论又推得一干二净，一问三不知，他说我都不知道，我哪里能够分辨得出呢？

愚公移山 金石为开

太形王屋二山，方七百里，高万仞；本在冀州之南，河阳之北。北山愚公者，年且九十，面山而居。惩山北之塞，出入之迂也，聚室而谋，曰：“吾与汝毕力平险，指通豫南，达于汉阴，可乎？”襍然相许。其妻献疑曰：“以君之力，曾不能损魁父之丘。如太行王屋何？且焉置土石？”襍曰：“投诸渤海之尾，隐土之北。”遂率子孙荷担者，三夫叩石垦壤，箕畚运于渤海之尾。邻人京城氏之孀妻有遗男始龀，跳往助之。寒暑易节，始一反焉。

河曲智叟笑而止之，曰：“甚矣！汝之不惠！以残年余力，曾不能毁山之一毛，其如土石何？”北山愚公长息曰：“汝心之固，固不可彻，曾不若孀妻弱子。虽我之死，有子存焉。子又生孙，孙又生子；子又有子，子又有孙；子子孙孙无穷匮也；而山不加增，何苦而不平！”河曲智叟亡以应。

操蛇之神闻之，惧其不已也，告之于帝。帝感其诚，命夸蛾氏二子负二山，一厝朔东，一厝雍南。自此，冀之南汉之阴无陇断焉。

他又说了，“太形、王屋二山”，这个太形就是太行山，和王屋山这两座山都在中原，是有名的名山。“方七百里，高万仞”，七尺一仞，高万仞。“本在冀州之南，河阳之北”，古代的冀州，比现在河北大，河北在冀州的南部。这两座山在冀州的南部，河阳北边。

“北山愚公者，年且九十，面山而居”，北山有个愚公，九十岁了，他的房子对着山，“惩山北之塞，出入之迂也”，一开门就看到山，挡住他的出路，走路要迂回，另外转一圈。“聚室而谋曰”，他就把同宗召集起来，开大会商量，“吾与汝毕力平险”，要同宗团结起来努力，把这两座山铲平，“指通豫南”，通到河南的南部，“达于汉阴”，一直通到湖北汉口。现在人还可以打这个妄想，因为有开山机啊，慢慢来；他当年一个人，九十岁了，召开大会，他的同宗“襍然相许”，都听他的，可以可以，干了。“其妻献疑曰：以君之力，曾不能损魁父之丘，如太行王屋何”，他的老婆出来反对，她说凭大家的力量，连旁边一个小山魁父也搬不动啊，你们何以能够把太行山、王屋山平了呢？“且焉置土石”，更何况把这些泥巴放到哪里去啊？“襍曰：投诸渤海之尾，隐土之北”，大家就讲了，那很简单，把这些泥土送到北边渤海去。“遂率子孙荷担者，三夫叩石垦壤，箕畚运于渤海之尾”，因此他带领子子孙孙，挑担的，运泥巴的，挖这两座山，“三夫叩石垦壤”，三夫不是三个人，是轮三班开山运泥土。“邻人京城氏之孀妻，有遗男始龀，跳往助之，寒暑易节，始一反焉”，愚公隔壁邻居太太，有个遗腹生的孩子，才七八岁，孤儿寡妇也愿意去帮助开山。“寒暑易节”，一年过了一年，天气冷过了热，热过了冷，一年只回家一次，那么努力。

“河曲智叟，笑而止之”，黄河转弯处有个小地方叫河曲，有个聪明人，就笑他做这个笨事，劝他不要做，“甚矣，汝之不惠，以残年余力，曾不能毁山之一毛，其如土石何?”这个古文写得很好，很美，说你做的事情太过分了，你太没有智慧了，年纪九十的人，以残年余力，剩下的一口气，你连一根山的毛都拔不了，又如何能对付山那么多泥巴石头啊！

“北山愚公长息曰”，这位老头子听了他的话很感叹，长长地叹一口气讲，“汝心之固，固不可彻”，他说你的心啊，成见太深了，坚固到动摇不了，打都打不动，一个人成见来了，什么办法都没有，“曾不若孀妻弱子”，你还不如我隔壁邻居那孤儿寡妇，他们就有志气，你没有志气。他说我晓得我年纪大了，“虽我之死，有子存焉”，我要是死了，还有儿子呢，“子又生孙，孙又生子，子又有子，子又有孙，子子孙孙无穷匮也”，儿子还有孙子，一代一代做下去嘛，我总要把这两座山打掉。“而山不加增，何苦而不平”，这两座山不会长大，我们的子子孙孙做他一万年、两万年、十万年、一百万年，你看我把这个山平不平得了！“河曲智叟亡以应”，这个聪明的老头子听了，没话讲，屁都不敢放了，答不出来了。

人就要那么有志气，上面说了那么多，天地之间那么大，很多事情不知道，你如果有志气一代一代地努力，继续研究，就被你搞通了，就是这个话。所以愚公移山这个故事，大概我们中学课本都念过，在《列子》里全文记载，表现了最好的哲学意义。人为了求学问知识也好，要成就事业也好，要不断地努力才有成就；如果是聪明人，永远没得成就的，因为聪明人一旦晓得后一步怎么样，就懒了，不想动了。

愚公这个笨人笨到这个程度了，故事还没有完，“操蛇之神闻之，惧其不已也，告之于帝”，中国的古书讲，深山大泽必有龙蛇，这个管蛇的神一听到这个老头子的话就害怕了，马上向玉皇大帝报告，世界上有这样一种人，比神还厉害，“惧其不已也”，他真地挖个几千百万年，子子孙孙搞下去，这些蛇子蛇孙就没有地方养了。“帝感其诚”，玉皇大帝听说他那么诚恳，这样好一个人，想要帮他一下，“命夸蛾氏二子负二山”，就派了夸蛾氏的两个儿子，一个人背一座山，“一厝朔东，一厝雍南”，一个背到东边，一个放到甘肃的南部，一下就把二山移开了。“自此，冀之南汉之阴无陇断焉”，山背走了，一路的平原下来，直到湖北。不过平原太开阔也不好，历史上都是战场，三国时代都是在这一带打仗，成为军事必争之地，可见愚公移山还是移得不太对。

第三十八讲

夸父为什么追日

日月星辰　时间空间

神灵是什么　生命的动力

《汤问》这一篇，好像都是讲中国的上古史，实际上所讲的是地球物理，是不是远古时整个地面上的事情，不知道。我们除了对中国上古的神话传说了解之外，最重要的是，透过这些神话故事，去明了其中的哲学观点。

上次讲到愚公移山，这个故事是否真实？在我们神话传说里认为确有其事。这也告诉我们，一个人真立志做一件大事，是不考虑后果的；看起来似乎很笨，但是这个至诚能够感动天地而成功。所以世界上真正成功的人，都是走笨的路线。我们觉得自己很聪明，用聪明办法的人永远不会成功一件事，无论做什么都是一样，修道也是如此。

接下来是夸父追日的故事，这些故事一篇一篇摘录出来，都是古代的典故，很多诗词文章都常引用。

夸父为什么追日

夸父不量力，欲追日影，逐之于隅谷之际。渴欲得饮，赴饮河渭。河渭不足，将走北，饮大泽。未至，道渴而死。弃其杖，尸膏肉所浸，生邓林。邓林弥广数千里焉。

这是我们老祖宗相传的故事，夸父这个人，不晓得自己有多大的本事，他要研究太阳究竟从哪里出来、哪里下去，所以他跟着太阳的影子跑。“逐之于隅谷之际”，隅谷就是西北的山谷，太阳这里下去就天黑了。“渴欲得饮”，他跑路跑得口干要喝水，“赴饮河渭，河渭不足，将走北”，到了陕西这一带，在渭水喝河水，喝不够，流汗太多，一边跑，一边看到河就喝。“饮大泽”，这个大泽也可以讲是黄河的源头，或说是青海一带的水。青海那一带有弱水，我们文学里有“弱水三千，只取一瓢饮”。什么叫弱水呢？水本来漂浮一切东西，可是这个弱水连一根鹅毛都浮不起来，就沉了下去，好像很微弱。实际上这是讲现象。青海那一带，有一个大湖，像高原上的大海，不是水的文弱，是下面的水流太急，有漩涡，所以任何东西在水面上，一下就转下去了。这本书里所讲的大泽，是不是青海一带，或者是弱水，不知道，就是那么个形容。

夸父逐日向西北走，“未至，道渴而死”，还没有到达目的地，就渴死了。“弃其杖”，死后连手杖也丢掉了，“尸膏肉所浸，生邓林”，他的身体血肉烂在那个地方，就生了一种植物，就是有名的邓林。“邓林弥广数千里焉”，后来这些树木成林，方圆几千里，都是这样的树。

从表面上看这个故事好像是神话，现在教科书里没有，我们小时候先读这些，一个个都当成笑话在说。另外还有一个故事记载夸父这个人，为什么肉体烂了，会长出一个原始森林？因为这个人非常高大。

譬如佛经的记载，上古的人类都活八万四千岁，比我们高大多了。后来因为人心开始坏，所以一百年矮一寸，减少一岁，减到现在，人的寿命只有几十年，只有这样高。据说将来人会越来越聪明，头越来越大，手啊脚啊越来越短，身高变得很矮小，生下来一岁半就结婚，活到十二岁已经算长寿了。到那个时候脑筋发达，大概是科学进步，四肢都没有用了。人类的战争也越来越厉害，草木都可以杀人。其实草木杀人现在也差不多了，还有细菌战、核子战啊，都出来了。到了最后全人类经过一个大劫，都死光了，只剩五百人，这五百人都是好人，留做人种。如此再过一百年长回一寸，再添一岁，这样倒回去，又到达八万四千岁，这样一个来回叫作一小劫，计一千六百七十九万八千年。这是东方关于人类缘起、世界怎么起来的说法，这也说明古人比我们高大是真的。

像我当年在峨眉山，看到万年寺有一大块很奇怪的东西，大约有一尺那么长，说是释迦牟尼佛的一颗牙齿，叫佛牙。好像是骨头化石这类的东西，真假不知道，一请出来，大家跪下来顶礼膜拜。我当时想，这颗佛牙那么大，究竟人类上古如何？不知道，所以保留一个怀疑。

这个追日故事说明一个精神，为了研究太阳的起落，拼命跟太阳跑，好笨啊！其实世界上科学的发明都是这样来的。譬如我也是海边人，小时候常坐在海边，拼命向东边看，究竟那一边到了什么地方？真想到那一边看看，究竟有没有蓬莱仙山。小孩子很多的幻想就是科学的精神，哥伦布为了追寻地球是不是方的，向东方走，结果发现了美洲新大陆。科学家任何的发明都是这样来的，所以人类远古的思想就是科学的思想，这一种精神，也是我们需要了解的。

但是该篇除了说明人类远古就有追求科学的精神之外，更说明一个哲学的道理。“夸父”这个名字，夸就是夸大，就是说夸父这个人很夸大。可是也告诉我们人生的境界，“精诚所至，金石为开”，以他追逐太阳的精神，有这样一个心理的人，死后精神不死，有一股特殊的精力，能够化成其他的东西。在道家的观念来说，这就叫作物化，也就是说明了心物一元的道理。有许多世界上物理的东西，都是人的心理精神所变化出来的，这就是这一段故事的含义。

大禹曰：“六合之间，四海之内，照之以日月，经之以星辰，纪之以四时，要之以太岁。神灵所生，其物异形；或夭或寿，唯圣人能通其道。”夏革曰：“然则亦有不待神灵而生，不待阴阳而形，不待日月而明，不待杀戮而夭，不待将迎而寿，不待五谷而食，不待缯纩而衣，不待舟车而行，其道自然，非圣人之所通也。”

日月星辰 时间空间

每一段单独的故事，实际上都有它连贯性的思想，因此这里他作一段结论，引用了大禹王的话。大禹一生，照《列子》以及《山海经》等记载，好像他走遍了全世界，不晓得他九年当中如何走遍全世界。不过他的哲学思想同他的科学精神，始终是值得我们后世效法的，墨子的思想就是效法大禹的。

“大禹曰”，大禹所见、所经历的太多了，他讲一个哲学的道理，“六合之间”，六合是中国文化宇宙空间的代名词，春秋战国以前，东南西北四方加上下叫作六合。他说这个宇宙之间，“四海之内”，这一句话我们要特别留意，那个时候所讲四海，是指在中国所看到的四海。“照之以日月”，太阳月亮的光照到了六合四海，这几句话看起来是文学化的。

问题来了，怎么叫作“经之以星辰”呢？五千年来，在世界的科学史上，中国本居第一位，尤其是天文学。西方对于星座的划分，都将之神化，什么天秤座啦，巨蟹座啦……就是把星星分区，再把它用线条连起来，像个狮子就叫作狮子座。中国天文的分区不同，叫作三垣二十八宿，很多星座是与十二个时辰相关的。我们过去所谓的读书人，或学武的人，由于古代的教育是文武合一的，所以历代的上将军、大元帅都是文武双全，因为天文也需要懂的。

这也说明我们文化里把对天文的认识视为最基本。譬如说今天是某月某日，今天晚上东南方、西北方应该是哪一个星座，如果懂得星座，手表也不要，指南针也不要，抬头一看就明白时间了。

譬如中国的学生到国外留学，碰到外国同学问你，你们中国文化什么叫星辰啊？如果你们说是天上的星星，那就完全错了；因为星叫星宿，就是二十八宿。怎么叫二十八宿呢？一年分十二个月，这个月份，晚上出现的星座称为宿。黑夜开始，东方第一个出现的星座是什么？因为天体在动，地球在动，天上星座也在动，每个月的晚上出现星座都不同，所以分成了二十八个不同的星座，称为宿。星是星，辰呢？一年十二个月，每月早晨东方第一颗亮的星也不同，是谓辰。至于北斗七星，天体上这个北斗，永远像个指南针，像钟表上的指针一样在转。所以看天文这类的书啊，你们年轻人根本没有办法，只晓得看日历。中国人过年到了，要去买黄历，就是黄帝时候定的历数，几千年来这个次序是固定的。一看黄历，“正月建寅”，子丑寅卯辰巳午未申酉戌亥十二个时辰，是十二个代号，也代表了十二个月。所谓“正月建寅”，“二月建卯”，这个叫作月节，这一个月所建立的，是指北斗七星在那一个方位的范围，抽象地把它定成一个名称，就是子丑寅卯属于什么星座。辰，早晨看到某一个星座，叫作辰。这一句话我们特别加以解释。

“纪之以四时”，为什么是这个纪呢？一年当中分成春夏秋冬四季，气候完全不同，实际上一年只有一个冷，一个热，冷极了叫冬天，冷的开始叫秋天；热的开始叫春天，热极了叫夏天。但是冷热之间有个程度，所以一年分成四季，“季”字同这个“纪”字是关于次序，拿现在白话来讲就是区分，把时间区划开了，所以叫“纪之以四时”，春夏秋冬四个时间段。佛教的戒律，印度一年三季，四个月为一季，地区不同，季节有别。

“要之以太岁”，要就是重要，重要的就是每一年当令的太岁，大家看小说有“太岁头上动土”这句话。譬如说今年一九八二是壬戌年，所以今年生的孩子都属狗。今年有人动土，要建筑，不要冲了太岁，就是戌方那个方位。时间是直的，方位是平的，等于两个架起一个十字架，假使冲了太岁，不得了，家里要出事情，所以太岁头上不敢动土。戌年这一年是戌当值，权位在它的手里。譬如明年是亥年，亥年是猪年，那个猪来管事了，亥猪就是太岁了。明年狗只好坐在旁边没有事，那你碰它一下、打它一下，就没有什么关系。

换句话说，是时令问题，所以我们算命的人讲运气好不好，运气是讲时令。一件棉袄，到冬天它变成“太岁”了，很重要，夏天就不重要了，运气就是这个道理。“要之以太岁”就是讲宇宙间这个物理、人事，离不开空间、时间两个大问题。所以做事业也好，做人也好，不论做什么，都要把握时间与空间，这个就叫作机会，古人叫运气。时间来了，空间地区要合适，如果把握不住的话，这个机会一刹那之间就过了，永远不再回头。等于你们年轻人讲恋爱一样，像我们昨天去吃喜酒，我说你们该结婚的快结婚，把握时间，否则时间空间一闪就过去了。虽然是个笑话，但是真的就是这样。这是讲时间与空间这两个要点的重要。

神灵是什么 生命的动力

下面讲人事物理的哲学，“神灵所生，其物异形”，道家的思想，认为宇宙万有这些生命不是人格化的上帝生的，也不是菩萨给的，而是有一个代号叫作“神灵所生”。什么叫作神呢？视之不见，听之无声，摸之无形，可是有这么一股力量。你说它是唯物的，它不是唯物的；你说它是宗教性的，它也不是，中国文化素来不穿宗教的外衣，所以用到“神”字，也用到“帝”字，也讲到“物”字，可是它都不是。它是心物一元的、神人一体的，这个神跟心功能一样。但也不是人类思想的这个心，也不像西方的宗教哲学，说上帝只有一个，永远是上帝，我们是上帝的子民，只好跪在他面前受他的审判。东方的文化不同，他是神，一切众生也可以修德成神，这就是东西方文化不同之处了。

所以神灵是心物一元的、神人一体的，人的生命功能非常高。因此他讲宇宙万有，有一个生命的动力，这个动力就称为神灵，只是我们后代的子孙，把上古文化的所谓神灵这个名称宗教化了、人格化了。所以我们乡下叫作拜神明、拜神灵，以为这个“神”字就是中国上古所说的神，其实错了；尤其是再把神明穿上八卦袍，穿上菩萨的衣服，越来越可怕。有个同学告诉我，有一个信佛的人到了庙子，庙子菩萨旁边柱头塑有两头蛇，他东看西看，一下两个蛇精跟着他了，然后蛇的舌头都吐出来，同真蛇一样。我听了半天，比《列子》的故事还好听，那都是自己神经，哪里真有蛇精啊？都是自己的阿赖耶识所引出来的，下意识构想出来的，加上宗教的情绪，越看越厉害，变成真的蛇了。真正懂了佛法、佛学，真正懂了道家哲学，明白这些都是迷信，鬼神都沾不上了，所以“神灵所生”，所谓神灵只是一个代名词。

“其物异形”，世界上生出各种物质、各种东西，每样不同，人是人的形状，狗是狗的形状。“或夭或寿”，有些短命，有些长寿。他说的是物理跟哲学的要点，这个生命的奥秘，究竟怎么来？大禹经过那么多地方，他下的结论是“唯圣人能通其道”，除非得了道的圣人，大彻大悟有了神通，他才能够通达时空里万象的变化。也就是说，真正幕后那个力量是怎么变出来的，只有得道的高人才能知道。

《列子》又引用汤的老师夏革的话，夏革的观念与大禹的理论相反，提出另一个道理。夏革说，“然则亦有不待神灵而生”，也有不是神灵生的，人可以把它培养出来。譬如现在的试管婴儿，人类科学想要突破这不可知的力量而生人。不过外国有些科学家，乃至宗教家都在反对，因为科学家的试验虽有成功，但是试管婴儿长大后如何，还待考验。宗教家认为，这些婴儿生下来没有什么信仰，令人非常担心。所以我们今天讲文化，必须要博古通今，科学日新月异，每天不断地进步，我有些去国外留学的学生，都是我的老师，他们一看到资料，马上写信，或者打电话告诉我，所以我天天在进步，你们有些人好像天天在睡觉。

第三十九讲

圣人也不知道的现象

大禹到过的奇俗异土

周穆王与齐桓公北游

圣人也不知道的现象

夏革的意见是，这个宇宙之间有些生命“不待神灵而生”，好像自然生出来，“不待阴阳而形”，阴阳这两个字，我们中国文化到处可以看到，在古书里这是两个代号。《易经》的卦也是用阴阳做代号，所以讲我们的文化过去也是科学，可以说是上古的科学。有一个东西至今西方科学未能突破其范围，那就是宇宙万有生命的两个对立的力量，是矛盾而又统一的。譬如说有白天一定有黑夜，一个人前面与后面不同，乃至同样一个指头，有阳面有阴面，所以“阴阳”两个字，古代是一个专门学问，在诸子百家里称为阴阳家。阴阳家包括天文、宇宙物理、地球物理、人事物理，乃至于政治、军事、社会、教育、艺术，各方面都有。譬如画一幅画，太阳照射的一面，称为阳面，花的颜色就不同，叶子的背面是阴面，阴阳面有区分，画看起来是立体的，这是阴阳的道理。所谓阴阳家，够得上是一家，因为包含的学问非常非常多，连看风水、算命等等都属于阴阳家的范围。所以这个宇宙的生物都是阴阳相合而构成形相，但是也有许多东西不阴不阳、非阴非阳、亦阴亦阳，是所谓“不待阴阳而形”的。

“不待日月而明”，有些生物不靠太阳月亮的光明，自己本身能够发光。有些生命“不待杀戮而夭”，不要等杀才死，自然会死。杀戮不只是人杀人，像杀其他东西，杀鸡、鸭，都是杀戮。其实以道家的观念，“天生天杀”，人为什么活了几十年会死掉？就是天杀。天杀以后生命并没有停止，死亡不过是休息，休息又来充电，重新一个新的生命，所以道家跟佛家看这个生命是永恒的，没有断绝。我们看到一个人死了，很悲哀；道家佛家则认为死亡是新生命的开始，不是悲哀，是恭喜。所以中国文化，八十岁的老人死了，挽联是送红的，觉得是福寿全归，好像办喜事一样。这是“不待杀戮而夭”，就是自然的死亡。

也有许多生命，“不待将迎而寿”，将就是将养，现在叫保养。“将迎”这两个字，将代表保养，迎是等待，要保养等待下个转变。等于说，要好好保养自己的生命，等待明天的演变，这就是“将迎”。凡是宇宙间的生命，天然活得很长就是“不待将迎而寿”。譬如阿里山那一棵神木，谁去保养它？谁去“将迎”它？都没有，可是它能够活得那么长久。

他说另有些生物“不待五谷而食”，不要吃米、麦子、包谷之类的五谷杂粮，都不需要。譬如乌龟，吃空气可以活千百年；练气功的就要抓乌龟来学学看，把它用石头压住，多少年不死。你在很静的地方听，它这个脖子慢慢伸出来，自然吸气，吸了一口很长的气，跟着把头及四肢都缩进来，半天都不动，就是这么呼吸。另一个道理是瑜珈的道理，空气里有养分，它吸进来，所以不需要吃东西也可以活几千年。因此我们给人家祝寿，画个乌龟或白鹤祝贺。白鹤睡觉时，鼻子对着屁股，自己里头通气，不靠外面的呼吸，这些东西都是“不待五谷而食”的。

还有些生物“不待缯纩而衣”，缯纩代表丝织品，是古代的衣料，缯是细的绸子，纩是粗的。他说有些东西，不靠外物自然有衣服，像鸟类、动物等，都有天生的羽毛当衣服。现在男女服装还有些是纸做的，卖得很便宜，不用洗就可以丢掉，不晓得你们诸位穿过没有？我懒得穿，心中观念上觉得不对，我又不是死人，不是鬼，为什么穿纸做的衣服？

“不待舟车而行”，有些生物不靠船，不靠交通工具，自己能够走路。他说这些生命“其道自然”，这个道不是修道的道，是讲一切的法则，包括生命的法则，自然会活着。宇宙间有各种不同的现象，要分析这一段，就属于博物的范围。中国古代有一本《博物志》，是晋朝的一个宰相张华著的，书中有许多问题，是世间一般知识所不能解答的。科学进步到现在，只解答了一部分，譬如说，有一个大问题至今解答不了，人是怎么来的？究竟从哪里来？这个生命的问题，人类努力了几千年到现在还不知道。所以人类号称自己有知识有学问，那只是自吹罢了。这里最后一句结论也讲，“非圣人之所通也”，这许多问题，连得道的人都不完全了解。

大禹到过的奇俗异土

禹之治水土也，迷而失涂，谬之一国，滨北海之北，不知距齐州几千万里，其国名曰终北。不知际畔之所齐限，无风雨霜露，不生鸟兽、虫鱼、草木之类。四方悉平，周以乔陟。当国之中有山，山名壶领，状若甔甀，顶有口，状若员环，名曰滋穴。有水涌出，名曰神瀵，臭过兰椒，味过醪醴。一源分为四埒，注于山下。经营一国，亡不悉遍。土气和，亡札厉。人性婉而从物，不竞不争；柔心而弱骨，不骄不忌；长幼侪居，不君不臣；男女襍游，不媒不聘，缘水而居，不耕不稼；土气温适，不织不衣；百年而死，不夭不病。其民孳阜亡数，有喜乐，亡衰老哀苦。其俗好声，相携而迭谣，终日不辍音。饥惓则饮神瀵，力志和平。过则醉，经旬乃醒。沐浴神瀵，肤色脂泽，香气经旬乃歇。

现在讲人类的问题。我们了解大禹王在平洪水之灾时走遍了世界，“迷而失涂”，迷了方向，“谬之一国”，谬就是错误了，这个国字，是一个区域，就是走错路，到了另一个地方。大禹到过的地方很奇怪了，按照佛学的分类，世界上有四大部洲，叫南赡部洲、北俱卢洲、东胜神洲、西牛货洲。据小乘佛经说北俱卢洲的人没有嫉妒心，没有烦恼，长寿活到一千多岁，无疾而终，并且思衣得衣，思食得食。北俱卢洲有曲躬之树，你一蹲下来，树枝叶子就弯下来，把你盖起来，外面的人看不见。更特别的是，要大便时，地下裂一个坑，大便完了，地下涌出来一股水把屁股洗得干干净净的。这样好的地方，与中国道家几千年以前说的差不多。

但是有一点我向你们诸位讲过的，现在世界上的科学家进行了各种探险，想了解这个地球的北极究竟是个什么样子，至今没有结果。科幻小说认为地球里面另有一个世界，比我们文化高明，太空看到的飞碟，有人说是地球内部派出来侦查我们的。

再看《列子》这一篇，这个神话又跟科学接起来，很妙，说我们的老祖宗大禹当年治水向北方走，到过了这个地方，好像他经过了北极，到北极的中心去了。“滨北海之北”，过了北冰洋，还向北走，这是人为假定的，地球是圆的，究竟是南极还是北极，不知道。“不知距齐州几千万里，其国名曰终北”，已经不晓得距离山东有多远了，大禹回来后，给它取一个名称叫“终北”，我们现在可以说是北极。“不知际畔之所齐限”，那个地方多大？多小？没有办法测量。大禹当时带的测量工具是向瑶池圣母借来的，是一条龙，同孙悟空的金箍棒一样，平常念个咒放在身上很小，要用的时候拉开，整个的地球都可以量。可是到了那个地方没有办法测量了，所以也就不知道那个地方有多大多小。

那个地方之好，“无风雨霜露”，不需要气象台，因为它的气候永远是好的。“不生鸟兽、虫鱼、草木之类”，那个地方也没有鸟，也没有野兽，也没有虫，也没有草木。“四方悉平”，等于佛经里形容极乐世界一样，都是平的，是不是都是金刚钻做的土地不知道。“周以乔陟”，这个四周的范围，弯弯曲曲很美丽，是个艺术的图案。

“当国之中有山”，他说这个地方中间有座山，“山名壶领”，这个山的名字也是大禹回来给它取的，因为山像一个水壶一样。“状若甔甀”，他说这个山中间像一个饭锅一样。“顶有口状，若员环，名曰滋穴，有水涌出，名曰神瀵”，这个山顶有一个口，像一个圆环，中间有水自然地喷出来，像是喷水池，大禹给它取个名字叫作“神瀵”。那是特别的水，那个水有香味，“臭过兰椒，味过醪醴”，香味比兰花的香还要强烈，把水喝了一口，比葡萄酒、白兰地，比韩国的高丽参茶还要补，一大堆的营养都有。“一源分为四埒”，而这座山喷出来的水向四方流，“注于山下”，到了平地。“经营一国”，这个地区的人只要喝这个水就够了，“亡不悉遍”，这个“亡”就是“无”字，没有哪一个不沾到这个水的营养，所以也不要吃东西，喝这个神水就够了。“土气和”，这个土地的气候不冷不热非常平和，“亡札厉”，没有瘟疫疾病。

这里的人个性非常好，“人性婉”，都很和平清净，“而从物”，同那个地方物理一样，土地是平的，所以人的心地也是平的。“不竞不争”，没有斗争，没有竞争。“柔心而弱骨”，每个人心里都很仁慈，你爱我，我爱你，所以他们的身体骨头都很柔软，像婴儿一样，不像我们这样硬骨头那么讨厌。“不骄不忌”，每个人既不骄傲，也不嫉妒。“长幼侪居”，年纪大、年纪轻的都住在一起，没有相互轻视。“不君不臣，男女游，不媒不聘”，男女在一起，也没有什么结婚契约，要证婚人、介绍人来盖章啊，准备打官司用的，都没有。既不需要做媒，也不需要婚嫁，什么礼饼啊，什么戒指啊，都不需要，可见人类很和平，没有这些麻烦。

“缘水而居”，大家都靠近这个神水而住，“不耕不稼”，不必耕田，不必种麦。“土气温适，不织不衣”，这个土地气候同人体配合得很好，温度、湿度都很恰当，所以用不着有纺织厂，不必穿衣服。“百年而死，不夭不病”，每人活一百年，没有人早死，更没有车祸，也不生病。

“其民孳阜亡数”，这个地方的人民自然就繁衍很多，有多少人口呢？大禹来不及调查，不知道。“有喜乐，亡衰老哀苦”，同佛经说的一样，永远是快乐的，所以佛也说北俱卢洲不需要宗教，因为人没有痛苦嘛，不需要找依靠。所以生在北俱卢洲的人，在佛法来讲是八难之一，因为永远不会听闻道的真理。也因为他们没有痛苦，就不需要解决人生什么问题，也不需要解脱了；也没有衰老痛苦，大概活一百年同年轻时是一样的，生来就是那个样子。

“其俗好声，相携而迭谣，终日不辍音”，大禹说那些人最喜欢唱歌，大概音乐很发达，用不着办音乐学院，个个都是音乐家，所以彼此拉着手唱歌，一天到晚只听到唱歌的声音，非常快活。

“饥惓则饮神瀵”，疲倦时喝那个神水，“力志和平，过则醉，经旬乃醒”，喝了那个水，身体的体能恢复了，思想意志都很和平，那个水喝得太多就醉了，一醉要醉十天才醒过来。“沐浴神瀵，肤色脂泽，香气经旬乃歇”，跳进那个水里洗澡，洗后一身都发亮、发光，去美容院都没有那么好。而且洗了这个水，身上自然有了香气，可保留十天之久。这是大禹因为走错了路而到过的地方。

周穆王与齐桓公北游

周穆王北游过其国，三年忘归。既反周室，慕其国，惝然自失。不进酒肉，不召嫔御者，数月乃复。

管仲勉齐桓公因游辽口，俱之其国，几克举。隰朋谏曰：“君舍齐国之广，人民之众，山川之观，殖物之阜，

> 礼义之盛，章服之美，妖靡盈庭，忠良满朝。肆咤则徒卒百万，视撝则诸侯从命，亦奚羡于彼而弃齐国之社稷，从戎夷之国乎？此仲父之耄，奈何从之！”桓公乃止，以隰朋之言告管仲。仲曰：“此固非朋之所及也，臣恐彼国之不可知之也。齐国之富奚恋？隰朋之言奚顾？”

到了周朝，跟大禹已经距离七八百年了，“周穆王北游过其国”，周朝的后代，周武王的子孙周穆王，到过那里。周穆王有八骏马，在佛经里说转轮圣王才有这样好的马匹，周穆王等于是转轮圣王了。我们唐人的诗句说，“八骏日行三万里，穆王何事不重来”，我们上次提到过的，再重提一次，周穆王既然有八匹这样的骏马，为什么死了以后不骑这些马回来呢？所以诗人很多都是哲学的思想，感叹生命的无奈，纵有世界上一切的权力，也无法控制自己的生命。

周穆王在终北之国，“三年忘归”，忘记了回来。后来周穆王“既反周室，慕其国”，回来后仰慕那个地区，不想当皇帝，愿意到那里做个普通人。“慠然自失，不进酒肉，不召嫔御者，数月乃复”，自己好像失恋了一样，当皇帝一点味道都没有，因此也不想喝酒，也不想吃肉，对于后宫的妃子、宫女都不喜欢了。过了几个月以后，才慢慢恢复这个世界的生活。

周穆王之后三四百年，到了春秋时代，我们历史上出现了第一个霸主齐桓公，第一个名宰相管仲。管仲比孔子早了近百年，他在政治方面的成就比孔子还高，他知道周穆王北游过这个地方，所以极力怂恿齐桓公到这个地方去。“管仲勉齐桓公，因游辽口”，他们君臣带了几个人，已经过了东北，继续向北走，北面又北面，北极。

“俱之其国”，到达那个国境的边缘，“几克举”，快要到达时，“隰朋谏曰”，齐桓公旁边有三四个大臣，管仲、鲍叔牙，还有一个后来接管仲位子的隰朋，当然他的学问、气派、能力、政治思想都不及管仲。隰朋就向齐桓公讲，“君舍齐国之广，人民之众”，你舍弃了我们广大的齐国，舍弃了众多的子民，“山川之观，殖物之阜”，多好的风景，生产万物的都市，你都不要了。我国又是“礼义之盛”，人文文化兴盛，有礼貌有道义。“章服之美”，穿的衣服那么漂亮，“妖靡盈庭”，后宫漂亮的女性那么多。“忠良满朝”，你的部下，好的干部满朝。“肆咤则徒卒百万”，阅兵台上喝一声，那威风多大，百万部队都在你面前敬礼，“视撝则诸侯从命”，你的威风使国际上的领袖都要听你的命令，“亦奚羡于彼而弃齐国之社稷，从戎夷之国乎”，你何必舍弃齐国那么好一个地方，而到北边没有文化的国家呢？况且再向北方走不晓得是怎么样一个世界，何必去呢？“此仲父之耄，奈何从之”，管仲年纪大了，昏头了，你何苦听他的！

齐桓公一听，对理想的前路茫茫，至少离开自己国家，一切享受、权威都没有了，后患无穷，“桓公乃止”，齐桓公就停止前进，不去了。“以隰朋之言告管仲”，并且把隰朋的意见告诉了管仲。

“仲曰：此固非朋之所及也”，管仲说，我所了解的那个世界，绝对不是隰朋所能够知道的。“臣恐彼国之不可知之也，齐国之富奚恋？隰朋之言奚顾”，那个地方的境界，我怕不是一般人能够想象的。换句话说，管仲感叹齐桓公没有这个福气。他说到了那个区域啊，你才知道当君王统治一个国家一点味道都没有，所以齐国的富有不需要留恋，你对于隰朋这些话也不需要顾虑。不过齐桓公已经相信了隰朋，只好回去了。所以齐桓公只能当一个霸主，不能成王，气魄上始终不够，没有到北极探过险，这个故事到此为止。

《列子》这一段故事，显示一个问题，在地球的北极有没有世界、有没有东西？现在科学家仍在研究哦！但是有一点，可以看到人类文化的奇怪，因为现在科学研究的不过是老路，在我们上古的神话传说里，科学家、政治家、哲学家早就提到这个地方，并且在探讨。《列子》总算替我们保留住了这些数据。如果在几十年前五四运动正在拼命打倒中国传统文化的时候，要是讲这一套，一定被人耻笑。现在时代又变了，回过来再讲这一套，学西方文化的人听到这些，大家佩服，认为中国文化了不起。不管如何它是个幻想，几千年前为什么会有这种幻想呢？这正是我们现在科学要探究的。有关这一点，在这个时机，我们必须要了解中国文化所包含的内容，以及它所彰显的特殊含义。

南懷瑾大學堂

列子臆说（下）

南怀瑾 讲述

人民东方出版传媒
東方出版社

目　录

下　册

第四十讲

生活风俗的形成

各地奇风异俗

孔子被小孩难倒

上次讲到春秋战国的时候，提到管仲怂恿齐桓公到北方，去那个特殊的区域。齐桓公这位君王，正是所谓很爱玩的一个人，不过他运气好，碰到一位好的宰相叫管仲，但是他本来胸无大志，所以他的事业始终有限。大概的宗旨是说明一个人成大功、立大业，必须先有远见，有远见才有远大的成就。所以我们历史上骂人“目光如豆”，或者说“鼠目寸光”，所指的是思想肤浅，他所能够成就的当然就有限了。

生活风俗的形成

南国之人，祝发而裸。北国之人，鞨巾而裘。中国之人，冠冕而裳。九土所资，或农或商，或田或渔，如冬裘夏葛，水舟陆车，默而得之，性而成之。

这一段是很多地方风俗的比较，描述社会的现状，说明一个历史的哲学，这完全是指我们中国，尤其是在古代的中国；像台湾、浙江，长江以南，东南一带到福建，古代都是落后地区。“南国之人，祝发而裸”，我们南方这一带的人，头发是剃掉的，剪得很短。我们的文化几千年来，不剃胡子、头发，男女都一样，所以《三国演义》描写关公，美髯长须，当时不过三十多岁。因为古人认为“身体发肤受之父母，不敢毁伤”，一根头发、一根胡子都不随便剃的。剃头是外来文化，所以清军入关为了剃头发，大家不干了，很多人宁死不肯剃发，这是文化的问题。

讲到头发我想到一件有趣的往事。几年前的一天，救国团约我去宜兰开会，谈青少年问题，因为是朋友，只好去了。到了那里一看，大概有几十个人，都是各个单位的领导，还有警察少年队的队长。原来开会是讨论头发问题，学生头发剪多长多短，讨论了好几个钟头。刚好有台风警报，要从宜兰登陆，我是坐在旁边旁听，听完了，我说可以放学了，我们赶快走啦，有台风来就回不去台北了。主席一定要我作结论，我只好赶快讲几句。我说很奇怪，今天花了那么多时间讨论头发问题，祖先们素来是不剪发的，剪了发是大逆不道。清军入关，下命令要剃头发编辫子，结果多少人做了忠臣义士自杀了，不是为了亡国，是为了头发要剪掉。你看我们这个民族多有意思啊！国家亡了不要紧，头发剃了绝对不干，宁可死。到了推翻清朝，我所见到的我的老师，还有几个老前辈，有功名，是前清举人、进士的，中华民国一成立，要大家剪辫子，结果他们死都不肯剪，宁可做清朝的忠臣。你看这个民族多奇怪呢！三百年前的祖宗为了剃头发，宁可死，不能剃；三百年后推翻清朝了，又不愿意剃头发，要留辫子。

十几年前我到日本，嬉皮流行，日本那些男孩、女孩披着长发，睡在地上唱歌，火车站都睡满了这些青年。当时一个日本老教授陪着我，我说你们怎么搞的啊？我们黄种人讲黄花精神。所谓黄花精神，日本人讲黄花就是菊花，就是东方的文化。这个老教授说都是为了剃头发。他告诉我，他只有一个儿子，头发留很长，有一天他忍无可忍，回去门一关，自己拿剪刀要把儿子的头发剪了。儿子跪下哭了，说女孩子才剪头发，男孩子都是这样留长，你把我头发剪了，我变成不男不女，我不能做人了。

我们现在为了青年人的头发，开会花了那么多时间，台风来也不怕，我倒请问头发剪短了道德就好了吗？头发留长了，那个人道德也没有了吗？头发的长短和学问、道德有什么关系呢？何必浪费时间开什么会啊！当场大家哈哈一笑，我说台风要来，快走，快走，不管头发的事了。

“南国之人，祝发而裸”，这是指早期的原住民。南方的人，头发剃短了，而且不穿衣服，用个树叶子围一围就好了，那个时候表示文化落后。当时南方是祝发文身之民。文身，就是在身上刺青，刺一条龙或一朵花，显示是落伍的野蛮民族。不过老实讲像我们台湾、江浙一带的人，都不是原来的本地人，我们是在唐宋变乱时，祖先慢慢向东南来的。

“北国之人，鞨巾而裘”，北方人头上包一个帕子，因为有风沙嘛，所以头发喜欢包起来，后来变成帽子，身上穿着皮袄，裘就是羊皮袄。

“中国之人，冠冕而裳”，当时的文化在中原，就是中国，戴的帽子有阶级区分，皇帝戴个平天冠；冠上有珠帘挂下来的也有规定，有阶级区分的。所谓衣裳，衣是上半截，裳是下半截，后来的发展，下半截的衣服叫作裙子，所以我们画老子、孔子啊，这些图案都还是两截穿衣。武侠小说里骂人两截穿衣，那是指过去女人的衣服两截。实际上我们上古的老祖宗都是两截穿衣，不是一半，长度差不多到膝盖那里，下面垂下来是裳。

大禹治水以后把全国分成九州，九个区域，以河流为标准，“九土所资”，在中国这个地区生活的人，每个地方都不同，“或农或商”，有些地方适合种田为生，有些地方没有办法种田，就做生意。“或田或渔”，这个田是田猎的意思。有些地方打猎，或海边的以打鱼为生。穿的衣服也不同，“如冬裘夏葛”，北方冬天非穿皮袄不可，不然受不了那个寒冷，夏天穿麻做的衣服。“水舟陆车”，水路的交通是船，陆路的交通是车子。

他说各地方风俗的形成，不是政府的命令，也不是学校的教育，而是“默而得之，性而成之”。一种风气的形成啊，不是喊口号喊出来的，要做到默默而化，没口号，没标语，风气是自然形成的。西方人吃饭用刀叉，印度人吃饭用三个指头抓，我们西北新疆一带吃抓饭，也用三个指头。三个指头很难抓哦，要吃得好，吃得干干净净，也是从小练出来的工夫。中国人用筷子，你说哪个人下命令形成的？不是的，“默而得之”，它是由地区在时代需要下自然形成了这个风气。“性而成之”，这个性是讲人性，人类天性的需要会构成一种风气。这一节就包括了政治哲学、文化哲学，你们研究社会，研究人类发展史，乃至于研究中华民族文化的发展、东西文化的交流，这两句话“默而得之，性而成之”是大哲学。勉强构成的东西是不长久的，自然会被社会、人类所淘汰。

各地奇风异俗

越之东有辄木之国，其长子生，则鲜而食之，谓之宜弟。其大父死，负其大母而弃之，曰：鬼妻不可以同居处。

楚之南有炎人之国，其亲戚死，死其肉而弃，然后埋其骨，乃成为孝子。

秦之西有仪渠之国者，其亲戚死，聚柴积而焚之。熏则烟上，谓之登遐，然后成为孝子。此上以为政，下以为俗，而未足为异也。

有一些很奇怪的风俗，也是我们上古之时的。“越之东”，这个越国就是靠海边了，再向东走，有一个国家叫“辄木之国”，这个地方在哪里很难讲，过了海，不好意思说了，或者在日本，或者在几千年以前的琉球，或者……反正有一个地区。这个地方的风俗，“其长子生，则鲜而食之”，鲜就是少，年轻、少年，大儿子生下来，不大喜欢带，让他自生自活。很多落后地区的民族是这样。

像我们在西南一带夷人地区，看到一些少数民族，所谓夷族，一般男男女女不穿鞋子，脚皮比我们的皮鞋底还要厚，身上一年到头一件披风，枪在里面，打了败仗，他把披风一裹，从高山顶上就像皮球一样滚下来了，爬山像猴子一样。女的都自己接生，孩子一生下来，把这个孩子泡冷水，能活就活，不能活就死掉。这个孩子能活下来命真大了，到了两三岁刚刚会走路，脚就在火上面踩，所以两只脚就烫成皮鞋底一样了。这是我们亲眼所看到的一些少数民族。

现在讲到上古之时的这个国家，“其长子生，则鲜而食之”，从小使他自己能够吃饭，独立起来，应该这样解释。如果看文字解释，大儿子生来就把他炖来吃掉，也不会野蛮到这个程度啊！“谓之宜弟”，大儿子能够独立，后面生的孩子就多。等于我们台湾风俗，前面生女孩子，就把那个女儿取名字叫“招弟”，希望下面生弟弟，就是这个意思。

“其大父死”，这个是中国文化，你们看古文，大父就是祖父。“负其大母而弃之”，祖父死了，就要把祖母背出去丢掉。等于爱斯基摩人一样，老病不堪的老年人，自己就离开家到旷野里，等狼来吃掉自己，或者等大雪把自己冻死。“曰鬼妻不可以同居处”，因为祖父已死了，变鬼了嘛，鬼的太太在家里不吉利，这是迷信，也是一种风俗。

“楚之南有炎人之国，其亲戚死，死其肉而弃，然后埋其骨，乃成为孝子”，楚国是指河南的南面一直到湖北、湖南的一部分，楚国很大，由北向南，由西向东，包括部分的四川和湖北、安徽，就是南方长江流域一带。楚国南方有一个炎人的国家，人死后等肉烂了，就把他的骨头捡去埋掉，这样才能叫作孝子。现在台湾的南部，父母死了，棺材埋下三年五年以后回来捡金（捡骨），放在缸里再去埋掉，就是从这个风俗的遗留。

“秦之西有仪渠之国者”，陕西的西部，一直到甘肃一带，还没有出关。“其亲戚死，聚柴积而焚之，熏则烟上，谓之登遐，然后成为孝子”，这是火葬，中国人本来主张土葬，现在慢慢形成火葬。印度与中国的西藏，有些火葬，还有些主张天葬，就是让鸟把死人吃掉，吃得越干净，家里的人越高兴，罪业浅。火葬时，烟冒得越高，“谓之登遐”，遐就是很远的地方，登遐就是成仙升天了。这样才叫作孝子。

他说这些风俗的形成，就是文化问题哦，“此上以为政，下以为俗”，一个地区的文化形成了一种风俗，换句话说，风俗构成了一个文化的习惯。由上代祖宗慢慢传下来，认为应该是这样做，下一代的人就继续，变成了习惯成自然，不成文的法律，所以叫作风俗。“而未足为异也”，不能够只站在一个角度看，每个人立场角度不同，看法也不一样，他说没有什么稀奇。

世上宗教很多，天主教、佛教、回教，每个宗教各有各的仪式、规矩、戒律，老实讲局外人看起来都差不多，也像地区文化一样，各有不同。哪样叫对，哪样叫不对，都有可研究的地方。学佛的人看到人就合掌，我们中国是拱手作揖，西方人握手。过去西方人也不是握手，西方人到教堂祷告，一定还是用双手，跪着。所以讲礼貌，拱手、合掌是最好；握手可能传染病，尤其地位高了，一天跟一千个人握手，有些人力气大一抓，好像老鹰抓小鸡一样，把我们这个小手一捏，那个手都不知道到哪里去了。

这是讲到风俗习惯，他的结论，“此上以为政，下以为俗，而未足为异也”，不要认为习惯不同，时代不同，规矩就要改变；也不要认为改变了规矩是违法或是犯罪，那是落伍的思想，哲学不通。这里只有几句话，包括了那么多学问、那么多内容。

下面引出一个哲学的大道理，这一篇我们小的时候是几岁念的呢？我记得是七岁，就已经背下来了。怎么念法呢？“小儿论日，如轮如盘”，就是这一段故事来的。

孔子被小孩难倒

> 孔子东游，见两小儿辩斗，问其故。一儿曰：“我以日始出时去人近，而日中时远也。一儿以日初出远，而日中时近也。”一儿曰：“日初出大如车盖；及日中，则如盘盂，此不为远者小而近者大乎？”一儿曰：“日初出沧沧凉凉；及其日中如探汤，此不为近者热而远者凉乎？”孔子不能决也。两小儿笑曰：“孰为汝多知乎？”

“孔子东游，见两小儿辩斗，问其故，一儿曰：我以日始出时去人近，而日中时远也。一儿以日初出远，而日中时近也。”孔子向东面走，看到两个小孩子吵嘴，问他们吵什么？一个小孩子认为，太阳刚出来离我们人比较近，到了中午就跟我们人越离越远了。另外一个小孩说太阳刚刚出来离我们远，太阳到天顶中午的时候，距离我们很近，两派意见不同。

那么孔子就问他们道理，先讲的那个小孩讲，“日初出大如车盖；及日中，则如盘盂，此不为远者小而近者大乎”，他说太阳刚刚出来，初出海面、地平线，大得如车盖一样，中午到了天顶，小得像个盘子那么小，证明太阳刚刚出来的时候大，靠我们近，距离我们越远就越小。

另一个小孩说，“日初出沧沧凉凉”，太阳刚刚出来的时候，还不暖和，“及其日中如探汤”，到了中午太阳晒到身上，就像跳到热水里了。“此不为近者热而远者凉乎”，这不是靠我们近的就烫，距离我们远的就凉嘛！一个从视觉、光学上讲，一个是从感受上讲。

这两个小孩吵了半天，就抓着孔老夫子问，你看我们哪个对。“孔子不能决也”，孔子当时下不了定论。

“两小儿笑曰：孰为汝多知乎”，两个小孩就骂孔子，你还当什么老师！叫作孔夫子，说你学问好，连我们小孩子的问题都解决不了。这是很有名的孔子吃瘪的故事。如果我们讲历史幽默的笑话，这一段故事，是不是因为孔子周游列国没有去楚国，所以故意弄两个小孩子来整孔子？把孔子骂一顿，认为楚国文化高，你孔子没有学问，回去吧，你不要来了。

第四十一讲

平均的道理

垂钓射猎与治国

外貌与内心的矛盾

讲到这一段历史上有名的故事，所谓难倒了孔子这件事，拿我们现在的观点来看，是一个天文学、光学等等的问题。这个故事在《列子》及道家没有作别的结论，好像开了孔子一个不大不小的玩笑。实际上它有一个道理，这是物理问题，全篇看下去就知道了。

平均的道理

> 均，天下之至理也，连于形物亦然。均发均县，轻重而发绝，发不均也。均也，其绝也莫绝。人以为不然，自有知其然者也。

“均，天下之至理也”，均是平均，我们过去物理科学翻译是“水准”，现在大陆用“水平”，不过水准、水平经常混用，这就是“均”的问题。“平均”发展至哲学思想就是平等，世界上的社会问题、历史问题都是平均的问题。我们古书里有两句话，“人平不语，水平不流”。天底下是很难平的，所以有人打抱不平，人平了就不语，满足了嘛，就不会争了；

水平就不流了，因为它稳定了。本来这个社会就是形形色色，有些人聪明，有些人笨，聪明人会欺负笨人，这个世界长长短短，高高矮矮，各种不同才叫作社会。假使这个社会上人的面孔都长得一样，不分美丑，美容院、化妆品就没有生意了。就是因为这个社会不平，才形成了一个社会。但是人很奇怪，总是要求平。“连于形物亦然”，就连一个东西的外形都想求其平，而这个世界上一切的东西根本就不平，这就妙了，这就叫作世界。下面他说出一个道理。

“均发均县”，这个“县”字古代与“悬”相通，是把头发拉直了，然后可以悬挂东西。头发那么细，要两边拉平均，就是力学的问题。“轻重而发绝”，重的东西可以挂，轻的东西也可以挂，假使挂上东西头发断了呢？“发不均也”，是力学的中心点没有掌握好。刚才我们两位朋友谈到做天秤，这个秤，菜市场都有，看似那么简单，但有很大的学问。尤其做那个很小的秤，秤很轻很小的金刚钻啊，所以秤要做得标准，就是“均”的问题。

“均也，其绝也莫绝”，假设头发的力学重点控制很平均，就是挂上很重的东西也不会断。“人以为不然”，这个道理一般人不会相信，但是这个物理的道理，我们不懂，“自有知其然者也”，自然有人有这个知识学问，自然有懂的人。

这个道理，也解答了那两个小孩子所问、令孔子吃瘪的问题。因为物理方面的知识孔子当时没有懂，不能够解答。中国一本古书——张华所著的《博物志》，以及古代很多书里都提到孔子博识万物，他不但哲学好，科学方面知识也非常渊博。但是，《列子》这里的意思就是说，一个人不管学问怎么好，还是会有所不知的。下面转到另一个道理。

垂钓射猎与治国

> 詹何以独茧丝为纶，芒针为钩，荆莜为竿，剖粒为饵，引盈车之鱼，于百仞之渊，汩流之中；纶不绝，钩不伸，竿不桡。楚王闻而异之，召问其故。詹何曰："臣闻先大夫之言，蒲且子之弋也，弱弓纤缴，乘风振之，连双鸧于青云之际，用心专，动手均也。臣因其事，放而学钓，五年始尽其道。当臣之临河持竿，心无襍虑，唯鱼之念，投纶沉钩，手无轻重，物莫能乱。鱼见臣之钩饵，犹沉埃聚沫，吞之不疑。所以能以弱制强，以轻致重也。大王治国诚能若此，则天下可运于一握，将亦奚事哉。"楚王曰："善。"

现在告诉我们钓鱼的本事了。"詹何以独茧丝为纶"，詹何是楚国人，他做了一个钓鱼竿，用蚕丝做钓鱼线。"芒针为钩"，用最小的针做钓钩。"荆莜为竿"，随便砍根荆树的小枝做钓竿。"剖粒为饵"，再把一粒米切掉一半，放在小针头上做钓饵。

"引盈车之鱼，于百仞之渊"，七尺叫作一仞。结果他在百仞这样的深渊处钓鱼，他的竿子下去，引来追饵的鱼，多得不得了。"汩流之中"，"汩"字读"骨"，是三点水一个曰字，不是屈原投汨（读密）罗江的汨字。汩流就是乱流。这个人就在乱流之中，工具又那么差，"纶不绝"，但是丝没有被乱流搅坏，“钩不伸”，钩也没有被冲直，“竿不桡”，钓竿也没有翘起来，就那么钓鱼。“楚王闻而异之”，这个詹何钓鱼的技术非常高明，楚王听了奇怪，“召问其故”，就召见他，问他怎么有这个本事。

“詹何曰：臣闻先大夫之言”，在古书里，“先大夫”指过世的有功名的父亲，如父亲仍在世，则称“家大夫”，唐宋的时候称“家君”。你们中学时都念过《滕王阁序》，王勃十几岁写这篇文章，因为父亲在交趾做官，他去看父亲，所以说“家君作宰，路出名区”。“家君”或称“家严”，假使自己的父亲过世了叫“先严”，不能称“家严”。当然现在是王爸爸、李妈妈了，如问人家令尊、尊翁，反而没有人懂，这些文化礼节都没有了，这叫“文物衣冠”。

中国人有阿姨、姑姑之分，外国人阿姨跟阿姑、舅妈都不分，一概都是阿姨，是所谓夷人之学也。当年我到文化大学教课，下课我叫学生带路，他说老师啊，经过夷区就可上车了，夷区就是指外国人所住的地方。我们自己号称五千年文化，礼仪之邦，现在没有礼仪了，打电话我讲名字他不懂，现在我干脆自称南老师，因为南老师大家都知道。没得文化了，自己脸都红了，心里也红了，难过得很。可是社会整个是这样，怎么办？我看将来文化复兴要靠你们这一代了，我们已经没办法了。

“先大夫之言，蒲且子之弋也”，就是说，当年我听父亲讲，有个武林高手叫蒲且子，他打猎专门打飞禽。“弱弓纤缴”，他那个弓很轻。读古书常常看到，工夫好了，拉五百石（音但）之弓，就是有五百石重的力量，才能把弓弦拉得开。

“弱弓纤缴”，那个弓弦啊，像头发那么细，“乘风振之”，他还用气功，把箭放在弓上面，轻轻一放，靠空气这个风来，一下就射出去了。“连双鸧于青云之际”，飞在三五千尺高空的两只鸟，应声同时就被射下来了，这叫一箭双雕。为什么有这样大的本事啊？“用心专”，精神专一，精神跟物理两个统一起来，他忘了自己，弓就是他，他就是弓。就像钢琴弹得好的人，弹到没有指头的感觉了，也没有钢琴了，音乐就是我，我就是钢琴，钢琴就是音乐；也不知道那个手如何按那个琴键，可是没有不对，这样可以称高手了。这个武功也是这样，用心，精神统一了。你们打坐修道也要这样，要想得定就要达到这个境界。如果坐在这里还忘不了两条腿，忘不了头、牙齿，这里酸，那里气脉动，那当然不行，心要专一才行！“动手均也”，他那个手是平的，不管多重的弓，到他手里力量很均稳。不像我们拿个手枪抖啊抖啊，会拿手枪的人，一拿到手，动都不动的。

当年我父亲告诉我，这个武林高手拉弓射箭，向高空打鸟，手均。“臣因其事”，我因为听了这件事，懂了一个道理，“放而学钓”，我就把这个原理用到钓鱼上了。“五年始尽其道”，练习了五年，才到达了这个忘我的境界，心物一元了，精神与物质统一了。

“当臣之临河持竿”，他说当我在钓鱼的时候，人站在河边，手里拿着鱼竿。“心无襍虑，唯鱼之念”，没有妄想，入定了，人跟钩、跟水、跟鱼合一了，那个时候，我不是我，我自己变成鱼了。“投纶沉钩，手无轻重，物莫能乱”，当我把鱼钩投到水里的时候，忘记了手，忘记了鱼竿，也不觉得轻，也不觉得重。所以当我在钓鱼的时候，任何外面的境界都扰乱不了我。“鱼见臣之钩饵，犹沉埃聚沫，吞之不疑”，所以河里的鱼看到我钓钩上的鱼饵，受我精神的感召，忘记了是钓鱼钩，也忘记了是骗它的鱼饵，只觉得是一个水泡，里头有一点可以吃的东西。这个鱼也到了忘身的境界，鱼一口就把这个饵吞掉，我就把它钓起来。“所以能以弱制强，以轻致重也”，这也是太极拳的原理，一个指头一推，可以把一万斤的东西转动。

“大王治国诚能若此”，他告诉楚王，你领导国家，政治哲学的修养也能够到这样高的程度，“则天下可运于一握，将亦奚事哉”，不要说楚国一国，整个天下也可以拿在手里玩的。虽然你统治了整个的世界，但感觉无事一般，还清闲得很。你看他讲钓鱼，结果把楚王训了一顿。“楚王曰：善”，楚王挨了这一顿训，高兴得不得了，好，好，懂了，接受了这个教训。

这就是我们中国的古书，所谓诸子百家之学，包括了军事哲学、政治哲学……古人写的书啊，越看越觉得里头东西多，今天懂了这一段，过几天你再读这一段，又懂了一点，你过几年再读，又懂了很多道理。我们现在写的东西啊，就同现代的服装艺术一样，由长袍变短袖，由短袖变成香港衫，由香港衫变成露背装，将来再进步，大概又回头，又穿长袍了。下面又说一个故事，也是很有趣的哲学。

外貌与内心的矛盾

鲁公扈、赵齐婴二人有疾，同请扁鹊求治。扁鹊治之，既同愈，谓公扈齐婴曰：“汝曩之所疾，自外而干府藏者，固药石之所已。今有偕生之疾，与体偕长；今为汝攻之，何如？”二人曰：“愿先闻其验。”扁鹊谓公扈曰：“汝志强而气弱，故足于谋而寡于断。齐婴志弱而气强，故少于虑而伤于专。若换汝之心，则均于善矣。”扁鹊遂饮二人毒酒，迷死三日，剖胸探心，易而置之；投以神药，既悟如初。二人辞归。于是公扈反齐婴之室，而有其妻子，妻子弗识。齐婴亦反公扈之室，有其妻子，妻子亦弗识。二室因相与讼求辨于扁鹊，扁鹊辨其所由，讼乃已。

鲁公扈、赵齐婴，这两个人是朋友，“二人有疾，同请扁鹊求治”，他们有病，都请扁鹊治。扁鹊是中国上古的名医，“扁鹊治之，既同愈，谓公扈、齐婴曰”，扁鹊把他们二人医好了，就告诉他们两人，“汝曩之所疾，自外而干府藏者，固药石之所已”，你们生的病，是外感传染进来的，因受外面干扰生病，针灸、刮痧、吃药会好。“今有偕生之疾，与体偕长，今为汝攻之，何如”，但是胎里带来的毛病，每人都有，跟着你们身体长大，随你们年龄加深加重。我想替你们把那个坏东西去掉，好不好？

“二人曰：愿先闻其验”，这两个人一听就说，你先告诉我们，医疗的结果是什么？“扁鹊谓公扈曰：汝志强而气弱”，注意哦！尤其我们这里的年轻同学要注意。扁鹊对鲁公扈说，你这个人是内向型，个性很强，志愿很强，虽然心想要如何如何，可是身体弱、多病，稍微一动就流汗气喘，真是“心比天高，命如纸薄”。所以“足于谋而寡于断”，思想厉害，很会用脑子，幻想多，却没有胆量，没有决断力，你就是这样的人。

他讲赵齐婴，“志弱而气强，少于虑而伤于专”，你意志很薄弱，脾气大，不用头脑，说干就干了。你们年轻同学里有没有？大概很多，做事情也没有经验，幻想一大堆。扁鹊说你们两个人病根在这里，就是妈妈怀胎时带来的。“若换汝之心，则均于善矣”，我把你们两个人心脏开刀，调换过来，这个身体机器运作就对了。据说扁鹊会换脑，也会换心，可惜我们这些后代子孙没得出息，所以扁鹊的祖传秘方都没有了。

这两个人一听，这个好啊，愿意给他医，“扁鹊遂饮二人毒酒，迷死三日”，扁鹊就给他们喝麻醉的酒，麻醉三天。“剖胸探心，易而置之，投以神药，既悟如初”，再把两个人的身体剖开，把心换过来，然后给他们缝好，把药吃下去。三天后醒了，不要休养就可以走路，“二人辞归”，二人向扁鹊说谢谢，回家了。

糟糕了，两个人回家走错了路，“于是公扈反齐婴之室，而有其妻子，妻子弗识。齐婴亦反公扈之室，有其妻子，妻子亦弗识”。两个人都走错了家，他们的脑子心里记得这是他们的家，就回来了，外形却换了一个人。这两家的太太一看，这不是我的丈夫啊，可是思想讲话一样。

“二室因相与讼，求辨于扁鹊”，所以这两家的太太提出来打官司了，两个好朋友怎么各跑到对方家里来，这是妨害家庭、侵占财产，各种罪名都有了。法官知道两个人被扁鹊换了心，就把扁鹊找来问清经过。“扁鹊辨其所由，讼乃已”，扁鹊就跟法官说，的确有这件事，所以这个官司就打不下去了。

这是医学历史上一件很有名的故事，相传了几千年，这给我们什么启示啊？一个很好的哲学启示，如果要懂得这个启示，翻翻启示录，当然我讲的不是翻《圣经》的启示录，是把每个人自己脑子里的启示录打开研究研究。这个故事代表了很多方面的哲学，非常有道理，今天先说到这里。

第四十二讲

上次讲到扁鹊把鲁公扈、赵齐婴两个人换心，他们回到家里就闹起了家务纠纷。这一方面说明我们上古时代就有这些物理上、工艺上、医学上的应用，以及各方面发展的情形；另一方面的哲学道理是一般人都只认外形，不认本心。上次我们留下这个问题，希望大家自己研究，现在只大概作个结论，当然还有别的道理，请诸位自行研讨。

再说任何一种艺术、技术的修养，最后都进入道的境界；而所谓道，根据于心，就是心的应用。下面讲一个弹琴的故事。

弹琴的秘诀

瓠巴鼓琴而鸟舞鱼跃，郑师文闻之，弃家从师襄游。柱指钩弦，三年不成章，师襄曰："子可以归矣。"师文舍其琴，叹曰："文非弦之不能钩，非章之不能成，文所存者不在弦，所志者不在声。内不得于心，外不应于器，故不敢发手而动弦。且小假之，以观其后。"无几何，复见师襄。师襄曰："子之琴何如？"师文曰："得之矣。请尝试之。”于是当春而叩商弦，以召南吕，凉风忽至，草木成实。及秋而叩角弦，以激夹钟，温风徐回，草木发荣。当夏而叩羽弦，以召黄钟，霜雪交下，川池暴冱。及冬而叩徵弦，以激蕤宾，阳光炽烈，坚冰立散。将终，命宫而总四弦，则景风翔，庆云浮，甘露降，澧泉涌。师襄乃抚心高蹈曰：“微矣！子之弹也！虽师旷之清角，邹衍之吹律，亡以加之。彼将挟琴执管而从子之后耳。”

“瓠巴鼓琴而鸟舞鱼跃”，瓠巴是古代名音乐家，是个琴师。鼓琴这个鼓字，不是打鼓，是用东西敲琴弦振动发声的意思。他鼓琴的时候，飞鸟和水里的鱼都受音乐的感应跳起舞来。上古中国的文化非常注重音乐艺术的修养，所以师襄、师旷、师文的这个“师”字，就是音乐师。上古政治的体制，特别着重社会音乐的教化，所以把这一类人称为师，就是领导社会的大教师之流。“郑师文闻之，离家从师襄游”，郑国有个名叫师文的人听到了，就跟师襄这个音乐师学。“柱指钩弦，三年不成章”，他这个指头特别练习过，用技巧来钩动琴弦，很努力的，很用心的那么练习，学了三年，音乐弹出来仍然不成章法。

“师襄曰：子可以归矣”，这个老师看他不行了，三年都毕不了业，就叫师文回家去吧。“师文舍其琴，叹曰：文非弦之不能钩，非章之不能成”，师文把这个琴推到一边，很痛苦地感叹，说我不是弹不好，也不是对于音乐的曲调不能成章。“文所存者不在弦”，我一边在学音乐，精神跟琴弦两个不统一，脑子里想别的事。“所志者不在声”，好像又想学音乐，或者又想拿学位，心中似乎不在音乐。因此我学这个音乐三年，“内不得于心”，这个内在思想一直进不去，“外不应于器”，因此练了半天，头脑思想用到别的地方，指头在那里玩。“故不敢发手而动弦”，所以每次要我演奏的时候，胆子小，自己也没有信心，手都不敢动，手在发抖。

我们有一位同学学了古筝，十几年前到美国留学，写封信给我说人家要他上台表演，不得已啊，他就上去弹，一弹手都发抖，不晓得弹些什么。不过他说外国人反正听不懂，以为发抖还是指法，很难学，很有道理的。

于是师文告诉这位老师，“且小假之，以观其后”，希望你原谅，再给我一些时间，我再练习，看我将来如何。“无几何，复见师襄。师襄曰：子之琴如何”，没多久，他来看老师，老师问他弹得怎么样。“师文曰：得之矣，请尝试之”，我完全成功了，弹给你听。

下面这一段是乐理，这里有我们国内的古琴专家孙教授在座，他已经做过专题演讲，我不需要多说，因为再说这个要画图，讲到《易经》上去了，所以我只大概说一下。

据我小的时候听到的，印度的音乐比我们还高明，唱歌或者是乐器，可以表达出来气候，现在讲的就是这个。中国古代音乐是讲宫、商、角、徵、羽五音，其实等于现在的代号 Do、Re、Mi、Sol、La。“于是当春而叩商弦”，春天时他弹商音的弦，“以召南吕”，南吕是代表十二个月的历律之一，是音乐同气象关系的专有名词——这一段我先声明，就马虎说过去，简单念下去，不然要另发讲义。他说这个时候是春天，当他弹秋天那个气象的音乐时，“凉风忽至”，秋天的凉风就吹来了，这个感觉好像开了冷气一样。“草木成实”，刚刚开花的果树啊，被他音乐一弹，就结了果子。如果有这样的老师，我们这个农场果园请他弹一曲，每天都有水果收了。

“及秋而叩角弦，以激夹钟，温风徐回，草木发荣”，夹钟也是律吕的名称。到了秋天，他弹春天的调子，那些枯萎的草木则重新发芽。

“当夏而扣羽弦，以召黄钟，霜雪交下，川池暴沍”，夏天他弹冬天的音乐，就下雪了，不需要开冷气。

“及冬而扣徵弦，以激蕤宾，阳光炽烈，坚冰立散”，冬天弹夏季音律时，夏天气候就来了，冰块也散开了。

“将终，命宫，而总四弦”，最后弹宫音的曲子，角、徵、宫、商、羽一齐来，“则景风翔，庆云浮”，那就不得了，气候又好起来了，天上的风云都变了，受他曲子感召，空中的云都变成彩色的，“甘露降，澧泉涌”，天上降下一些甘露水，地下涌出来的水都像美酒一样，不要去买啤酒了。这都是被他音乐所感召的，整个的宇宙气象，一曲就可以把它变了。

“师襄乃抚心高蹈曰：微矣！子之弹也”，他的老师师襄一听，手拍着胸口跳起来说，好极了，你弹到这个程度，那是第一等了。“虽师旷之清角，邹衍之吹律，亡以加之”，这个老师说，你今天的音乐造诣，就是师旷的弹琴、邹衍的吹箫，都没有办法超过你。师旷是古代一个有名的大音乐师，晋国人，他为了学音乐，把自己眼睛刺瞎。因为眼睛瞎了，不看外面，专门训练这个耳朵，连孔子都跟他学过琴的。齐国的邹衍，是吹箫最有名的音乐师。“彼将挟琴执管而从子之后耳”，他们两个要是看到你，一定收起琴箫，向你拜门了。

这一段不是光讲故事，而是说明一个人生哲学。一个人学一样东西要专一，不专一学任何东西都学不好。现在是讲到专一的问题，精神意志完全要统一才能了解，才能成就，不然没有用。下面另说一个故事。

绕梁三日的歌声

薛谭学讴于秦青，未穷青之技，自谓尽之；遂辞归。秦青弗止，饯于郊衢，抚节悲歌，声振林木，响遏行云。薛谭乃谢求反，终身不敢言归。

秦青顾谓其友曰："昔韩娥东之齐，匮粮，过雍门，鬻歌假食。既去，而余音绕梁欐，三日不绝，左右以其人弗去。过逆旅，逆旅人辱之，韩娥因曼声哀哭，一里老幼悲愁，垂涕相对，三日不食。遽而追之。娥还，复为曼声长歌，一里老幼喜跃抃舞，弗能自禁，忘向之悲也。乃厚赂发之。故雍门之人至今善歌哭，放娥之遗声。"

"薛谭学讴于秦青"，薛谭这个人跟秦青学讴，就是学吹，用嘴吹唱出来各种声音，嘴就是乐器。"未穷青之技，自谓尽之；遂辞归"，薛谭还没有把老师这套本事学会，大概只会了一点，自己认为了不起了，就告辞回家。

"秦青弗止"，这位老师也不阻止他，你要走就走吧！"饯于郊衢，抚节悲歌"，这位老师的教育方法非常好，你认为会了要走，你就回家吧，反正文凭不发给你。不过请他吃饭，到郊外去送行，自己打拍子，唱离别歌，唱的这个声调很悲。

"声振林木，响遏行云"，声音把树叶子都振动了，天上的云本来是流动的，他仰头一唱，那些云都挡住过不来了。"薛谭乃谢求反，终身不敢言归"，这个学生看了这种情形，只好又跪下来行礼，不走了，因为还没有学会，一辈子都不敢说要请假回家，也就是说学了一辈子还没有达到老师这个境界。

"秦青顾谓其友曰"，有一天这位老师对自己的朋友讲，"昔韩娥东之齐"，他说从前有一个人，名字叫韩娥，要到齐国去。韩娥并不一定是女的啊！中国历史上出了好几个名人，名字像女人，其实不是女人。"匮粮，过雍门，鬻歌假食"，韩娥自己带的钱粮，经过雍门那一带时用完了。他就在雍门这个地方唱歌，开个音乐会，收个门票做路费。"既去，而余音绕梁欐，三日不绝，左右以其人弗去"，这就是"绕梁三日"典故的来源。他走了以后，唱过歌的现场，三天内进去，还听到他的歌声，不晓得这个是什么工夫了。一般人以为这个人还在歌厅唱歌，其实他早走了。

有一天，这个人"过逆旅，逆旅人辱之，韩娥因曼声哀哭"，逆旅就是旅馆。旅馆的人对他不客气，侮辱他，他就在那里大哭，一边哭一边唱，"一里老幼悲愁，垂涕相对，三日不食"，那个地方，不管男女老幼，受这个声音的感染，大家都哭了三天，饭都吃不下。"遽而追之。娥还，复为曼声长歌"，所以他走后大家想想不对，拼命去追赶，把他请回来，并且求他再唱。"一里老幼喜跃抃舞，弗能自禁，忘向之悲也。乃厚赂发之"，他回来再唱快乐的歌，不管老的小的，听了都高兴得跳起舞来，把这三天的悲痛都忘记了，于是再送他很多钱。

中国善于哭的还不止这一个，历史上万杞良太太孟姜女，去长城找丈夫找不到，在长城边上一哭，把长城都哭倒了，所以善于哭者还有孟姜女，这些都是历史上的特别人物。“故雍门之人至今善歌哭，放娥之遗声”，他说因此在雍门一带，也许后来演变成秦腔，一种特别的歌喉，这是一个音乐的故事。故事后面有含义，我们要注意。

伯牙和他的知音

> 伯牙善鼓琴，钟子期善听。伯牙鼓琴，志在登高山，钟子期曰：“善哉！峩峩兮若泰山！”志在流水，钟子期曰：“善哉！洋洋兮若江河！”伯牙所念，钟子期必得之。伯牙游于泰山之阴，卒逢暴雨，止于岩下；心悲，乃援琴而鼓之。初为霖雨之操，更造崩山之音。曲每奏，钟子期辄穷其趣。伯牙乃舍琴而叹曰：“善哉！善哉！子之听。夫志想象犹吾心也。吾于何逃声哉！”

我们都晓得历史上还有两位音乐家，“伯牙善鼓琴，钟子期善听”，一个会弹，一个会欣赏。“伯牙鼓琴，志在登高山，钟子期曰：‘善哉！峩峩兮若泰山！’志在流水，钟子期曰：‘善哉！洋洋兮若江河！’伯牙所念，钟子期必得之。”这一段文字，大家也看懂了，不要多讲了，而且这个故事流传，大家读中学时已经念过了，所谓知音难得，就是从这里来的。伯牙的琴音只有钟子期懂，所以历史上又说，钟子期死后，伯牙把琴打碎，一辈子不再弹琴了，因为再也遇不到知音了。

这个故事我们都晓得弹的是高山流水，中国音乐的琴筝笛箫，也都有这个曲调，就是根据这个来的。常常有人要表演给我听，我都先声明我是头牛，对牛弹琴白弹了，不过牛有时候也懂一点音乐。如果真弹得好，一下子就听出来了，那真是好手，弹到高山流水，手指头这么一转，好像听到泉水声、瀑布声、慢慢的流水声……各种不同的声音；弹得不好的，那会听死人的。

我也常常讲一个故事，很多同学听我讲过。有个人自认为是音乐家，一唱歌就把人唱死了，苦主家里告他谋害，唱歌把人唱死了，法院判他死刑。在死刑牢中，另有一个死刑犯对他说，听说你唱歌把人唱死了，我明天就要被枪毙，被子弹打死很难过，拜托你唱一曲，把我唱死，比挨子弹死好些。这个人求了半天，他才答应。岂知他一开口唱，这个要死的人给他跪下来说，你不要唱了，听起来比死都难过。

“伯牙游于泰山之阴，卒逢暴雨，止于岩下”，有一天伯牙到山东泰山——我们读古文注意啊，山南面为阳，北面为阴。这个大雨一直下不停，他躲在山岩，“心悲，乃援琴而鼓之。初为霖雨之操”，心里很痛苦难过，就弹琴，把自己当时听到暴雨的声音，天然的声音，谱成一个曲子叫作“霖雨之操”，操就是曲子。现在古琴的琴谱里也有留下来，是不是当时伯牙的琴谱不知道。我过去在大陆有一个朋友善弹“霖雨之操”，我听了蛮像下雨那个样子，但没有下得那么感人，所以是不是古人的古曲就不敢确定了。

另外在我们中国音乐史上很有名的一曲“雨霖铃”，是唐明皇所作，当安禄山被郭子仪打垮后，唐明皇马上由四川回銮，经过马嵬坡杨贵妃吊死的地方，刚巧碰到下雨，唐明皇几夜失眠，自己谱了一曲，也作了歌，就是“雨霖铃”。唐明皇当时很伤心，怀念杨贵妃，又是逃难回来，虽然有得意，到底有失人之痛。所以研究中国音乐史，都晓得“雨霖铃”，后来收集到词牌里。而唐明皇的灵感来源就是伯牙所谱的“霖雨之操”。

伯牙后来又谱了一个曲子，“更造崩山之音”，这是大雷雨，山洪暴发，又有地震崩山。“曲每奏，钟子期辄穷其趣”，他回来弹给钟子期听，钟子期马上懂了，他说你在那里碰到了雨啊，讲得清清楚楚，这样叫作知音。“伯牙乃舍琴而叹曰：善哉，善哉！子之听”，他说好，好，你对音乐的了解欣赏太深刻，“夫志想象犹吾心也。吾于何逃声哉”，正是我心中所想的一切，真是知己，我的音乐逃不过你的耳朵。等于我们讲孙悟空跳不出如来手掌心的意思。所以他们两位一个善弹琴，还有另一个知音，就是善听的人。否则你再能干，如果没有一个欣赏你才干的人，那你只好认命；伯牙好在碰到了钟子期，否则恐怕牙掉光了也没有用，当然伯牙的牙，并不是真的牙。

周穆王见机器人

周穆王西巡狩，越昆仑，不至弇山。反还，未及中国，道有献工人名偃师，穆王荐之，问曰：“若有何能？”偃师曰：“臣唯命所试。然臣已有所造，愿王先观之。”穆王曰：“日以俱来，吾与若俱观之。”翌日偃师谒见王，王荐之，曰：“若与偕来者何人邪？”对曰：“臣之所造能倡者。”穆王惊视之，趋步俯仰，信人也。巧夫顉其颐，则歌合律；捧其手，则舞应节。千变万化，惟意所适。王以为实人也，与盛姬内御观之，技将终，倡者瞬其目而招王之左右侍妾。王大怒，立欲诛偃师。偃师大慑，立剖散倡者以示王，皆傅会革、木、胶、漆、白、黑、丹、青之所为。王谛料之，内则肝、胆、心、肺、脾、肾、肠、胃，外则筋、骨、支、节、皮、毛、齿、发，皆假物也，而无不毕具者，合会复如初见。王试废其心，则口不能言；废其肝，则目不能视；废其肾，则足不能步。穆王始悦而叹曰：“人之巧乃可与造化者同功乎？”诏贰车载之以归。

《列子》这一本著作，是战国初期的书，距离周穆王已经晚了几百年。周穆王是有名的皇帝，他神奇的事迹很多，据说穆王有八骏马，他曾经骑他的马周游天下，且到昆仑山顶上，见过西池王母等等。有一本《穆天子传》，专写周穆王的故事。

“周穆王西巡狩，越昆仑”，中国上古的政治体制，天子三年要亲自到全国视察，叫作巡狩，借打猎之名视察各路的诸侯。周朝以后，自秦汉以来，历代的帝王都在深宫享受一生，所以政治上常常闹得一塌糊涂。古代帝王是要亲民，要与老百姓随时接触。周穆王有一次向新疆西域一带巡狩，过了昆仑山，大概到中东一带，“不至弇山。反还，未及中国”，太阳落下去的那个边境叫弇山，他还没有到达地球的边缘，就回来了。在快到长安时，“道有献工人名偃师”，半路上，有人推荐一个工人名叫偃师，此人不是普通的工人，而是一个艺术家，本事大得很。“穆王荐之，问曰：若有何能”，周穆王接受推荐，并且亲自与他见面，问他有什么本事。

“偃师曰：臣唯命所试，然臣已有所造，愿王先观之”，这位艺术家兼科学家牛吹大了，他说皇帝要看什么，我就做给你看。但是我先介绍一样东西，请你先看。“穆王曰：日以俱来，吾与若俱观之”，周穆王说好，今天我还有公事，明天中午你把那个带来，我跟你一起看。

“翌日偃师谒见王，王荐之，曰：‘若与偕来者何人邪？’对曰：‘臣之所造能倡者。’”第二天偃师来了，皇帝说与你一起来的是什么人？偃师讲，是一个会唱戏、会跳舞的人。古代所谓倡优，就是会歌舞的人。

“穆王惊视之”，周穆王看到他把箱子打开，放一个人出来，大吃一惊，“趋步俯仰，信人也”，走路动作，一切的态度，是真的一个人。“巧夫鎮其颐，则歌合律”，碰一下他的脸颊，他就能够唱歌。“捧其手，则舞应节”，把手抓住了，他就能够跳舞，所以“千变万化，惟意所适”，意思怎么想，那个人就怎么动。古代的机器人造得那么好，比现在机器人好多了。

“王以为实人也，与盛姬内御观之”，周穆王认为这是真人啊，太好看了。叫皇宫里的皇后、妃子、宫女，内御就是一般太监，一起来看。“技将终，倡者瞬其目而招王之左右侍妾”，表演完了，这个表演的人眼睛一勾，把后宫这些妃子、宫女、太监都勾动了。

“王大怒，立欲诛偃师”，周穆王发脾气了，就骂偃师你带来这个什么妖怪啊，要杀掉他。“偃师大慑，立剖散倡者以示王，皆傅会革、木、胶、漆、白、黑、丹、青之所为”，偃师看到皇帝以为是真人，还发了脾气，吓死了，立刻把机器拆掉，报告皇上，这是假的，是机器人，只是拿纸与皮革、木头、胶漆等，一层一层，加上颜色兜拢来的，就好像一个真人。“王谛料之，内则肝、胆、心、肺、脾、肾、肠、胃，外则筋、骨、支、节、皮、毛、齿、发”，周穆王走近一看，这个机器人里面好极了，什么都有，都是假的——注意哦！我们大家都是机器人——“皆假物也，而无不毕具者”，没有一样不完全，这个机器人做得这样好。“合会复如初见”，这个周穆王一看是机器人，叫偃师再把它兜拢来，那又漂亮得很。我们古代的祖宗老前辈，科学的造诣到这个程度，我们后世真是可悲，大概是秦始皇把书烧掉的原故，科学资料都烧了，所以搞得我们科学都落后。

第四十三讲

外人眼中的中国古老科技
奇妙的射击学习法
急中生智 乱世求生
恩将仇报 幻化人性

刚才讲到周穆王时代所造的机器人，周穆王再做了测验，“王试废其心，则口不能言”，就叫偃师，你把这个人心脏拿掉看看，结果心一拿掉，嘴巴就不能讲话了。“废其肝，则目不能视”，再把他的肝拿掉，眼睛看不见了，所以眼睛不好同肝脏有关。“废其肾，则足不能步”，把肾脏拿掉，这个人走不了路。内脏的机能抽掉一个，就出一个现象，同中国的医学完全有关的。

“穆王始悦而叹曰：人之巧乃可与造化者同功乎”，周穆王看了很高兴又赞叹，人类的智慧可以同上帝、天地、宇宙的力量一样。“诏贰车载之以归”，因此周穆王下个命令，派另一部车送他回去。

这就要注意了，我们人是这样，大家觉得连考学校都很痛苦，就是人的智慧巧妙没有发挥出来。我刚刚上来讲课以前，有两个参加考试的同学告诉我，一个非常用功，夜里都读到两三点。我是不大赞成，这样死读书的人不一定考得好。我就说考试要有考运的，我一辈子不大相信考试，但是我也参加过考试，自己也考过人家，反正我考试都吊儿郎当的，所以临阵磨枪的事情我绝不爱干。考试以前我一定大睡觉，那个脑子才清明嘛，要读就平常读好，临考夜里还在用功，第二天头昏昏的，反而没有考好，那个马马虎虎的倒考好了。所以天下事不一定，要巧，巧就是妙，人的头脑生命功能可以与造化同工，所以将来人造人是可能的，造机器人更是不在话下。不过要注意，这个故事所讲的，我们人也是机器人之一，不要忘记了。下面又接另一个历史故事。

外人眼中的中国古老科技

> 夫班输之云梯，墨翟之飞鸢，自谓能之极也。弟子东门贾、禽滑釐闻偃师之巧，以告二子，二子终身不敢语艺，而时执规矩。

在中国科学及工业艺术发展史上有一个人，就是《孟子》里也提到过的公输班，这里叫班输，也就是我们一般木工所拜的祖师爷鲁班。他是战国时的人，他的军事武器发展到最高，发明了“云梯”。

战国时候的墨子曾经造过飞机，在历史的记载中叫飞鸢，木造的，在空中飞了不少时间，落在原地，不过后来没有再发展。这种科学技术发展，南北朝的时候也有一次，是一个和尚造的飞鸢，也在空中飞过一段时间。

这些在古书里只有记载，没有发展，这是中国文化一个大问题。至于为什么不发展科学思想，有它的道理，恐怕要几百年以后才能证明对不对。实际上从东汉开始，尤其到魏晋时代，认为科技是“奇技淫巧”，奇怪的技术，过分的巧妙，所以科学发展就被禁止了。

近年以来，英国人李约瑟出了一套《中国科学技术史》，英文写的，引用的书都是中文注解。当年出版后，我叫国外的同学想尽办法买到一套。我一看，难过了，恐怕我们中国人连其中引用的书名都没有看过，不要说书的内容了！幸好这些书名我都晓得。差不多八九年前，有人把李约瑟的这套书翻成中文，中间有两篇，审查委员会送到我这边审查。其中一篇科学方面的我交给朱博士审查，把英文跟中文对照，错的地方还是很多，可是已经了不起了。最近我有朋友从海外回来，又送我一套，好像在别的方面也整理过了，还加上中国的东西。我看了非常的感叹，你们青年一代不要茫然，坐在这里认识几个中国字，读几本《大学》《中庸》……以为懂得中国文化，没有人真懂呀！像《列子》中这些都是中国文化，大家要特别注意。

譬如刚才讲当时发明的飞鸢，《神仙传》里记载得更多了，当然没有发展到像现在这样的飞机。宋元以后，道家相传有剪纸为鸟，然后画个符念个咒，人骑在鸟上就飞出去了；那是无法考证的事，不去管它。但是要讲到科学技术的发展，都是由幻想来的，所以不要轻视人的幻想，年轻人的幻想不一定是坏事，有时候是科技的前奏，这是讲到中国古代的科技史。这几段看起来都是历史上的故事，有些资料，还靠李约瑟这个外国人写进他的著作，让大家知道。

这里由科学归到哲学来了。鲁班是工业的祖师爷，曾造了云梯，这个云梯现在看起来很简单，但古人发明起来也很难。这个云梯一节一节可以叠拢来，不管多高的山，一按钮就一节一节升上去，古代属于战争的工具，要攻击高城就放云梯，可以上到城上。墨翟是造飞鸢，自己认为技术已经发展到极点了，“弟子东门贾、禽滑釐闻偃师之巧，以告二子”，但是公输班的学生东门贾、墨翟的学生禽滑釐，他们两个听了这个机器人的故事，回来向老师报告。“二子终身不敢语艺，而时执规矩”，公输班和墨翟二人听到了有人更高明，一辈子不敢再谈工艺，不敢用巧，只是规规矩矩，走老实的路子。

奇妙的射击学习法

甘蝇，古之善射者，彀弓而兽伏鸟下。弟子名飞卫，学射于甘蝇，而巧过其师。纪昌者，又学射于飞卫。飞卫曰：“尔先学不瞬，而后可言射矣。”纪昌归，偃卧其妻之机下，以目承牵挺。二年之后，虽锥末倒眦，而不瞬也。以告飞卫。飞卫曰：“未也，亚学视而后可。视小如大，视微如著，而后告我。”

昌以氂悬虱于牖，南面而望之，旬日之间，浸大也。三年之后，如车轮焉。以睹余物，皆丘山也。乃以燕角之弧，朔蓬之簳射之，贯虱之心，而悬不绝，以告飞卫，飞卫高蹈拊膺曰：“汝得之矣。”

甘蝇是古代拉弓射箭的第一高手，“彀弓而兽伏鸟下”，他那个弓一拉一扣，百发百中，飞鸟一箭就射下来。世界上是有这一种人，我在几十年前，亲眼看到一个当兵的，两只手可以同时打枪，装子弹的时候，牙齿咬住枪就装上了，当场叫他表演，看一下空中的飞鸟，眼睛看另一边，手枪这么一打，鸟就掉下来。这个人看起来弱不禁风，但是他两手射击的技术却这样高。

“弟子名飞卫，学射于甘蝇，而巧过其师”，甘蝇的一个学生名叫飞卫，他的技术比老师甘蝇还要高。“纪昌者，又学射于飞卫”，另外有一个叫纪昌的，又来跟飞卫学射箭。“飞卫曰：尔先学不瞬，而后可言射矣”，飞卫告诉他，你首先要练眼睛不眨，才可以学射箭——我们小的时候学武功，这些是要练的，前面挂了很多竹帘子摇动，一条一条，眼睛不能眨。然后眼睛瞪住，用扫把在前面摇动，就快要碰到眼睛了，也不准动。最后眼睛瞪住，拿水来泼眼睛，眼睛仍不动。要练到这个样子，还是最初步。

“纪昌归，偃卧其妻之机下，以目承牵挺”，徒弟纪昌听了这个话，怎么练呢？天天躺在太太织布的机器下面练。太太织布，两只脚像踏车一样踏动，那个织布机一上一下，很快的，等于现在工厂织布机一样，他就眼睛看那个丝一条一条地动，眼睛不眨。“二年之后，虽锥末倒眦而不瞬也”，这样练了两年之后，就是那个钻子、刀剑到眼睛前面来，碰到眼皮了，眼睛都不会吓得闭起来。不像我们女同学们，只要苍蝇、蟑螂跑过来，吓得眼睛不敢看，哎哟……一声尖叫，吓死人的。

他练好了，“以告飞卫”，就向老师报告，“卫曰：未也，亚学视而后可”，亚就是其次。飞卫说，还早呢！听他这样用功，练到这个程度还没有成功，第二步要练眼睛看了。先把眼珠子瞪着不动，有些人学打坐的，也有练这个工夫的，尤其学催眠术、瑜珈术。但各位不要乱搞，我是随便讲的，眼睛练瞎我不负责，这不是开玩笑，那是有一套方法的。怎么视啊？“视小如大，视微如著，而后告我”，他说眼睛练到小的东西看起来变成大的，看不清楚的地方能很明显看到了，你练到这一步工夫再说。

这是古代教人的方式，是真的，我们小时候学东西碰到的都是这一套，当时我们很反感，过后都非常感激当年那些老师。这是启发式的，等于说把你闷在里头，看你怎么出来，要启发你的智慧出来。

古代一个禅师讲小偷的故事，也是启发式的，你们都听过的。小偷的本事，就是要自己动脑筋，晓得怎么逃出来就毕业了。禅宗也是这样学的，禅宗的教育法就是孔子讲的“不愤不启，不悱不发”，都是自己教育自己，每人脑子都是一样聪明的，只要肯用心，智慧透出来才行；不肯用心的，学死了都没有用。现在你看这个教射箭的也是这样，我常常用这个方法教学生，可是学生没得办法，他宁可闷死在里头。

所以他说你练到眼睛能够看小变大，看不见的能够看得见，你再来告诉我。“昌以牦悬虱于牖”，这个学生想了一个很好的方法，练武功的年轻人都用的。这个方法是用一根牛毛吊一只虱子，不过现在大家很卫生，都没有虱子了。

急中生智 乱世求生

讲到虱子又有一个故事，我顺便插进来讲给诸位听，我现在不是说笑话哦，也在教育你们哦！老辈子教人要自己想办法，人贵自立，一定要自己站起来。讲到这个虱子，恐怕你们太干净了，虱子都没有生过，你们这一代青年没得出息（众笑）。一九四九年，很多人到了香港，一时没有饭吃，有一个人混不下去，衣衫褴褛长了一身虱子，想要投海自杀。有一天他捡到一份报纸，看到有个外国人要收买臭虫一类的东西做研究，很小的一个广告。他动个脑筋，就把自己身上的虱子抓下来，装一个小瓶子，那个外国人就收买了，并说每天送一万只来都要。因此他就赶快培养虱子，卖虱子大发财。天下事就是这样，这是一个真的故事。

还有啊，本来我留着要给自己写小说做版权的，现在都给你们吧，著作权我都不要了。这件事也是真的。四个朋友逃难到香港，人的脑筋被环境逼得都刺激出来办法了。一般人喜欢学密宗，他们有三个人剃光头演和尚，扮西藏出来的活佛、喇嘛，两腿学会盘坐，有人来拜喇嘛求佛法，就吱吱哑哑讲几句，然后一个人来翻译传法。这样就搞起来了。坐在那里三个月，钱也有了，后来有一个人不干了，就说活佛涅槃了。天底下的怪事什么都有，这可是那个时代真的事情，我都不讲人的名字，都是熟人嘛！

但是笑话归笑话，转回来，告诉你们年轻人，人的头脑不要有依赖性，我看你们这一代啊，在这个环境里长大，一切都不能独立，这是时代的悲哀。我们马上要移交给你们了，你们这一代不能站起来，那不行。你看人家怎么站起来，他就用牛毛绑住虱子，挂在窗子上，“南面而望之”，注意这一句话，南面有阳光，在南面的窗子上挂一个虱子，然后天天站在那里看。当然或者打坐啦，或者是练催眠术、瑜珈术，练马步，把一个马步站好，对着这个虱子看，那很痛苦哦！这种工夫我们小的时候练过，练到眼睛发红发痛。

我还有一个朋友在宜兰，现在过世了，他练看太阳，修道，这个故事也很奇怪，有一套方法练的，他来找我，说是看道书学的，叫作盲修瞎练。后来，到关公庙上丢筊杯，说关公叫他这样练的，练到眼白凸出来，眼珠子向内缩了，他吓死了，又到关公前面掷筊，关公说不要停止，再练下去，过了一段时间就恢复了。后来他又掷筊，关公告诉他去找一个老师，会做梦告诉他。之后他在基隆一看到我，他说就是你，来势汹汹，我还以为他错认我犯了小偷罪，被他抓住了，哪知他讲完了就跪下来，说是关公叫他来找我。我听了哈哈大笑，他接着就告诉我，这是真实的。所以练眼睛是有一套方法，近视眼是可以修得回来的，我当年一发现自己近视就赶快训练，把视力恢复了。

所以有个经验告诉你，看小东西，“旬日之间，浸大也”，十天练下来，很危险哦，要配合眼药，还有各种方法配合起来。“三年之后，如车轮焉”，这个纪昌三年练下来，看到那个虱子变大了，很小的虱子看起来有汽车轮胎那么大。你说这样打枪怎么不准啊，那当然很准。“以睹余物，皆丘山也”，然后再看别的东西时，每个东西都看起来变成像山丘一样。这时才开始练射箭，因为目标大了。“乃以燕角之弧”，用北方燕国的牛角做的弓，“朔蓬之簳”，用北方一种专门做箭杆用的植物做成箭杆。“射之”，拿那么大的一个弓箭，来射这个牛毛上挂的虱子，“贯虱之心，而悬不绝”，这个箭直射到虱子的中心去了，而那根牛毛没有掉下来。真是轻功第一流，这个轻功练到把很重的东西拿在手里，投出去像一张纸一样飞，技术精准到这个程度。“以告飞卫”，向老师飞卫报告。

“飞卫高蹈拊膺曰：汝得之矣”，飞卫高兴得跳起来，拍着胸口说，你成功了。你看他的教育法，没有教纪昌怎么练，只告诉他一个原则，要他自己想办法，他练成了。

恩将仇报 幻化人性

> 纪昌既尽卫之术，计天下之敌己者，一人而已，乃谋杀飞卫。相遇于野，二人交射；中路矢锋相触，而坠于地，而尘不扬。飞卫之矢先穷。纪昌遗一矢；既发，飞卫以棘刺之端扞之，而无差焉。于是二子泣而投弓，相拜于涂，请为父子，剋臂以誓，不得告术于人。

接着人性的问题就来了。纪昌的武功练到了这个程度，心想这个世界上还有一个人比自己高明，就是他的老师飞卫。“乃谋杀飞卫”，就想把他这个老师杀掉，这个后世武侠小说中都有，他要欺师灭祖了。

这一件事别的子书里也提到过，《列子》这里重复这个故事。纪昌这个时候就想办法要把老师杀掉，“相遇于野，二人交射；中路矢锋相触，而坠于地，而尘不扬”，有一天跟老师在路上相遇，他要杀这个老师，拉弓射箭，就射过来，飞卫早有准备了。两个人弓对弓、箭对箭射来，两箭在中路相碰掉在地上，本事都一样。这两只箭在空中那么大的力量，掉在地上好像棉花落地一样，连灰尘都激不起一点。这个练过武功的人才知道，两边那么重的力量射过来，碰到要爆炸的。一个机械的东西，加上人的工夫的控制、精神的控制，做到那样，这个工夫到家了。

“飞卫之矢先穷”，但是这位老师飞卫的箭射光了，“纪昌遗一矢”，这个徒弟纪昌还有一支箭，“既发”，最后射出来，心想可以把这个老师射死。飞卫没有办法，“以棘刺之端扞之”，旁边有荆棘，他抓起来抵挡一下，“而无差焉”，使对方的箭射不到自己，也就是随便拿一个东西就挡住了，这就是飞花摘叶这个工夫了。这个徒弟纪昌想想，他也杀不了这个老师；老师虽然知道这个徒弟很坏，但是他爱才，技术练到这个程度啊，太可爱了。“于是二子泣而投弓”，两个人都哭了，“相拜于涂，请为父子”，最后由师徒变成父子。“剋臂以誓”，两个人割出膀子上的血，喝了，就发誓，“不得告术于人”，不要把这个技巧再传给他人。不过《列子》不晓得哪里偷来的，都写了，都传了，原来技巧没有什么，技巧就是苦练出来的。

这个故事里头有两层意义，我们可以深深地知道，刚刚我特别插进来许多笑话，年轻的同学不要当笑话看，人生要想成就一个事业，或者成就学问、学一样东西，不自己用脑筋，不自己专心去搞，不会成就的。哪怕你学打坐，学禅更严重，那不是光听话的。我发现现在的教育，一般大学的学生都很乖，乖得没有生气，所以我不肯去教大学，就是因为没有味道，问他们有没有问题、懂不懂？不响。我夹了皮包就走了，不教了。“得天下英才而教之，一乐也”，可是我教得很痛苦，就不教了。我们也是从年轻人过来，像我们当年受教育做学生可不是这样，非常规矩也非常调皮，处处是问题。这一篇处处都是问题，有好多问题，大家不要光听故事，人贵自立啊！

第二个我们可以看到，一个人能够自立、有所成就时，人与人之间就有嫉妒的心理，这是人类的悲哀。这个嫉妒的心理，一发出来就六亲不认，人世间的战争祸乱都是由这一种心理出发。所以《列子》所讲的这许多故事都不作结论，只告诉我们一个一个故事，这就是《列子》的哲学，道家的哲学，他不给你作结论，这个结论由什么人作呢？就是我们自己。这就是智慧的启发，今天讲到这里。

第四十四讲

学技术 有步骤
神奇的学驾驶方法
心物合一的驾驭
统御学 领导学 驾驭学

第四十四讲

上次说到一个学射箭的故事，最后学生要杀老师，差不多是中国武术界后来的典型，很多武侠小说都常写到。像这样的典故，《孟子》里也提到过，同样的一个事实，在比《列子》这一本书还早的时候，上古就相传有一个射箭很好的羿，到了第三代也发生过这种事情。

这个故事里头包含了很多人生哲学的道理，也同时可见一个人不管学技术或者任何其他东西，都是为了好胜，好胜为了求名，就是为了自我。每人都是为了“我”，这个观念的发展变成一个罪恶，导致许多人无所不为。《列子》里每一个故事都包含了很多的意义与道理，要我们去了解。

尤其上一个故事的最后一句话，“以誓不得告术于人”，这个观念就是中国文化几千年来的大毛病，也是我们黄种民族的一个大毛病。自古以来，凡是有专长的人，一代一代下来，都密不外传，尤其是医学方面，很多所谓好的医术，一代一代不肯相传，做老师的都留了一手，都是为了私心而留住，使中国文化的种子断绝了，这是个很大的罪过。站在人类学的立场来看，人类有很多种，我们黄种人不过是人类的一种，黄种老兄们这一点很不高明，不如白种人及其他的人种。所以我们每读一篇书，中间所包含的很多道理必须要清楚知道。下面又来一个故事。

学技术 有步骤

造父之师曰泰豆氏，造父之始从习御也，执礼甚卑，泰豆三年不告。造父执礼愈谨，乃告之曰："古诗言：'良弓之子，必先为箕；良冶之子，必先为裘。'汝先观吾趣。趣如吾，然后六辔可持，六马可御。"造父曰："唯命所从。"

造父是古代的一个名人，此人善骑马驾车，尤其骑马之术，那是千古第一。造父的老师叫泰豆氏，造父跟从泰豆氏"习御也"，御就是驾车，骑马驾车叫作驾驭。中国古代的交通工具是马车，皇帝的车子是六匹良马并排拉车；大夫们、有功名的，驷马之车，四匹马拉一辆车就叫一乘。我们读《孟子》里有"千乘之国"，就是四千匹马的国家。由此可知，上古时的马路比现在还宽，也了解战国时代车不同轨是国防的关系。车同轨、书同文、文字的统一，是秦始皇时代才严格下令而统一的。所以讲到文化的统一，倒是应对秦始皇另眼相看了。假使当时没有这些统一，我们这个民族的文化、经济、货币、交通都不统一，也就没有统一的中国了。这是讲到驾驭车马顺便提到的。

造父刚刚开始跟泰豆氏学驾驶的时候，"执礼甚卑"，这是一句古文，是说造父非常谦下，服侍老师非常恭敬，等于佛教的仪轨。我们当年老师坐在那里，自己走过时头要低下来，不敢超过。如果走在太阳下，学生在老师后面，不能踏到老师的影子。所以古人事师很恭敬，教师节快到了，现在讲尊师重道，叫得很响亮，越想越可笑，多是自欺欺人之谈。这里讲造父侍师的礼貌，有些古文不用“卑”字，而是“执礼甚恭”，表示恭敬。

这样的恭敬，“泰豆三年不告”，但这位老师泰豆三年没有教他一点东西。现在假使跟着老师三天不教，恐怕还要告老师呢！“造父执礼愈谨”，老师不传给他，造父没有怨恨，没有灰心，他觉得自己可能不对，所以对老师更加恭敬慎重。

“乃告之曰”，泰豆一看，这种学生没有话讲，开始教他了。下面这几句话是中国文化的名言，很多地方用到。“古诗言”，我们上古老祖宗的诗，很多的哲学名言都在诗里头。“良弓之子，必先为箕”，要想做一个好的弓，先学做畚箕。像现在台湾也有射箭协会，有同学参加，叫他拿弓来看看，哎哟！日本买的。第一个我就感觉很难过，本来是我们中国人的武器嘛！现在的弓都是日本做的，价钱相当高。弓有各种的拉力，要弹力很好的材料，一般都是选择很好的竹子，弓的两头，讲究的还用牛角做，还要很好的胶把它粘好；把竹子弄弯的技术，也要很高明。

所以泰豆说要做一副好的弓箭，“良弓之子”，这一些人，不一定是儿子，也可以是徒弟，“必先为箕”，先学会做畚箕。你们是都市长大的，什么是箕也搞不清楚。畚箕就是乡下人用竹子编的箩筐一样，洗米、洗菜用的，可以漏水的，要把它做得很圆。想做良弓的人，开始要先学习编畚箕，这个学会了才可以做弓。

中国古代，裁缝也好，泥水匠也好，做徒弟都要三年，剃头也要学三年。剃头师傅教徒弟学剃头，不能够拿人来试验，先学在瓠瓜上刮，把那一层青的刮掉，瓠瓜皮没有破，就学得差不多了，才可以来剃头。所以，从师习艺要先找一个良师，学佛学道都是一样。

造父后来成为历史上有名的驾驭者，在中国的神话史上，他死后就封神升天了，地位很高。他的老师还教他，“良冶之子，必先为裘”，冶是打铁的、补锅的。这个你们更不知道了。譬如江西的瓷器很名贵，有时候破了裂了，要等到江西老表来，都可以修补。江西、湖南两省碰到男的都要叫老表，不能叫老乡，碰到女的要叫表嫂。江西老表一来啊，补锅碗的本事大得很，这种也是艺。还有补铁锅的，古代一口铁锅用几十年，铁锅炒菜，吃了对身体有好处，铁是补血的，这是医药啊！古代铁锅破了也要补的，用铁来补叫冶，就是一块一块把它补起来。

学补铁锅的人，必须先去学会做裁缝。裘是皮的衣服，这个皮一块一块很难做的。譬如去年冬天很冷，我想大概可以穿皮袄，年纪大了嘛！请美国的同学给我买一件，不要买好皮，买不起。我那个朋友傅代表，又高又大，他有大陆带来的狐皮，是他的老师送他的，现在要给我。我说老兄啊我找不到良冶啊，找不到好的师父“吊”狐皮啊！后来找了一个老乡，他年纪很大了，听我一讲，没有办法，进来一看，哎哟！这个皮袄上半截吊错了，要一块一块拆了重新改，这个好麻烦的。结果他还是帮我吊了这个皮袄。

这是顺便讲皮裘，孔子穿的衣服就是裘，北方冬天不穿皮袄的话，年纪大受不了那个寒冷，不是台湾呀！《论语》里，孔子穿衣服很讲究啊，什么“缁衣羔裘”，一看孔子后来的财产也不错，他皮袄已经有七八件了。

所以出世、入世，要学一样东西，你先学那个相近的术。你要想变成画家，先学素描，想学好中国字做书法家，你也要懂得几笔画。要想变成画家，必须要把毛笔字学好，然后学画，那叫作文人画，就像样了。

“汝先观吾趣”，“趣”字同“趋”字是通用的，泰豆说你先看我怎么赶马，怎么样向前面走。“趣如吾”，你骑在马上，把握马的缰绳，走的道路完全像我了，“然后六辔可持，六马可御”，如此一来，套马笼头的那两条绳子，你一只手把持到六匹马，手里还要拿马鞭，这是技巧，差不多一个指头勾住就可以指挥了，这个本事多大啊！在南方是要驾船，北方人骑马，各有各的本事。

造父就说，“唯命所从”，好，我听师父的，师父要我怎么办，我就怎么办。

神奇的学驾驶方法

泰豆乃立木为涂，仅可容足，计步而置，履之而行。趣走往还，无跌失也。造父学之，三日尽其巧。泰豆叹曰：“子何其敏也！得之捷乎！凡所御者，亦如此也。曩汝之行，得之于足，应之于心。推于御也，齐辑乎辔衔之际，而急缓乎唇吻之和，正度乎胸臆之中，而执节乎掌握之间。内得于中心，而外合于马志，是故能进退履绳而旋曲中规矩；取道致远而气力有余，诚得其术也。”

“泰豆乃立木为涂”，泰豆用竹竿或木头，在路上插起来，后来学练武功，梅花桩就是这样练，“仅可容足”，中间的距离只够一只脚穿过去。“计步而置”，计算一步一插，一个转弯，很小的转弯，等于现在学驾汽车，怎么转车子，当两部车子夹住你时，如何转出来，这是驾驭。“履之而行”，然后脚在这些木头杆子之间走，学武功的人也要练，我们以前学拳、学武功也是这样练，一步都不准乱；如果碰到衣服，竹竿子倒了，就不行。“趣走往还，无跌失也”，在这些木头竿子之间跑过去，跑回来，或跑五十次，或跑三十次，木头不倒，自己也不跌倒才可以。所以骑马驾车先学走路，怎么转弯，怎么退后。“造父学之，三日尽其巧”，只学了三天，就学会了。

“泰豆叹曰：子何其敏也，得之捷乎，凡所御者，亦如此也”，这一大段非常重要，文字很好，为了讲解方便，只好中间把它切断。这个师父三年没有教他，他没有怨恨，不埋怨，不牢骚，更谦虚，更诚恳。这样好的人，有这样的决心，所以三天就学会了。如果是一个浮躁的人，没有修养，没有根器，不可能一学就会，所以还是他自己的诚恳、恭敬使然。由此可知，一切成功都在于自己，纵然有名师，自己不行，也不会成功。看了这一段就懂得人生，做人做事，学本事，都是一个道理。泰豆一看他三天就会了，也佩服徒弟，就教他。

下面就是讲理论，任何一个技术，要学好就要懂学理，不懂学理是学不好的。学佛学道也是这样，经典不看，理论不研究，以为只要打坐就会坐出来，坐出来什么？又不是老母鸡孵蛋，所以不通学理是不行的。

“凡所御者，亦如此也”，他说你懂了这个原理，要驾车、驾马，道理都是一样，工夫理论一齐学。这些竹竿插好，转弯抹角很危险，能游走自如才行。假使学武功的话，尤其是学太极拳、八卦拳，这个身体这么游走，钻过来，钻过去，一根竹竿不倒，那要多大的工夫！

“曩汝之行”，曩就是刚刚、以前，我叫你学这个趋走，一根一根木头给你插起来，你在这个弄堂里转，你先学走。“得之于足，应之于心”，我们练武功的人都晓得，开始一步一步，一个动作很难很难，到后来根本不是打拳，也不是拳在打你，也不是足在动，而是心在动。心要怎么走就怎么走，处处合于标准，而且比标准还要高明，所以是唯心的作用。

当你技术到了这个程度，就忘记了脚步，只有心动，然后眼睛都不要看了，这里有竹竿没有竹竿心已经知道了。这个境界过去了，“推于御也”，然后你来驾车驾马，“齐辑乎辔衔之际”，六匹马在一起，辔就是马缰绳，两边收过来前面拉住就是辔。衔就是马嘴里衔住的东西，这个马衔铁，普通我们叫马口铁。“齐辑乎”，他说你手里把六匹马的绳子用一只手一抓，指头一扣，很整齐、很统一的。“辔衔之际”，在这个时候已经忘记了马，也忘记了手里的马绳，也忘记了车子。换句话说，这个车子同马、同缰绳就是你的心了，就是与你合一了，心物一体。等于驾汽车驾得好的人，上了车子，用惯了自己这一部车子，车子跟我就合一了，手这么一摆，这么一动，一切都合一了。

“而急缓乎唇吻之和”，这个马嘴里的马衔，你绳子这边拉紧一点，马就晓得你要向这一边转了，“唇吻”，马嘴里绳子这么一拉，这么一转，马就懂要快要慢，或者叫马停下来，它都感觉得到，这就是“急缓乎唇吻之和”。修养到这样高，骑马驾车变成艺术了。

“正度乎胸臆之中”，驾车就是工夫，同打坐一样，端身正坐。赶驴子的也一样，有些本事高的人，故意歪起头来睡觉，那是高手中的高手了；甚至于不把这个缰绳拉住，只叫一声，马就懂了。所以普通人“正度”，就算是普通人，只要心里是一股正气，就是心无杂念，同打坐修道一样，不乱想，没有杂念，“而执节乎掌握之间”，节制六匹马，快慢都可以在掌握之间。

“内得于中心，而外合于马志”，你的心里头怎么想，外面六匹马的思想跟你合一了，岂止是心物一元，我、车、马、绳都合一了。“是故能进退履绳”，然后前进后退就在这个马缰绳上面，指头轻轻一拨一动，彼此心意就沟通了。“而旋曲中规矩”，乃至转弯，打一个圆圈，自然都是规规矩矩，没有错。“取道致远而气力有余”，成为一个好的驾驭人，不花力气了，一点不用力。“诚得其术也”，这样就是得到骑马驾车的真正技术了。

心物合一的驾驭

“得之于衔，应之于辔；得之于辔，应之于手；得之于手，应之于心。则不以目视，不以策驱；心闲体正，六辔不乱，而二十四蹏所投无差；回旋进退，莫不中节。然后舆轮之外可使无余辙，马蹏之外可使无余地；未尝觉山谷之险，原隰之夷，视之一也。吾术穷矣。汝其识之。”

这段全部的口诀都传完了。前面一段由内心讲到外在，讲到怎么驾马；现在又倒回来，由外在讲到内心。“得之于衔，应之于辔”，从马嘴里那个马衔，可以感应到马的缰绳。“得之于辔，应之于手”，进一步工夫练到缰绳在你手里，跟马的嘴、马的脑子连在一起了，工夫在你手上了。“得之于手，应之于心”，最后就是唯心。

工夫成就了，驾驭车马完全是心在驾，不是手在驾，也不是眼睛在驾。“则不以目视”，向前方哪里走，哪里转弯，不要眼睛看了。“不以策驱”，策就是马鞭子，马不用鞭子打，马缰绳一拉、一勾，它就懂了。到了这个程度，“心闲体正”，如修道的人一样，心里头无事，没有杂念，身体是端正的。“六辔不乱”，六匹马只要一只手就够了，不散乱，不昏沉。“而二十四蹏所投无差”，六匹马二十四只蹄子嘛，滴答滴答跑起来，没有一个乱的，车轮也不会乱。“回旋进退，莫不中节”，这个样子驾驭车马，随便怎么转，前进、后退，自然都很合适。和学驾驶汽车是同一个道理，车子就是我的身体，我就是车子。当对面车子撞过来的时候，技术达到人车一体，可能就是武侠小说所写，飞车过去了，“莫不中节”。

你学到这个程度，“然后舆轮之外可使无余辙”，再进一步，只要指头这么一动，六匹马驾车腾空飞过去，路上没有车印，也没有马蹄的印子。武侠小说写的踏雪无痕不算工夫，因为是个人练到了，而他的工夫练到能够使马和车子行无痕。“马蹶之外可使无余地”，马蹄踏下去，等于不踏在大地上，像在虚空中飘了过去一般。这一段就是神通哦！什么叫作神通？是心的境界，完全用神了，马车都可以在空中飞了过去，不是在地上走。

“未尝觉山谷之险，原隰之夷”，他说高山要上去就上去，没有感觉六匹马的车子在山谷里走。拿科学来讲，已经到四度空间了，不感觉立体，一望都是平地，而且平地也是一片虚空，就在虚空里飞过去；平原地带也不觉是平地，因为没有土地的观念了。“视之一也”，也没有马的观念，也没有车子的观念，也没有我的观念，就飞了，心要动就这样。就是佛说的“是法平等，无有高下”，空了，在空灵境界，驾驶技术到达这个程度。

统御学 领导学 驾驭学

“吾术穷矣”，泰豆对造父说，我所有的本事，连口袋里的都翻出来教给你了。“汝其识之”，你好好记住，原理都告诉你了，至于哪一天你工夫练到这样，就看你自己了。等于我们学佛修道，佛经里都讲完了嘛！还要找明师！释迦牟尼佛道理都跟你讲了，就是你做到做不到的问题。根据这个学理，实验到了，做到了，这才叫作工夫。工夫到了，这个理就更明白，道理更通；不懂学理光做工夫，还是外道，心外求法，盲修瞎练有什么用！尽管练得很高明，也不是真成功。

今天台风，诸位冒风雨而来，非常可感，那么我受诸位的感应，我这匹马也只好来跑一下了。你们驾驭的人太高明了，把我也架上来，本来我想今天可以溜课了，尤其我担心诸位住得远的，我怕有大雨。这个台风本来走了，忽然又回转，雨又大，就很麻烦，要注意，这是第一点。

《列子》这一篇里所讲精于骑马驾驭的造父，这样的人，在中国神话中已经是神了，现在仍在天上活着。所以骑马的、赶马车的，拜的祖师爷就是造父。这是讲这一段故事。实际上这里告诉我们做人的道理也是这样，人要自立，自己先要站起来，己立而后立人。一个人要学谋生的技能，先要看自己的所长，学个专长。最可怜的是无专长，像我们年轻时前辈老师们骂我们的，“肩不能挑担，手不能提篮”。读书人最可怜了，不能做劳工，只会嘴巴吹牛混生活。古人说，良田千顷不如一技在身，这是非常重要的观念。

第二个观念，一个人要学成功一样技艺，当然要有好老师，重点是自己要至诚地去学。碰到明师，执礼甚恭又诚恳，叫作因缘凑合，才能真正学到东西。

第三，说到驾驭的技术，的确是一个真正的原则。当年我们开始有脚踏车，叫作东洋车，四川人叫洋马，外国来的马。那时是石子路，高高低低的，簸簸坎坎的，学脚踏车也同现在练汽车一样，跌伤的，手擦伤的，常常有。我说这个玩艺那么难学啊！我看到他们学脚踏车的，趴在车子上，一个人扶着，骑啊骑啊，跌跌撞撞。那个扶着的人，用我们老古话说，生儿的不用力，抱产妇腰的吃力累死了。

我看了三天，我说明天我骑给你们看，车子借我两个钟头。我上来就先学推车，推、推、推，弯过来，弯过去，大概推了半个钟头，先把重心把握好，驾驭得很顺了，然后一只手扶在中间推。推好了以后，再用一只脚踏在上面，另一只脚在地面蹬，半边骑的。最后两只脚踏上去就骑了嘛！到了台湾，有个同学不会骑，我教他，他很快就学会了，就是这个道理。

讲驾驶的道理，技术的层次还不是一样吗？智慧、聪明一切根据于此，学道也是这个道理。所以你们学打坐啊，练习修定，懂了这一道理，自然可以得定了嘛！这个定才是真的定哦，不是坐在那里三天三夜的死定。这个定是在办事时都是定，做生意也好，当运动员也好，你整天做事都在定。这一篇东西是什么？政治哲学，当统帅的哲学。当大军统帅在前方作战时，指挥一如，此心是定的。

第四十五讲

一个杀不死的人
三把神剑
借剑报仇
天下奇物

上次讲到大军统帅带部下、带徒弟，要像这样驾车驾马才可以。不过到现在这个本事我还学不会，有时候我就埋怨起来，我觉得我的驾驶技术蛮高明，可是看到这些笨马就没有办法了。要是高明的马，指头这么一动，它已经知道了。结果六匹马中有几匹是笨马，或者六匹都笨，不晓得动，你拿鞭子抽它们，屁股都抽出血了，它们还回头看看自己的屁股为什么流血！就这么笨！

我要把这个故事后面加一段，纵然有造父的高明，遇到六匹笨马，我倒要问问这位泰豆泰老师，这要怎么办？我将来一定想办法上天找这位泰老师问一问。有造父的工夫、本事，碰到笨马，而且一个破车，三个轮子都断了，只有一个轮子，看他怎么驾驶。能够讲那么高明的话，那已经不是人，那应该是天人，那叫作神通了。

所以这一篇里头讲人生哲学，也可以叫大军领导学、统御学、帝王之学、一个政治结构，能够做到造父这样，就是老子的无为而治，无为而驾驭天下的道理。

今天台风，很多人没有到，下次碰到这种台风雨，或公定假日，我们还是按照政府的规定休息。大家来自四面八方，恐怕住远的回去碰到风雨不大好。

一个杀不死的人

魏黑卵以昵嫌杀丘邴章，丘邴章之子来丹谋报父之雠。丹气甚猛，形甚露，计粒而食，顺风而趋。虽怒，不能称兵以报之。耻假力于人，誓手剑以屠黑卵。黑卵悍志绝众，力抗百夫。筋骨皮肉，非人类也。延颈承刃，披胸受矢，铓锷摧屈，而体无痕挞。负其材力，视来丹犹雏鷇也。

来丹之友申他曰："子怨黑卵至矣，黑卵之易子过矣，将奚谋焉？"来丹垂涕曰："愿子为我谋。"申他曰："吾闻卫孔周其祖得殷帝之宝剑，一童子服之，却三军之众，奚不请焉？"来丹遂适卫，见孔周，执仆御之礼，请先纳妻子，后言所欲。

这是《汤问篇》最后一个故事，说明物理与精神的关系。这是一节，我们暂时断句到这里。中国古书都没有断句，必须要学生自己学会断句，这种教育的方法，使你自己用脑筋、用思想研究每个字、每个句子应该怎么断；会断这个文句，自己也就懂得作文了，这是以前的教育方法。断句圈点，先用淡的颜色圈，圈完了把书交给老师检查，看你断句对了没有，就看脑筋思想理解的程度，所以断句作用很大。

"魏黑卵以昵嫌杀丘邴章"，魏国有一个叫黑卵的人，为了一件事不高兴而杀丘邴章。古今中外常常有为一点小事不高兴而杀人的事。譬如两个人在面摊上，你多看他一眼，他不高兴就要杀掉你，这就是“昵嫌”，讲不出来。所以司马迁写历史上这些有力气没有头脑的人，“好勇斗狠，睚眦必报”，喜欢打架，眼神不对，连嘴巴歪一歪，他看了都讨厌你，就打架。司马迁在《史记·游侠列传》中说，“儒以文乱法”，自己是学者，学问好不肯守法；“侠以武犯禁”，自己拳头大，有力量就犯法。古今中外充满了这样的人，认为社会上有很多不合理的事，所以主张法治、严刑，要大家守法，不守法不行。聪明人及有力气的人，对于社会是一种祸害，以法家看来，非要法治管理不可。

“丘邴章之子来丹谋报父之雠”，丘邴章的儿子叫来丹，因为父亲被黑卵所杀，很生气，有仇恨，要报父仇。“丹气甚猛，形甚露”，来丹的脾气大得很，且外形长得眼睛突出，牙齿外暴，看起来凶得很。为了要报父亲的仇，“计粒而食”，吃饭像练气功一样，不敢多吃饭，一天吃一碗或半碗，把自己控制得很厉害。“顺风而趋”，他轻功还练得蛮好，跑路很快，一阵风一样就吹走了。但是心里头恨大，脾气也大，“虽怒，不能称兵以报之”，天天想报仇，但没有个好的武器，兵代表武器，因为对方的武功太高强。“耻假力于人”，自己的事情自己了，不靠别人，认为靠人很丢脸，“誓手剑以屠黑卵”，发誓一定要亲手用剑杀死黑卵报仇。

那么对方这个“黑卵”呢？“悍志绝众”，凶悍得不得了，一身蛮力，目中无人。楚霸王项羽就是这样，“力拔山兮气盖世”，山上的大石头，一搬就下来了，不是真的把山都移得动，是那个神气大。“力抗百夫”，一百个人他用手掌就全部推开了，打倒了。所以他天生的筋骨皮肉，与我们普通的人不一样。历代都有这一种人，譬如清军入关时，有一位将领就是这样，他自己内部有人要杀他，但杀不掉，刀砍了没有用，只有自己杀自己才杀掉。这个黑卵也是这样，“延颈承刃”，把脖子伸得长长的，让你砍，但好像抓痒一样，一点伤痕都没有。“披胸受矢”，自己把衣服拉开，尽管箭射过来，进不去的，锋芒刀尖都弯了，“铓锷摧屈，而体无痕挞”，而皮肤上一点痕迹都没有。“负其材力，视来丹犹雏鷇”，初生的小鸟叫雏鷇。他认为自己的力气大，工夫好，来丹要来报仇，他把来丹看成雏鷇一样。他两个指头就把这个小鸟捏死了，不在意。

来丹有个朋友叫申他，就对来丹说，你恨这个仇人黑卵，恨到了极点，“黑卵之易子过矣，将奚谋焉”，但是黑卵看你是个小鸟一样，没放在眼里，看你太容易对付了，不当一回事，请问你要怎么报仇？“来丹垂涕曰：愿子为我谋”，来丹听了就流泪说，老兄你是我的好朋友，你给我出个主意。

“申他曰：吾闻卫孔周，其祖得殷帝之宝剑”。他说我告诉你一个主意，卫国有一个人叫孔周，他家传有一把宝剑，是殷商时的神器，他家里的这个宝剑啊，“一童子服之，却三军之众”，古代的三军不是现在的海陆空，而是左、中、右三军。作战部队三军，一个小孩子把宝剑这么一挥，三军就完了。“奚不请焉”，你为什么不到他那里求借这一把剑，拿来杀黑卵呢？

“来丹遂适卫，见孔周”，来丹因此到卫国见了孔周，“执仆御之礼”，给他做用人，给他赶马、喂马、洗车。“请先纳妻子”，而且把自己一家，太太儿子都给他家里做用人，为了借这一把剑报仇。古代的用人就是一辈子做用人，他要先得到孔周对他的好印象，“后言所欲”，过了若干时间，一年两年，就给主人家讲了，想借这把宝剑报仇。

三把神剑

孔周曰：“吾有三剑，唯子所择；皆不能杀人，且先言其状：一曰含光，视之不可见，运之不知有。其所触也，泯然无际，经物而物不觉。二曰承影，将旦昧爽之交，日夕昏明之际，北面而察之，淡淡焉若有物存，莫识其状。其所触也，窃窃然有声，经物而物不疾也。三曰宵练，方昼则见影而不见光，方夜见光而不见形。其触物也，𧾷書然而过，随过随合，觉疾而不血刃焉。”

孔周说我有三把剑，祖宗传下来的，看你要哪一把，可以借给你。但是都不能杀人，也杀不死人，我先把这三把宝剑讲给你听。“一曰含光”，第一把剑叫含光，“视之不可见”，这把剑像武侠小说《峨眉剑侠传》中的一个喜欢笑的和尚，讲话以前就是笑。他是佛家的剑仙，叫作心剑，也就是无形剑，名称就是《列子》这里来的。这一把剑叫含光，神光的宝剑，看也看不见，没有影像。“运之不知有”，碰到身上都感觉不到剑已上身。“其所触也，泯然无际”，这一把剑没有边际，充满这个宇宙之间。“经物而物不觉”，杀到你身上，你都不知道。这一把剑我们大家都有哦，就是神光，也是心光——这就是道，无所在无所不在，你练好了这一把剑，就可以成剑仙了。

我后来学密宗，一位活佛要传我很多的法宝，他说你要学什么？我说我晓得莲花生大士有十六种成就法，宝剑成就，药成就，那个药练成了，可以起死回生，这样的我都想要。当然你们也同我一样，你们更想要。那个根桑活佛说，你怎么求那么一个大法？我说我有资格求啊，那个师父就笑了。他说这个法子我都有嘛，而且用了也没有用啊，反正这个药可以治百病，只有一样治不好，就是死病。那练它干什么？很麻烦。再说这一把剑挥出去，千里之外杀人很容易，可是你也杀不了魔鬼啊，魔鬼跟你有一样的工夫。所以这一把剑就是人的心光，也就是神光，这是第一把剑。练成功了念头一动，如果想害一个人，这个就是坏剑了，就犯了杀戒。

"二曰承影"，第二把剑叫承影。第一把是心光，也就是神；第二把就是气，在宇宙天地间这一股气，人的生命身体里这一股气。他说这一把剑啊，厉害了，"将旦昧爽之交"，"昧爽"是古文，天快要亮还没有亮，蒙蒙中有一点光影叫"昧爽"。"日夕昏明之际"，太阳下山黄昏还有一点亮光时，"北面而察之"，在昧爽及黄昏时，来看天地间的这一股气，向北面看属阴。所以古人有望气之学，会看气的人，看一个人头顶发出来的光，就知道他有没有毛病，或者运气好坏。他说在这个时候，"淡淡焉若有物存"，觉得似有似无。所以你们要学看风水地理，先学望气。一个好风水的房子、土地，不是你罗盘一摆，风水就对了，而是望气，差不多要看一个月。真看一块地或一个房子，看这个土地有没有气，要凌晨起来，看东南西北四面八方，刮风下雨、初一十五都要看，才断定这个地方如何，不是那么简单。

所以古代学看地的人，眼睛练到可以看通地下一丈到三丈的深度，地质学都不要学了，有没有矿物，一看就知道，好像X光透视，望气也是这样。他这一段讲望气，气很淡很淡，好像有个东西，这要练过眼睛望气的人才知道。“莫识其状”，什么形状你也看不出来，“其所触也”，这一把剑砍到你身上，它没有形状，可是有感受。“窃窃然”，偷偷的，轻轻的，“有声”，那个气过来，像我们鼻子的呼吸，静的时候听到有呼吸声音。“经物而物不疾也”，它透过一切物质，而物质本身没有感觉，也不痛，也不痒，这是第二把剑。

“三曰宵练”，第三把剑是精，精跟气合一，这跟我们学道有关系哦！人身上都有这精、气、神三宝，打坐修道，不管你学佛修道都一样。这第三把剑宵练，半夜三更起作用，所以《孟子·尽心篇》提到养气工夫，先养夜气，养平旦之气，后来再养浩然之气，同这个都有关系，都是人身体里面的确有的功能，所以在丛林寺庙，出家人三四点就要起床，就是先练这个夜气，生命就有这个功能。你们一天到晚只想睡觉的啊，那就是养阴气，那就糟糕了。这把剑宵练是半夜三更起来，“方昼则见影而不见光”，白天只看到影子，没有光，像我们这个身体，白天在太阳下有影子，没有光。“方夜见光而不见形”，天黑了，实体看不到了，只看到外面有光。

我们人体也这样哦！我们乡下长大的，到朋友家里玩，大概半夜一点钟回家时，空中的露水下来，人影被月光照在稻田上面，自己一个人影在那里，影子外面一圈光，人体都有光的，看得很清楚。你们诸位同学有没有经验啊？我们都做过小孩子，没有这个经验多可惜呢！因为你们大多是在都市里电灯光下长大的。当夜里那个稻子、麦子开花时，夜深人静，听到稻田的稻子开花声音好大，噼噼啪啪，噼噼啪啪。果实就是我们吃的米，这都是常识哦，都要懂，不懂就不叫作读书人。一事不知，儒者之耻，这是中国文化的儒家对知识分子的评语。拿学佛来讲，佛能通一切智，彻万法源，就是这个道理，你们学佛的应该都通啊，不通不行啊！

现在回过来讲这一把剑，“其触物也，騞然而过”，这一把剑碰到东西，有声音了，但是砍到你身上，騞一下，膀子都被它砍裂开，断了，“随过随合”，但立刻又合拢来，生命的新陈代谢如此不平常。“觉疾而不血刃焉”，利剑砍下一点痛都没有，而且也没有流血，这样叫作利剑。所以快刀割肉并不晓得痛啊，等到我们看到流血，才痛起来；那个钝刀割肉啊，就痛得要命了。所以我们晓得，向人家募捐，或出家人去化缘，叫作钝刀割肉啊！千万不要劝人家出钱，他表面很慷慨，但心里就像被钝刀割一样，血在里头滴啊！

借剑报仇

“此三宝者，传之十三世矣，而无施于事。匣而藏之，未尝启封。”来丹曰：“虽然，吾必请其下者。”孔周乃归其妻子，与斋七日。晏阴之间，跪而授其下剑，来丹再拜受之以归。来丹遂执剑从黑卵，时黑卵之醉偃于牖下，自颈至腰三斩之，黑卵不觉，来丹以黑卵之死，趣而退。遇黑卵之子于门，击之三下，如投虚。黑卵之子方笑曰："汝何蚩而三招予？"来丹知剑之不能杀人也，叹而归。黑卵既醒，怒其妻曰："醉而露我，使我嗌疾而腰急。"其子曰："畴昔来丹之来，遇我于门，三招我，亦使我体疾而支强。彼其厌我哉！"

这个孔周跟他讲，"此三宝者，传之十三世矣，而无施于事，匣而藏之，未尝启封"，我家里这三把宝剑，传了十三代，都没有拿出来用过，没有杀过人，只用一个宝剑匣子把它们藏起来，从来没有打开封条。这就是说，我们的生命身体里的精气神从来没有发挥过作用，或者虽修炼，修不到位也发挥不了作用。一方面，讲物理世界真有这一种武器，借太阳光可以把人杀死，癌症照钴六十，就是用太阳光能的那个道理。人离开了太阳光能，也活不下去。太阳、空气、水，就像是精气神这三样东西，也就像是这三把剑。另一方面这也是讲，我们身体生命里也有这三样东西，你要把它们找出来，修道的人总会有办法找出来，但不是说打坐就可以。讲到修道的人，什么叫修道的人？定义很难下，世界上很少有修道的人，都是道在修他的。

"来丹曰：虽然，吾必请其下者"，来丹一听，跟主人家讲，我为了报仇，请你把那个差一点的第三把剑借给我，孔周也答应了。"孔周乃归其妻子"，孔周说你是为了报父仇，现在你的太太、孩子都还给你。不过你要拿这个剑去报仇，"与斋七日"，要清心寡欲，当然要吃素打坐，心里不要动气，不要乱想，七天单独一个人。到了第七天，"晏阴之间，跪而授其下剑，来丹再拜受之以归”，晚间跪下来，这把剑才拿出来给他。来丹请到了这一把剑就回来了。

“来丹遂执剑从黑卵，时黑卵之醉偃于牖下，自颈至腰三斩之”，来丹拿这把剑回来，天天带着这把剑，暗中跟随黑卵。一天黑卵喝醉了，来丹从窗子偷偷跳进去，砍他三刀，颈上、背部、腰里各一刀。“黑卵不觉，来丹以黑卵之死，趣而退”，黑卵连个影子都不知道，还睡大觉，来丹认为黑卵一定死掉，就赶紧跑出来。“遇黑卵之子于门，击之三下，如投虚，黑卵之子方笑曰：如何蚩而三招予。来丹知剑之不能杀人也，叹而归”，在门口碰到黑卵的儿子，也拿剑刺他三下，像刺在虚空。黑卵的儿子武功也很高，身体也特别，就笑他，你向我身上捅了三下，是什么意思啊？来丹一看，知道剑杀不了人，叹一口气，只好回来了。

“黑卵既醒，怒其妻曰，醉而露我，使我嗌疾而腰急”，黑卵一睡醒了就骂他太太，我酒喝醉了睡觉，你都不给我盖一下，结果让我得病，腰酸酸的，很硬，转不动了。被砍了三剑，实际是伤风受了凉。所以有时候你们觉得这里难过，那里难过，都是睡觉不肯盖被嘛，肚子也不盖，腰也不盖，一天到晚来拿药吃，都是被这一把剑砍的。“其子曰：畴昔来丹之来，遇我于门，三招我，亦使我体疾而支强，彼其厌我哉”，他的儿子一听，说刚刚我在门口碰到来丹，捅了我三下，我也感觉到身体有点不舒服，好像伤风了，四肢硬硬的，脖子都转不动了，恐怕不是我妈妈不给你盖被，是来丹想报仇，暗中害了我们。

这三把剑是这样，不能杀人，但是天天都在杀人，就像空气、日光、水，缺一不可。所以身体保养不好，就这么一件事。同时也说明世界上的武器不能杀人，杀人最厉害的第一把心剑，不但可以杀人，而且还杀自己，我们常常被自己的这一把剑所害。自己有三把剑，诸位回去把抽屉、皮箱打开，找一找看看，放在哪里不要忘了，免得出毛病。如果你们不要的话，就拿来当给我吧，我专门开当铺，让你们当这些剑。下面是另一个故事。

天下奇物

周穆王大征西戎，西戎献锟铻之剑，火浣之布，其剑长尺有咫，练钢赤刃，用之切玉如切泥焉。火浣之布，浣之必投于火，布则火色，垢则布色，出火而振之，皓然疑乎雪。皇子以为无此物，传之者妄。萧叔曰："皇子果于自信，果于诬理哉。"

"周穆王大征西戎"，这个西戎啊，严格地考据，就是西藏、青海、新疆那一带。上古边疆地区的民族，所谓南蛮、北狄、东夷、西戎，有四个名称。周朝称西戎也叫畎戎，就是说那里的文化没有开发。"西戎献锟铻之剑，火浣之布"，周穆王的大军一到，西戎投降献了一把锟铻剑，这把剑，上古有，以后都没有看到过。这把剑是金刚钻打造的，当然是很大的金刚钻，不像我们现在戴在手上，一克拉、两克拉的，还卖几百万，让人看到笑死了。这把剑如果整个是金刚钻，那还得了，锋利无比。还有我们上古传说有火浣之布，出自南方的一种火山。在那种火山上有一种动物，长得像老鼠一样，在火里头长大的，所以身上的毛不怕火烧，古人把这一种动物的毛制成布，穿了这种衣服，火烧不进去。

“其剑长尺有咫”，咫是八寸，尺是十寸，这把剑当然不太长，是一尺八的一把短剑。所以中国文学有咫尺之间的说法。“练钢赤刃，用之切玉如切泥焉”，这把剑可以切钢铁，一切就断了。如果切玉石啊，像切泥巴一样，切玻璃也是用金刚钻，只用一点点，拿来一划玻璃就断了。

“火浣之布，浣之必投于火”，这块布要洗干净时是拿火来烧，一烧就干干净净，越烧越亮，“布则火色”，放在火里烧的时候，这块布变成火一样，分不出是火是布了。“垢则布色”，如果穿脏了，就是自然的布色。“出火而振之，皓然疑乎雪”，火中取出抖一下，脏污就掉了，那块布就干净得像白雪一样，穿在身上看到是一块白布，那个叫“火浣之布”。总而言之，这一篇讲到这里，都是讲中国古代的物理，物质科学文明的思想。

“皇子以为无此物，传之者妄”，当时皇太子在旁边，听了不相信，认为都是吹牛，讲空话，讲神话。“萧叔曰”，萧叔是个人名，他说，“皇子果于自信，果于诬理哉”，他讲这个皇子，你太自信了，天下的学问、知识，你没有看过、没有听过的太多了。一个人很容易讲人家迷信，自我意识太相信自己了，其实你学过几种学问？你走过多少地方？看过些什么？尤其你们青年在这里，充其量四十多岁的，走过多少地方？到过高雄，到过基隆，你爬过阿里山，横贯公路还没有去看过呢！天地之大，道理讲不完、学问学不完的，知识太多了，你不要不相信有这种事。

这一篇是关于物理世界、物理作用的道理，接下去这一篇是讲孔子，由孔子开始，出现一些问题。

第四十六讲

仲尼篇

仲 尼 篇

这一篇以孔子做篇名，我们特别要注意了，后世讲中国文化，尤其唐宋以后，把儒道两家分得很严重。实际上上古以来的道家，如《庄子》与《列子》，可以说都非常捧孔子，捧儒家的思想，尤其在这一篇里，更可以看得出来。不但儒家注重修养，我们学佛修道的人更特别注意修养，大家学禅习定，就要知道儒家这些做工夫的方法，更为简单，原则统统说得很清楚。

孔子之忧

仲尼闲居，子贡入侍，而有忧色。子贡不敢问，出告颜回，颜回援琴而歌。孔子闻之，果召回入，问曰："若奚独乐？"回曰："夫子奚独忧？"孔子曰："先言尔志。"曰："吾昔闻之夫子曰：'乐天知命故不忧'，回所以乐也。"

从这一段我们就知道，一个人要会说话。我常常感觉年轻同学不会说话，譬如年轻人对长辈会说，"喂！你告诉我"；

"老师，你给我讲"等等。我为什么要告诉你啊？我为什么跟你讲？他们问话、讲话都很讨厌。我反而觉得外国同学问问题，多半问得有道理。有人有时候说，"老师我向你请教"，已经错了；"老师你教我"，就对了。"请教"是对外面不相干的人，或者对平辈；跟我同辈可以称兄道弟的朋友，他谦虚用"请教"；学生向老师用"请教"二字就用错了，真是我们文化的耻辱。所以讲复兴文化，怎么复兴啊？在这一期《知见》杂志上的社论，有人问谁写的？当然是我写的啊！惨绿年华，妄言夸大，宣传复兴文化，什么人有资格复兴文化？把故宫博物院的画拿出来复印一下，这是我们的文化吗？那是我们祖宗的，不是你的啊！这个"惨绿年华"懂不懂？你们当然没有看过，翻开字典查看，就是年纪轻轻，头发青得发绿、发亮，这就是"惨绿年华"。

你看孔子师生之间的教育。"仲尼闲居"，闲居并不是闲着没事，事情很多很忙，刚刚有空坐下来，"子贡入侍"。你们注意这四个字，整个的东方，日本、韩国、越南，在东方文化之下，都是这个礼貌。古代重师道，像孔子那个时代，都是席地而坐的，就是现在所谓"榻榻米"，榻榻米是席地而坐的改良。这个时候学生进来是站在旁边，不敢坐下来，除非老师有命令。佛家也是如此，沙弥不可以坐高广大床。达赖登位的就职典礼叫作"坐床大典"，那个就是高广大床，因此你就懂了不坐高广大床的道理。不过讲了还是不懂，白教的，"得天下笨才而教之，一苦也"啊！

子贡看到老师坐在那里，"而有忧色，子贡不敢问，出告颜回"，老师脸色不对，皱着眉头，心里很痛苦的样子，子贡也不敢问，马上出来就告诉了他的师兄颜回——孔子的大弟子。老师有烦恼，我又不敢问，怎么办呢？你去问问吧！孔子的威德庄严常使弟子们不敢讲话。

“颜回援琴而歌，孔子闻之，果召回入”，既然老师不高兴，颜回也不去问，反而去弹琴唱歌。孔子听到了，马上吩咐子贡，你叫颜回进来。“问曰：若奚独乐”，他问颜回，你一个人唱歌作乐，怎么那么高兴啊？“曰：夫子奚独忧”，颜回说，老师你为什么烦恼呢？意思是你的烦恼也跟我们讲讲嘛！你看师生之间这个对话，也可以看到孔子的教育是那么自然。

“孔子曰：先言尔志”，孔子说，先说说你为什么那么高兴，你最近没有向我报告心得。颜回答复说，“吾昔闻夫子曰，乐天知命故不忧”，这是孔子告诉颜回的，《论语》里也提到，也是中国文化的精神。“回所以乐也”，颜回说，老师啊！这是你教我们的修养，一个人做到乐天，相信自然，生死都不管，该如何便如何，所谓生死有命，富贵在天，心里没有什么烦恼，所以我才高兴。

“乐天”这个“天”不是代表上帝，不是宗教的天，拿佛学来说，是自性，相信一切皆是如来、自性，如来也是自性的另外一个名称。“知命”是知道生命的真理，那是因缘所生，有一定的道理。我们研究唯识就是知命，道修成功了，明心见性就是乐天。“乐天知命”四个字把人生的道理都讲完了，这个时候佛法还没有来。他说你教我们修养到乐天知命，既然认得自性，因此人生除死无大事，生死都不怕，还有什么可忧愁的？所以我就高兴了嘛！他是讲自己的修养心得。

乐天知命也有忧

> 孔子愀然有间曰："有是言哉？汝之意失矣。此吾昔日之言尔，请以今言为正也。汝徒知乐天知命之无忧，未知乐天知命有忧之大也。今告若其实，修一身，任穷达，知去来之非我，亡变乱于心虑，尔之所谓乐天知命之无忧也。"

颜回说完就站在旁边，孔子听了以后"愀然"，就是眉毛一皱，"有间"，就是过了一阵，"有是言哉"，孔子说我有这样讲吗？这一句话我现在也常常讲，有些同学不懂我的意思，常常说"老师说的……"，我说我有这样讲吗？可见人与人之间，语意始终难懂，教育非常难。"汝之意失矣"，孔子说你没有懂我的意思，你只了解了一半，就算我讲过这个话，也是我"昔日之言尔"，那是我以前告诉你的，"请以今言为正也"，现在我再给你讲一遍，你不要光认为乐天知命就是全部，那只是传你一半的话，禅宗所谓向上半提，不是向上全提。你现在仔细地听，你现在听我的正言，就是佛经里说的"谛听"。

"汝徒知乐天知命之无忧，未知乐天知命有忧之大也"，注意哦，这与学佛修道参禅有莫大的关系，所以孔子是绝对大彻大悟的，是个入世的佛，等于维摩居士那个境界。他说你啊，只记得我从前告诉你们一个人修养真达到乐天知命，是没有烦恼，可以出世，但是还不能真正入世；一个真正悟了道的人，烦恼比没有悟道的还大。佛家也有这个话，你以为出家就解脱了吗？“只说出家堪悟道，谁知成佛更多情”，这是六世达赖情歌里说的。所以观音菩萨及一切佛菩萨大慈大悲，就是多情嘛，普通人爱一两个，乃至爱一百个也不过一百个，佛与菩萨则爱三千大千世界所有一切众生，这个叫大慈悲。

真正学佛第一步是发大悲心，你们现在小悲心都没有，怎么学佛啊？光晓得盘腿，自己要悟道，悟个什么道？悟个食道，光想吃，大悲心都没有发起，能够悟道吗？孔子说你只晓得乐天知命，了了生死，无忧无虑，那是罗汉境界。你只晓得生死没有什么可怕，世界上哪还有什么可怕的事！不晓得大彻大悟的人，那种悲天悯人、忧世忧民、要救世救人的大悲情怀，担子挑得更重啊！所以孔子进一步说明。

先解释第一步，就是自了汉罗汉境界，不过你们能做到已经不容易。“今告若其实”，孔子说我现在把修道、修养、做学问的过程给你讲，“修一身”，孔子说只晓得修自己的一身，只是先修自己。大学之道，正心、诚意、修身。讲到修身，大家现在讲要发菩提心，发慈悲心，但发不起来。“任穷达”，我们大家学道都只管自己，了了生死，悟了道，穷也好，不怨天，不尤人，这是命也，命不好做叫花子只管自己；或者达也好，做大官，做大事，发大财。就是孟子的话，“穷则独善其身”，一个知识分子不得志没有关系，修道管自己；“达则兼济天下”，机会来了，上了台，得意了，兼善天下，所作所为利世界、利天下，这是知识分子应有的修养态度。“知去来之非我”，晓得父母生下的这个我不是真我，是假我，真我不在这个肉体上。我们从生下来的第一天、第一个月开始，一步一步老下来，一个月比第一天老，十二岁比一岁更老了，身体都变换了，都不是真的我。死去是回去休息休息，休息了再来。了了生死的，知道这个来来去去的有形生命等于今天借住房子一样，明天又另住到别处了，这个房子塌了就搬家，去来都非我。“亡变乱于心虑”，外界的环境好也好，坏也好，时代环境的变乱跟我都不相干，空了嘛，这是罗汉境界，完全空了，到了这个境界修养多高啊，这叫作乐天知命。

所以罗汉境界，你研究看看，把大藏经里的《毗婆娑论》《俱舍论》《成实论》拿出来看，所有小乘修养，四禅八定，修到大阿罗汉的境界，这些罗汉最后走的时候，盘腿一坐，说四句话，“我生已尽，梵行已立，所做已办，不受后有”，再见！再也不到这个世界来了。有些呢？玩一下神通，化虹光而去，在密宗是最受推崇的。像天上的彩虹一现就走了，跟你们有缘的话，留一点指甲或头发给你们供养，这是化虹光，也不须火化，这是罗汉境界。还有些留肉身给你们烧化，故意留一点骨头，烧不烂有亮光的，叫作舍利子，给你们供养供养，供养和他也毫无关系，这也是罗汉境界。

但是孔子在当时就称这是“自了汉”，中国文化以及东方文化，说明是如此。“修一身，任穷达，知去来之非我，亡变乱于心虑”，这是空的境界，“尔之所谓乐天知命之无忧也”，这就是你颜回现在的修养境界，你所认为的乐天知命就是这样。

未知改革之道而忧

> “曩吾修诗书、正礼乐，将以治天下，遗来世；非但修一身，治鲁国而已。而鲁之君臣，日失其序，仁义益衰，情性益薄。此道不行一国与当年，其如天下与来世矣？吾始知诗书礼乐无救于治乱，而未知所以革之之方。此乐天知命者之所忧。”

“曩吾修诗书、正礼乐”，他说我当时周游列国回来，把中国文化整理起来，目的是“将以治天下”。不但是为一个国家的人好，更使世界上的人都得救。这同释迦牟尼佛的心情一样。“遗来世”，不只是为了一个时代，而是遗传给后世千秋万代用来教化。“非但修一身，治鲁国而已”，我不只是为了自己修身成道，也不是为了我鲁国的安定，而是为了天下人、全世界的人。他说结果我看文化的整理没有用啊，“而鲁之君臣，日失其序”，鲁国的秩序一天比一天不对，“仁义益衰，情性益薄”，社会时代越来越退步，人的道德一天比一天差，人性都丧失了，人与人之间的道义感情都不懂了。“此道不行一国与当年”，如今在我们鲁国我都没有办法影响，所以啊，真正的大道不能起作用，“其如天下与来世矣”，还能希望后代将来吗？可见教育失败了。释迦牟尼佛教了四十九年，何尝不失败?！他过世以后，门人弟子们分成了几十派。

“吾始知诗书礼乐”，因此我晓得，诗书礼乐、仁义道德的教育对人没有作用，“无救于治乱”，世界要乱的时候，没有办法挽回。你现在问我为什么烦恼，我想改革这个世界，“而未知所以革之之方”，但找不出方法，不知道如何可以救人类。有人天天讲革命，革得了谁的命啊？时代的命革不了，历史的命革不了，“此乐天知命者之所忧”，这是乐天知命的人所担忧的事。乐天知命是悟了道，悟了道的人大悲心更重，更痛苦。所以《法华经》里有位常啼菩萨，一天到晚在哭，悲痛世上众生痛苦不能觉悟，此菩萨之所以常啼也。有位同学跟这位菩萨一样，动不动就哭，我看到哭就讨厌，哭有什么用？要么就发一顿脾气，当然发脾气也没有用，一切都救不了世界，孔子说这就是我现在所忧心的。

孔子传道给颜回

“虽然，吾得之矣。夫乐而知者，非古人之谓所乐知也。无乐无知，是真乐真知；故无所不乐，无所不知，无所不忧，无所不为。诗书礼乐何弃之有？革之何为？”

颜回北面拜手曰：“回亦得之矣。”出告子贡。子贡茫然自失，归家淫思七日，不寝不食，以至骨立。颜回重往喻之，乃反丘门，弦歌诵书，终身不辍。

“虽然，吾得之矣”，他说告诉你，我现在是大彻大悟了。这是孔子真正大彻大悟的话，你不相信吗？我告诉你这一段经文，你拿《涅槃经》《法华经》来一对，完全一样，当然你们读书不多，不懂。孔子说我懂了，大悟了。“夫乐而知者”，释迦牟尼佛早期教育的方法，对小乘说无常、苦、空、无我，讲修苦集灭道而解脱证果。他到了八十一岁涅槃前讲《涅槃经》，完全反过来，讲“常乐我净”，讲证得毕竟寂灭就是涅槃。所以得了道的人，证得涅槃，那个乐不是这个小乐，是“乐而知者”。得了涅槃道的大乐的人，他的智慧般若成就，“非古人之所谓乐知也”，并不是古代一般人所谓的禅定之乐。那个乐只是相对的，因为你不入定就不乐了嘛！如果是那样的道，有什么用呢？道不属于定，定是一个静态，不敢动，不敢入世。要能出世，也能入世，动静一如，无苦也无乐，所以“无乐无知”。生命是般若的成就啊，所以般若无知，智慧到了最高处变成最平凡，就如同老子所说“大智若愚”，这才是得道人的“真乐真知”。

可是诸位同学不要考试答不出来就说老师啊，我得了道，“无乐无知”。不是的，那是要“真乐真知”以后才能“无乐无知”，实际上，真到了无为境界，无所不知。所以达到了这个境界，“故无所不乐，无所不知，无所不忧”，就是般若成就，真正的菩提心发起，证得佛说的正等正觉，并不是不来世间，而是大慈大悲在六道三界永远度众生，以百千万亿不同的化身度人，不过凡夫不知道而已。“无所不为”，这一句话不是说可以偷可以抢，而是像下雨一样，处处慈悲平等。因此反过来说，“诗书礼乐何弃之有”，一切文化也应该保留，不需要抛弃。所以真悟了道的人，反而要读书了，佛能通一切智，彻万法源，世出世间法没有不知道的。“革之何为”，何必革除，一切顺势自然而来，好的固然保留，坏的也要知道。

“颜回北面拜手曰：回亦得之矣。”孔子传了颜回的大道，颜回听了说，我悟了，感谢老师的接引。他对老师等于对帝王一样，向北面跪拜，拿佛经来说，就是涕泪悲喜，五体投地顶礼。

子贡参禅

“出告子贡”，子贡到底比颜回悟道的程度差一点，但学问差不多。颜回得道了，这位大师兄出来就告诉子贡，刚才老师在房间里已经接引了我，我传给你。子贡听了“茫然自失，归家淫思七日”，听不懂，只好去参话头了。这一段的话头，比你们参禅参话头厉害。怎么叫“淫思”？过度叫作“淫”。我写诗常常用这个字，后来有个同学说，老师你不要写这个字，人家看不懂，会误解的。我想想也对，现在的人没有这个程度。“淫思”，就是拼命研究。实际上，佛学所谓参禅叫作正思维，要去参究的。

所以子贡回来就参话头了，把这些话拼命参，一个人关起门来打七，同你们一样，两条腿盘着，不管腿痛不痛；不像你们一边参话头，一边顾腿，好像抱住腿就参起来了，话头啊，早就忘掉了。子贡用功腿也不管，“不寝不食，以至骨立”，七天当中就瘦得皮包骨头了，那么用功。颜回看师弟这样，心里难过了，“颜回重往喻之”，又跑去亲自接引他，再给他说法，他也悟道了。“乃反丘门”，赶快回到老师这里来，说子贡也悟了，“弦歌诵书，终身不辍”，这一下一天到晚弹琴、唱歌、读书，很快乐，不想做官了。

清朝的时候有一个人，家里有个做饭的老太婆，一个大字不认识但会作诗，这是前生带来的智慧，宿命通的般若。有一天少爷说：阿婆啊！你看到我们作的诗了吗？她说看到了，作得好。她说我给你凑两句，这个老太婆一边做饭，一边作诗，念出来，“读书早计为官好”，读书啊就是早早打主意，求功名，想做官，又发财。你们也都是这个心理。“毕竟为官逊读书”，人生最后看来还是读书好，不要出去做官，做官容易造业。可见这个老太婆是菩萨化身，在他家里说法。

再回来讲这本书，这是古人所讲，学问修养目的是什么？到了得道这个境界，才够得上是个读书人，所以这不是普通的书。换句话说，我们学佛的同学，出家、在家，要想成道必须要研究经教；等到你悟了道后，那看经教如看小说了，那才能够真懂经教。所以药山禅师大彻大悟，不喜欢徒弟们看佛经，要他们真用功参究。但是他有一天自己拿一本佛经在看。徒弟们就问了，师父啊，你不要我们看经，但你自己在看经！他说我看经是遮遮眼睛啊，你们看经把牛皮都看得穿。就是你们不会读书，眼睛瞪在那里，费了眼力，最后戴上一千度的近视眼镜。真得了道，会懂得读书，读书是很轻松的。

第四十七讲

鲁陈二国的圣者

亢仓子的四步修行

继续修行的成果

三王五帝及三皇是否圣人

《仲尼》这篇使我们了解到所谓中国正统的道家修养是怎么一件事。后世对道家有个分类，春秋战国以前传统的道家，是儒道本不分家的道家，也可以说中国文化传统的观念就是个道。唐宋以后的道家，多半把讲神仙之学修养的叫成丹道的道家，后来演变成宗教，成为道教的道家。所以《列子》虽然是道家的著作，而专门讲孔子的差不多有一半。那么所谓孔子的内圣之学究竟是如何修养，在儒家的书里很少见到；而孔子的所谓合于道家的修养的方法，倒是在道家的《列子》《庄子》里说得很多。事实上，中国文化里的孔子，不过是一子，就是一家之言；所谓诸子百家，孔子、孟子都是诸子里的一子。因为汉代对于文化的裁定，从汉武帝起专用儒家，下了一个命令，“罢黜百家，独尊儒术”，所以汉代以后，就把传统文化儒道不分家的观念搞混乱了，这一点我们今天再作说明。

第二点，春秋战国时文化的主流为儒、墨、道三家，唐宋以后则为儒、佛、道。讲到孔子的修养，与佛家、后世的儒家、道家都有关系。甚至有人研究，唐宋以后禅宗的兴起，受《列子》《庄子》的影响极大，虽说并非全部，但是不能说没有关系。借用王阳明的诗，“道是无关却有关”。王阳明远道去看朋友，结果朋友不见，宣布自己闭关了，王阳明就写了这句诗给他，知道你闭关是真的，也是假的，是不想见我而已。

鲁陈二国的圣者

> 陈大夫聘鲁，私见叔孙氏。叔孙曰："吾国有圣人。"曰："非孔丘邪？"曰："是也。""何以知其圣乎？"叔孙氏曰："吾常闻之颜回曰，孔丘能废心而用形。"陈大夫曰："吾国亦有圣人，子弗知乎？"曰："圣人孰谓？"曰："老聃之弟子有亢仓子者，得聃之道，能以耳视而目听。"鲁侯闻之大惊，使上卿厚礼而致之。亢仓子应聘而至。鲁侯卑辞请问之。亢仓子曰："传之者妄。我能视听不用耳目，不能易耳目之用。"鲁侯曰："此增异矣。其道奈何？寡人终愿闻之。"

陈国有位大夫，春秋战国时对于有相当身份的人一律称大夫，陈国这位大夫"聘鲁"，到鲁国访问。古文有"报聘"两个字，就是派外交官去回访别国。这位陈国大夫是外交官，到了鲁国。本来外交官少有私交，外交礼貌可以有私交，但须先公而后私。譬如我们大使到外国去，先呈递国书，公文交代了以后，退下来才有私交，否则是不可以私下交往的。古今中外这个礼节差不多是一样的。

陈国大夫"聘鲁"以后，公事完了，私人会见鲁国的大夫叔孙氏——他是鲁国的权门季家的人。叔孙氏说，你有没有听说过，我们鲁国有位得道的圣人？陈国大夫说，你是讲孔丘吗？“曰：是也”，叔孙氏说是的。陈国这位大夫讲，“何以知其圣乎”，你看这两国大使对话，至少有点“我慢”，但是他用外交辞令问一下，怎么断定孔子是圣人啊？“叔孙氏曰：吾常闻之颜回曰”，他很会答话，也是外交辞令，他说孔子的大弟子颜回告诉我，“孔丘能废心而用形”。这一句就是全部的修养，四书的《大学》《中庸》，道家的《老子》《庄子》，佛家的打坐参禅念佛，能做到“废心而用形”就成功了。这就是说，做到脑子清净，心里没有一点杂念，没有妄想烦恼，既无欢喜也无悲，可是并不是死人哦！这个身体照样能做事情，这就是得道的人。所以无心是道，佛家叫作空，就是没有普通人的那些心理作用。

陈大夫说我国也有一个得道的人，你知不知道？“曰：圣人孰谓”，叔孙氏说贵国的圣人叫什么名字？“曰：老聃之弟子有亢仓子者，得聃之道，能以耳视而目听”，他说老子有一个大弟子叫亢仓子，得道的，他能够耳朵当眼睛用，眼睛当耳朵用。我们现在年轻人最关心学密宗，学超觉静坐，学些神神怪怪的，就是想做到这样。

现在全世界都在研究这个东西，美国、前苏联都在研究，很多人把眼睛蒙起来可以看东西，可以用手看，黑板上写什么字、什么颜色都可以看到，叫作神秘学。去年美国宾州大学有一位教授来跟我接洽，专门成立一个机构，要我去主持，还要划出一块地，盖个地方给我。我说对不起，别的都可以，这一套我不玩，况且我也不会，会也不玩。现在世界上也在追求这个“耳视而目听”。陈大夫的意思是说，陈国这个圣人比你那个孔子还高。

“鲁侯闻之大惊”，结果叔孙氏就向鲁国的诸侯报告了，鲁侯一听，这还得了！这个很严重。“使上卿厚礼而致之”，马上派特使把老子这个学生请来。

“亢仓子应聘而至”，世界上的传言都会过分，一句话传到第三个人就变了。亢仓子到了鲁国，“鲁侯卑辞请问之”，这个鲁国的领导很谦虚，执学生之礼向他请教，怎么能够做到这样？亢仓子回答说，“传之者妄”，一般人乱宣传，我没有这个本事，“我能视听不用耳目”，实际上，我只能够看东西不用眼睛，听声音不用耳朵。他很谦虚，说是别人说错了，但是他自己说得更高明。其实看东西不要眼睛、听声音不用耳朵，那是做得到的，定力修养够就做到了。但是亢仓子有一句话是老实话，“不能易耳目之用”，不能够把眼睛跟耳朵调换来用，眼睛还是看的，耳朵还是听的，不过我可以不利用这两个机能，照样能看能听，这是真话啦！

“鲁侯曰：此增异矣”，鲁侯说，老先生啊，你这样一说，比我听到的还要高明，“其道奈何，寡人终愿闻之”，这个道怎么可以修到？我愿意听，愿意学。“寡人”是中国君王的自称，也可称朕。

亢仓子的四步修行

亢仓子曰：“我体合于心，心合于气，气合于神，神合于无。其有介然之有，唯然之音，虽远在八荒之外，近在眉睫之内，来干我者，我必知之。乃不知是我七孔四支之所觉，心腹六藏之所知，其自知而已矣。”鲁侯大悦，他日以告仲尼，仲尼笑而不答。

“亢仓子曰”，注意他要说的话，你们要想修道，要想学神通，这里都是真话，真证道的路线，不论修儒家、道家、佛家，都是一样的。倒是你研究了佛、儒以后再来看道家，就发觉它非常简单明了。这也是中国文化喜欢简练的原故。如果用印度文化讲佛经的话，这几句起码可以像《般若经》一样写六百卷。

亢仓子讲，我第一步是“我体合于心”，大家一看这个文字就懂了，内容却很难懂。我们大家有一个共同的生命经验，就是从小到大，我们用了一辈子的身体，心跟身体不调合，思想归思想，动作归动作，所以做事情有错，写东西、讲话也会错，因为心跟身体的感觉不能合一。这句话非常简单，要研究起来，就牵涉到经验心理学、行为心理学、医学、科学等等。他说我第一步修养到身体与心相合，换句话说，感觉与知觉合一，每根毛发都很灵敏。这是东方文化的一套工夫，瑜珈术也好，道家也好，密宗也好，各种打坐工夫修养，初步就是要达到知觉与感觉合而为一，专一到每一点都清楚。就算人坐在这里，对身体以外的早感受了，就有那么敏感，这个就是工夫了。初步这样已经了不起了，能够配合于心就更了不起，所谓祛病延年、长生不老就可以做到了。不过，一般人是很难做到的。

第二步“心合于气”，这个修养列子做到了，《庄子》里也提到过，列子御风而行，就是在空中飞行。学密宗的人看过《密勒日巴传》，密勒日巴修道成功，也可以在空中飞了。告诉你一个要点，就是一个人修养到心风得自在，能够起神足通的作用，就是起了身通。心与气，佛家叫作心风，过去中国和印度的医学都把气称为风。“心合于气”，这个气可不是呼吸之气。譬如我们学佛的人学静坐，修天台宗止观，修密宗的方法，那是由修气入手，这些法门就是炼气的，也就是养气，由气而明心得定。至于这个气，鼻子里的呼吸是最初步用的，在真正用功时，呼吸往来是有声音的，这个叫风，不叫作气。慢慢进一步达到没有呼吸来往，整个的身体内部都空灵了，等于“心合于气”了。那时只有轻微的毛孔呼吸，而鼻子的呼吸差不多停止了，那时才认识气。

再进一步啊，连气都不用，而是同虚空合一了，这个才叫作息。所以我们要了解佛家所谓的数息随息，我经常告诉你们，鼻子的呼吸有断有续，它是生灭法，是个方便，是初步的引导法门，不是到达气息的境界。亢仓子这里讲第二步“心合于气”，就没有这个身体观念了，等于把身体整个炼成气化，这个身体生命变成清气一样，那就可以御风而行了。但这只是工夫，还不是道，这还没有到家。

第三步“气合于神”，不用气了，只用精神，这个精神就是佛法所讲的观想成就的境界，不用体，不用气，不用神；也就是说，整个的身体、物质世界，可以用精神来变化。

第四步“神合于无”，最后进入空。学佛学道，这样才能够达到真空的境界，所以共有四步工夫。

后世的道家把这个道理变了，再归纳成另外一个法则，叫作“炼精化气”，等于“体合于心，心合于气”；“炼气化神”等于“气合于神”；“炼神还虚，粉碎虚空”等于“神合于无”。这就是后世丹道派道家的说法，把正统道家的观念浓缩成这个法则。

这一段是确确实实讲工夫境界，《庄子》第一篇《逍遥游》讲变化，由鱼化成大鹏，就是把一切变成神化的境界。《齐物论》的全篇是讲气化，之后是讲形化，意思是这样分类，这是顺便谈到。

继续修行的成果

这一段都是实际的工夫，可以给所有修养者参考。“神合于无”，这个时候所谓达到空的境界，“其有介然之有”，说空，那岂不是没有吗？不是没有，但也不是普通的有，借用佛学唯识讲的，是胜义有。唯识学跟般若是两方面，般若是讲空的理念，般若的空是毕竟空。简单浓缩只有一句话，“其有介然之有”。空了以后有没有？有。只有一个我，这个我不是形体的我，而是一个道，只有这么一个东西。你讲它是生命的神也可以，讲它是自我的升华也可以，你叫它是空的也可以，讲它是有的也可以。等于我们唐宋以后的禅宗，也不用佛啊、道啊、本体啊，都不用了，只说“这个”。这个就是那个，那个就是这个，没有名字了，就是这个东西。这在《列子》里已经出现，所谓“介然”就是“这个”，这个是有个作用，就是这么一个有。

这个有是怎么样的有？“唯然之音”，轻轻这么打，有一点声音。“虽在八荒之外”，所谓八荒就是八个方面，东南西北加四个角，连这个外围的边区，地球的边际都在内，远在天边；“近在眉睫之内”，近在眼前，所有的一点声音一点动静，都可以知道，都可以听得见。这是定慧的境界。其实他讲的差不多是证到初禅定的前奏。拿佛学来分析，这个层次还不是定，是初住心，快要进到定，念头刚刚清净住下来的这个声音境界，就是“唯然之音”。所以说证到禅定的境界，可以“闻蚁斗如雷鸣”，听到蚂蚁打架的声音，跟打雷一样大。

这个道理我再三向诸位同学讲，千万不要有一个错误的观念，认为修道打坐入定，坐下去什么都不知道，那个不叫定，那个叫大昏沉、大无明，修成的结果是变猪。真的哦！佛再三告诫你，这样脑子会退化，头脑昏沉，越学越笨，记忆力越来越差。这一种就叫作顽空，冥顽不灵的空，不是灵明自在。当然修定不可以有妄想，但也不是这样糊涂的空，这是一片无明的空。

亢仓子说，这个时候“乃不知是我七孔四支之所觉，心腹六藏之所知”，人身有九个窍哦，现在七孔只讲头部的。这时的境界反应也不是头部，也不是四肢，也不是感觉，也不是心脏，也不是肚子，也不是里面神经系统，所谓体内脏腑都不是。这都是现在所讲生命自然的功能。虽然每个人的生命都具有这样的功能，但是自己不知道方法，没有经过修养，所以这个功能没有发挥出来。

印度的瑜珈同密宗学派，把这个生命的功能翻译为灵热，也叫灵力，也叫灵能；瑜伽士形容为灵蛇，好像一条蛇永远在冬眠的状态。当你定净到达某一种境界，把这个冬眠状态的生命灵能引发而起了作用，就叫作神通了。神通没什么稀奇，是我们本有的，平常是被官能所限制。这个神是讲自己的精神，并不是外面有个神给你通。

他说，这个时候，我所有的感觉是“其自知而已矣”，就是顶天立地，只有一个我，这个我不是现在的我，是一个灵知作用，就是我的自知。所以由这一点，研究佛学的同学们可以了解，释迦牟尼佛生下来走七步路，一手指天，一手指地，说“天上天下唯我独尊”。他就是告诉大家，世界上所有的人——“我”，都可以成佛，因为都具备这个功能。那么在《列子》这一篇里，同样的一句话就是“其有介然之有”。“介然之有”这个“介”，人字下面两只脚站着，顶天立地站在那里，这是介。

亢仓子把修养的方法、内容都告诉了鲁国的这个诸侯，“鲁侯大悦”，听了高兴极了。“他日以告仲尼，仲尼笑而不答”，另有一天，鲁国的这位诸侯，孔子的老板，与孔子见面时，就把这一段话跟孔子讲了，孔子笑一笑，不答话。你看孔子答复了没有？这就是禅了，孔子只笑了一下，没有答话。他没有否定这个事，也没有承认有这个事，这一段故事就是个话头。

三王五帝及三皇是否圣人

商太宰见孔子曰：“丘圣者欤？”孔子曰：“圣则丘何敢？然则丘博学多识者也。”商太宰曰：“三王圣者欤？”孔子曰：“三王善任智勇者，圣则丘不知。”曰：“五帝圣者欤？”孔子曰：“五帝善任仁义者，圣则丘弗知。”曰：“三皇圣者欤？”孔子曰：“三皇善任因时者，圣则丘弗知。”

接着下来同样的故事，都是讲道家的修养。“商太宰见孔子曰：丘圣者欤？孔子曰：圣则丘何敢，然则丘博学多识者也。”春秋战国时的宋国是殷商的后代，当周武王革命灭掉纣王统一为周朝时，就把殷商之后微子分封于宋国。这是中国文化的精神，“兴灭国，继绝世”，对一个国家民族，不是断绝其命脉，而是培养他的根本。我们中华民族子孙应该懂得，宋国是商之后，因此也叫作商。太宰是首席宰相，到鲁国来，见到孔子就说，人家都说你是得道的圣人。孔子说，得道圣人我不敢当，我没有道，不过我喜欢求学，什么学问都学，博学多识。这个“识”字古文也通“记”字，也通“志”字。这一句话他是谦虚哦，他说我哪里是得道的圣人！我只是好学，而且每一样都专心去学会，如此而已，一辈子做一个学生。

“商太宰曰”，这位宋国的宰相又问，“三王圣者欤”，三王是不是圣人？中国历史文化里的三王指夏商周三代的领导人，后人都称他们是圣王。我们几十年来认为中国传统文化传承是尧、舜、禹、汤、文、武、周公、孔子，而其中的三王，孔子并不承认是圣人，这个问题大了。但是这三人的确也是圣者，不过，孔子对于圣者的分类非常严格，这就是孔子的微言大义。

孔子说，“三王善任智勇者，圣则丘不知”，他说三王在历史政治上，对人类社会民族国家有很大的贡献，但是他们是“善任”，善于用人，善任哪一种人呢？真有智慧、真正勇者，就是“智勇者”。这是对于三王的政治、整个历史哲学孔子所下的一句评语。至于是不是圣人，他说对不起我不知道。不晓得孔子是否定还是肯定！圣人都不知道，我这个剩下来的剩人当然更不知道了。诸位之中有圣人的话可以参一参，这是一个话头。

这位商太宰又问，“五帝圣者欤”，五帝是圣人吗？炎帝、黄帝啊等等，我们的老祖宗们，历史上素来称他们为圣人。“孔子曰：五帝善任仁义者，圣则丘弗知”。在人文文化的道德立场上讲，东方文化认为历史是退步的，因为道德走向衰落；在物质文明的发展立场来说，历史是进步的，这是两个严格的界限。所以我们过去讲历史，把文化道德向上推，所谓高推圣境，高推这个圣人境界。问到五帝的时候，孔子对于历史哲学的评论说，“五帝善任仁义者”，这已经比“善任智勇者”高明了，说明人类道德的退化。至于说他们是不是圣人，不知道。

“曰：三皇圣者欤”，我们上古史称天、地、人为三皇，没有名字哦！现在一般研究中国历史的人不大讲上古史，照我们小时候读的历史来算，中国史远在两百多万年以上。“孔子曰：三皇善任因时者”，孔子说那已经不是仁义，不是智勇，而是一个时代，就是人类文化的开始。“圣则丘弗知”，至于他们是不是得道的圣人，我也不知道。他把圣人的标准定得很高，下面有一个他对圣人的评论。

第四十八讲

谁是圣人

孔子评论弟子

列子与南郭子相会

无言与不言 无知与不知

谁是圣人

> 商太宰大骇，曰："然则孰者为圣？"孔子动容有间，曰："西方之人，有圣者焉，不治而不乱，不言而自信，不化而自行，荡荡乎民无能名焉，丘疑其为圣。弗知真为圣欤？真不圣欤？"商太宰嘿然心计曰："孔丘欺我哉！"

讲到宋国这位太宰跟孔子的对话，"商太宰大骇，曰：然则孰者为圣"，这位宋国的宰相听了以后愣住了，历史上所承认的上古这些老祖宗，应该是得道的圣人；孔子虽然没有否定，但是他并不肯定，他只是很恰当地加了一个评语，说是不是圣人他不知道。孔子讲这个话很严重了，所以这位宰相很诧异就问，这样说来，哪个人才够得上称为得道的圣人？

"孔子动容有间，曰"，怎么叫动容？听了这个问题脸色变得很严肃。停了半天说，"西方之人，有圣者焉"，他说中国的西方有个得道的人，这个圣人"不治而不乱"，不修也不为，讲起来很像佛家，几乎是一样，一切无为之治。"不言而自信"，就是佛家讲言语道断，心行处灭，到达了那个道的境界，不可说，不可说。"不化而自行"，不需要教化，人能够依照他这个道而行。"荡荡乎"，非常远大，形容那个无量无边无际。“民无能名焉”，我们人类没有办法给它定一个名称。所以不可说，不可说，无量无边，无名可称。以佛家的观念，孔子讲的完全是佛，不过没有指名，也许那个时候翻译的名称不同吧！

后来到了汉朝，道家的著作也说，孔子早知道当时中国的西边印度有得道的佛。到了明朝陆象山更有几句名言，西方有圣人，东方有圣人，此心同，此理同，就是人同此心，心同此理，道是一个道，所谓真理只有一个，因地区不同，文化基础不同，表达的方式不同而已。所以《列子》这一段话就是儒释道三家的统一论调。

《列子》这里所讲孔子这一段，是不是讲佛呢？我们是用后世观念加以批注的。不过《列子》这里所提到的孔子所说的话，的确是真实的。孔子的结论是，“丘疑其为圣，弗知真为圣欤，真不圣欤”，他说我啊怀疑那个叫作圣人，不过呢，他真的是圣人或者真的不是圣人，我也不知道。孔子的这个不知道啊，高明得很，最后结论要你自己去下，等于禅宗的话头。“商太宰嘿然心计曰：孔丘欺我哉”，商太宰默然，不讲话了。“心计”，肚子里想，不要上了孔丘的当，他好像在骗我。

孔子评论弟子

子夏问孔子曰：“颜回之为人奚若？”子曰：“回之仁贤于丘也。”曰：“子贡之为人奚若？”子曰：“赐之辨贤于丘也。”曰：“子路之为人奚若？”子曰：“由之勇贤于丘也。”曰：“子张之为人奚若?”子曰：“师之庄贤于丘也。”子夏避席而问曰：“然则四子者何为事夫子?”曰：“居！吾语汝。夫回能仁而不能反，赐能辨而不能讷，由能勇而不能怯，师能庄而不能同。兼四子之有以易吾，吾弗许也。此其所以事吾而不贰也。”

这一段是讲一个人的修养，怎么叫作得道。我常常说孔子的学生命真好，你研究看看，三千弟子七十二门人，都没有著作留下，都靠老师的著作捧了学生。有一个老同学就讲：“老师啊，我就希望你做孔子啊，我们不要写东西了，只要你写东西提到我们的名字就行了。”当然，世界上命最好的是释迦牟尼佛，自己不写一个字，统统都是弟子们写的；老子嘛，也不大好，说不写，还写了五千字；耶稣也不错，自己也没有写半个字，也靠那些门人给他写；最可怜命苦的是孔子，专捧学生。

子夏问孔子，“颜回之为人奚若”，他说老师啊，你经常说大师兄颜回怎样怎样好，他的人格修养到底如何？子夏这个时候问，是不是吃醋还是真的就不知道了。“子曰：回之仁贤于丘也”，孔子说，颜回这个人心地仁慈，比我都好。孔子捧学生啊，捧得没有理由，好像一个妈妈捧儿子一样，儿子总是自己的好。

“曰：子贡之为人奚若”，子夏又问，二师兄子贡怎么样啊？“子曰：赐之辨贤于丘也”，子贡口才之高明，超过了我。孔子讲的是真话，子贡既会做生意，又是工商界的领袖，又是外交的祖师爷，口才之好，在历史上有名的。所以当鲁国有难时，孔子伤心极了，自己的国家有问题怎么办呢？就希望有哪一个学生出来救。子路当然第一个跳出来，我去！孔子说你不行，你去了会打仗，这个不能光靠打仗。最后子贡一出来就行了，他出来挑起吴越之争，解救了鲁国，所以越王勾践的复国是子贡挑起来的。

那么子夏又问了，“子路之为人奚若”，这位学军事的同学子路，武功第一，他为人怎么样呢？学问修养如何？“子曰：由之勇贤于丘也”，孔子的武功也很高的，不过，他说子路的这个勇啊比我还行，好像武功方面是传给子路了。

子夏又问，“子张之为人奚若”，这几位都是孔门高才生，子张为人怎么样？“子曰：师之庄贤于丘也”，子张的名字叫师，孔子说他做人之规矩啊，恭敬、严肃，比我还好。

子夏听了孔子对师兄们的称赞，就憋不住了，“子夏避席而问曰”，古人是席地而坐，跪坐在那里问老师，孔子那么一答话，子夏跪不住了，就站起来问道，“然则四子者，何为事夫子”，既然四位师兄都比老师你高明，他们为什么跟我一样来当你的学生呢？

孔子一看到这样就说了，“居”，你坐吧！你坐下来，不要紧张，“吾语汝”，我告诉你。“夫回能仁而不能反”，他说颜回啊，好人一个，有道德，但不能用道德。一味的仁慈那不叫作慈悲，就是佛家的话，“慈悲生祸害，方便出下流”。道德是重要，仁慈也重要，他能够仁慈而不能反用。换句话说，他能够成圣人，不能成凡夫；可以成佛，不敢成魔，那不行。

“赐能辨而不能讷”，子贡口才高明，不能木讷；他学不了沉默不语的这个笨，他做不到。聪明会讲话的人，你叫他不讲话比死都难过，他宁可去死，临死以前他也要讲两句。聪明爱讲话的人就是这个样子，习气难改，本来两句话能解决的，他要说十句八句。

子路呢？“由能勇而不能怯”，只晓得冲，跟人拼命！不过，真勇敢的人啊，比谁都胆小，非到必要的时候不会用武。但是真到拼命时，忘我了，那个才是大勇。真大勇的人临事而惧，子路就没有学到。“师能庄而不能同”，他说子张做人规规矩矩，方方正正，方得不能转弯，一点都不圆，所以不能合群与大众和乐相处。

我经常说，世界上的人，每人都有长处，也都有短处，但是短处就是长处，所以长短是一个东西。你说某人是个天才，他某一方面的天才高了，别的都不会。所以书读得好的人往往是书呆子，人情世故都不懂，因为他书读得好，是他的长处。常常有些同学来了，我一看，说你书一定读得很好，这个话听起来像是恭维，实际上在骂他是个书呆子！没得用的，只能叫他跟书见面，叫他办事一无是处，没有一样对。所以长处就是短处，孔子这个道理就说明了。

“兼四子之有以易吾，吾弗许也”，孔子说，把他们四个人的长处换给我，我也不换。孔子没有讲自己长处在哪里，他不执著这些长处，不执著任何一方面，所以佛家叫这个是解脱，《庄子》叫作逍遥。他无往而无不自在，就是学佛的叫作观自在菩萨，这个才是自在，非常自在。换句话说，孔子的长处啊，这一班三千弟子七十二门人，每人都是只学了一个专长。释迦牟尼佛的十大弟子也是各有专长，但不是佛那样。“此其所以事吾而不贰”，因此他们愿意做我的学生，一辈子也不变心，“不贰”就是不二法门，就是一条路，没有第二条路。他们一辈子没有办法超过这个老师，所以从师学，永远不变，就是这个道理。孔子没有承认自己是圣人，但他究竟是不是圣人呢？我们看了这些，大家叫作“和尚不吃荤，肚子里有素（数）”，你自己去下评语吧。

列子与南郭子相会

> 子列子既师壶丘子林，友伯昏瞀人，乃居南郭。从之处者，日数而不及。虽然，子列子亦微焉，朝朝相与辨，无不闻。而与南郭子连墙二十年，不相谒请；相遇于道，目若不相见者。门之徒役以为子列子与南郭子有敌不疑。有自楚来者，问子列子曰：“先生与南郭子奚敌？”子列子曰：“南郭子貌充心虚，耳无闻，目无见，口无言，心无知，形无惕，往将奚为？虽然，试与汝偕往。”阅弟子四十人同行，见南郭子，果若欺魄焉，而不可与接。顾视子列子，形神不相偶，而不可与群。南郭子俄而指子列子之弟子末行者与言，衎衎然若专直而在雄者。子列子之徒骇之，反舍，咸有疑色。

这一段是讲列子本人，可能是他的学生记载，“子列子”，列子前面再加一个“子”，指列子这位老师，“既师壶丘子林，友伯昏瞀人”，他的老师叫壶丘子林，他的同参道友叫伯昏瞀人，都是得道的人。列子因为学道，“乃居南郭”，南郭是个区域，他住在那个地方。“从之处者，日数而不及”，来跟列子学道的人多了，每天这个来、那个去，数都数不清。“虽然，子列子亦微焉”，列子自己虽认为没有什么了不起，有多少人跟他学他也不管，要讲的时候就讲，讲完就算了。“朝朝相与辨，无不闻”，他差不多每天都跟这些学生见面，讲学讲道，他的学问、讲出来的道理，大家口耳相传，就广播出去了，谁都知道他讲些什么。

南郭这个地方另有一位修道的先生，叫南郭子綦，就是《庄子·齐物论》中“南郭子綦隐机而坐”的那一位。“而与南郭子连墙，二十年不相谒请”，列子和南郭子两人住隔壁，二十年当中并不往来，等于我们现在住公寓一样，开了门出去上班，回来把门一锁，对面住的人搞不清楚，都不知道。“相遇于道，目若不相见者”，两个人在路上面对面碰到，好像眼睛没有看见一样，这两个修道的人那么古怪。“门之徒役，以为子列子与南郭子有敌不疑”，两人门下的徒弟、用人，都以为列子跟南郭子有冤仇，彼此心里不高兴，一定是这样。“有自楚来者，问子列子曰：先生与南郭子奚敌”，有个外面来的楚国人，冒冒失失就问了，先生啊，你和对面南郭子有什么过节吗？

“子列子曰：南郭子貌充心虚”，列子把南郭子这个修养、得道的境界都说出来，说他是返老还童，身体充沛，一天到晚心里清净，没有杂念妄想烦恼。“耳无闻”，耳朵修的是观音法门，一切是非善恶、批评恭维，听而不听；“目无见”，眼睛见而不见；“口无言”，讲课是无心而说，说了就算了，再问他讲过什么？他也忘了，没有讲过；“心无知”，心里没有思虑；“形无惕”，他的形相安详、和平、快乐，无病无痛。

所谓得道的人，这就说完了。“往将奚为”，他说这样一个人我去看他干什么？换句话说，我也是这样一个人嘛！两个都有道，有道的与有道的见面，只好一起打坐了，大家不需要说话，那又何必见面呢？

“虽然，试与汝偕往”，我们是同道，既然你们认为我跟他有冤仇，就跟我去拜访他吧。“阅弟子四十人同行，见南郭子”，列子就让这一班学生报名，哪些人要跟我去，举手的有四十个，就跟老师列子一起去看南郭子。两人一见面，合个掌，请坐啊，然后彼此打坐，没有话讲。“欺魄焉”，像没有灵魂的两个人一样，就坐在那里了。“而不可与接”，没有什么话可谈，得了道的人是不可思议的，不可说，道有什么说的！二人像两个菩萨一样，对坐起来。

“顾视子列子，形神不相偶”，学生们回头看看自己的老师列子，一看列子形体跟神好像分开了，身体在这里，灵魂好像无所在无所不在，“而不可与群”，顶天立地，就好像泥巴塑的菩萨一样，没得话讲。

可是，过一阵子，“南郭子俄而指子列子之弟子末行者与言”，南郭子看到列子带来的学生，有个年纪最轻、排在最后的，就开始教训这个学生了。“衎衎然若专直而在雄者”，南郭子一开口教训，一路说下来滔滔不绝，目中无人，只有他对，没有别人对的，好像天下的大英雄就是他了。所以修养到最高处，得道与得道之间无言可说，他要教训的就是那个不懂的人。“子列子之徒骇之，反舍，咸有疑色”，列子带去的四十个学生，个个脸色都发绿了，比发青还厉害。回到学校宿舍，大家心里都在怀疑，我们同学挨了人家骂，老师都不出面。

无言与不言 无知与不知

> 子列子曰："得意者无言，进知者亦无言。用无言为言亦言，无知为知亦知。无言与不言，无知与不知，亦言亦知。亦无所不言，亦无所不知；亦无所言，亦无所知。如斯而已，汝奚妄骇哉？"

"子列子曰：得意者无言"，他说你们懂什么啊，得道的人，到了那个境界，没得话讲。像禅宗大祖师们见面，佛与佛见面，得道与得道的人相见，都没有话讲。所以我常常说，现在的宗教徒，你骂我，我批评他，还有什么显教密宗啊，每个都讲自己对、别人不对。真正得道者无言，默然不语，也无所谓是非善恶，都泯然了。所以真到达那个境界，没有话讲，因为言语可以表达的都不是那个境界，就是禅宗祖师讲的，"开口便错，动念即乖"，你动了念头就不对，所以"得意者无言"。

再进一步说呢？"进知者亦无言"，一个人学佛修道，修养真到了某一个境界，也没得话讲。我们中国的俗语，"满罐水不响，半罐水响叮当"，也就是说"学问深时意气平"，一个人真到学问深的时候意气就平了。所以爱发表意见的，有一点境界就问就说，有一点稀奇就好奇得很，真达到那个境界没有什么，天地间没有稀奇的事，最稀奇的事是最平凡的事，你却不懂，这个是真稀奇了，所以"进知者亦无言"。

“用无言为言亦言”，你以为两个得道的人见面，不讲话，真的不讲话吗？已经讲了话，彼此境界相同，意见相通，这就是心通，你心里和我心里所想都一样。不要说得道的人，你看两个好朋友，不管男的女的，在很多人面前，很想走，又不好意思走，两个人彼此一看就走了，借尿遁而逃，这就是不需要讲话。所以有时候不说话也是言语表达，何必一定要用嘴巴说话！“无知为知亦知”，彼此相知的人，不表达也知道了，得了道的人一望而知，就是他心通。

“无言与不言，无知与不知”，这是申辨逻辑问题，同样的话，正、反、合，反复了几次。他说“无言”就是没话讲，“不言”是不肯讲，这两个有差别。“无知”就到达了空，“不知”则是愚蠢，这个中间有差别。“亦言亦知”，高明得道的人看起来都差不多，那个笨人是真说不出来的笨，并不是得道了不说。我常常举例，赵匡胤当皇帝的时候，派一个无知的卫士接待李后主的大使徐铉，徐铉跟他谈学问，说了三天，卫士全不懂，他只说一句话，请喝酒，是，是，好，好，喝酒。搞了三天，这个徐铉摸不到底，就愣住了，不敢再讲。所以对付高明的人就是无言，他就一点办法都没有了。

“亦无所不言，亦无所不知；亦无所言，亦无所知”，达到这个境界的时候，禅宗祖师有一句话，“言满天下无口过”，所以释迦牟尼佛教化了四十多年，他说自己没有说过一个字。道这个东西，“开口便错，动念即乖”，所以无言最好。前面两句，虽然不说，已经说了；下面两句是说了等于没有说，就是这样一个逻辑。列子对学生训话，“如斯而已，汝奚妄骇哉”，就是这个样子，没有别的，你们不必有什么稀奇，本来空的就是有的，有的就是空的，你们怕什么呢！

下面这一段更精彩，讲列子学道，学神通，学气功，学御风而行，在空中飞的，连下去很长，留到下一次再讲。

第四十九讲

列子学道三年时
五年七年的修行
修行九年
列子谈出游
壶子批评列子

上次讲到列子与南郭子綦的相会，是与修持有关的，也是形体与精气神的关系。现在连续下来，另起一个问题，不过整篇是连贯的。

列子学道三年时

子列子学也，三年之后，心不敢念是非，口不敢言利害，始得老商一眄而已。五年之后，心更念是非，口更言利害，老商始一解颜而笑。七年之后，从心之所念，更无是非，从口之所言，更无利害，夫子始一引吾并席而坐。

《庄子》里曾提过，列子能在空中御风而行，人能够练到会飞，是人类的想象。可是中国及东方文化认为肉体能够飞翔是很普通的事，是应该的。不过，我们没有亲见，只是听说。大家喜欢看《密勒日巴传》，都晓得他会飞，但在密宗的记载里头，能够如此的只有他这么一个人，而且是在宋朝的时候。在唐宋之间，道家能够飞的更多了，不过大家没有看过那些资料。这一段是讲列子学飞和学其他修炼，都是与修道有关的。

这一段文字同禅宗后世一位旁支祖师讲过的话一样，说未悟道前见山是山，见水是水；及悟道后，见山不是山，见水不是水；等到大彻大悟以后，见山还是山，见水还是水。今天中外讲禅学的喜欢引用这个公案，来判断学禅的程序。这不是属于正统禅师传承的，只是偶然方便之语。如果认为见山不是山见水不是水就是悟道，我们大家都做到了，当你伤心的时候，或者被吓住了、愣住的时候，眼睛看到前面，见人不是人，见鬼不是鬼，那也悟道了吗？或者你今天生意垮了，欠人家几千万还不掉，明天要去坐牢，看到人也不知道了，傻了，那也悟道了吗？所以，以普通心理学解释，都是很好笑的事。不过有没有道理呢？有道理。见山不是山，见而不见，闻而不闻，并不是不知，在教理上这是不起妄想分别心，故而会有这种境界。但是不起妄想分别，以学佛来讲也不是最高的境界，那只是第六意识偶然静止的状态，不算是究竟，还没有到达所谓大圆镜智如来境界。

我们为什么提到这个呢？第一，现在《列子》这一段，比唐宋以后的禅宗祖师公案高明多了，而且讲得很切实。第二，我们由此也可以了解孔子在《论语》里一生求学的自我报告——“吾十有五而志于学，三十而立，四十而不惑，五十而知天命，六十而耳顺，七十而从心所欲不逾矩”，说明孔子笃实进修，四五十年的工夫才能够达到如此境界。什么是“从心所欲不逾矩”？在《列子》这一段也讲得很清楚。

“子列子学也，三年之后，心不敢念是非”，列子学道的三年当中，起心动念不敢念是非——我们在座的，尤其是本院出家、在家专修的同学，要特别注意——所以能够做到没得分别，心中无是非之念，这是最初步的。“口不敢言利害”，嘴巴没有是非利害的分别，专修的同学如果用这个尺度量自己，就会惭愧，因为没有一个人做得到。依我几十年的经验看来，凡是学道学佛的人，是非利害比任何人都多。所以我经常说我最讨厌的是宗教团体，学佛本来叫你学到无人我是非，结果跑到修道场所，人我是非比外面还要多。

还有些人，本来你信你的上帝，结果那个仇恨的心理啊，比普通人还要厉害，所以非常差劲。因此我得出一个结论，进入一个宗教团体，一定要先弄清楚，脑筋有问题吗？心理出问题吗？不正常吗？因为一个普通的人，一个学问修养稍稍有点基础的人，有胸襟，有气度，普通的利害已经不放在心中了，这也是做人做事的基本修养。所以讲究修持的人，这第一条就是自己最好的参考。

但是庄子提出来“有圣人之道，无圣人之才”，不行；“有圣人之才，无圣人之道”，也不行。所以一个成功的人，必须要有圣人之才，也要有圣人之道。列子有圣人之才，也有圣人之道，他说第一步用功，“三年之后，心不敢念是非”，这“不敢”两个字，并不是工夫到了，而是心理上的压制。“口不敢言利害”，是不敢而已，还是有是非在，不是自然没有，不是泯除了是非。

所以列子在老师这里三年之后，“始得老商一眄而已”，才得到老师眼睛看他一下。这三年当中理都不理，你去做你的学问，用你的功，看都不看，过了三年以后，有这一点成就了，老师总算看他一眼，好，不错。

中国文化的礼数，老师的老师称为太老师，不是师公。譬如我的老师，我的孩子们就叫太老师，有些人不懂，抱孩子来看我，要孩子叫我师公。我说师公师婆随便啦，这就不好意思讲了，现在上课正式给大家讲一下，应该称太老师。那么假使太老师的老师还在呢？也只能够用太老师，或者叫师祖是可以的，这种情形不多。在佛教里，师父的师父则称师公，又是一种称呼了。大陆传统的习惯，对于年纪大的比丘尼，尊重她就称师太，这个“太”是很尊敬的称呼，这是顺便讲到。

五年七年的修行

再说列子修行第二步，“五年之后”，不同了，“心更念是非，口更言利害”，这是什么道理？这是个大问题。所以少数修道学佛、多年用功的，能够得到清净；不过，等到你有一点进步时，反而杂念妄想不能清净。这是什么理由？俗话讲“新造的茅坑三天香”，开始打坐学佛，又清净，好得很。就是佛教的话，学佛一年佛在眼前，学佛两年佛在大殿，学佛三年佛在西天，越来越远了。我们做工夫也一样，刚刚上路啊，感觉得益很多，以后反而不对了，心念不能清净。拿现在一句话，这是科学的问题，心理与生理的变化是必然的现象，精神越健旺，思想越不能停止。

几十年前，许多老前辈骂一般年轻人学佛修道没有用，连一个心念都不能死。我那时年轻，比你们调皮多了，我说你不要吹牛，你老了嘛，火气快要完了，当然容易清净啊！把他气得哑口无言。但是这也是事实，人到了晚年，生命力量减弱了，比较容易清净，那不是真的清净哦，那是阴气的境界；能够在精力旺盛的情况下把妄念空掉，身心清净，这是工夫，这是道。等于一个人有千万财富，撒手而布施，那是你布施；如果你一毛钱都没有，而说根本看不起钱，算了，那是你没有钱。尤其生理上的工夫，更是如此。

这个道理就是空与有之间有个交换的作用，所以清净到极点最后反而是不清净，这一点诸位要特别注意。《楞严经》中富楼那提出来问佛，这一念无明从哪里起来？佛的答复是“觉明为咎”，明到极点时，无明反而起来；也就是《易经》的道理，阴极就阳生，阳极就阴生。用功之难，由此可见。

这里就说到五年之后，反而妄念不能止息了，其实不是不能止息哦，这个里头还有一个秘密，“心更念是非，口更言利害”，上一段叫大家注意“不敢”两个字。这一段要注意一个“更”字，这个不是普通的“更”，意思是一切是非利害的关系你非常清楚，清楚得不得了，清楚到比普通人更深入的程度。“老商始一解颜而笑”，这个时候，师父总算把脸上绷起来的细胞松弛拉开了，对他笑笑，有奖励的意思。

如此修学到了“七年之后”，无所谓是非，“从心之所念”，并不是不动心哦，并不是说不起心动念，而是起心动念时“更无是非”，起心动念之间没有是非了。“从口之所言，更无利害”，这第三段重点在“更无”两个字，并不是不动念哦！有念，叫作念念清净。所以你们诸位年轻同学，以为学佛修道念念清净，有一个清净境界的念头，那个就是“非”，因为这个清净境界掉了，就不清净了，这个就是在“是非”中，都不是的，这个要注意。列子自己报告，“夫子始一引吾并席而坐”，这时老师开始对我更客气了，招手说你来吧，才让我坐在前面的座位。

修行九年

> 九年之后，横心之所念，横口之所言，亦不知我之是非利害欤，亦不知彼之是非利害欤，外内进矣。而后眼如耳，耳如鼻，鼻如口，口无不同。心凝形释，骨肉都融；不觉形之所倚，足之所履，心之所念，言之所藏。如斯而已。则理无所隐矣。

“九年之后，横心之所念”，诸位要学禅、学密、学道，都是一个原则，他如此专心修持，一共九年。注意一个重点就是“横心”，横起来，随便，非常放肆，这样叫作横心。心里随便起心动念，嘴巴放肆乱说一顿，“亦不知我之是非利害欤，亦不知彼之是非利害欤”，已经忘记了什么叫是非，什么叫善恶，所以不知道是我的是非利害呢，还是外界的是非利害。当然人我是非利害是有的，可是物来则应，过去不留。到这个境界，等于说一切的外物外境到达他的心中，在古人的形容，“如雁过长空，风来水面”，像鸟飞过空中，不留痕迹，风吹水面，波平如镜。他说到这个时候，“外内进矣”，不但外表没有人我是非善恶的分别，内心里也没有这种影子。到这个境界才是《楞严经》里佛所说的，眼耳鼻舌身意六根互相为用，也就是所谓神通的境界来了。什么叫神通呢？眼睛等于耳朵，耳朵等于鼻子，鼻子等于嘴巴，浑身都是嘴巴，这个六根作用是分不开的，这是真的哦！但必须定力达到这样的境界，才能谈得到成就。

但是这个境界，他很老实地告诉了我们，“心凝形释，骨肉都融”，这个时候心念凝结拢来，这个“凝”，后来佛学改用一个“定”字，就是定的境界。所以怎么样叫得定呢？身心都融化，空掉了，而豁然而定，没有第二念，最后第一念也没有了，心是凝的，永远是定的。“形”这个肉体，“释”分开了，没有肉体的拖累。我们现在最大的障碍，是跳不出这个肉体的范围。有关肉体方面，年轻人道听途说，认为自己气脉已通，但是气脉有一套学问，是有一个系统的，气脉真通是到达“骨肉都融”，之后再没有什么气脉感觉了，骨肉都融化了，已没有障碍。所以一般人玩气脉，通通是自己意识在那里搞鬼，就是困在身体的感觉状态，在神经的反应状态玩弄自己，结果搞得一脸黑气，这是很糟糕的。真正修行到心凝的定境，那时气脉问题已经不存在了。

到这个时候，一切的动作，走路等等，“不觉形之所倚”，这个身体无所谓了，譬如说端一个茶杯，茶杯不是杯，那真是见山不是山，见水不是水，无所谓了。“足之所履”，脚踏在地上，是不是地，或者是虚空，都是一样的，所以能够凌空而起。“心之所念，言之所藏”，乃至起心动念、言语所含藏的意思，都毫无分别，没有障碍，“如斯而已”，不过就是这个样子，很轻松。再加一句，到达了这个成就，“则理无所隐矣”，天下一切事、一切理，没有不知道的，也就是佛学所讲的天上天下无所不知。

列子谈出游

初，子列子好游。壶丘子曰："御寇好游，游何所好？"列子曰："游之乐所玩无故。人之游也，观其所见；我之游也，观之所变。游乎游乎！未有能辨其游者。"

这一段中间插进列子本人的故事。"初"，就是说从前，譬如司马迁、班固写历史传记，把一个人的重点讲了以后，说到他从前怎么样，就用一个字"初"代表。"子列子好游"，喜欢出去游玩，现在西方文化，人到了晚年有两个钱，儿女也长大了，就到世界各地旅游观光。中国历史上记载好游的人非常多，比如明代的徐霞客。徐霞客这个人学问道德好，一辈子好游，那不只是游山玩水哦，是去考察这些名山，几乎都走遍了。古人有一句诗，"五岳归来不看山"，就是说中国名山太多太好。他到山东也去礼拜过孔庙、孔林，那是从秦汉几千年以来一直都保留的，他说有一个县那么大。我们对于至圣先师的景仰，几千年来始终保存，他比帝王的威风大多了，此所谓至圣先师称素王，素王也是空的意思，虽没有权力、土地，但为万古的王。佛也是一样，称为空王，也叫法王。

讲到好游，像徐霞客走遍天下名山，而最奇特的，是他在云南到鸡足山去的事。禅宗的祖师迦叶尊者，据记载现在还在鸡足山入定，当时中国内地，像江苏人很少会到云南那个边疆去。徐霞客路上因为交了一位朋友，是出家和尚，这个和尚也好游。他说我带你到鸡足山看苍山洱海，也就是《峨眉剑侠传》里说的，那一带山水很奇特的。结果这个和尚在半路生病了，他说我快要死了，最为遗憾的是没有到过鸡足山，你能不能把我的骨灰送到鸡足山去埋葬？古人交朋友就是真诚，徐霞客说好。结果和尚死了，他把骨灰背到了鸡足山埋葬。这一段是历史上有名的故事，所以徐霞客到过鸡足山。当年故宫博物院副院长李霖灿先生也喜欢游，他所著的《玉龙大雪山》就是记载那一带的情况。讲到游山玩水之游，不是现在一般坐飞机去观光，那看不到什么。以我的经验，登山临水观察名胜，硬是要穿草鞋走路，骑牛骑马坐车都没有味道。

“壶丘子曰：御寇好游，游何所好”，列子名御寇，他的老师壶子叫他的名字说，你喜欢游山玩水，你报告给我听，你是怎么游玩的？这个老师认为玩也有道理的，现在人叫玩的哲学。

“列子曰：游之乐所玩无故”，他说玩的哲学，那高深得很，快乐得很，喜欢游山玩水的人，每天所看到的都没有旧的，天天看新的境界，今天是这个山峰，明天是那个地区，每天不断接触新的，不是旧的，就叫“无故”。“人之游也，观其所见”，普通人不懂这个道理，去游山玩水，就是只看到环境，等于你们到碧潭去游个泳吧，去了三十次碧潭，就看到碧潭有桥有水，如此而已，这是不懂游玩的人。

“我之游也，观之所变”，我的游，是看它的变化，任何一个地区，一根草，一棵树，一座山，一个水，随时都有变化。譬如讲西湖的风景，下雨刮风、晴天阴天、白天黑夜，坐船、骑马、走路都不同。有许多同学说老师啊，你到台湾都没有出去走过吗？我说日月潭、横贯公路、阿里山，我都没有去过，只有一个地方我去过——复青大十二楼（编按：讲课的地方）。所以我都不出门的。我说那个碧潭，我们大陆长江一带，尤其到了四川，乡下到处都有这个风景，看得太多了，所以不如不看。想象中永远是美的，到了那里啊，不过如此，那多泄气呢！所以苏东坡描写庐山：

横看成岭侧成峰　远近高低各不同
不识庐山真面目　只缘身在此山中

那是真的。在更高的山，像大雪山、峨眉山的半腰，下面就看到云，有时候觉得自己已经是神仙了，脚下踏的都是云。神仙我是不要做的，我已经做了好几年神仙，苦死了，在白云里头住着。什么叫云啊？就是湿气，衣服被子都湿的啊！从下面看那个白云飘啊飘啊，好美啊！在那个云雾里久了，非得风湿病不可。有时候站在山上看见云海起来了，乌黑的，黑的里面就看到闪电光，声音很小，下面下大雨，上面出大太阳，这个是不同了，这就是观察宇宙间一切的神奇变化。

列子说一般人游啊，只限于肉眼所看见的，这是不懂游的人。我是看这个宇宙人生变化的道理，拿佛学来讲，一切无常，变就是无常。中国文化根据《易经》的道理，只讲原则，不讲现象，所以不叫无常，叫作变，一切都是在变化。“游乎，游乎”，所以他答复老师，玩啊，真好玩，“未有能辨其游者”，世界上一般人只晓得玩，没有人懂得游山玩水的哲学。列子这一句话把世人都骂了。

所以我经常很同情爱打牌的人，我看到牌桌上的朋友，若是要跟他讲话，讲两句就走，我说你现在是六亲不认的时候，不要谈了。不过，能够在牌里头打出哲学来的人并不多。我过去有一个朋友，他每赌必赢，又样样都会赌，因为他是当年老牌留学生，学数学的，又懂得《易经》八卦，有把握要赢就赢、要输就输。他说我没有在打牌啊，我是逗他们玩的。他这个就是打牌的哲学道理，达到极点了，这是游。

壶子批评列子

壶丘子曰："御寇之游固与人同欤，而曰固与人异欤？凡所见，亦恒见其变。玩彼物之无故，不知我亦无故。务外游，不知务内观。外游者，求备于物；内观者，取足于身。取足于身，游之至也；求备于物，游之不至也。"于是列子终身不出，自以为不知游。壶丘子曰："游其至乎！至游者，不知所适；至观者，不知所眂。物物皆游矣，物物皆观矣，是我之所谓游，是我之所谓观也。故曰：游其至矣乎！游其至矣乎！"

列子觉得自己很不同，他的老师听了把他批评了一顿。"壶丘子曰：御寇之游固与人同欤，而曰固与人异欤"，壶丘子说，列御寇啊，你所说的游玩的理念，跟一般人一样呀，你自己还认为超过一般人。"凡所见，亦恒见其变"，普通人所见到的，也了解是无常的。"玩彼物之无故"，你虽然晓得一切无常，今天所看的已经不是昨天那个东西，一切都在变化，"不知我亦无故"，但你不晓得，今天的我已经不是昨天的我，明天的我更不是今天的我，我们每一秒钟的情绪、思想都在变化，都不同。我们坐在这里研究《列子》，下了楼会碰到谁，或者是跌一跤，或者是回去睡觉，你都没有把握，一切都不可知，都在变化。

“务外游，不知务内观”，你光晓得出去玩，到外面看风景，游山玩水，或者打牌打球、跳舞溜冰，不知道追求生命内在的那个境界，所以要反过来观照自己内在变化。像道家的修身体修气脉，就是一句话——“内照形躯”，反转来向内观照自己身体内在的变化，也是修气脉之道。至于佛家修止观，则不管身体气脉，只管心念的变化，这就是内观。“外游者，求备于物”，只晓得到外面游玩的人，是靠外物和环境的美好影响使内心得到快乐。“内观者，取足于身”，修道的人知道内观，就在这个四大的身体内部，找出来生命的奥秘和本来俱有的无比的价值。如果能够反过来，心不向外跑，向内在求之于止观，“取足于身，游之至也”，那才可以说你真懂得人生的游玩了。“求备于物，游之不至也”，靠外界的环境而得的享受与快乐，是跟着物质在转，那是不究竟的。

“于是列子终身不出”，列子受了老师的教训后，从此不再出门，他闭关住茅棚去了，一辈子也不下山了。“自以为不知游”，被老师这一顿骂之后，才明白自己并不知道所谓游的道理。

第五十讲

龙叔得的什么病

判断病情

医生开的药方

回光返照　物极必反

列子专心反观，等于佛学《心经》观自在菩萨观照的问题。“壶丘子曰”，老师就再考问他，“游其至矣乎”，你学会了没有？老师又说“至游者”，真到了那个境界，“不知所适”，自己不晓得在哪里了，无我了，忘掉了我。“至观者”，就是到了真的观照的那个境界，“不知所眂”，“眂”等于视，什么都看不见，什么境界都没有，有一个境界存在的话就不是。到了一切境界都不存在，一切都无所见，“物物皆游矣”，则无处而不自在。“物物皆观矣”，任何境界都洞观清楚了，“是我之所谓游”，这是我要你达到所谓游的境界。

这个“游”字的意思就是《庄子》提出的逍遥游，真正逍遥自在，“是我之所谓观也”，这就是内观反照，到达了无所住，就是《金刚经》所讲的“应无所住而生其心”，无所谓可观之处，亦无所观之者。拿唯识道理来说，既无所观之境，也无能观之法，能观、所观皆空了，这个才是到达了游与观的极点。“故曰”，所以他的结论，“游其至矣乎，游其至矣乎”，到了如此，就是佛学所谓解脱，然后可以入世游戏人间了。这一段是记载道家的哲学观。

龙叔得的什么病

龙叔谓文挚曰："子之术微矣，吾有疾，子能已乎？"文挚曰："唯命所听，然先言子所病之证。"龙叔曰："吾乡誉不以为荣，国毁不以为辱，得而不喜，失而弗忧，视生如死，视富如贫，视人如豕，视吾如人，处吾之家，如逆旅之舍，观吾之乡，如戎蛮之国。凡此众疾，爵赏不能劝，刑罚不能威，盛衰利害不能易，哀乐不能移，固不可事国君，交亲友，御妻子，制仆隶，此奚疾哉，奚方能已之乎？"

另起一段，与前面也是有关的。龙叔这个人向文挚求医，文挚是古代得道的名医，曾经治好齐威王的重病。当时许多医生都医不好，结果文挚用心理治疗，几句话就把齐威王的病医好了。他的方法就是故意逗齐威王，逗得他大发脾气，脾气发了以后病好了。文挚对齐威王说你不要生气，我是给你治病才故意惹你生气，你有烦恼的事，闷在里头，没人可讲，闷极了，使肝气不能舒展，所以不舒服，到处是病，吃什么药都不对；现在发了脾气，把肝气冲出来了，病就好了。

在中国的中医药史上，几千年来有很多心理治疗的医案。清朝有个医生叶天士也常用这个方法，所以人讲他是神医，他出名的有两件故事。有一个人太太难产，家里的人就来找叶天士。他当时正在下棋，这家人就跪下来求他，说媳妇难产快要死了，他说不要紧，不要紧。这时是秋天，忽有一片梧桐叶掉到下棋的桌上，他顺手抓起来说，你回去把这个煎水，给她喝下去就行了。果然太太喝下就生了。医生们听到这个治难产之法，查遍了医书，没有梧桐叶能催生的说法。叶天士说这个你们不懂，这是“时令”，秋天到了，梧桐树的叶子是自然掉下来的，以这个物理作用，胎儿就要离开那个母体了。你说真的吗？叶天士在骗人，一点都不真。什么道理呢？因为叶天士的名气太大，难产的媳妇一听是他的药方，心里就放宽了一半，心情一轻松就生了。这是一个例子，依我后来的研究，这是对他有信心之故，属于心理治疗。

另有一件明显是心理治疗的事，有人也是难产来找他，他也正在下棋，就跟这一家人走，走了两步又回过来，抓起一把他们赌的铜钱，到了那个产妇的房间里，他拿出一把钱往地下一扔，哗啦……小孩就生下来了。他说人啊生来就爱钱，小孩子不出来，因为你没有给他钱嘛！（众笑）这也是心理治疗，因为产妇太紧张而难产，受了一个声音的刺激，一惊，神经放松了，自然就生下来了。

像我小的时候，祖母病了找医生。我父亲有很多医生朋友，但是他吩咐去找那个开药店的某人来看看，就会好。果然一副药吃下去就好了。父亲说，医生有运气的啊！走运的医生叫“时医”，药下错了都会医好。倒霉的医生就算他药方开对了，吃下去都会死人。

龙叔向文挚说，“子之术微矣”，你医学的本事啊，高明到了极点，“吾有疾”，我现在生了一个病，“子能已乎”，你能给我医好吗？“文挚曰：唯命所听，然先言子所病之证”，文挚就说，好啊，你要我给你医我就医，你先说有些什么症状。

“龙叔曰：吾乡誉不以为荣，国毁不以为辱”，“乡”就是享受的“享”，他说天下人都恭维我，我享受最高的荣誉，像电影明星作秀一样，大家都在鼓掌，但我不以为荣，我觉得没有意思。即使我的国家今天亡掉了，我也不会觉得是耻辱，没有什么难过。“得而不喜，失而弗忧”，今天发财几千万也没有喜欢，没有饭吃，也不难过。“视生如死，视富如贫”，觉得活着像是个死人一样，虽然我财富那么多，但觉得跟穷人一样，我没有觉得自己有财富。“视人如豕，视吾如人”，看所有人都是猪一样，我同他们一样，当然也是猪啊。“处吾之家，如逆旅之舍，观吾之乡，如戎蛮之国”，他说我住在自己家里，觉得是在住旅馆，今天住，明天我就走了，是挂褡的。我看我的国家人民，觉得他们没有文化，自己像是住在野蛮落后的区域一样。

“凡此众疾，爵赏不能劝，刑罚不能威”，他说我生了这么一个病，把我的地位再升高，我也没有兴趣，把我弄去杀头枪毙，我也不害怕。“盛衰利害不能易，哀乐不能移”，得志或失败，利害之间也不会起个念头，动个情绪，什么都没有。最悲哀、最快乐的事，都不会使我动心。不止八风吹不动，十风都吹不动了，我有这样的重病了。

“固不可事国君，交亲友，御妻子，制仆隶”，他说我这样不能出来做事，不能出来做官，也不能交朋友，亲戚朋友也不能往来，也无法与太太孩子相处，我看他们是猪，我也是猪，也不能指挥用人或仆役。“此奚疾哉”，他说我请教你，我这是什么病？“奚方能已之乎”，有什么方法能够把我这病医好？

注意啊！这不是病嘛！其实学佛的人，初步还达不到这个境界呢！他做到了。但是他说这是病。所以学佛要懂不起分别这个道理，就如同石头压草一样，压成这样就是病。所以龙叔问文挚，这个病怎么医？

判断病情

文挚乃命龙叔背明而立，文挚自后向明而望之。既而曰："嘻！吾见子之心矣，方寸之地虚矣，几圣人也！子心六孔流通，一孔不达。今以圣智为疾者，或由此乎？非吾浅术所能已也。"

文挚这个高明的医生一听啊，就说好，我来诊断一下，"乃命龙叔背明而立"，叫他背部对着光，这就像是 X 光了，不过文挚是用肉眼来看。文挚"自后向明而望之"，这个医生退后几步，与他面对面，从太阳光的照射透视龙叔的体内。"既而曰：嘻"，嘿嘿，我看到你的心了，心电图已经看出来了。"方寸之地虚矣"，古人讲这个心又叫作方寸。他说我已经看到你的心了，你的心已经得到空的境界，所以心空了。学禅宗的人讲"心空及第归"，修行人就想达到心空，但空不了。他说你心空了，"几圣人也"，你差不多是个得道的人了。古代传说人心有七孔，七窍，因为我们脸上有七个洞，和心的七个洞相通。"子心六孔流通，一孔不达"，他说你的心有六个洞都流通——就是六根，有一个洞不通，停止作用了，这一孔就是后世道家所谓“灵窍”。你这个灵窍是你故意把它关住的，这窍一旦通了，也就是灵窍一通，心的气脉通了，你就大彻大悟得道了。“今以圣智为疾者，或由此乎”，他说修道的人就想达到这个境界，你现在已经修养到这个境界了，却错认自己得了重病，“或由此乎”，就是你这一窍不通的原故。所以我们中国话骂人，“你这个家伙不通窍”，就是这一窍不通。“非吾浅术所能已也”，他说你这个病不是医药能医好的，吃药没有用啊！不过，他还是开了药方，他到底是个得道的医生。

医生开的药方

> 无所由而常生者，道也。由生而生，故虽终而不亡，常也。由生而亡，不幸也。有所由而常死者，亦道也。由死而死，故虽未终而自亡者，亦常。由死而生，幸也。故无用而生谓之道，用道得终谓之常；有所用而死者亦谓之道，用道而得死者亦谓之常。

这一段是了生死的问题。正统的道家，像列子、庄子，在佛法没有进入中国之前，以传统文化的方式讲道，讲得更彻底、更简单。所以佛教后来传入，中国文化可以迎合接受，就是因为两家讲的完全一样，只是表达的方式不同而已。

“无所由而常生者，道也”，这个道不是证得菩提道，而是讲常道，是指一般的原则、一般的法则、一般的规则，宇宙万物永远自然的道理。“无所由而常生者”，这一句是什么意思呢？佛学来了以后叫作“一念无明”，是我们心里的思想。譬如早晨醒来，第一个念头想什么？莫名其妙思想就会起来了，不知道它怎么来的，谁也没有把握明天早晨醒来第一个念头是什么！这就是“无所由”，不知道来由，“而常生者”，思想在心里常常有，永远会来的。这是我们普通人的一般情况，始终离不开思想。

“由生而生，故虽终而不亡，常也”，因为有了一个思想、观念、情绪生出来，念头动了，第二个念头接着来了，生生不已，一个终了，另一个又生起了，永远在生。所以思想念头，生理情绪的变化，一个接一个，也是常态。

“由生而亡，不幸也”，这个思想观念永远不能空掉，不断生出来，同我们人的生命一样。人生出来而又没有了，在一般人看起来很不幸，因为一般人习惯于生生不已，突然看到没有了，认为很悲哀、很不幸。这就是佛学所说的生灭法，是先说了生，再说出灭的一面。

“有所由而常死者，亦道也”，再讲到灭，就是死的问题，上面所说念头生命“无所由”而来，指不知道哪里来，是由空而生有；现在说“有所由”，是指现实世界从有变成了空，“而常死者”，人又不断地死去，这也很普通，是必然的法则，生下来最后必然会死去。

“由死而死，故虽未终而自亡者，亦常”，宇宙间万有的现象，“有”最后归到“无”，所以看到一个死了，接着一个又死了，虽然没有看到最终的结果，而自然的最后就空了，你想留也留不住，不死也做不到，这也是凡夫一般的常态现象。

“由死而生，幸也”，生命从生到死，那是宇宙自然的规则，没有什么值得悲哀的。不过也有特殊的情况，应该死而能够活下来，算是幸事。“故无用而生谓之道”，所以说在空的里面，在无所用当中偏要生出来，我们观察自己的心念就知道，不想胡思，却仍乱想，这个思想念头不晓得从哪里来，这是一般的规则。“用道得终谓之常”，我们晓得自己的生命，生出来就会思想、讲话，就会用，用过了就没有了，这也是一般的常规。

“有所用而死者亦谓之道”，知道我们的生命有限故意去用，这个也是道，也是自然的规则。如果你善于在生与死之间把握控制，就是得道的人，控制了生死，就是佛学所讲的了了生死。“用道而得死者亦谓之常”，这个常就不同了，不生不灭，永远常在，所以这个是道。那么你说这位医生给他医了病没有？当然医了，告诉他这个道理就是药方。

这一段故事里有最重要的深意，很多修道的人修到了不动心，一切念头不起了，以为是道，这个是凡夫，不是真正得道。这一种病的境界叫作凡夫定，也叫作顽空，是不能起用的空，不是真道。后世儒家的理学家像王阳明有一位弟子，没有悟道以前，就到达这个境界，他们就误解了《孟子》中所说“我四十不动心”这句话，这是孟子的修养，排除外来的诱惑，是修养。文挚告诉龙叔修道的路线不是这样，不是排除或压制，所以的确是个病。

回光返照 物极必反

季梁之死，杨朱望其门而歌；随梧之死，杨朱抚其尸而哭。隶人之生，隶人之死；众人且歌，众人且哭。

目将眇者，先睹秋毫；耳将聋者，先闻蚋飞；口将爽者，先辨淄渑；鼻将窒者，先觉焦朽；体将僵者，先亟犇佚；心将迷者，先识是非；故物不至者则不反。

杨朱这位道家的大师，我们已经在《杨朱》那一篇讲过，《列子》中所介绍的杨朱哲学，并不是孟子所讲的“拔一毛而利天下，不为也”那么简单。这里讲到杨朱的朋友季梁死了，杨朱到他门口看看，唱个歌，好像很高兴他死掉了。人死了还到人家门口唱歌，这不是疯子吗？杨朱这个人很怪，另外一个朋友随梧也死了，杨朱却抚其尸而哭，对象不同，他的做法就不一样。杨朱对待两个朋友的死，态度完全不同，很奇怪。

“隶人”是一般人，一般人对于出生就高兴，买生日蛋糕，点蜡烛唱歌，祝你生日快乐……对于死亡就悲伤，大家到殡仪馆去哭一场，没眼泪也要滴一点眼药水，表示一下。

对于死这一件事，杨朱先提了一个纲要。这一段就非常难懂了，拿禅宗道理说是一个话头，要你去研究，要你自己去体会。上面先讲到杨朱对两个朋友的死态度不同，在这个生死之间的问题上，一般人的结论就是生来就高兴，死去了要哭，那是理所当然。下面讲一个物理作用，也是中国的医理，很高哦！“目将眇者，先睹秋毫”，当一个人眼睛快要瞎、快要坏的时候，突然有一阵子看得特别清楚，最小的像秋毫一样小的东西都能看得见。所以你们近视的人，过了四十几岁，就不会再近视，就要变老花，老花到了真看不见的时候，反而有一阵子非常明亮，这是反常，要小心了，天下事反常都不对。我们小时候听来的经验，很多老朋友平常很喜欢喝酒的，忽然戒酒不喜欢喝了，小心，有问题了，因为反常。等于一个抽烟喝茶的人，今天不喜欢抽烟，也不喝茶了，病了，反常了。这个身体的机能就是这样，这都是经验。

“耳将聋者，先闻蚋飞”，耳朵将要聋时，先听到耳朵里有嗡嗡……像小虫叫，啾啾啾的声音，就是耳朵快要聋的现象。

“口将爽者，先辨淄渑”，爽就是口腔有虚火啦，吃东西没有味道，里面什么地方发炎了。这个爽不是爽快哦，是说这个舌头不能分辨味道了。但是当你舌头失去味觉功能之前，那个舌头的感觉又特别灵敏，像淄渑两条河水的味道不同，都能分辨得出。有一个同学的孩子，小的时候非常聪明，这两夫妻常常抱来，好像这个孩子不是菩萨投胎也是罗汉再来，万事先知。我说你小心，不要把孩子弄坏了，“小时了了，大未必佳”，小时候聪明，使用过度了，可能很快就有问题，而且长大不一定聪明，这是一定的道理。

“鼻将窒者，先觉焦朽”，一个人鼻子要坏的时候，自己会闻到一股味道，那就要坏了。“体将僵者，先亟犇佚”，身体到老年僵化以前，反而觉得更健康，跑得快，有用不完的精力，不要紧，我不会老的。这都是不好的，反常的。

一个人“心将迷者，先识是非”，心里头要开始糊涂，脑子思想糊涂了，就觉得头脑特别清楚，对事情都特别灵光。所以你看有许多学佛修道的人，打打坐，哎哟！以为自己有神通了。以我几十年来统计，最后没有哪一个不进精神病院。最近也有朋友被送到荣民总医院，我们这里张主任也认识他，大家说他有神通了，我只好笑笑。几十年前我就告诉他，他已经与神通的兄弟——神经做朋友了——精神病现象。他也玩了一二十年，也做大师收徒弟，前两个星期有人打电话给我，说他进了荣民医院精神科了。这就是“心将迷”这个道理了。

下面的结论，“故物不至者则不反”，物理同心理的道理一样，事物不到极端就不会反，所以做人也一样。你说你做生意做事业，运气非常好，赚大钱啊，下一步就要赊本了，要倒霉了。因为你心中迷了嘛，以为自己永远会发财，那是不可能的，这就是所谓物极必反的道理！

第五十一讲

生死之间的道与常

靠人养与自养之辩

谁是大力士

有同学说希望再解释上一次所讲的“无所由而常生者，道也”这一段，因为还不太了解。这一段是说明生与死之间的道理，也说明了整个宇宙万物生死的道理，与出世修道以及入世都有关系。

生死之间的道与常

“无所由而常生者，道也”，就是说这个宇宙万有同我们个人的生命，找不出原因的，找不出来由，为什么会生生不已？这是道，是形而上通形而下必然之道，自然之道。这个生生不已是一个大现象。

接下来“由生而生”，由生而生就是生生不已，一个种子生出果子，果子又生种子，种子又生果子，由生到生，生生不已。“故虽终而不亡”，虽然看到有生灭死亡，果子没有了，终结了，但是这个果子又有新的生命生出，并没有断绝，就是“常也”。也就是说这个道，在宇宙之间的生命力量生生不已，永远恒常存在。在生生不已的过程中，现象有断续，断了又生。譬如人死了又有后代，后代又有后代，这个生命永远地连续下去，这是常道。“由生而亡，不幸也”，生命的道理，本来可以永远长生不死，而在长生不死中间自己没有把握好而死，死了就不能再来了，这是很不幸的事。

相对的第二个道理，“有所由而常死者，亦道也”，就是说有了生命以后，有生必有死，但是这个结果不叫作死亡。一个种子种下去，开花结果，果实会落地，但果子的生命还是存在的，这是“有所由”。表面上看到结的果落地，都没有了，这是自然的一个法则，是形而下的道。

因此“由死而死”，上面这一段讲到生生不已，这个功能永远相续存在，看到一代一代生，又一代一代死亡了。“故虽未终而自亡者，亦常”，现象界看到的，昨天过了是今天，今天过了又是明天，这是一个现象，看到的是结束的样子，并未终了。所以天亮了又黑了，但是又天亮了，在一般的现象界看来也是常道，也是当然的。我们东方文化和西方表达不同，始终站在早晨这一边看，永远生生不已；如果站在死亡这一头看，是悲哀的。好像天黑了，今天要终结了。“由死而生，幸也”，现象界有断续，本来应该死的，但能把握到常生、常在，就是你的幸运，也是你的本事了。

下面说“故无用而生谓之道”，讲到修道，道家由老子开始，乃至列子、庄子等等，都主张要想使我们生命常在，必须心中无事，因为无用之用是为大用。如果整天思想情绪不停，生理心理因而劳瘁而亡，那是不幸。“故无用而生”，懂得生命的本来，效法自然，无用之用是为大用，才可以长生而生，这是合于道，常道。“用道得终谓之常”，生命本来有无比恒常存在的价值，最后还是结束了，这是普通人的常道。佛法的名词，称普通的道谓之常道，常道就是凡夫境界。“无所由而常生者”之道，是得道的人、圣人的境界。

“有所用而死者，亦谓之道”，普通人、凡夫的境界，生下来自己忘记了生命的本来，有所为而为，消耗完了而寿终正寝也是常道。但是，死有所谓重于泰山，有轻于鸿毛，死得有没有价值？自己有没有把握？关系重大。譬如道家所讲修道的人，走的时候都很干脆，很清净，自己很有把握。“用道而得死者亦谓之常”，这是凡夫常道的修法，也是一种好处，也是属于常道。

靠人养与自养之辩

郑之圃泽多贤，东里多才。圃泽之役有伯丰子者，行过东里，遇邓析。邓析顾其徒而笑曰：“为若舞，彼来者奚若?”其徒曰：“所愿知也。”邓析谓伯丰子曰：“汝知养养之义乎？受人养而不能自养者，犬豕之类也；养物而物为我用者，人之力也。使汝之徒食而饱，衣而息，执政之功也。长幼群聚而为牢藉庖厨之物，奚异犬豕之类乎?”伯丰子不应。伯丰子之从者越次而进曰：“大夫不闻齐鲁之多机乎？有善治土木者，有善治金革者，有善治声乐者，有善治书数者，有善治军旅者，有善治宗庙者，群才备也。而无相位者，无能相使者，而位之者无知，使之者无能，而知之与能为之使焉。执政者，乃吾之所使，子奚矜焉?”邓析无以应，目其徒而退。

接着前面的生死问题，就讲到入世的应用方面。“郑之圃泽多贤”，春秋战国时，在郑国圃泽这个地方，有很多有道德的贤人。“东里多才”，东里这个地方，能干有才艺的人很多。“圃泽之役有伯丰子者，行过东里，遇邓析”，圃泽有个公务员，名叫伯丰子，有一天出差，经过东里碰到邓析。邓析是春秋战国时一位哲学家、逻辑学家。

“邓析顾其徒而笑曰”，邓析就回头看看自己一班学生，笑着讲，“为若舞”，他说我逗他玩玩，舞并不是跳舞。“彼来者奚若”，你们看这个来的人是干什么的？我逗逗他。“其徒曰”，邓析的学生说，“所愿知也”，我们很希望知道，要看热闹。

“邓析谓伯丰子曰：汝知养养之义乎”，邓析对伯丰子说，你懂不懂“养养”的道理？我们人生下来，一定要养才活得下来。上面的“养”是养人，下面的“养”是受人养，就是说有人出钱给我们吃住，让我们活着，这是“养养”。人本来生命应该自己养活自己，结果我们都靠别人养我们。小的时候靠父母养，大了以后靠社会养，乃至靠政府靠国家养。邓析说你懂不懂这个养养的意义？“受人养而不能自养者，犬豖之类也”，靠人家养，自己站不起来，没有自立的本事，那是猪狗一样。

“养物而物为我用者，人之力也”，人的价值在哪里？作为一个人，在世界上，应该有能力养别人才是。像唐代的诗人杜甫就有这个想法，“安得广厦千万间，大庇天下寒士俱欢颜”，他希望自己发财，有很多的房子，给社会上这些寒士朋友住。在《论语》里，孔子的学生子路也有这种类似的思想。

在孔子学生里，子路素来有豪侠之气，所以当孔子叫学生报告自己的理想与志愿时，就看到子路的气派，“愿车马，衣轻裘，与朋友共，敝之而无憾”，完全是武侠小说里写的那个味道。他说我希望很有钱，凡是我的朋友都送一匹最好的马，每人都送狐皮袍子，有吃的玩的一切都与朋友共享，用完了拉倒。这是子路当时向孔子报告的话。这里讲，没有办法的人受人养是可怜的。一个人不但应该能够自养，还能养人、养一切万物才好，而这些物，当然听我指挥为我所用，“人之力也”，这就是人的价值。邓析是骂伯丰子吃人家的饭，受人养。

“使汝之徒食而饱，衣而息，执政之功也”，他说你们这一班人当个小公务员，吃得饱，穿得暖，每个月靠薪水吃饭，那是上面执政者把国家社会治理得好，你们才能生活。上面有了不起的人养你们，结果你们还自认为自己了不起，“长幼群聚而为牢藉庖厨之物”，自己划个圈圈，三个人一派，四个人一派，五个人又一派，一圈一圈，就如厨房中关牛羊的牢一样。藉就是竹子插的栏杆，做个标签一样把自己围起来。“奚异犬豕之类乎”，等于猪狗一样，老板把你养得肥肥的，等到哪一天不高兴了，宰了你。中国古人吃狗肉是老规矩，秦汉以后才不吃。

“伯丰子不应”，听了邓析这个话，伯丰子不回应，他挨这一顿骂，不讲话，并不是答不出来，而是不愿意响应。任他嘲笑也好，骂也好，反正不理，这是道家的态度。“伯丰子之从者”，但是伯丰子带的随从忍不住了，有个人“越次而进曰”，他也不等主管的吩咐，就跑到前面答话。不过，他很客气地说，“大夫不闻齐鲁多机乎”，战国时齐鲁的文化最高，郑国跟齐国为邻，都是山东地带。他说你没有听过齐鲁“多机”吗？齐鲁这个地区机会多，人才更多。这就说明社会的一个形态。“有善治土木者”，有人专长做土木工程，或者建筑师、工程师。“有善治金革者”，有人专长化学工程，有能够炼金的，能做皮鞋、皮衣的。“有善治声乐者”，有人专长的学问是音乐，弹琴、弹古筝的也有。“有善治书数者”，有些人的长处是会计、统计。“有善治军旅者”，有人适合当军人，未来的将军。“有善治宗庙者”，也有人善于政治，管理国家社会，宗庙是代表国家。“群才备也”，我们有各种人才，是一个群体社会，各种才能都具备，团结一致才有力量。这个社会不能单一，如果这个社会全体变成土木工程师，结果一间房子都没有办法盖了；现在计算机流行，全体都学计算机，饭都吃不上，学计算机也没有用了。

“而无相位者”，虽然人才多了，但是没有适当的位置给他们。“无能相使者”，人才虽多，但领导的人才很难有，找不到人能领导这一些人才。“而位之者无知”，结果在位的人不是能干的人，能干的人又不肯干。“使之者无能”，领导的人有权力，没有能力。“而知之与能为之使焉”，有智慧有才能的人构成了好的社会，凡是有才能的人，并不一定靠人吃饭，而是对社会付出以养自己，并不是猪羊一样靠人养。“执政者，乃吾之所使，子奚矜焉”，他说你骂我们靠别人养，表面上看是靠人家吃饭，实际上大家是吃自己的，每个人都有独立的贡献，你有什么好傲慢的！听了伯丰子部下的话，“邓析无以应”，没有话讲，“目其徒而退”，眼睛看看自己一班学生，就离开了。

邓析是战国时非常有名的逻辑学家，辩才很好。这个问题在《列子》里突显出人类社会生存的问题，涉及社会发展以及社会上的人力资源问题。这是正反两面的道理，《列子》这里不作结论，因为结论在读者自身。如果你作了结论，是一方面的主观，每人应该有多方面的看法，可以作多方面的结论。

所以我们发现，读古书可以启发人的智慧，因为容许我们有多方面的思想；现在的书太死板，脑筋越读越笨。尤其在考试的时候，你的答案不照规定地答，一定考不取；换句话说，你不需要思想，别人已经替你想好了。所以一代一代下来就变成没有思想了，这就违反了学问是启发人思想的原则。

尤其我们在座的年轻同学要注意，这一段《列子》举例说明了人生价值，人活在世界上有四个字，“人贵自立”，自己如何站起来，总有一点所长嘛！最近二三十年我发现，我们社会上的青年都是躺着的，依赖性太重，没有独立的意识。大学毕业，靠履历表，靠人帮忙，可怜兮兮找个工作，办事的能力也不好，没有站起来，很严重。所以读古书，还要了解现在社会的一切状况。

谁是大力士

公仪伯以力闻诸侯，堂溪公言之于周宣王，王备礼以聘之。公仪伯至，观形，懦夫也。宣王心惑而疑曰：“女之力何如？”公仪伯曰：“臣之力能折春螽之股，堪秋蝉之翼。”王作色曰：“吾之力者能裂犀兕之革，曳九牛之尾，犹憾其弱；女折春螽之股，堪秋蝉之翼，而力闻天下，何也?”

这一段非常妙，是很有意思的一个故事。“公仪伯以力闻诸侯”，春秋战国时期，中央政权的力量已无法控制地方诸侯了。公仪伯是周朝中央政权的人，各诸侯都听说公仪伯是个大力士。“堂溪公言之于周宣王”，他的朋友堂溪公把他推荐给周宣王，周宣王是周朝一个好的皇帝，周朝在宣王以后才慢慢开始变乱。宣王一听有这样一个勇士，“王备礼以聘之”，就以重金和最高的礼节聘请他来。

“公仪伯至”，公仪伯到了以后，皇帝一看请来的这位大力士，弯个腰，驼个背，大概比我还要瘦吧！“观形，懦夫也”，外形看来像个懦夫。“宣王心惑而疑曰”，周宣王一看心里怀疑了，怎么是这个样子啊？就问他，“女之力何如”，古书里“女”就是“汝”，通用字。我有一个学生国文系毕业，写信给我，喜欢用古字，写你也用这个“汝”，我说你是班门弄斧。其实不管古文、白话，写通了就对，我所批评的是看完了信还不晓得你要讲什么，这就要了命了。“汝”、“女”、“尔”，都是“你”字的代表。

古代为什么有那么多不同的字？因为在秦汉以前，有很多的诸侯国，文字没有统一。有一次哈佛大学一位社会学教授来访，他说研究中国的历史，很奇怪的，好几个时代，譬如南北朝、五代、元、清，应该亡了，可是你们不但不亡，每经过一次灾难，反而越来越兴盛，原因在哪里？我说只有一个原因，就是“统一”。因为文字、语言、文化的统一，所以维持几千年而不亡，尤其是文化的力量，比什么都强，那是无形的。我说我们这个民族像一条大龙一样，只要口一张，空中飞的、地上爬的、有毒无毒的统统吸进去了，变成它的营养。文字统一了，思想感情就沟通了嘛，所以不怕衰败，因为文化力量之故。

周宣王问公仪伯，听说你是大力士，你的力量究竟多大？“公仪伯曰：臣之力能折春螽之股”，这个公仪伯答复得很妙，他说我的力量可以折断春天的螽斯虫的腿。螽斯虫，类似蝗虫、螳螂、蚱蜢的小虫。“堪秋蝉之翼”，秋天的知了快要死了，那个翅膀更薄，我也可以把它掐断。这个大力士讲的是真话哦！

我这里插一个常讲的故事。我们当年抗战在四川时，喜欢看川戏，四川文人很多，所以有些戏的辞句真好，有哲学的味道。有一出川戏出来两个山大王，大花脸，很威风，一看就晓得是英雄。第一个山大王出来了，口白报告，“小子的力量大如天，纸糊的灯笼打得穿”，第三句，“开箱的豆腐打得烂”，“打不烂……”这半句后，咚咚咚，锣鼓喧天，“除非是豆腐干”。然后这个英雄就进去了，你看这个多讽刺啊！古今中外，世界上的英雄，什么叫作力量大、权力大？都是纸老虎，也不过如此，这是第一个。第二个英雄，等一等，休息一会儿再出来。

第五十二讲

真有武功的人
如何修炼武功
公子牟与公孙龙
公孙龙说的奇事

刚才讲到这个力量大的故事，第二个大王出来了，唱道，“独住深山闷悠悠”，占山为寇，占一个山头住在那里，自己很烦。“两眼盯到猫儿头”，四川人卖饭，一碗饭添得很高，高得冒出来，叫作猫儿头。“若要孤家愁眉展”，当领袖都是称孤道寡的，在山上做英雄，要怎么才会快乐呢？“除非是豆花拌酱油”。这是个什么意思啊？就是做英雄也好，做大人物也好，目的就是为了吃饭，被逼得没有饭吃，走投无路，只好上山当大王、当土匪。

所以我常常说，从明朝那位状元杨升庵以来，四川平民的文学非常发达，每个老百姓讲话，那个文学的气味都很幽默，经常看到抬轿子的，前面讲话后面答应，记下来都是很好的文学。

我们把插进来的故事说完了，再看这个公仪伯答复的话，就像川戏中山大王的力量一样大，“开箱的豆腐打得烂，打不烂除非是豆腐干”。原来天下闻名的大力士，力量只有那么大。

“王作色曰”，周宣王一听脸色变了，拿我们现在青年同学讲的，就是脸都变绿了。“吾之力者能裂犀兕之革”，兕，像犀牛，长一个角的，这一种珍奇的野兽现在很难得。他说我这些大将军、勇士很多啊，他们的力量能够活活地把犀牛、老虎这些野兽一抓就撕开了。“曳九牛之尾，犹憾其弱”，他说我的部下力量工夫这么好的，一手能抓住九条牛的尾巴，九条牛都跑不动了，可是我还嫌他们不够强。你是天下闻名的大力士，只能够把小虫的膀子折断，原来那么差，这是什么道理？

真有武功的人

公仪伯长息退席，曰：“善哉！王之问也！臣敢以实对：臣之师有商丘子者，力无敌于天下，而六亲不知，以未尝用其力故也。臣以死事之，乃告臣曰：‘人欲见其所不见，视人所不窥，欲得其所不得，修人所不为。故学眎者先见舆薪，学听者先闻撞钟。夫有易于内者无难于外；于外无难，故名不出其一家。’今臣之名闻于诸侯，是臣违师之教，显臣之能者也。然则臣之名，不以负其力者也，以能用其力者也，不犹愈于负其力者乎？”

这是个人生大哲学了。“公仪伯长息退席”，公仪伯叹一口很长的气，从席位站起来，退两步。“曰：善哉！王之问也”，换句话说，这是倒过来的文字写法，就是讲周宣王，你问得太好了。“臣敢以实对”，“敢”是个谦虚之词，他说现在我老实向你报告。

“臣之师有商丘子者”，他说我的老师叫作商丘子，“力无敌于天下，而六亲不知”，他的武功最高，天下无敌手。虽然他有那么高的武功，家里最亲的父母、妻子等通通不知道，为什么呢？“以未尝用其力故也”，因为一辈子没有用过力量，也没有打过人，也没有杀过人。注意哦！这是中国文化、东方文化，这才是武士道的精神。

武是什么道理？戈是武器，止戈为“武”。所以真正武功到了家，世界是太平的，这是中国文化的军事哲学思想，武的目的是使世界上没有战争，永远过着太平的日子。因此中国功夫，所谓少林、武当，工夫学得最高的人，看起来好像一点工夫都没有。过去我们练武功有几个戒条，第一不打出家人，第二不打叫花子，第三不打老年人，第四不打女人。什么原因啊？尊重社会上这些人，尤其尊重老太太，尊重出家人，尊重讨饭的。因为人已经到了讨饭的地步，你受他一点气也没有关系，他们是可怜人嘛！另一个原因是，这些人不出手则已，算不定一出手武功是天下最高的，所以动不得手。古代有个老太太专门练筷子，那个筷子一出去，被击中的非死不可。古代还有些缠小脚的老太太，走起路来摇摇摆摆，腰啊、屁股都在扭，她的工夫就在屁股上，你一碰，她的屁股一甩，不晓得几丈远就出去了，因此也不敢随便打。

所以武功虽学到了家，因为这些戒条，武功等于没有用，手不能动嘛！因此学武功的人，指甲都留长了，要打人时看到长指甲，就不打了。学武的人戴上戒指，也就表示不打了。武功再高，人家打死你也不还手，当然他也不会被人家打死。

我还看到过一个老前辈，的确武功最高，而人家不晓得他有武功，尤其是内功，练到家了。太极拳是由武当内功长拳变化出来的，武当内功的长拳，脚踏在动摇的楼板上，一点声音都没有，这个叫内功。所以太极拳练得好的，在饭桌下面这么一转，或是站在四块砖头上，就可以打完一套拳，那才叫太极拳。现在打的拳，我叫它是摇滚太极拳，已经不成话了。

他说我的老师武功是这样高明，“臣以死事之”，所以我拜他为师，一辈子跟定了他，他要我死都可以。“乃告臣曰”，因为对他太忠心了，他叫我做什么都可以，所以得到老师的认可，才告诉我一个学武功的原则。要记住，这也就是人生修养的最高原则。

如何修炼武功

“人欲见其所不见，视人所不窥”，我的老师说一般人的心理，都想做到别人看不见而自己看得见。尤其你们打坐想学神通，想闭着眼睛三个电视台都能看到，过去、未来什么事情都想知道。更要看看七月半究竟有没有鬼，要是真看到鬼，恐怕吓得发疯了。“欲得其所不得”，想得到别人都得不到的东西。所以为什么大家来学道啊？因为听说会学得很高明，就盲目来禅堂受罪，这就是受“欲得其所不得”这个欲望的驱使。“修人所不为”，想修养到一般人做不到的，这是人类的通病。

上面这四句话，把所有古今中外人的心理都说完了。下面他说既然你想要做到这样，见人所不见，可以啊，先要练。怎么练？“故学眎者先见舆薪”，要眼睛练到有天眼通，所谓要透视，有第三眼，你先要看一大堆柴薪堆在那里。孟子也讲过，一般人，尤其是眼睛快要坏了的人，“见秋毫之末而不见舆薪”，一点点小东西都看得很清楚，一大堆木柴堆在那里却看不见。我们普通人的心理也是这样，小地方之聪明啊、计算啊，上市场买菜，最后都要抢两根回来，才觉得占了便宜。其实卖的人晓得你这个毛病，早就把价钱加在菜里头了，可是人都是这样啊，贪小便宜。

所以要想了解最细小的地方，你要先了解大的。“学听者先闻撞钟”，想学到天耳通，在台北这里打坐，想要把高雄的事情都听得清楚的话，要先听打钟的声音。街上的噪音吵得不得了，你到那里去静坐，最后练到所有噪音都听不见了，就是工夫练到了。在最亮的地方，各种颜色照进你眼睛里，而眼睛不受妨碍，你这个眼睛就练出工夫了。

“夫有易于内者无难于外”，所以最高的修养在于内心，不是在外面的东西，因为眼睛、耳朵、身体机能都好办，就是自己的思想与观念最难以克服。如果人能够克服了自己的思想与观念，工夫就差不多成就了。内在做到了这样的话，“无难于外”，发出去的外用工夫自然就到了。所以学拳练工夫，在电视上看到那些外国人的表演，噼里啪啦，那个皮肉打得越响，放心，越打不伤的，贴一点膏药就好了；真打到身上没有声音时，内脏受伤了，回去可能命就没了。所以真正练内功的，是内养到家了，武功也到家了，对外面一切的障碍、一切的困难也不在意了。真的，我过去看见这些武功很高的老前辈，脾气好得很，随便怎么开玩笑，他们也不生气。

我曾在我的家乡看到一个内功很高的老先生，一脸白胡子，白头发，在河边钓鱼，他蹲在那里，两脚大趾头在河边踏住。那边码头上做工的人，从前都拿两个长棍，抬东西用的。有三四个年轻人拿着长棍，想要从他背后一捅，把他捅到河里去。快要到他边上时，他头都没有回，一把抓住那个棍子，向前一甩，这四个青年都被摔到河里去了。他还在那里说，唉！你们怎么开这个玩笑？我还以为我钓到了大鱼呢！他不动声色，也不生气，看见这几个人从水中爬上来，只说“年轻人，不要开玩笑啊”，也不骂他们，修养到了这个程度。

“故名不出其一家”，他说我师父有那么高的武功，那么大的力气，连家里的人都不知道，这就叫高手。“今臣之名闻于诸侯，是臣违师之教，显臣之能者也”，他说我出来以后，天下有大名，都说我力气大，武功高，这违背了老师的教训，在外面出风头，不是一个学武人该有的修养。

“然则臣之名，不以负其力者也”，但是，我这个天下第一不是假的，有这个名就有这个实。“以能用其力者也”，这就是武功的哲学了，也就是军事、政治最高的指挥哲学。武功到家了，可以通最高的军事谋略学。他说我的大力气是善于用力，不是被力所用。如果生气了，脸红起来，气呼呼的一拳打出去，打到哪里去了都不知道，这个是被力所用。他能把知了翅膀摘下来，把手里一张纸一甩出去就是武器，可以杀人，这叫善于用其力者也，是知道重点在哪里。“不犹愈于负其力者乎”，因为善于应用其力，真的武功学到了，虽然只隔一件衣服也不会被人打伤。有些女同学说，学个武功，上街就可以防身。我说你们女孩子自然有防身之道，用指甲一抓，对方一痛就跪下了，这不是防身之道吗？不过，这是外行用的武功。

这一段故事告诉我们人生哲学，其中有很多的道理。《仲尼》这一篇，是讲修道，是讲为人处世之道，把入世之道了解了，才能谈出世的最高成就。不过真的出世也是在入世中出世，这是常道。不懂这个，光以为逃避一切去打坐才是修道，那是最初步的，还不能用。佛学里叫作小乘。大乘是入世的，所以这一篇是讲人生之道。

公子牟与公孙龙

> 中山公子牟者，魏国之贤公子也。好与贤人游，不恤国事；而悦赵人公孙龙，乐正子舆之徒笑之。公子牟曰："子何笑牟之悦公孙龙也？"子舆曰："公孙龙之为人也，行无师，学无友，佞给而不中，漫衍而无家，好怪而妄言。欲惑人之心，屈人之口，与韩檀等肄之。"

接着是另外一个故事。"中山公子牟者"，中山是河北一带，春秋战国时的重要军事地区。公子牟是"魏国之贤公子也"，贤公子是我们现在讲的"公子哥儿"，这是从旧文化的通称来的。普通人家的孩子不能称公子，要世代有功名爵位、书香官宦之家的后代才能称公子。"好与贤人游"，他不因家里有地位有钱而做吊儿郎当的事，他喜欢学问道德，喜欢跟有名气的学者做朋友。"不恤国事，而悦赵人公孙龙"，他对国家的事不管，而喜欢赵国的公孙龙。公孙龙是春秋战国时的名家，诸子百家之一。所谓名家，就是讲逻辑的哲学家，邓析、公孙龙啊，都是名家。"乐正子舆之徒笑之"，乐正子舆这一班政治家，就笑这个公子牟。

"公子牟曰：子何笑牟之悦公孙龙也"，他说你们为什么笑我跟公孙龙往来呢？你们不同意吗？"子舆曰：公孙龙之为人也，行无师，学无友”，这是政治家对哲学家、逻辑学家的批评，这话很严重，因为我们中国文化重师承，重传承。孔子讲尊师重道，师道讲传承，传承老师的经验，自己少走几十年的冤枉路，这是重师承的道理。子舆就说公孙龙这个人行为上没有师承，学问上没有根据，也没有朋友——所以师友与一个人的成就前途大有关系。孔子的学生曾子就讲过这个话，师与友两方面不可以缺一，“用师者王，用友者霸，用徒者亡”。尤其是一个领导人，任何一个团体单位，领导人必须要有师友帮助，所以良师益友是文化的中心。

他说公孙龙这个人既无良师，亦无益友。“佞给而不中”，佞就是喜欢不成才、不正规的人；虽不算邪，也等于邪。不中（音仲）是不对的。“漫衍而无家”，又散漫，学问乱七八糟，没有自成一家，没有一个系统。学术应该有一个专长，他没专长，什么都会，而什么都不到家。“好怪而妄言”，他喜欢古里古怪的事，乱讲话，爱辩论。“欲惑人之心，屈人之口”，喜欢论辩，学哲学的嘴巴会讲，迷惑别人的思想，拿论辩的方法封住别人的嘴巴，让人讲不出话来。“与韩檀等肄之”，诸子里有一位韩檀，公孙龙和韩檀这些人交往，很放肆、大胆、狂妄，看不起人。子舆就把公孙龙批评了一顿，说得一毛钱不值。

公孙龙说的奇事

公子牟变容曰：“何子状公孙龙之过欤？请闻其实。”

子舆曰：“吾笑龙之诒孔穿，言：‘善射者能令后镞中前括，发发相及，矢矢相属。前矢造准而无绝落，后矢之括犹衔弦，视之若一焉。’孔穿骇之，龙曰：‘此未其妙者。逢蒙之弟子曰鸿超，怒其妻而怖之，引乌号之弓，綦卫之箭，射其目。矢来注眸子而眶不睫，矢隧地而尘不扬。’是岂智者之言与？”公子牟曰：“智者之言固非愚者之所晓。后镞中前括，钧后于前；矢注眸子而眶不睫，尽矢之势也，子何疑焉？”

这个公子牟一听脸色变绿了，很不高兴。他说你们把公孙龙丑化到这个程度，好像没有一样对，“请闻其实”，请你们讲一下他的过错在哪里。这个等于人身攻击啊！你恶口批评他这样不对，那样不对，一无对处，究竟他学术思想错在哪里？

“子舆曰”，子舆说你要听事实啊，我讲给你听，他就讲了几件事。他说我首先告诉你，你看他这个人乱七八糟，讲的话可笑不可笑，“吾笑龙之诒孔穿”，公孙龙专门讲大话，他骗那个孔穿说，“言：善射者能令后镞中前括”，拉弓射箭，这支箭前面是箭头，箭的后面有羽毛的叉叫括。他说善于射箭的人，“发发相及，矢矢相属”，矢就是箭，一箭接一箭射出去，每一支箭都连起来。“前矢造准而无绝落，后矢之括犹衔弦”，每箭都射中红心，一串箭穿过去了，后面的箭也达到那个目标。因箭的余力未完，就钉住前面那支箭的尾叉，不会掉下来。“视之若一焉”，十几支箭射出去，看起来连成一排，一条直线一样。他说有人拉弓射箭，工夫那么高。“孔穿骇之”，孔穿听到有人工夫这样高，就被吓住了。我们也被他唬住了。

“龙曰”，公孙龙看孔穿被唬住了，说“此未其妙者”，这一种射箭还不是顶高的，他说古代射箭的名家“逢蒙之弟子曰鸿超”，逢蒙是古代射箭的名人，很高明，他是羿的徒弟。羿是我们古代射箭的名手，据说地球刚刚形成时有十个太阳，太热了，羿用箭把九个太阳射下来，这是上古的神话。逢蒙的弟子叫鸿超，有一天他在家里跟太太吵架了，发脾气，“怒其妻而怖之”，想吓一吓妻子，“引乌号之弓，綦卫之箭”，乌号是古代黄帝用的名弓，綦卫是地名。他把第一流的武器拿出来瞄准他的妻子。“射其目”，对着他妻子的眼睛就射过去。“矢来注眸子而眶不睫”，当箭射到妻子眼睫毛前时，她眼睫毛也没有动一下，眼睛也没有闭一下，“矢隧地而尘不扬”，这支箭就坠在地上，像一张纸一样，轻轻掉下去，一点灰尘都没起来。这个武功多高啊！他说你听公孙龙这个混蛋的话，胡扯到这个程度，“是岂智者之言与”，这是一个有学问的人讲的话吗？有道理吗？

我们大家听了原告所说，就像是毁谤罪，人身攻击。实际上，工夫能不能练到这样？我们大家想想，可惜我们在座的同学们没有练过武功的，这是真能做到的，这个没有什么稀奇。可是子舆这个人少见多怪，所以才说公孙龙是吹大牛。

公子牟说，有学问有智慧的人所讲的话，不是笨人能够听得懂的，这句话就把子舆骂惨了。“后镞中前括”，他说射箭一支连一支，这有什么稀奇啊！这是个力学上的道理，拉弓射箭也一样，所以武功练得好，打人不要拳头的，轻轻一点就可以打伤人、打死人，因为懂得力学的道理。“钧后于前”，他说第二支箭、第三支箭接到前面一支箭的尾巴，因为第一箭射出去有力量，第二支箭射出去，他计算这个力量刚刚到第一箭的尾巴后面，再借用第一支箭带动的力量向前面走。

老实讲，练过武功的人就懂了，最后练的不是武功而是道了。拿佛法来讲，一切唯心，心理的作用自然做到。“矢注眸子而眶不睫，尽矢之势也”，其次讲他箭射妻子故意吓她这件事，也没有什么稀奇啊！他的武功练到能控制射击的力量，那是完全靠感觉，力量刚刚到达目的就下去了。所以，一个善于武功的人，一拳可以打死一头牛。但是他故意吓你的时候，拳头打到你身上，你连感觉都没有，因为他的力量可收可发，自己控制得住。“子何疑焉”，他说这有什么可怀疑的啊？你拿这个攻击人家不是笑话吗？

乐正子舆真正的问题还没有讲完，留待下回分解。

第五十三讲

不心 不至

不尽 不移

物与心 力与势 马与牛

乐正子舆曰："子，龙之徒，焉得不饰其阙？吾又言其尤者：龙诳魏王曰：'有意不心，有指不至，有物不尽，有影不移，发引千钧，白马非马，孤犊未尝有母'，其负类反伦，不可胜言也。"

上次讲到这个乐正子舆与公子牟论辩，讲了一半。乐正子舆这个"乐"字，作为姓氏，应念作"岳"的音。"乐正子舆曰：子，龙之徒，焉得不饰其阙"，乐正子舆讲，你是公孙龙的学生党徒，当然捧自己的老师，纵然有缺点，你自然尽量帮他掩饰。"吾又言其尤者"，他说我再说一说公孙龙那些荒谬的理论。说到这里，我们首先要了解，公孙龙是一个哲学家、逻辑学家，古代对逻辑论辩很不喜欢，认为都是诡辩、乱扯。实际上公孙龙并没有大错，乐正子舆却认为是错的，当然各派不同。现在他要说公孙龙最错误的地方，我们看究竟是不是错。

不心 不至

"龙诳魏王曰：有意不心"，乐正子舆说公孙龙对魏王说的理论堪称大逆不道，公孙龙讲“有意不心”，认为一个人在使用意识思想的时候，不是用心。其实这个话非常高明，后代，尤其现代，借用佛学唯识家的说法，所谓意识思想，是用第六意识，不能代表整体的心。中国文化讲心不是指心脏，心只是个代名词，与印度文化佛学讲的心一样，是心物一元的代名词。唯识学把心分成八个部分，眼耳鼻舌身的反应，生理机能的各种反应属于前五识的作用。我们常常拿水来做比方，水波浪表面的那一层花纹，是前五识眼耳鼻舌身；第六意识是透过脑所起的作用；第七识就不是脑了，心的第七个部分称末那识，包括身心内外全部。譬如我们人站立时，所放射的光与放射的气，内外与知觉、感觉都有关的，大概是两手伸开那么一圈，头顶也是一样。所以古代画神像、菩萨像，头上有圆光，现在科学可以证明人体都会放光，万物都在放光。在人体感受的知觉内外范围，属于心的第七部分。超过这个范围，而与宇宙物理世界、精神世界合一的那个功能，则不完全在这个身上，但也与身体有关系，在唯识学方面讲有一个代号、名称，叫作阿赖耶识，含藏识。

回过来看上古文化，讲到公孙龙的这个哲学思想，他的论辩的成就已经很伟大了。他讲得没有错，当时的人因为不懂他的意思，所以把“有意不心”理解为用意识的时候忘记了心的全体作用。换句话说，一般人把意识的作用当成了自己心的全体作用，这是有问题的。公孙龙的理论标题，就是这四个字，可惜有关的书后世没有留传下来，也许是秦始皇焚书时烧掉的，也许是楚霸王烧咸阳宫殿时烧掉的，反正公孙龙的东西都没有了。但是在《列子》以及其他子书里，留下一点影子，所以现在我们只能看到他的标题总纲，就是“有意不心”，讲得很高明。

“有指不至”，这个“指”就是宗旨的“旨”，古代通用。譬如说禅宗有一本书叫《指月录》，就是由于《楞严经》佛说以指指月，要根据指头去看月亮，不要把指头当成月亮。宗旨在逻辑上、哲学上代表了一个思想理路、一个作用、一个归结的事。“有意不心”，意不是心，这是一个宗旨之所在，是讲心不在意上。因此他的第二个标题——“有指不至”，是说订立了一个宗旨，但那并不是真理的最高点，因为有指就不至，不能达到那个全体。目标虽建立了，真理反而受了蒙蔽，所以不是最高的真理了。

譬如希腊哲学经常谈政治思想，大家喜欢研究柏拉图的“理想国”，希望人类建立这么一个理想的社会国家。中国的儒家则有“大同思想”，是大同世界的理想；道家则有“华胥国”，因黄帝的华胥梦而有这个华胥国的理想。儒家的大同世界，就是《礼记·礼运篇》的理想。理想国、华胥国、大同世界，也就是“指（旨）”，构成了一个目标、蓝图，不管是讲古代还是讲未来，希望人类世界达到这么一个境界，这么一个真正安定的天下。

一个学政治哲学的同学问，老师啊，这个理想的世界，人类究竟怎么样达到？其实我们永远达不到。理想世界就是理想世界，假定人类达到了这个世界，就是人类毁灭的时候了。你不要看人类乱七八糟，战争啊，你争我夺，人类就是那么一种动物，在矛盾乱七八糟中活得很有趣；如果一切变得安详了，人活着的意义就没有了，就不想活下去了。这个道理就是

《易经》八八六十四卦最后一卦，叫未济卦。人类的历史、宇宙的现象、人类理想的世界、政治的哲学都是没有结论的，所以永远是未济，永远没有结论，永远演变下去，这是哲学的道理。这也就说明公孙龙的思想没有错，“有指不至”就是建立了一个目标，不容易到达。譬如我们每个人人生都有理想，永远达不到，乃至老了、快要死了，还在想我的儿女、孙子孙女、外孙外孙女怎么样，顶好怎么样。但是永远没有一个人达到理想的。如果这个人达到理想也许就会疯了，因为达不到理想所以没有变成疯子，还不错！这个道理就是“有指不至”。换句话说，真正的东西无所指，是空的，像这个虚空一样，没有固定的方位，没有时间空间，去掉一切的相对，无所不在，那就是“指”的道理。所以公孙龙的思想，在我们几千年后看起来反而很高明，也是道家学派的一个演变。

不尽 不移

“有物不尽”，宇宙的功能是无量无边的，有了万物以后，万物不足以代表宇宙功能的万分之一，如果在万物现象界看宇宙的功能，很伟大，山是那么高，海是那么深，太阳那么热、那么亮，所以宗教家归功于一个神或者一个主宰的伟大。但是不管宇宙是哪一个老板造的，是哪个工厂出来的都不管，有了物理物质的现象，已经不足以完全表达宇宙的功能，所以叫作“有物不尽”。

我们的人生也是“有物不尽”，换句话说，人生的境界是很可怜的，都被物质的欲望拉着走，物质越发达，人类的烦恼痛苦越多。过去几千年东西方的思想，尤其是在东方，在中国，一切的文化、经济，各种思想都建立在农业社会的基础上。十九世纪末期，西方工业的发展、科学文明的进步，使农业社会的基础站不住了。可是现在全世界的文化走向，表面看好像是工商业文化的时代——请诸位年轻同学留意啊，未来几十年，谁能够在世界上了不起，全凭科技的发展。但是据我看来，科技的发展使世界更混乱，将来世界的人可以用机器人来取代，人可以控制人的生命，一切都可以转变。头脑不聪明的人，将来把头脑里哪一根神经抓出来修理修理，人就变聪明了。所以这一两天我常常讲，关于遗传工程的发展将来怎么样改变人类，不知道。这就是物的发展结果，有物就不能尽，是不能尽生命的意义，不能尽宇宙的作用。

"有影不移"，人或任何一个东西在太阳下都有影子，影子是不会自己移动的，假使人走动，那个影子才跟着动。换句话说，再深一层讲，公孙龙的思想越看越严重，他认为宇宙万有的一切变化都是影子在变化，变化的是现象，也同佛学所说的一样，都是幻变，能变的那个东西啊，没有变化。譬如我们人的生命，由年轻到中年，到老病，到死亡，都在变；可是有一个不变的，人老心不老，你那个能思想的"能"还是一样。"有影不移"，变动的是影像，不是真实的生命。我们现在看公孙龙的论辩，他的哲学思想是很高的，只是古人觉得他所讲的超出了现实的想象，所以认为他不对。

"发引千钧"，他说一根头发可以把一千斤的重量引动，这个没有什么稀奇，现在我们有科学的了解，就是力的作用，一个非常大的机器，可以用指头一按就发动了。譬如一颗原子弹、氢弹，用手轻轻一按机关，即可毁灭多少人啊！那岂止千钧之力！又如我们搬一千斤重的东西搬不动，如果懂得用力的，慢慢做圆周形一点一点地移，就动了嘛，这就是力的道理。所以他说一根头发可以引动千钧，也没有错啊！

至于各方面批驳他，“白马非马”，也没有错啊！这也是逻辑，白马是指那个白的东西，白马是以白的观念为主，并不是以马为主；而马是一个动物，这是白马、这是黑马，就是告诉我们以白的为主、以黑的为主，是颜色的辨别。逻辑上白马是个特称，马是个总称。你说我们楼上住的都是人，人是个总称；我们楼上住的有一个人，那个人就是特称了，那个人是高人或是矮人，是胖人或是瘦人，又不同了。所以白马非马，这是公孙龙的理论。

“孤犊未尝有母”，犊就是小牛，一头小牛既然叫作孤犊，可见它没有妈妈，这是很明显的。中国古代，父亲过世叫失怙，无母叫失恃。可是古人认为他这些句子、这些用法古里古怪。我们现在看公孙龙，一点不怪嘛，可以说他的头脑太清醒了，他的哲学思想、逻辑分析，每字每句都不乱用。时代虽不同，但是历史还是有定评的。我看我们所处的这一个阶段，文化的乱、文学的乱，太滥了，等于一个没有文化的阶段。

讲到这里为止，乐正子舆说公孙龙不合理的话太多，这里他提的只有七件。但照我们的看法，公孙龙一点都没有过分，很合逻辑。可是这个乐正子舆批评，“其负类反伦”，负就是相反、违背的意思。文学上骂一个人为负心人，指男女恋爱中途反悔了，就是违背良心，负就是反面的意思，说他不伦不类，跟大家相反，跟一般的人观念次序习惯都不一样。“不可胜言也”，讲不完、说不尽，还有很多的理论，他说我只讲中间特别古怪的这几点。

物与心 力与势 马与牛

公子牟曰：“子不谕至言而以为尤也，尤其在子矣。夫无意则心同，无指则皆至，尽物者常有，影不移者，说在改也。发引千钧，势至等也。白马非马，形名离也。孤犊未尝有母，非孤犊也。”乐正子舆曰：“子以公孙龙之鸣皆条也。设令发于余窍，子亦将承之。”公子牟默然，良久，告退曰：“请待余日，更谒子论。”

“公子牟曰：子不谕至言而以为尤也”，尤是过错的意思，有时候是更加的意思。至言就是真理。公子牟听了他的讲法，就很客气地说，先生你啊不懂真理的论辩，反而认为他错了；“尤其在子矣”，在我看来，错误在你，不在公孙龙。

接下来他替公孙龙辩护，“夫无意则心同”，他这里讲的就不是刚才我所说的解释了。他说一个人真达到了无意，就是学佛修道的人，心里头没有杂念，坐在那里也没有睡着，脑筋清醒，可是没有乱想，没有意识作用，这就是心同了，就清净了，等于一个婴儿的状态，没有欲望，没有太多的思想，心就同了，那就得道了。“无指则皆至”，假使人类不设定一个目标，大家都一律平等，天下人就不吵不闹、不斗争、不战争了，天下也就大同了，那多好！很多事情都是人为建立一个目标宗旨，不合于这个宗旨就是反叛，一切都是这样搞坏的。

"尽物者常有"，尽物就是去掉物质，我们普通人的习惯，把物质世界的一切东西都当成真实的，其实物质世界的一切都是假的，因为它们都会变去的，哪怕是地球，也天天在变，总会有一天变成没有了。所以，能够了解一切物质毕竟是空的，你就可以彻悟生命是永恒不变的了。

"影不移者，说在改也"，他说影子的变化，外形的变化，假使人站着，人有转动影子就变了，要影子不移，必须主体东西不动。等于我们人，如果思想安定了，就不会跟随外界变化。

"发引千钧，势至等也"，一根头发可以牵动千钧的力量，那是力学的问题，那是用势，不是用力。所以我常与美国的将领说笑话，我说西方有军事专家，没有军事哲学家。中国有兵略家，那是最高明的军事哲学家。《孙子》十三篇就是军事哲学，全世界研究军事的没有不读《孙子兵法》的。不过翻译得好不好？我看都是问题。《孙子兵法》有《用势》这一篇，我跟外国学军事的朋友说，你们现在不懂啦，用力不是用势，多少人口，多少武器兵力，多少经济能力，那是比力量，像美国和前苏联有几颗原子弹，那我们不要比了，我们只有鸭蛋，这是比"力"。中国的军事是用"势"，四两可以拨千斤，就是"发引千钧"。一个弱小的人，一拳把世界大力士打死了，以弱击强，用的是势，势的道理与用法很难。所以现在你们学太极拳，我笑你们是混水摸鱼，混水摸鱼还打得到人吗？拳学好时，一根头发一拉，就可以要人的命，你拳这么打过来，他只要这么一转，就把你的力量化开了，就把你甩出去了，这是用势不是用力。这个用势的道理很深很深，用势是力学的问题。势到了最后，是与大力量有同样的结果。

“白马非马，形名离也”，这是逻辑，白马是讲白颜色的马，马是指有一种动物叫作马，有一种动物叫作牛，马是马、牛是牛，而白马不是指普通的马，是特称。马的“形”同它的“名”，这两个的分类不能混为一谈。你说我看过白马，认为所有的马都是这样，你就错了，那是白马是这样，黑马不是这样，“形名离也”。

“孤犊未尝有母，非孤犊也”，一个孤犊根本没有妈妈，“非孤犊也”，古人说这一句话文句有问题，他说“非孤犊”，不是孤犊，不是这个孤儿了。依我的看法，这里并没有掉字，他的意思是说，如果有妈妈的话，就不算是孤儿了。

公子牟替公孙龙所作的这一篇辩护完全对，他说，错的不是公孙龙啊，因为你的程度不够、思想不够、学问不够，所以认为他错了。

“乐正子舆曰：子以公孙龙之鸣皆条也”，乐正子舆说我辩不过你，因为你崇拜公孙龙，所以你认为公孙龙之鸣——鸣就是鸟叫的声音，拿现在观念来说，你认为公孙龙的吹牛都是对的，是很有条理的，我拿你没有办法，你有偏见。“设令发于余窍”，如果公孙龙不用嘴巴讲，鼻子里嗯一声，“子亦将承之”，你也会认为是对的。这个骂人骂到极点了。你看世界上人的思想，自己认为对就是对，其实乐正子舆是错了。

“公子牟默然”，你们青年同学要学了，出去交际应酬，做人做事，乃至做个好的外交官，就要学公子牟，他到底修养好。他看到姓乐的这样一个水泥脑筋，自己也就一句话不说。“良久，告退曰：请待余日，更谒子论”，他稍稍等了一下，说我告辞了，过几天我再来拜访，我们再谈。实际上下次不会来了，可是也不给人家难堪。如果他立刻站起来要走，会觉得好像脾气大，所以宁可自己保持风度，这是最好的外交礼貌。

第五十四讲

尧的民主思想
尧作民调
禅让与封禅
关尹喜谈道的境界

尧的民主思想

> 尧治天下五十年，不知天下治欤，不治欤？不知亿兆之愿戴己欤，不愿戴己欤？顾问左右，左右不知。问外朝，外朝不知。问在野，在野不知。

现在开始另一个题目了，由公孙龙的这个哲学论辩，而讲到政治哲学问题。我们这个老祖宗唐尧，历史上公认的圣帝，是悟了道的帝王。为什么有些皇帝称为圣帝？中国文化有个标准，就是刚才公孙龙讲的“有指不至”，指个什么呢？要内圣外王，等于得道的菩萨出来领导政治，外王天下。这个“王”字有两个作用，一个是兴旺的“旺”，一个是作用的“用”，用也是王。所以历史上的明王，黄帝以前切断不谈，以黄帝为首，接下来是尧舜禹三代公天下的帝王，都是得道的。

可是我们研究研究，这三帝都是活到一百多岁才让位的，年轻人还要命长才能等到那个时候哦！像尧由下面提拔舜，培养了五十年，各部门都磨炼过，经历了多少困难。后来几十年唐尧不问政治了，都是舜出来代表，培养他当皇帝的经验，到了晚年，尧才把位子让给舜。这些资料要读《尚书》。

学政治不是书生的理想，书读好了不一定能做事哦！所以提拔一个后进的青年，常常试他一下，不行；下一次再叫他做事，又不行，只好算了。如果是那个材料，这个做好了再做那个，才可能一步一步提上来。

所以后世的帝王，像唐朝，甚至于清朝，皇帝培养继承人大多不敢宣布，因为人类最大的本事是吃醋。女人固然吃醋很厉害，不过是与女人之间嫉妒而已；男人吃醋的嫉妒比女人还厉害，一个人学问比他好，地位比他高，连这个人都不认识就会骂他，吃醋！所以我们常常说笑话，女人吃醋是镇江醋，男人吃醋是山西醋，吃得更厉害。所以我认为人类第一本事就是吃醋。

你看古代的帝王，有时候叫某个儿子多来看看，练习看公事，代批公文，那就是有意培养他。今天有人来跟我讨论雍正皇帝夺位问题，我说你读正史就知道，康熙早看出来了，十几个儿子只有这个儿子能够继承，所以找他批公文了。譬如武则天是女人，怎么当了皇帝呢？是唐高宗养成的嘛！皇帝懒得看公文，叫她代批，东批西批的，她当然把天下就批给自己了，那是很自然的。所以读历史要用另外一只眼睛来看。

当“尧治天下五十年”，尧这个皇帝是有道之士，读这篇文章看出来他的道德在哪里。“不知天下治欤，不治欤”，他不晓得把这个天下治理得好还是不好。你说他不是一个白痴吗？自己都不晓得好不好吗？一点都不是白痴，这是他的客观，因为好与不好没有固定标准。一个社会不可能使天下人都满意，你满意我就不满意，我满意他就不满意。所以他不知道天下是已治还是未治。

“不知亿兆之愿戴己欤，不愿戴己欤”，也不晓得下面的人民是愿意拥护自己呢？还是不愿意拥护自己？所以做民意测验都靠不住，因为民意测验可以作假，所得的报告多半都不真实。这是告诉青年人，做领袖的要学唐尧的态度，要客观。所以像昨天一个同学说，某某人当面讲我怎么好。我说当面的话能够听吗？世界上的人哪个当面不讲你好啊！面子上很好，肚子里在骂你。所以一个当领袖的，不要给现象骗了，千万人讲好不算好，因为你的权位在那里。譬如说我们做老师上台了，大家很客气，别人只好对你客气一点，如果你还真以为自己了不起，那你就没有资格当老师了。

尧自己不知道民意如何，“顾问左右”，现在很多地方都有“顾问”，尤其官做大了，退下来到处当顾问，顾问的名称来源就出在这里。所以讲文化，古代这些事情的说法叫典故，也叫掌故，要有所根据。顾问就是这个头回过来问左右的人，你听到外面怎么说？“左右不知”，尧这个好领袖就有好干部，旁边的人也答复不知道，很难断定。

“问外朝，外朝不知”，外朝是什么？古代的朝廷，拿现在观念是中央政府，中央是天子，地方分治叫诸侯，诸侯所在的地方政府也有朝廷，就是外朝。问外朝，就是中央访问地方政府的诸侯，外朝也答复不知，也不敢下结论。

“问在野，在野不知”，在野就是普通民间了，我们现在讲普通社会。社会这个观念是从西方文化过来的，过去就是在野，不担任公家的职务就可以称在野。在野基层的社会也不知道，没有一个结论。

尧作民调

尧乃微服游于康衢，闻儿童谣曰：“立我蒸民，莫匪尔极，不识不知，顺帝之则。”尧喜问曰：“谁教尔为此言？”童儿曰：“我闻之大夫。”问大夫，大夫曰：“古诗也。”尧还宫召舜，因禅以天下，舜不辞而受之。

“尧乃微服游于康衢”，尧当时做了民意测验，都得不到结论，只好化装成老百姓，到人多的街市里去听消息。古代平民也叫作微，后来也叫作白衣，也叫作布衣。有时候皇帝“微服巡行”，使人认不出来。“康衢”，指宽大的道路，闹热的地方。

“闻儿童谣曰”，尧听到小孩子唱歌——有时候变乱时代常常有孩子唱莫名其妙的歌，谁教的不知道。尧听到孩子们唱“立我蒸民”，古体的诗词四个字最多了，“立”就是我们现在讲建设、建立起来，“我”，建立我们这个国家，“蒸民”，这个蒸是形容词，形容这个国家老百姓们像蒸馒头那样，开发新的观念，不断地开发、发展，快乐祥和。

“莫匪尔极”，都是靠你做得好，使我们生活安定下来。这是赞叹尧，可是没有指名道姓，只说都是因为你做得好到极点，今天大家才有饭吃，使我们活在这个世界上“不识不知”，就是无忧无虑，什么都不用管，反正有一个最好的皇帝大当家。“顺帝之则”，古代这个“帝”字代表上天，代表最高的领导，我们只要服从上天的那个法则，就有很好的生活了。

尧出去为什么听童谣？因为儿童无心，这个童谣不是老师规定唱的，是随便听来的话。我们以前的童谣我还记得，前几天还给他们念，“小姐小姐，你莫生气，你吃香蕉我吃皮，你坐椅子我坐地”。这是小学生唱的，不晓得你们诸位有没有听过！因为我很注意这些，这都是儿童文学，不要人家教的。这表面上恭维小姐，实际上骂得那么惨，这是时代的变态。研究童谣很有意思的，社会国家要动乱的时候，谣言就出来了。童谣也好，古里古怪的话也好，每一代都有。最大的童谣是预言，像《推背图》《烧饼歌》，都是对历史的反映。

尧听了童谣很高兴，就问“谁教尔为此言”，是谁教你们这些的啊？“童儿曰：我闻之大夫”，这个小孩说，我听做官的那么讲。尧就很怀疑了，这个难道是我的部下故意编出来的吗？“问大夫”，就回来问有功名的大夫。“大夫曰：古诗也”，他说这是上古传下来的，证明这个歌不是尧时代的，中国上古就有这一套。所谓上古，就是母系社会时代，那时没有领袖，也没有帝王，社会都是自然地发展，谁都不管谁，生命自然地活着。“顺帝之则”，也就是听其自然的意思。

唐尧听了童谣很高兴，知道自己的成绩了，同时也懂了一个哲学，当政治真达到最高理想的时候，老百姓反而没有思想了。一个人的思想多、问题多，都是时代苦难所刺激出来的，所以在一个完全安定的社会，孕育不出好孩子；古代的英雄豪杰忠臣孝子，都是艰苦磨炼出来的。所以我常常说，台湾三十年来太安定了，太承平了，小孩子由幼儿园一直到大学研究所，一帆风顺，从南部高高兴兴坐上车子，到台北、到基隆就是最远的了。像我们当年要读个大学，那谈何容易啊！像在南方江浙福建一带的人，要读北京大学比到外国留学还困难，学费之高，一个县里有一个大学生，大家都侧目而视之，就同释迦牟尼佛睹明星而悟道一样，看到天上去了。

那你就想想看，现在好像教育普及，实际上知识普遍低落，社会安定；大学里教出来的，多半是白痴一样，那真是“不识不知，顺帝之则”，什么也不知道，什么常识都没有，只会联考。考出来以后再考公务员，除了这个考功以外，没有真学问，人情世故不懂，天下大事不懂。所以由这个历史故事，我们读书要启发自己，要闻一而知十，你只会背书有什么用？能够这样了解以后，再读这一篇，感慨、感想就很大。

禅让与封禅

听了这个话，尧回来自己晓得了。这个是禅宗的话头了，尧对自己的成就是不满意还是太满意，这里没有结论。“尧还宫召舜”，他为什么回宫马上找舜进来，传位给他？因为尧是管大问题的，后来几十年的政治都是舜在做哦！换句话说，尧的政治成果是舜的功劳，所以他很明白。注意“召舜”这个“召”字，皇帝叫下面人叫召见。

“因禅以天下”，这个禅不是禅宗的禅，是谦让的意思，所以叫作禅让。这个禅字意义很多，古代还有封禅，封禅不是谦让。中国上古的帝王，尧舜禹曾封禅泰山，封禅就是天下太平了，自己的政治成绩好，老百姓生活安定，帝王登高山向天地祷告，你交给我的任务我做得差不多了，可以告慰天地。封禅是这个意思。中国文化尊师重道，孔子是老百姓哦，但是皇帝到孔林跪拜，尤其清朝皇帝特别尊重孔子，还行三跪九叩之礼。所以清朝能够维持三百年之久，其中应用的巧妙就很高了。所以我们每年祭孔极为慎重。

外国的学者研究中国文化，说中国上古没有宗教。我说你们是根据二毛子的了解，所谓二毛子，是说外国留学回来、自己中国文化都不懂的人。青年同学注意哦，中国上古的宗教在司马迁的《史记·封禅书》中写得很清楚，封禅就是宗教的情操、宗教的精神形态统统有了，所以中华民族的文化基础与西方绝对不同。

禅让就是让位，尧让位给舜，舜让位给禹，我们历史上称这三代是公天下。禹也要让位，但是天下人不服被让位的人，最后还是拥护了禹的儿子，因此变成家天下。

尧此时让位给舜，下面一句你们一定很奇怪，“舜不辞而受之”，舜一点都不推辞而接受。因为古代有这些记载，所以历代有些人说，尧年纪大了，被舜逼，不得不让位给他，就是因为这一些句子交代不太清楚所致。实际上，他们在公事上是君臣，在私情上像父子，依我的看法，舜不愿意尧那样大的年纪还辛苦管国家的事。其实舜年纪也很大了，所以舜接位后，赶快提拔大禹治水，舜的几十年安定是靠大禹的功劳，尧是靠舜的功劳，都是一步一步提拔上来的。用现在的观念来说，就是他们赶快培养接班人，舜是尧的接班人，禹是舜的接班人。所以舜到这个时候啊，“不辞而受之”，不敢推辞，就挑了起来。后来有人认为舜“不辞而受之”是安排好的，也有人讲，尧看看自己儿子不行，因此把两个女儿娥皇、女英都嫁给舜，天下就给了女婿，女婿是半子嘛，况且两个女儿在监视他。我总觉得后来的人这些思想很有问题，似乎是以刻薄的心地看别人，在我是不同意的。我觉得这个礼让是当然的事，看到老人辛苦，你休息吧，我来担当。这是一段历史的故事，也是一个政治哲学的思想。

关尹喜谈道的境界

> 关尹喜曰："在己无居，形物其著，其动若水，其静若镜，其应若响，故其道若物者也。物自违道，道不违物。善若道者，亦不用耳，亦不用目，亦不用力，亦不用心。欲若道而用视听形智以求之，弗当矣。"

这是讲修道，道的用。关尹喜就是函谷关守关首长，名叫喜。老子年纪大了，想溜走出国去，骑青牛要出函谷关。关尹晨起，见紫气东来，心知必有圣人过境，看到一个骑牛的老头子过来，他就跪下来求道，所以我们现在的《老子》五千言就是为了他写的。关尹喜得了老子的道，就放老子出关了。后来道家讲老子出了关到印度，摇身一变就是释迦牟尼佛。佛教则称文殊菩萨到中国摇身一变，变成孔子；普贤菩萨一变，变成老子。道佛两家吵得一塌糊涂，这个是宗教之争，搞不清楚的事，反正老子不知所终。至于关尹子，有了老子的五千言，辞官修道去了，最后得道，后来道家称他为关尹子。

关尹子说，"在己无居"，道的境界在自己身心上面，但不停留于任何部位，如果说感觉气脉到头顶了，到丹田啦，在这里啦，在那里啦，那是有所居，有所居就不是了，因为一切空的。“形物其著”，这个心随时无念，心境空的，外境一来就起作用；人来了，请坐，走了，还是空的。所以学佛修道，不是光在家里闭眼打坐啊，那也是有居嘛，居在那个腿上，打坐是练腿，不是修道哦！真正得道的人能够做事，“其动若水”，没有固定方位的，像水一样自然地流来流去。你把它挡住了它也不生气，慢慢流，流满了，它从你上面又翻过去流走了。“其静若镜”，修道人的心境永远是宁静的，像明镜一样，所以物来则应，物去不留，心中没有念，什么烦恼痛苦、喜怒哀乐，心中都不留，这是修道。你学打坐干什么？打坐就是有居有所住了。“其应若响”，问打坐的人，你好吗？回答好，当然一问就一答，答完了心就空了，本来空的。“故其道若物者也”，所以真得道的人同物理的作用一样，非常自然，顺其自然。“物自违道，道不违物”，心物一元的，一切万物看起来跟道是相违背的；但真正修道、懂得道的人并不违背物。譬如说，修道的人一定不吃饭、不喝茶，没有这一回事，饭茶都是物。乃至有些人看到女同学们，还说你学佛还要打扮？我说为什么不打扮？你看观世音菩萨、文殊菩萨都在打扮，挂了叮叮当当的一大堆，所以该不该打扮，当然不一定。但是不可太有偏见，道理就是“物自违道，道不违物”，心物都是一样。

“善若道者，亦不用耳，亦不用目，亦不用力，亦不用心”，真正懂得道的，打坐不用眼睛，不用耳朵，也不用力，也不用心，大休息，这就真合于道了。结果你们坐在那里，又用力、又用耳、又用心，不合于道的自然。我们修道打坐的同学们检查自己看看，观音法门是用耳，观自在法门要用眼睛，练气功是用力，修念佛、观想啊是用心，每一条都犯了戒。“欲若道而用视听，形智以求之，弗当矣”，结果你想修道，靠耳朵、靠眼睛、靠形体、靠思想知识，都错了。那么怎么才对呢？下次再说。

第五十五讲

如何了解道

磨砖作镜　积雪为粮

百鸟衔花　感应道交

如何求道

上次讲到有关修道、修养的境界，我们不要轻易放过，再把它重复一下。

“关尹喜曰：在己无居”，大家很多研究佛学的，等于《金刚经》里讲的，“应无所住而生其心”，心性的修养是“无居”，没有一个呆定的点。譬如我们学佛的人，打坐念佛，或者做什么工夫、守哪个窍啊，都已经执著一点有所居了。真正修养的境界，是没有固定的。

“形物其著”，此心清净灵明地应付外面的世界，外面事情一来马上起作用，就是“应无所住而生其心”，所以跟佛学的道理一样。真正修道不是死的，要能够起用，“其动若水”，就是像水一样那么活泼，永远挡不住的，非常灵活。“其静若镜”，打坐这个修养就是静态，但静的时候不是昏迷的，是心像个明镜，一点渣滓都没有。“其应若响”，如洪钟一样，有叩则应。

“故其道若物者也”，所以这个道像什么？宇宙万物是自然的，成长很自然，生灭也很自然，所以心物都是同一个道理。为什么道同一切物是一样的？“物自违道，道不违物”，宇宙万物与人常会违反了自然的法则，与道相违背；而道则无所不在，和万物并不相违。

所以“善若道者”，这个“若”的意思是如，是好像，不过在古文里有时是“这个”的意思。所以善于懂得这个道理、有了道的人，“亦不用耳，亦不用目”，听的时候不是用耳朵，看的时候不是用眼睛，“亦不用力”，乃至于用力的时候并不是用力气，可是能够达到目的，这是气功了，“亦不用心”，不用妄想的心。

如何了解道

“瞻之在前，忽焉在后；用之，弥满六虚；废之，莫知其所。亦非有心者所能得远，亦非无心者所能得近，唯默而得之，而性成之者得之。知而忘情，能而不为，真知真能也。发无知，何能情？发不能，何能为？聚块也，积尘也，虽无为而非理也。”

关尹子继续说，“欲若道而用视听形智以求之，弗当矣”，修道的人，假使用眼睛、耳朵来求道，“形智”，用形体、用后天的知识来求道，就违反了道。所以道这个东西很难了，你怎么去了解呢？“瞻之在前，忽焉在后”，这两句话我们晓得《论语》里用过，是孔子的弟子赞叹孔子。不过在这里同样的文句是说这个道在哪里呢？好像看到在前面，有一点点看到了；再研究一下，不是这样，所以在前在后捉摸不定。不过，这样一来啊，就违反了“无居”，而变成“有居”了。实际上它无所谓前后、中间、内外，道是无所不在的。道能够用，我们讲戒定慧，在体的时候万缘放下，而在世间法则一样都不丢。因为起行的时候，有六度万行，万行门中不舍一法，不是万缘放下，是万缘提起。要在一切处、一切事都能够起用，不然不叫作道，否则你成道有什么用？你成了佛又怎么样？

所以“用之，弥满六虚”，道不是不可以用，越用越出来，用之不尽，取之不竭。六虚就是东南西北上下六方，就是六个方面的虚空都充满。“废之，莫知其所”，如果放下了，什么都没有，了不可得，本来无一物，就是这个道理。

“亦非有心者所能得远，亦非无心者所能得近”，这里要特别注意啊！后世研究中国的佛教，发现佛法进入中国后被道家儒家融化了，都是一样，因为真理只有一个。所以《列子》中这句话是说，道这个境界，不是你有心去求而远，也不是无心去求而近，所以“有”也不错，“空”也不错。但是“空”的境界抓住也错了，“有”的境界抓住也错了，所以佛学加一句“非空非有，即空即有”。这里道家的道理也告诉我们了，这是我们固有的文化，是在佛学没有进入中国之前就有的哦！

譬如我们儒家也这样讲，“亦非有心者所能得远”这一句话，就是《中庸》第一句话“天命之谓性，率性之谓道，修道之谓教；道也者，不可须臾离也”。人没有离开过它，“可离非道也”，可离开的就不是道，不修就没有道了，这个不叫作道。因为道你修它也在，不修它也在。你说那我何必修它？但是你不修行，就不会跟道的光明面合起来，走的是道的黑暗面，所以错了。修是恢复它的光明面。

《大学》是孔子的学生曾子的著作，《中庸》是孔子的孙子子思作的，曾子是子思的老师。这两篇论文，本来是中国文化宝典《礼记》中的两篇，包括三民主义所引用的“大同”章，也是《礼记》里《礼运篇》的一节。到了宋朝，一些宋儒把《大学》、《中庸》两篇抽出来，配上《论语》《孟子》，叫作四书，这是四书的来源。

我也讲过《大学》《中庸》。原本的《大学》与现代流通的不同，因为原文被二程及朱熹重新编辑过，叫作今本，但有颠倒之错，因为古本《大学》次序并不是这样子。所以我在这里讲的《大学》是照古本讲。如果照二程及朱熹的今本《大学》来讲，中国文化有错，观念更错。

最近外面流行一本书叫《来自地心》，书名翻译得不好，有位同学是《时报周刊》的编辑，他说当时如果用《来自中土》就比较合适，因为中国并不在地心呀，不过，是世界中心的意思。看过这本书的朋友说，书中说中国大陆搞成这样是受儒家思想影响。他说，这是什么话嘛！真是狗屁不通，只要把《论语别裁》给他看了就会明白。所以很多人误解了中国儒家的文化，因为宋儒编的《大学》《中庸》并不足以代表孔子的思想。

其实孔孟的思想也不能代表中国文化的全部，只能够说代表一部分。不过孔孟的儒家思想在中国文化里等于五个指头里的大指头，用得比较多，有力气；但是整个的中国文化，不是只在于儒家。结果中国人一提中国文化就指孔孟之道，唉！真丢人！《老子》《列子》《庄子》，是属于道家系统的思想，乃至墨子的社会观念，在中国文化中的比重也很大。事实上，政治的一切应用是杂家，不能拿孔孟来代表全部的中华文化。

为什么插进这一段来呢？因为《中庸》提到，“道也者不可须臾离也，可离非道也”。大家学佛，许多人搞错了观念，认为打坐修禅，无心就是道，达到了没有妄想、没有烦恼，或者坐起来什么都不知道，两腿一盘坐上几天就得道了。得什么道呢？我说是昏头道。我常常说你成了佛，活佛叫呼图克图，有人学成的是糊里糊涂，所以禅宗的祖师也说过，“莫谓无心便是道，无心犹隔一重关”。

那么你说无心既不是道，有心就是道吗？有心更不是，所以“亦非有心者所能得远，亦非无心者所能得近”，有跟无、空跟有，两面都不是，你说这个道怎么得？怎么修？道理在这个地方就明白告诉你，道是每个人本有的，不是上天给你的，我经常说，只有六个字，“识途老马而已”。

老马识途也是中国文化的典故，春秋时齐桓公跟管仲有一次与他国作战，回途迷路，齐桓公就问管仲怎么办，管仲说把我们所有的老马放掉，让马自己跑，大家跟着老马走就对了，因为老马识途。所以我说，天下古今中外一切善知识，包括我佛如来，不过识途老马而已！修持证道还是在自己，老马不能把你背到目的地。

磨砖作镜 积雪为粮

道既然不可得，怎么样去求它呢？这里关尹子告诉我们，“唯默而得之，而性成之者得之”，要默然不语，所以不管道家佛家，世界上各宗派，凡是求道都是走静定这条路线。以佛学来讲，修定是共法，是一切外道、一切佛法共有的；佛法的不共法是般若，叫智慧的解脱，不是定。学佛的人有五种神通，一切宗教、一切外道也有五种神通，因为神通是从静定而来的。所以我们想了解般若、了解菩提道，或者证到这个道，“唯默而得之”，像打坐啊、念佛啊，都是先练习静的境界，也就是《大学》里讲的“知止而后有定，定而后能静，静而后能安，安而后能虑，虑而后能得”。所以讲《大学》的时候，我说这个次序很好，请问“虑而后能得”，得个什么？“大学之道，在明明德”，这个时候才回过来，得到那个明德，它是个圆周形的说法，道理很对，也就是“默而得之”。

那么怎么得呢？你说我已经默然，我话也不说，挂个禁语牌修道，在那里修了几十年。你默然不语就能得到道吗？禅宗祖师问，修道的是谁啊？成道的又是什么？等于禅宗的马祖——当然不是妈祖了，妈祖是女姓修道的，是宋朝时福建的林家人，她是修道家之道而成的。禅宗的马祖是四川人，出家的和尚，因为他俗家姓马，所以称他为马祖。马祖年轻时在湖南衡山的南岳打坐很多年，他的师父南岳怀让禅师想找一个徒弟把衣钵传下去，听说有个年轻和尚很用功，一天到晚在那里打坐，南岳就去找他了。一看果然相貌堂堂，整天坐在那里，叫他也不答应，他要修道嘛！怀让禅师也不跟他讲话，就弄一块砖头，舀一些水，每天在马祖打坐的时候用水来磨这个砖，一天、两天，几天都没有反应，可见马祖的定力很高。有一天马祖忽然动念了，问老和尚在这里磨什么，他回答说要磨出一个镜子来。马祖就说，砖头怎么磨得出镜子来？怀让禅师说磨砖不能成镜子，打坐能够成佛吗？这一下马祖愣住了。这叫作话头，故意挑起他的怀疑。这是禅宗有名的公案，叫磨砖作镜。

有一天跟一个同学谈到，中国小说《西游记》我看过四五遍，前几年我还重新一字不漏再看一遍，我很想拿起笔来，每一句话、每一回都把它批了，那真是写得好，全部修道做工夫的道理都在内了。孙悟空出来寻师访道，后来被压在五行山下。到第八回开头，有很长的一篇偈子，那偈子好极了，“试扣禅关，参求无数，往往到头虚老”，天下人学佛修道、信宗教、信上帝、信耶稣……年轻出家修道，到头发白了，得个什么？“往往到头虚老”，到老都不成。“积雪为粮，磨砖作镜，误了几多年少”，年纪轻轻万事不管，跑来修道，以为打坐啊、听呼吸啊，或者是参话头就是修道了，都是积雪为粮、磨砖作镜。这一篇多好！好句子我把它背下来，最后那真是修道的境界——“谁听得绝想崖前，无阴树下，杜宇一声春晓”，无阴树下，这个五阴都空了，身心都没有了，到达这个境界。忽然之间，“杜宇一声春晓”，杜宇是杜鹃鸟，“一声春晓”，春天的境界回转来了，生机活泼。“那时节，识破源头”，那时才能够识得源头，那个流水的根源一样，“便见龙华三宝”，才明心见性了。多好的偈子啊！

你们看《西游记》，像是看“自游记”，你游一道就完了。我看小说、看任何书，都很尊重它，好的句子就把它记下来，那才是读书嘛，读书不是白读呀！说到这里，想起别人寄来多少论文要我看，哎哟！拜托大家不要给我寄，打开一看题目，那种文章看了太浪费时间。所以看你们的日记、给你们批改，那对你们多恭敬啊，我恭敬你们如三宝、如父母一样，不然你们那些文章还能看吗？当然我的文章也不好啦！古人的流传著作，不管如何，里头是有东西的。

我们插进来这些故事，不管佛家道家，真理只有一个，年轻人不要轻视了东方文化、提高西方文化。老年朋友不要轻视了西方文化，西方文化也有它一套哦，真理只有一个，只是表达方式不同。

百鸟衔花 感应道交

刚才讲磨砖不能作镜，打坐岂能成佛，另外还有个禅宗的公案，就是四祖道信禅师到牛头山接引法融禅师的经过。法融也同马祖一样，在山上打坐几十年。这些当然都是唐朝以前的人，那时佛教流行，比现在崇拜科学、崇拜美国还要崇拜。当时大多在家、出家的人都在修道，是佛法进入中国后文化一新的时代。初期一两百年当中，几乎全体投入，很多人修道求证，所以唐宋时高僧多。现在呢？矮僧也不少啊！

那个时候法融禅师年纪轻轻，在南京附近的牛头山上天天打坐。当时百鸟衔花供养，就是说感动一些飞鸟来赞扬他。一个人只要心里没有杂念，没有伤害其他生物的心理，绝对可以修养到跟毒蛇、老虎和平相处的。我也曾经试验过，我在峨眉山闭关时，那里不但看不见人影，连鬼影也看不见，有时候想想没有人来，来个鬼也好。有一天窗子一打开，看见很多蝴蝶在前面飞，蝴蝶好大啊，像书这么大，我也童心发了，叫它们进来玩一下，一只蝴蝶就慢慢转过来，来，来，手一伸，它就停在手上玩。当然我没有动一点念头，没有想把它关在里头啊！玩一会儿，我说好了，你走吧，我也要看经了。手一抬，它慢慢就飞走了。当然也不止这一次，试验过很多次。

所以唐人杜甫的诗称“不贪夜识金银气”，中国看地理讲望气，如果地下有矿，有工夫而没有贪心的人夜里站在那里看，地气上来，金矿银矿都看到了。因为心境清净不想要就看到了；有意去练望气，去看金银，反而找不到。“远害朝看麋鹿游”，远害，没有害生物的心，所以跟野兽可以做朋友，玩在一起。

《列子》也讲过，有个小孩子在海边，一天到晚跟一群一群的海鸥玩，鸟也不怕他。他的父亲就跟这个孩子说，你再跟鸟玩的时候，抓两只鸟来让我玩玩。小孩子说好啊，到了第二天早晨，鸟不飞下来跟他玩了。所以说人起心动念，万物都有感应，人有了害物之心，物就不会亲近你了。

那天我们到十八罗汉洞，有位同学正在吃饭时，一群很大的毒蜂在里面转，我说你不要动，吃你的饭，理都不要理，如果你动一下它们就马上找你。

再说四祖道信接引牛头融禅师，这中间故事不讲了。他说你在这里打坐修道，你的境界是什么？而能打坐的是谁呢？所得是什么？能得的又是谁？譬如我们能思者是什么呢？所思的是何事？就是“能”“所”两个问题。你说能思的是心，那心在哪里？心在内还是在外，还是在中间，还是在虚空？就是这些个道理。

如何求道

现在讲“默而得之”，默默然在那里打坐，这是一个外形啊，这个道究竟是哪个成的？“而性成之者得之”，成道也是自性，所以性成无上道。这一句话在佛经里经常用，出在哪里呢？老实讲，出在东方文化《易经》里，“成性存存，道义之门”。打坐得定那个定，是所定的一个境界，而能定的是谁呢？能定的是自性的功能，自性到达了如如不动。所以中国《易经》的形容，“成性存存”，这等于佛学的如如不动。“道义之门”则是道的境界。所以说“默而得之，而性成之者得之”，所以得道、成道的是谁？还是自己自性的作用。

“知而忘情，能而不为，真知真能也”，得了道以后还起不起用呢？还入不入世呢？当然更入世了，那个入世是“知而忘情”，智慧更多，是般若的境界。般若有文字般若、境界般若，得了道的人无所不知、无所不能。那你说我们现在没有得道的人，整天脑子想得都失眠了，那得了道的人无所不知、无所不能，那岂不是要十个脑袋来失眠吗？不会的，因为“知而忘情”，一知便休，思想智慧在他的心境界里像浮云一样，像香烟一样，飘过来就没有了，不留情。

我们大家都是忘不了情，想到自己那个孩子在美国留学，又没有买栋房子给他，怎么办啊？唉！三十岁还不结婚，又找不到对象，跑来说老师啊拜托你，你这里女学生多，介绍一个。我说我素来不做媒啊，我也不想吃太阳饼，这是个人的自由啊！所以哪个人对儿女忘情了？都没有忘情。太上忘情就得道了，忘情很难，情比欲还难忘掉，情空不了，哪能够得道啊！“知而忘情”，忘情不是绝情，绝情是小乘罗汉，菩萨的大慈大悲是多情到极点，但是“知而忘情”，慈悲过了，念头留都不留了，要达到这样的境界才行。

第五十六讲

周穆王篇

周穆王的故事

来自西方的化人

美色奢华也无用

上次讲到关尹子说的“知而忘情，能而不为”，譬如说神通是道之花，不是道之果，一切修行证果离不开这些花朵，但是要记住，不要管花朵，因为原则是“知而忘情，能而不为”，那才是真知真能，才是得道，无所不知，无所不能。

关于“能而不为”，我常常告诉学经济、学财政的同学，你们的经济学啊是书本里学来的，我的经济学是钞票买来的。我也常常跟工商界的头子们讲，你们有赚钱的经验，有没有赊本的经验？当然没有。没有的话你就不算完全，我是全都经过。我说我的经济原则是，今天赚了一百万用掉了，才算赚钱。我看你们钱很多，一毛钱都舍不得花，那你比没有钱的人还可怜，买黄金放在家里怕被偷，放银行，利息降低怎么办？一天到晚在那里发愁。世界上最大的财富是一毛钱都没有，睡觉都安稳。这就说明一个道理，真有钱的时候忘记了钱；同样的道理，真得道的人忘记了道。如果还觉得我得道了、我成道了，这就完了，可能精神有病！

所以“真知真能”的人，等于是无知无能，因此从《中庸》的“天命之谓性，率性之谓道，修道之谓教，道也者不可须臾离也，可离非道也”开始，到最后一句结论，“上天之载，无声无臭”，什么都没有，这是“天命之谓性”，这就是道，空的。所以佛讲空嘛，这是“真知真能”，得了道。

“发无知，何能情，发不能，何能为”，那么你说得了道的人，忘情而不为，无为，这是“真知真能”，等于无知无能。讲话也好，做事也好，慈悲也好，该做的都做，心中不留一点世俗的感情，做过了就忘了。如果做了善事自己还记得，那还叫善事吗？你那是做生意，投资赚钱，想求功德嘛！真正的大功德心中是没有事的，救遍了天下人，自己心里都忘了，连天下都忘了，何况人呢！那是道了。

所以得道的人，看这些荣华富贵，“聚块也，积尘也”，这个地球不过是泥巴堆拢来而已，是一点一点尘土累积起来的，几十层高楼也是如此。“虽无为而非理也”，虽然得了道，一切无为境界，看起来好像有个道理，又像是没有道理，似乎都在对与不对、可与不可之间。

下面接着要看《周穆王》这篇了，这一篇说的是神话，但有很深的哲学道理。周穆王我们前面已经提到过，现在再提，唐诗里也有关于他的诗文。

讲到唐诗，我讲一个故事，在我们跟日本人作战时，很多韩国人流亡到中国，都在我们军校培养，李承晚也是我们“老总统”培养出来的。抗战一胜利李承晚就回去了，后来当总统，他跟中国感情很深厚。李承晚有一次做寿，“老总统”叫秘书拟一副寿联给他，秘书作了很好的寿联，不过不是那个味道，因为“老总统”和李承晚的感情不是别人能够了解的。结果“老总统”自己写了一副，就是唐王勃送别友人杜少府的两句诗，“海内存知己，天涯若比邻”，用得好极了。后来“老总统”过世了，据说棺木里还带一部《唐诗三百首》，那是我们小时候一定要背的书。

周穆王篇

周穆王的故事

这一卷是讲周穆王的事。周朝八百年天下，周穆王是春秋前期的一个王，在中国历史上称他为神仙皇帝，后来秦始皇和汉高祖想做神仙，也是受了他的影响。周穆王以及我们的老祖宗黄帝，究竟是不是神仙，不可知，不过现在所说的这一篇神仙故事，是道家所引用的。道家所说的玉皇大帝，他的妈妈住在昆仑山顶，叫作瑶池圣母，是现在一贯道最崇拜的。这个瑶池圣母谁见过呢？周穆王见过。

讲到周穆王，在《唐诗三百首》中有李商隐的一首诗：

瑶池阿母绮窗开　黄竹歌声动地哀
八骏日行三万里　穆王何事不重来

“黄竹”是古代一个曲子、乐谱，是天上的音乐，后来被人世间破解了，谱成了歌。“黄竹歌声”是指周穆王所作哀民的《黄竹诗》。周穆王有八匹名马，一匹马一天可跑三万里路，因此他能到达西天，见到瑶池圣母。中国神话历史中的周穆王，等于佛经里说的转轮圣王，那是世界上第一大帝，甚至到达了天上。后来唐太宗也有八骏马，是仿造周穆王那个境界，那些马一天走一千里，也算不得了的千里马。

“八骏日行三万里，穆王何事不重来”，这首诗境界很好，是幽默学佛学神仙的，哪个不死啊？谁到天上去过了？说周穆王骑八骏马上了天，到现在两千多年他还不回来，到哪里去了？死去的人再不能回来了。你说人得了道永远活着，我们怎么看不到呢？传说有一个人得了道，已经有几百岁了，好啊！请来喝杯茶谈一谈！事实上，都是乱讲的。这就是讽刺的诗，也就是历史哲学。所以我讲中国的哲学很难讲，要懂文学诗词，很多诗词包含了哲学、神仙历史、传记，都在内了，这就是作诗的本事。

又如那一首讲嫦娥的诗，“嫦娥应悔偷灵药，碧海青天夜夜心”，这是中国上古神话。嫦娥是羿的太太，羿的武功拉弓射箭最好，他到西池王母那里，求来了长生不死之药，但夜里被嫦娥偷吃，她推开窗子就飞到月宫里去了，羿在后面也追不上。不要以为成了神仙多好，据说那个宫殿比冰块还冷，所以叫广寒宫。月宫里头有一只兔子，还有一个老头子叫吴刚，也是神仙，一天到晚砍树。神仙修成了到月宫里砍树，那又何必当神仙呢？所以这个诗人就讽刺了，嫦娥到了月宫以后一定后悔偷吃了灵药，一个人孤零零的在那里多痛苦啊！在那里几千年过的是什么日子啊？这首诗就那么美地把它表达了。所以神仙不能当啊！因此清代的诗人，作些反游仙诗，就是反对做神仙的意思。有一个女的作了首诗，说“妾夫真薄命，不幸做神仙”，和李商隐的诗“穆王何事不重来”一样的味道。

这就告诉你们，诗啊词啊，你懂了就会写白话文了，但是你要晓得，胡适之也好，什么人也好，提倡白话文，他们自己读的都是古书。胡适之叫别人写白话文，他却叫儿子读《古文观止》啊，你们年轻一代上了当不知道。你古文学好了，白话文自然就写好了。我们讲周穆王的神话，已经说了半天了，现在开始看原文。

来自西方的化人

周穆王时，西极之国有化人来，入水火，贯金石，反山川，移城邑，乘虚不坠，触实不硋，千变万化，不可穷极，既已变物之形，又且易人之虑，穆王敬之若神，事之若君，推路寝以居之，引三牲以进之，选女乐以娱之。化人以为王之宫室卑陋而不可处，王之厨馔腥蝼而不可飨，王之嫔御膻恶而不可亲。穆王乃为之改筑，土木之功，赭垩之色，无遗巧焉，五府为虚，而台始成，其高千仞，临终南之上，号曰中天之台。

这是中国有名的故事，是一个神仙境界，也像佛家的神通境界，因为这个来访的化人，虽然不明讲是来自印度，但是化人是指有神通的人。周穆王时代，依照佛教历史，释迦牟尼佛和弟子中有神通的都还在，不过无法考据了。印度一个有神通的人，心念一动，弹指之间就过来了，有神通的人，不受空间的限制是可能的。如果是陆路过来，就是从丝绸之路新疆这边过来的。

“周穆王时，西极之国有化人来”，西极是西边，以中国为标准，从中原地带向西面走到了极点，到天的边上了。“化人”，这两个字用得妙极了，一个真的人化身而来，是否菩萨化身不晓得。这个人有神通，“入水火”，可以跳进水里，可以从火里头走过来。“贯金石”，山啊，墙壁啊，挡不住的，他随便可以走进走出。“反山川”，他的神通可以移山倒海，可以把山川倒过来。“移城邑”，像这两天南部太热了，他用手把高雄一端，就端到台北来凉快凉快。“乘虚不坠”，可以在空中走路不掉下来，这是神通吧！“触实不硋”，实际的墙壁、水泥钢骨挡不住他。他那个神通“千变万化，不可穷极”，要什么有什么。他的神通到什么境界呢？“既已变物之形，又且易人之虑”，他不但把东西变了形状，也能把你的思想变了，他手一指你脑子，你的思想都会变了，现在科学家也正在追求这方面。最好我们能看到这个人，让他把脑子指一指，什么书都会了，多好啊！

“穆王敬之若神”，那个周穆王啊，把他当活神仙看待，“事之若君”，把他当皇帝一样地敬奉。“推路寝以居之”，把自己住的宫殿让他居住，“引三牲以进之”，每天杀牛、羊、猪三牲供养他。“选女乐以娱之”，选宫里最漂亮、最好的歌舞宫女服侍他。

“化人以为王之宫室卑陋而不可处”，但是这个化人啊，认为周穆王给他住的房子很卑下丑陋，不能居住。“王之厨馔腥蝼而不可飨”，厨房里第一等的厨师，什么好菜都搬上去请他吃，他认为腥臭，都不能吃的。“王之嫔御膻恶而不可亲”，周穆王最漂亮的宫女，他认为她们身上腥臭讨厌，不可亲近。

那怎么办呢？周穆王说你都不喜欢，人世间那么可恶啊！好，另外给你修。“穆王乃为之改筑，土木之功”，用全国的力量来建筑新地方。“赭垩之色”，统统修成红白宫殿，大理石的房子。最后“无遗巧焉”，请世上所有一流的建筑师来建。“五府为虚，而台始成”，周朝有太府、玉府、内府、外府、膳府，就是整个五府的钱花完了，才把台造好。

我说由周穆王开始，秦始皇的阿房宫、隋炀帝的迷楼、宋徽宗的艮岳、慈禧太后的圆明园，历史上这些伟大的建筑太多了，可惜都毁了。否则我们专门做观光，把全世界的钱都赚来多好。

周穆王那个台多高呢？“其高千仞，临终南之上”，像终南山那么高，“号曰中天之台”，就是高到天上的一半。

美色奢华也无用

简郑卫之处子，娥媌靡曼者，施芳泽，正蛾眉，设笄珥，衣阿锡，曳齐纨，粉白黛黑，佩玉环杂，芷若以满之。奏承云、六莹、九韶、晨露以乐之。日月献玉衣，旦旦荐玉食。化人犹不舍然，不得已而临之。

“简郑卫之处子”，至于这个台里面用的人，宫女不漂亮不要。把郑卫两国漂亮的女孩子，教育素质好的十四五岁处子都找来。“娥媌靡曼者”，她们长得三围标准，走起路来，好像水在摇动的样子。“施芳泽”，然后请第一流美容院的教授教她们化妆。“正蛾眉”，那个眉毛不晓得怎么画的，好看就对了。“设笄珥”，戴的饰物有圆的，也有小的长的。“衣阿锡”，穿的衣服是一等的材料。“曳齐纨”，裙子拖曳，古代的女装后半截裙子拖在地上，走起路来后面拖了一大堆。“粉白黛黑”，在脸上擦粉擦得很白，黛是讲画眉毛，现在人画的绿眼睛、红眉毛，那个最漂亮的，古人已经用过了。眼睛画得一圈一圈，乌溜溜的，外面加一点绿的颜色，红灯一开，红眉毛，绿眼睛，白牙齿，大口红，如果没有定力，吓得人……就是那个样子。“佩玉环杂”，身上挂得叮叮当当的，走起路来全身带音乐的。“芷若以满之”，这些女的身上带的都是香花，茉莉花、兰花、夜来香啦，一大堆。

“奏承云、六莹、九韶、晨露以乐之”，这几个都是上古的名曲，承云是黄帝时候的曲调，六莹是帝喾时候的曲调，九韶是舜乐，晨露是汤乐。反正是最有名的音乐，天天都奏给他听。

“日月献玉衣，旦旦荐玉食”，天天献上用玉片穿起来的衣服，价值贵得很，送给他穿。“旦旦荐玉食”，珍珠磨成粉当饮料，还把白玉磨成了粉，白玉可以吃的，吃了皮肤越来越嫩，长生不死，是不是会变癌症不知道。据说如此，我是不敢吃的。

“化人犹不舍然”，这样恭敬侍候这位老师，他却仍不想去这个新造的地方，觉得没有意思。“不得已而临之”，不过，看到周穆王那么诚心，他总算很勉强来看一看。你说惨不惨啊！周穆王这个马屁拍到这个程度，不要说拍马屁，就是我们看一点点头都昏了，就晕倒了。可是这个神仙根本就不为所动，还不肯住，只到这里看一看。过了几天，他告诉周穆王，这个地方不能住，不舒服，你没有看过好地方，我带你去看。几时去呢？下个礼拜一买票（众笑）。

第五十七讲

天上人间之别
神游归来
神游的种类
周穆王西游昆仑

上次讲到周穆王这一段，以普通学术的观点看，这是研究中国上古神话史最好的资料。这看起来是一个神话，谈及我们上古的历史文明，实际上，也代表了我们民族的历史演变；而与现在的社会环境、各种思想，所有的种种都不同，这也可以说是文化哲学的问题。那么退回来说，该篇所讲周穆王见到化人，以及见到西王母这些故事，是说明人同物理世界、精神世界种种的关系。所以我们不能完全把它当做一个普通神话，我们先把这个要点抓住，再看下面的结论。

天上人间之别

居亡几何，谒王同游。王执化人之袪，腾而上者，中天乃止，暨及化人之宫，化人之宫构以金银，络以珠玉，出云雨之上，而不知下之据，望之若屯云焉，耳目所观听，鼻口所纳尝，皆非人间之有，王实以为清都紫微，钧天广乐，帝之所居。王俯而视之，其宫榭若累块积苏焉。王自以居数十年不思其国也。

化人复谒王同游，所及之处，仰不见日月，俯不见河海。光影所照，王目眩不能得视；音响所来，王耳乱不能得听，百骸六藏，悸而不凝，意迷精丧，请化人求还。化人移之，王若殒虚焉。

周穆王几乎把国家的财政搞空了，给化人盖了那么好的宫殿，化人勉强住了没多久，就说要带周穆王到别的地方看看。“王执化人之袪”，周穆王抓住他的衣服，像科技的幻想小说，马上飞起来了。“腾而上者，中天乃止”，这个中天究竟有多高不晓得，就是向虚空上面走，走了半天为止。根据佛学的讲法，太阳月亮还不算中天，它们只是初级的高度，这里所说中天，至少超过这个阶段。

“暨及化人之宫”，到了中天之上，就到了化人自己所住的宫殿。周穆王看到的化人宫殿，如果拍成电影，这个本钱也花不起，太大了。“构以金银”，结构是黄金白银做的钢筋。“络以珠玉”，钉子啊，电线啊，是珠宝做的。“出云雨之上，而不知下之据”，这个宫殿高得没有办法估计，云啊，雷啊，什么都在它下面。“望之若屯云焉”，向下面看啊，云雾在脚下。当然阿里山上偶然有这种境界。我当年在大陆，尤其在四川、西藏、云南，登到高山，看到下面下雨，黑云里有亮光，一闪一闪，闪电以后才知道在打雷，但是在上面听不见，就是这个样子。

“耳目所观听，鼻口所纳尝”，在这个地方，眼睛所看到的，耳朵所听到的，嘴巴所吃到的，鼻子所闻到的，“皆非人间之有”，都是人世间没有的。“王实以为清都紫微”，周穆王认为这个地方是天顶了，古代的神话里，“清都”是上天最高处，神仙住的地方。现在讲是很远的一个星球，古人给它取名紫微。“钧天广乐”，就是上天最高处的一种音乐的名字，那不是人世间的音乐，“帝之所居”，认为这个地方是上帝住的地方。道家说是玉皇大帝住的，但是玉皇大帝是欲界天哦，还不是色界的大梵天、大自在天，那是更高的地方。

“王俯而视之”，周穆王在这里向下方一看，看看自己最伟大的皇宫，“其宫榭若累块积苏焉”，苏就是木柴，看起来就是一堆泥土、一堆木柴而已，很难看。“王自以居数十年”，这个周穆王一想，在这样丑陋的房子里我住了几十年，假使我能够在天上这个地方住，我也不想当皇帝了，所以“不思其国也”，不想回国了。

“化人复谒王同游，所及之处”，化人再邀请周穆王，到另一个地方看看。“仰不见日月，俯不见河海”，向上面看没有太阳月亮，已经超越日月了；往下看人世间，地球上的江河海洋都看不到了。“光影所照，王目眩不能得视”，这个地方有光，不一定发自太阳，看起来同现在的太空学、天文学非常接近。我们人类所看的光自太阳来，其他的星球不一定靠太阳光，北极有极光，深海的生物有些本身带电光。所以这里的描写，在古人叫作神话，现在看起来反而认为很科学。周穆王在这个地方，看不见地球上的东西了，那里的光影投射下来，人类的眼睛没有办法张开，太强烈了，所以眼睛看不见东西了。

“音响所来，王耳乱不能得听”，这里也有声音，这个耳朵受不了，音波太大了，听不见了，再下去会聋了。到了这里，人的身体“百骸六藏，悸而不凝”，骨头和里面的内脏都在发抖，震动得很厉害，这个肉体好像要散掉一样。所以

“意迷精丧，请化人求还”，思想也不集中了，精神也没有了。周穆王到了这里，皇帝的架子一点都摆不起来，就请求这个化人说，算了，你还是带我回去吧。“化人移之，王若殒虚焉”，这个化人一听，你受不了啦？就移动一下，周穆王感觉自己变成一个汤圆一样，在空中翻滚，就掉下来了。

神游归来

既寤，所坐犹向者之处，侍御犹向者之人。视其前，则酒未清、肴未昲。王问所从来。左右曰：“王默存耳。”由此穆王自失者三月而复。更问化人，化人曰：“吾与王神游也，形奚动哉？且曩之所居，奚异王之宫？曩之所游，奚异王之圃？王闲恒疑，蹔亡变化之极，徐疾之间可尽模哉？”

注意这一段，结论快要来了。“既寤，所坐犹向者之处”，“向”就是过去，周穆王一路翻下来，好像睡了一觉醒过来一样，再看看旁边，还是原来自己坐的这个位子。“侍御犹向者之人”，旁边服侍他的太监、宫女啊，还是过去这一班人，都站在旁边。“视其前，则酒未清、肴未昲”，看看自己面前刚才跟化人喝酒吃饭的地方，酒杯还摆在那里，酒也还在，菜还没有凉。奇怪，他到太空外面去玩了一圈，结果下来还坐在这里，好像睡觉做梦一样。

“王问所从来”，他自己搞得莫名其妙，问旁边的人说，刚才你们看到我到哪里去了？“左右曰”，左右是站在旁边的人，“王默存耳”，他们说只看到你眼睛闭着静坐而已。默存在佛家密宗来讲，就是观想，就是观想一下而已。后来道家所谓默存，就是把眼睛闭起来打坐。现在一般人越走越下坡了，道家也一样，变成守窍，守个肚脐下面的丹田，倒不如周穆王的默存，是向上面走的。后来道家产生另一种修法，同佛家观想的修法一样，叫作“默朝上帝”，就是存想。

这个上帝不是西方所讲的上帝，更不是耶稣。道家的庙子里塑的上帝，头戴平天冠，上面是冕旒。皇帝冠帽前一块板一样翘起来，上面垂挂珠珠，那个东西叫冕旒，就如王维的诗，“万国衣冠拜冕旒”。普通我们挂的帘子上面垂珠，那不叫冕旒，那是“流苏”，这些都要知道。

如果我们对这个故事加以研究，发现古今的文化思想修炼方法，所谓精神的境界、神秘的境界都是一样，都是人类所追求的宇宙间的一个东西，至今没有结论，只是名称换了而已。这里快要作结论了，所以默存这个名称要特别注意。

因为旁边的人回答周穆王说只看到他在那里闭目冥思，“由此穆王自失者三月”，这样一来，周穆王也不愿意多讲了，讲了别人也不知道，他自己傻了，也不晓得到哪里去了，所以一连三个月，脑子都是空的，当然也不办公了，什么庆典都不搞了。“而复更问化人”，他自己想不通，就请教这个有神通的化人，你究竟带我到了什么地方？我动过没有？重点在这里。

“化人曰：吾与王神游也，形奚动哉”，化人说，我是带你的精神离开这里，形体还坐在这里没有动。形神两个是可以分开的，这是中国传统文化，道家儒家都晓得。现在在我们的肉体上的这个形神，名称变了，叫作魂魄。魂是灵魂，就是神变的；魄就是生理上精气变的。所以一个人要是魂魄分开了，就是快要死亡了。有许多心理病、精神病，就是人到了这个境界，到医院里精神科看看，有许多严重的精神病例。

我有一个朋友做过省主席，现在在美国。他的父亲是读书人，当然也是个富贵人，我们都见过。老太爷、老太太两个都修道，都七八十岁了。有一天这个老太太就告诉一班朋友说，我的老头快要走了，他的魂魄已经散了。她说老伴打完坐习惯在椅子上靠着，再喝杯茶。有一天早晨，她自己打坐下来，向窗外面看，发现老太爷站在庭院里看花，她就叫他加件衣服，早晨天气太凉；可是他头都不回。她就回头自己找件衣服要给老太爷加上，结果转身看见老太爷还坐在椅子上。她说自己就傻了，晓得他快要走了，魂跟魄分开了。

所以魂魄两个，照医理学来研究是两样东西哦，有时候人睡眠不好，在古代的医学是魂魄不能交。譬如说我们失眠，血液向上面冲，思想多睡不着，或者茶喝多了，小便越来越多，魂魄两个不能相交。在瑜珈术来讲就是上下气的升降失调，不能凝聚了，就是刚才讲周穆王在中天上“悸而不凝”，凝结不拢。在中医的道理，失眠是心肾不交。其实不是心脏与腰子，而是讲心肾那个气的功能，它通电的过道，两个不能交换，所以睡眠就不好。

神游的种类

再说神游有好多种，病态的神游就叫作离魂症，离魂症与梦游症又不同，古代有离魂症，现在很少了，梦游症现在还有。离魂还不是神游，神游道家讲得很清楚，打坐坐得好的人可以出神，神可以离开身体。但是出神分两种，一种叫阳神，一种叫阴神。在道书里有个故事，道家在这一方面素来看不起佛家的人，认为学佛的人只修阴神，什么明心见性啊，念佛啊，观想啊，都是阴神，不是阳神。佛家的人认为道家这些修出神的，是外道、妄想。两方面究竟谁对谁不对，在我看是一样，两个名称不同而已。但是境界上有差别，道家也有他非常好的理由，这是个科学道理。

我们举一个例子，宋朝道家南宗祖师张紫阳，有个徒孙薛道光，当初做和尚参禅开悟了，可是他自己认为不是究竟，没有成功，因此做了道士。后来得了道，他认为佛法所悟的道，纵然是佛法的一切境界都到了，可是出的是阴神，不是阳神。换句话说，阳神是自己这个生命所产生的另外一个生命，是不经过娘胎而自己产生的。这个生命产生出来是不生不死的，也就是道家的观念，“宇宙在手，万化由心”，生命自己可以把握，可以成神仙之道。以佛家来讲就是修妙有的法门，后世佛家有这样一种理论，但很少见。

张紫阳修成功后，有一天，碰到一位参禅的和尚，那个和尚也有道，说这有什么稀奇，我也修到出神了。张紫阳就笑一笑说，好啊！我告诉你阳神、阴神的差别。当时他们在陕西，说好二人一起出神，到扬州看花去。两个人打坐出神，都到了扬州一个花园，在那里看花，又谈话又喝茶。后来各折了一枝花，藏在袖中回到了陕西。

这两个人出了定，和尚一摸袖子却没有花，张紫阳则拿出自己摘的花，说你那是阴神，无质的，不能变成物质。所以修道工夫到了出阴神的程度，坐在你旁边，你没有感觉；如果是阳神就有感觉了，觉得他就是一个实质的人。他也许在这里讲课，另有一个身体到别处去吃月饼了，另外还有一个身体又在哪里跳舞，他可以这样分开，那个就是阳神了。为了神游我们解释了半天，口都说干了。

再说这个化人带周穆王的神去神游，周穆王没有修道当然不能出阳神，其实他也不是出阴神，出阴神也要有相当工夫的。化人只是带他的灵魂出窍神游，等于我们讲的离魂症差不多。“吾与王神游也，形奚动哉”，化人说你旁边的人不是告诉你你没有动过吗？没有错，你身体还在这里，我是带你的精神灵魂出去游玩。

“且曩之所居”，曩就是刚刚，你不要认为看到的比你的皇宫好，“奚异王之宫”，同你的宫殿还是一样，差不多。其实这一句话是安慰周穆王的，不管怎么样，天上的宫殿、人间的宫殿，反正都是住人的，当然是一样，可是好与不好差得很多。“曩之所游，奚异王之圃”，他说刚刚去游玩的地方，同你的皇宫花园也差不多。“王闲恒疑，蹔亡变化之极，徐疾之间可尽模哉”，你不需要怀疑，不要追究我刚才带你到哪里，心里头不要问究竟到了什么地方。这个故事假使是真的，与我们相距有三千年左右了，用佛家的话去解释化人所说的，就是万缘放下，空掉，什么都不管，高高兴兴地、快乐地活着。

周穆王西游昆仑

王大悦，不恤国事，不乐臣妾，肆意远游。命驾八骏之乘：右服𦟜骝而左绿耳，右骖赤骥而左白䂮，主车则造父为御，𬯀𦈡为右。次车之乘，右服渠黄而左踰轮，左骖盗骊而右山子，柏夭主车，参百为御，奔戎为右。驰驱千里，至于巨搜氏之国。巨搜氏乃献白鹄之血以饮王，具牛马之湩以洗王之足，及二乘之人。已饮而行，遂宿于昆仑之阿，赤水之阳。

周穆王听他一讲，“王大悦，不恤国事”，很高兴，因此对国家的政事就不管了，“不乐臣妾”，旁边的这一些好的干部、宫女啊，也不喜欢亲近了。

我们说过，周穆王有八匹骏马，据历史上所说都是日行千里，不得了，交通工具第一流。拿佛经来讲就是转轮圣王的宝马，有一匹就不得了啦，他有八匹，很了不起。道家有一部书《穆天子传》，好像周穆王的确遇到过神仙，的确到过另外一个世界。像美国流行的科幻小说，地底心还有一个世界，大概我们过去讲的阎王那里啊，还有其他外层空间，周穆王当时都去过。

所以这个时候周穆王皇帝也不要当了，“肆意远游”，要去找这些神仙去了。“命驾八骏之乘”，把最好的八匹神马都牵出来，“右服𦟜骝而左绿耳”，𦟜骝跟绿耳是马名，这两匹领头的、带队的马，一左一右。“右骖赤骥而左白䂮”，骖就是副马，这两匹马累了，把旁边一路走的这两匹马换过来，这叫作骖，骖就是参与的参。“主车则造父为御，𬯀𦈡为右”，他自己坐的车子，由造父驾驶，𬯀𦈡为副手，这两人是第一流驾马的师傅，后来周穆王升天，他两人也跟上天了。

中国和西方都有天堂，西方的天堂有没有茶喝不知道，中国的天堂大概什么都有，所以不同。你到中东一看，那个房子建筑是半日月形，大家都跪在地上，他们的天堂又不同。印度有些牛啊、马啊，他们的天堂一定也不一样。所以你这样一看，所谓天堂的样子，都是随各民族的想象而有异的。

第五十八讲

昆仑山的奇遇
观想 神游 幻网
如何修梦幻法

刚才讲到周穆王的四匹马，“次车之乘”，次车就是带的副车，我们特别提一下，帮忙青年朋友们了解，将来看历史才容易。譬如帝王出来的车队有副车，那是备用的，前面车子坏了就换这个副车，在当时叫次车。历史上还有传车，我们看《汉书》或《史记》，汉武帝出来，“传车千乘”，皇帝前面发布一个命令，通知后面什么人，一路传叫下去，电影上的“传某人”，一个一个接下去。所以很长的部队，很快一下子联络上了，这个叫传车。

所以“次车之乘，右服渠黄”，渠黄是马的名字，“而左踰轮”，也是马的名字，“左骖盗骊而右山子”，都是马的名字。“柏夭”是管马的，后来也变神仙了，“主车”，主要管理这个车子。“参百为御”，赶马的叫参百，由他驾驭。“奔戎为右”，奔戎是人名，他在车右。“驰驱千里，至于巨搜氏之国”，周穆王乘车跑了千里去观光，骑了八骏马，这个大部队长龙一排排起来，一直向前面跑，到了一个地方叫作巨搜，究竟是新疆的西边，还是天山的南面，都不知道，古代的名字现在没有办法考据。

“巨搜氏乃献白鹄之血以饮王”，巨搜氏看到周天子穆王来了，就请他先喝一杯饮料，把最好的动物血献给他喝。“具牛马之湩以洗王之足”，把牛奶马奶合起来，给周穆王洗脚。这个神奇了，大概洗得一身都是奶油味。“及二乘之人，已饮而行”，不但如此，招待周穆王带来的车队，也都是喝白鹄的血，用奶洗脚。周穆王他们休息一阵，也喝了、吃了，再向前走，“遂宿于昆仑之阿”，到了昆仑山下面。我们西北喜马拉雅山的背面是昆仑山，世界上很多人到中国西北的昆仑山探险，究竟昆仑山有多大？有些什么？到现在还得不到结论。“赤水之阳”，这个赤水究竟是哪里？有人说是地中海、红海，各种研究，那都是随便讲的。

台湾有个昆仑山浴血同志会，都是西北各地的人，还有老太太和小孩，一九四九年撤退台湾时男女老幼几百人不辞劳苦跑出来，怎么跑呢？经过昆仑山到印度，再转到台湾。因为过程太辛苦，所以要成立同志会，都是喝过血的。前几个月还有个经过昆仑山跑出来的满洲朋友来看我，我问他当时的情况，他跟我说，那真是稀奇古怪。他们经过有些地方，一定要中午前上坡，再立刻下坡，顶多停留半个钟头，因为到下午天气变化，牛马那么多就下不来了。所以骑兵多带几匹马，没食物时就喝马血、吃马肉，他们也是这样。经过昆仑山时有个地方，四面都是雪啊，中间有个温泉，他说什么人都不敢下去洗。我问为什么？他说不得了啊，脱了衣服下去洗温泉，一站起来，四面都是雪，立刻冻死了，就那么怪。我听得也像周穆王一样，精神灵魂都想追到那里去看看。他说只有他不管，跳下去洗过澡，洗完了以后，抓到衣服就套上去，总算没有冻死。

这个昆仑山有许多故事，那里还有雪人，比我们大得多，大陆也正在派科学家找，据说在湖北一带发现雪人的脚印，脚印极大。我们以前在西藏时，听很多这些故事，有些山上不能讲话，一讲话不得了，马上下雨哦！那不是下雨，是下冰块，大得会打死人。所以到了那里大气都不敢出。曾有一个部队，那些军人不相信，有一个人先走，有人在后面，呼！放了一枪，结果冰块掉下来，马上把人砸死。所以西藏的人讲，那个地方是神管的，怪得很。

昆仑山的奇遇

别日升昆仑之丘，以观黄帝之宫，而封之以诒后世。遂宾于西王母，觞于瑶池之上。西王母为王谣，王和之，其辞哀焉。乃观日之所入，一日行万里。王乃叹曰："于乎！予一人不盈于德，而谐于乐，后世其追数吾过乎！"穆王几神人哉？能穷当身之乐，犹百年乃徂，世以为登假焉。

在昆仑山的下面住了一下，"别日升昆仑之丘"，另有一天，上昆仑山顶上，据说瑶池圣母住在那里，也叫西池王母。在中国历史上，只有这么一位老太太，永远都是十八岁少女的姿态，是修道成功的，玉帝是他的儿子，要三年一次朝见妈妈。所以给人家做寿啊，用面做寿桃，因为瑶池王母那里有蟠桃会；《西游记》里写的那个孙悟空，就是到她那里偷桃子。这些故事、神话都是这样来的。

"以观黄帝之宫"，另一天，周穆王就到昆仑山顶，看我们老祖宗黄帝在这里建造的行宫，黄帝也曾来看过瑶池圣母。“而封之以诒后世”，周穆王拜一下黄帝的别宫，并且封了一下，起了个名字，刻了一个碑，给后代的子孙留个纪念，知道周穆王来这里封过。

“遂宾于西王母”，西王母接他去做客，“觞于瑶池之上”，请他在花园里一个宫殿瑶池饮宴，据说那个池水都是玉液琼浆，只要喝一小杯就长生不老、返老还童。西王母有没有老伴呢？有，也是我们的老祖宗，不在西边，在东边，不晓得是在哪一个星球上，叫东王公。他们是九年见一次面，各有各的封土，见面时连天帝以及天上的所有诸神都要来拜会。这些神话的故事很有趣，现在好像出了一本对上古神话研究的书，把这些神话故事都集中了。

周穆王见到了西王母，“西王母为王谣”，西王母为周穆王作歌。她下面都是女的，看门的神仙才是老头子。到了昆仑山，西王母要是不让你看见，你永远看不见，你老死在那里、冻死在那里也看不见。如果到了昆仑山，看见有个青鸟飞过来，你要马上跪下来拜，因为那是西王母的前哨尖兵。所以唐人的诗说，“忽逢青鸟使”，那是西王母派来的，要这个鸟带路才可以见到她。西王母为周穆王作了歌，这一些仙女就唱这个新歌。“王和之”，周穆王就接着这个歌，自己也作了一个，“其辞哀焉”，周穆王这个歌历史上找不到了，据说很悲痛，做人间的皇帝一点味道都没有，所以他唱这个歌的时候很痛苦哀伤。

“乃观日之所入”，西王母叫下面的宫女带他去看太阳落下的地方。“一日行万里”，这一下不得了啦，那个宫女拉住他走，一天一万里路，不知道走了多少天，才找到那个太阳落下去的地方。还没有到极乐世界啊！差远了。

“王乃叹曰：于乎”，这个“于乎”，要念“呜呼”，我们读《大学》，其中是用“于戏”，这里在座大概有师范大学毕业的，做国文老师，将来你们教学生《大学》，“于戏”也要念成“呜呼”。过去有一个秀才，反对佛家，他有意挖苦一个法师，说你们出家人中国字都不认识，明明是“南无”两个字，你们为什么要念成“那摩”呢？这个法师晓得是挖苦他，就说，这有什么稀奇啊！你们念《大学》，考功名，明明是“于戏”两个字，为什么要念成“呜呼”呢？你们也不认得字啊！所以讲到“于戏”两个字，有这个笑话。

“予一人不盈于德，而谐于乐”，周穆王感叹说，我这个人，在王母娘娘前面可以讲老实话，我当了皇帝，自己有何德何能，竟然还能够来西天见到你，又一同唱歌。“后世其追数吾过乎”，将来历史上有记载，后代的人会骂我，骂我太奢侈浪费了，好高骛远，好大喜功。不过历史上的确是骂他好大喜功，因为他那个时候真的很太平。但是究竟他当年有没有见到西王母，仍是历史上的疑案。因为周朝开国，从文王、武王到成王、宣王，这一段的历史几乎空白，到了四百年后的春秋时期，孔子删定史书才有了较为详细的记载。所以我们上古神话史，虽然发展很大，但是我们研究这一段历史却很困难。

观想 神游 幻网

下面是《列子》的意见，“穆王几神人哉”，周穆王在历史上那真是神仙了，为什么？“能穷当身之乐”，他活着的时候上天入地，不像我们现在参加旅行团，周游世界去观光，就像被人家赶马那么赶，匆匆忙忙，哪里像周穆王那样，自己带车队那么去玩，而且不是周游世界，是周游天地。“犹百年乃徂”，徂就是死了，他还活了一百岁才死。“世以为登假焉”，“登假”就是“登遐”，虽然他人死了，在中国道家的历史上认为他没有死，因为西王母已经送了他长生不死的丹药，叫他过了一百岁才吃，那时虽在人世间报销了，还能回来。所以他吃了这个丹药，据说抬出去的棺材里没有人，他已经走了，叫作升天成仙了。升天叫“登遐”，后来皇帝之死也叫“登遐”。遐是很远很远，不知道到哪里去了。

讲到这个事情，当年“老总统”刚一过世，有人挂个牌子称他“故总统”，后来我就讲话了，真是没有中国文化！刚刚过世怎么这样说呢？后来他们问我，我说应该称“先总统”嘛！也不能写什么逝世啊，要写“先总统登遐”，这两个字他们就不懂了。当然我们老祖母死了也可以用“登遐”，如果说某某法师“登遐”也可以，“生西”也可以。

这一段故事完了，结论就是说，神游的境界是人做得到的，要达到神游，初步的修持是默存，这两个要点要抓住哦！默存，后来佛法叫作观想、存想，修持成就可以神游。如果只修到阴神神游，不算最高的成就，要修到阳神成就，那叫作千百万亿化身了。

《金刚经》里有一句话，“一切有为法，如梦幻泡影，如露亦如电，应作如是观”，梦幻空花，这是佛经的教理，一般只把它当理论来看；佛法还有另外一部分，所谓密教，有一本经典叫《大幻网经》，光讲修持的。这本经在密宗里就是红教的法门，很严重的，这是大幻网的修法，也是普贤如来的修法，是密宗的大法门。现在我们回过来看，读《列子》之后，等于修了密宗的大幻网法门，下面开始说。

如何修梦幻法

> 老成子学幻于尹文先生，三年不告，老成子请其过而求退，尹文先生揖而进之于室，屏左右而与之言曰："昔老聃之徂西也，顾而告予曰：有生之气，有形之状，尽幻也，造化之所始，阴阳之所变者，谓之生，谓之死。穷数达变，因形移易者，谓之化，谓之幻，造物者其巧妙，其功深，固难穷难终；因形者其巧显，其功浅，故随起随灭。知幻化之不异生死也，始可与学幻矣。吾与汝亦幻也，奚须学哉？"

"老成子学幻于尹文先生"，这一段麻烦了，文字看起来很简单。这个老成子是什么人？不是老子哦，是老子的徒孙，老子传道给关尹子，现在关尹子又名尹文子。关尹子前面说过，他敲老子的竹杠，所以我们看的老子《道德经》五千字，就是靠他敲竹杠才有的。这个关尹子修道成功，做了神仙。

另有一个人叫老成子，跟关尹子学道，学什么道？学幻，等于学密宗大幻观的修持方法。"三年不告"，学了三年，尹文子都不告诉他方法。"老成子请其过而求退"，老成子就向老师尹文子讲，老师啊，我错在哪里？我那么努力、那么诚恳地想学，三年都不得其门，我要退学了。

“尹文先生揖而进之于室”，揖就是请。尹文子很客气地说，请你到我房间来谈。“屏左右而与之言曰”，把旁边的人遣走不准听。“昔老聃之徂西也”，他说当年我师父老子要出关的时候，“顾而告予曰”，总算看得起我，把道传给我。尹文子下面说的，就是人如何可以修成梦幻法，这是理论。据说修成功的人，这个身体要给你看见你就看见，不给你看见你就看不见，所谓“散而为气，聚而成形”，散开了像空气一样，聚起来就成形体，还是这个人坐在这里，这就修成功了。不管佛家道家，真正大成就的人，都可以达到这样，所以是报身成就，也是化身成就。这个是真正的修幻法。

他说我的老师老子告诉我，“有生之气，有形之状”，这两句话要详细讲的话，起码要两个钟头。简单地说，是先了解生命这个气。中国文化里“气”字有三种写法和意义，没有“米”字这个气，是空气之气，代表自然界的气，等于现在讲能源、电能。至于加一“米”字是米谷之气，就是我们这个肉体靠后天的米谷营养，有热能活着的，就是呼吸之气。另外古书里有炁字，无火之谓“炁”，炁是心清净无思无虑的境界。所以换句话说，生命有个能源，“有生之气”，要找到这个就得了道。“有形之状”，有了这个生命能，就构成了一个形体，你修道啊，要练有形的东西，要把自己生命当中这个“能”找到，才可以改变自己这个形体。这个神通大了，但是“尽幻也”，这个物理世界，这个宇宙所有一切，都是幻的。

佛家经常用梦幻来比方，我们大家看了佛经，看到梦幻，就觉得是空的，那你搞错了；佛告诉你如梦如幻是“有”哦！

不是“没有”，不过这个“有”是像梦一样的有。当你做梦的时候是很真实的啊，打你还会痛耶，你伤心起来还有眼泪。等你醒来的时候，才知道那个是梦，是假的嘛！等到你死了以后，也会发觉我们现在活着的一生也是假的，也是做了一个梦，这都是幻。所以在梦中幻是真的，真有的。你看电影电视，看到伤心难过的时候，会流眼泪，明知道是假的，虽假也真，幻处即真，真处亦幻，所以幻是很难懂的。这个宇宙万有尽幻也，都是梦幻一样的存在，但是梦幻不是没有。

“造化之所始，阴阳之所变者”，这个生命怎么来的呢？这就是中国文化特别之处了。至于中国有没有宗教的哲学呢？有，但是《易经》与道家把这个宗教的外衣几千年前就拿掉了。宇宙、人类、生物是谁造的？不讲神造，也不是上帝，而是造化之所造，无主宰，非自然，幻化变出来的。所以造化是这样来的。有关造化，《列子》说过，有太易、太初、太始、太素，经过几层的变化才构成这个宇宙，完全是科学哲学性的宗教哲学。所以要研究中国的宗教哲学，要读道家的《列子》《庄子》才搞得清楚。接下来十三经、诗词歌赋都要了解，不然不懂中国文化。这一点跟年轻同学们特别交代，造化给你们的寿命很长，自己不要气馁，慢慢去研究吧！

“造化之所始”，谁造的？有一个生命，这个叫作造化。形成物理世界以后就有阴阳，这两个是相对的，有阳就有阴，有白光就有黑光，有公的就有母的，有男的就有女的。宇宙万有的力量，有向心力就有离心力，你握得越紧就越握不住，那就是离心力，相反的力就产生了。“阴阳之所变者”，宇宙万有，形而下的都是相对的，同一个东西有正反两个作用，这是阴阳的代表，这叫作生命，“谓之生，谓之死”，所以有生有死，叫作生死。道家对于生死看得很通，相当于佛家的了生死，活着是生命的阳面，死了没有什么悲哀的，是生命的阴面；阴面过一阵子又恢复到阳面，阳面过一阵子又到阴面。所以生者寄也，活着是来这里做客的；死者归也，死了是回去休息，休息一阵再来。

“穷数达变”，这四个字很难懂，宇宙万有的现象都有数，所以我们《易经》的学问就包括理、象、数三方面。理是哲学的，象、数是科学的；数是由科学的数理到达哲学的境界，属于数理哲学。所以一个现象存在就有数，像这个烟灰缸，多厚？多宽？多重？都有数。虚空有没有数？有数。这个虚空，只要一个观念构成就有数，一动就有数，指头那么一弹，刹那间，刹那也是数啊！现象界就有数，所以懂了数，就懂了神通。“穷数达变”，数的理懂了，就是穷数，然后才通达变化，才晓得一切都与宇宙的功能一样，才知道怎么变化万物，这四个字现在只能简单地解释。这一节很麻烦，几乎每一句、每两个字都包括一部论文，“穷数”一讲起来就牵涉古今中外有关数理的问题，扩大一讲，可以讲一年的课了。

“因形移易者，谓之化，谓之幻”，易是变易，一个形体存在，一定会变易移动。我们把小时候的照片拿来看看，那个好像不是你啊！那时的形同现在的形不同，“因形移易”，变换了。所以我们人现在觉得活了几十岁，你以为都是你呀，不是你；昨天的你已经过去了，今天的你不是明天的你。真正的你是永远存在，可是这个形体每秒钟都在变，这叫作变化，这叫作幻。所以懂了这个原理，你们学佛修道，打坐修持，如果懂得幻化，就是真会修道了，才会成功。今天还没有讲完，才刚开始，恐怕下次还要倒回来再讲一下，不然大家幻一幻就忘记了（众笑）。

第五十九讲

幻化与生死
生命的幻化
幻化法修成了

上次讲到所谓道家的学术思想，也等于给佛学的“如梦如幻”下了一个批注。事实上不止是学术思想方面的发挥，更是一个实际修证工夫方面的指引。上次讲到道家跟佛家对宇宙万有共同的看法，这个物质世界都是假象，没有真实的，都是幻变，现在再把原文重复解说一下。

幻化与生死

“昔老聃之徂西也，顾而告予曰：有生之气”，道家认为生命是由一个炁变化来的。这个原始的炁，等于现在科学所讲的能，能量。“有形之状，尽幻也”，有了这个气，变成这个肉体的形状，都是虚幻的，我们肉体活着只是一口气。譬如中国所讲的，一口气上不来就死了；更快一点就是佛家所说的，生命在呼吸之间。我们气呼出去不吸进来，或者吸进来不呼出去，立刻会死亡，所以是气维持了生命。因此古人有一句诗——“悟到往来唯一气，不妨吴越与同丘”。春秋战国时期的吴国跟越国是世仇，是冤家，人生悟到了生命往来只是一口气，就算是冤家，死后都可葬在同一个坟里。这是讲宇宙间一切都是幻。

“造化之所始”，中国把宇宙最原始万有生命的根源，定了一个名叫“造化”，有造万物、化生万物的功能。我们几千年来的文化，“造化”二字是多方面的代名词。譬如讲人的运气好不好，就说你的造化好不好。倒霉了，没有关系，是造化不好。代表生命造作功能的，不是什么神啊、阎王啊、上帝啊、菩萨啊，谁都做不了主，这一股生命的功能叫作造化。造化，是科学性的，也是哲学性的。

因此说，宇宙万有的这个造化是不可知、不可见、不可思议。“阴阳之所变者”，当它发生作用时，都是相对的，都是矛盾的，也可以说是彼此矛盾的统一，相生相克的，互变的。“谓之生，谓之死”，这一股力量的代名词，就叫作阴阳，或者叫生死。

“穷数达变”，穷就是研究透彻，一路追问原因，由数字上追到底。譬如说今天从哪里来？是从昨天来的，昨天二十四个钟头，每个钟头多少分、多少秒，任何一举一动都有数字。即使一个修道或者学佛的人，万缘放下，一念不生，也有数字；不过这是逆数，倒过来的数字，是减的。宇宙万有的数字是增的，由一、二、三一直到几千亿、几万亿。“穷数”是倒过来，所谓倒是逆数也，减回来，譬如说温度高，高到一、二百度，倒回来低到零下多少度，这是逆数。所以一切都有数，能了解数，能通达变化的法则，生命就可以自己把握了。

“因形移易者”，能够把现在的形体、这个物理的形状改变，就是合于宇宙的法则。同时我们要了解，道家的观念叫作幻化、变化；佛家叫作“诸行无常”，无常就是不永恒，不会常在，因为它随时在变化。所以这两家的学术思想，两三千年来，已对这个科学与哲学的观点弄得非常清楚了，甚至比我们现在的科学与哲学还要进步。

生命的幻化

因为一切皆在变化，因此说“造物者其巧妙”，所以宇宙原始这个生命，它的作用非常巧妙。譬如我们人，世界上那么多的人，都有眼耳鼻舌，但绝对没有两个人是相同的，这个非常奇怪。甚至同样的树叶子，也没有完全相同的。“其功深，固难穷难终”，所以这个造化宇宙万有的功能，非常深厚，不可思议，尽人类的智慧，用数学来推测，用科学物理的法则来追求，最后也没有办法得其究竟。科学上的现象和发现，过不了几年，又被推翻，因为又有新的发现。当牛顿发现地心引力时，这个伟大定律，似乎没有办法推翻；但是爱因斯坦发明了相对论，万有引力几乎就要被推翻了，不过在地球上还用得通，互相并存并用。相对定律也就是说阴阳之所变，是不是究竟呢？很难说。所以爱因斯坦准备再研究如何统一这个磁场，就是说超越阴阳的变化，他还想追下去。可是佛道两家的结论，是“固难穷难终”。

因此说到“因形者其巧显”，因为物质世界的东西都有形状，有形状的东西，尽管是很明显的巧妙，但是“其功浅”，它的功力还很浅显，为什么呢？“故随起随灭”，因为随生随死，刚刚生出来就灭亡了。

我们拿人来讲，一个人活一百岁，拿历史的寿命来看，一百岁不算什么。学天文的人，看世界的事没有什么了不起，地球只像汤圆那么大，地球上的人那么多，是汤圆上的细菌。再拿宇宙的眼光看几千年历史，不过早晚之间一样，这是观念不同。所以说，以道的观念看生灭的万有现象，功能巧妙而浅显。

“知幻化之不异生死也，始可与学幻矣”，这个是原则，一个人要了解宇宙万有是幻化变出来的；但是学佛修道的人最怕一个问题，就是死。大家为什么去学道？因为怕死。不管你是信什么宗教的，做什么工夫的，学显教密宗，学瑜珈、外丹内丹功等等，都是为了了生死。实际上，上古的文化没有什么了生死的问题，因为根本不承认有生死。所以我们老祖宗的文化，就是“生者寄也，死者归也”，人活着是做客人，寄住在这个天地，死亡并不是消灭，是回去睡一觉再来。

佛家除了小乘谈一下了生死之外，大乘的思想是“涅槃生死等空花”，不管涅槃也好，生死也好，都是梦幻，都是游戏，生死不需要去“了”。但我们人是有感情的，尤其年轻人，花开花谢，女孩子们陪了多少眼泪。《红楼梦》中的林黛玉，除了花落陪泪之外，还作葬花的祭文，“侬今葬花人笑痴，他年葬侬知是谁”，你说她多痴啊！这叫痴情，情感的美丽。一切恋爱的小说故事，古今中外什么《茶花女》《红楼梦》，很多啦！如果他们结了婚，过个五六年非打架离婚不可。所以人类世界的文学，都是痴的构成，越痴越有味道。

因为人看不通生命的幻化，就构成了一个痴，佛家真正的戒律，就是戒贪瞋痴这三样东西。贪瞋痴这三者之中，最严重的还是痴。所谓痴就是无明的根本，所以学佛是学般若，智慧的解脱。《列子》在这里讲“吾与汝亦幻也，奚须学哉”，尹文子告诉老成子，他说你懂了没有？——这已经是传道了，在你们学佛的就叫作传法啦，有个方法传给你。他说你要知道，你我的生命现在活着，都是幻，不是真的。你还要学个什么？不需要学。“一切有为法，如梦幻泡影，如露亦如电，应作如是观”，这是《金刚经》中有名的偈子。世界上有作为、有形象的，就是有为法，都如梦如幻、如水泡、如影子。水面上起来的泡沫，一下就没有了，你看到的影子，像电影里的人一样，你说没有吗？讲话动作像真的一样，但这都是幻化。

前面讲过，密宗有一个幻网观的修法，那很严重了，又要佛堂佛像，又要怎么供养，念什么咒子，一天到晚嗡嗡嗡，忙得不得了，大概一堂法修下来要四个钟头。注意啊！大幻网观也是一种方法，瑜珈也有很多种修法；实际上刚刚尹文子所讲的这一段，是真正大幻网的观法。这些就是叫你看清楚生命，这是智慧之学，这是真正的道。

幻化法修成了

> 老成子归，用尹文先生之言，深思三月，遂能存亡自在，憣校四时；冬起雷，夏造冰。飞者走，走者飞。终身不著其术，故世莫传焉。

“老成子归，用尹文先生之言，深思三月”，老成子听了老师这一套传道，就深思了三个月。真正的道，是靠自己智慧来研究透彻，不是靠迷信的崇拜，这是正统的道家。后世的道家点窍啊，打通奇经八脉啊，我看了几十年，气脉打通的人到哪里去了？都到阳明山公墓去了，将来我也去的啊！所以不要乱信，就算你奇经八脉打通了，也不是道啊，那不过是你身体比较健康而已。但是这个身体是幻化，总有一天要坏的，所以学禅的白居易作的诗中有两句，“饱暖饥寒何足道，此身长短是空虚”。活得长短都一样，失败成功，得意失意，都没有什么了不起；这个身体最后是归到虚空，不会永远存在。这是智慧之学啊！现在我强调的是，学道是智慧之学，不是盲目地崇拜与迷信。

老成子对这个幻化的法门，是如何懂得呢？“深思三月”，他回来研究，打起坐来，参究三个月之久。这个深思，后来正统的道家叫作精思，所谓精思入神。后来禅宗讲参话头，也是参究，乃至佛家讲所有的方法都叫作止观，是智慧精思而成就。所以佛学八正道里正思维，是身心非常健康，思想研究透彻，这个才叫作正思维；心理不健康，思想偏差，身体也不健康，那不是正思维，那是不对的。

所以老成子听了老师尹文子的话，回来闭关参究一百天，他就成功了，成功到什么程度呢？“遂能存亡自在”，当然还没有大成功，但是已经是现代人做不到的神通了。他做到要活就活、要死就死，存亡自己做主。“憣校四时”，还可以改变时节的气候，把它翻过来。黄帝的老师广成子，本事更大，《封神榜》里说，他的翻天印一打出去就不得了，可以把宇宙翻过来。

我们中国文化老祖宗广成子，道书里记载，他传道给黄帝，“毋劳尔形”，身体不要过分的疲劳；“毋摇尔精”，精神收回来，不要动念头；“毋思虑营营”，思想要宁静，不要多思想。杂念思想一来、一动，已经漏精了，精神漏出来了。所以漏丹是道家的话，有些人写成“露丹”，错了。其实我们六根都在漏，眼睛看书看成近视，因为眼睛的精神漏掉了，神经坏了。耳朵喜欢听歌，耳听的精神漏掉了，所以说“有动于中，必摇其精”。因此他告诉我们“毋思虑营营”，这个就是广成子传道给黄帝的。

“冬起雷，夏造冰。飞者走，走者飞”，老成子修到可以冬天打雷，夏天下雪。能够把手一指，让天上飞的鸟下来两脚走。像我们人靠两只脚走，他能够使人飞起来，这个神通多大啊！但是“终身不著其术，故世莫传焉”，但是一辈子没有人知道他有那么大的本事。他也没有向外面宣传，也没有传个工夫啊，或者登个广告啊，甚至他的家人都不知道他有这样大的本事。

这一点就是中国古代文化修养的精神，同现在西方文化不一样。中国人过去的传统习惯，越有学问越退隐，不吹牛，一声不响，也不喜好宣扬，也不去标榜。不过这也是中国文化的一个毛病，所以过去很多高明的技术，武功也好，医药也好，很多东西，因为一辈子不宣扬自己，也不愿意传出来，所以就断绝了。但是现在《列子》已经告诉我们了，把什么原理、什么方法都说完了，只要我们能够做到好学深思，去研究，你就可能达到这种成就。虽说“世莫传焉”，但他已经传了，所以我们读书，要睁开另外一只眼，不要被书所瞒。如果我们真相信《列子》讲的，这个人得了道，没有传出来，你早被骗了。他已经说了，列子就是他的徒孙嘛，他早传出来了。

第六十讲

列子说幻化

列子说觉与梦

列子解梦

不做梦的人

列子说幻化

> 子列子曰："善为化者，其道密庸，其功同人。五帝之德，三王之功，未必尽智勇之力，或由化而成。孰测之哉！"

"子列子曰：善为化者"，就是真懂得修道，善于变化、幻化的，"其道密庸"，修道的功能非常深，非常奥秘。而真懂得奥秘之后，又觉得非常平常，就是说最高深的道理就是非常平凡的。"其功同人"，他的功德也同普通人一样，很平凡。"五帝之德，三王之功，未必尽智勇之力"，三王五帝构成的人类历史文化，非常伟大，是智慧的成就，是武功的成就。不过列子的观念，认为并不一定是他们的成就，"或由化而成"，他说这或者是天地自然化成的功能，"孰测之哉"，有谁能够知道啊！

我们晓得这属于人文文化，就是历史哲学的观念，司马迁著《史记》常常说，"虽曰人事，岂非天命"。他说有许多事情，虽然靠人为的努力，但是人为的努力是有限的，还有一个不可知的力量，也可以称其为天命。但是有时候他又反过来用，"虽曰天命，岂非人事"，虽然说是命运，但是也靠人为的努力。所以究竟是人定胜天或者是天定胜人，这是哲学上的大问题，无法下一个结论。等于说是英雄创造了时代，还是时代创造了英雄，也是无法下结论的。

下面再由幻而说到梦的原理，这是上古的医学了，是道家提出来的心理治疗，属于医理的范围。另外还有一本书，学中医的必须要读，就是《黄帝内经》，里头也有关于梦的问题。世界上流行的密宗，所谓梦幻成就的修法，是学密宗的人梦寐以求的。现在《列子》里就牵涉到这方面的道理。

列子说觉与梦

觉有八征，梦有六候。奚谓八征？一曰故，二曰为，三曰得，四曰丧，五曰哀，六曰乐，七曰生，八曰死。此者八征，形所接也。奚谓六候？一曰正梦，二曰蘁梦，三曰思梦，四曰寤梦，五曰喜梦，六曰惧梦，此六者，神所交也。

不识感变之所起者，事至则惑其所由然；识感变之所起者，事至则知其所由然。知其所由然，则无所怛。一体之盈虚消息，皆通于天地，应于物类。

中国人说“睡觉”，这个词语很妙，明明睡着了，但是又有一个“觉”字。换句话说，你不是睡着，是在清醒中，这个妙不可言。“觉有八征，梦有六候”，他说人醒的时候有八个征候，而梦有六种。“奚谓八征”，什么是清醒的八个征候？“一曰故”，这个“故”字怎么解释呢？一个小孩生下来，虽有父母家庭的教育，但小孩思想里有过去生的习惯，所以感情思想都有一种习惯性，“故”是这个道理。“二曰为”，第二是现在的行为，如果用佛学的唯识学来讲，“故”是前生种子带来的，“为”就是现行，现在的行为。“三曰得”，第三就是我们做事都有目的、有希望，想抓住，佛学叫作执著，就是得。“四曰丧”，第四就是失败，我们名利也要抓，权力、爱情也要抓，结果抓了半天，一样都把握不住。所以我们常说，人生活着像是猴子偷苞谷（玉米），我亲眼在山上看那个猴子偷玉米，偷一个就放在腋下，又抓一个也放腋下，结果你拍一下它就跑了，一个都没有得到。这就是人生，我们偷了一辈子，结果走的时候，到了殡仪馆那个地方啊，什么都带不走，这就是丧。“五曰哀”，是心理上情绪变化的悲哀，是一种烦恼。“六曰乐”，快乐、幸福。“七曰生”，活着。“八曰死”，第八种是死。他说这就是人生命的八种过程。“此者八征”，这八种现状“形所接也”，因为有这个形体，有生命、有思想、有情绪，归纳又归纳才有这八种现象。

“奚谓六候”，梦有六种征候。“一曰正梦”，什么叫正梦啊？就是规规矩矩做梦。梦有很多，譬如说西方的心理学家弗洛伊德，他讲梦，解释的不同。到今天为止，政治思想跟着马克思、恩格斯的唯物思想，而有关心理的行为都逃不出弗洛伊德的性心理行为的思想范围。虽然知道他不对，但还没有一个学者可以打破他的这个理论。以弗洛伊德的看法，一切人类行为都是男女之间性行为的一种扩大、变化。如果从佛家的唯识学讲，弗洛伊德只懂得第六意识的背面，而后面第七识、第八识，他完全不懂。所以这个梦跟唯识要合起来研究，非常妙的。列子这里提出来一个正梦，正梦真的是梦，我们现在不牵涉唯识学，否则好几次课都讲不完。

“二曰蘁梦”，噩梦，是非常坏的梦。这个“蘁”是古写，就是“噩”字。像我们当年离开家乡到外面读书，梦到家里好像发生事情，那真是噩梦，醒来枕头上都是眼泪，过不了两三天会接到家里的信，和梦中一模一样。有些同学说家里出事了，昨天夜里做了一个噩梦，祖母过世了。大家劝说那是做梦啦，不要相信，过不了三天，知道是真的啊，像这一类是噩梦。

“三曰思梦”，第三种梦是因为思想。思跟想不同，譬如情绪上，心里偷偷地爱，像《西厢记》的文学境界一样，“心坎儿里温存，眼皮儿上供养”，我爱你是我的自由吧！这不犯法。思就是这么一个意思，偷偷地爱，别人不知道，甚至连自己也不知道。思比想还细，因思虑而构成梦，所以有时候你自问，我怎么会做这样一个梦呢？心里仔细研究，你思想里已有这个东西存在，自己还不知道，这属于思梦。

“四曰寤梦”，寤就是睡觉，寤是什么样的睡觉呢？好像睡着了，又好像蛮清醒的，实际上还是睡了，这个境界叫寤。我们大家都有这个经验，有时睡着了觉得自己好像没有睡着，所以有许多人说失眠，其实并没有失眠，你已经睡了，这就是寤。在刚睡未睡之间最容易做梦，不过普通人快要醒时才做梦。现在科学的研究，最长的梦没有超过五秒钟，可是梦中过了一辈子，做了很多事。时间是相对的，宇宙间时间也是相对的，地球的时间是跟月亮、太阳相对的；

我们人生快乐的时候，觉得很短，痛苦的时候，觉得很长，都是相对的。

“五曰喜梦”，第五种是喜梦，高兴的梦，人逢喜事精神爽，太高兴了，太得意了，会做喜梦。

“六曰惧梦”，惧就是心里有所恐惧，譬如说当年到台湾来，有人在梦中都还有敌人在追杀，就是心里那个恐惧，惧梦。

《列子》这里提出来这六种梦，唯识学把梦又归纳为五种，第一种是思想所引起的“想梦”，第二是“忆梦”，第三是“病梦”，第四是“曾更梦”，这些梦，同弗洛伊德的思想有一点点接近，但不一样。很多梦都是人生的经验，不会超过那个知识的范围，不管多怪的梦，都逃不出你的意识。你说我梦到上帝，因为你观念里有个上帝；如果乡下人，会梦到地狱里有个阎王，因为他们观念里有这个东西。第五种是“引起梦”，还没有来的事情会知道，梦中会出现，这个一般人较少，还是有。我年轻时，常常经历这个“引起梦”，梦过很多没有到过的地方，后来到了那些地方，我说我来过，什么时候来过？梦中来过。如果再拿唯识道理看，其实也不是引起，而是阿赖耶识种子功能所发，这是顺便谈到。

列子在这里说，“此六者，神所交也”，这六种梦是灵魂的境界，这个神可以脱离了肉体。实际上，这里要加一个后世道家的名词，“阴神所交”，所谓灵魂的境界，是阴神不是阳神。这个注意啊！白天发动征候是“形所接”，夜里做梦六种征候则是“神所交”。

“不识感变之所起者”，他说一般人对于做梦搞不清楚，这个梦是思想的一种感应，与外面交感而来。因为有了交感，心物一元，它有互变，是一种心理，道家叫作阴神之感应变化而引起了梦。他说一般人不晓得这个原理，“事至则惑其所由然”，所以这个梦一来，自己不晓得原因。如果知识够了，学问够了，“识感变之所起者”，一个梦有它的原理。“事至则知其所由然”，所以碰到梦的时候，自己就了解做这个梦的原因，“知其所由然，则无所怛”，了解了做梦的原理，心里就没有什么怀疑恐惧了。

“一体之盈虚消息，皆通于天地，应于物类”，这个“一体”，指一切物质世界、精神世界，是同一个功能，是心物一元。脱了宗教的外衣，就是一个本体。一体里头有盈虚，盈虚就像潮水一样，上涨谓之盈，退潮谓之虚。十五的月亮圆就是盈，缺谓之虚，就像苏东坡的文学境界——“人有悲欢离合，月有阴晴圆缺，此事古难全”，没有什么了不起，从古以来都是这样，生死也是如此。

“消息”是《易经》经常用的两个字，充满谓之消，充满为什么叫消？譬如现在很有钱，实际上就是消，因为钱到你身上集中了，有使用的价值，就一定会用出去，所以是消。息，钱都没有了，这个叫息；息也不是没有，是生命另一个生长，消息两个字是这个意思。尤其研究《易经》的，要把消息两个字搞清楚。现在青年人不懂中国文化，一听到消息，就要去打听消息了。“皆通于生命”，我们的生命通于宇宙这个功能，“应于物类”，因此有感有应，同万物的作用互相感应。下面解释梦，说到梦与医学有关的情况。

列子解梦

> 故阴气壮，则梦涉大水而恐惧；阳气壮，则梦涉大火而燔焫；阴阳俱壮，则梦生杀。甚饱则梦与，甚饥则梦取，是以以浮虚为疾者，则梦扬；以沉实为疾者，则梦溺。藉带而寝则梦蛇，飞鸟衔发则梦飞。将阴梦火，将疾梦食。饮酒者忧，歌儛者哭。
>
> 子列子曰："神遇为梦，形接为事，故昼想夜梦，神形所遇。故神凝者，想梦自消。信觉不语，信梦不达，物化之往来者也。古之真人，其觉自忘，其寝不梦，几虚语哉？"

"故阴气壮，则梦涉大水而恐惧"，人身体里的阳气旺则看不到鬼，我一辈子都想看鬼，却从来没有看见过；怕看到鬼的人才会看到鬼，因为他阴气盛，跟鬼的气会结合。过去有个凶宅，人睡在床上半夜被鬼摇，吓得他发抖。我们胆大的去住，什么都没有。不过，阳气特别壮的，有时也可以看到鬼，等于你那个电能特别强，阴的一来，跑不掉就被你看见。

从医学的道理看，什么是阴气壮？学中医这个地方难了，同样一个病，有阳气、阴气之分，用药就不一样。所以我说你们年轻人学中医不要变成学杀人啊，我学了一辈子的医，不敢给人家医病，因为阴阳之分你就没有办法把握。如果阴阳之间把握住了，不管是西药或中药吃下去，没有治不好的病。譬如说一个人消化不良，有的怕寒，有的怕热，胃寒这一类的人消化不良，做梦会梦到大水，心生恐惧，好像看到大水里有东西要来吃他；如果梦到有大水要来淹你，算不定你神经上有毛病，或血压方面有毛病，这就是“阴气壮，则梦涉大水而恐惧”。

“阳气壮，则梦涉大火而燔焫”，什么是阳气壮呢？也很难讲，譬如身体内部发炎了，西医叫发炎，中医的道理却有很多种。譬如你炖一锅肉，没有放冰箱，天气热，上面起一层毛毛，腐化也是一种发炎。人体血液流行缓慢，次序乱了，也是一种发炎。发炎有上、中、下焦之分，要断定清楚。发炎不一定是阳气壮，有时反而是阴气虚，所以难在这里。你们青年人学中医的，小心啊！我都不敢动手，头发都白了，搞了一辈子了，引用一句小说里的话，“江湖是越跑越老，胆子是越来越小”，不敢动了。有人像三脚猫，刚刚学两下，就给人家下药了，间接杀人！看起来病是治好了，但它的后遗症有时几个月、半年、一年才发作，所以很难很难。阳气壮梦到大火，这个燔字，好像自己烧焦了，有些人梦中给火烧了，醒来一看，皮肤真的焦了，这是外力感应。

“阴阳俱壮则梦生杀”，有人梦中觉得自己杀了人，觉得脾气很大。“甚饱则梦与”，消化不良，肚子吃得太饱了，梦到施舍，钱多了也会梦到布施。“甚饥则梦取”，肚子饿时，梦到有人请吃东西，吃饱了嘴里还有味道。

“是以以浮虚为疾者，则梦扬；以沉实为疾者，则梦溺”，所以浮虚为病，身体营养不良，太虚弱时，常常梦到飞起来，在空中飞得很高兴，不过飞不高，只比人高一点点。如果飞到飞机那么高，那是另外一种病，快要进入离魂症了，要小心。

身体内部长瘤长东西，则梦溺；还有梦中屙尿，也是梦溺，就是梦到泡在水中，动不了。或者被困住了，那你身上有风，快要形成病了，赶快去治。“藉带而寝则梦蛇”，有时候手里抓到带子，或者皮带太紧了，会梦到蛇来把你缠住。“飞鸟衔发则梦飞”，头发被鸟咬住或者挂住了，就梦到自己飞起来了。

“将阴梦火”，有时候相反，阴气快要来时，年纪大的人，或者是生病了，或者是气候影响变化，梦到起火。“将疾梦食”，快要生病时，梦到人家请你吃一顿很好吃的东西，吃得过饱，当心你的病快要来了。所以“饮酒者忧”，夜里梦到有人请你喝酒，当心这两三天内会有忧苦的事情来。“歌儛者哭”，梦到唱歌又跳舞，可能有悲哀的事情发生，这个研究起来很妙的。

“子列子曰”，所以列子作个结论，“神遇为梦，形接为事”，我们夜里睡着时，这个识神同外界的感应接触变成梦；白天这个身体同外界人事接触，就叫作在做事、在工作，这就是佛家讲的颠倒。“故昼想夜梦，神形所遇”，所以说人白天有思想叫清醒，夜里有思想叫作梦，其实两个都是思想，不过作用不同，白天是靠肉体的动作，夜里是灵魂神秘化地来做事。

不做梦的人

“故神凝者，想梦自消”，神凝就是定，佛法讲修定，得了定的人没有梦。所以庄子也说过“至人无梦”，得道的人没有梦，“愚人无梦”，最笨的人、白痴也没有梦。所以得道跟白痴好像是一样的，但是并不一样哦！为什么说“至人无梦”呢？列子给你透露了消息，“故神凝者，想梦自消”，什么叫神凝？就是已经得定了，精气神合一，这个时候也是一念不生了，自然没有妄想。所以白天也没有妄想，夜里也没有梦，这是得道的人。六祖讲“本来无一物，何处惹尘埃”，要到这个境界才行。你们的尘埃拿扫把都扫不开，太多了。

所以“信觉不语”，“信觉”就是真的悟了，佛学有个名词叫“醒梦一如”，醒跟梦一样，“一切有为法，如梦幻泡影”，这是真悟了、清醒了。所以佛翻译过来就是觉，佛者觉也。真正悟了“不语”，没有话讲，佛学叫“言语道断，心行处灭”。还有些学密宗或学道的人，对于梦太相信，我看到就头痛。有个学密宗的人来问，昨天做个梦，老师你看对不对？我说你现在就在说梦话嘛！你何尝醒呢！所以“信梦不达”，没有知识，不通达，“物化之往来者也”，梦只是万物精神变化之往来。

“古之真人，其觉自忘”，所以真正得道的人，醒时没有烦恼，没有妄想，同这个宇宙天地一样，万里青天无片云，身心都是清净光明的，这是真正清醒了，所以一念不生。“其寝不梦”，得道的人睡就是睡，没有梦。“几虚语哉”，这不是空话，这是工夫的境界。

由这个道理可知，究竟我们现在是清醒还是做梦？不知道哦！下面《列子》接着说明我们现在是不是在做梦。欲知后事如何，请听下回分解。

第六十一讲

西极之国　另类生活

中土的生活

劳力者的醒与梦

劳心者的醒与梦

在我们文化的习惯上，《列子》中《周穆王》这一篇，大部分把它归入中国的上古史，或者是中国神话史的重要资料。这一篇配合《山海经》，都是研究我们先民神话的来源、历史的来源。一般研究哲学的学者，把每个故事的哲学成分跟它哲学的意义，都归类到道家哲学的范围。这种归类的方法，是不是绝对的准确，那是各人所见不同，所谓仁者见仁、智者见智。

上次讲到觉与梦，这个问题是一般宗教以及学道学佛者所要追寻研究的；对研究唯识的人，这个更为重要。所以我们真正修持做工夫的人，要在这个地方真切地体会才是。下面是另一个故事。

西极之国 另类生活

西极之南隅有国焉，不知境界之所接，名古莽之国。阴阳之气所不交，故寒暑亡辨；日月之光所不照，故昼夜亡辨。其民不食不衣而多眠，五旬一觉，以梦中所为者实，觉之所见者妄。

我们先把这个故事的开端弄清楚。“西极之南隅有国焉”，这个西极究竟是什么地方？不知道。根据上古史的一部神话《山海经》的研究，我们的大禹王曾到过美国，美国的这些大河啊，尼加拉瓜的瀑布啊，是不是他开的，不知道。现在外国人风起云涌，很有兴趣地在研究《山海经》，甚至有些学者更证明首先发现美洲大陆的是中国人。《山海经》中东南西北各有个极，那些地方有谁到过呢？不知道。所谓胭脂（焉支）之山，文学里经常念的，就是太阳所落下的那个极边，那是《山海经》所谓西极的一种。这个西面还有没有地方？也不知道。每个地方出产什么，有些什么怪物、什么神、什么人，《山海经》都有记载。

这里讲西极之南隅“有国焉”，就是一个地区，“不知境界之所接”，它的边境在哪里？很难说。中国的上古史研究起来很有趣，譬如释迦牟尼佛吩咐四大弟子留形住世，就是肉体不死，第一位就是禅宗的祖师——迦叶尊者。佛把自己用的衣钵交给他保持，等待弥勒到这个世界上成佛时，他把衣钵交给弥勒，才算完成任务。大家都晓得迦叶在鸡足山入定，一般的观念认为，鸡足山应该在印度，但是鸡足山就在云南洱海附近。云南分迤东、迤西，迤西接近缅甸边界，也是过去古印度的边境。我当然很想到鸡足山住下来，不过有朋友告诉我，再加上古书也记载，还有比鸡足山更好的地方，那里山崖上的茶花一连十几里，几乎天天都是晴天，万里无云，所以越来越向往。

迦叶尊者在鸡足山入定，很多和尚都去朝山，据说虚云老和尚在下面搭一个茅棚，住了好几年，他想见到迦叶尊者，夜里常常听到岩石里有念经、敲木鱼的声音。还有一件事，真假不知道，有一位英国人无意间到了这个地方，他就进去了，还见到一个老和尚。和他谈了半天以后，他就问老和尚的名字，回答到缅甸就知道了。他出来以后，回头一看，没有人，岩石还是一整块，他感觉很奇怪。这个英国人后来到缅甸出家了，才晓得迦叶尊者在鸡足山入定，所以他断定这个老和尚是迦叶尊者。这是个传说的神话，可是在历史上这个问题很大，因为迦叶尊者会到云南的鸡足山入定吗？

不过研究历史，已经慢慢知道，诸葛亮七擒孟获到过云南的迤西那里，《出师表》里所谓“五月渡泸，深入不毛”，“不毛”两个字是汉朝讲的，就是八莫（Burma），也就是缅甸，有人举了很多的证据，断定诸葛亮追南蛮已经到达过缅甸的边境。研究云南的滇西，老实讲，在宋元之间有一部分仍属于印度，甚至将印度史跟中国史对照研究，印度阿育王有个儿子曾经在云南建立了一个国度，也是称王。再譬如大理国，也有一说就是印度在云南建立的另一个国度，由唐末五代起，直到元明，才收归中国的版图。大理国之前是叫南诏国，所以研究中国历史和文化的发展，这些都是很有趣的资料。

有人认为《列子》所讲的“西极之南隅”这个地方，在上古时可能是云南的西南这一带。当然，我们现在追查古人的究竟，也非常困难，也许地球经过冰河的变动，有所改变了，可是上古时传说有这么一个地方。《列子》中这些名称，也可能是后人加以改过的。

“名古莽之国”，莽就是苍莽，就是古国啦！他说这个地方，“阴阳之气所不交”，如果讲阴阳之气，可能要讲两个钟头，我们只能简单地说。现在人类所知道的北极，也可以说那里是“阴阳之气所不交”，半年白天，半年黑夜。它有所谓极光。南极也是一样，也有极光。这种极光，是天地阴阳之气本身所发出的。如果以阴阳代表日夜的话，这个是日夜之所不交。何以不交呢？因为白天时间短，夜里时间长，“故寒暑亡辨”，所以冷暖的感觉同我们也不同。“日月之光所不照”，这里太阳月亮的光不直照。“故昼夜亡辨”，不像我们这样日夜平均，所以这个地方，以我们一般习惯没有办法了解。

“其民不食不衣而多眠”，这个地方的人们，不吃不穿，只想睡觉，“五旬一觉”，十天是一旬，一睡五旬，就是五十天，用佛家的观念来说，大概每七七四十九天就醒来。“以梦中所为者实，觉之所见者妄”，他们把梦中所做的一切事当做真的，跟我们相反；把醒的时候做的事当成假的，因为他们睡觉时间很长。这个哲学问题就来了，所以我们人生究竟梦是真的还是醒时是真的？很难讲。

中土的生活

四海之齐，谓中央之国，跨河南北，越岱东西，万有余里。其阴阳之审度，故一寒一暑；昏明之分察，故一昼一夜。其民有智有愚，万物滋殖，才艺多方，有君臣相临，礼法相持，其所云为，不可称计，一觉一寐，以为觉之所为者实，梦之所见者妄。

东极之北隅，有国曰阜落之国，其土气常燠，日月余光之照，其土不生嘉苗，其民食草根木实，不知火食，性刚悍，强弱相藉，贵胜而不尚义，多驰步，少休息，常觉而不眠。

回过来写我们中国，在古代中国代表了天下。“四海之齐，谓中央之国”，平面的地形外有四海，四海的中央就是中国。“跨河南北”，中间有一条黄河，分界南北。“越岱东西”，越岱，横跨泰山的东西两边，以这个为标准，纵横“万有余里”。这个国家，居住的地方不同，“其阴阳之审度，故一寒一暑”，一半阴，一半阳，太阳月亮的行度，很准确的，因此在这片土地上有冷有热，有冬有夏。又有“昏明之分察，故一昼一夜”，有明有暗，有白天夜里的分别。阴阳各半，昼夜也各半。“其民有智有愚，万物滋殖”，因此生在这个地面上的人，有的聪明，有的愚笨，因为阴阳之气相交而有万物，很茂盛。这里的人们“才艺多方”，有聪明才智的人很多，有各方面的发展。“君臣相临，礼法相持”，有政治的制度与社会的秩序，历史是永远延续下去，就是“相持”两个字的意思。

“其所云为，不可称计”，古文里常常看到“云为”二字，云是所讲的，为是所做的。所讲所做没有办法记录下来，花样百端，因此他们的生活“一觉一寐，以为觉之所为者实”，觉就是醒，把醒时的事情当成真的，“梦之所见者妄”，把梦中的事情当成假的，跟西极之国的人相反。他举的两个例子很巧妙，宇宙间的人类究竟谁对谁不对，很难断，我们当法官的也不能判断。

这些都是上古神话，有时候一看，像《西游记》一样，很迷醉人，自己都想变成上古的人了。

《列子》说的这个东极，说不定是过了日本再向东。现在有人研究这一段，认为也许是美国的印第安人，或者是再过去南美洲。西方人现在研究这些的很多，所以你们连自己本国文化也不知道，碰到别人一问，就很糟糕。

我还常常提一个故事，我一个老朋友学医的，她告诉我，当年到德国留学，有一天她到舞厅——过去的德国，女的可以叫男的伴舞，她就叫了一个德国人，当年跳舞是很规矩的——他一边跳一边问，你是日本人吗？她说我是中国人。结果他就说中国了不起呀！中国有个老子。问他你怎么知道老子？他说我会背《老子》呀！“道可道，非常道……”这真要命啊！好在我在家里还念过。所以她说到了别的国家，不知道自己国家的文化，那是很丢人的。我插进来这个故事，是说明你们年轻人不晓得最近国外的文化是这样，虽还没有到达研究中国寒山子那么热，可是开始在热了。假使你是中国留学生，你不晓得《列子》《山海经》这些，你只晓得中国上有《老子》、下有《孙子》，中间倪子是谁还搞不清楚呢，这就丢人了！

这一段讲“东极之北隅，有国曰阜落之国”，这个国究竟在哪里？当然我们没有办法确定，拿《山海经》来对，也很难说。不过《列子》讲的这些地方，像海外的仙境一样，比我们的国土都好。“其土气常燠，日月余光之照”，那里非常闷热，太阳月亮的余光照在那里。“其土不生嘉苗，其民食草根木实，不知火食”，那里不生稻麦这些东西。这个地方的老百姓吃草根、木实，木实当然是水果啦，树上长的。果实分两种，一种叫水果，干果才叫木实，像红枣、黑枣、龙眼、李子也算木实，所以“性刚悍，强弱相藉”，他们的个性不止非常刚强，而且强悍，很坏。这个地方可以说没有文化，强者欺凌弱者，没有办法的人总被人欺侮，互相侵害。“贵胜而不尚义”，强权就是公理，胜的就是对的，不讲人伦的道理。“多驰步，少休息，常觉而不眠”，每人都会跑，很少休息，不像西极那一边的人，一睡那么久，这一边的人都醒着，不需要什么睡觉。

劳力者的醒与梦

> 周之尹氏大治产，其下趣役者，侵晨昏而弗息。有老役夫，筋力竭矣，而使之弥勤。昼则呻呼而即事，夜则昏惫而熟寐。精神荒散，昔昔梦为国君。居人民之上，总一国之事。游燕宫观，恣意所欲，其乐无比。觉则复役。人有慰喻其懃者，役夫曰：“人生百年，昼夜各分，吾昼为仆虏，苦则苦矣；夜为人君，其乐无比。何所怨哉？”

周王城有一个姓尹的、产业很大的人家，“其下趣役者，侵晨昏而弗息”，他下面做劳力的人，早晚劳动，昼夜不休息。几十年前大家研究《列子》就提到，这是西方人，尤其美国人，他们那里有真正的奴隶。“有老役夫，筋力竭矣，而使之弥勤”，有些奴隶年老，老得衰弱不堪了，人老筋骨都硬了，力量快要用光了，但是仍不给他们休息，还要他们做工。因此那些老的奴隶真可怜，过去白种人奴役黑种人也是这样。“昼则呻呼而即事”，这些老奴隶白天“嗨哟嗨哟”地叫，一边做事一边叫苦，“夜则昏惫而熟寐”，夜里躺下去不到一秒钟就睡着了。睡得很熟，打起鼾来，比猪叫的声音还大，所以“精神荒散”。这一句话特别注意。

道家说夜里做梦，是因为魂魄不能相依了。很明显的，白天就叫精神，夜里睡着就是魂魄。譬如我们思想这一部分就是魂；生理身体部分剩余下来的力量，叫作魄。“魄”字旁边这个“白”字，代表已经返本还源了，一切都没有了。所以“魂魄”这两个字都从“鬼”部，这个鬼也是电能，看不见的，但是两个字边不同。白天我们这个魂魄就是精神，人的精神强烈，有思想，有体能；夜里睡着了做梦，是魂魄不相交。魂魄相交就得道了，就是精神归一。佛学讲精神归一就叫得定，叫作入定；道家就叫作凝神，神跟气一凝结就入定。所以不能入定是因为气跟神不能凝结拢来、魂魄两个不能相交的原故。

“昔昔梦为国君”，我们想不想做这样的人？其实我们大家都是这样的人，很有意思。刚才提到“精神荒散”，体能的疲劳过度了，魂魄不能相交，所以夜里做梦。“昔昔”就是昨天的昨天，过去的过去，也就是常常。他夜里常常做梦，梦到当皇帝，坐在那里一呼百诺，威风凛凛。“居人民之上，总一国之事”，这个人大概劳苦惯了，白天做劳役，做梦当皇帝也是做全国人的奴役，一天到晚办公，公文不晓得多少。“游燕宫观”，不过休息的时候也很舒服，在皇宫里头玩乐。“恣意所欲，其乐无比”，想怎么样就怎么样，什么都做得到，生活很快乐。“觉则复役”，醒来以后，还要去做苦工，老了又做不动，鞭子在后面打，还是“嗨哟嗨哟”地叫。其实我们每人都是这样，不过我们的皇帝是自己的孩子，儿女就是皇帝，白天鞭打你，你要把饭做好，孩子一哭，你心就慌了，手烫到了也要炒菜，这也是一种挨打。

“人有慰喻其懃者”，有人安慰他，说你偷懒一点嘛，不要那么辛苦。“役夫曰：人生百年，昼夜各分”，可是这个老头子说你不懂我，他说人生有一百年，白天夜里各一半。“吾昼为仆虏，苦则苦矣，夜为人君，其乐无比”，他说我白天是给人家当奴隶，当然很痛苦，夜里这一半我当皇帝啊，快乐无比。“何所怨哉”，所以我对白天的痛苦没有什么埋怨，权利跟义务相等，夜里享受，白天就要还回去，因果报应；白天受了罪，但是我夜里去当皇帝嘛，这也很舒服啊！

劳心者的醒与梦

> 尹氏心营世事，虑钟家业，心形俱疲，夜亦昏惫而寐，昔昔梦为人仆，趋走作役，无不为也；数骂杖挞，无不至也。眠中啽呓呻呼，彻旦息焉。尹氏病之，以访其友。友曰：“若位足荣身，资财有余，胜人远矣。夜梦为仆，苦逸之复，数之常也。若欲觉梦兼之岂可得邪？”尹氏闻其友言，宽其役夫之程，减己思虑之事，疾并少闲。

“尹氏心营世事”，这个姓尹的老板，每天忙忙碌碌做生意，想发财，想事业，想得多了，营是形容忙忙碌碌地奔走。“虑钟家业”，虑就是思虑，怎么样发展家庭事业，理念如何，前途如何。就像修道的人，想怎么样得定，怎么成佛，成不了也很苦啦，都是心里头在打主意。所以“心形俱疲，夜亦昏惫而寐”，心理同形体，身心越来越疲劳。夜里躺在床上，昏昏的就睡了。“昔昔梦为人仆”，常常做梦，梦中是做人家的奴隶。依照梦的道理解释，因为心头压力太大了，就会梦到做人家的奴隶，这是正常的。相反的就会当皇帝，因为心中压迫得太苦，下意识发奋要出人头地，只有梦中出人头地。这是研究生理学的说法，物极必反。“趋走作役，无不为也”，所以他梦里要给人家跑腿，被赶着走，什么事情都要做，“数骂杖挞，无不至也”，而且做不好还要挨主人的打骂。“眠中啽呓呻呼，彻旦息焉”，睡着了都在讲梦话，又一夜呻吟不停，天亮醒了才停止。

第六十二讲

意外得鹿又失鹿
醒与梦纠葛不清
健忘的快乐
记忆的苦恼

我们接着讲尹氏的故事。“尹氏病之”，尹氏有病了，夜里很痛苦，梦话讲到天亮。说梦话就是病，为什么讲“病之”呢？心里讨厌这个病态，“以访其友”，就去拜访一个朋友请教。“友曰：若位足荣身，资财有余，胜人远矣”，这个朋友说，你的地位在社会上很高，够光荣了，钱又那么多，比一般人好多了。“夜梦为仆，苦逸之复”，痛苦与安逸幸福，一正一反，这就是循环往复的道理，是果报自然的现象。“数之常也”，这个数在《易经》的哲学，就代表万事有一定的规律，规律之中自然有其数字，物极必反。“若欲觉梦兼之，岂可得邪”，你想白天幸福，夜里做梦也幸福；白天当皇帝，梦中去当上帝，那太难了，是不可能的。

“尹氏闻其友言，宽其役夫之程，减己思虑之事”，尹氏听了朋友的劝告，就改变了作风，对用人比较宽厚了，工作大概减轻了些，自己的思虑就少了。因此他说梦话痛苦的这个病，“疾并少闲”，这里闲字跟间通用，就稍稍好些了，并不是完全好。

《列子》说了三个故事，有两个故事是讲这个世界上真有“古”“中央”“阜落”这些地区；另一个故事讲古代有一个人，在梦跟醒之间转。所以我们的人生啊，究竟是醒时是梦、梦时是醒，没有定论。下面又用故事的方法来表达，这是《列子》在中国文学上最有名的一段，到处都有人引用，就是“蕉鹿之梦”。下面看《列子》怎么说。

意外得鹿又失鹿

郑人有薪于野者，遇骇鹿，御而击之，毙之，恐人见之也，遽而藏诸隍中，覆之以蕉，不胜其喜，俄而遗其所藏之处，遂以为梦焉。顺涂而咏其事，傍人有闻者，用其言而取之。既归，告其室人曰：“向薪者梦得鹿而不知其处，吾今得之，彼直真梦者矣。”室人曰：“若将是梦见薪者之得鹿邪？讵有薪者邪？今真得鹿，是若之梦真邪？”夫曰：“吾据得鹿，何用知彼梦我梦邪？”

郑国有一个人，“有薪于野者”，在旷野砍柴，刚好碰到一头鹿被猎人追赶，逃得很害怕。这头鹿的命运真差，逃脱猎人又遇到打柴的，这个打柴的人就把鹿打死了。你要注意哦！这人是捡了便宜，打猎的没有打中，鹿就逃命，筋疲力尽，刚好碰到他，给他一打就打死了。打死了这一头鹿，拿到市场卖，也不少钱哦！鹿茸可以做药、做酒。

他怕人家看见，“遽而藏诸隍中”，就匆匆忙忙把它藏在一个旷野的沟沟里，上面拿些芭蕉的叶子盖起来。他自己还在做工，一边做事，心里一边高兴。结果高兴了半天，“俄而遗其所藏之处”，把藏鹿之处忘了，要回家时，找了半天找不到。他心里想，刚才是不是做白日梦，以为藏了一头鹿？大概我太疲劳了。路上他下意识心有不甘，“顺涂而咏其事”，咏不是唱歌，是一边走一边唠叨，真是疲劳了，活见鬼，我白天做了这个梦，一路自说自话，自己气自己。

“傍人有闻者，用其言而取之”，旁边有一个路人听到他那么讲，就根据他的自言自语，到那个地方去找，竟然找到了这头鹿。这人就把这头鹿背回家。“既归，告其室人曰”，回到家对他的太太讲，“向薪者”，就是刚刚那个打柴的，“梦得鹿而不知其处”，他说梦中得到一头鹿，把它藏在沟里头，拿芭蕉叶盖着，但是他忘了是哪个地方。“吾今得之，彼直真梦者矣”，我听到就跑去找，真找到了这一头鹿，他还以为是做梦。

这个太太很聪明，也很高明。听他那么讲，就说“若将是梦见薪者之得鹿邪”，你讲人家做梦，忘记鹿放在哪里，你找到了，我看恐怕是你做梦。不过你这个梦做得好，总算你根据梦找到这头鹿。“讵有薪者邪”，根本没有打柴的人在路上讲这个梦话，哪里有人那么笨呢？还讲给你听，是你自己梦到的吧！不管怎么样，现在你得到鹿了，这个梦也是真的。

这个丈夫听了很不服气，“吾据得鹿，何用知彼梦我梦邪”，他说不管怎么样，我背了一头鹿回来，这是真的。管他是我做梦还是他做梦！这个人很解脱，人生就是这样，管他是谁做梦，反正得到一头鹿是真的。

大家要注意这一件事呀！我们人生常常这样，自己都忘记究竟是醒着还是在做梦，真的假的都不知道，反正我有茶喝是真的，来源就不问了。这就是说一般人没有哲学修养，不能修道，不追求那个来源。

醒与梦纠葛不清

> 薪者之归，不厌失鹿。其夜真梦藏之之处，又梦得之之主，爽旦，案所梦而寻得之。遂讼而争之，归之士师。士师曰：“若初真得鹿，妄谓之梦；真梦得鹿，妄谓之实。彼真取若鹿，而与若争鹿。室人又谓梦认人鹿，无人得鹿。今据有此鹿，请二分之。”以闻郑君。郑君曰：“嘻！士师将复梦分人鹿乎？”访之国相。国相曰：“梦与不梦，臣所不能辨也。欲辨觉梦，唯黄帝孔丘。今亡黄帝孔丘，孰辨之哉？且恂士师之言可也。”

“薪者之归”，这个打柴的人一路讲一路回到家里，“不厌失鹿”，这个鹿找不到，心里不甘愿。“其夜真梦藏之之处”，到了夜里睡着做梦，梦到自己藏鹿的地方——你看这是梦还是真的？这个经验我们大概都有，白天的事情，夜里梦到。但是他这个梦很怪，我就有这种经验，不知道你们有没有。“又梦得之之主”，又梦见被某人找到拿去了。“爽旦”，到了早晨，天一亮，“案所梦而寻得之”，照自己梦的地点去找，就找到了这个人。于是这两人就吵起来了，这人说我又没有抢你的鹿，我自己找到的。“遂讼而争之”，吵来吵去就要打官司了，“归之士师”。上古的制度，士师是管司法的，就是现在的司法官，同时也管一部分教育，就是管社会风气的。结果这个案子就到衙门里，请法官来断案。

“士师曰”，这个士师问了案情就讲，“若初真得鹿，妄谓之梦”，你这个傻瓜，开始鹿是你打到的，你又忘记了，说自己做梦。“真梦得鹿，妄谓之实”，后来分明是做梦得鹿，你认为是真实的，结果被你找到了。“彼真取若鹿，而与若争鹿”，他说这个被告呢？他是得到了鹿，你认为他是把你的鹿拿走了。“室人又谓梦认人鹿，无人得鹿”，再加上他的太太认为他是做梦梦到一头鹿，所以根本没有人真打到了鹿，这个鹿大概是自己死的，给他梦到了。他说你们这个官司不要打了，反正鹿只有一头，“今据有此鹿，请二分之”，把鹿各分一半回家。这个法官很公平。

“以闻郑君”，古代是帝王的时代，差不多重要一点的官司，民事、刑事，地方上判案判完了，都要报到中央。像清朝的时候称刑部，每年要清查全国各地方的案子，如果判错了，要发回重审，那就是真法治的精神。最严重的案子要报告皇帝，皇帝要亲自审理，所以老百姓打官司要告御状，还要找到机会。

“郑君曰：嘻！士师将复梦分人鹿乎”，这件案子到了郑国的国君那里，这个国君大概是大学哲学系毕业的，所以他很哲学化。“嘻”，他说很有意思，这个判案官可能是梦中判人家的案子吧！“访之国相”，他就拿这个公文去找国相。“国相曰”，国相讲，这个事情你不要问我，“梦与不梦，臣所不能辨也。欲辨觉梦，唯黄帝孔丘”，究竟哪个在做梦，哪个不做梦，我不知道。他不好意思说，你这个国君也是在做梦吧！这件事情怎么来问我？谁在做梦，谁不在做梦，他说我不知道，只有我们上古的两位圣人知道，一是我们的老祖宗黄帝，第二是孔子。“今亡黄帝孔丘，孰辨之哉？且恂士师之言可也”，现在世界上哪里还有黄帝，哪里还有孔子呢？都没有。这个案子啊，就根据法官的判决就算了，不要再研究法官是不是做梦。

所以真正学佛修道，要达到“觉梦双清”，这是我创作的文学句子，我创作了不少文学句子被人用去了，反正我也没有申请著作权。你们学禅到达了“觉梦双清”，那才是得道。佛家有一句话，所谓得了道，所谓学禅，“醒梦一如”，醒是醒，梦也是醒的，那才是得道了。

说到鹿，我们再说一个历史故事——常常看到“逐鹿中原”这个成语。汉高祖刘邦跟项羽争天下，我们形容这些人是“逐鹿中原”。这句话的来源，不是《列子》这里来的，不要引用错了。所以写古文典故，引用错了会被人笑。这一句话最早是姜太公讲的，天下之所以混乱，等于一头鹿在那里，大家都想分去吃。后来《史记》里说，秦到了二世以后天下就乱了，“秦失其鹿，天下共逐之”，就是根据姜太公这句话。秦国跑掉了一头鹿，这一头鹿在旷野乱跑，没有主人，天下人都有资格去抢。就是指这个国家没有主权，哪个人能够拿到，哪个人就可以当皇帝。因此就成了我们中国文化“逐鹿中原”这个典故。现在这个梦话还没有说完。

健忘的快乐

宋阳里华子中年病忘，朝取而夕忘，夕与而朝忘；在涂则忘行，在室则忘坐；今不识先，后不识今。阖室毒之。谒史而卜之，弗占；谒巫而祷之，弗禁；谒医而攻之，弗已。鲁有儒生自媒能治之，华子之妻子以居产之半请其方。儒生曰："此固非封兆之所占，非祈请之所祷，非药石之所攻。吾试化其心，变其虑，庶几其瘳乎！"于是试露之，而求衣；饥之，而求食；幽之，而求明。儒生欣然告其子曰："疾可已也。然吾之方密传世，不以告人。试屏左右，独与居室七日。"从之，莫知其所施为也，而积年之疾一朝都除。

春秋时宋国阳里这个地方，有个人名叫华子，他中年得了一个易忘的病，中医叫作健忘症。"朝取而夕忘"，白天把东西放在哪里，到晚上就忘记了。"夕与而朝忘"，晚上给他说的事，第二天早晨就忘记了。我发现我的学生里，青年人有这个毛病的特别多，我还正想配一种药去医这个病，不过读了《列子》以后，我就不配了。这人"在涂而忘行，在室而忘坐"，走路时忘记是要到哪里去，本来想去休息休息坐一坐，到了房间一站，忘记自己进来干什么。"今不识先，后不识今"，今天想不起昨天的事，明天更忘了今天的事。

所以家里的人痛苦得很，"阖室毒之"，古人这个"毒"字，是说家里的人都受不了。"谒史而卜之，弗占"，所以就叫史官来卜卦，卦上也卜不出来究竟是什么病。没有办法，"谒巫而祷之，弗禁"，再找个巫师祷告，画一张符，上面还挂个菖蒲啊，挂个红带子啊，还拿大刀，搞了半天，没有用，病医不好。最后只好找医生了，医生给他吃药，"谒医而攻之，弗已"，还是医不好。

“鲁有儒生自媒能治之”，这个同现代心理学有关了，我们现在心理学，什么张老师生命线啊，都是搞这一套，你读了《列子》以后，再去做张老师看看。春秋战国时，鲁国的文化最鼎盛，有个读书人自我介绍，说这个病只有我们学问好的读书人才懂，我有办法把他治好。听说有人能够治好这个病，华子的太太高兴得很，就与这个儒生签约，“以居产之半请其方”，只要把我丈夫的病治好，财产分一半给你；这个太太也很慷慨。

“儒生曰：此固非封兆之所占”，儒生说，这个病你去卜卦没有用。“封兆”是讲卜卦，兆就是兆头，这个兆字是象形字，两条线，两个须须，就是象征的意思。现在卦是拿三个钱来卜，扑克牌也可以卜卦，什么都可以卜卦了。古代有骨卜、龟卜，有很多种。三个钱哗啦哗啦一摇，那个是卜，筮跟卜不同。筮已经进步了，有哲学性，有科学性。本来是五十根蓍草，用一个很麻烦的数学方法来推论，那个是筮；后来归纳归纳，汉朝以后只用三个钱去卜。这个是所谓“封兆之所占”。“非祈请之所祷”，他说祷告也没有用，你也不要去祷告了，“非药石之所攻”，吃药也没有用。他说我用心理治疗，“吾试化其心，变其虑”，我设法改变他的思虑。这同现代心理治疗很有关系，“庶几其瘳乎”，这样他就可以好了。

“于是试露之，而求衣；饥之，而求食；幽之，而求明”，这个里头妙啊！明明是个心理治疗，他还有密法。这个书生就把华子找来，把他的衣服脱光，冬天冻得不得了，他就要衣服穿了，没有忘记衣服；把他饿一段时间，他晓得要饭吃了；把他关在黑暗的地方，什么都看不见，他晓得要开灯了。就这样慢慢一点点恢复。这个测验下来，证明这个读书人很科学、有办法，华子有救了。“儒生欣然告其子曰”，儒生就给华子的儿子讲，“疾可已也”，这个病可以好，他还有反应。“然吾之方密传世，不以告人”，但是我的方法是密法，不能随便传人的。“试屏左右，独与居室七日”，他要求把所有的人都遣走，自己跟华子一起关在房间，闭关七天，也不要药，究竟做些什么事不知道。“从之，莫知其所施为也”，这个妙了，死马当成活马医，两个人闭关，不晓得他在闭关时对这个病人如何治疗。闭关七天到了，“而积年之疾，一朝都除”，好多年医不好的病，就完全好了。

记忆的苦恼

> 华子既悟，乃大怒，黜妻罚子，操戈逐儒生。宋人执而问其以。华子曰：“曩吾忘也，荡荡然不觉天地之有无，今顿识既往，数十年来存亡得失，哀乐好恶，扰扰万绪起矣。吾恐将来之存亡得失，哀乐好恶之乱吾心如此也，须臾之忘，可复得乎？”子贡闻而怪之，以告孔子。孔子曰：“此非汝所及乎！”顾谓颜回纪之。

“华子既悟，乃大怒，黜妻罚子，操戈逐儒生。宋人执而问其以”，这个病人华子，健忘症好了，什么都知道了。这一下他气极了，大怒，跟老婆办离婚，你为什么找人来把我的病治好？把儿子也赶了出去，都不要了。然后拿刀要杀这个读书人。宋国有人把他抓住问他，病好了，为什么发疯？你为什么这样？

“华子曰：曩吾忘也”，他讲一个道理，就是病没好以前，什么都忘掉了，你们说我白痴一样“荡荡然”，我才舒服呢！无人无我，“不觉天地之有无”，也不晓得天地之间有啊、无啊，上帝哪一天开始啊，几天要休息啊，都不相干。

他说好了，我现在醒了，“今顿识既往，数十年来”，他是中年生病，他说以往数十年的事都记起来了，哪个人对得起我，哪个人对不起我，谁还欠我三百块，有一次考试没有考好，后来又补习，想起来都伤心，现在统统都记起来了。他说这一下好了，痛苦快乐，好的坏的都知道了。哎呀！这个脑子都要爆炸了。你们觉得把我的病治好了，你们是害我受苦啊！我怕将来年龄越大，“存亡得失，哀乐好恶”的情形越多，“扰扰万绪起矣”，把我的心都搞乱了。我现在想恢复那个忘记，一下子做不到啊！我现在太清醒了，好痛苦啊！

这个人生，你看我们大家都生了病，生的是清醒病。究竟忘记、空了是病，还是清醒是病？谁能够下一个结论？都没有定论。

因此孔子的学生，第二等聪明的子贡——甲等里的二号啦，一号是颜回——听了这件事，“闻而怪之，以告孔子”，回来跟老师报告，这是什么道理啊？“孔子曰：此非汝所及乎”，孔子说子贡啊！这个事情你不懂。子贡很聪明，但孔子说他不懂。“顾谓颜回纪之”，回过头来说，颜回啊，你把这一件事记录下来，也没有多讲，也不下断语。

这一件事情把梦跟醒的道理讲清楚了，这是人生的境界。所以讲起修道，庄子讲“坐忘”，你们打坐修道，道家也好，佛家也好，你打起坐来，一般都在那里搞气脉，做工夫；每天说我念了多少佛啊，好像跟我来算账一样，念多一点，一副我得煮个鸡蛋给他吃那个样子。你连身体都忘不掉，还能够入定吗？所以庄子讲这些打坐的不是打坐，叫作“坐驰”，外表是坐着不动，心里不停地乱跑。因此庄子说修道必须要达到“坐忘”，连忘也要忘掉，就是佛家讲空，连空也要空掉，这样学佛修道才相应。

第六十三讲

一个反常的人
老聃说正常与反常
年老还乡空断肠

黄帝篇

老祖宗黄帝

一个反常的人

> 秦人逄氏有子，少而惠，及壮而有迷罔之疾。闻歌以为哭；视白以为黑；飨香以为朽；尝甘以为苦；行非以为是；意之所之，天地四方，水火寒暑，无不倒错者焉。杨氏告其父曰：“鲁之君子多术艺，将能已乎，汝奚不访焉？”其父之鲁，过陈，遇老聃，因告其子之证。

这一段也是讲一个心理病态的人。他说秦国有一个姓逄的——“逄”字念庞，这个人生了一个孩子，“少而惠”，这个“惠”同智慧的“慧”字相通，年轻的时候聪明得很。孩子小的时候聪明，长大如何不知道，因为人都会变的。

“及壮而有迷罔之疾”，到了壮年就迷迷糊糊的，现在讲来，有一点精神分裂的样子，这个罔字与惘相通。他“闻歌以为哭”，大家唱歌很高兴，但欢乐的场合他会哭起来；“视白以为黑”，看到白的，他认为是黑的，看到黑的，当然就是白的；“飨香以为朽”，闻到香味以为臭，难闻得很；“尝甘以为苦”，吃到甜的，他认为是苦的。他自己的所作所为，以我们看来都错了，“行非以为是”，把错当做对。“意之所之，天地四方，水火寒暑，无不倒错者焉”，天地上下分不清楚，东西南北方向也颠倒，水火冷热，相对的东西都分不清了。算不定他夏天穿棉袄，冬天穿一件衣服，一切都颠倒了。你说人到这个程度有没有思想？有思想，是意识所造的。

我们普通把这叫作精神病，或是心理病，在医学上现在分得很细，各有各的界限。精神病人有没有思想？有思想，他们所看到、听到的与我们都不同。在他们看来我们全错，他们全对，这个很难讲，因为现在正是讲一个哲学的道理，这个人得这样一种病。

“杨氏告其父曰：鲁之君子多术艺”，一个姓杨的朋友，是不是杨朱或者是什么人，没有讲出来。他对这个孩子的父亲说，鲁国的人学问好，医学也发达，文艺也发达，“将能已乎”，或许你到鲁国去找一个高明的人，会治得好孩子的病。“汝奚不访焉”，你为什么不愿意到鲁国去一趟？春秋战国的时候，中国文化在齐鲁，尤其鲁国最鼎盛，孔、孟都生在鲁国。“其父之鲁过陈，遇老聃”，孩子的父亲听了这个话，就到鲁国去，在经过陈国时，碰到老子；老子是孔子的老师了。“因告其子之证”，他就跟老子讲儿子的病。

老聃说正常与反常

老聃曰：“汝庸知汝子之迷乎？今天下之人皆惑于是非，昏于利害。同疾者多，固莫有觉者。且一身之迷不足倾一家，一家之迷不足倾一乡，一乡之迷不足倾一国，一国之迷不足倾天下。天下尽迷，孰倾之哉？向使天下之人其心尽如汝子，汝则反迷矣。哀乐、声色、臭味、是非，孰能正之？且吾之言未必非迷，而况鲁之君子，迷之邮者，焉能解人之迷哉？荣汝之粮，不若遄归也。”

老子一听就说，“汝庸知汝子之迷乎”，你怎么知道你的儿子有精神病啊？“天下之人皆惑于是非，昏于利害”，现在全天下之人统统这样，是非利害都分不清，都昏头昏脑的——过去如此，现在也如此，不过也活了几千年了。“同疾者多”，跟你儿子一样毛病的，天下多得很，“固莫有觉者”，没有一个清醒过。“且一身之迷不足倾一家，一家之迷不足倾一乡，一乡之迷不足倾一国，一国之迷不足倾天下。天下尽迷，孰倾之哉”，并且就算你儿子病了，一个人精神有病，不会妨碍一家，不会把这一家弄垮的。你全家的人都精神病，也不妨碍这一乡。全村的人都迷掉了，还不至于亡国，一个国家清醒的人还很多。一个国家的人都迷掉了，不会全世界的人都病。这就是告诉你，现在全世界，天下人都是精神病，大家都一样，所以很安定，社会不会垮掉，何况只有你的儿子病呢！

“向使天下之人，其心尽如汝子，汝则反迷矣”，老子接着说，“向”，当年，世界开辟的时候，天下人的思想，如果都同你的儿子一样，他们反而看我们这些人是疯子，那么一切的“哀乐、声色、臭味、是非，孰能正之”，以哲学的道理来讲，哪个人敢下一个定论？

举例来说，大家穿的衣服，古今大大不同，几十年前，万一同学里男女碰一下手，那比俄国头子赫鲁晓夫死亡的新闻还大。所以天下的是非，“孰能正之”，什么叫对，什么叫不对，是非善恶、对与不对是人为的，是由人自己来定的。

“且吾之言未必非迷，而况鲁之君子”，老子的话就是禅了，他说，我告诉你的话未必不是精神病的话，何况你找那个鲁国的君子——当然指孔子了。“迷之邮者，焉能解人之迷哉”，孔子是第一号精神病，宣传什么仁义道德啊，都是病话。所以老子说，鲁国那个家伙，怎能医好你儿子的病啊！我看你算了吧，你口袋里的粮食、钞票，带的还蛮多，“荣汝之粮，不若遄归也”，赶快回家去吧，免得那么远跑到鲁国，找一个大精神病人医你那个小精神病儿子，赶快回去吧！

你看《列子》这一段，道家的思想认为，世界上哪个是清醒的人？很难讲，没有下结论。下面还有一个故事，这两个故事就是《周穆王》这一篇的结论。我们不要忘了，该篇普通都被列入上古神话史，就是周穆王曾经见过西池王母。我们画的八仙过海，就是为了送礼到西池王母那里上寿。可是为什么经过东海呢？因为地球是圆的，他们抄近路。不过在海上碰到一个妖怪，把八仙的花篮抢了，吕纯阳还吃了亏，韩湘子要到海里平妖。这些都是中国的神话史，现在研究神话是很大的一个学问。

神话史的外衣剥开后，看到的就是人民的上古史。上古时在我们西北高原，究竟西北方到什么地点，不知道。当时是母系的天下。有了家庭制度，人类社会进步了，最后一切宗教，不管佛教、基督教、天主教、回教，都是重男轻女的，可是每个宗教最后崇拜的又都是女性。天主教的圣母，佛教的观音大士，据说本来是男的，可是也变成女的了。这些都属于神话的研究，可见人类的思想，有关最初这个世界，的确是另有一套的。

《周穆王》这一篇神话，在我们历史上是很炫耀的，道家还有一本《穆天子传》，是周穆王见西王母的传记，本篇就是从这个故事开始的。现在的结论，就是结尾的这两个故事，这一个是迷糊精神病的故事，下面另有一个故事。我重提一下，希望大家自己作结论。

年老还乡空断肠

燕人生于燕，长于楚，及老而还本国。过晋国，同行者诳之。指城曰："此燕国之城。"其人愀然变容。指社曰："此若里之社。"乃喟然而叹。指舍曰："此若先人之庐。"乃涓然而泣。指垄曰："此若先人之冢。"其人哭不自禁。同行者哑然大笑，曰："予昔绐若，此晋国耳。"其人大惭。及至燕，真见燕国之城社，真见先人之庐冢，悲心更微。

春秋战国时的燕国，比河北还稍微东北一点。有一个燕国人，年轻时到南方来，在楚国长大。我们现在听听无所谓，在古代等于出国留学，能不能回来都不知道。像我们小时候出门，有两句古话，"少不入广，老不入川"，年轻时不要到广东去，容易受迷惑，花天酒地，而且还谣传广东的女孩子有麻风病的多，吓死人。老了不要到四川，蜀道难难于上青天，老了到那里也许就死在那里，回不来了，我们年轻的听到很害怕的。

中国古人因为地理环境以农业立国，所以民族的思想是"安土重迁"，重视故乡，怕流动迁移，这是几千年的事。研究起来不止中华民族如此，我发现世界上任何地方的人民，都与生长的地方有特别的感情。所以中国人的老古话，"美不美故乡水，亲不亲故乡人"。

这个燕国人年老要回家，这就是中国人“叶落归根”的老话。《六祖坛经》里可以看到，禅宗的六祖，一代的大师，最后还是要“叶落归根”，这很奇怪了。学佛的人讲解脱，老和尚好像还没有解脱呀！他还要“叶落归根”，回到最初那个老地方去。这是个大问题，很值得研究，所以对于故土的感情是讲不出来的。譬如唐诗中有“少小离乡老大回，乡音无改鬓毛衰”，可见人类安土重迁的问题非常严重。

这个在南方楚国的燕人年老了，“还本国”，他要回到本国。“过晋国”，当经过晋国时，“同行者诳之”，跟他同行的人骗他，看到一个大城，这个人就指这个城说，“此燕国之城”，这就是你燕国的城啊！这个人从小出来也记不得了，“其人愀然变容”，他眉毛皱拢来，脸都变绿了，看到家乡就很难过。再走几步路，“指社曰，此若里之社”，社，古文叫“社稷”，现在可以说代表国家，社是社，稷是稷，每个地方有象征性的神坛，日本叫神社，日本的神社来自中国的文化。看到一个神社，他说这就是你小时候那个土地庙啊，你当时就在这里玩的啊，还光着脚在这里玩泥巴，你忘了啊？这个人一听，“乃喟然而叹”，唉！叹了一口气，我真的都忘了，一点影子都没有了。“指舍曰，此若先人之庐”，看到别人的房子，他说这就是你小时候住的地方，后来你们家里不大好，所以你的祖父把房子卖了，你也到南方去了。“乃涓然而泣”，这个人一听，眼泪都掉下来了，“涓然”不是大哭，是眼泪掉出来，流到下巴来了。“指垅曰，此若先人之冢”，看到人家的坟墓，他说这是你的祖坟啊！

说到祖坟，我们小时候的教育，一年春秋二季，一定去上坟，我们江南一带，祖坟都在小山坡上。如果坐船回来，经过祖坟边时，赶快穿好衣服站起来，过了祖坟才敢进船里坐下。假使骑马经过祖坟，立刻要下马，走过才敢上马。这个是所谓宗法社会对祖先的一种恭敬。西方学者说中国民族没有宗教，我说你们不懂，中国的家族制度就是宗教，比宗教还厉害。

“其人哭不自禁”，这个燕人大哭一场，“同行者哑然大笑，曰：予昔绐若，此晋国耳”，把他骗哭了以后，同行的人就大笑起来，说刚才是骗你的，这个地方不是燕国啊，不是你的家乡，是晋国。“其人大惭”，这个人听了以后，羞惭得不得了。“及至燕”，因此后来他回到了真的家乡，“真见燕国之城社，真见先人之庐冢，悲心更微”，真到了自己的家乡，真见到祖宗的坟墓，反而没有被骗时那么悲切难过了，这是什么道理？这是人的心理。

《列子》这一篇文章非常妙，没有给你作结论，只搞了两个故事给你去作结论。这就是人，人类的心理差不多都是这样，这个我也没有办法作结论，诸位自己去作结论吧！

黄 帝 篇

老祖宗黄帝

黄帝是我们公认的老祖宗之一，是比较有资料可查的，黄帝以前就很难查了。黄帝轩辕氏的坟墓在甘肃，有黄帝陵，因此清明的时候，我们在台湾也要遥祭黄帝陵，这是遥祭中华民族的老祖宗。所谓中华民族包括汉族、满族、蒙古族，还有很多少数民族，考据起来都是黄帝的子孙。过去在大陆，每年这一天，中央政府一定派一位大员，代表国家到甘肃祭黄帝陵。

现在画的黄帝像很严肃、很庄严，戴个冕旒；神话中的黄帝不一样哦！是人的面孔、龙的身体。另外一个中国的女皇帝，就是女娲氏，她与伏羲是兄妹，这是中国上古神话了，上古的人类只有他们两个人。天地开辟以后，曾经发生过一次大战争，黄帝在作战时发明了指南车，最后他打败了蚩尤，蚩尤代表邪恶。后来炎帝的后裔共工氏，与黄帝的孙子颛顼争帝位，发怒头一摇把西北的天撞破了，脚一蹬把中国的东南角蹬斜了，脚趾头一踢把东南方的一个小山踢过去，也许变成台湾，那是很有趣的。结果天塌西北，地倾东南，他的力量有这样大。天地有所缺陷，后来弥补这个天地缺陷的，不是男人，是女人，就是女娲氏，她炼了五色的石头，就把西北角的天补好了。可是神话史上常常莫名其妙，又说最初没有人类，伏羲跟女娲兄妹两个成亲，才有我们这些人类。这些神话，也显示宇宙的开创者是男女两人，创造了我们这个天地、这个世界。

所以中国的神话研究起来很有意思，佛经里的神话讲人类的来源就更多了，每一层天都有上帝。你信主、信上帝，是信哪一个啊？而每一层天的婚姻制度也不同。譬如你修行好的，果报生天，变天人了，变了天人糟糕透了。我们现在一男一女结婚叫作夫妻，已经够麻烦了，而普通的天人，有五百个天女太太。大的天人太太还要多，那怎么办？有些天人也是一夫一妻，你看外国的天人呢？基督教、天主教也有这种问题存在，你到教堂里看，每一代的教皇死后，旁边一定有好几个天女的像，这又代表了什么？都有他的道理，因为各宗教有各宗教的历史。譬如基督教讲上帝的天堂，跟我们这里的建筑两样，回教的天堂建筑又不同，每个天堂都合于每种宗教的幻想。

天人生儿子的制度又不同，我们这个世界都是太太生孩子。到了高层的欲界天，有些是男人生孩子，从肩膀上或从头顶裂开出来，出来的孩子相当我们人世间六岁的孩子那么大。另外有些是化生的，两个男女之间，眼神一看就怀胎了。把这些集中起来，你们博士班的，写出来一定很吃香。

第六十四讲

黄帝的反省

华胥国

黄帝悟道之治

列姑射山的超人

黄帝的反省

黄帝即位十有五年，喜天下戴己，养正命，娱耳目，供鼻口，燋然肌色皯黣，昏然五情爽惑。又十有五年，忧天下之不治，竭聪明，进智力，营百姓，燋然肌色皯黣，昏然五情爽惑。黄帝乃喟然赞曰："朕之过淫矣！养一己其患如此，治万物其患如此。"于是放万机，舍宫寝，去直侍，彻钟悬，减厨膳，退而闲居大庭之馆，斋心服形，三月不亲政事。昼寝而梦，游于华胥氏之国。

"黄帝即位十有五年，喜天下戴己"，黄帝打败蚩尤以后，做了皇帝，十五年以后，全天下拥护他，所以他很高兴。"养正命"，他对自己的生命也知道保养，"娱耳目"，好听好看的，尽量地享受，"供鼻口"，吃得好，闻的是香味。当了皇帝居万人之上，全国都是他的财产，享受过分了，"燋然肌色皯黣"，年纪也大了，皮肤发黑、发青，像焦了一样，感觉越来越衰弱。"昏然五情爽惑"，头脑一天到晚昏昏的，精神不够。大部分的人，尤其现在的青年上午头脑都不清，中午以后慢慢好，到夜里个个生龙活虎一般。大概我们在座诸位朋友都是这个情况，这是现代人的生活。这个生活不叫夜生活，是鬼生活，昼夜颠倒的。黄帝被喜怒哀乐等情绪弄得昏头昏脑。这是黄帝第一个十五年。

“又十有五年”，再过了十五年，就是当皇帝三十年了。“忧天下之不治，竭聪明，进智力，营百姓，燋然肌色皯黣，昏然五情爽惑”，因为担忧天下会不安定，所以就留心于政治，竭尽自己的聪明智慧，建立政治的制度，使老百姓生活能得到安定。这样勤劳地替国家服务，也做了十五年。但是越来越老，头脑渐趋昏聩。

但是我们这个老祖宗不同，智慧高，不要等人批评，“黄帝乃喟然赞曰”，这个赞是感叹，稍稍带一点自我安慰的味道；所以后世文学里有“赞叹”两个字，尤其在佛经的文学里经常合起来用，赞就是叹，叹就是赞，不过叹是消极的，赞是叹气中间还有一点点安慰。“朕之过淫矣”，古文这个“淫”字是太过分的意思，譬如水灾，古文叫作“淫水”，水满溢出来。黄帝感叹自己太过分放任了，拿佛学来讲，自己觉得不能得解脱，心空不掉。“养一己其患如此，治万物其患如此”，前十五年当皇帝，自己享受，以为能养生就了不起了，各种补药啊，吃得一塌糊涂，结果吃出毛病来，所以处处只为个人，想健康长寿又想权力富贵，结果还是没有办法。那么后十五年呢？他看通了，不能只顾自己，要为天下、为国家、为人类服务，结果劳苦了十五年，也不过如此，因为天下不能永远安定。一个社会，好日子过久了会出毛病的，越安定越要捣乱，“治万物其患如此”，所以只有艰苦，大家才能够站起来。

黄帝想想，两种人生他都过了，先是武力起来平定了战乱，统一天下，建立国家。当了皇帝前十五年尽量享受，享受太过了，生命还是要衰老、要死亡。后十五年为天下国家做事，万事都做过头了，治天下国家十五年，也不过如此，于是黄帝开始修道。

生命究竟是什么？是个问题。“于是放万机”，就是我们现在学佛的一句话，“万缘放下”，这个机代表动脑筋。脑筋一点都不动，万种机关，用心的事，他都关闭了。“舍宫寝”，舍是抛弃，宫就是眼、耳、鼻等，这个五官不用了，一天到晚闭目养神休息。“去直侍”，直就是值，下令当值侍候他的宫女不准亲近。“彻钟悬”，黄帝的时代已经创造了音乐，有一套生活的规律，现在都取消了。“减厨膳”，御厨房东西减少了，等于吃素。“退而闲居大庭之馆”，人闭关了，万事不问。大庭就是大殿，在大庭闭关了。

“斋心服形”，我们上次讲《庄子》的时候，提到庄子所讲的斋心，孔子教颜回斋心，颜回很穷啦，他说我早就持斋了，用不着吃素了，肉都买不起嘛！孔子说持斋不是吃素，是斋心，心里头什么思想、欲望都放下，才叫作斋心。这不仅是佛家的道理，中国文化早就有，古人说得简单，就是“万缘放下，一念不生”，这是斋心，就是什么思想都空掉。

“服形”，这个服就是伏，六根不动，眼睛不外看，把这个形体束缚起来，我们盘腿在那里打坐就是伏形。所以《楞严经》讲到“脱黏内伏，伏归元真”，就是“斋心服形”的注解。脱开一切黏住的，回到内心来，慢慢潜伏，归到生命那个本来。我们人的生活习惯，眼睛、耳朵等形体，和外界像胶一样黏住了，所以不得解脱。我们想看电视啊，想钞票啊，要人家看得起我啊、关心我啊，这些都是不得解脱。像我们打坐修定啊，不管是密宗显教、禅宗净土，都是“斋心服形”这个道理，只是方法不同，目的是一样的。

“三月不亲政事”，他闭关三个月不办公，都交给宰相他们去办。有一天“昼寝而梦”，昼寝是白天睡觉，做梦了，梦见到了另外一个世界，这是中国哲学史上有名的黄帝梦游华胥国，就是道家的理想世界。

华胥国

> 华胥氏之国在弇州之西，台州之北，不知斯齐国几千万里，盖非舟车足力之所及，神游而已。其国无帅长，自然而已；其民无嗜欲，自然而已。不知乐生，不知恶死，故无夭殇；不知亲己，不知疏物，故无爱憎；不知背逆，不知向顺，故无利害；都无所爱惜，都无所畏忌。入水不溺，入火不热。斫挞无伤痛，指擿无痟痒。乘空如履实，寝虚若处床。云雾不硋其视，雷霆不乱其听，美恶不滑其心，山谷不踬其步，神行而已。

“华胥氏之国在弇州之西，台州之北”，这个台州不是浙江的台州，是古代历史上一个想象的地方，在北方。“不知斯齐国几千万里，盖非舟车足力之所及”，他是梦中去的，不晓得离我们有多少万里路，不是坐船乘车或走路可到的，“神游而已”，精神离开肉体才能够到。

“其国无帅长，自然而已”，这个国家没有统帅，没有哪一个是头子，大家都平等，绝对民主。“其民无嗜欲，自然而已”，他说那个地方的人，也没有嗜好，电视、电影，什么都没有，很清净，过得很自然。“不知乐生，不知恶死”，活着也无所谓，死了也无所谓。“故无夭殇”，所以那里没有年轻夭折死的，都活得很长寿。

“不知亲己，不知疏物”，他们没有自私的心理，也不会对别人差，都没有。“故无爱憎”，也没有喜欢谁、不喜欢谁，修养到了这个程度，就是“佛说原来怨是亲”，仇人就是亲人，怨亲平等，无爱憎。“不知背逆，不知向顺，故无利害”，他说这个国家的人，也没有相反的意见，没有逆向，个个都很好，没有叛逆。既没有说我对你特别好，也没有什么对不对，因此他们人的心理都很健康，没有什么利害心。这就是讲怎么样修道哦！你只要做到了这几点就成功了，可是人就是做不到。

“都无所爱惜，都无所畏忌”，华胥国这个地区的人，没有什么这个属于我的，不肯给你，也没有怕这样那样，无所谓生，无所谓死，都无所谓。“入水不溺，入火不热”，掉到水里，也无所谓，淹不死，觉得是洗澡；跳到火里，也无所谓热，觉得是洗土耳其的三温暖，很享受。“斫挞无伤痛，指擿无痟痒”，斫挞，也无所谓痛，指擿，也无所谓痒。

这里活生生地描写出佛家所讲的空，不过那个时候佛学没有来，这是道家正统的思想。“乘空如履实，寝虚若处床”，他们在虚空里玩，好像我们到新店郊游一番，虚空也觉得是实在的。“寝虚”，在虚空里睡觉，好像在床上一样。“云雾不硋其视，雷霆不乱其听”，那个地方有没有云雾呢？有，但是同他们没有关系，云起来，雾起来，他们照样看得见东西，没有障碍。觉得打雷同打鼓唱歌一样，他们也没有觉得不对。

“美恶不滑其心”，因此好看的、不好看的，他们心里都没有变化，这是不动心了，念头空了。“山谷不踬其步，神行而已”，碰到高山深谷，他们只晓得走去，没有像我们说的，那么高那么深怎么办？他们要爬山就爬山。我们爬山那么可怜，还要买个登山鞋啊，买个背包啊，他们用不着，山谷就这样随便走去；不是两只脚在走路，是“神行”。神通就是这样，只要念头一动，要怎么样就怎么样。

这个国家，是黄帝梦到的，并没有亲自去。《山海经》里说，大禹治水的时候，走错了路，也到过这个地方。《山海经》记载那里有个泉水，喝了那个泉水都是长生不死的，而且有神通。大禹王在那里流连了大概个把月，才被放回来。从黄帝开始，大禹王去过，古书里好几个地方有记载。也许千古文章一大抄，是抄来的呢？还是真有其事呢？在我个人的立场，不敢随便下断语，因为我到底非古人啊，如果说古人是假话，有什么证据呢？但是真话也没有道理啊！所以就不知道了。但是现在书提出来，黄帝的华胥国是有名的中国文化的理想国。黄帝自己是皇帝，他觉得华胥国这样的世界，才是政治的目标。

黄帝悟道之治

黄帝既寤，悟然自得，召天老、力牧、太山稽，告之，曰：“朕闲居三月，斋心服形，思有以养身治物之道，弗获其术。疲而睡，所梦若此。今知至道不可以情求矣，朕知之矣，朕得之矣，而不能以告若矣。”又二十有八年，天下大治，几若华胥氏之国，而帝登假，百姓号之，二百余年不辍。

“黄帝既寤，悟然自得”，这个悟代表开悟了，黄帝梦醒以后，大彻大悟，得道了。“召天老”，召他的国师；“力牧”，地方诸侯；“太山稽”，管山林的，“告之曰”，对他们说，“朕闲居三月，斋心服形”，我闭关斋心修道，“思有以养身治物之道”，我研究怎么样找出来“养身”，就是你们年轻人学气脉怎么通，怎么得定，怎么样长生不老，永远年轻，永远不死。“治物”就不同哦，好像怎么样得神通，“弗获其术”，却永远做不到。

“疲而睡，所梦若此。今知至道不可以情求矣”，我疲劳睡觉时，梦中到了一个地方，这个梦启发了我，知道大道不可以人情意识、物质的欲望去求。真正的这个道，有没有？有，但不可以世俗的观念来求。“朕知之矣，朕得之矣”，他说现在我悟到了，我也懂了，“而不能以告若矣”，但我没有办法告诉你们。所以等他修成功了，骑一条龙上天，这些人只好抓住龙的尾巴跟上去。

“又二十有八年，天下大治”，黄帝得道之后，他的政治处理不同了，不是从前的办法，所以二十八年天下大治。“几若华胥氏之国”，与他梦中所到的那个国家一样。然后黄帝走了，“而帝登假”，“假”念“遐”，皇帝死了称登遐。遐就是很遥远的上天。“百姓号之，二百余年不辍”，老百姓都还怀念黄帝，悲伤了一二百年，就是这么一个故事。

这一个故事是黄帝梦华胥国。那么讲修道的道理有没有呢？有。第二个故事又来了，这个故事《庄子》里头也有，所以我们简单地讲一下。

列姑射山的超人

> 列姑射山在海河洲中，山上有神人焉。吸风饮露，不食五谷；心如渊泉，形如处女；不偎不爱，仙圣为之臣；不畏不怒，愿悫为之使；不施不惠，而物自足；不聚不敛，而已无愆。阴阳常调，日月常明，四时常若，风雨常均，字育常时，年谷常丰；而土无札伤，人无夭恶，物无疵厉，鬼无灵响焉。

庄子讲藐姑射之山，这里讲列姑射山，这是假想有这么一座山，在海上一个河洲里头。这座山上有个神仙，庄子说她永远像十几岁美丽的少女一样，几千万年永远那么美丽年轻。《列子》这里讲，“山上有神人焉，吸风饮露，不食五谷”，这个人不需要吃饭，吸的是西北风，喝的是天上的露水，“心如渊泉”，她那个思想像寒潭止水，一清到底，水波不兴，心波不动，“形如处女”，她那个形态永远像个十几岁的女孩子，皮肤非常嫩。“不偎不爱”，古人解释为或隐或现，有时候你能看见，有时候你看不见的神仙境界，若存若亡。“仙圣为之臣”，因此一般得道的神仙、圣人，看到她就要跪下来。如果拿天主教来讲，她是我们的圣母；拿佛教来讲，这是我们的观音菩萨。“不畏不怒”，永远慈祥，使人看到的是无比可亲可爱，就如孔子的学生赞叹孔子，“望之俨然，即之也温”，看起来严肃、威猛，一亲近很温暖、很祥和。“愿悫为之使”，愿就是很老实、朴素耿直的，下面听她指挥的人都是这样。“不施不惠，而物自足”，她也不需要给人家什么恩惠，也不需要他们的供养。只要她在那个地方，大家都满足了，一切都有了。“不聚不敛”，也用不着收你供养的钱。“而己无愆”，你在她前面一站，自己心里就清净，也没有过错了。所以她在的那个地方，“阴阳常调，日月常明，四时常若，风雨常均”，风调雨顺，没有坏的气候，没有大雨，没有台风，什么都没有。“字育常时，年谷常丰”，永远是农产丰盛。“而土无札伤，人无夭恶”，这片土地上没有刺人害人的植物，也没有短命的人，永远长寿，不会生病。“物无疵厉，鬼无灵响焉”，没有瘟疫疾病，大家也没有病，也不需要念经念咒除灾，就是死了在那里做鬼，都要变成好鬼了，她就在这么一个世界。

《列子》《庄子》都提到的，世界上有这么一个人，你看比佛经里描写得还严重。所以圣人一到那里，耶稣也是，有些哑巴就会讲话了；列姑射之仙人，就有这么一个境界。这是上古中国文化，说明一个人可以修养变成超人，任何人都做得到，所讲长生不老之术，永远是少年，永远有那么大的功德，怎么做到的？我们不知道。

第六十五讲

列子的一个学生
列子学道九年的经过
列子学成之后
吕洞宾的故事

今天开始讲尹生向列子学道，这个是道术之道。我们都晓得列子能够御风而行，究竟是中国古人的想象，抑是真实的事，佛道说法都一样，说得了道的人有神通，在空中可以自己飞。一般的学术把这种说法归入神话，在佛家的《高僧传》和道家的《神仙传》中，认为绝对是事实。佛学方面，称这一种情形为神足通，就是利用空气而飞。

相传唐末五代吕纯阳（洞宾），飞过湖南洞庭湖时，在岳阳楼题了一首诗，留下文学上有名的诗句：

朝游北海暮苍梧　袖里青蛇胆气粗
三醉岳阳人不识　朗吟飞过洞庭湖

很多的诗词联句，对于这一首诗的发挥也不少，也就是《列子》这段所说的内容。这个岳阳楼上，除了吕洞宾的这一首名诗外，范仲淹也有一篇《岳阳楼记》，其中“先天下之忧而忧，后天下之乐而乐”，是儒家思想的名句。千多年来，当然有许多的高人从那里经过，也留了很多佳作妙文，其中有一篇很妙：

吕道人太无聊，八百里洞庭，飞过来，飞过去，一个神仙谁在眼。

范秀才亦多事，数十年光景，什么先，什么后，万家忧乐总关心。

列子的一个学生

列子师老商氏，友伯高子，进二子之道，乘风而归。尹生闻之，从列子居，数月不省，舍。因间请蕲其术者，十反而十不告。尹生怼而请辞，列子又不命。尹生退，数月，意不已，又往从之。列子曰："汝何去来之频？"尹生曰："曩章戴有请于子，子不我告，固有憾于子。今复脱然，是以又来。"

"列子师老商氏，友伯高子，进二子之道，乘风而归"，列子有个老师是老商氏，他的一个同学朋友叫伯高子，都是《神仙传》里的神仙。修道的人讲，修道要四个条件，法、财、侣、地。有很好的老师（法），有很好的道友（侣），因为修道到了某一个阶段，要内行的道友照应。修道要钱啊，没有成佛成道以前，要吃饭（财），还必须要有合适居住的地方（地）。列子有好的老师，有好的道友，所以受了这个道法以后，修得可以在空中飞了。

"尹生闻之"，这个尹生，有人说是关尹子，不是的，关尹子也是老子的弟子，这一些在历史上是没有办法查证的。"从列子居"，列子乘风回来，这个味道很舒服，所以这个尹生一听到他有道，就跟着他学了，来当徒弟。“数月不省”，列子给他讲几个月，他也不懂。“舍”，停一下，“因间”，找一个机会，“请蕲其术者”，找机会向列子求教方法。这样教也不懂，那样教也不懂，“十反而十不告”，因为他不懂嘛！因此他来问列子十次，列子十次都不告诉他什么原因。“尹生怼而请辞”，所以这位姓尹的同学非常不满意，要退学了。“列子又不命”，列子说你回去就回去吧！来了也不拒绝，走了也不挽留。这个人回去一段时间，“意不已，又往从之”，想想还是不甘心，又来当学生了。

“列子曰：汝何去来之频”，列子问他，你怎么一下回去，一下又来？次数很多了。“尹生曰：曩章戴有请于子”，曩就是昔字的意思。“章戴”，就是尹生的名字。这位尹生就讲，前一阵子我向你求法、求道，“子不我告，固有憾于子”，你没有好好教我，所以我对你很不满意，因此就回家了。“今复脱然，是以又来”，我回去一想，心里洒脱没事了，是我心理不对，我自己错了，所以又来学了。譬如学佛的人说求忏悔，一下忏悔了，一下又悔忏了，结果不忏也不悔，只是口头上讲。

列子学道九年的经过

列子曰：“曩吾以汝为达，今汝之鄙至此乎？姬！将告汝，所学于夫子者矣。自吾之事夫子友若人也，三年之后，心不敢念是非，口不敢言利害，始得夫子一眄而已。五年之后，心庚念是非，口庚言利害，夫子始一解颜而笑。七年之后，从心之所念，庚无是非；从口之所言，庚无利害，夫子始一引吾并席而坐。九年之后，横心之所念，横口之所言，亦不知我之是非利害欤，亦不知彼之是非利害欤；亦不知夫子之为我师，若人之为我友，内外进矣。”

“列子曰：曩吾以汝为达”，列子说你这个人，过去在这里当学生，我认为你这个人很通达，胸襟、程度、智慧都可以，还认为你懂了一点了。“今汝之鄙至此乎”，原来你这个人啊，那么鄙俗，是普通又普通的一个人。姬，这个姬字就是居，因为我们古人席地而坐，有礼貌地膝行，用膝盖一步一步跪进来，所以“姬”就是你坐吧！好好坐吧！“将告汝，所学于夫子者矣”，列子说我告诉你修道的经过。这在前面四十九讲已经讲过，这里再说一下，“自吾之事夫子”，老师就是夫子，他说我当年跟老商学的时候，“友若人也”，我这个同学伯高子随时鼓励我，有好老师、好朋友，因此我学道，“三年之后，心不敢念是非”，他说三年之中，心里头没有动一个念，是也好，非也好，我都没有动过，所以念念空了，不敢动一念——这同我们现在学道、学佛有密切的关系啊！

老实讲，学佛学道都是一样，这都是第一步。像我们现在一般人学打坐念佛，坐在那里七上八下的。所以今天我还跟人讲笑话，也是真话，讲到这个时代文化乱七八糟，他说不三不四，我说不三不四还是好的，拿《易经》的六爻来看，三爻、四爻是中间变爻，但是到了第七变、第八变，变得不成话了，叫乱七八糟！这两句话都是《易经》象数的话。

我们现在大家学佛打坐，七上八下，念头都空不了，所以首先列子不敢念是非，“口不敢言利害”，嘴巴不敢乱讲话，不敢言利害，这样三年哦！你能在老师面前，假装这样也不错啊！能假装已经成功了。“始得夫子一眄而已”，三年当中有这个修养，老师才眯着眼睛斜着看他一眼，嗯！不错！

“五年之后”，他说过了五年，开始三年当中不动念哦，这一点与修禅学道都有关系。你们年轻人听过一个讲禅的故事，在悟道前，见山是山，见水是水；参禅后，见山不是山，见水不是水；等到最后大彻大悟，见山还是山，见水还是水。这是一位禅宗祖师讲的，可是最近几十年来，日本人把中国的禅宗变成他们自己的财产，叫作东方禅道，向美国走。于是日本也好，美国也好，这几句话大流行，实际上是不相干的。但是这段话就同列子的经历相近，开始三年当中，心不敢念是非，完全空了，口不敢言利害，拿佛学来讲是身口意三业清净。这三年当中，一念不生是有基础了，很了不起啦，但并不是得道哦，所以才得到老师一眄而已。

再加两年工夫，“心庚念是非”，庚就是更，不是没有念头，一起念头，用了一下就没有了。“口庚言利害”，该讲的话他就要讲，讲完了就没有事了，不是乱讲。“夫子始一解颜而笑”，照他形容，那个老师是一天到晚绷着脸的，这个时候老师肌肉才松开一点点，笑一笑。

所以列子给他的徒弟讲，“七年之后”，跟老师学了七年之后，这是真工夫啊，就是这几句话，“从心之所念，庚无是非，从口之所言，庚无利害”，不是不动念，是动念开口不在是非利害。拿佛学来讲分别而不分别，《维摩经》讲“善能分别诸法相，于第一义而不动”，就是这个境界。释迦牟尼佛成道讲了四十九年，说了那么多，最后都不承认，他说没有说过一个字，就是这个道理。孔子呢，十五岁开始做学问修道，七十岁做到了，就是“随心所欲不逾矩”。也就是刚才讲到的，大彻大悟以后见山还是山，见水还是水，很平凡的，到了最高处就是最平凡。他说到了心不大留痕迹的程度，“夫子始一引吾并席而坐”，我的老师才叫我坐到他席子旁边来。

“九年之后”，认真学了九年，他“横心之所念，横口之所言”，这个横字形容得很妙，心里头随便怎么想，爱动念就动念，我也不晓得我在讲话。“亦不知我之是非利害欤，亦不知彼之是非利害欤”，他说讲是非利害，我一切都无心。你说无心吗？怎么能够讲呢？所以真的无心有思想吗？有思想，不是乱想。你说有念吗？有念，不是妄念。如行云流水，如风来竹面，雁过长空，很自然，就那么过去。“亦不知夫子之为我师，若人之为我友”，他说到这个境界时，我也不知道老商是不是我的老师，我是不是他的徒弟，这个分别心都没有了。也不知道伯高子是不是我的师兄，他说都没有了，可以说“内外进矣”，内心的修养、外面身体的变化，都达到了真空无分别，我们学佛叫作自在，观自在的境界。

他的报告非常确实，一共九年。所以道家后来讲修道的人，都规规矩矩像列子一样，一步步的，中间都没有差错，没有走火入魔，没有障碍，一路至诚走来，也起码九年。所有差错魔障，都是唯心造的，并不是外境界。

列子学成之后

“而后眼如耳，耳如鼻，鼻如口，无不同也。心凝形释，骨肉都融；不觉形之所倚，足之所履，随风东西，犹木叶干壳，竟不知风乘我邪，我乘风乎？今女居先生之门，曾未浃时，而怼憾者再三。女之片体，将气所不受，汝之一节，将地所不载。履虚乘风，其可几乎？”尹生甚怍，屏息良久，不敢复言。

他讲九年以后，这个基本修养有了，然后再进一步，连身体的官能都忘记了，到这样内外俱进，“而后眼如耳，耳如鼻，鼻如口，无不同也”，之后眼睛可以当耳朵，耳朵可以当鼻子，鼻子可以当嘴巴，没得分别了，这是真的神通，就是佛在《楞严经》里讲的六根并用互用，人身体的感受已经到达另外一个境界，超神入化。所以我们打坐修道入定，不是打坐入定就行了，入定只是第一步。入定都做不到，后面都不要谈了，也就做不到“心不念是非，口不言利害”，所以打坐入定是最起码的修行。

说到神通，你们这里有许多人跑到外国，看到有些人说有千里眼、有天眼通的，都是怪里怪气的，眼睛闭着，看到前生。凡是外国人，一定讲前生是印度人，或者意大利人，没有说前生是中国人的，因为他没有到过中国，所以他的天眼看不出来，因为都是凭自己意识所知的。凡是中国人一定说你前生是中国人啊，或者是东北人啊，浙江人啊，乱说一顿，都是骗鬼的，骗人做不到，因为真的人不会受骗。

下面告诉我们，普通讲入定，那是最基本的修习而已。真的所谓道修成功了，“心凝形释，骨肉都融”，这个时候心神永远凝定。佛家讲定是讲原则；道家讲的“心凝”是现象。真正的定不一定盘腿闭眼打坐哦，心跟神永远是凝结的，就像冰冻冻在那里。可是也不是冰凉的，是温暖的，凝结不动的，透明的，所以道家这个凝字用得非常好。真正道修成功了，就是神、气、心三者凝定而已，普通道家叫精气神。因为讲精气神会造成误解，后世所谓道家的旁门，把身体上有形男女之精，当成精气神的精了。其实精是心精，所以是心气神凝结。

“形释”，什么叫形释？自己已经感觉不到身体了，这个释是身体的感觉没有了。我们大家每天最大的困扰就是这个肉体，一下太冷，一下又热，一下饿了，坐久了又腰酸背痛。当你“形释”了，这个形体感受空了，没有骨头没有肉，好像都融化了，跟虚空合一了。因此“不觉形之所倚”，站在那里也不晓得是站。所以你工夫做得好时，走路踩在地上，都觉得像踩在棉花上一样。少数人也碰到过，不过是偶然的，那是瞎猫碰到死老鼠。

“今女居先生之门，曾未浃时，而怼憾者再三”，他说现在你跟我学，心里老是埋怨我没有教你，“女之片体，将气所不受”，你这个身体没有气化——人的身体，有人太瘦，有人太胖，就是身体变化的问题。一个修道的人，只要做一点工夫就有一点的感受，在儒家叫作变化气质。宋儒常常提到变化气质，把它当成一种学理的观念，其实这都是实际的工夫。修养有一点进步，身上气的变化就立刻呈现，实际的身体都有质的变化。列子说你身体只是个硬件，气的流通不顺畅。修成功是乘虚而行，每个细胞等于融化了的气，气化了，可以飞行的。现在你“气所不受”，身体里头都是实在的，气不通。“汝之一节，将地所不载”，你身上的骨节很重，地也承载不起你，不够轻灵。所以你这一种身体，想修到“履虚乘风，其可几乎”，在虚空中走路，跟着空气飘，哪有希望啊！列子训了他一顿，也等于教了他。

“尹生甚怍”，这个学生听了以后，心里惭愧到极点，被骂傻了，“屏息良久”，呼吸都没有了，那就是我们年轻人讲的，脸都变绿了。其实也不是骂他，是老老实实地告诉他。这一下等于把他开除了，你赶快走吧！你在这里没有希望的。“不敢复言”，尹生也不敢再问。列子不但是教这个姓尹的，也是教我们后人，至于做到做不到，那是你自己的事了。

吕洞宾的故事

> 列子问关尹曰：“至人潜行不空，蹈火不热，行乎万物之上而不栗。请问何以至于此？”关尹曰：“是纯气之守也，非智巧果敢之列。姬！鱼语女。凡有貌像声色者，皆物也。物与物何以相远也？夫奚足以至乎？先是色而已。则物之造乎不形，而止乎无所化。夫得是而穷之者，焉得为正焉？”

“列子问关尹曰”，关尹子是老子的第一个弟子。他究竟姓什么？很难讲，关尹是守关的官吏，后来习惯称他为关尹子。“至人潜行不空，蹈火不热，行乎万物之上而不栗，请问何以至于此”，列子学了九年会飞了。吕纯阳也像他一样，从北边飞到南边，这个味道真够好的，可是他还没有悟道哦！

吕纯阳曾游庐山在钟楼题书，路经黄龙山，看到紫云盖山。他说此山必有高人，就从空中下来，看到一座庙子，进去一看，老和尚正升堂说法。这个黄龙禅师看起来年纪也不大，人也普普通通，飞也飞不起来，就是那么一个人。吕纯阳手里带一把青蛇剑，一个读书人，又是个神仙，胡子很漂亮，那么一站，听和尚讲些什么。这个黄龙禅师忽然不讲了，他说座中有人窃法——这个佛法应该公开的嘛，老和尚何必那么悭吝啊！他是故意整吕仙的。吕仙听到这一句话，把剑一放，就站起来了。老和尚说请问你是什么人啊？山人吕岩是也，我就是吕岩。哦！不得了，吕洞宾，名气大得很。吕纯阳说自己“一粒粟中藏世界，半升铛内煮山川”。黄龙禅师说你这个守尸鬼，怎么那么傲慢！吕纯阳说，我有长生不死之药。他看这个老和尚是个普通人嘛！因为佛法是无相的，看不出来。所以吕纯阳故意逗老和尚，就飞剑过来，要杀他。老和尚没有神通啊，他坐在那里，飞剑来也没有管，结果剑到了前面反而倒转回去。

这是什么道理？所以学禅宗，像我们年轻时参这个公案，参了好几个月。有些同学说那是护法神的力量，谁看到护法神了？是老和尚念一动把剑挡回去了吗？这就事出有因，查无实据了。这个是佛家的道，一个得道的高人，等于武侠小说里写的，佛家的那一把剑是心剑，无形剑，吕纯阳的有形剑到他前面来，就倒回去了。

所以吕纯阳很诧异，这一下就跪下磕头请法了，黄龙禅师就问他：如何是一粒粟中藏世界？就是这么一句话，这个时候吕纯阳大彻大悟，才真正皈依黄龙禅师，在他那里得道。所以工夫是工夫，道是道，得了道以后，吕纯阳变成三教得道的真人，禅宗佛法到了最高处。所以大陆很多庙子有他的神像，他也是大护法神之一。他曾有一首修道的名诗：

一日清闲自在仙　六神和合报平安
丹田有宝休寻道　对境无心莫问禅

“一日清闲自在仙”，这个就是修道第一步。“对境无心莫问禅”，“对境无心”就是禅，就是列子讲的心不念是非，口不言利害。

研究中国道家的历史很妙，吕纯阳在道家等于六祖慧能在佛教，从唐以后，中国的道家各宗各派都归到吕纯阳，他这个气派之大，到现在也是国际有名人物哦，澳洲也有他的庙子，听说法国也有。他大概没有死吧！不知道，或死后应该有三千年大运。我们先休息一下。

第六十六讲

道人为何能乘风而行

得道者的特点

醉酒者的反应

道门的奇事

什么是真正的定力

刚才我们讲了吕纯阳的故事，那是五代末期，快到宋代了，吕纯阳已经活了一两百岁了。据说他没有死，这是没有办法查证的。这时他乘风而行，像列子一样，飞来飞去，并不一定得道，这与道是没有多大关系的，这只是一个工夫。怎么学的？和心的境界有关系，但是并不是明心见性。明心见性的人，不见得都会飞，你看黄龙禅师大彻大悟了，他不过是个肉体的凡夫。修道的关键就在这里，要能够使身心两方面都转化，很不容易。下面列子就问到这件事。

道人为何能乘风而行

列子问关尹子“至人”，或者称为真人，得道的人才是真人。他说“至人潜行不空”，潜行是什么？他走过了你也看不见，算不定我们这里也有至人，在这里走来走去。潜行是看不见，但不是空，他的确是有的。到这个境界，道家有两句话讲得很清楚，“散而为气，聚而成形”，不给你看见时，一念之间身心都融化了，而是光，是气，同普通光一样，他人虽在这里你也不知道。如果他有意让你看见，他就“聚而成形”。

“蹈火不热”，到火里头也烧不了他，“行乎万物之上而不栗”，一切的危险都不动心，从山顶掉下也不恐惧，这是得道人的境界。“请问何以至于此”，怎么样可以修行到达这个境界？

“关尹曰：是纯气之守也，非智巧果敢之列”，他说这是养气的工夫，这是讲老实话，都是传道。这个气不是呼吸之气哦！不是我们现在打坐啊，六妙门的数息啊，数了半天，影子都没有。所以老子也讲过，“专气致柔能婴儿乎”，我们学太极拳的人，一定以这个为标榜，太极拳能够练到专气致柔，骨节都融化了，那就到达这个道功的境界。不过，这是工夫境界，还不是得道。

他说这是“纯气之守”，这个纯气是什么气呢？孟子叫作浩然之气，名词不同，是有这么一个东西。这个“气”字我曾经提到过很多次，借用现在的观念来说，就是生命的能。他说这样的境界，“非智巧果敢之列”，不是你聪明，或者你偷巧有本事，或者有决心而能做到的。我还看到很多同学，在台湾有好几位，出家在家的，跑到山顶上住茅棚，住了三年五年，我还供养他，结果下来比凡夫还凡夫，有什么用？所以这个“非智巧果敢之列”，不是你一鼓作气就能做到的。

“姬！鱼语女”，这个鱼字大概古人用错了，古书里和我们现在不同，古人的精神不随便改字，错了只好保留给后人去研究。姬，就是刚才讲到居，你请坐，“鱼语女”，我告诉你。“凡有貌像声色者，皆物也”，世界上一切东西，有形象的东西，有声音，有色相看得见的，统统叫作物类。拿现在的观念讲，就是宇宙的万象；佛说得更清楚，就连虚空也是物，还是物理。虚空有形象，我们眼睛看天是空空的，那个不是真的空，那叫作虚空，因为有个虚空的相。所以天地间万物，只要有形象、声音，都是物。“物与物何以相远也”，这个物与物之间，像风跟电，人跟狗，人跟树，这个万物与万物之间，为什么差别那么大？因为形象与作用不同，但本体是一个。所以这一段的古书就难懂了。我们教孩子念《三字经》，“性相近，习相远”，本体是一个，人性都是一样，万物之性相同，但现象各自不同，后天的习气不同，禀受不同，当然和道体的距离越来越远了。

“夫奚足以至乎”，透过万物的象，而悟到本体，那个就是道，怎么能够达到？“先是色而已”，先要了解，一切外界的色相都不是究竟。如果拿佛家的道理来解释，就是《心经》的“色即是空，空即是色。色不异空，空不异色”，把物与相的分别化掉，就能够到达。“则物之造乎不形”，研究万物的本身，那个本体的境界“不形”，是无形相的。一切有形相的，是从没有形相中来的，所以你能够把外形的色相都空掉，到达了空，“而止乎无所化”，就到达了最高处，没有什么变化了，因为那个本体是很自然的，具备了生万有的功能。“夫得是而穷之者”，所以能够得到本体，我们学佛的叫明心见性，“而穷之者”，把它彻底研究清楚了，“焉得为正焉”，那他已经得了道了，不需要更去求道。

得道者的特点

“彼将处乎不深之度，而藏乎无端之纪，游乎万物之所终始。壹其性，养其气，含其德，以通乎物之所造。夫若是者，其天守全，其神无郤，物奚自入焉？”

这是得道的境界，他统统告诉我们了。所以能够透过形相，而到达无形相那个本体的境界，“彼将处乎不深之度”，这个人他得了这个道，处在什么境界呢？处在无法测量的深度。印度文化在佛经中讲波罗密多，是度到彼岸；也就是到那个不可思议、不可知、无量无边的境界。道家则讲“处乎不深之度”，同样一个道，表达的方法各有不同。

“而藏乎无端之纪”，那么这个道在哪里呢？一个人到达了这个境界，他的讲话动作、所做的事情，没有办法推测。看起来同我们普通人一样，吃饭穿衣，什么都一样。端就是开始，无端就是佛家说的无始。所以佛经里说如来的境界有一个无见顶相，永远看不到他的头顶，拿中文来解释就是“藏乎无端之纪”。“游乎万物之所终始”，这个道是无始终的、没有边际的，是圆满的，开始到终止是个圆圈，这样就是得道的境界。他用三句文学的描写，把哲学的道理、实际工夫的情况，都表达出来了。

所以到达这个境界的人，他行住坐卧都在道中。“壹其性，养其气”，静也好，动也好，都在自性中，拿佛学来讲是观自在，是无处不自在。随时随地都是养气的工夫，不是养呼吸之气，是养生命本有的气。“含其德”，佛家讲功德，他说这个修养的境界，一切功德都圆满。“以通乎物之所造”，和宇宙万物同体，合一了，与万物同化了。这一段形而上的道理，非常高。

“夫若是者”，他说能够修养到这个境界，得道的人，“其天守全”，他的生命本来是圆满的，天命所赋的那个生命是根本圆满的。“其神无郤”，他的元神没有恐惧，也没有什么抗拒。后来理学家程颢在《定性书》中说，“无将迎，无内外”。“无将迎”是用《庄子》的，“无内外”是用了佛家的。其实道家的列子、庄子都常讲到内外的问题。“物奚自入焉”，因此外面的境界打不进来，因为他没有内外的分别，外物就是他，他就是外物，这是得道人的境界。

醉酒者的反应

“夫醉者之坠于车也，虽疾不死。骨节与人同，而犯害与人异，其神全也。乘亦弗知也，坠亦弗知也，死生惊惧不入乎其胸，是故遻物而不慴。彼得全于酒而犹若是，而况得全于天乎？圣人藏于天，故物莫之能伤也。”

这个故事也是讲一个道理，对于医生及讲心理学的，都会有用。“夫醉者之坠于车也”，酒喝醉的人，或者是婴儿，如果从车上掉下来，“虽疾不死”，疾代表很快，忽然跌下来不会死。喝醉的人，“骨节与人同，而犯害与人异”，虽然骨节身体跟我们普通人一样，但所受的伤害却很小，不会死。为什么呢？“其神全也”，因为他酒醉了没有动念。

一般人跌下来，不得了，手一撑，一定跌伤。所以我们小时候学拳先学挨打，先学会跑，这是基本。当自己晓得跌下来时，不伸出手抗拒，就让他跌下来，像皮球一样滚下来，身体放松，就不会受重伤。如果手一撑，一抗拒，反而受伤了，这是力学的道理。还有一个状况，小孩子跌倒趴在地上，一声不响，在没有哭出来以前不要动他，等他哭了，这一口气回转来了，才可以抱起来。如果一跌倒赶紧去抱，内部会受伤，甚至可能死亡，这是“神全”的道理。所以酒醉的人、睡着的人，还有婴儿，掉下来时，都是迷迷糊糊，没有抗拒，“其神全也”，所以不死。

“乘亦弗知也，坠亦弗知也”，因为他酒醉坐车上也不知道，跌下来也不知道。“死生惊惧不入乎其胸”，出了车祸也不知道，万一被火车辗死了，死了他也不知道，死了他也是个舒服鬼，因为他都不知道嘛！不知道最好，死生惊惧，他心里都没有这些观念，“是故遻物而不慑”，所以与万物遭遇没有恐惧，没有恐惧是很难的。“彼得全于酒而犹若是，而况得全于天乎”，你想想看，一个人酒喝醉了，就有这样大的本事，“圣人藏于天，故物莫之能伤也”，更何况这个人是得了道的呢！当然伤不了他。

道门的奇事

讲到这里，我补充一个故事。我们年轻时学佛学道经过湖北的一个地方，有个庙子听说扶鸾很灵。那个庙子很大，中间供关公，有好几进门庭，后面是供观世音，还有耶稣、默罕默德，都坐在一起。这是中国人伟大的宗教胸襟，是好人都请上坐，排排坐，吃果果，就是这样。庙门口一个旗杆，古时候上代有功名的人家，门口才有这个旗杆。那个庙子的旗杆也很高，挂个飘带，黄、白、红的缎带，就那么挂着。大殿上有一根绳子吊下一支很大的毛笔，墨都磨好了，铺很多纸。有个位子，是给请来的神灵坐的，像关公、济公，哪个来哪个坐，旁边挂了很多问题的条子。问事的人先磕头，再交费，这个是扶鸾，香烟袅绕又庄严。

这时看到一个人叫，“来了，来了”。大家赶快合掌的合掌，画十字的画十字，原来神灵来了。接着挂的那个笔就摇动起来，门口挂的几丈长的七色缎带在空中就打起结来了，每个结的标记不同，这个是关公到了，那个是观音菩萨来了，济癫和尚来更好，反正他爱喝酒嘛！大家又恭敬又高兴。听到关公大家吓死了，旗杆震动，那个威风之大，结子也不同，那个笔沾墨写“关到”，字写得都不同，我都亲眼看到，那个叫飞鸾。

像我啊也夹一张条子问，不过他批给我的，我认为像算八字一样，我的八字从来没有算准过。我们有个同学去求了，也交了钱，结果给他画了一个倒地的瓜，所以我们叫他“倒地傻瓜”。你说不灵吗？有些很灵，我讲这个故事重点不在这里。当这个结束了，门口打的那些结子也动起来，要走了，放鞭炮，跪在地上拜的拜啊，磕头的磕头，飘带也一条一条解开了。

神走要送神，后门打开出去，只有两三步距离，就是悬崖哦！人掉下去连骨头也没有了。天都黑了嘛，大家送驾，一个乡巴佬，很诚信地拜，已经变成跟神合一、菩萨与我不二的那样子。他拿很长一串鞭炮就跑到后门外放，等他回转身来大家才叫出声，哎哟！你看看！他自己也吓住了，发现自己站在悬崖边上。他说我刚才看到是一条路很宽嘛，我才到边上放炮。

这就是神全的道理，如果他知道是悬崖，再走半步就会掉下去时，他一定会吓倒。所以练工夫要练到这样像神经一样，神通跟神经绝对是隔壁的东西。

后来在湖北有一个叫书剑会的，那个地方一个老和尚在传道，实际上是道家，很多出家人在禅堂一起打坐，大家念嗡嘛呢叭咪吽……也念对了。可是你进去看真吓人，全堂人念，那个时候没有电灯，点个蜡烛，念不到一个钟头，整个禅堂放光，你差一点要跪下来；可是我的膝盖头不跪，叫我拜他做师父，我不干。有缘磕个头，恭敬你可以，但是不想拜师，这一套我不要。

另有一次，看到一个居士讲《金刚经》，手这么一举，指头上一个光起来，一个韦驮菩萨站着，大家都看到的。我听他《金刚经》讲得还蛮好的，可是他玩这一套，我就不理他了，这个就是第二号，这不是神通了，第二号是神经。但是你说没有吗？的确有这种事，所以你们年轻看得太少，尤其现在年轻人在台湾，学佛修道，修密学禅，各种法门，很容易受骗，所以一定要把学理搞通才行。

“圣人藏于天”，春秋战国时的诸子百家，一个“天”字，一个“道”字，就有四五种代号，有时是代表天体，有时是宗教的天，上帝那个天，有时是哲学的天，有时是天地良心这个天。所以古书同样是用到这个“天”字或者“道”字，所代表的意义都不同，不要随便下断语，这是我们研究自己旧文化要当心的地方。现在他讲这个天是易理的天，形而上的天，道的天，与佛家讲明心见性的“性”字一样的道理。所以真正得道的人，他的境界是身心已经空了，“故物莫之能伤也”，所以外物伤不了他。

什么是真正的定力

> 列御寇为伯昏瞀人射，引之盈贯，措杯水其肘上，发之，镝矢复沓，方矢复寓。当是时也，犹象人也。伯昏瞀人曰："是射之射，非不射之射也。当与汝登高山，履危石，临百仞之渊，若能射乎？"
>
> 于是瞀人遂登高山，履危石，临百仞之渊，背逡巡，足二分垂在外，揖御寇而进之，御寇伏地，汗流至踵。伯昏瞀人曰："夫至人者，上窥青天，下潜黄泉，挥斥八极，神气不变。今汝怵然有恂目之志，尔于中也殆矣夫。"

"列御寇为伯昏瞀人射"，列御寇就是列子，伯昏瞀人是列子很好的道友，我们在前面讲过。列子跟伯昏瞀人两个人打赌，玩什么呢？就是伯昏瞀人站在那里看，要列子把一碗水放在肘上，拿弓箭来射一个目标。因为列子学道，他弓箭射击技术很高，伯昏瞀人也晓得他是武功很高的有道之士。"引之盈贯"，列子把弓拉满，"措杯水其肘上"，再放一杯水在肘上，要平，弓箭拉动之后，水不摇出来，这个是功夫了。"发之"，指头放开，箭射出去了，这杯水在手臂肘上动都不动。"镝矢复沓，方矢复寓"，当第一箭射中目标时，第二箭又射进它的箭尾，而附在弦上的第三箭又放出。"当是时也，犹象人也"，在那一瞬间，那个人入定了，像木头人一样了。所有的武功，练剑、练刀、练拳，练到后来的工夫都进入定境了。像我们小的时候练毛笔字，也在手臂肘这个地方放一杯水，写写写，水不准动，练着玩也好，真的写也好，还真要用功才行。

“伯昏瞀人曰：是射之射也，非不射之射也”，伯昏瞀人说你的功夫还不到，以武功来讲，你是有心射箭，达到第一等了，还做不到头等的无心之射。“当与汝登高山，履危石”，他说你有没有胆子跟我来，站在高山危险的边缘，“临百仞之渊”，在几十丈高的深渊边，掉下去会粉身碎骨的地方，你在这个境界，“若能射乎”，还能够射箭吗？

“于是瞀人遂登高山，履危石”，他们两人就登上高山，站在危险的地方。譬如庐山有个庙子，后面下去是很深的悬崖，往下面看头都晕了。那个地方有个蜘蛛洞，相传朱元璋被陈友谅打败，逃到这个洞里，蜘蛛马上在洞口结了网。士兵来搜查不到，回报说洞口有蜘蛛网，假使有人钻进去，蜘蛛网就破了嘛！所以朱元璋出来就封这个蜘蛛，朱元璋的真像也挂在那个地方。那个地方有一块石头，下面是万丈悬崖。我知道曾有两个人在这块石头上站过，一个是王阳明，他是练心。我们“老总统”蒋先生也站过，是那个庙的老和尚告诉我的。

“临百仞之渊”，下面那么深，掉下去不要说命没有了，恐怕连骨头都没有了。“背逡巡”，这个背贴着那个山边走路，慢慢地靠着走过去，下面是悬崖，吓得要命啊！到西藏去，到有些边地，很多是这样。“足二分垂在外”，这个脚啊，脚后跟踏在这里，脚一半在悬崖外面，那真危险。“揖御寇而进之”，伯昏瞀人把列子带到这个地方，然后说，老兄啊，请吧！来吧！我们两个人比射箭。“御寇伏地，汗流至踵”，列子吓得一下趴下来，不仅是汗流浃背，连脚底心都流汗了。

“伯昏瞀人曰：夫至人者”，他说你还算是修道吗？这个本事都没有！真正得道的人，“上窥青天，下潜黄泉”，能在高空、在地里头自由来往。“挥斥八极，神气不变”，八极就是八方啦，一个人在太空里头，不晓得能不能到达月球，能不能回来地球，不知道。如果是一个修道的人，这个物质的世界、地球，随便就那么丢开了，不介意。“今汝怵然有恂目之志”，他说结果你啊，自以为在修道，到了这个地方连站都站不住，趴下来了，眼睛都不敢睁开。“尔于中也殆矣夫”，他讲列子，可见你这个心中已经不行，没有得定，还修个什么道啊！

我们要知道，得定不是靠禅堂里空气调节好，风帽戴起来，围巾围起来，两条腿包得暖暖的坐在那里，哎呀！我得定了。那是自欺欺人罢了！要能在这样艰难困苦的境界，不为外境所动，不起恐惧之心，这才是定。

第六十七讲

古代的闻人
投奔闻人
被戏弄的人
什么是道

古代的闻人

范氏有子曰子华，善养私名，举国服之；有宠于晋君，不仕而居三卿之右。目所偏视，晋国爵之；口所偏肥，晋国黜之。游其庭者侔于朝。子华使其侠客以智鄙相攻，强弱相凌，虽伤破于前，不用介意，终日夜以此为戏乐，国殆成俗。禾生、子伯，范氏之上客，出行，经坰外，宿于田更商丘开之舍。中夜禾生、子伯二人相与言子华之名势，能使存者亡，亡者存；富者贫，贫者富。

现在是《黄帝》这一篇里另一个故事，说明一个哲学的道理，故事都是连贯的，不同的事情，同一个原理。

“范氏有子曰子华”，有一个范家的人，名叫范子华，“善养私名”，这四个字很严重，是说此人很有办法，很会培养自己的声望，这是历史上所谓的闻人。譬如孔子杀少正卯，少正卯就是鲁国的闻人。闻人也就是《列子》这里形容的四个字“善养私名”，名气非常大，是社会上的领袖，也就是帮会的头子，也可能是政党的党魁。《庄子》里也提到过这类人，后来中国的文化习惯称为闻人。像过去上海的杜月笙等等，报纸上写的某某闻人，名闻天下。闻人到底是个什么呢？什么都不是，四不像。但是“善养私名”这句话，里头有个骨头，意思是他的办法很多，都是培养自己的名气，现在讲是为了知名度。如果报纸、电视都上不了的人，到街上打个警察，被抓去，明天报纸也登出来，这个不算是“善养私名”。

“举国服之”，更严重的是，全国的人都佩服他，名气很大。这八个字已经很厉害了，子华的厉害还不止于此，“有宠于晋君”，连晋国的国君对他都非常宠信。这个宠啊，比如说言听计从，现在讲选举，这类人都是属于选举之流的，会选举。但他自己也不会去选举，他不过是支持别人选举而已，选出来的人都要听他的，他就是这样一种人。

“不仕而居三卿之右”，君王前面地位最高的是三卿，也称为上大夫、中大夫、下大夫，文官分三等，在右手边文官是最大的。可是这个人并不做官，“而居三卿之右”，你问他的头衔是什么，既不是学士，也不是硕士，更不是博士，那叫作“不是”，比博士高多了。国家有大事商量时，他就坐右边这个位子，坐首席，最高，可是他没有头衔。“目所偏视，晋国爵之”，年轻人碰到他就好了，他如果喜欢你这个年轻人，常常看你一眼，留意你这个人，政府就会注意你了，因为他很欣赏你，明天就发表给你爵位了。“口所偏肥，晋国黜之”，他嘴巴如果讲某人做太久了吧，这人明天就被贬了，他就有那么大的权威。“游其庭者侔于朝”，在他家里走动的宾客，与朝廷中的人一样多。

有个同学问“偏肥”的意思，就是太多了，事情做得过分了。譬如说虽然他官是做得很好，但听说银行里存有好几亿吧！这种话就叫作“偏肥”。有时这个偏肥也不是批评你，只是给你加一点，你就吃不消了。在政治圈中，如果讲这个人好是很好，不过太好了一点吧！这一句话说出来，这人就完了。所以这个社会上整人、害人的办法，你以为都是笨笨的吗？他假使要你下台的话，也会讲你好呢，不过太好了一点，好像不大对吧！这就叫“偏肥”，肥料多给你加一点的意思。

“子华使其侠客以智鄙相攻”，这个人下面养的打手啊、杀手啊，什么跆拳道啊、空手道啊，乱七八糟的道，多的是。常常开什么同乐晚会啊，大家比赛，看哪个智慧高，哪个笨一点。“强弱相凌”，天天这样打斗，强的欺负弱的，“虽伤破于前，不用介意”，打伤了、打死了，没有关系，也不犯法，警察局、警备部也不敢问他。“终日夜以此为戏乐”，所以白天夜里家里聚会经常做的都是犯法的事。“国殆成俗”，因此整个的晋国，社会风气都被他影响，变得很奢侈，又吃得好，用的也阔气。

“禾生、子伯，范氏之上客”，有两个范家的上客禾生和子伯。古人养士如“孟尝门下三千客”，有许多名字知道，人认不得；人认得的，名字不知道。除非天天跟他一起吃饭的重要上客，其次是中等的，再其次是下等的。这两个范子华的上客，“出行，经坰外，宿于田更商丘开之舍”，有一天他们两个外出，在郊外商丘开家里过夜。“中夜，禾生、子伯二人相与言”，二人到了半夜闲谈，“子华之名势”，谈到子华这个名气权势之大——势并不一定要官大，有时候官大钱多并没有力量，还很小气。有些人一毛钱没有，也没有地位，可是有名气。名气是个势，所谓权势，权是权，势是势，这两样都有的人很少。

他们说子华的名势，“能使存者亡”，可以使活的人死，当然他不会来杀你；“亡者存”，死人都可以使他活，他这个力量多么大！“富者贫”，把有钱的人弄得穷；“贫者富”，使穷人变富。过去在大陆，所谓社会上的头子的一套就是如此。这两个人在招待所就吹啊，吹自己的主人。

投奔闻人

> 商丘开先窘于饥寒，潜于牖北听之，因假粮荷畚之子华之门。子华之门徒皆世族也，缟衣乘轩，缓步阔视，顾见商丘开年老力弱，面目黎黑，衣冠不检，莫不眲之。既而狎侮欺诒，挡拯挨扰，亡所不为。

商丘开这个人，大概一辈子不得志，“先窘于饥寒”，生活困难，到处投奔也没得门路，看到这两个阔气的客人，他就偷偷地到窗下面听，听到范子华势力这么大，就想走这个门路，要去投奔这个人。

在那个时候，一个知识分子青年要想找出路，一定要找老板，所谓做人家的门客。到了汉朝也是如此，汉武帝以后才慢慢创立了选举制度。当时的选举不像现代的选举，是选举贤良方正人士，由里长、邻长报到县长，到省主席，每一年都向中央报上来——某某地方有几个青年，孝子，有学问，所以贤良方正是选举的开始。开始时制度非常好，政府集中资料下诏提拔，平民老百姓一下可以上去做大官，这个叫作选举。汉朝的选举久了，就变成门阀把持，成了党派，演变到后来就是东汉党锢之乱。等于大学毕业生都要求政府民主、别人民主，而自己绝不民主。自己的同学才是我的圈圈，东一个圈圈，西一个圈圈，就是这样，东汉因而有党祸，社会就乱了。

后来一直到魏晋南北朝，由于这个流弊，就不大用选举了，大家都是靠推荐。到了唐朝韩愈还给这个人上书、给那个人写信，自己吹自己。所以唐朝以后才把选举的制度改成考试，考试也是由选举来的。

所以，什么叫选举？选举的精神非常难说，真正谈到选举，东西文化之中都是没有答案的。至于现在美国式的民选，不必问了，当然我一定去投票，但是叫我出来竞选，我宁可死掉也不出来竞选。那多丢人啊！拜托，拜托，我能够向你们拜托吗？那么可怜兮兮地求人，那我不要活了，我连人都不能做了。时代虽变了，不过这个制度绝对靠不住的，你看着吧！将来怎么演变，历史是有一个公平法则的；违反法则的做法，偶然玩玩可以，不能够永久下去。

现在回过来，在这个春秋战国的时候，想出头必须找一个团体，等于现在讲民主的时代一定要找一个党派。这个商丘开没有饭吃，“因假粮”，假就是借，路费也没有，粮食也没有，因此向人家借来路费，“荷畚”，把行李一捆，背个畚斗，“之子华之门”，来投奔范子华。他当然想要见到范子华本人，但谈何容易啊！不是范子华故意架子大，事情太多了，他见到的当然是子华下面的这些人。

“子华之门徒”，范子华下面这一些手下，“皆世族也”，他们出身都很好，再不然什么政大啦、台大啦，你大我大，不晓得哪个大，都是些世家公子；要不然硕士、博士、你是、我是，都在内，地位都很高。因此这一批青年，“缟衣乘轩”，穿白色衣服，在当时穿白衣服是礼服，衣冠整齐；而且出来每人一部车子，不坐车子时，“缓步阔视”，走路大步大步地走，好像看不见别人，目中无人，比他差一点的都看不上。所以你们青年出去啊，“人是衣服马是鞍，金钱就是英雄胆”，衣服要穿好一点，你说我名士派，就名士派吧！但是台湾话“卡派”（很凶的意思），那就不行了。有没有本事、有没有学问，不知道，只要这个人衣冠楚楚的，就觉得蛮好看的嘛！如果你故意留个长头发，穿个夹克，夹克又是街上地摊买来的，不晓得你是清道夫还是干什么的。

“顾见商丘开年老力弱”，看看这个来投靠的商丘开，年纪那么大，又没有什么力气，“面目黎黑”，一脸倒霉相，在外面乱吃，算不定还有慢性肝炎。“衣冠不检”，帽子也破了，衣服也不整。这些门人就逗着他玩，拿他来开玩笑，“狎侮欺诒”，狎就是玩弄他、欺负他、骗他、哄他，不把他当人看。“挡扰挨抌”，有时候抓他一把，有时候揍他一下，有时候故意来一个空手道，一脚把他踢倒。“亡所不为”，对这个老头子的侮辱，什么动作都有，把他当活宝在耍。

被戏弄的人

商丘开常无愠容，而诸客之技单，惫于戏笑。遂与商丘开俱乘高台，于众中漫言曰：“有能自投下者赏百金。”众皆竞应，商丘开以为信然，遂先投下，形若飞鸟，扬于地，肌骨无碼。范氏之党以为偶然，未讵怪也。因复指河

> 曲之淫隈曰："彼中有宝珠，泳可得也。"商丘开复从而泳之，既出，果得珠焉。众昉同疑，子华昉令豫肉食衣帛之次。俄而范氏之藏大火，子华曰："若能入火取锦者，从所得多少赏若。"商丘开往无难色，入火往还，埃不漫，身不焦。范氏之党以为有道，乃共谢之曰："吾不知子之有道而诞子，吾不知子之神人而辱子。子其愚我也，子其聋我也，子其盲我也。敢问其道？"

商丘开这个老头子虽然受那么多侮辱，心理上当然很难过，但慢慢也习惯了。反正这个地方生活安定，如果到外面去，人家说这是某家的人，就很体面又方便。等于现在年轻人到大公司找一个小事做，或者在政府当个小公务员，在里头大家看不起，出来以后，就是某某大公司的人，意思好像很大。所以商丘开虽然被人侮辱，"常无愠容"，他并不怨恨人，你骂他也好，看他不起也好，逗他玩也好，他不会怨恨你。这个"愠"字你们很熟吧！我们读《论语》，"人不知而不愠"，你对我不起，表面上包容，脾气不发出来，怨恨在内叫作愠。商丘开这个人"无愠"，他真不把这些事放在心里。你说这是个什么心理？当然是谋生第一，这样好的生活环境还要埋怨，埋怨就没饭吃了，将就一点，自己得过且过。

"而诸客之技单，惫于戏笑"，范子华家里这些门客啊，想尽方法开他玩笑，玩笑开久了也就觉得没有什么好玩，大家就想新花样逗他，"遂与商丘开俱乘高台"，本来是看他不起，一方面也有感情，这个人很好玩、很和气嘛！有一天，大家就带着他去一个很高的建筑上，"于众中漫言曰：有能自投下者赏百金”，他们对大家说，有人自愿跳下的话，就有一百黄金赏赐，“众皆竞应”，大家就故意起哄响应。

“商丘开以为信然”，这位老头子一听啊，信以为真，“遂先投下”，他不等到别人讲，就说我来，就跳下去了。“形若飞鸟扬于地，骪骨无碍”，好像鸟一样飞下去，轻轻着在地上，他也没有武功，没有本事，却连皮肤都没有擦伤。这一些人虽然逗他玩，也不是讲空话，一百黄金就给他，那些人也阔气得很。“范氏之党以为偶然，未讵怪也”，这个老头子跳下去不死，也没有摔伤，大概是运气好，大家对于这一件事情也没有奇怪，不过觉得怎么没有吓住他，于是另外设法整他。

“因复指河曲之淫隈曰”，有一天啊，请他到一条大河边，在那个河曲转弯急流的地方，“淫隈”是水流很快，下去没有命的。他们就告诉他，“彼中有宝珠，泳可得也”，这条河虽是危险，里面有一颗夜明珠，无价之宝，如果有人会游泳，下去就可以得到这个宝珠。“商丘开复从而泳之，既出，果得珠焉”，这个老头子听到就把衣服一脱，咚，跳下去了。果然也没有淹死，出来了，还真的让他得到一颗珠宝。

这个第二次可不简单了，这可不是运气啊！“众昉同疑”，大家觉得真是怪啊！这个老头恐怕是假装的，大概有真本事、真工夫。慢慢的这个事老板也知道了。“子华昉令豫肉食衣帛之次”，这个老板子华把他的地位提高，可以不吃素，吃饭的时候也到荤桌上吃肉了。古人所谓“肉食”，古代的礼貌是，一般年纪大的肉食衣帛，吃得好，穿得好。我们小的时候，做一件皮袍都不敢穿出来，老辈子看到，某某人家里儿子年纪轻轻穿皮袍，成什么话，太奢华了。所以要到相当的年龄、相当的地位，才可以饮食不同、衣冠不同。这个老头的地位，吃的穿的，待遇提高了。

“俄而范氏之藏大火，子华曰：若能入火取锦者，从所得多少赏若”，有一天碰到这个老板的仓库起大火，这一下严重了，老板范子华就下一个命令，有人到大火里抢出锦缎等物，抢出来多少，都归他所有。商丘开一听发财机会又来了，“往无难色”，就向火里面钻，拼命地搬东西，“入火往还”，在火场里头跑进跑出，三进三出的，“埃不漫”，一点火尘都没有沾到，房子烧了倒下来也没有碰到他。“身不焦”，身体上一根头发都没有烧焦，这个工夫多大啊！所以你们要学神通的就赶快拜他为师。这么一来，他当然搬了很多东西出来，都归他了。

这一下大家傻了，“范氏之党以为有道”，范氏的门下以为他参禅开悟了，或者修密宗念咒子，通灵了。再不然修道，奇经八脉都打通了。“乃共谢之曰：吾不知子之有道而诞子，吾不知子神人而辱子”，大家来向他道歉，不晓得你老先生有道啊！你有这样高的功夫，过去故意挖苦你，跟你开玩笑，你不要见怪。于是磕头礼拜，好像求忏悔。“子其愚我也，子其聋我也，子其盲我也，敢问其道”，他们说我们这一些人太笨了，你把我们当小孩看，骗我们，不愿意跟我们讲，过去就算了，现在请你传我们道，要这个商丘开传道。

什么是道

商丘开曰：“吾亡道。虽吾之心，亦不知所以。虽然，有一，于此，试与子言之。曩子二客之宿吾舍也，闻誉范氏之势，能使存者亡，亡者存；富者贫，贫者富。吾诚之无二心，故不远而来。及来，以子党之言皆实也，唯恐诚之之不至，行之之不及，不知形体之所措，利害之所存也。心一而已，物亡迕者，如斯而已。今昉知子党之诞我，我内藏猜虑，外矜观听，追幸昔日之不焦溺也，怛然内热，惕然震悸矣。水火岂复可近哉！”自此之后，范氏门徒路遇乞儿马医，弗敢辱也，必下车而揖之。

这一下这个老头子讲话了，“吾亡道”，我没有道啊！他是讲老实话，真的没有道。“虽吾之心亦不知所以”，他说你们问我这些本事哪里来，我也讲不出道理来，我自己也莫名其妙啊！“虽然，有一，于此，试与子言之”，但是，现在你们一定要向我求道，我倒想起一个道理来了，就说一说这个道理吧。

“曩子二客之宿吾舍也，闻誉范氏之势，能使存者亡，亡者存；富者贫，贫者富”，开始的时候，你们这里有两个高等的门客曾路经我家里住过，我夜里偷听他们的谈话，他们说范家的势力大，能够使死人活、活人死，要他有钱就有钱，要他穷就穷。他说我听了也想走这个门路，“吾诚之无二心”，我诚诚恳恳相信，第二个念头都没有。“故不远而来”，所以虽然那么远的路，我还是借钱投奔到这里。

“及来，以子党之言皆实也”，我来了以后，我哪里晓得你们骗我的啊！听你们讲什么我都信以为真，绝对地信。不但相信是真的，“唯恐诚之之不至，行之之不及”，还唯恐自己的诚心不够，我不敢动一点怀疑。所以你们讲跳水里去会发财，我就信了，信了就跳啊，跳的时候已经忘掉了水，忘掉了火了——他的目的就是要发财，管他的，至于跳下去会不会死，有这么一点点怀疑念头已经不行了，不诚恳了。“不知形体之所措，利害之所存也”，当我跳到水里去，我没有考虑危险，我也不晓得我的生命身体存在不存在，我的意念就是要那颗珠子，一切都不管了，忘掉了我自己，是好是坏，都不考虑。

你们青年读了，要发财就要这样，要前途就要这样，你要求学问也要这样，修道也要这样，真的哦！所以你们作诗作文，求学问修道都搞不好，就是因为不专心、不诚恳。所以赵翼的诗，“少时学语苦难圆，只道功夫半未全”，我认为自己工夫还没有到，学了一半，还没有完全，“到老方知非力取，三分人事七分天”，老了才知道三分人事，七分天命。

这个还不算，古人讲作诗有一句话，“诗穷而后工”，作诗要作得好，要穷，穷就是倒霉啦；你又升官又发财，一天到晚忙，哪里还有时间坐下来写文章啊！所以你看每一个诗人都是穷苦的，越穷诗越好，那是真的“诗穷而后工”。赵翼还有一首讲作诗的诗，后面有两句，“熊鱼自笑贪心甚，既要工诗又怕穷”，孟子讲熊掌我所欲也，鱼我所欲也，你又想吃熊掌，又想吃鱼，三心二意又贪心，又想诗作得好，又怕穷。很多人都是这样，又想修道，又想要去做事；做事还做不了半天，又想不行啊，妨碍我做工夫，又去打坐，哪里会成功啊！

所以他说我那个时候“心一而已”，只要发财，跳下去就跳下去，管他水也好、火也好。“物亡迕者”，没有考虑物质环境，没有考虑这个是火啦，这个是水啦，都没有考虑，“如斯而已”，我的道就在这里。

“今昉知子党之诞我”，现在我晓得了，你们都是骗我的。“我内藏猜虑”，我心里知道你们是骗我的，我的思想就多了，就不信你们的话了。“外矜观听”，外面我又要看看环境，考虑考虑。这一懂了以后，“追幸”，追想当时受骗的日子，觉得还是很幸福的。我现在想想，“昔日之不焦溺也”，当时下水都没有淹死，到火里没有烧死，全靠我那个笨。现在变聪明，“怛然内热”，心里一天到晚都是思想，思想过度了，所以胸口都堵住，饭也吃不下，舌头发苦，血压又高，头又痛。“惕然震悸矣”，现在我一想，哎呀！当时那么高我怎么跳得下去啊！想想都出一身冷汗。“水火岂复可近哉”，现在你再叫我跳进水里抓珠子，跑到火里抢东西，我绝对不敢了。这个道就在这里，我们先休息一下。

第六十八讲

中庸与道
现实的通俗道法
信心的力量
养虎的诀窍
虎性 人性

中庸与道

这个故事还没有完。一个人怎么叫作诚?以儒家《中庸》这一本书来讲,诚是非常难的,所以我们中国文化是讲诚诚恳恳地做人。宗教则是谈信,“信者得救”是基督教用的;佛教讲“信为道源功德母”。什么才是信?迷信跟正信有什么差别?在理论上差别很大,但事实上几乎都是一样。所以一个真有智慧的人,是很笨的,很老实的,没有那么多刁钻古怪;也可以说,一个真笨的人就是绝对聪明的人。所以我们一般人很可怜,你说他笨嘛,他又蛮聪明的;你说他聪明嘛,又笨得要死。笨也笨不到底,聪明也聪明不到顶,所以都是普通人。普通人多半是这样,自己有很多的理由替自己解释,做错了事情,第一念一想脸红,第二念脸变黄了,想想我还有一个道理,第三念脸还发白,很坦然,自己还是对的。他找很多理由支持自己的错误,所以说聪明就是笨,笨就是聪明。

《中庸》里说“至诚之道,可以前知”,真的至诚是非常难的,是可以有预知的能力的。因此我也常常给同学们讲,不是笑话,是真话,你们要想求佛成道,或者做学问,只有诚信一条路线,我看只有愚夫愚妇可以成功。所以你们出家在家学佛的,我常常告诉你们,拜佛就拜佛,规规矩矩这一拜就成功了。我做什么都很笨的，从小父母老师们告诉我，读书要背，我到现在还是背，绝不用聪明。不懂的就老老实实说不懂，不轻易自己下注解。假使我告诉你走这个圆圈，你们在我看不见时，一定是转过去抄近路，马上测验出来一个诚字。所以我常常告诉本院同学，你们要搞清楚，我随时在观察你们，看你们讲话、做人做事。你说要禁语四十九天，结果三天就说话了。所以说，我心里看你是什么样的人，红笔一勾，已经出去了。不过我还是对你很客气，因为不值得一骂，没有用了嘛！

所以自己能永远真的诚恳才是，你看这个商丘开多笨啊！这一种人不只是这个书里有，你看社会上很多成功的人都是很笨的，所以老实跟笨是两兄弟，分不开的，老实就是笨，聪明就是滑头，绝对分不开。你说这个人很有才具，很能干，我也知道他很能干，但是我下面就注意他滑头不滑头。很多聪明人，我私下观察他，很滑头，不能用了。如果聪明而不耍滑头，做事情老老实实，讲话也老老实实，不吹，他一定会成功的。

所以有人问，现在年轻人用什么办法最有前途？我说学笨啊！因为这个时代，这个世界，你要耍花样、玩本事，一个比一个聪明，谁都会，将来成功的一定是一个老实的人。我什么都不会，你叫我向东，我就向东嘛！你骗我也好，我向东嘛！像哥伦布发现新大陆一样，向东还是走出一个地方来。让别人上当的人，最后都是自己上当。

所以中庸之道要好好研究，《中庸》说“至诚之道，可以前知”，又说“自诚明谓之性，自明诚谓之教”，就是这个道理，由诚到明，所以参禅、念咒，你就嗡阿吽、嗡阿吽……念下去就是了，你就相信了；或者参一个话头，“狗子有没有佛性”，我管他狗有没有佛性啊！我参下去就是了，也成功了。在这里听课的，你们有些同学是大学毕业，可是他一堂都没有好好听，只想自己的，那你在这里学什么呢？那还能够学得成功吗？这都是妄用聪明，所以商丘开这一段话就是道，他讲的是老实话。

再看他这个话的影响，“自此之后，范氏门徒路遇乞儿马医，弗敢辱也，必下车而揖之”。因为商丘开这个老头子的成功，而且把这个道理也说了，所以范家的门下客经过这个教训，从此以后改变态度，不敢轻视任何一个人，路上碰到讨饭的、马医、兽医、巫医，不敢侮辱了。古代巫、医放在一起，尤其是兽医、马医，更被人轻视，是最低贱的职业。但是范家的门客对他们，“必下车而揖之”，看到这些人就下车，作个揖再走。

这一点你们年轻的不懂，地位高的人这样做可以，你们没有地位，不要学哦！你们要是骑个摩托车看到叫花子也下来给他作个揖，那不送神经病院才怪呢！就是要看什么地位，什么身份，要得体才行。所以你看英国人十七世纪后，组织一个东印度公司，就把整个印度统治了，使印度成为英国的殖民地。印度几千年来是文化没有统一的国家，尽管有一个释迦牟尼佛，他的文化已经到中国来了，宋朝以后印度就没有佛教的文化了。他们仍然阶级森严，第一等人是婆罗门，婆罗门是宗教徒，传教士出来一定穿白衣服的，家里有钱的。我的朋友做过驻印度的外交官，他说那个墙壁硬是金叶子贴的墙壁。可是最有钱的婆罗门家里还有一个蒲团，打打坐，一把扫把，等于是中国人的拂尘，扫干净东西，还有一个吃饭的钵。婆罗门地位很高，英国人统治的手段不用武力。英国总督看到一个婆罗门过来，马上叫司机停车，总督自己下来合个掌，婆罗门也不理他，拿着雨伞，夹着扫把，端个钵，慢慢地过去，很傲慢。这个总督规规矩矩合个掌，等他过去了再上车走，就这一手就把印度统治了。你以为统治还用枪打、用扁钻捅人吗？那是统治不了的，统治是文治，那个力量就更大了。

现实的通俗道法

宰我闻之以告仲尼，仲尼曰："汝弗知乎？夫至信之人可以感物也，动天地，感鬼神，横六合，而无逆者，岂但履危险，入水火而已哉。商丘开信伪物犹不逆，况彼我皆诚哉！小子识之。"

"宰我闻之以告仲尼"，宰我是孔子的学生，在《论语》里有"宰我昼寝"。宰我听了这一件事，回来对老师孔子讲了。"仲尼曰：汝弗知乎？夫至信之人可以感物也"，孔子说对啊，你不懂吗？一个真诚、真信的人，他不但能自立，还可以感应外界的物质。物不容易交感哦！——所以你们研究唯识就知道，精神跟物质不容易交感。可是那些画符念咒的人啊，我们小的时候看得多了，那都是真的，我都亲自磕头求画符。那个师父坐在那里念嗡隆、嗡隆……不晓得他念些什么，我们说笑话，叫那是"哈不隆咚"。他这样念一下，指头那么一画，起！那些板凳就动起来，这个跳过来，那个跳过去，互不妨碍，很好玩。他说：止！板凳就停在原位。这个神通多好玩啊！还有一个，茶杯放在那一头，他也是“哈不隆咚”这么一念，茶杯就转到这边来了。所以你们看了还会不磕头吗？但是我学了都不灵，叫茶杯也不过来，板凳也不打架，为什么？因为我不信。我曾学过止血，血流出来，他们一画符血就停了，他口念“东方一个红孩儿，头戴红缨帽，身穿大红袍”，这就可以止血。这个同血有什么关系啊？叫我念，我不信嘛，所以我画就不灵。

现在还有理学这一派的祖师爷，我都知道，已经创了三个教了，他们念咒子给人家治病，拿一碗水，念了半天，让人喝下去，当然小病治得好，大病还是不行的，小事都很灵，大事保险不准的。这个东西我当然要学，但是要我拜师，我不干。我说你这个法子传给我，真的灵了，我再叫你老师。越是邪门的地方，我反而很容易拜师，要我磕头赌咒，不过我嘴里念着天打雷劈……脚下写我不承认。结果传的咒子是：“大学之道，在明明德，在亲民，在止于至善，知止而后有定……”这我都会背，还要你传给我吗？《大学》一篇，止血就灵，这是什么道理？我们念《大学》，三纲八目，治国齐家平天下，讲得多透彻，但要用这个止血，绝不灵！

所以学道的人啊，以愚夫愚妇之诚，接近成功了。有愚夫愚妇之诚，你不要讲理由，我常常看到庙上拜拜的老太婆，远道而来，骗丈夫，骗儿子、女儿，抠一点钱存起来，三步一拜，拜到庙子上，把那个偷偷抠起来的钱拿来供养菩萨，那种诚恳，我在旁边都要赞叹，她真得救了，绝对得救，因为她是真的。像我们啊，把头磕破了也不灵，因为我们一边拜，一边想，拜了有用没有用啊？拜了好几天了，都没有感应啊！都在那里打主意嘛，所以没有用的。学道，要么第一等最高明的人，要么最笨的人，中间这种人是没有希望的，除非恢复到愚夫愚妇那个至诚。

信心的力量

所以孔子就讲这个道理，他说你知道吗？“夫至信之人可以感物也，动天地，感鬼神”，就是这个诚、这个信，所以迷信也都对，“横六合”，因为信念诚恳坚定，六合就是四方加上下，充满宇宙之间。“而无逆者”，一个“诚”字、一个“信”字，没有什么东西可以抗拒的。“岂但履危险，入水火而已哉”，入水入火更不例外。孔子把这个“诚”字、这个“信”字，说明得这样深入。

讲道理是这样，它的作用还超过孔子这句话，人越是真信，作用越不可思议。譬如我有一个小老弟，在大陆学佛的，到了台湾，他来找我。他过去打坐发过神经，不过到这里来没有亲人，我只好留他在家里住了。我说你不准打坐啊！我那个时候绝口不谈佛法，他有点怕我，既然投靠过来了，也等于投于范氏之门了。他偷偷还打坐，我知道管不了，过不了多久神经病又发了，把厕所的水泥板一手就端起来，光着屁股往房子上一跳，就跳上去了，要是平常绝对跳不上去。神经病的人为什么如此呢？两三个月不吃饭，也不饿，气色还很好。他当年在四川修道的时候，都江堰灌口二郎庙，那个水流之急，他可以在水面上直接走过去，那也是神足通啊！结果呢？回来我抓着他就给他一顿揍，这一顿打下来，他再也不干这种事了。

所以一个精神有问题的人，他也很诚信，自己看到那个幻境，认为是真的。即使那个信在学理上属于迷信，可是这个心的力量就有这么强，虽然信错了，也有那么大的力量。所以孔子的话一点没有错，真正的信可以“动天地，感鬼神，横六合，而无逆者”，没有什么可以抗拒的，这是唯心的作用。“岂但履危险，入水火而已哉”，岂止是入水入火，在危险的地方而已！他说你要知道，“商丘开信伪，物犹不逆”，商丘开相信了人家骗他的话，假的东西都变成真的了。“况彼我皆诚哉”，更何况一个正人君子以诚恳相对，天下没有事不成功的！“小子识之”，孔子口中的“小子”，就是你们青年人，你们这些孩子们，“识之”，这个“识”字啊，念成“志”，也就是记下来的意思。宰我把这个听来的故事去问孔子，孔子就说这个道理，一个人诚信就成功，多疑、猜忌、妄想，不会成功的，所以孔子说“小子识之”，你们把这个事情记下来。

这一段故事完全讲唯心的道理，和精神学、心理学、神通，许多都有关联的。接下来是另一个故事。

养虎的诀窍

周宣王之牧正有役人梁鸯者，能养野禽兽，委食于园庭之内，虽虎狼雕鹗之类，无不柔驯者。雄雌在前，孳尾成群，异类杂居，不相搏噬也。王虑其术终于其身，令毛丘园传之。梁鸯曰：“鸯，贱役也，何术以告尔？惧王之谓隐于尔也，且一言我养虎之法：凡顺之则喜，逆之则怒，此有血气者之性也。然喜怒岂妄发哉？皆逆之所犯也。夫食虎者，不敢以生物与之，为其杀之之怒也；不敢以全物与之，为其碎之之怒也。时其饥饱，达其怒心。”

周朝有一个名王叫宣王，历史上凡是称“宣”字的皇帝都是很不错的。“牧正”是管动物的官，就是畜牧部的部长。“有役人梁鸯者”，在畜牧部里有个役人，是专门训练动物的驯兽师，名叫梁鸯。“委食于庭园之内”，他像现在进步的思想一样，开放式经营动物园，动物随便放在园子里养。“虽虎狼雕鹗”，而这些动物及飞禽是很厉害的，到了他前面，“无不柔驯者”，却是一个一个乖得很。所以“雄雌在前，孳尾成群”，这些动物公的、母的，在那里很自然，随便交配，一代一代繁殖下来。“异类杂居，不相搏噬也”，而且老虎、豹子、狼啊，跟其他的鸡啊、兔子养在一起，没有打架，也没有互相吞吃，这个本事大了。“王虑其术终于其身”，周宣王就怕他的这一套技术将来没有传人，所以下令叫毛丘园来跟他学，把他的本事学来。

“鸯，贱役也”，梁鸯说我养禽兽，这个职业不好啦！“何术以告尔”，我实在没有什么学问可以告诉你的——事实上，其中有大学问。“惧王之谓隐于尔也”，但是我不告诉你不行啊，皇帝要你来跟我学，我如果不教你，皇帝就发脾气了，说我保留秘密不肯教你，这个吃饭的家伙也要掉下来的，我只好教你了。

“且一言我养虎之法”，先讲一讲养老虎的办法。大家注意哦！养老虎是这个办法，对人也是这个办法，你们女同学懂了这个方法，将来可以嫁人了；男同学也一样的，这样也懂得照应太太了。再说将来当主管、当老板、当领袖的，做人家好干部的，也要懂这个，这是人生的大哲学。要知道世界上的人都是老虎啊，这是个哲学道理，你如果不懂，就不能出去做事了。像我们这一班同学也都是老虎哦，我有时候也不敢碰他们的，他们有时候好好的，有时候要发威，我这个当老师的也只好嘿嘿，你对，只好笑了。

老虎的个性，“凡顺之则喜，逆之则怒”，你顺着它的时候，它就高兴了，你跟它相反时，它脾气就来了。也就是顺之者昌，逆之者亡，当英雄的都是这个话。老虎也是一样，所以你要懂得它的个性。假使我来扮演一个老板，不管你跟我多久，我真正的个性好恶，如果让你知道了，我就不是老虎了，那不是故意的，人对人哪有那么容易懂啊！不好懂啊！天下只有两种人会懂得别人，一种是成了佛悟了道的，把人都看通了；一种是最笨的人，因为他不需要懂，你叫我动就动，你叫我息就息。这两种人可以养老虎，也可以养人了，因为人性也是这样。你们用一般的聪明想领导人或被领导，是做不好的。

“此有血气者之性也”，这是有血有肉生物的性情，人就是有血有肉的生物，所以都是一个样子。读古书要会读，要不然你以为只有养老虎才如此，把自己当成人了。不要自己臭美了！人也不过是血气动物而已，对不对？要把自己搞清楚。有血有肉有气的动物、有生命的动物就是这个样子，顺着它就高兴，你不合它的意思就发脾气，就埋怨吵架，甚至一哭二闹三上吊了。

但是梁鸯告诉你，“然喜怒岂妄发哉”，一切有血肉的动物，虽然顺之则喜，逆之则怒，但是喜怒不是随便发的，有它的学理。所以你懂了这一段，出去创业一定会成功的。一个做老板的就是养一批老虎，如果你是职员，那个老板就是老虎，你要把他弄得好，弄不好就会吃掉你的，这个要懂。但是每一个人“喜怒岂妄发哉”，不是乱来的。“皆逆之所犯也”，会乱来就是因为你不懂得人性，不懂得物性，不懂得老虎的脾气，你触怒了它。

现在他传功夫了，“夫食虎者，不敢以生物与之”，喂老虎的办法，不敢拿活的动物给它吃，它习惯了那个活的味道，将来也会吃人的。所以给它吃煮熟的东西，它吃惯了，再闻到人的味道，不像是平常食物的味道，它就不会去抓。“为其杀之之怒也”，因为你如果把活鸡丢给它，老虎抓鸡的时候鸡在跑，它东抓西抓追逐有生命的东西，就发脾气了，是“杀之之怒也”。所以干脆杀好丢给它吃，它吃饱了就算了。老虎也好，人也好，都喜欢占便宜，捡现成的，你懂了这个道理就晓得用人了。一般人给他占便宜，现成的给他拿，他就乖了。如果说你要努力啊，你做一天我就给你吃一天，问题就出来了，他就不干了。

“不敢以全物与之，为其碎之之怒也”，他说不敢把大块肉给它，一块大牛肉七八斤，它要拿爪子来撕，还有带骨头的，咬不下来它也会发脾气。将来你们法师带徒弟、带人都是一样，那些都是老虎。“时其饥饱”，饿的时候就要给它吃，饱的时候不能再让它吃。所以我们乡下养狗是给它吃一餐，夜里饿着好看门。猫是吃中午的，晚上不喂猫吃，晚上肚子饱了它就睡觉，不抓老鼠了。“达其怒心”，就要了解它怎么样会发脾气。这个是原则，就是控制它生活的需要，你要有控制的办法，把握那个时间，这样什么动物都可以养了。

虎性 人性

“虎之与人异类，而媚养己者，顺也；故其杀之，逆也。然则吾岂敢逆之使怒哉？亦不顺之使喜也。夫喜之复也必怒，怒之复也常喜，皆不中也。今吾心无逆顺者也，则鸟兽之视吾，犹其侪也。故游吾园者，不思高林旷泽；寝吾庭者，不愿深山幽谷，理使然也。”

“虎之与人异类”，他说老虎跟我们人虽不同类，“而媚养己者，顺也”，但养它的人，因为常常喂它，老虎有时也会拍马屁的，它晓得你一来就有吃的，乖得很啊，所以有人会训练老虎玩把戏。像泰国表演鳄鱼的，先要喂它六只鸡，喂饱了以后才能在鳄鱼身上玩，看到鳄鱼嘴巴动一下，赶快就跳下来，它回头就不得了。老虎为什么拍你马屁啊？因为你给它食物。所以你当老板的人，对职员生活待遇要够，不够老虎会咬你。外面只拿两万一个月，你这里三四万，而且一切待遇都能使人安心，他干不干？恐怕老虎的尾巴都要摇起来了，所以你们要懂得这个道理，不要使它发脾气动杀机。

“然则吾岂敢逆之使怒哉”，但是我也绝不敢随便逗它，使它发脾气啊！“亦不顺之使喜也”，不过我也不会太拍这些老虎、豹子们的马屁，过度了都不对。你逗它发脾气要杀生也不对，你顺着它吃饱了，像同学们，光是睡觉不打坐也不对。

这不是笑话，是有个道理的。“夫喜之复也必怒”，物极必反，满足过分了，它要捣乱，喜极了必怒，这是物极必反的道理，一反一复。“怒之复也常喜”，有时候故意使它饿一下，快要发脾气的时候，东西一吃就好。就像小孩子有时候让他哭一哭，越哭越长大，那是一种肺部的运动。所以他说一喜一怒之间要把握得好，过分的高兴，过分的受饿，“皆不中也”，都不恰当。这个“中”字应该念成“仲”，所以佛法也讲中观，要修中观，中就刚好对。

再进一步就高了，这个人不是只养动物的，他已经得道了。拿中国上古神话来说，他是公冶长之流的人物。公冶长坐在那里百鸟都跟他转的，他是孔子的学生，他通兽语、鸟语。“今吾心无逆顺者也”，梁鸯说我自己心里没有喜怒，养老虎的人先修养自己，自己心里没有动念，等于得了道，喜怒哀乐未发之谓中，所以跟它们平等相处，不把它们当老虎，而是当成自己一样。“则鸟兽之视吾，犹其侪也”，这样一来，鸟兽也认为我就是它们的同伴。“故游吾园者，不思高林旷泽；寝吾庭者，不愿深山幽谷”，因此这些动物在我的园林里，像住在家里一样随便，看我又是它们的同伴一样，所以它们也不需要高林旷泽、深山幽谷，“理使然也”，这是自然的道理。

这个就是养老虎的哲学，也就是做人做事的真道理，人生就是在养老虎。你懂了这个，上可以当皇帝，下可以为自己生活。

第六十九讲

颜回问驾船术
江湖人幽默读书人
孔子谈学习
谁能不受外界的影响
激流中自在出入的人

现在还在《黄帝》这一篇，中间这几段是以故事方式表达的，都是说明修养最高的原理。现在继续讲颜渊问孔子的问题。

颜回问驾船术

颜回问乎仲尼曰："吾尝济乎觞深之渊矣，津人操舟若神。吾问焉，曰：'操舟可学邪？'曰：'可，能游者可教也，善游者数能，乃若夫没人，则未尝见舟而谡操之者也。'吾问焉，而不告。敢问何谓也？"仲尼曰："譆！吾与若玩其文也久矣，而未达其实，而固且道与？能游者可教也，轻水也；善游者之数能也，忘水也；乃若夫没人，之未尝见舟也而谡操之也，彼视渊若陵，视舟之覆，犹其车却也，覆却万物方陈乎前，而不得入其舍，恶往而不暇？以瓦抠者巧，以钩抠者惮，以黄金抠者惛。巧一也，而有所矜，则重外也，凡重外者拙内。"

这是颜渊问孔子问题，他说"吾尝济乎觞深之渊矣"，用白话翻译就是说，我曾经“济乎”，渡过一个水流很急的深渊。在什么地点没有讲，就是有个急流，下面有深潭，很危险。“津人操舟若神”，津人是这个渡船的人，他那个驾船技术之高明，船在他操控下像神化一样。“吾问焉，曰”，我向渡船的请教，在这个大风浪，那么危险的地方，你怎么把船驾得那么好啊？“操舟可学邪”，驾船的技术，可不可以学呢？

“曰可”，他说当然可以学，天下事没有哪一件不能学的。“能游者可教也”，会游泳的人才可以教他。所以我们当海军的先要学游泳，那是一定的。“善游者数能”，他说游泳技术高明的人，熟识水的性能，就会驾船了。“乃若夫没人，则未尝见舟而谡操之者也”，至于会潜水的人，虽然没看过船也会驾船。“吾问焉而不告，敢问何谓也”，他只讲这个原理给我听，然后我再问他怎样驾船，他也不答复我。于是颜渊回来问老师孔子，这是什么道理？

孔子跟释迦牟尼佛一样，什么问题都答复的。释迦牟尼佛的弟子问，放牛怎么放啊？做衣服怎么做啊？瞎子怎么做衣服啊？释迦牟尼佛都会讲出来。所以佛的学问太渊博了。

孔子听了颜渊的问题说，“仲尼曰：譆！吾与若玩其文也久矣，而未达其实，而固且道与”，我们先讲这一段。仲尼是孔子的字，中国的古礼，学生对老师不可以称名，可以称字；子孙对祖宗、父亲，也可以称字。到了唐朝连字都不能称了，犯忌讳，所以为了这个，韩愈作了一篇文章，大大反对唐朝以后的文化。中国人忌讳太多，比如说父亲名字叫衣，衣服都不能穿了，那还得了啊！过去的文化不是，所以孔子的孙子子思所作的《中庸》里再三出现“仲尼”——祖父的字。

孔子答复颜回的话，“譆”！这个字本来念“譩”，就是“嘻”的同音，我们现在用白话来讲就是嘿！“吾与若玩其文也久矣”，他说我跟你两个人书读多了，书生没有用，玩弄文字，道理说得太多了，“而未达其实”，做到的少。读书人都犯一个毛病，理论多，实际上做的少。“而固且道与”，而自己还认为学识好、有思想。

江湖人幽默读书人

这里我插一段故事，是我亲身经历的。几十年前我在成都时，我的禅宗老师袁先生，他的学术、名望、一切都很高。有一个冬天清早，很冷，我们送一个朋友搭车到重庆。抗战时期，由成都到重庆，长途汽车走两天，半路在内江休息。那个时候车子是老爷车，不像现在旅游车那么舒服。上车找不到位子，都像筷子那么站着，大小便都不敢下车，就是硬憋住，因为下了车就没有位子了。抗战时，跟日本人打了八年，在打到六七年时，有一首诗，是仿古人的诗改的：

一去二三里　抛锚四五回
前行六七步　八九十人推

你看抗战时期多可怜啊！大家坐车的都要下来推车子，常常如此。原来的古诗是：

一去二三里　烟村四五家

亭台六七座　八九十枝花

这首诗是描写太平时的江南风景，江浙一带的农村社会，那真舒服啊！

那天一早，我们师生两人，坐了黄包车，是人力拉的车，就到成都的东门牛市口车站送朋友。牛市口有很多茶馆，送朋友上车以后，天还刚刚亮，老师就说，喝个茶再回城里去。我说好啊，肚子饿了，就在那里买油茶吃。四川的茶馆，破破烂烂的，早晨没有什么人，只看到有一堆很粗的人坐在里面。四川袍哥很多，就是耍江湖的人。我们两个穿长袍，一看就是孔子说的“玩其文也久矣”的人，书呆子的样子。坐下来，当然茶泡好，老师坐上位，我坐在下位，就喝茶聊天。那一堆人本来有四五个，正谈得兴高采烈，看到我们两个一进来，就不讲话了，很注意我们。上面那个肩膀很粗的，歪起眼睛看看我们谈话，半天他们也不说话。

忽然，他开口了，“格老子的”，这是四川人讲话第一句，“你们晓不晓得，我当年也读过书的”。我跟老师一听这句话，两个人眼睛对看一下，知道他要开始骂我们了，头不偏过去，耳朵就注意听。他继续说，“六岁起读《三字经》，读了两年书，《论语》全部都背完了，《诗经》还念了几篇。没办法，家里穷嘛！穷了干什么？学杀猪”，他就吹了起来。

乡下人杀猪，一刀把猪刺死了，然后再把猪腿上的皮割开，我都是亲眼看过的。割开了就吹气，吹得那个猪啊，一身气都涨了起来，然后拿一大桶开水一烫，烫完才好刮毛，那个毛一刮，全身刮得白白的。如果不吹气的话，皮不充满气，不好刮毛的。

他就继续吹，“当年没有办法就去杀猪，杀猪都要吹啊，东一吹，西一吹，他妈的，把我一肚子的学问都吹到猪肚子里去了”。我们听了，老师胡子一抹，意思是骂得好！骂得好！这是四川朋友讲话挖苦人的本事，他们骂人有一套艺术的，挨骂了你还觉得舒舒服服的。

孔子谈学习

这里讲孔子说的话，“吾与若玩其文久矣”，使我想起当年经历的故事。下面孔子继续说下去，解释第一句话，“能游者可教也”，会游泳的人可以教他驾船，这是什么道理？“轻水也”，游泳惯了的人，把水看得很轻易，不在乎，随便就跳下去了，因此可以去当海军，学驾船。“善游者之数能也”，比会游的还高明的人，他对于水性的认识就更高明了，“忘水也”，因为他忘记了水，虽然下水，他不觉得是在水中，就像人在空气里生活，忘记了空气；鱼在水里生活，忘记了水，是一样的。

“乃若夫没人，则未尝见舟而谡操之也”，有人下水就沉下去，像蛙人一样的。譬如像我是海边人，冬天那么冷，我看到海边有人脱得光光的，下水五六个钟头才上来，气功练到这个程度，能闭气几个钟头，的确没有带氧气筒。后来才知道，原来吃了药，这一种药吃了，冬天下到冰水里都不会怕，不会有问题。他说这种人不需要船，也没有看过船，下水就可以沉没下去。“而谡操之也”，因为他没有害怕，忘记了一切，平常练习多，操练的有数了。下面孔子就解释，这种人水性高的程度是“彼视渊若陵”，他看到深渊，不但心里没有恐惧，还会放松自然地跟着这个水转，所以他看深渊等于看山坡一样。为什么新店碧潭经常有人沉下去上不来呢？因为这个海岛水下面的地不平，一深一浅，水一流过就旋转起来，形成深潭。一般人沉下去就慌了；如果不慌，顺这个水性一转一转就转出来了。

“视舟之覆，犹其车却也”，他说如果船翻了，假使是旱鸭子不会游泳，看到船翻了，吓死了，没有掉下水已经没有命了。但是善游的人练习有数，船翻了无所谓，没有害怕，等于我们在陆地上下车一样。

“覆却万物方陈乎前，而不得入其舍”，这两句话是用比喻来解释，我们在世界上做人，其实也像是坐在船上一样，随时会失败翻船，随时也会死亡，随时也会掉下水去。所以人的修养要达到一个程度，虽然面对翻车翻船，乃至山崩地裂境界，心里并没有动。舍就是房子，外面的危险进不到心里，没有动过念头，也不害怕。“恶往而不暇”，“恶往”就是何往，随便你到哪里去都是优哉游哉，不会有危险，下水也一样。所以会游泳的朋友告诉我们下水不要慌，掉下水去要尽量放松，呼吸自然，身体自然浮起来；你越想办法抓，就越沉下去。孔子就讲这个，可见孔子游泳技术很高明。

实际上这个故事是说人生的境界，我们人生的危险，比坐船在海里还严重。道家太极拳的创始人张三丰，他是明代的道家，实际上是宋末辽东的人，现在讲就是满洲人，据说他活了三百年才成道，他有一篇文学名著《无根树》，我在成都青羊宫看过他亲笔写的字，很有性格。这个字我可以说你们没有看过，那真是神仙的字——他那个字都是圈圈，没有一笔断过，每一笔每一个字都好，仔细一看每个字都很清楚。譬如他说，“无根树，花正幽，贪恋荣华谁肯休”，他劝人修道，“浮生事，苦海舟，荡去飘来不自由”，每一个人活在世上，也像在孤舟上一样，无岸可靠的。“无岸无边难系泊，常在鱼龙险处游。肯回首，是岸头，莫待风波坏了舟”，父母生我们这个生命很难的啊，赶快修道，不要等到年纪大了，身体不好，生了病才来修道，来不及了。这是《无根树》的词，其中名句很多。什么叫无根树呢？讲我们这个人的生命就是一棵无根的树，比草木都不如；草木还有根啊，草木砍了以后还再生，我们是无根的树，死了就死了，再也看不见了，所以是无根树。

那么为什么讲到张三丰《无根树》的词呢？是要引用说明一句话，“而不得入其舍”，我们身体这个房子是我们的灵魂暂时借住的房舍，“恶往而不暇”，心中无事的话，危险的外境不会影响到内部来，心中自然是坦然的，就是佛家所说的空。

谁能不受外界的影响

可见孔子很高明，这个大徒弟颜回问他操舟驾船、游泳的原理，孔子当然懂，不是只讲理论，他都会。人家问他，天下的学问，你为何都知道？他曾讲过一句话，“吾少也贱，故多能鄙事”，这是孔子客气的话，所以他到底是一个哲学家、教育家，很谦虚，不像其他宗教人士。孔子十二岁成孤儿，就要管一家人的生活，所以人生各种经验都经历过，放牛、放马、放羊，收账、收税，他都干过。“鄙事”是最低贱的事，其实是最高的学问。

所以这个人生啊，能够多做鄙事是一种好的磨炼。现在我常说，我们这一代在台湾长大的青年太享受了，理想很高，万事不会，米面怎么来的也几乎不知道了，这个是很危险的事，所以人生要多历练才行。

“以瓦抠者巧”，抠是什么东西呢？汉唐叫射覆，射覆是猜谜。用一个碗盖住东西，就是现在的掷骰子，古代叫抠。另有一种投壶，古代是拿标枪，一边喝酒猜拳娱乐，一边看一个目标，像箭一样射进去。瓦抠是什么？像小孩子办家家酒，赌输赢，拿瓦片泥巴来赌，玩输了，给你几个瓦片，或者打手心，是赌着玩的，这就是巧了。“以钩抠者惮”，进一步是钩，汉朝用的这些钩，等于现在挂钩子一样，银子做的，拿比较价值高一点的来赌，因为赌起来输赢影响较大，所以心中不安，输了就不得了。

“以黄金抠者惛”，拿黄金来赌就“惛”，就更害怕了，输了统统没有了。虽然是三种赌法，但是“巧一也”，赌钱的巧妙是一样的。“而有所矜，则重外也”，心里头害怕，原因就是怕自己赌钱的本事没有，看对方押的宝太重了，赔起来就不得了，那个情况影响了心理，所以害怕。

因此孔子下个结论，“凡是重外者拙内”，对外界的环境太重视时，心里就虚了，因为被外在影响了。人处理事务也一样，太重视环境，自己就受影响。比如，有个人进到我们这里，看见全堂坐满了，被这个场面吓住了；有些人不在乎这个场面，哪里都可以坐，很自然。所以被外界环境所影响的人成不了大事，成不了大器。常有国外的青年同学夜里打长途电话给我，问婚姻的事，考虑东考虑西的。我电话里骂他一顿，我说你这个孩子，平常跟我那么久，人生就是赌，婚姻也是赌，赢输谁有把握！

所以孔子也讲到，谁有把握啊！把握就是孔子说的“巧一也”，巧是智慧，智慧是同样的。你赌泥巴的时候很轻松，没有负担，智慧就高了；心里一有负担啊，智慧就低了。心理负担是怎么来的？受外界的影响来的。他说你忘记了一切外界的影响，你就是大丈夫，可以顶天立地了。

这里处处讲的都是修养的道理，这两个故事都是玩水的，下面又是孔子的故事，《庄子》里也提过，不过《列子》里写这一段比《庄子》中写得更详细。

激流中自在出入的人

孔子观于吕梁，悬水三十仞，流沫三十里，鼋鼍鱼鳖之所不能游也，见一丈夫游之，以为有苦而欲死者也，使弟子并流而承之，数百步而出，被发行歌，而游于棠行。孔子从而问之，曰：“吕梁悬水三十仞，流沫三十里，鼋鼍鱼鳖所不能游，向吾见子道之，以为有苦而欲死者，使弟子并流将承子。子出而被发行歌，吾以子为鬼也，察子，则人也。请问蹈水有道乎？”曰：“亡，吾无道。吾始乎故，长乎性，成乎命，与赍俱入，与汩偕出。从水之道而不为私焉，此吾所以道之也。”

“孔子观于吕梁，悬水三十仞”，孔子有一次带学生们到吕梁去郊游，吕梁是山东南部彭城一个地方，这是一个有名的地区。他看到一条悬水，就是瀑布流下来，三十仞高（七尺一仞）。“流沫三十里”，瀑布的水从高处流下来一冲就是三十里。这在山东一带已经了不起了。在江浙一带，这个不算什么。尤其到了四川巫峡一带，流沫数百里，所以李白有诗句“千里江陵一日还”，那是真的。像我家乡就有这种地方，上行的船要两批人拉，拉了半个月才到达目的地，回来的时候船下行，半天就回家了。那个船家一个人拿着竹竿，看到船快撞到岩上了，竹竿这么一点就转弯，快得很。可是我们坐在船上的人，吓得一身冷汗，随时都有危险的。

“鼋鼍鱼鳖之所不能游也”，鼋鼍鳖，是水中龟类鳄类，有不同的形态。这个地方水流太急了，鱼都不能游。所以人的个性太急也没有人缘，水太清则无鱼，人太清也无福，这是古人的话。“见一丈夫游之，以为有苦而欲死者也”，孔子在那里看见一个男人跳下水。他一看，糟糕，这个人大概有痛苦，想要自杀。“使弟子并流而承之”，马上叫学生跑步到下游等着，待这个人冲下去的时候，把他救上来。“数百步而出”，结果这些学生跑了几百步路，看见那个人出来了，优哉游哉，“被发行歌”，古人都是长头发，所以头发打散了，一边走，一边唱歌，“而游于棠行”，棠，就是在堤岸上散步、唱歌。

这一下孔子吃瘪了，这一段是重复的文章，我们再说一下大意。这个人出来还在唱歌，优哉游哉。孔子就去问他，刚刚我看到你跳下水，我以为你要自杀，所以派学生在下面等你。结果你从水里出来，我还以为你死了，变鬼了，仔细看看你是个人啊。“请问蹈水有道乎”，蹈水是在水里可以走路，你这个功夫高了，你有什么方法呢？这个道是原则、方法，“曰：亡”，这是一句，亡是古代的无，“吾无道，吾始乎故”，我并没有什么道。但是他讲一个道理出来，他说我生长在水边嘛，自来就习惯游水，“长乎性”，长大了，自己的个性喜欢游啊。就是我们讲的一句土话，有山靠山嘛，有水就靠水，无山无水只好靠自己了，人就是这样。“成乎命”，他说我这个本事，连我自己也不知道，这大概是我的命运吧！“与赍俱入，与汩偕出”，我与水与波同进同出。“汩”字，三点水旁边“曰”字念“骨”，三点水旁边“日”字念“密”，湖南有个汨罗江，屈原就是在那里投水而死的。中国字有时候很麻烦，就有这个差别。他说有三个原则，一我生来就会水，二我个性喜欢水，三大概就是命中注定的。他说你问我本事，连我自己也不知道。他说所以当我跳下水的时候，水要我沉我就沉，要我浮我就浮，我没有个人的意见。“从水之道而不为私焉”，我大公无私地跟水玩在一起，水要低下来我就低下来，水要高起来我就跟它高起来，我不加个人私心的意见。

这是故事重点所在，也就是道家所谓万事顺其自然。佛学呢？就是顺因缘，因缘对了就干，因缘不对了没有办法，不做逆缘的事，也不加个人的意见。“此吾所以道之也”，这个道就代表走路，所以我在水里可以走路，这不是修道之道了，是我能在水里优游自在，像走路一样的原因。

第七十讲

功夫 方法 练习

专一凝神而功成

鸟也有神通

孔子曰："何谓始乎故，长乎性，成乎命也？"曰："吾生于陵安于陵，故也；长于水而安于水，性也；不知吾所以然而然，命也。"

接上次讲的，孔子听到这里再请教他，说你刚才三个要点讲得非常好，这是人生的大哲学了，我再请教你，"始乎故，长乎性，成乎命"是什么意思呢？

这个从水里出来的人，中国文化把这一类的人都列入《隐士传》。所以我常提一个题目，真讲中国文化，影响我们三千年文化、影响民族历史的，隐士的力量最大。虽然隐士思想影响如此之大，历史上绝找不到他们半个名字，譬如说张良帮忙刘邦成功，后面有一个隐士，就是张良的老师黄石公。黄石公是什么人？没有人知道，是个代号。又譬如赤松子也是一样。所以素来帝王政权对于隐士思想都有所顾忌，也很惧怕。

这个人也是隐士之流，隐士在中国文化里都是有道的。他解答三个问题，他说："吾生于陵安于陵，故也"，他说一个人生在山上，当然会爬山，当然懂得抓猴子抓鸟，"故"，也就是这个原因。以佛学来讲，就是阿赖耶识带来的习性，加上后天意识，加上地方的环境、家庭的教育、社会环境的教育等等，这些是增上缘，所以生于水边的人就会水。

“长于水而安于水，性也”，他说我生在水边，从小就玩水，对水性很亲近。除了这两点以外，“不知吾所以然而然，命也”，他说我也讲不出来为什么我有这个本事，大概是我的命。这个命就牵涉到佛学的阿赖耶识“种子生现行，现行熏种子”的道理。讲到这里，这个故事完了，下面还有第三个故事。

工夫 方法 练习

> 仲尼适楚，出于林中，见痀偻者承蜩，犹掇之也。仲尼曰：“子巧乎！有道邪？”曰：“我有道也。五六月，累垸二而不坠，则失者锱铢；累三而不坠，则失者十一；累五而不坠，犹掇之也。吾处也，若橜株驹；吾执臂若槁木之枝。虽天地之大，万物之多，而唯蜩翼之知。吾不反不侧，不以万物易蜩之翼，何为而不得？”

这一段成为中国文化史上有名的一个典故，在哲学史上也很重要。我们先讲佛家一位憨山大师，他是明末所谓四大老之一。这位大师学问好、诗好、禅好，修行也非常好，虽然是个出家和尚，他曾注解《老子》《庄子》《大学》《中庸》，他全部的著作叫作《憨山梦游集》。譬如他有两句诗，是引用《列子》《庄子》的典故，“身世蜩双翼，乾坤马一毛”，由这两句诗看来，得道的高人看这个宇宙非常渺小，更何况地球一个地区！所以那地区里一个小小的我又算什么呢？没有什么了不起。“蜩双翼”，蜩就是知了、蝉，那个蝉翼很薄的，天地不过是知了的两个翅膀而已，那么渺小，整个的宇宙不过是马身上一根毛而已。他把道家的哲学、佛学跟禅混合在一起，所以他的诗往往有特殊的境界。现在我们了解了憨山大师这两句诗，对于下面要讲有关孔子经历的故事，大概就清楚了。

“仲尼适楚”，孔子到楚国去——这件事有一个争论，古人考证孔子没有到过楚国，可能到过楚国的边境吧！就是说孔子大部分时间都在北方。儒家的思想是北方的文化，老庄道家的思想是南方的文化。“出于林中，见痀偻者承蜩，犹掇之也”，孔子在森林里，看到一个驼背的人，拿个网子去抓蝉。掇是伸手就抓一个，就像小说里写的“探囊取物”那么方便，技术十方高明。

“仲尼曰：子巧乎”，孔子看了以后讲话了，他说老兄啊，你这个技术高明极了，达到了艺术的境界。这就是中国文化，凡事都加个“艺”字——文章写得好叫文艺，武功练得好叫武艺，跳舞跳得好叫舞艺，唱歌唱得好叫歌艺。当一件作品达到最高的程度，由习惯性的，自然而然就成艺了。所以孔子说“子巧乎”，你达到艺术的境界了，“有道邪”，你得了什么道？得了什么方法？

前面两则游泳的故事，答复孔子时是说没有道，没有方法，可是讲了半天还是讲了一个道理。“曰：我有道也”，在这一节，同样是孔子的问题，这个人答复不同，而是说有道，不是没有道，当然是有原则的。他说是怎么一个原则呢？“五六月，累二垸而不坠”，他是下过苦功的。这个要注意哦！上面两则讲没有道，没有方法，没有原则，可是报告了半天，都是工夫练出来的。所以我常说有些人打坐学佛，问他什么叫工夫都不懂！我说告诉你一个公式吧！工夫是什么呢？方法加上练习，加上时间，再加上经验，这个就叫作工夫。打坐也是一样，告诉你方法，你不练习，今天学了，后天就想飞起来了，当然飞掉了嘛！所以工夫是呆定的，中国“工夫”两个字有时候代表光阴，就是时间的累积。

这个抓知了的人说，我有道啊，那是工夫啊，到夏天五六月的时候，我拿两个泥土丸在竹竿上转，不会掉下来。这个我们小的时候也玩过，这些会玩之后，抓虫很快。我就看到一个人练武功，苍蝇一过来，他用筷子一丢，苍蝇一定掉下来。看起来很容易，其实很难，要平常练筷子。还有我看过一个学八卦拳的老先生，功夫很高，这一类的人功夫练到很高处，反而看不出来了，温文儒雅，坐在那里腰也不直，跟他讲话，都说没有、没有，很谦虚。就是《庄子》里的一句话，“静如处子”，好像一个十一二岁没有出门离开过妈妈的女孩子，羞答答的样子。不像现在人，学了三个月就开武馆招生，一个月赚好几万。我们当年看到他，很多名人请他吃饭。“老师啊！你动一手给我们看看。”“你们都读书的，何必学拳呢？”讲了半天，他死都不肯表演，而且告诉我们，现在这个时代没用啊，你功夫再好也抵不过那些子弹的。讲了半天，忽然一只老鼠跑过来，我们也看到了，只看到他身体就那么动一下，老鼠在他手上了，快到看不出他曾离开了座位。武功练到这个程度，那个速度快得你不知道他就过来了。老鼠跑得多快！他这么一抓，抓住这个老鼠，然后一放，老鼠就跑掉了。

他说如果竹竿上叠两个泥丸，练习转动去抓知了，只有六七成把握。“则失者锱铢”，锱铢是什么呢？铢是古代的度量衡，分量最小的，秤上用的。“累三而不坠，则失之者十一”，三个泥丸在一个竹竿顶上这样拨，他说十次有一次靠不住。“累五而不坠，犹掇之也”，有五个泥丸都不会掉下来，然后去抓知了，手到就拿到那么方便，绝对不会错。这就是技术加上练习。

再其次呢？“吾处也，若橛株驹”，他说我平常练这么一个技术，先把自己的身体变成树枝一样，手也变成树枝一样。你们说运动，打太极拳啊，外丹功啊，甩手功啊，大家都是一阵风，没有一个有恒心的。真正练功的话，譬如练太极拳，随时都在太极拳那个姿势中，连手的动作都有分寸，都有一定。“吾执臂若槁木之枝”，当我拿竹竿抓知了时，我忘记了自己的膀子，把膀子跟树枝连在一起了，成一个机械，呆定的，所以分寸都不能差，这是第一步。第二步，把身体、手变成机械技术，等于我跟你们同学们讲过的，驾驶汽车的人，一上了汽车，车子就是我，我就是车子。

第三是内在精神的修养，“虽天地之大，万物之多”，他说当我抓知了时，我忘记了一切，把整个宇宙天地都忘了，外面的环境有多小多大，我看都不看，“而唯蜩翼之知”，知了虽很小，目标就在这里。当我要知了时，只有前进。他说“吾不反不侧”，也不动摇，不受任何环境影响，就是有地震我也不管，天塌下来我也不管，我的目标就是知了。“不以万物易蜩之翼”，外面一切万物怎么样变化动摇，改变不了我的决心意志。“何为而不得”，哪里会不成功啊！

这一段就是教你们打坐、修道。你说打坐不能入定，格老子要定就定，定就是定，忍住就定了嘛，就定在那里不动。你先把身体定了，气脉动了一下身体就不定了嘛！打起坐来，头在那里摇，我叫你先吩咐脑袋不准摇，你再摇我也不理你，就定住了嘛！定还有其他什么方法吗？下面孔子讲的也是这个道理。

专一凝神而功成

孔子顾谓弟子曰："用志不分，乃凝于神，其痀偻丈人之谓乎！"丈人曰："汝逢衣徒也，亦何知问是乎？修汝所以，而后载言其上。"

孔子听了这个人说的道理，就对弟子们说，"用志不分，乃凝于神"，这八个字，后来道家、佛家、儒家没有不引用的。话是借孔子的嘴讲出来，真正是出在《列子》这本书里。修道、求学问、做事业要成功，就是这八个字，这个就叫作八字咒吧！

孔子听了这个抓知了的人的道理，回过头来告诉弟子们说，"用志不分"，一个人要想成功一件事情，修道也好，世间法出世法一样，用心专一；专一以后，神、气两个结合就得定了，没有不成功的。"乃凝于神"，道家喜欢用这个"凝"字，佛家喜欢用"定"字，这两个道理是一样的。定是讲原则，凝是讲方法，神跟气两个一凝结拢来就得定。所以道家经常说，修道没有什么奥妙，就是神、气二者凝结而已。不是冻结拢来哦！是温暖地凝结，那就得定了。念佛也好，参禅也好，凝住，“乃凝于神”，定住以后，就达到了神化的境界，就那么简单。我们大家修道打坐被气脉变化扰乱了，然后，你就跟着气脉走了，当然不修定了嘛！要外务都不管，像这个抓知了的人一样，管你气脉跳也好、动也好，统统不管就得定了。所以孔子把这八个字的心法告诉弟子们。“其痀偻丈人之谓乎”，丈人，古代是尊称，老前辈的意思，他说这就是这位驼背老先生所说的道理。

孔子的话，证明这个丈人还是有道的高人，这个驼背的人听到孔子吩咐徒弟们的话，就说“汝逢衣徒也”，你是穿长袍的啊，长袍是古代读书人的衣装。像现在得博士学位时，那个博士帽子上挂的须须，大家都没有去研究，说是欧洲来的，其实是从中国传去的。你看古代我们的太学生，就是戴着这个方帽，穿着这个博士衣服，后来欧洲也是如此。你们去考据吧！哪个人考据出来，至少我会发一份奖金给他。《马可波罗游记》里考据不出来，欧洲那时没有文化，在十六世纪以前，他们的文化、经济都是问题。他们看了中国学位用那个帽子图案，也就采用了。现在我们反而认为这是西方来的，自己又想另外设计一个，好像叫了很久，但还没有看到过。

这个老头子讲，你们这些书呆子，“亦何知问是乎”，你怎么问我这些事？这些修道的工夫你懂吗？“修汝所以”，他教训孔子了，你好好学，把我这个道理懂了，“而后载言其上”，然后把我这一番道理记下来，做成一本书吧！

我们中国文化，在古代讲到学问是两条路，孔子在《论语》里说“博而后约”，先求渊博的知识，那是打基础，最后是深入一门，所以专家就是深入一门。但是像现在的所谓专家，不一定博，因为其他的多半不懂。其他不懂很严重，要博而后约，先要普遍的各方面都懂，这个是博，是通才，为政的人就是要通才。我在别的书中也讲过，我说现在几十年下来，证明无学问的人当家做主，比知识分子专家、比资本主义问题更多。我说将来专家专政，人类惨了，因为他只懂一科，难免有所偏颇。所以政治是要通才，“博而后约”，不是通才不行。不过，专家当政现象在数十年的历史经历中已充分显现，事实胜于雄辩，不容置疑。下面一段也是在中国文化史中有名的故事，我们先把文句圈点了，很快地可以讲过去。

鸟也有神通

海上之人有好沤鸟者，每旦之海上，从沤鸟游，沤鸟之至者百住而不止。其父曰：“吾闻沤鸟皆从汝游，汝取来，吾玩之。”明日之海上，沤鸟舞而不下也。故曰：至言去言，至为无为。齐智之所知，则浅矣。

这一段是有名的鸥鸟的故事，我们前面也讲过，唐代诗人杜甫有两句诗，“不贪夜识金银气，远害朝看麋鹿游”，他说一个人真没有贪心，夜里自然看到金矿、银矿的气。这是讲到练气之术，好像我讲过这是望气，那硬是要练习的，心里没有贪心，金矿银矿在哪里夜里就看到了，一有了贪念就不灵了。所以，不想发财，就看得到；越想发财，越看不到。同样的，心里没有害动物的心，就可以跟鸟兽玩在一起。

所以佛教画的罗汉降龙伏虎，因为他们心里没有杀心、瞋心。佛经里有一个故事，一只鸟停在庭院里，释迦牟尼佛带领一个团体刚好过来，释迦牟尼佛的影子照到这只鸟身上，鸟仍然安详舒服地站着；后来舍利弗过来，影子一照到这只鸟，它全身都害怕地抖起来；另外一个佛弟子的影子一照到那只鸟，它就跑了。有人问佛原因，佛说，因为我无数劫来修到完全没有杀念，没有瞋念，而舍利弗杀心、瞋心的习气还在，所以动物看到都怕。当然像我们更不行了，老鼠看到我们早跑了，吓死了，就是这个道理。

“海上之人有好沤鸟者，每旦之海上，从沤鸟游，沤鸟之至者百住而不止”，沤鸟就是鸥鸟，海边有一个小孩，每天早晨到海边跟鸥鸟一起玩，一看到他来就有千百只鸟都围住他，跟他在一起玩，前面也曾讲到过。“其父曰：吾闻沤鸟皆从汝游，汝取来，吾玩之”，他父亲有一天发现儿子有这个本事，就对儿子说，你明天抓一只鸥鸟来给我玩玩。他听父亲的话，第二天去就准备抓鸟了，“明日之海上，沤鸟舞而不下”，结果那些鸟在空中飞，不下来，因为有心电的感应，他动了杀念，动了贪心、瞋心，鸥鸟就不敢下来。所以《列子》说“故曰”，由这个原理就要知道，“至言去言”，真正的真理没得话讲。世界上什么是真理？佛说法四十九年，他说自己没有说过一个字。《维摩经》中，维摩居士最后闭起嘴不说话了。禅宗祖师说，不说话那一句话，其声如雷。最高的真理没得话讲，没有言语可以表达，所以禅宗经常引用“言语道断，心行处灭”，到了最高点，连讲菩提、真如都多余了，讲个道也多余了，所以“至言去言”。

“至为无为”，真正做事的原则，道家就讲无为，最高明的是你做了别人看不出你做了，这就是无为之道。所以做一个领导人，你要事先把事情做妥，你看到会出毛病的地方一定先给它堵住。我们所谓大将之才，是大政治家，他把一切漏洞已经消灭了，没有了，所以“至为”，做到最高处的成功是“无为”，你看不出来成果的。

“齐智之所知，则浅矣”，你认为有学问知识叫作博士的，那是没有学问；大学问就是看起来没有学问。今天先讲到这里。

第七十一讲

石火中出入的奇人
子夏引述孔子的说法
列子醉心于神巫
壶子初示工夫

石火中出入的奇人

> 赵襄子率徒十万狩于中山，藉芿燔林，扇赫百里，有一人从石壁中出，随烟烬上下，众谓鬼物，火过徐行而出，若无所经涉者。襄子怪而留之，徐而察之，形色七窍人也，气息音声人也。问：“奚道而处石？奚道而入火？”其人曰：“奚物而谓石？奚物而谓火？”襄子曰：“而向之所出者石也，而向之所涉者火也。”其人曰：“不知也。”

这一段也是以故事的方式说明自养与应世，也就是自我修养与做人处世之道。

“赵襄子”，战国时代赵国的襄子，是政治史上一个名人，当时很有地位。他“率徒十万狩于中山”，这个徒不是学徒或门徒，是率领十万部队去中山打猎。说到狩猎，也是很严重的事，大家要留意自己的文化，有“春搜冬狩”的古语，就是冬天才去打猎；春天是万物生长的季节，不准打猎，这是老祖宗传下的文化。

赵襄子带了十万部队去打猎，“藉芿燔林”，野草都干了，燔林是放火烧山林，“扇赫百里”，赫是形容火烧得很旺，煽动的火，百里以内成为火海，把野生动物都赶出来了。结果有一个人从烟火石壁里出来了，“随烟烬上下”，随着这个火烟跳上跳下，十多万人都看到了，以为是鬼怪。等到大火烧完火熄了，这个人并没有烧死，他慢慢地散步出来，好像没有被火烧过一样，一切安然无恙。

统帅赵襄子觉得很奇怪，就把这个人留下来，“徐而察之”，慢慢地观察，看他的相貌、颜色、皮肤、七窍，完全是一个人，有呼吸，讲话也有声音，这是人嘛！可是在火里那么烧，竟然烧不死！所以赵襄子就问他，“奚道而处石”，你有什么功夫可以住在石头里，要出就出，要进就进？“奚道而入火”，你有什么本事，能够在大火里无伤？这一种人只在小说中有，像《峨眉剑侠传》中就有人是这样。这个人回答说：“奚物而谓石，奚物而谓火”，什么东西叫石头啊？什么东西叫火啊？我不懂。他被火烧，不晓得这个是火，他住在石头里头，不晓得这个叫石头，重点是在这里。

“襄子曰：而向之所出者石也，而向之所涉者火也。其人曰：不知也”，向就是刚刚。赵襄子更奇怪了，说刚刚你从那个地方出来，那一块硬的东西，就叫作岩石；你刚刚在那个红红的光里头转的，那个就叫火，你晓不晓得？这个人答复他说，我不知道。他真不知道，不是假不知道。就像你们练气功，我也常说练什么气功，人本来就会气功的。鱼在水里头过一辈子，不晓得有水呀！离开了水，它就会死亡。人在空气里头活一辈子，也不晓得有空气，都是同样的道理。

像我们有些同学，环境养成的，讲话小小声，很多烦恼，因为你是人，你把我们大家都当成人，你就害怕了，声音也小了。如果不受外界的影响，就好办了。等于刚才吃饭以前，有两个老朋友说我好像玩得蛮好，因为我这个人不是人，这个世界上我也没有看到人，都是半人半鬼。大家都鬼道相处，就蛮好玩了。你一定要人道相处，一定要认真的话，那就痛苦了。就像我刚刚劝一个七十多岁的老朋友，我说你名字有个“刚”字，我看你一生又刚又方，方方正正的，做事要求这样那样才合乎标准，你烦恼痛苦就多了。所以能够忘身、忘我、忘物、忘形、忘掉物质世界，那就好办了。

子夏引述孔子的说法

魏文侯闻之问子夏曰：“彼何人哉？”子夏曰：“以商所闻夫子之言，和者大同于物，物无得伤阂者，游金石，蹈水火皆可也。”文侯曰：“吾子奚不为之？”子夏曰：“刳心去智，商未之能。虽然，试语之，有暇矣。”文侯曰：“夫子奚不为之？”子夏曰：“夫子能之，而能不为者也。”文侯大说。

孔子死后，子夏就是魏文侯的老师。孟子所见的梁惠王，原来是魏惠王，因迁都到梁，改称梁惠王。梁惠王的祖父就是魏文侯，也是个贤王。魏文侯听到这件事，就问老师子夏，“彼何人哉”，他是谁？赵襄子所碰到的那个人是魔还是妖怪？

“子夏曰：以商所闻”，子夏的名字叫卜商。他说据我听我老师讲的，“夫子之言，和者大同于物”，孔子讲一个人做到真的和，心物就不分了，所以和是很难的。譬如儒家的中庸之道，就是讲和。我们大家都读过《中庸》，“喜怒哀乐之未发谓之中，发而皆中节谓之和，致中和，天地位焉，万物育焉”，这就是儒家所表达的道，就是大彻大悟，成道那个境界。万缘放下，一念不生处谓之中，你们学佛学道，拿《中庸》来参，也许就可以大彻大悟了。那么人修养到“发而皆中节谓之和”，该喜的时候就喜，该怒的时候就怒——佛也发脾气啊，佛经里就讲得很清楚——和就是起用，一念不生全体现，向上一路，能够起用了，空也是道，有也是道，所以《中庸》说，“致中和，天地位焉，万物育焉”。修养真达到中和那个境界，心物就不分了，心物一体，“物无得伤阂者”，一切外境界就没有办法伤害你了。修道到证果的人，“游金石，蹈水火皆可也”，可以出入于水泥钢骨之中，像是空的一样；在水里可以玩，火里也可以玩，随便都可以，一切都自由。这要工夫证到那个境界才可以如此，这是子夏交代的，他说是听老师孔子那么讲的。

魏文侯虽然是他的学生，到底是一个君王，“吾子奚不为之”，“子”是对先生的尊称，他说这个理论你懂，老师你修养到了吗？你怎么不表演给我们看一下？

“子夏曰”，子夏说要怎么样才做到呢？就是“刳心去智”，拿佛法来讲，三藏十二部就是讲这四个字。刳心，把心念空掉；去智，把学问智慧一切都空掉。我们打坐坐在那里，又数呼吸一二三四五……根本是在用心，心没有空，没有“刳心去智”。而且刚有一点点境界，自己那个佛学的道理都来了，就用儒家的、道家的来注解，实际上没有做到，自己只是拼命在那里想。“商未之能”，子夏说，我没有做到。他讲老实话，“虽然，试语之”，虽然我没有做到，理论我懂，因为我的老师孔子教过，“有暇矣”，我很久之前就懂得，但是我没有做到。

“文侯曰：夫子奚不为之”，魏文侯说，你为什么不问孔子老师自己有没有做到？“子夏曰：夫子能之，而能不为者也”，这个就是做学生的答话，他说你不要随便批评，孔子他能，不是不能。因为达到了最高境界，反而很平凡，不标新立异，也不玩神通境界。他有高深的修养，但在做人做事上非常平凡。这是到家了，有神通不玩，这个很难。等于一个有钱的人，把自己当成一毛钱都没有的普通人，没有骄气、没有自满，这是最高的境界。也等于禅宗的第一步“空”，这还容易；“有”则难了；“空”、“有”都去掉成为平凡，最难。所以《中庸》里有一句话，“极高明而道中庸”，一个真正了不起的人，是一个非常平凡的人。所以子夏说“夫子能之，而能不为者也”，孔子什么都能，但所表现出的好像一无所能。

“文侯大说”，魏文侯听到子夏这么一讲，高兴极了，这个才是道。所以道在哪里？道在最平凡之中。这一句话书里没有，是我加上的。结论是做人处世做到这样，就到家了。下面是另一个故事。

列子醉心于神巫

有神巫自齐来，处于郑，命曰季咸，知人死生存亡，祸福寿夭，期以岁月旬日，如神，郑人见之皆避而走。列子见之而心醉，而归以告壶丘子，曰：“始吾以夫子之道为至矣，则又有至焉者矣。”

这一段《庄子》里也曾说过。讲到道家的传统，列子是庄子的老师，所以《庄子》里应该是重复讲这一段故事。不过照后来一般学者的考证，认为《列子》这本书是靠不住的，是魏晋人所造的，是伪书，是魏晋人把道家的《庄子》以及古代其他的经典集中起来，假托列子的记录。不过，关于考据这个问题，是很难讲的。中国文化大概是三条路线，就是考据、义理、辞章。考据是专门研究考证的。古代的所谓考据，以汉朝的汉儒最注重，因为经过秦始皇焚书以后，再过一两百年才把中国文化重新建立起来。所以我在《知见》的社论里也讲过，这一代我们中国文化经过战乱时势变迁，比秦始皇那时还衰弱得厉害，今后要重新建立中国文化，非四五十年、百把年的工作不可。像你们年轻这一代，中国文字都没有认清楚，将来如何建立中国文化？你们当然不晓得怎么建立了。不过人总有他的聪明，有他的智慧，有他的办法；再没有办法，只好等国外同学再从外面学回来了。因为汉时是如此，所以注重考据。义理是什么呢？拿西方文化做比较，重在哲学方面，理论性的多。宋代的儒家，所谓理学家，都是讲义理。至于辞章，历代都注重，汉文、唐诗、宋词、元曲，再加上明朝的小说、清朝的对联，这些文学方面方向就很广了，这属于辞章。

我们现在讲《列子》是偏向于文化学术思想，不管考据，因为考据是很难讲的。这一段我们讲《庄子》时已经提过，现在等于再讲一次，两处文字稍有不同。

"有神巫"，一个有神通的人，古代巫与医是连在一起的，凡是会医药的人一定会巫术，是一种精神治疗，后世叫作祝由科。那是湖南、贵州一带，有些画符念咒的，一般治病颇为神奇，真有其事。现在还有些小小的祝由科，大的没有了。譬如人身上长个疮，就请他来，不必吃药，东画西画，嘴里轰隆、轰隆，念完以后，用手把那个疮这么一抓，朝门上一甩，那个门上就冒烟了，病人身上的疮马上没有了。如果骨头断了，弄个鸡骨头塞进去，这么一画一画，那个人站起来就可以走路了。还有更怪的，后来写到小说里，有湖南的、苗疆的法术，这个巫师懒得去理发，把自己的头砍下来，放在凳子上，凳子就摇摇摆摆到理发店去，理发师晓得这是某某老师的头来了，就给他理发，理完了回去，他头这么一摆，又放回去了。姑妄言之姑妄听之。祝由科画符念咒的书也有传下来，如果没有会的人传授，你把书背了都不灵。这个巧妙在哪里？就是大秘密了，这个叫作密宗了，巫师是这样的。

“自齐来，处于郑，命曰季咸”，这个神巫名字叫季咸，从齐国来到郑国。齐国是山东，战国时燕齐之间出方士，也叫方伎，这些人学道家神仙之道，有神通，会医，有工夫。古代讲方士，现在讲就是科学家，所以外国人学中国科学史，就是注重这一类。譬如世界各国的炼金术，这个科学发明，中国开始得最早，就是由这些学神仙之学的人，把五金八石化解所发明的。因为他们要炼丹，这个丹吃下去会长生不老、不死的。

“知人死生存亡，祸福寿夭”，假使这个神巫到了台北的话，今天我们不要上课了，非去看他不可，因为这个人知道一个人几时生，几时死，几岁有个孩子，这些都知道。“期以岁月旬日，如神”，他告诉你多活三年就多活三年，说你活多久就活多久，他都看得到，有神通。“郑人见之皆避而走”，所以郑国的人都把他当神看，远远看到他，不敢靠近，既恭敬又害怕。碰到我们这个列子，“列子见之而心醉”，看了以后佩服极了，所以心醉了，后来文学也叫作“醉心”，好像酒喝醉了一样，心被迷住了。

列子的老师是壶子，所以列子“而归以告壶子曰：始吾以夫子之道为至矣，则又有至焉者矣”，他说师父啊，一开始我晓得你的道是最高的，所以我拜你为师。现在我才发现天外有天，人外有人，有人的道比你还高。他说不好意思啦，我要退票，不当你的学生了。就那么讲老实话。

壶子初示工夫

壶子曰：“吾与汝无其文，未既其实，而固得道与？众雌而无雄，而又奚卵焉？而以道与世抗必信矣，夫故使人得而相汝。尝试与来，以予示之。”明日，列子与之见壶子。出而谓列子曰：“嘻！子之先生死矣，弗活矣，不可以旬数矣。吾见怪焉，见湿灰焉。”列子入，涕泣沾衿，以告壶子。壶子曰：“向吾示之以地文，罪乎不諔不止，是殆见吾杜德几也。尝又与来。”

壶子说，老实告诉你，你跟我学那么久，我也教你，修道有个理，有个原则，要先懂原理，“吾与汝无其文”，理论你还没有搞清楚，“未既其实”，实际工夫也没有去实验。“而固得道与”，他说你这个样子，光是在这里晃啊晃啊，能够得道吗？不可能的。“众雌而无雄”，等于到了女人国去，都是女人，没有一个男人，当然不会生孩子了，就是阴阳不均衡嘛！

“而又奚卵焉”，只有母鸟，没有公鸟，阴阳不能和，哪里会生小鸟呢？所以他说你想得道，还没有摸到边呢！“而以道与世抗必信矣”，他说你啊，不懂什么是修道，本身的阴阳都不能调和，你自己以为在我这里学就有了道，出去吹牛，你未免太过于盲目的自信了。“夫故使人得而相汝”，因此人家一看你，就把你的底子看清楚了。“尝试与来”，你既然讲那个季咸高明，你把他约来，“以予示之”，明天约他来我让他看看。

“明日，列子与之见壶子，出而谓列子曰：嘻！子之先生死矣，弗活矣，不可以旬数矣。吾见怪焉，见湿灰焉”，第二天列子把这个会神通的人约来，壶子坐在那里，没有谈话，季咸就那么一看，看到壶子这个样子，就出来告诉列子，嘿！糟糕！你这个老师快要死了，活不长了。他说你老师的样子很怪，不是人了，他最多活不过十天，我看到他是一堆湿灰，脸上无光，黑黑的。

“列子入，涕泣沾衿，以告壶子”，列子赶快回来，哭得眼泪都沾湿衣服，到底跟壶丘子有感情啊，师生那么多年。壶子说，“向吾示之以地文”，天地人三道，刚刚我给他看的是地道，那只是阴性之道，不是阳道。“罪乎不誫不止”，这个罪字可能有误，《庄子》里写的是“萌乎不震不止”。壶子说我只给他看一点点影子，“不誫不止”，我给他看的是一个死相——这个死相不容易哦！你打坐第一步先修到死相，所以道家修道有一句话，“若要人不死，除非死个人”，你要想修到长生不死，除非先修成一个活死人。“是殆见吾杜德几也”，这个境界有个名称，叫“杜德几”，杜就是关起来，把身心的机关都关闭了。拿佛家的话来讲，就是《心经》里所说“照见五蕴皆空”，空掉了。所以他看我是个死人嘛，不是个活的，这是第一步给他看的。“尝又与来”，他说你明天再请他来，我再让他看。我们先休息，等他第二次再来看。

第七十二讲

壶子再示现工夫

修道的九个步骤

列子终于懂了

列子与司马光

壶子再示现工夫

明日，又与之见壶子。出而谓列子曰：“幸矣，子之先生遇我也，有瘳矣。灰然有生矣，吾见杜权矣。”列子入告壶子。壶子曰：“向吾示之以天壤，名实不入，而机发于踵，此为杜权，是殆见吾善者几也。尝又与来!”明日又与之见壶子，出而谓列子曰：“子之先生坐不斋，吾无得而相焉。试斋，将且复相之。”列子入告壶子，壶子曰：“向吾示之以太冲莫眹，是殆见吾衡气几也。”

刚才讲到列子的老师壶子第一次给这个有神通的人看“杜德几”。“明日，又与之见壶子。出而谓列子曰：幸矣，子之先生遇我也，有瘳矣。灰然有生矣，吾见杜权矣。”第二天列子又把季咸找来看壶子，季咸看后出来，告诉列子说，好了，有救了——在江湖上玩神通的都是这一套。神巫说你真是有福气，总算碰到我，我看他一下，他就有一点生机了，我已经看到他的“杜权”啦！第一步“杜德几”，关闭了一切，六根不动就入定了，《庄子》里形容“形如槁木，心如死灰”。“杜权”是第二步，就是禅宗讲的大死一番以后大活起来。当然你们现在打坐腿都发麻，不要说降伏其心，连腿都降伏不了，还想大死一番，怎么死得掉！那个腿发麻得要死，但是腿不肯死啊！太痛苦了。季咸说现在是大死以后大活过来，有救了。

列子一听，回来向老师壶子报告。“壶子曰：向吾示之以天壤”，壶子说昨天我给他看的是“地文”，阴的境界，今天给他看的是“天壤”，阳气发动了——你们不是打坐要修气脉通吗？道家密宗所谓气脉通，就像一下死了又活起来。“名实不入”，名就是理念，实就是工夫。拿佛学来讲，一个理，一个事。理是理论原理，事就是工夫，“而机发于踵”，这就是气脉完全通的境界。气脉真正通了以后，这个人呼吸通至脚心，遍及全身，不在鼻子，不在丹田，也不在肺部。所以庄子也说过，“常人之息以喉，至人之息以踵”，工夫真到了的人，他呼吸进来直通到脚底心。壶子说“此为杜权”，我现在给他看的是这个。“是殆见吾善者几也”，壶子说不错，他懂一点，他才能看到我有一点阳气发动，他看到这一点机关啦！“尝又与来”，好了，你明天再叫他来。

“明日又与之见壶子，出而谓列子曰：子之先生坐不斋”，第三天季咸又来了，看壶子后告诉列子说，你这个老师啊，坐在那里好像心没有静嘛，心不静，我看不出来，是个普通人的样子，不是个有道的人。“吾无得而相焉”，他说我没有办法断定，看不出来。像我们大家在这里闭眼打坐，或者是练气功，哪个吊儿郎当的心没有静下来，有道之士看得很清楚。这个神巫却看不出来壶子的境界。“试斋”，这个斋不是吃素那个斋，是心里头清净，心斋。他说拜托你告诉你老师，他明天心清净了，我再来看他。

在这里我们先插过来一个故事。唐朝禅宗有一个南阳慧忠禅师，因为皇帝跟他学禅，所以叫忠国师。当时有一个印度有神通的和尚来，他会心通，皇帝试了一下，不错，就把自己的老师忠国师找来，也等于列子找壶子一样。南阳忠国师跟印度来的和尚对面坐下，问他，我现在心里想什么？这个人说你是一国之师啊，怎么跑到外面看戏啊？一连三次，他都看对了。最后南阳忠国师说你不错，你现在再看我，他看了半天也不知道。因为南阳忠国师入定了，进入空定。虚空怎么摸得到啊？摸不到，所以南阳忠国师一出定就骂他，你到中国来胡扯个什么东西！连我老和尚的起心动念都看不出来，算什么神通？

所以得道的人空的境界这个神巫摸不到了，既然是空，还有个境界吗？如果空还有个境界，那已经不空了嘛！空，随时都在空定嘛！

“列子入告壶子，壶子曰：向吾示之以太冲莫眹”，于是壶子就告诉列子，他说你知道吗？刚刚我给他看的是“太冲”，太冲就是太虚，佛学说是虚空。《列子》这一本经，到了唐朝变成道教的三经之一，就叫《冲虚经》，冲虚就是空了。太空不是空哦！科学上太空有形相，虚空有形相。而冲虚则是真空。“莫眹”，眹（朕）就是踪迹，莫眹就是没有踪迹，一点影子都没有。“是殆见吾衡气几也”，到了这一步他看得见，我的阴气没有了，阳气也过来了，阴阳清净调和，均衡了，外表是很平凡的一个人，这个境界他就看不出来了。

修道的九个步骤

> “鲵旋之潘为渊，止水之潘为渊，流水之潘为渊，滥水之潘为渊，沃水之潘为渊，氿水之潘为渊，雍水之潘为渊，汧水之潘为渊，肥水之潘为渊，是为九渊焉。尝又与来！”

下面壶子讲了九个境界、九步工夫，佛学也有九次第定，这个难了，佛道都是同一道理。第一“鲵旋之潘为渊”，鲵就是鱼啦，大鱼，那个大鱼很会转，尤其是大海里的鲸鱼，我们吃的鱼肝油有些就是鲸鱼的油。几个大鱼这么一转动，那个水流就起旋涡，旋涡慢慢旋越转越深，下面就变成深渊了，形成一个很深的潭。夏天你们到新店的碧潭游泳，上面的水看起来很平静啊，下面是深渊，一般年轻人不知道，一沉下去就转不出来，当然到海龙王那里报到了。

注意第一段，大鱼这么一转一转，水波动变成深渊了。你们修行，想把任督二脉打通，就算你奇经八脉都通了，第一步工夫也不过就是这一点点，那个气变成了深渊。

第二“止水之潘为渊”，学佛学道学密，不能得定，因为气脉不通，所以第二步气脉通了就定了。水流下来快要到平止时，这里挡住了，这个水就洄转过来，洄旋慢慢转，这个下面也是深潭，上面的水快要平了。所以你真修到念头止了，气脉通了，自己觉得那个境界好深、好空。一般人第一步都还没有达到，第二步不能够想象的啦！

止了以后还要动啊！第三步是“流水之潘为渊”，一动一静之间，不是得定，第二步得止定还不行，第三步观照起用，这个水流又在流动，这个流动跟第一步“鲵旋之潘为渊”不同，你看气脉方面有九步之多。“鲵旋之潘”，就是你们练气，练气功，好像一条鱼一样，心里头在动，故意引导这个气，那个不算数，是最初步的。止水就不用去练了，已经得止了，等于气住脉停了。这第三步流水，这个流啊，是细水长流，就是老子讲的“绵绵若存，用之不勤”的道理。

到了这个时候，止水这个水停止了，当然宁静了，宁静的水不一定可以看到河底，水底没有看见，所以还是渊，流水更看不到河底了。到了第四步“滥水之潘为渊”，就是泛滥的水，等于我们现在讲水灾，尤其黄河两岸，所谓泛滥成灾，水冲出来又变成水潭。

第五“沃水之潘为渊”，人体里有些气脉是从下向上，有些从上向下，等于上行气下行气，水从上面浇下来，在佛家就是灌顶。“沃水之潘”是从上灌下，那个水冲久了，也变成了深渊，境界很深沉。

第六“氿水之潘为渊”，氿水是从旁边出来，从四面八方来，这个等于所谓瑜珈术、密宗讲的左右的气脉，从旁边出来，也变成深渊了。

第七“雍水之潘为渊”，什么叫雍水？倒转回来，等于学道的人讲打坐，倒转河车。

第八“汧水之潘为渊”，流动性的，渗出或溢出而成渊，像全身气脉都流行，温暖的，这也是渊。

第九“肥水之潘为渊”，肥水就是春天暖和了，有生发的气象，这个水很肥。水有瘦的有肥的，所以讲到水性，很不容易懂。也许会喝茶的人懂一点。所以日本人学会了，自己套进茶道、花道、剑道，拍拍掌叫空手道，莫名其妙的什么都是道！

说到茶道，有一本书叫《陆羽茶经》。陆羽这个人原是孤儿，是禅宗一个和尚捡来的，长大后也当过一阵子和尚；但他不愿意当和尚，学问很好，文学上很有成就，最爱好喝茶，写了《陆羽茶经》。像苏东坡这一班人，当年也是讲究喝茶的，有人从四川乘船下来时，弄个桶给他，到了巫山峡，在急流的中间打一桶水带到江浙一带，那个急流的水是很硬的，可是硬里头带软。

“是为九渊焉”，我们注意啊！壶子是说自然界的水形成的深潭，一步一步都不同，每一种水形成不同的深潭，境界也不同。所谓渊，也就是定的境界，沉潜静定。壶子对列子说，有九个这样的境界，你哪里懂！“尝又与来”，再叫季咸来。

列子终于懂了

明日，又与之见壶子。立未定，自失而走。壶子曰：“追之！”列子追之而不及，反以报壶子，曰：“已灭矣，已失矣，吾不及也。”壶子曰：“向吾示之以未始出吾宗。吾与之虚而猗移，不知其谁何，因以为茅靡，因以为波流，故逃也。”然后列子自以为未始学而归，三年不出，为其妻爨，食狶如食人，于事无亲，雕瑑复朴，块然独以其形立，份然而封戎，壹以是终。

第四天季咸又来看壶子，刚一看，就回头溜跑了。这一溜啊，壶子叫徒弟去追，好像男孩子追女朋友一样，追啊，追啊，可惜没有追上。列子回来报告，人影都看不见了，我追不到。

“壶子曰：向吾示之以未始出吾宗”，壶子告诉列子，他说我刚刚给他看的，借用儒家也是阴阳家的邵康节的两句话，“一阳初动处，万物未生时”，是一念不生的境界。佛经里生而无生，是无生法忍里另外一个三昧。拿佛学的《般若经》来讲，空也空，连空都空掉了，就是这个道理。所以刚刚我给他看的，并没有离开我的空有宗，他不懂。“吾与之虚而猗移”，我给他看空的境界，但是空的境界中又有“有”，“有”也空，即空即有，非空非有，他不知道。“不知其谁何”，当然他的程度没有到，“因以为茅靡”，所以他看了以后，好像走到森林里，有茅草一大堆，被风一吹，眼睛都看不清了。“因以为波流，故逃也”，他好像看到太阳照到流水，万道金光，使他眼花缭乱，天眼通也没有了，所以就逃走了。

这就是教育，列子跟壶子学了那么多年，开始以为壶子有道，后来听到这个有神通的人，他就迷醉了，准备退学，要到有神通的人那里学。壶子也没有留他，你要去学就去学，不过你带他来见见我。结果这四次一见啊，这个有神通的人就跑掉了。“然后列子以为未始学而归，三年不出”，这一下列子知道了，晓得平时学佛修道都是白学的，回来就规规矩矩学了。怎么学呢？很简单，不是听《老子》，也不是听唯识，都没有，他什么都不做，就是规规矩矩回家，三年在家里闭关不出来。

闭关不是不做事情，“为其妻爨”，他给他太太帮忙，在家里做事，规规矩矩做饭、烧菜、洗衣服，太太要做饭了，他在那里烧火。“食豨如食人”，豨就是猪，他把猪已经不当猪喂了，当人一样服侍，忘我了，不但忘了我，对一切众生都像对人一样。“于事无亲”，做任何事，无所谓冤亲之别，不是哪一个对我好就亲一点，对我不好就疏远，而是冤亲平等。“雕瑑复朴”，把自己的聪明学问才智一概丢掉，平常的这些鬼鬼怪怪的心思、疑心病，一概挖掉了，返璞归真，做一个平凡的老实人。这就是闭关修道哦！“块然独以其形立”，个人不自以为了不起，只是这么几十斤肉而已，该吃饭就吃饭，该做事就做事，心中没有什么杂念妄想。“份然而封戎”，戎就是打仗，“封戎”，心里头没有战争了。所以庄子讲我们心里有心兵，自己心里一天到晚在斗争，自己的思想感情，一切都在斗争。“壹以是终”，就是这样一路到底，所以列子得了道，什么道？就是这么一个境界。

这一段是讲列子的故事，就是告诉我们真正所谓学道是怎么学的，理论跟事实是怎么修持的。老子也说，你学问知识懂得越多，修道就越修不成。什么道理呢？就是被自己的知识学问挡住了、障碍住了。这一段描写得很好，讲列子怎么样去修道，最先是修不成功，又受老师的打击，最后学成功了。下面描述他得道以后怎么起用。

列子与司马光

子列子之齐，中道而反，遇伯昏瞀人。伯昏瞀人曰：

“奚方而反?”曰:“吾惊焉。”“恶乎惊?”“吾食于十浆,而五浆先馈。”

伯昏瞀人曰:“若是,则汝何为惊已?”曰:“夫内诚不解,形谍成光,以外镇人心,使人轻乎贵老而齑其所患。夫浆人特为食羹之货,无多余之赢,其为利也薄,其为权也轻,而犹若是,而况万乘之主?身劳于国,而智尽于事,彼将任我以事,而效我以功,吾是以惊。”

“子列子之齐,中道而反,遇伯昏瞀人。”列子初步得了道,有一天到齐国去,结果还没有到齐国,半路就回来了,碰到好朋友伯昏瞀人,就是《神仙传》里的神仙、高人。“伯昏瞀人曰:奚方而反”,伯昏瞀人就问他,你怎么半路就回来?他说:“吾惊焉”,我害怕,我不敢去齐国了。“恶乎惊”,伯昏瞀人说你怕什么?“吾食于十浆,而五浆先馈”,列子说我到齐国去的路上,经过十家饭店吃饭,有五家都不要我的钱,要招待我。因为他名气太大了,大家对他太恭敬、太好,所以他说我怕。

“伯昏瞀人曰:若是则汝何为惊已”,伯昏瞀人说,你名气那么大,大家对你那么恭敬,有什么不好?列子说,“夫内诚不解”,他说一个人啊,诚诚恳恳反省自己,学问、修养都没有到,心中也没有真得到解脱之道;虽然懂得了道,还没有成功,但是看外表,别人都讲我有道,有学问。“形谍成光”,外表的名气太大了,形成社会上一种说法,某人不得了哦,再加上有一些学生出去乱宣传,说我有神通,头顶会放光,乱七八糟的虚名,这是很可怕的。“以外镇人心”,他说这个是骗人的，我们修道的人怎么可以装出有道、有学问去骗人呢？“使人轻乎贵老”，这样一来，使真正有道之士看不起。“而蜇其所患”，蜇是齑咸菜的蜇，这个是人生的大病，我怎么可以？！

这就是道家的思想观念及作风，儒家也一样。宋朝的名臣司马光，就是小时候打破水缸救人的那位先生，在他退休回家后，宋朝皇帝年轻，刚刚接位，朝纲不稳，所以请他再来。他到了首都洛阳时，全城老百姓前来欢迎——司马老相公回来了。他看老百姓这样欢迎，还没有见到皇帝，他又回去了。大家就问为什么，他说你们不懂，这叫望高震主，我现在没有功名富贵，声望却比皇帝还大，这不是道理，皇帝也有所顾忌啊！你的声望那么大，把皇帝摆在什么地方啊？这就是司马光。他马上回家，再上报告说年纪大有病，不来了。这就是道家的道理。

所以列子说看到这个状况很害怕，“夫浆人特为食羹之货，无多余之赢”，浆人就是卖饭的，他是靠卖饭赚一点钱，很辛苦啊，一天只赚一点。“其为利也薄，其为权也轻，而犹若是”，他们赚钱很少，身份地位也低，他们看到我，晓得是君王要我去，都不收我的钱，这个不合道理。“而况万乘之主，身劳于国”，当领袖的人很痛苦啊，每天都在为国家劳苦，“而智尽于事”，他想尽办法为这个国家做事——不过内行才懂领导人的辛劳，像刚刚吃晚饭有一位老朋友，八十几了，学问名望都很高，他说想打个电话给我都不敢，他说看我太劳苦了，何苦呢？我说人各有志嘛，你们在家里享福，我想把自己生命赶快消耗完了，早一点走路。他听了就笑。

列子说“彼将任我以事”，君王他自己太劳苦了，要找帮忙的人，找我去当伙计。伙计，懂吧？现在就是店员啦，找我去做店员，分担他的劳苦，“而效我以功”，看我有什么功力成果。等于现在你们年轻人去找工作，六千元还不干。我说你那个大学资历，叫我用三千元雇你我都不愿意！有什么本事啊？你要拿三万一个月，有啊！我可以给你介绍，但是你要知道这些大公司老板，他用你三万一个月，希望你每个月给他赚回来十万，不然他又不是办养老院，他是做生意的人啊！你没有给人家赚钱的本事，人家会给你这个待遇吗？看你坐在那里流口水、擦鼻涕的，给你这个待遇，是给你买卫生纸用吗？没有这一回事。工作有的是，你本事在哪里？社会就那么现实，所以“任我以事，效我以功”，问题是他要看这个效果，看有功劳没有。列子说这样一来，我不是把自己出卖了吗？况且我也没有真本事，“吾是以惊”，所以我害怕，不去报到，半路就溜回来了。

这一段看起来列子好像是真得道了，他懂得做人处世的道理。修道学打坐啊，明心见性啊，开悟啊，那个是静的道；得了道的人要知道用，动的用，道不能起用就不能“致中和”。不能“致中和”，你成个死道干什么？为了你修道还弄个蒲团、盖个房子给你住在那里，风也吹不到，雨也淋不到，一天到晚坐在那里，然后还要我到你前面烧香磕头，去你的！你找个洞去钻吧！道学了就是要用的，要起而行之，这就是佛家的大乘之道。那么列子呢？在起用方面，他自己认为不够，因此不想出来，不想出山。这个故事还没有完，我们保留一个礼拜，看他下个礼拜怎么办。

第七十三讲

列子出名了

恭维皆毒药　高处不胜寒

杨朱向老子求教

什么是大白若辱

杨朱的转变

上次讲到列子出国，到了半路，看到大家对他的恭敬，赶快就跑回来了。重点在后面这几句话，“万乘之主，身劳于国，而智尽于事，彼将任我以事，而效我以功，吾是以惊”。这是说，一个人到了最高的位子，是很可怕的，世界上的人求的就是高位，是所谓的功名富贵。在道家的观念，一切名利，功名富贵，都是很可怕的，是用生命去换来的，损坏了自己生命真正的意义，而这些又都是虚伪的。道家跟佛家的思想在宗教、哲学、文学方面都是一样的，注重生命的本源，而不注重其外形。

列子出名了

伯昏瞀人曰：“善哉观乎！汝处己，人将保汝矣。”无几何而往，则户外之屦满矣。伯昏瞀人北面而立，敦杖蹙之乎颐。立有间，不言而出。宾者以告列子。列子提履徒跣而走，暨乎门，问曰：“先生既来，曾不废药乎？”

“伯昏瞀人曰：善哉观乎”，伯昏瞀人听了列子的报告，就很高兴，他赞叹列子的观察很对，佛经也经常提到“善哉”，翻成白话就是你的观察很好。他吩咐一句话，“汝处己，人将保汝矣”，你回去先修养自己，只管自己的心，有你这种思想，有你这个观感，社会上的人自然会拥护你、会捧你。讲过这一句话，他们就分手了。“无几何而往，则户外之屦满矣”，没过多少时间，伯昏瞀人去看列子，发现门口外面摆满了鞋子。这个话我们现在一听，知道客人很多了。

日本人住的房子，没有椅子，坐在榻榻米上，这就是中国文化。我们秦汉时就是席地而坐，椅子差不多在东汉以后才慢慢过来的，所以历史上有个名称叫“胡床”，从西域外来的。所谓床，并不是睡觉的床，而是椅子。我在日本的时候，他们看我穿这个长袍，来敬酒时顺便摸摸我这个衣服说，你这个衣服舒服啊！我说你的衣服也很舒服啊，你们的就是我们的，你知道吗？他说怎么讲啊？我说你们本来是中国人嘛，这个你们心里有数。大家笑一笑，我说我的这个中国衣服不过是满族的衣服，你这个衣服是汉族的衣服，我们中华民族，汉、满、蒙古、回、藏等各族衣服有类同之处，有不同之处。所以日本人席地而坐，进门就跪下，是自然的。我们古代穿鞋，讲究的鞋叫作屦，普通的叫作履。进门要把鞋子脱在门口。一九四八年，我来到台湾，几年后大家仍然住日本式的房子。我一个朋友家里客人很多，晚上外面鞋子脱了一大堆，到了十一点钟大家要走时，一双鞋子都没有了，全部被小偷偷走了，大家只好光脚回去，这是我亲眼看到的。

列子家里很多人来，门口外面的鞋子摆满了，他的群众基础就很大了。伯昏瞀人学养比他高一点，在道家近似于列子的老师，也等于好朋友。“伯昏瞀人北面而立”，面向北面站着，因为古代的礼貌这是恭敬。皇帝或者是长辈坐的就是面向南面，所以皇帝叫南面而王。中国古代老百姓的房子不可以正南，那是犯法的哦！只有皇宫可以坐北向正南；其次每个地方的衙门、政府机关，可以朝南；再其次各个庙子可以朝南。

这里提到伯昏瞀人“北面而立”，面向北对着列子家。“敦杖”，把手棍插在地上，“蹙之乎颐”，两颊叫作颐，人站在那里，把那个长的手棍支在两颊这个地方。“立有间”，在门口站了一下，“不言而出”，一句话也没有说，回头就走了。

“宾者以告列子”，“宾者”是管宾客的，列子家里招呼客人的，像政府里的外交部、庙子里所谓的知客师啊，马上跟列子报告，说那位伯昏老师啊，看了一下，没有说话就走了。

列子一听这个情况，来不及穿鞋子，“提履徒跣”，拿着鞋光着脚就跑去追他。“暨乎门”，到了大门口，追到了，“问曰：先生既来，曾不废药乎”，这个“废”字，后来就是“发”字，是开发的发。过去古文写信，请你来谈一下，给我一番教训，就是请先生来“发药”，意思是说我有病，思想有问题，有一件事情解决不了，请你给我出个主意，等于有病吃你的药就好了，所以叫发药。列子说先生你既然来了，你应该教导我，有好的意见告诉我，使我的毛病改正。

恭维皆毒药 高处不胜寒

曰：“已矣。吾固告汝曰，人将保汝，果保汝矣。非汝能使人保汝，而汝不能使人无汝保也。而焉用之感也？

感豫出异，且必有感也，摇而本身，又无谓也。与汝游者，莫汝告也。彼所小言，尽人毒也，莫觉莫悟，何相孰也。”

“曰：已矣，吾固告汝曰，人将保汝”，算了吧！我前面不是已经跟你讲过吗？我说你这样做人很对，避开了名誉、权位，不要钱，不要名，人品非常清高，人家会保你。“果保汝矣”，现在果然不出所料，有那么多的群众拥护你、捧你。下面两句话很重要，“非汝能使人保汝”，他说你要注意，并不是你能够使大家来捧你；“而汝不能使人无汝保也”，而是你无法使人不捧你。这就很高了，到了最高的境界。

现在的社会观念完全相反，现在大家都想求知名度，求知名度已经很不容易了，再要做到无名，不使人注意，也不受人捧，这是更难了。譬如宋代名诗人辛稼轩的词，“此身忘世浑容易，使世相忘却自难”，人生到这个境界蛮痛苦的，忘掉别人，忘掉社会一切的关系，还容易做到，希望别人忘掉了自己，非常困难。别人不会忘掉你，尤其到了圣诞节、过年，贺卡一大堆寄来。我很多年的经验，别人寄来了，不得已回一封，但是我很希望不要给我寄来了，晓得过年就算了。但是不可能，常常有贺卡寄来，要回贺卡就很头大，就有这个感觉。

《列子》这两句话也是这样，你没有办法使别人忘掉你、能够不捧你，那就是最高了。“而焉用之感也”，他说因此你用不着问我对你有什么意见，人与人之间是彼此互相的感应，很难讲。我用不着再说什么，你现在有名，在佛学来讲这是个大烦恼，是个拖累。“感豫出异”，人与人之间交游多了，认识多了，群众多了，是要出毛病的，至少生出烦恼。“且必有感也，摇而本身，又无谓也”，一个人成名，或者成功，或者有钱，或者有地位，或者有什么，你觉得群众跟你关系很多，面子上很风光，但是你本身精神生命的无谓消耗就太多了，是毫无道理。“与汝游者，莫汝告也”，可是一般来跟你做朋友的，不愿意告诉你，怕让你难过、刺激你。“彼所小言，尽人毒也”，所以你到了这个地位时，听到的都是恭维你的话，没有难听的话。这都是别人来整你的，毒害你，因为被捧惯了的人，自己觉得了不起。

等于你们年轻人，刚出去上讲台时，叫你一声老师，你站在那里两腿发抖；慢慢教书教久了，自己真以为是老师，其实师老都不如，哪里是老师！我当年在师大听到年轻学生亲口告诉我，那个人不过是“叫兽”，不是教授，是会叫的禽兽，年纪大的叫“老叫兽”，年纪轻的叫“小叫兽”。你看人与人之间，竟然是如此！

所以当面恭维的话都靠不住，你年纪大了，当了人家的爷爷，那个孙子回来，爷爷长、爷爷短，爷爷不免要拿一点钱出来给他。有一次我坐出租车，司机头发都白了，他说儿女都不错，都有地位了。他一天开五六个钟头，赚些钱，孙子一大堆，要买点东西给他们吃吃，跟儿子女儿拿钱多痛苦啊，还不如自己赚两个。我说有道理，这是人生的境界。

可想而知，人到了某个地位，所听到恭维的话不是真的，“彼所小言，尽人毒也”，都是毒药，但却使人忘掉自己的本色，真可怜！古人有两句话，“唯大英雄能本色，是真名士自风流”，古人所谓风流就是潇洒，唯有大英雄才真能本色，我就是我，我没有什么了不起，不管在哪个位子，不管上台下台，我还是我，保持本色。如果是真正的名士，学问好，他本身的言谈举止自然就有潇洒的风度气质，不是故意穿个夹克啊、牛仔裤啊，后面看起来很潇洒，那是假的，那是外形。

杨朱向老子求教

杨朱南之沛，老聃西游于秦，邀于郊，至梁而遇老子。老子中道仰天而叹曰："始以汝为可教，今不可教也。"杨朱不答。至舍，进涫漱巾栉，脱履户外，膝行而前，曰："向者夫子仰天而叹曰：'始以汝为可教，今不可教。'弟子欲请夫子辞，行不闲，是以不敢。今夫子闲矣，请问其过。"老子曰："而睢睢而盱盱而谁与居？大白若辱，盛德若不足。"

这一段，也同道家修养绝对相关的。杨朱这个人，大家应该很熟，杨朱跟墨子二人是孟子的反对派，所以孟子说"天下之言不归于杨，则归于墨"。墨子和杨朱都出在道家，可是他们两派在中国文化诸子百家之中思想是相反的。墨子主张摩顶放踵以利天下，是天下为公的思想，所谓大同主义。近百年以来一般学者的考据很有意思，有些说墨子是一个印度和尚，因为他光头，不穿鞋子，面目黧黑，连皮肤都黑黑的。

相反的，杨朱是拔一毛而利天下而不为也，我们前面已经讲过《杨朱》这一篇，他有他的哲学思想，是绝对个人自由主义，我要自由，你也要自由，天下人各个都做到自私为己，则天下太平。可是人有时候也不肯自私，蛮慷慨的。但是说到真正慷慨，天下为公，却也做不到，因为想想还是自己更重要。

现在是说杨朱修道时，“南之沛”，向南方来，道家文化的老子、庄子都是南方的。沛是山东江苏交界处，沛国就是刘邦的故乡。杨朱想到南方来找老子老聃，“老聃西游于秦”，老子刚好到陕西那边去了，“邀于郊”，在半路上总算给他打听到了，“至梁而遇老子”，到了河南开封这一带二人碰面了。“老子中道仰天而叹曰：始以汝为可教，今不可教也”，老子一看到杨朱，就仰天叹口气，他说开始我以为你这个孩子啊，还可以传给你道，现在看来，你不行，无法教你，不能传你道。

“杨朱不答”，大概在赶车啦，在当老师的驾驶，听了没有讲话。“至舍”，到了旅馆，“进涫漱巾栉”，杨朱赶快把牙刷、毛巾啊，都拿进去给老师，大概也泡了茶，都做完了，“脱履户外”，古代席地而坐，把鞋子脱了，摆在门口，“膝行而前曰”，在席子上跪着用膝盖头走。杨朱就问了，“向者夫子仰天而叹曰：始以为汝可教，今不可教”，刚刚你抬头望天感叹，说开始认为可以传我道，现在不可传，“弟子欲请夫子辞”，他说我很想请问老师原因。辞是讲话、语句，所以《辞海》就用这个辞，诗词是另一个“词”字，不过现在写这个“辞”字，人家要把你改成“词”字，这是中国文化颠倒了。“行不闲，是以不敢”，可是我们在路上，我要赶车没有空闲，老师也辛苦了，所以我没有问。“今夫子闲矣”，你现在有一点清闲的时间了，“请问其过”，请问我的错误在哪里？

“老子曰：而睢睢”，老子说，我看你这个年轻人很傲慢，眼睛看到天上，“而盱盱”，有时候眼睛左右看，好像以为自己了不起，都是形容他那个形态。“而谁与居”，你准备把谁当做榜样？等于老师考你，平生最佩服的人是谁？要你填这个表。或者说你的目标是什么？“大白若辱，盛德若不足”，这几句话《老子》原文都有，这里是引用，我们讲《老子》时已经说过。现在再说一次，说一个人活在这个社会上，都想自己名声好，成就高，一路春风得意，但那是不可能的。一个真正有道的人，处在这个社会，常有很多的委屈、侮辱、痛苦，没有办法向人诉苦，只有自己挑起来。所以我也常告诉大家，有一副古人的对联很好，“十有九输天下事，百无一可意中人”，人生的境界，十次有九次是输的，满足的极少。找一个结婚的对象或做朋友的对象，能够真正使我们满意的，找不到。

还有两句话，“不如意事常八九，可与人言无二三”，人生的事，十次总有八九次是痛苦的、不如意的。但是心里的痛苦，能够找知己来谈谈的，不到十分之二三。所以不必求人安慰，因为他安慰你的话毫不相干，我吃了苦，很苦，他说吃点糖就好了，他也不晓得你苦在什么地方，这就是人生。尤其处理大事，更是如此，所以我现在发现，历史上受冤枉的人很多啦！现在以我的经验再来看历史，有些人盖棺还论定不了，死后把冤枉、痛苦带进棺材的人太多，所以历史太难懂了。

什么是大白若辱

老子的话，“大白若辱”，你自己真正要清白，不可能。我们举个例子，不讲政治、历史上的人物，因为牵涉太多很麻烦，不好讲。我们拿宗教来讲，你看耶稣，耶稣本身的成就不管如何，在当时的中东到欧洲，文化落后，不能跟我们东方来比的。在一千九百多年以前，那边什么都谈不上，而他这样出来传道教化人们，真是了不起。最后被钉上十字架，怎么办？一点办法都没有。所以不管如何我说他是很伟大的，他流出来的血是红的，跟我们流出来的血一样的红，那是痛苦。假使他修道成功了，流出来的血是白浆一样，身体不会有痛苦了，那是很高的工夫。他流的血虽然和普通人一样，他虽然很痛苦，但他没有怨天，没有怨人，他还说为世人赎罪，这就是“大白若辱”，担负了一切的痛苦烦恼，没有埋怨。这是一个例子。

那么孔子呢？在中国也是一样，活的时候遭遇种种困难，死后几千年，全国到处给他修孔庙，牛肉啊、冷猪头拿去拜他，这有什么用！孔子一生的遭遇虽然很痛苦，不过没有像耶稣那样被钉上十字架，这就是我们中国文化之伟大，不过有几次危险差点要了他的命。所以先知的人里，释迦牟尼比较好，但是他牺牲了帝王的位子，出家以后，沿街化缘，有一次还是空钵而回，没有人给。这些道理你懂了，就知道一个人伟大的成就是在自己，真正圣洁的人，活着时的遭遇都是痛苦烦恼，都是耻辱。

相反的修养就很多了。宋朝有个名宰相王旦，他是宋真宗时最有名的大臣。范仲淹你们知道吗？就是作《岳阳楼记》说“先天下之忧而忧，后天下之乐而乐”的人，王旦这位宰相还是他的前辈。宋真宗的时候，因为政治上一件事情王旦不同意，结果宋真宗夜里向他送了很多东西，等于送红包，他只好不说话。最后临死的时候他很后悔，吩咐家里的人给他剃了光头，穿了和尚衣埋葬，忏悔自己当时没有坚持反对那件事。他是所谓一人之下万人之上的人，有人请托他，他一概拒绝。他说你们不要找我呀，我只为国家找人才。到了后来才知道，那些被他拒绝的人，他都帮了忙，表面上他都拒绝，使人很难堪。也有人问他为什么这样，他说我是为国家提拔人才，不是为我私人培养群众，我私人用不着他们感谢。所以受恩天朝，我给他们官做是国家的职务呀！拜恩私室，背后到我家感谢我，那是私事。他做到大公无私，表面上对人很严厉，事实上他很温情。

另外一个宰相叫王曾，两个人作风一样，所以北宋的时候政权很了不起，高级干部这些人也了不起。有人问王曾，很多人在骂你，外面的人不了解你，等到死后才了解，已经迟了。他说你们不知道，一个人到了某一个位子时，完名美节何必一定要归于我呢？换句话说，我现在的地位已经到了宰相，全国人之上，还要什么好名声啊？把骂名归到我身上，好处归你们。这些只是大概的意思，说明“大白若辱，盛德若不足”，真正有道德有修养的人，看起来很窝囊，没有什么道德；如果还摆出一点有道的样子，已经非道德了，这是老子教训杨朱的话。

杨朱的转变

杨朱蹴然变容曰："敬闻命矣。"其往也，舍者迎将，家公执席，妻执巾栉。舍者避席，炀者避灶。其反也，舍者与之争席矣。

杨朱一听，"蹴然"，本来跪在地上听老师教诲，立即挺正了，可是腿还跪在那里，"变容"，脸色一下也变了，听老师这么严重的教诲，"曰：敬闻命矣"，好！我懂了。

"其往也，舍者迎将"，先前杨朱来找老师时，由北方到南方来，在路上，因为他的名气很大，马上有人出来迎接。"家公执席"，旅馆的老板、总经理啊，就把他的床铺整干净；"妻执巾栉"，老板娘出来拿手巾啊，打洗脸水；"舍者避席，炀者避灶"，有些人已经坐下来吃饭的，大家看到他一来，都站起来，很恭敬地让开；"炀者避灶"，烤火的人马上离开火炉让给他。"其反也"，他听了老子这一段教训以后，"舍者与之争席矣"，回来没有架子了，什么都没有，很普通，好像衣服也穿得破破烂烂的，到饭馆吃饭，大家看这个老头子，有人还跟他争座位。开始那么受欢迎，回来以后被人以平常人相待，他的道更高了。

这个故事只到这里，不作结论，也许结论是看哪一个境界高，哪样才是修道的境界。

第七十四讲

美的标准

常胜有原则

强弱与刚柔

人心与兽心

鸟兽外形的先人们

美的标准

> 杨朱过宋东之于逆旅，逆旅人有妾二人，其一人美，其一人恶；恶者贵而美者贱。杨子问其故，逆旅小子对曰：“其美者自美，吾不知其美也；其恶者自恶，吾不知其恶也。”杨子曰：“弟子记之，行贤而去，自贤之行，安往而不爱哉?”

杨朱这个故事，说明一个道理，其实古今中外都有这些事。杨朱这一次进步了，得道了，当然好多了，所以路上晓得珍惜，已经没有架子了，变成一个极普通的人。有一次他到了宋国，住在旅馆。逆旅就是旅馆。“逆旅人有妾二人，其一人美，其一人恶，恶者贵而美者贱”，这个旅馆的老板有两个小太太，大太太不算。这两位小太太，一个漂亮一个丑，可是这个老板喜欢那个丑的，不喜欢那个漂亮的。

所以杨朱越看越奇怪，就问他什么道理，“逆旅小子对曰：其美者自美，吾不知其美也。其恶者自恶，吾不知其恶也”，这位老板说，这个漂亮的，是她自以为漂亮，我没有觉得她漂亮；你们认为这个丑的，我没有认为她丑，我认为她可爱，就是这样。所以人与人之间，美丑、是非、好恶没有标准，都是根据心理的变化，很难断定。真正的是非有没有？形而上是空的，形而下都是根据情绪变化而产生的个人不同观点。

杨朱听了以后，告诉学生们，“弟子记之”，他说你们记住啊，这就是人生哲学，“行贤而去”，你们要做了不起的人，只要问自己，不要管人家，只做自己该做的，学好的去做。“自贤之行”，自己能够做好了，外面的一切不管，自己看自己能不能做好。这个里头有个道理，你自己如果头脑不清楚，明明是不好，也认为自己做得好，那就完了。所以只要自己能够做得好，“安往而不爱哉”，去哪里都受人尊重；不是在于外形好或不好。这里所讲杨朱碰到的这件事，可以看到人生的奇怪之处。

常常有些同学同我开玩笑问，老师觉得电影明星哪个漂亮？我说我几十年不晓得哪个叫作漂亮不漂亮。因为说实在的，我看到喜欢就漂亮，不喜欢就不漂亮，这个没有标准的。我常讲我一个朋友很有地位，他的太太也很能干，就是缺一个牙齿。我们常常看到她，某某大嫂啊，你把这个牙齿装起来吧！多不方便呀！是啊！是啊！讲了十几年了，后来大家都老了，我告诉她先生，我说你这个太太，我们都希望她把这个牙齿装起来，讲了那么多年。他说你不晓得啦，因为我喜欢她缺一个牙齿，当年她读大学的时候，我拼命追，就是为了她少这个牙齿，假使她牙齿装好就不漂亮了。我现在懂了，中国人一句话，“牌打一张，色中一点”，打牌的时候一张打出去，满盘都赢了。那个人漂亮不漂亮，“色中一点”，别人看是最丑的那一点，他就喜欢那一点。听起来这是一个笑话，但也是人生的大道理。

常胜有原则

> 天下有常胜之道，有不常胜之道。常胜之道曰柔，常不胜之道曰强，二者亦知，而人未之知。故上古之言：强，先不己若者；柔，先出于己者。先不己若者，至于若己，则殆矣；先出于己者，亡所殆矣。以此胜一身若徒，以此任天下若徒。谓不胜而自胜；不任而自任也。

因此他告诉我们一个大的人生哲学，这个宇宙间有一个真理，“有常胜之道，有不常胜之道”，有永远是成功的，有永远是失败的。“常胜之道曰柔”，柔是常胜之道，谦虚也就是至柔，做人脾气好也是柔；“常不胜之道曰强”，自己好强、好胜，希望永远出人头地，就是不常胜之道。你们看人生，有很多人个性至强，总想出人头地，就凭这个个性做法就完了。所以常胜之道是柔，自认为一切不如人，一切退一步，最后成功是自己。所以“二者亦知，而人未之知”，用刚与用柔，一般人容易了解，事实上根本就没有了解。这两种是智慧的境界，一般人没有这样高的智慧，所以不知道。

我们中国的上古文化，老祖宗的传统，“故上古之言，强先不己若者”，强就是强，什么叫强？强人、英雄之类的人，总要在不如自己者之前抢先出头。“柔先出于己者”，所谓柔，自己觉得很普通，没有超人之处，就是谦虚、不抢先。“先不己若者，至于若己者则殆矣”，自觉高明、抢在前头的人，遇到比他强的人就危险了。“先出于己者，亡所殆矣”，处处让人在前，知道谦虚，他自己的危险也就不存在了。

“以此胜一身若徒，以此任天下若徒”，这是什么道理呢?一个人自己能谦虚、保持柔，一切不强先出人头地。“若徒”，徒是空的意思，不是徒弟的意思。“谓不胜而自胜，不任而自任也”，他说这样就是能力不够也会制胜，也能担当天下事。

所以我常说，傲慢的人，他根本就是自卑，不自卑的人不会傲慢，因为自卑的人晓得自己没有什么，又深怕你看我不起，故而傲慢。自己很充实的人，你看得起我也好，看不起我也好，因为他心里没有你也没有我，他看天下人就是黑压压的一堆，他不管这些。所以凡是傲慢的人都是可怜人，都有自卑感，因为有自卑感，反过来他就傲慢，他不懂人生，就是这个道理。

强弱与刚柔

> 粥子曰：“欲刚，必以柔守之；欲强，必以弱保之。积于柔必刚，积于弱必强。观其所积，以知祸福之乡。强胜不若己，至于若己者刚；柔胜出于己者，其力不可量。”老聃曰：“兵强则灭，木强则折，柔弱者生之徒，坚强者死之徒。”

“粥子曰”，这个粥子也是诸子百家之一，他是周朝初期周文王时的人。有些书里叫鬻子，说他是周文王的老师，也是道家的人物。他说“欲刚，必以柔守之”，想做到绝对的刚强、刚正，要配以柔道来做助力。等于你发了财以后要保有这个财，就赶快撤退，也就是适可而止。如果拼命地向前再进，危险就来了。要想真正的刚强，“必以弱保之”，保持弱才能强。政治策略的原理以及军事兵略的原理，都是根据这个原则来的，“欲刚，必以柔守之，欲强，必以弱保之”。

老子经常用水比喻至柔，水一摸就干了、就散了，什么都没有了。可是水是至柔嘛，至柔能够克至刚。一滴水经常在滴，连石头、钢板都会滴穿的，所以“积于柔必刚，积于弱必强”，把柔累积起来，久了就是刚；弱累积起来，就变成强。“观其所积”，所以我们观察人事，看他平常所累积的作为，一点一点，赚钱一样，要累积起来，学问与道德的修养也是一样，靠累积起来。“以知祸福之乡”，乡就是方向的向，古人这个乡跟向通用。你看他平常的累积、努力向哪个方向走，就晓得他的结果，知道他是成功还是失败。

“强胜不若己”，真正的刚强是“不若己”，就是没有我。“至于若己者刚”，无我到了极点，自然就是刚强。“柔胜出于己者，其力不可量”，所以相反的道理是一切无我，真正无我是至柔，柔的境界到了极点时，一用出来就是我的至刚，这个力量不可限量。

“老聃曰”，这个中间的哲学一正一反，这里引用老子的话，告诉我们做事业以及做人成功与失败的道理。“兵强则灭”，历史上富国强兵，武器、部队、兵力都是兵。譬如项羽二十几岁出来打天下，七十二战战战皆胜，最后一仗败于乌江就完了。我们再看近代史，德国的希特勒和日本在第二次世界大战刚起来时，那个军事的力量多么强大，最后也失败了。人也是这样，所以你们年轻的，将来得意的时候，很刚强，下一句要很小心了，“木强则折”，一根木头很刚强就容易折断，唯有柔弱的不容易断。像我们学太极拳，不就是柔道吗？“柔弱者生之徒”，柔弱的总是长久，活得长久。“坚强者死之徒”，人老了，骨头都硬了，越来越坚强了，就是要死了。

人心与兽心

“状不必童而智童；智不必童而状童。圣人取童智而遗童状，众人近童状而疏童智。状与我童者近而爱之，状与我异者疏而畏之。有七尺之骸，手足之异，戴发含齿，倚而趣者，谓之人；而人未必无兽心。虽有兽心，以状而见亲矣。”

老聃继续说，“状不必童而智童”，这个“童”字，下面注解的小字看到了吧！童就是同。他说一切的生物、动物，形状并不一样，而智慧都一样。“智不必童而状童”，智慧并不一定一样，形状是一样的，这是讲人。“圣人取童智而遗童状”，所以得道的人只看大家的智慧，不管外表形状，也不管男女老少。佛家的思想“一切众生平等”，众生是很多的生命，我们推崇人类，但是人类不过是众生之一，所以众生平等。你懂了佛学以后，回过来看中国文化，在《老子》《列子》《庄子》这个时候，佛法并没有进入中国，我们中国的众生平等思想已经有了，不过名词没有叫得那么干脆、响亮。到了佛法一来，把它浓缩成四个字——众生平等，实际上这里就是讲众生平等。

“众人近童状而疏童智”，一般人只喜欢接近跟自己同一个样子的，而忘记了别人的头脑智慧。“状与我童者近而爱之，状与我异者疏而畏之”，一般人看到同类就喜欢，我们做人也是这样，思想个性跟我相近的，就跟他做朋友；外表或思想跟我两样的，就疏远了，而怕他。“有七尺之骸，手足之异，戴发含齿，倚而趣者，谓之人”，他说我们人高的有七尺，有手有脚，头上有头发，嘴巴里有牙齿，站起来两脚走路，这个叫作人。

我们常常讲，中国文化有一句话，“人为万物之灵”，我说以哲学的观点来讲，这是人类自己吹牛的话。你是万物之灵，万物并没有承认哦！万物看我们这些人是万物里最坏的，草也吃，牛肉也吃，老虎也吃，能吃的东西都把它吃掉，人最坏了。所以在道家的观点，“而人未必无兽心”，你以为人最好吗？有些人看样子是人，实际上他的思想、他的情绪、他的想法是禽兽，比猛兽还坏。“虽有兽心，以状而见亲矣”，但是你明知道这个家伙是很坏的，因为他样子是个人，所以我们人就忘记他的兽心而对他很亲近。

鸟兽外形的先人们

“傅翼戴角，分牙布爪，仰飞伏走，谓之禽兽；而禽兽未必无人心。虽有人心，以状而见疏矣。庖牺氏、女娲氏、神农氏、夏后氏，蛇身人面，牛首虎鼻；此有非人之状，而有大圣之德。夏桀、殷纣、鲁桓、楚穆，状貌七穷，皆同于人，而有禽兽之心。而众人守一状以求至智，未可几也。”

老聃继续说，“傅翼戴角，分牙布爪，仰飞伏走，谓之禽兽”。他说你再看生物界，“傅翼”，就是有两个翅膀，“戴角”，譬如牛头上有两个角，有些“分牙”，牙齿露在嘴巴外面，有些动物“布爪”，四只脚有爪子在外面，这些飞的爬的，人类叫它们是禽兽。他告诉我们，“而禽兽未必无人心”，虽为动物，它们的心可能跟人一样。“虽有人心，以状而见疏”，禽兽虽然有人心，因为样子跟我们不一样，所以我们人都注重外表，反而与它们疏远。

“庖牺氏、女娲氏、神农氏、夏后氏”，因为禽兽外表不是人，所以人看不起它们，但是我们最初的老祖宗，庖羲氏，就是画八卦的，女娲炼石以补天，再下来神农氏、夏后氏，他们这些人，都是“蛇身人面”哦！身体像蛇一样。不过也不要想得太坏，他们并不是有尾巴的那个蛇，是走起路来三节扭的，身体变长了。修密宗的画的文殊菩萨、大威德金刚，都是牛头马面。老祖宗“牛首虎鼻”，牛的头老虎的鼻子，都不大好看，可是那些是我们的老祖先，我们是这样变过来的。他说我们上古这些老祖宗是人神之间哦，虽然“此有非人之状，而有大圣之德”，虽然是非人的外形，但他们的道德是圣人的标准。

“夏桀、殷纣、鲁桓、楚穆”，夏桀是夏代最后一位暴虐的昏君，殷商最后一代君王纣王，也是最坏的。可是你要晓得，很坏的人都是很聪明的人。夏桀他武功之高，老虎、豹子到他手里一撕就开了，又聪明又能干，文武双全。这就犯了《列子》所讲的以自我为中心，那样就坏了。由此我们也要懂得教育的问题，孩子又聪明又能干，功课样样好，注意！不一定好。尤其老师和父母一宠，前途就断送了。你看历史上的人物，失败的英雄都很聪明，文的武的样样好，因为太聪明，遭遇太好，宠坏了，结果都变成失败英雄。

所以我们常讲历史上刘邦跟项羽两个人，项羽又年轻又漂亮，力能拔山扛鼎，像电影里少林寺那个炉鼎，他轻轻一拿就丢开了，那个本事多大啊！力气多大啊！二十八岁统一了天下。汉高祖都已经四十了，站在他前面还要听命令，受封为王。项羽就是脾气坏，但是很仁慈，不肯随便杀人。比起来，汉高祖那个酒鬼昏头昏脑那个样子，比项羽差得远了，可是项羽失败了，因为他太自我、太傲慢。

这里提的都是历史上坏的领导人，夏桀、殷纣、鲁桓——鲁国的桓公、楚穆——楚国的穆公，“状貌七窍，皆同于人，而有禽兽之心”，他们都有眼耳鼻嘴巴等七窍，都是人的样子，但是心是兽性的，这都是历史上很有名的。“而众人守一状以求至智，未可几也”，可是一般人始终认为他们是人，因为他们长的是人的样子，认为是人就有智慧，这是不能相提并论的。

第七十五讲

黄帝战炎帝 乐声聚鸟兽
智力不异于人的禽兽
与禽兽友好的时代
道家对动物的平等观
养猴子的心理学

研究道家的《老子》《列子》《庄子》这三家，其中的差别还是要注意的。老庄学术是在入出世之间，有入世法，也有出世法；《列子》的偏向几乎是出世方面，而且是侧重在出世的修养方面，入世法的应用比较少一些，这个重点我们先要把握住。前面讲到人的心是否相同，接下来讲人与万物的心是否相同。

黄帝战炎帝 乐声聚鸟兽

> 黄帝与炎帝战于阪泉之野，帅熊、罴、狼、豹、貙、虎为前驱，雕、鹖、鹰、鸢为旗帜，此以力使禽兽者也。尧使夔典乐，击石拊石，百兽率舞；箫韶九成，凤皇来仪，此以声致禽兽者也。

讲到我们上古史，根据历史的传统观念，黄帝代表北方的力量，当时还是各地分治的宗法社会，所谓的氏族，过去是以母系社会为基础的。人类社会的开始差不多都是这样，不知道有父亲，以母亲为主，男女婚嫁的制度还没有健全。几十年前的大陆，像我们这一辈的，母亲的名字几乎不知道，只晓得母亲姓什么；父亲的名字知道，有些人也几乎不知道，因为儿女叫父母的名字是不礼貌的。假使填表格，填到母亲，只填姓氏，这是几千年来氏族的制度。所以黄帝这一段历史，还是氏族制度的历史。根据西方后来的分类法，这个时候还是石器时代，人类还不晓得用铜铁。我们的上古史不是用石器、铁器、铜器的分类法，这是西方文化观念，这一点我们要特别留意。所谓石器时代、铜器时代、铁器时代，也是唯物观点的分类方法，我们历史文化不做这样的分类。

“黄帝与炎帝战于阪泉之野”，根据上古史，当时黄帝有熊氏是代表北方氏族的集团，而炎帝代表南方的氏族集团。黄帝和炎帝大战，炎帝后来被黄帝诛杀，黄帝即统治天下。祝融是炎帝的后裔，是黄帝时的六相之一，管理南方，相传后来变成火神。到春秋战国时，南方的楚国也是炎帝的后裔。

“帅熊、罴、狼、豹、貙、虎为前驱”，据上古史的说法，黄帝当时带领的部队有野兽、飞鸟、毒蛇猛兽，他都能够指挥。他率领熊虎豹狼等猛兽，组成先锋部队。熊有人熊、狗熊等；罴同熊差不多，也有不同种类。古代的战争，印度、泰国、越南打仗，是用象做部队为前驱的。“雕、鹖、鹰、鸢为旗帜”，黄帝的旗子画的是空中的飞鸟。这是历史记载，不过这里简单的两句话就提过了，如果要写上古史啊，那就是神话小说了，很热闹。“此以力使禽兽者也”，但是，这也说明一桩事，就是人类有力量可以指挥禽兽，这是第一点。

第二点，也是我们上古时期，不过已经到了文化比较昌盛的时代。“尧使夔典乐”，夔是尧的大臣，“典乐”是管理音乐，古代乐官掌管教育、礼仪，等于现在的教育部、社会部都归这个乐官所管。“击石拊石，百兽率舞”，尧派了一位有名的大臣夔，管理音乐教育方面，乐器是用瓦块、石头这么一拍，自然发出音乐的声音，现在这一种技术反而不算高明了。当时其他的乐器很少，把石头这么一敲，百兽都会跳起舞来。如果照科学的研究，像缅甸一带，有人会吹笛子，蛇就会来，也跟着跳舞。据科学研究，蛇听不到音乐，因为这个人脚在地上打拍子，地上的振动使蛇得到感应，它就会跑来。据说如此，对不对还是问题。

所以尧的时代就有这种情形。“箫韶九成”，是乐章的名字，现在讲就是乐谱、曲调。“凤皇来仪”，凤是雄的，凰是雌的。当这些歌一唱出来，空中凤凰都来了。上古的瑞兽凤凰、麒麟等，都是太平盛世才来，平时究竟在哪里也不知道。“此以声致禽兽者也”，据说尧的时代就有以音乐声音感应禽兽前来。后来到帝王时代，抓一只野鸡也当凤凰向皇帝报告，说是凤凰来了，报告天下太平，上下都作假。由此看到古代的帝王欺骗人民的那些手段，都很幼稚可笑的；老百姓也知道是假的，不过大家跟着起哄。

智力不异于人的禽兽

然则禽兽之心，奚为异人，形音与人异，而不知接之之道焉。圣人无所不知，无所不通，故得引而使之焉。禽兽之智，有自然与人童者，其齐欲摄生亦不假智于人也；牝牡相偶，母子相亲；避平依险，违寒就温；居则有群，行则有列；小者居内，壮者居外；饮则相携，食则鸣群。太古之时，则与人同处，与人并行。帝王之时，始惊骇散乱矣。逮于末世，隐伏逃窜，以避患害。今东方介氏之国，其国人数数解六畜之语者，盖偏知之所得。

“然则禽兽之心，奚为异人，形音与人异”，他说由这个历史的记载资料，可以晓得禽兽的心理同人的心理没有两样，只不过形状跟声音与人类不同。而我们人呢？“而不知接之之道焉”，不懂禽兽生物的心理，因此没有办法跟它们接触。不过，得道的圣人无所不知，也无所不通，所以上古得道的人都能够降龙伏虎。佛家所谓得道的罗汉，可以降龙伏虎，也是这个道理。得道的人心中平等，跟一切动物的心也平等，所以互相有感应，自然懂它们的语言，也懂它们的动作。人类自己有自私的心，而且有一种傲慢的心，看不起动物，因此与它们越来越远了。他说明了这个道理。

“禽兽之智，有自然与人童者”，他说我们要了解，生物界这些动物禽兽的智慧也自然跟人相同。“其齐欲摄生”，禽兽们与人一样，也想长生不老，也晓得修道。注意“摄生”两个字，古代修道的方法，只有一个名称叫“摄生”，就是控制自己的生命。后来也叫作养生之道，就是保养自己的生命。最后才是修道，修长生不死，等等。他说禽兽们也懂得修道，“亦不假智于人也”，它们不靠人类教，自己都晓得。我们注意这一些思想，等于佛家的众生平等的思想，说明一切生物的智慧跟人类有相同之处。

“牝牡相偶，母子相亲”，他说你看这个生物世界，公的母的，自己会配偶起来。生物世界的动物们，母子之间也非常亲爱，自然晓得找安全的地方居栖。“避平依险，违寒就温”，因为要找安全之处，所以避开平原不居，要到山里去住，以保护自己的生命。天气冷了，它们也晓得避到暖和的地方。“居则有群，行则有列”，禽兽们在一起居群，狮子有狮子一群，老虎有老虎一群，猴子有猴子一群，各有群体。它们走的时候有次序，也晓得排队，同时自然晓得保护弱小的动物。“小者居内，壮者居外”，所以小的就在里头走，大的在外面走，牛群、马群也是这样。尤其是牛群，到了晚上，有力气的公牛睡在外面一圈，小牛、母牛睡在里面，是保护妇孺的意思。“饮则相携，食则鸣群”，它们要喝水时，相互帮忙。你看猴子在深水的地方，一个吊一个，一串吊下去喝水。有了吃的东西，猎到了食物，要大家来一同吃。“太古之时，则与人同处，与人行”，上古的人类与这些生物是一起生活的。

看了这一段，配合现在科学上所调查的动物世界，像《动物奇观》这些电视影集，也可以了解生物界一点都没有改变，虽然已经相隔几千年。

“帝王之时，始惊骇散乱矣。逮于末世，隐伏逃窜，以避患害。”他说历史越向后走，人类社会自己号称进步了，有了家庭的组织，扩充氏族的社会变成宗法的社会，以男性为中心、为家长，女人是被保护者。家庭社会建立，推出领袖，就变成帝王的时代。那个时候人就坏了，把生物抓来吃，所以这些飞禽走兽“惊骇”，都散开逃走了。他说现在人类是伤害别的生物生命的，所以这些生物隐远了，免得受人类的伤害。

“今东方介氏之国，其国人数数解六畜之语者”，这个东方介氏之国究竟在什么地方，不知道。等于《山海经》一样，现在看起来都是神话。他说向东方走，有个介氏之国，介是一个代号，看起来还是母系的社会。他说那个地区的人都能够通晓六畜——猪、牛、犬、马、羊、鸡的语言。“盖偏知之所得”，因为他们的聪明智慧在这方面有偏向、偏好，因此听得懂动物的语言。

与禽兽友好的时代

太古神圣之人，备知万物情态，悉解异类音声。会而聚之，训而受之，同于人民。故先会鬼神魑魅，次达八方人民，末聚禽兽虫蛾。言血气之类，心智不殊远也。神圣知其如此，故其所教训者，无所遗逸焉。

“太古神圣之人”，他说上古的上古，就是最初的最初，刚刚建立起来的人类社会，那些祖先们，我们称他们在人神之间。上次提到过，譬如伏羲、女娲，人的面孔，蛇的身体，各种各样。那时这些神圣之人，“备知万物情态”，等于佛经里说佛能够知道一切众生的心理。“悉解异类音声”，完全了解异类的各种声音，连讲话都懂。所以现在学佛教的，譬如密宗认为咒语都是生物界的言语音声，现在变成宗教的信仰，你只要念就好了，这又走入另外一个道理。至于说念咒发音对不对，就要另外看了。

“会而聚之”，上古的人能够了解生物一切的音声，也晓得它们的意思、它们的心理。所以人跟生物相处得很好，“训而受之，同于人民”，乃至领导它们，都住在一起。因此他说我们老祖宗们，最初的那个所谓盘古——后人认为是假想的，天皇氏、地皇氏、人皇氏，这叫三皇，他们都同鬼神相通。一直到大禹治水时，历史上记载还有很多鬼神都来帮忙，“故先会鬼神魑魅”，魑魅魍魉，在后世的佛学就叫作非人。印度传过来的非人说，有各种不同，天龙八部很多都是非人，所谓音乐神啊，蟒蛇神啊，各种名称不同。他说我们上古老祖宗们，能够跟生物打成一片，而且跟鬼神相通，也能指挥他们。然后“次达八方人民”，人与非人之间能够沟通，所以到达八方，东南西北加上四个角，共八方的人类都能够聚会在一起。同时“末聚禽兽虫蛾”，乃至一切有生命的生物都可以沟通，因为懂得它们的语言。

“言血气之类，心智不殊远也”，总而言之，这个历史的资料告诉我们，结论在这个地方，凡是宇宙间的生物，有血有肉的，思想和智慧差距不会太远。我们不要看到生物就说没有智慧，一条鱼啊、一条虫啊，都有它的语言、有它的心态。所以佛说一切众生平等，这里说心智不会差得太远。因为我们上古老祖宗懂这个道理，“神圣知其如此”，所以能够教育它们，而且生物都听他们指挥，“无所遗逸焉”，因此也能够爱护、保护它们，它们也没有跟人类分开。这就是我们《易经》所提到的“方以类聚，物以群分”，所以人类不过是生物界的一类。现在人类自己认为最高明，不断消灭其他类的生命，以致战争连连，就因为我们千万年来消灭其他的生命太多了，人类应该受一点报应。

道家对动物的平等观

这一段的道家思想，我们看出来很多问题，拿现在的观念来讲，认为一切的生物有它的语言，有它的生态，只是我们后世人不懂。但是我们祖先们都懂，而且认为它们也懂得修道，也有自己的秩序。我们人的秩序建立叫伦理学，就是人伦。假使一群牛在一起，没有受过人伦的教育，可是牛群也有秩序，应该叫牛的文化，也就是牛的伦理学。所以我们常说人类自己号称万物之灵，那是自己吹牛的话，那些牛猪鸡鸭啊，看我们人是坏透了，专门吃它们的。尤其是牛，你看全世界都保护动物，从来没有人说保护牛，因为全世界的人都在吃牛肉，连骨头都把它吃光，尽量地用它。可是牛没有反抗过，牛皮给你穿，牛肉给你吃，牛奶给你喝，人还把牛奶变成干的，每天还冲一杯呢！有的人说没吃过，你早吃了，至少蛋糕里头还沾一点嘛！到处都是。所以我很感谢牛，对人的功劳太大了。我们东方人吃猪同牛差不多，因为吃猪的民族不太多，西方的观念认为，落后的民族喜欢吃猪肉，吃得猪头猪脑很笨。至于爱侵略人的、喜欢战争的、比较有争斗性的民族，都喜欢吃牛肉，而且喜欢戴尖尖帽。东方人则喜欢戴圆的啊、平的啊，战斗性不大。

所以我们在这一段里可以看出来，第一点，古人对生物的了解对待是非常科学的，在今天这个时代看来最进步的道理，我们古人早就知道了。虽然没有现在科学家研究生物的那么详细啰唆，不过大原则始终不变。第二点，我们可以看出在东方文化中，《列子》这一段比后来的佛学讲得还明白透彻。第三点，众生平等，这里没有用口号，而是拿事实来说明。而且最明显的是，说明这些生物跟人的智慧是相通的，虽然有层次的差别，但不会太远。第四点，生物与人一样，知道摄生，要求自己生命延长存在，是自然地养生。这是中国文化里特殊的，也就是说生命的道理是生生不已。

第五点最严重的，这里也说明每个生物都晓得修道，晓得保护自己。人修道就是为了保护自己，使自己活得好，活得长久，没有病，不会死亡。我们中国民间小说文化里，狐狸啊、狗啊可以成精啦！我们人类叫它妖怪。其实那是动物修道修得的成果。所以我们人类太傲慢，看到其他生命修道成功了，说那是妖怪，我们人修道成功就是仙佛，其实也是妖怪。所以有关中国文化的很多书籍，要用智慧头脑去看才会了解。几百年来科学的进步，不能说不令人佩服，现在我们接受的都是科学给我们的方便和好处。物质文明的发展固然好，但是一个哲学的领导统帅如果在大原则上出了问题，会引起很大的灾难。所以人类未来的灾难，也就将是因科学文明更发达而引起的。这种变化大法则在古典的书籍里都有，只是大家不会读书，看不出来，光把文字念了，念死也看不出来，讲过了也不懂。这一段包含了那么多的意思，我给大家点了出来，应该看得很明白。虽只是一小段，已经有很多学术内容在内了。

养猴子的心理学

宋有狙公者，爱狙，养之成群，能解狙之意，狙亦得公之心。损其家口，充狙之欲。俄而匮焉，将限其食，恐众狙之不驯于己也，先诳之曰："与若芧朝三而暮四，足乎?"众狙皆起而怒。俄而曰："与若芧朝四而暮三，足乎?"众狙皆伏而喜。物之以能鄙相笼，皆犹此也。圣人以智笼群愚，亦犹狙公之以智笼众狙也，名实不亏，使其喜怒哉!

现在要讲猴子的故事了，这一段"朝三暮四，朝四暮三"的故事，很有名的，在《庄子》里也讲到过。

"宋有狙公者，爱狙，养之成群，能解狙之意，狙亦得公之心"，狙公，一个养猴子的老头子，狙就是猿猴，猴子也分很多种类。宋国有个人因为喜欢猴子，所以养了成群的猴子，他懂得猴子的意思，猴子也懂得这个老头子的意思，人跟动物心灵相通了。"损其家口，充狙之欲"，这人的经济不充裕，他把全家人的生活节省下来，为了养猴子。"俄而匮焉，将限其食"，猴子很会吃，这样会吃穷的，他想把猴子的粮食限制一下。"恐众狙之不驯于己也"，但是怕这些猴子不接受。这就是心理作用了，我们现在研究人的心理学，我称之为机械心理学，是呆板习惯性的。譬如养狗，敲敲锣叫狗来吃饭，敲惯了以后，狗到时间就来。如果锣一敲，狗来了，一看盘子里头空的，它很自然会流出口水来，因为引起它的欲望，属于心理作用。

这一段养猴子的故事，也讲到这个问题，不过不像现在科学的说法，而是从另一个角度来说。这个老头子怎么办呢?跟猴子商量，"先诳之曰：与若芧朝三而暮四，足乎"，他说我早晨给你们三个芧头，晚上给你们四个，够不够？他问了以后，“众狙皆起而怒”，猴子就咬牙咧嘴，发脾气了，不行，不够。“俄而曰：与若芧朝四而暮三足乎”，他说你们不要吵，那就再改，早晨给你们四个，晚上三个，够不够？“众狙皆伏而喜”，猴子就点头了，好！这样就够了。

这一段故事很有意思，说明心理学是这样一个道理，这是西方心理学走机械研究这条路线来的。所以现在的医学研究，用白老鼠或其他生物来解剖试验。我常常说，不能拿老鼠的反应推论到人身上，我们人毕竟不是老鼠啊！

但是这一段故事，还附带有群众心理学、政治心理学等问题。群众都是盲目的，如说这是中国古书里的，他就不听了。如果中间夹个英文、法文，他就认为这个很进步、很科学，他就信了。所以人是很可怜的，朝三暮四与朝四暮三不是一样嘛！所以你们年轻的将来讲中国文化，像我这样说，别人不会信你，你尽管东拉西扯，把西方人的名字扯上去，然后加一些科学的花样，他就信了。这就像养猴子朝四暮三，它们就满足了，大家就说你学问好。你们做法师的，尤其做老师的，一定要懂这一段养猴子的心理学。

所以“物之以能鄙相笼，皆犹此也”，这是结论——这个生物界啊，都是能干有智慧的人与笨人相互混合利用。古人说“愚而好自用”，人类百分之九十九笨，但又自认聪明。这一段的含义，历代领导人都懂，所以有些帝王、有些高明做领导的人，看大家都不过是猴子而已，朝四暮三就可以了。所以智慧与不智慧的应用，差别就在这个地方，互相笼罩，你懂了这一个道理，就懂了一切应用。

同样的道理，“圣人以智笼愚”，上古的圣人以智慧来领导人，这个“笼”字形容得非常好，把你装在笼子里，用智慧画一个圈圈，想一个办法，笨人就向里头钻了。西方有人讲，最大的笼子就是宗教家的话，世界上有三个说谎的大骗子，好像是耶稣、圣保罗、默罕默德。换句话说，宗教家的话，就是“智笼群愚”，他们的谎言永远是揭不穿的。“亦犹狙公之以智笼众狙也”，也等于这个养猴子的狙公一样，用智慧牢笼把你套住，你跳不出这一思想范围。实际上那些有智慧的人，领导一个社会，“名实不亏”，就算把名称变了，实际上朝三暮四、朝四暮三，仍是七个，数目没有变，你却变过来了。所以我们懂了这个，再看人类的历史，许多受骗的很有意思，都是愿意受骗。譬如说我爱你，爱你就是爱你，可是说爱你爱到死，你还感谢他；临死的时候，就是舍不得，不肯死，就是受骗一辈子。可是他愿意啊！这就是养猴子的办法，“使其喜怒哉”，这个喜怒之间，就是在这个办法上变花样。

这一段养猴子的故事已经完了，告诉我们很多的哲学问题，我们已经解释了一两面，其他各方面要你们自己去参。读道家的书，不要看起来容易哦！处处都同禅宗一样，都是话头，乃至一字一句都是问题，你能懂进去的话，也就应用无穷了。

第七十六讲

养斗鸡与养气

勇与力

孔子和墨子的勇与力

养斗鸡与养气

纪渻子为周宣王养斗鸡，十日而问："鸡可斗已乎?"曰："未也，方虚骄而恃气。"十日又问，曰："未也，犹应影响。"十日又问，曰："未也，犹疾视而盛气。"十日又问，曰："几矣，鸡虽有鸣者，已无变矣。望之似木鸡矣，其德全矣。异鸡无敢应者，反走耳。"

这一段同我们人的修养关系很大。纪渻子为周宣王养鸡。鸡啊，现在很少看见，恐怕乡下还有。从上古至今，人的玩乐有所谓吃、喝、玩、乐，这是人类的恶习。爱吃东西的人也会吃穷，爱喝酒的人也会喝穷，都喜欢走这条道路，所以唱歌跳舞啊，人类认为是找快乐。玩乐也包括很多种类，在古代，踢球、斗鸡、斗狗、斗蟋蟀都是有名的，中国人最会玩了。

关于养斗鸡，养到能够斗的时候，太不容易了。才养了十天，周宣王就问他，这个鸡可以去比赛了吗？可以了吗？"曰：未也"，纪渻子说还没有，他说这个鸡啊，"方虚骄而恃气"，注意这一句话，刚刚养得看起来很勇猛，实际是假的。我们自己都要反省，很多人学道、学佛都在这个境界，乃至听呼吸，尤其是修止观、走六妙门数息路线的人更要注意，都是内心不充实，没有真东西，就很骄傲，智慧不够，假的。有人还认为自己了不起，好像佛都不如他。讲一点给他听，帮他一点，他则说“我另有道理”，反正学了两天他就比菩萨都高明，这是“虚骄而恃气”，一点用都没有。

“十日又问，曰：未也”，又过了十天，皇帝再问，回答还不可以，比较进步了，不过，“犹应影响”，仍受外面环境影响，听到响声，心就跑了，“影”是眼睛所看的，“响”是耳朵所听的，就被牵动了。练武功也是一样，这一段对于练武功、学佛修道的人，都是同一道理，所以纪渻子说这时候还不行。

“十日又问。曰：未也，犹疾视而盛气”，再过了十天，还不行，它看到别的鸡，“疾视”，有一种仇恨敌对的心理。就像那些学武功一年两年的，光想打人，一看就晓得他粗暴。有些研究学问或学佛的人，刚懂一点，就自认很高明了。“盛气”，自己觉得气很大，那个斗鸡一看到公鸡来了，毛都立起来，气都鼓胀了。这已经一个月了，还没有训练好。

“十日又问，曰：几矣”，再过十天，四十天了，周宣王问他，他说差不多了，“鸡虽有鸣者，已无变矣”，看到敌人时，它不动心了，看到任何人，心都不动摇。如果修养到这个境界，就差不多了，不会受外面境界影响。“望之似木鸡，其德全矣”，外表看起来像是个木头鸡，站在那里入定了。中国文化讲武功的修养、修道的修养，一看就知，如果脸上还有修道的道气，已经不是了。如果看起来像木头鸡一样，这就很厉害了，这个鸡可以去斗了。这个鸡上场的时候，就在那里像太极起式一样的一站，“异鸡无敢应者，反走耳”，那些其他的鸡一看不敢动了，都不敢向前面靠拢接招，反而逃跑了。

道家及禅宗祖师们所作的诗偈，经常提到“木鸡”这个公案，就是从这个地方来的。我们以前学武功、学拳术，在武功学到最高处时，都是看起来没有武功的样子。开始先练到很粗很粗，最后练到很柔软，风都吹得倒那个样子。以前学武功，看到对象是这一类的人特别小心，反而不敢打，因为他可能出手就很高，其实他用不着出手。

我们假使读了《史记·刺客列传》司马迁写荆轲的那一段，就晓得荆轲一定会失败。因为荆轲的剑术虽然很高，但是有一个人比他还要高，就是盖聂。当荆轲要跟他斗以测验自己功夫时，盖聂叫荆轲，来吧！盖聂看起来是乡下人一样，站在那里只用眼睛看荆轲一眼，荆轲这个剑就抽不出来了，就走了。盖聂就讲荆轲还不行，气功练到了，可是没有到达神的境界。所以盖聂由荆轲武功的角度来讲，荆轲要刺秦王啊，一定刺杀不了。荆轲是有一股盛气，等于斗鸡所谓“疾视而盛气”，只到这个阶段。

这个故事在佛、道两家修道方面经常用到。尤其是修数息止观的，很值得参考，讲的都是实际的工夫。譬如第一步“虚骄而恃气”，那是最初步的，里面还是虚的，没有真正的内容，只靠呼吸这一点气，还不行。到了第二步是“犹应影响”，会受外界影响，还不行。第三步“疾视而盛气”，气充满的境界，也不行。要养到如木鸡一样，外形跟内心完全达到定、止的境界，那才可以。这是讲武功方面，同修道方面一样，都是实际的工夫，不是空洞的理论。这一段不是随便说一个故事，而是说修养的境界，做人做事也是一样。

这个故事，在我们两千多年的历史上很多地方都呈现出来。如郭子仪、诸葛亮，修养都达到木鸡的境界，不到这个境界，不能指挥若定。所以一个人在社会上，动辄就脸红，跟人吵架，嘴巴争胜，那就是还没有修养过的鸡，一碰就咯咯叫的，那个不是斗鸡，是菜鸡，做菜吃的。人生的境界本来就在斗，奋斗，要站得起来，就要养成木鸡一样，只要到那里一站，其他的人就都失败下去了。可是他并没有动作啊，既没有瞪起眼睛，也没有拿什么扁钻出来，都没有，这其中就有很多的道理。下面是另一个故事。

勇与力

> 惠盎见宋康王，康王蹀足謦欬，疾言曰："寡人之所说者，勇有力也，不说为仁义者也。客将何以教寡人？"惠盎对曰："臣有道于此，使人虽勇，刺之不入，虽有力，击之弗中。大王独无意邪？"宋王曰："善，此寡人之所欲闻也。"惠盎曰："夫刺之不入，击之不中，此犹辱也。臣有道于此，使人虽有勇，弗敢刺；虽有力，弗敢击。夫弗敢，非无其志也，臣有道于此，使人本无其志也。夫无其志也，未有爱利之心也。臣有道于此，使天下丈夫女子莫不驩然皆欲爱利之，此其贤于勇有力也，四累之上也。大王独无意邪？"

"惠盎见宋康王"，惠盎就是惠子，春秋战国时候的名家，就是哲学家，现在来讲是政治思想家、政论家，很会辩。惠盎游说诸侯，来见宋康王，“康王蹀足謦欬”，康王两腿交跷起来，“謦欬”，一声“嗯！”很没有礼貌，看不起他。“疾言曰”，很快地说，“寡人之所说者，勇有力也”，这个“说”字读“悦”，相当于《论语》里“学而时习之，不亦悦乎”的“悦”。他说我所喜欢的是斗士，会打仗的，武功高、有勇气、不怕死的。“不说为仁义者也”，不喜欢讲什么仁义啊、宽大啊、救世啊、救人啊，这一套不要来。“客将何以教寡人”，口气客气一点了，请问你这位先生，外国来的，对我有些什么建议？这就是春秋战国时所谓的说客，专门向各国领袖出谋划策，贡献好计划的。

“惠盎对曰：臣有道于此”，这个就是说客的作风了，宋康王对他那么没有礼貌，比梁惠王见孟子时的礼貌还不如。可是古代这些说客可不在乎，他是有目的才来的，他的作风有一套，他不理你的礼貌。就像你们大学毕业去找工作，你那个可怜兮兮的样子，就是一个菜鸡，不是木鸡。可是当你面对董事长、经理，你的目的是找工作呀，就要把人家说服才是，不要管人家什么态度。这个惠子跟宋康王讲，我有一套办法，“使人虽勇，刺之不入”，使对方武功虽高却刺不进来。“虽有力，击之弗中，大王独无意邪”，对方力量虽大，他的拳头却没有办法打到你。他说我有这一套功夫，大王啊，你要不要知道？宋康王一听，精神就来了，“宋王曰：善，此寡人之所欲闻也”。好！这一套我很需要，愿意听。宋康王马上就上当了。这个就是心理学。

这就是说客的本事，以三寸不烂之舌能够说动人主，那不容易哦！我经常叫你们多读这些书，你们只会吵架，不会做说客。做说客的工夫学问，第一要会吹，吹牛的本钱是学问渊博，而且要找到对象，世界上找一个会听吹牛的对象，今天这一种人还不容易哦！

宋康王的态度变了，他说我愿意听啊！“惠盎曰：夫刺之不入，击之不中，犹辱也”，惠盎进一步又说，刀刺不进来，拳打不到你，还不是最高，这些仍是丢脸的事，至少对方出了拳，抽出了刀。“臣有道于此，使人虽有勇，弗敢刺”，他说我还有一套道理，使对方虽有勇气但刀剑不敢拿出来。“虽有力，弗敢击”，虽然他有力量，这个拳头不敢动，指头都不敢弯，但是这还不好。“夫弗敢，非无其志也”，敌人剑不敢拔，枪不敢打，拳不敢出，不过是不敢而已，心里还是有杀你的意思。他说我还有一套本事，“臣有道于此，使人本无其志也”，这第三步是使对方没有想侵略你、攻击你的企图了。那当然最高了！

“夫无其志也”，他说敌人没有侵略你的念头，“未有爱利之心也”，因为知道攻击你、消灭你对他没有好处。“臣有道于此，使天下丈夫女子莫不驩然皆欲爱利之”，他说我现在有一个办法是，使天下的大丈夫和女性都喜欢，使他们都认为对自己有利，所以大家都要。“此其贤于勇有力也”，这个办法比你找一个武功高会打仗的不是好得多吗？大家喜欢这个，超过“四累之上也”，所谓四累就是卿、大夫、士、民。他一步一步诱导宋康王。

在这一段里头，他每讲一句话都是人类社会所需要的，可见一般人心态之可悲、好胜，一步一步都想胜过别人，都想侵略占有别人。人类本来是靠侵略别人而活着的，说我爱、我喜欢，都是自私的心理，他把人类自私的心理都指了出来。

孔子和墨子的勇与力

> 宋王曰："此寡人之所欲得也。"惠盎对曰："孔墨是已。孔丘墨翟无地而为君，无官而为长，天下丈夫女子，莫不延颈举踵而愿安利之。今大王，万乘之主也，诚有其志，则四竟之内皆得其利矣。其贤于孔墨也远矣。"宋王无以应。惠盎趋而出。宋王谓左右曰："辩矣！客之以说服寡人也！"

"宋王曰：此寡人之所欲得也"，好啊！宋康王越听越高兴了，如果演成电影，这个宋王听得嘴巴都张开了，听入迷了。这一套好啊，这个是我需要的，我需要。"惠盎对曰：孔墨是已"，他说这个功夫就是儒家、墨家的这些道理，你看世界上最厉害的就是孔子、墨子的学问。他说了半天，还是讲仁义之道。"孔丘墨翟无地而为君"，他俩一块土地也没有，但是领导了天下。孔子称素王，这个王不是一般帝王，后世到处给他盖庙子，给他烧香，"无官而为长，天下丈夫女子，莫不延颈举踵"，他不必派官来管理人，但是他使一切人都把脖子伸长来看，脚跟踮起来看，"而愿安利之"。在大龙峒纪念孔子诞辰的时候，外面看不到的都踮起脚来。五四运动打倒孔家店，说孔子是骗人的。但是天下知识分子越聪明越愿意受他的骗呀！他这个本事才大啊！

惠盎对宋康王说，你现在当一个诸侯国的君王，"今大王，万乘之主也”，再没有人比你高，假使你接受了孔子或者墨家的思想，“诚有其志，则四竟之内皆得其利矣”，你诚心接受这个文化，整个的天下社会人民都蒙受你的利益。假使你能够做到孔墨的理想，政治达到那一种社会的话，“其贤于孔墨也远矣”，那就比孔子墨子都要高明了，人家的刀也拿不出来，打也不敢打，这样就太平了，好不好？宋王听了，原来还是这一套仁义的膏药，可是这一贴膏药把他的嘴封住了，“宋王无以应”，宋王一声都不响，没有办法答复了。惠盎讲到这里，看宋王也不是一个识货的领袖，也就不愿意再讲了，“趋而出”，向他行个礼回头就走了。宋国的康王呆在那里，看到他走了，回头看看自己旁边的人，“谓左右曰：辩矣”，说他真会讲话，真是一个辩士、说客，“客之以说服寡人也”，他这样说让我动了心，使我无话可回答。

所以，说客辩士很不容易呀！善于说话的能力，的确与严格的训练有关。前几天有一个学外交的教授来，他一开口，我就觉得这个人可以教书，但没有办法做外交官；因为他不会讲话，没有言语的风度，而且提的问题幼稚。假使他做外交官代表国家，会给人家看不起，让人觉得你国内没有人才，这是很严重的问题。所以你们这些青年人，学外交的，态度言谈要懂得“应对进退”，进退之间，察言观色，都要看得清楚，才是说客的基本修养。

第七十七讲

天瑞篇

列子在郑国时

宇宙万物的来源

造化　不化

自然功能　生灭变化

天瑞篇

今天讲《列子》第一卷《天瑞》，我们这次研究《列子》的方式是从后面开始的，第一卷之所以放在最后讲，是因为这一卷的开始就是中国道家哲学，牵涉到哲学各方面太多了。我们民族性的习惯，老实讲，对哲学不大留意，而且也不喜欢；不像西方人，对于天地怎么开辟、有没有上帝这些问题很注意。我们的民族性是管他有没有上帝，都可以，反正有个叫上帝的就请到上面喝茶吧！就拜拜去了，这是我们民族同别的民族不同的地方。

列子在郑国时

子列子居郑圃，四十年人无识者。国君、卿大夫视之犹众庶也，国不足，将嫁于卫。弟子曰："先生往无反期，弟子敢有所谒，先生将何以教？先生不闻壶丘子林之言乎？"子列子笑曰："壶子何言哉？虽然，夫子尝语伯昏瞀人，吾侧闻之，试以告女。"

"子列子"，列子前头再加一个"子"，意思是这位夫子很有学术地位，受到大家尊敬。列子名叫列御寇，是道家的人物，以道家的传承来说，老子的道传给关尹子，关尹子传给壶子，壶子传给列子，列子以后是庄子。不过有些说法也不同，因为学术上的研究，有些对宗教性的、神秘性的东西，都会加以否认。

而且在我们这个学术界，百把年来，更用西方的观念，尽量走疑古的路子，不同于我们过去尊古的文化。孔子的思想并不一定尊古，由于古代太远了，他采取保留的态度，不敢随便推翻。现在人大概自认比孔子高深得多了，这百把年来一边推翻孔子，一边思路转变，对于古代的说法都持怀疑态度。五四运动时期是最严重的阶段，认为《列子》这本书根本就不是列子所作，认为是魏晋人——三国以后到两晋所伪造。是谁的著作呢？并不知道。我们现在假使疑古，也可以疑一下这个伪造的说法，如果是魏晋人修补破损的《列子》原本呢？也能说是魏晋人的著作吗？所以，这个疑古只是怀疑。

这些学术上的问题，我们暂且不论，就算《列子》是魏晋时代中国人所作的，到现在也近两千年了，也不错了。因为有些人喜欢把祖宗的历史尽量地切短，像是衣服太长不方便，把头切掉，也可以省一点布。也因为外国文化只有两千年，我们的五千年太长了，所以切断，配合外国，这是一百年来的中国人很滑稽的事。

而且许多人一讲思想文化，常说同西方某个思想一样。我说你晓不晓得西方人的文化历史多久啊？就算十五世纪开始吧，晚我们老祖宗一千年了，把祖父跟人家孙子去比，真是民族的无耻。自己祖宗的东西根本没有看过，却跟着别人乱说。

这是介绍《列子》顺便讲到这个事情。

《列子》开始先介绍他的传记，列子有一度住在郑国，“居郑圃”，这个“圃”并不是花园，是在野做个老百姓，在郑国的乡下住了四十年。“人无识者”，没有人了解他。古文这个“识”字代表好几个意思，中国文字有假借的作用，这个“识”字在这里是假借，是彻底了解的意思。

所以郑国的“国君、卿大夫”，就是高级的官员，“视之犹众庶也”，他们不了解他，不晓得这个人有没有道、有没有学问，都不知道，只把他当一个普通人看待。四十年后，“国不足”，碰到了郑国经济不景气，大家吃饭都成问题。“将嫁于卫”，这个嫁字是通用的，是迁移到另外地方，他想到卫国去，不想在郑国住下去了。

刚才我们说到，列子住在郑国四十年，没有人特别了解他，但是在民间社会，讲学问修道的有一些人还是跟他学的。现在他要走了，“弟子曰：先生往无反期”，古代称呼很严重。像我初到台湾来，忽然听到大家叫我老师，我都惊了一下，我有那么差劲吗？怎么叫我老师呢？因为以前在大陆，只对泥水匠、木匠、剃头捏脚的，才叫老师或者师傅；教书的人称先生，我们对老师是叫先生。先生是古称，在我们的文化里有几千年的历史了。所以这里他说先生，你走了以后，恐怕不会再回我们郑国来，“弟子敢有所谒，先生将何以教”，我们想请你最后教诲我们。“先生不闻壶丘子林之言乎”，他们直接提出来，老师啊，希望你把太老师所教你更高的学问告诉我们。也就是说，你的老师——老师的老师叫太老师——壶丘子林传给你的道究竟是什么？列子的学生学道，学了半天莫名其妙。

我们同学学道修禅也是一样，道是什么，也是莫名其妙。

“子列子笑曰：壶子何言哉”，列子听了学生的要求，笑了。他说我老师啊，没有一字一句话传给我，什么都没有，那个就是道。也就是说，传个什么都没有。中国的禅宗受道家的影响特别大，所以这个就是禅话的开始。他说你们要问道啊，我老师没有教过，我也没有学过。

讲了这句话以后，停了很久，列子看到学生们都愣住了，就叹了口气，“虽然”，但是啊，“夫子尝语伯昏瞀人”，伯昏瞀人也是个道家人物，在《列子》里经常出现，在《庄子》里也出现过，等于是列子的师兄。他说我当年听到老师教伯昏瞀人，“吾侧闻之”，我站在旁边听，意思就是旁门左道了，你们不懂正道，只好从旁道来告诉你们，“试以告女”，我跟你们讲一讲吧！

所以我开始讲《列子》时不从这一篇讲，讲了大家都吓跑了，因为大家没有哲学修养，会认为毫无道理。

宇宙万物的来源

其言曰：有生不生，有化不化。不生者能生生，不化者能化化。生者不能不生，化者不能不化，故常生常化。常生常化者，无时不生，无时不化。阴阳尔，四时尔，不生者疑独，不化者往复。往复，其际不可终，疑独，其道不可穷。

你看一开始就莫名其妙，什么生啊化啊，化啊生啊，其实都是哲学问题。列子说我当时在旁边听到的，老师告诉我们，“有生不生”，你看天地宇宙万物，哪里来的？先有鸡蛋还是先有鸡？先有男的还是先有女的？上帝创造了宇宙，谁创造了上帝啊？上帝的外婆又是谁啊？一路追上去问，这是哲学问题。在佛学里有个名称，“无始之始”，所以佛学翻译过来，许多名称，如“无生法忍”，“诸法不自生，亦不从他生”，都是靠道家思想及道家名词的帮助。所以正统的佛家和道家没有门户派别的观念，派别是后世靠他们吃饭的人怕被抢了饭碗，彼此就争起来。几大教的圣人碰面是客气的，高兴得很；他们弟子们碰面啊，却是彼此仇恨，我说你是外道，他说你是魔道，其实都是为了吃饭，这是很可悲的事。

那么这里明白地说宇宙万物有个来源，是能生万物的来源，这比西方宗教的哲学高明了，能生万物的，并不叫它为上帝，同佛学一样，佛学不承认有一个能够主宰万物的东西。相反的，认为是无主宰。既然无主宰，这个世界万物是自然来的吗？也不是自然来的。这是佛学形而上的本体论，“无主宰，非自然”。那么最初又是怎么来的？因缘所生，所以“缘起性空，性空缘起”，这是佛学的形而上的哲学。

那么形而下呢？乃至上帝有没有？有，但是上帝也是形而下，不是最初的那个。佛学里的上帝可多了，你讲哪一个上帝？欲界里的上帝叫帝释天主，等于中国人讲的三十三天的主宰——玉皇大帝，只管这个太阳系统的世界。那么太阳系统以外还有没有上帝呢？有，那是色界的上帝，叫大自在天、大梵天主。但是这些天帝天主能不能主宰人的生命？不能，生命不是他们能主宰的。我们人的生命、善恶因果报应，能不能被上帝、被阎王所主宰呢？也不能，一切自己做主宰，是自己业力所生、业力所变，这就是佛学的本体论。讲到佛学的本体论，是很麻烦的一件事，现在只能简单地带过。

中国文化把宗教的外衣都拿掉了，《易经》中说宇宙来源本来是个圆圈，一个零，空的，一动，有一就生二，这是拿数理哲学说明宇宙万有的来源。真正的道家也剥掉了宗教的外衣，但是道家有个太上老君，也同上帝一样，那是后来道教的说法，不是道家；道教跟道家是两回事，南北朝以后，道教把道家变成了宗教。譬如儒家，我们规规矩矩讲是儒家，把孔子变成儒教教主，那是宋朝以后的事。

所以我们的文化开始就非常开明，可以说是科学性的哲学，说宇宙有一个能生万有的功能，后来到了《庄子》，给它一个名称叫作“混沌”。这是说宇宙的开始像鸡蛋一样，地球是蛋黄，外面是蛋清；起初阴阳不分，阴阳一分就有了人类万物。西方的哲学，有些认为宇宙形而上来源是唯心的，有些认为是唯物的，后来形成了科学的路线，也形成了唯心唯物之争。东方文化的中国与印度佛家文化，是心物一元的，认为唯心跟唯物是一体的两面，唯物属于阴，唯心属于阳。

在《列子·天瑞》这一篇里，没有谈那么多，只说宇宙万有生命的根源“有生”，这个能生万有的“不生”，生了以后等于没有生。这个话怎么讲？很简单嘛！生完以后一个月，妈妈的肚子还依然如故，像是没有生过。他说宇宙有个能生万物的功能，是生生不已的，所以等于没有生过。这与佛学所讲的无生法忍、不生不灭有同样的意义，只是说法不同。像是我们这个电灯，电灯开了一天，再把它关了，好像有生有灭嘛！

其实无生也无灭，再开还是有，生生不已。虽然生生不已，也是灭灭不已、死死不已，刚生了就死了，死了又生了。所以形而上有个能生万物的功能——功能是我们借用的啊！这个名称出在佛学里，现在科学也借用。他说“有生”，生完了以后“不生”，在表面上看不出来它的动作，这是讲最初的来源。

造化 不化

照道家的观念来讲，宇宙同人体生命一样，叫作“造化”，能够造出万有，造完以后它也不占有。由造化的观念，说明宇宙是个大化学的锅炉，我们生命也是个小锅炉，所以青菜、萝卜、香肠、年糕，吃下去就化成我们，我们也化出来别的，别的又变成我们，如果吃了猪、牛，在我们身上成为我们，我们死了以后又成肥料，又生长成草，草长大了又给牛羊吃，递次地轮回变化，所以宇宙万有就是大自然一个变化的锅炉。这不是谁做主，上帝、阎王本身也都在造化中，也同我们一样，平等平等。

他讲宇宙万有中间“有化不化”，那个能造化万有的本身是变而不变的，就是后来佛学里的两句话，“随缘不变，不变随缘”，那个本体形而上的真如是不变的，但是能够变化万象。所以这个真如自性虽然化生万有，但它没有动过，它没有生过，也没有灭，不生不灭，“随缘不变”。它本身不变，所以随缘，等于这个水一样，水可以做酒，可以泡茶，可以变补药，也可以变毒药，也可以化成人体里的津液、血液，但水性不变。所以有化有不化，叫我们认识清楚那个本体，那个现象、功能。

“不生者能生生”，这个话，普通很难了解，不生的，它永远能生生，那个本体不生不灭，没有看到它在动作，而宇宙万物都是由它的功能生出来的。我们现在是科学昌明的时代，研究物理也好，研究化学、光学、电子、原子也好，晓得最原始那个功能是空的，但现在还没有真找到答案，科学今天还继续在找。不过，佛家所说那个自性，性空能生万有，“不生者”，那个不生不灭的东西，“能生生”万物。生命究竟是怎么来的？现在医学上讲，是精虫卵子结合而成。我请问你，最初那个生命根源究竟哪里来？问题在这里。

他说那个不化的能够变化宇宙万有，而它本身没有动过。刚才提出佛学的句子，“随缘不变”，它本身虽不变，但能随缘；也就是说，那个“不化者”，不变化的，你看它不变，但是“能化化”。这个在逻辑上我们容易讲，举例来说，这个房间现在坐那么多人，在没有人进来以前，它是不生；“能生生”，这个房间在空时价值无比，可以做歌厅、舞厅，也可以办酒会做会议室，也可以当寝室，甚至当礼堂，就是“不生者能生生”。如果这个房间使用确定了，像我们现在做课堂，就不能再做其他使用，这个变化是第二层的变化。现在讲的是形而上的变化，所以说“不化者能化化”。

注意哦！上面我们还不是详细讲，详细讲还要引经据典，从中西各方面再加上现代知识，才可以说清楚。其实我们学佛求道，想明心见性学禅，如果这个地方都不清楚，你就不要学道了。大家现在学道学禅的，以为打坐啊，在那里扑通一声，开悟了，那是满天云雾那个雾。所以我们现在注意啊，这个必须要有哲学基础，“有生不生，有化不化，不生者能生生，不化者能化化”，到这里为止，是讲形而上的本体。

自然功能 生灭变化

下面就开始讲形而下，这个本体既然有这样神妙的功能，那可以提一个问题，就是它不生出万有生命不是很好吗？有了万有生命，我们以现实来看，就有痛苦烦恼，就有是非善恶，一大堆问题来了。其实这里有个答案，“生者不能不生，化者不能不化”，这两句话就答复你了，生灭变化是本体自然的功能、作用，你一定要它不生不化，也是你人为的观念。但是生而不生，化而不化，在生化的中间能生能化，即生即化，体与用依然是清净。自生化以后，认为宁静世界的生命不清净了，那是人为自造的烦恼，本来无所谓烦恼。

有了宇宙万有以后，有了人，人就一代一代生下来了，有了一个橘子，这一颗种子，就是“生者不能不生”，所以东方文化是生生不已，永远在生下去。这个形而下的功能，在中国文化叫作后天，其实后天也好，形而下也好，都出在《易经》。《易经》里讲“形而上者之谓道”，宇宙开始以前那个道没有形象，摸不着，看不见，所以叫形而上。中国文化不加宗教外衣，也不叫上帝，给它一个代号叫作道。“形而下者之谓器”，有了宇宙万有以后就叫形而下了，有形体可见，有形象可摸，就算虚空也有个空相，所以“形而下者之谓器”，器就是物理、物质世界。所以形而下与形而上的界限要分清楚。从中国的哲学观点看西方宗教哲学，上帝是形而下的第一个起点，不能算形而上。现在许多学佛的人认为佛可以主宰一切，根本搞错了，那不叫学佛，在佛法大乘戒律里叫作毁谤佛法，那是很严重的。所以有许多朋友信佛的，生了病来问我，老师啊！我信了四十年佛了，为什么还生这个病啊？我说真的啊？……只好这么讲，有什么办法！也不好骂他嘛！

现在讲形而下，“生者”，那个既然能生万有的永远生生不已，“不能不生”，那个造化构成了。“化者不能不化”，这个生命延续下来，不断地延续，不断地扩展，虚空也不断地扩展啊，这是很有趣的一个逻辑。现在科学晓得天文学发展到太空学，又跳过了一个阶段，因为过去所讲天文学是以天体上星座为范围的，太空学超过了星座的范围，所以由天文到太空时代，在我们的观念里，这个虚空是不断地在扩张。其实在佛学就是“无量无边”，早就讲了，说这个虚空是无穷尽的，这就是“生者不能不生，化者不能不化”，它永远在扩张，永远在演变。“故常生常化，常生常化者，无时不生，无时不化”，以形而下看这个宇宙万有，不断地、永远地在生长，永远在变化，随时都在生，随时都在化。我们人后天认为的、希望的是有常，结果变化是无常的。希望生来不死，结果有生就有死。古今中外曾有多少残忍的战争，但是战争过后几十年，人口越来越多，就是因为生命功能生化之故。

“阴阳尔”，阴阳是《易经》里的代号，阴阳反复无穷尽，但是这个形而下的生命存在，永远是相对的，不是绝对的。所以绝对是形而上，不谈。如果拿逻辑来讲，形而上也不绝对，为什么？讲一个绝对已经是相对了嘛！绝对跟相对是相对起来讲的。所以当问到形而上这个道理是什么时，释迦牟尼佛不答复，因为一答复就相对了嘛！那么再进一步来说，你不答复也是相对的，因为不答复是对付答复用的。这个是逻辑，是哲学，所以哲学不要学，会使人学疯了的。如果学到头发白还不疯，那差不多有一点哲学味道了。我们先休息一下。

第七十八讲

阴阳四时 变化不休

道家的修道

阴阳四时 变化不休

刚才讲到六个字——“阴阳尔，四时尔”，这个“尔”字是没有意义的，白话文就是阴阳嘛！一年四季嘛！讲到阴阳和四时，一个小房间里头也分阴阳四时、南北半球、东西半球，感受也都不同。这都是科学哦，也是哲学。

四时与太阳系、与天空的星座，二十八宿、十二时辰，都有关联，就是四个字——“日月星辰”。前三个字大家都会解释，只有“辰”字，你一定会说辰是时辰，错了，辰是每天早晨东方出现的那个星辰。所以早晨的“晨”字，是在“辰”上加一个“日”字，晨星是那个时候出现的。十二个月每月都有不同的星座出现，所以关于“日月星辰”、二十八宿等的研究，五千年前我们已经很发达了。我们肉眼看星辰，就知道是什么气候了，抬头一看东方是什么星，就清楚是什么时间了。

宿是什么？宿是天体的星座，二十八个，管一个月。哪月哪天，晚上看到月亮刚好在某一个星座的中间，所以叫作“投宿”，就是月亮今天晚上在那里过夜，所以叫宿。这样共有二十八个星座，所以叫二十八宿。这些都是中国文化最重要的东西，放诸四海皆准，就是将来还是准。可惜我们只晓得搞新的科学，这个旧的科学外国人很注意，我们自己反而没有注意，全体都不懂，这也是民族文化的可悲之处。

列子接下去说，“不生者疑独”，那个生生不已、能生宇宙万有的、能变阴变阳、变化四时的形而上的功能，列子定个名叫“疑独”，这个疑不是怀疑，而是看不见、摸不着的意思，所以我们只有推测它。独是超然而独立，它能生万物，并非万物之所生。这个超然而独立，用西方的哲学说是唯心，不对；说是唯物，也不对。佛学呢？“非空非有”，有是唯物的，空是唯心的；“非空非有，即空即有”，所以是心物一元的，超然而独立，也就是“不生者疑独”。

“不化者”，那个能够变化宇宙万有的，是个什么呢？它的作用“往复”，为什么说是化而不化呢？因为它是去了又回来的“往复”，是转圆圈，佛学叫轮回，永远在那里转，不增不减，多不起来，也少不了。中国文化里有四个字——“循环往复”。所以有人问，现在人口不断地增加，如果佛说众生是前因变的，那么轮回时为什么增加了那么多人啊？这些人从哪里来的？那是别的外层空间的人，业力未完，迁移到这里来。“不化者往复”，来来回回，生生不已，等于释迦牟尼佛来过了、又走了，随时会来。这个生命的往复，“其际不可终”，永远是无边无际、无量无边、不可穷尽的。“疑独”，虽然这个东西是超然而独立的，“其道不可穷”，它无尽止，永远不停，无量、无边、无际，这就是道。

这是弟子们看老师列子要走了，请求他把壶子老师传给他的道也传给这些弟子们。所以真正传道是传这个东西，佛学也是传这个东西。前面列子讲了半天，我们听了茫然，听了等于没有听，所以道没有办法学。一般人学佛修道所学的都是术，不是道。道跟术是有分别的，术在中国文化里叫方术、方法，是有为法，看得见，摸得着，有效果；你做气功，鼻子抽两下，冷气进来就打喷嚏，效果不就出来了吗？这都是有为法。“道”是无为法，摸不着，看不见，《列子》第一篇《天瑞》就讲这个道，我若先讲这篇，怕人听了莫名其妙，可能就不想听了，所以不敢照次序讲。

后世有人研究《列子》，对于“疑独”两个字很怀疑，“疑独”是什么？根本搞错了吧？于是有各种的猜想。其实，我们研究自己本土的文化，孔子的弟子曾子著《大学》提过，“故君子慎其独也”，谨慎的慎，修养到最后超然而独立，这个独是形容。疑独，这个不生不化的功能，超然一切万有之上。在《老子》里怎么讲呢？“天得一以清，地得一以宁，神得一以灵，谷得一以盈，万物得一以生，侯王得一以为天下贞”，用一个代号叫“一”。一是个什么东西？是个假定的名称。然后我们后世研究，把一又讲到数理去了。《老子》讲“一生二，二生三，三生万物”嘛，到三以后生生不已了。“一”是代表最初那个超然而独立，所谓疑独，就是形容本体不生不坏那个功能而已。禅宗到了南北朝的时候有位傅大士，他有个偈子——“有物先天地，无形本寂寥，能为万象主，不逐四时凋”，跟这个都有关联。到后来百丈禅师说“灵光独耀，迥脱根尘，体露真常，不拘文字，心性无染，本自圆成，但离妄缘，即如如佛”，也与此相关，他们思想都是相通的，都是同一个法则。

道家的修道

黄帝书曰："谷神不死，是谓玄牝。玄牝之门，是谓天地之根。绵绵若存，用之不勤。"

这是引用黄帝的话讲修道，就是形而下的有为法。这句话是从"用"的角度讲，意思是说现象界的生发作用以及它的用处。这几句话在《老子》里就有，在《列子》里又出现，所以有人怀疑《列子》这本书好像不是列子作的。因为《老子》没有讲这些话的来源，听起来像是老子自己讲的。可是《列子》讲的来源并不是《老子》，而是从我们的老祖宗黄帝来的。黄帝在历史上比老子早多了。黄帝讲过，"谷神不死，是谓玄牝，玄牝之门，是谓天地之根"，宇宙万有是由它来的，"绵绵若存，用之不勤"，听起来真要命，不晓得讲些什么？实际上，这是道家讲修道的工夫。

我们中国文化所谓的道家，到了隋唐以后，就摇身一变成为道教，实际上在我们文化里，道教这个宗教与道家是并行的，所以历代研究道家的不一定研究道教。譬如说吕纯阳啊，以及许多修神仙之道、修长生不死之道的人，不一定属于道教，而多半是道家人物。至于道教的道士，从隋唐以后，道士跟和尚是对立的，和尚剃光头，摩顶放踵，一寸不留；道士们是一毛不拔，胡子头发都卷起来的。所以从前大陆道士和尚见面，都彼此行礼，你好，师兄你好，很客气。和尚到一个地方没有庙子了，有道观，他也可以去挂褡。道士到了和尚庙挂褡，也收留。不过彼此有个条件，晚上没有房间给你睡，大殿里打坐一夜，供两餐后请你走路；多住几天也可以，要办交涉。

道家后来的练气法门、修长生不老之道，都用这几句话。“谷神”，《老子》里也提出来，修道家的人都晓得修玄关一窍，就是根据谷神思想来的。修一贯道的人，吃素磕头求师父点窍，有些点在肚脐这里——女性不能搞啊，要出毛病的。说实在的，同样一个气功，以我的统计有两百多种，包括印度瑜珈术等等。这是东方人的科学，研究这个的目的，就是求长生不死之道，可以变神仙。神仙不属于道教，是道家的，但是也是东方文化。不管真的假的，中国人敢说人的肉体生命有方法可以修到长生不死，可以与天地同休，与日月同寿。至少把生命的功能、价值提到与宇宙生命相等，这是中国人特有的思想，你们不要忘了。西方宗教的不死思想，是死了以后的永生，那是精神不死。

“谷神不死”，先不讲谷神在人体哪个地方，我们先要了解什么叫谷。山中有谷，谷不是山洞，这种山台湾很少，大陆西北高原有，江南四大名山也常看到山谷。两头通的叫谷道，一头不通的是死谷。谷又代表空洞的一个东西，那么空洞里头怎么有东西呢？这就要讲谷神了。譬如进一个山洞，叫一声，有回音的话，马上退。老辈子告诉我们，这样的山洞里头有什么仙啊、妖怪啊！心里肃然生起敬畏。其实有回音，或者进去火就熄了，是因为空气不对流，这样当然里面有很多细菌虫类。这都是常识，尤其野外求生及军事方面，一定要有这些常识，不要迷信有什么妖怪、神仙。

道家所说的谷神，借用佛家的话，就是空，是空灵的含义，空空洞洞的，有神灵，越空灵的越有神灵，是这个空灵不死。你要修道怎么做到不死呢？你先要懂得“谷神不死”。佛学讲先要求到空，人能够真把自己空掉，念头、思想、感觉都空得掉，已经变成谷神了，当然就不死。你想求祛病延年、少病少恼，要不死，也必须先达到谷神的境界，也就是佛法所说空的境界。这是简单地介绍。

我们由形而上的道一直讲到形而下，到达我们的生命，然后再回到形而上的道体，这一段是讲这个过程。

“谷神不死，是谓玄牝”，我们上古老祖宗对谷神还有一个代号，叫作“玄牝”，什么叫玄呢？古文写玄是上面一点，下面连着两个圈圈，像葫芦一样，这是象形。上面一横代表宇宙形而下，一横上面一点是形而上，形而上太高了，不谈。这一点代表形而上的数字。万物都由一开始，下面两个圆圈连着的，如环之无端，无始无终。可是两个圈有阴有阳，相对的，就是玄，所以“玄之又玄”，这是我们文化里的哲学解释。照上古文化解释人体细胞啊，微生物细菌啊，最小的、看不见的东西叫作玄，是很小的生命，用科学仪器才看得见，玄是这个道理。

“牝牡”两个字，牝代表母性，牡代表公性，一阴一阳。宇宙万有能够生长不已，都是靠阴阳两性结合，虽然是阴阳两性结合，但能生的功能还是靠阴性。以佛学来讲，至少在欲界里的宇宙生命是如此。玄和牝，两个观念并成了一个，叫作玄牝。这个玄牝我们了解了，这个阴性代表母性，生命的来源也是母性，男人当然有一半功劳啦，但是真正的功劳在母性，所以母爱的伟大也是这个来源。我常说每个宗教尽管反对女性，最后都皈依女性，天主教、基督教离不开圣母，道家是瑶池圣母，佛家是观世音菩萨，所谓一切佛法的根源都叫它是佛母。佛母是个代名词，一切来源根根，都用一个“母”字来做代表。

上面我们把这两句话简单解释了。再说我们活着的人，属于后天的叫精神，这个精神是靠肉体生命、靠营养活着的；能使精神生长不已的那个叫元神，是从根源来的。元神的另一个别名是谷神，空空洞洞的越空越好。神能够化气，气能够生精，道家讲的元神、谷神，就是佛家讲的明心见性那个性——本性。如果比喻的话，就是佛法的真如、如来。不过佛学里的真如、如来是形而上的，是从大的立场来讲的。道家用的是个人立场，所以叫“谷神不死，是谓玄牝”，先走阴暗面。譬如大家打坐起来，黑洞洞的，空空的，虽然没有达到真的空，也等于玄牝，空洞的谷神。

他这里明白告诉我们宇宙的来源，人要先由阴修到阳，所以“玄牝之门是谓天地根”，越是空空洞洞的越好，天地万有都从空而生，是无中生有来的，是所谓天地之根。所以说真空里能生妙有，其中的生命功能，推出来就变成有形的生命。

“绵绵若存”，绵绵是形容看不见、摸不着，可是它的力量永远是延续不断的，“若存”，就是好像有一个东西，宗教家叫它是上帝也好，叫它是什么也好，没有关系。这个能生万有的东西，生生不已，“用之不勤”，它是不断的。所以我们打坐真做到身心空灵，修到身心空了，气住神凝，精神宁定专一了，就是疑独，这个生命的力量，好像没有呼吸，没有往来，没有动静，它是绵绵若存，真空里头妙有，有个生命是绵绵不绝的。“用之不勤”，你不要轻易动用，这个绵绵里头，一用就变成后天了。不起念动它，它自己存在，不是修来的，真空妙有自然来。所以说安那般那啊，修气修呼吸，修到最后呼吸就停了，真修到身心空了，这个生命的原始之气绵绵的，它没有断绝，它是非断非常。“绵绵若存”是形容不断不常，不生不灭，这个生命的作用。“用之不勤”，但是你认识了，不要起后天的意识妄念去动用它。

第七十九讲

一切都靠自己
气形质　精气神
易是什么
易的变化

第七十九讲

一切都靠自己
气形质 精气神
易是什么
易的变化

它无所来也无所去，自然而存在。存在不是我们所讲的存在，它没有个形象，它能生万物。它自己本身呢？是谁生的？它自己是生而不生。“化物者不化”，它能变化出万物，但它自己不属于变化。佛学形容这个是空，生也是空，死也是空。一切都有变化，而空是不变的。但是不要把空当成一个东西，有一个东西已经是不空了，它这个是不变的，是属于形而上的。

接着说到，形而下的东西是不是有个形而上的主宰呢？无主宰。“自生自化，自形自色，自智自力，自消自息，谓之生化，形色、智力、消息者，非也。”既然没有主宰，它是不是唯物的呢？也不是唯物的，因为物的本身也在变化。所以一切的变化，万有的现象，以及生命的主宰都是属于自己的，不属于他力。一般的宗教都相信他力，相信另有一个超越自己的力量；东方文化不讲他力，因为自他不二，同佛学的观点一样，自力与他力是同体的，不二是没有两样。所以它的变化是外力使自力发生变化，也就是说，是自他不二这个自力在变化。因此一切万物“自生自化”。佛学的研究比道家分析得更详细，道家说的“自生自化”就是佛学所说自己业力的作用，是自己的一股力量。

“自形自色，自智自力，自消自息”，消息两个字要搞清楚，消是形容生长的生命，譬如今天太阳出来，直到晚上这个阶段是消。太阳下山了，黑夜到来，这个是息；息是在生长，直到明天太阳又出来为止。“消息”两个字是中国文化特有的。譬如一个孩子生下来，是一个新生命到来，活一百岁慢慢把生命消耗了，这是消。死亡没有什么可怕，是培养出另外一个生命，就是息。所以一来一往，消息就是这个道理。现在青年人不懂自己文化，中国字也搞不清楚，一听到消息，把耳朵拉长听消息去了。所以列子说的这一切，等于佛学所说的一切宇宙万有“无主宰，非自然”，这不是西方哲学所讲的唯心或唯物，而是心物一元的“自生自化”。

下面是结论，“谓之生化”，一切生生不已的变化，“形色”，一切形相与光色，“智力”，乃至个人的智慧与个人的力量、生命的能力、“消息”等等，“非也”，都不是单独而立的，而是一个总的自我的力量，这个自就是自主。所以我经常说，佛学里也很有趣，讲释迦牟尼佛一生下来，走几步路，一手指天一手指地说：“天上天下，唯我独尊。”以宗教的观念来看，这两句话多傲慢！好像天下只有他，没有第二个人。实际上他也是漏了这个消息，一切都是自我非他，生命都是自我做主的。这个我，是指他个人的小我；而天地与我同根，万物与我同体，这个我指的是大我。所以“天上天下，唯我独尊”，找到了这个生命的本来，才是真正所谓得道。

气形质 精气神

子列子曰：昔者圣人因阴阳以统天地。夫有形者生于无形，则天地安从生？故曰：有太易，有太初，有太始，有太素。太易者，未见气也；太初者，气之始也；太始者，形之始也；太素者，质之始也。气形质具而未相离，故曰浑沦。浑沦者，言万物相浑沦而未相离也。视之不见，听之不闻，循之不得，故曰易也。易无形埒，易变而为一，一变而为七，七变而为九，九变者，究也；乃复变而为一。一者，形变之始也，清轻者上为天，浊重者下为地，冲和气者为人，故天地含精，万物化生。

这一段更是中国文化思想里特殊的东西。“子列子曰：昔者圣人因阴阳以统天地”，列子说，我们上古祖先们，这些得道的人，建立了阴阳法则这两个代号。宇宙万象是阴阳变化，换句话说，形而下宇宙一切都是相对的，不是绝对的。“夫有形者生于无形”，他说宇宙的万有都由空而来，同佛学完全一样，所以“性空缘起”，缘起就是万有，性空是形而上的体，是空的。空是佛学翻译所用的名词，中国原有的道家思想不用“空”字，而是用“无”字，或“清净”二字。

“则天地安从生”，那么天地万有怎么来的啊？他的答案来了，这一段很特别，要特别注意，“故曰有太易，有太初，有太始，有太素”。道家说的第一因，名称叫“太易”。我们现在青年一看，怎么没有太极呢？太极的名称是《易经》里提出来的，因此后世有人把列子的这些思想，加上《易经》的太极，视为中国哲学思想的五个阶段。空怎么样生有？《列子》里提出四个阶段，第一步“太易者，未见气也”，尚未看到的气，当然不是空气的气，照古代的写法是炁。这里提出来一个观念，无形生出了万有，第一个是气。佛家叫作空大。太易，代表气还没有形成以前的状态，是能。太易以后，第二步“太初者，气之始也”，是那一股气冒出来，是量。第三步“太始者，形之始也”，气再变，有形状了，但是还没有形成物质。那么第四步“太素者，质之始也”，形成物质了，是空而生有，就有物质世界了。这是《列子》讲的天地万有经过这四个阶段形成。宇宙万有生命是气化而来，这个能量来了就形成生命，消完就息了，就没有了。没有不是死亡，它又再充电，另一个生命又再发生。这样循环往复，构成物理世界宇宙万有生生不息。

这一段，列子提到由本体起用的几个阶段，提出来四个东西。西方自然科学十九世纪以后，研究物理化学的，由原子、电子、质子、中子等，由有形的微粒子做实验分析，越分析越微细，现在又推出超弦理论，与列子的思想以及佛学对物理世界的阐述有些接近了。

汉魏以后佛学进来中国，佛陀当时在印度也讲万物的后面、四大后面有个极微。《楞严经》提到极微有七分，同《列子》后面讲的“易变而为一，一变而为七”的那个七，是相似的道理。现在自然科学也不过是在这里转，是用外在的仪器做实验研究，古代是求证于自己本身生命与认知。现在知道，原子爆炸由极微释放出极大能量，包括了色声香味触法等多种现象，显示出能与量的变化是很不可思议的。

“气形质具而未相离，故曰浑沦。浑沦者，言万物相浑沦而未相离也”，《列子》这里叫浑沦，我们讲一个孩子吃东西，不咬就吞下去，叫囫囵吞枣，就是这个浑沦。《庄子》里叫这个为混沌，是同一个意思。宇宙万有刚刚开始的时候就叫混沌，太易起用，一变为“气”，真正的气不是鼻子的呼吸或空气。再变成“形”，就是形体，有形象的。三变为“质”，就是物质。所以气形质三样具备，是生命具体的三个条件，“而未相离”，互相都有关系。质又变成形，形又化为气，气又变形，形又变质，等于现在自然科学讲的质能互变。这个生命中，就是形气质三样在互变，也就是后来道家讲精气神在互变。所以修神仙之道，炼精化气，炼气化神，炼神还虚，就是从这个系统来的。他说不只是人的生命哦，万有的生命都是精气神互变，另一个名词是化身，“故曰浑沦”。所以我们活着也是浑沦，这三样混合就变出这个生命来，也就是万物都在这形气质三个元素里互变而出生，并没有脱离关系。像鸡蛋的蛋黄跟蛋白一样，混在一起，看上去蛋黄是蛋黄，蛋清是蛋清，实际是分不开的，是一个鸡蛋里面的东西。后世有将浑沦解释为太极的，是阴阳、天地即将分明之前的状态，是讲物理世界形成的阶段，也对。

易是什么

下面讲“视之不见，听之不闻，循之不得，故曰易也”，这是对“易”所作的特别解释。讲到《易经》，中国原始文化的根就是易，《易经》这个易为什么这样写法？有几种解释的。《易经》的易，上面是太阳，一个圆圈，中间一点，下面是月亮。上古的甲骨文易字就是这样写，也就是说日月这个宇宙法则谓之易。

所谓易代表了三易，简易、变易、不易。简易表示文化知识到了最高，就越简化、越简单。第二是变易，宇宙万有一切都在变化，没有一个固定不变的东西，一切都随时变，随地变，一定变去。第三是不易，虽然在变，后面形而上有一个不变的，不易，永远变不了。试看空怎么变得了？空变不了，那是形而上。所以《易经》包含了这三个原理，简易、变易、不易。有些讲三易的道理不同，而是简易、变易、交易。这是另一种说法，一切万有的变化都有相互的关联，相互关联就谓之交，所以是交易。交易是从《易经》的文化来的，现在做生意也叫作交易，彼此交换、交易，容易也是这个易。所以在古文和白话文中，都经常看到这个易字。

现在这里讲易，是指形而上这个体，“视之不见，听之不闻，循之不得”，循就是照它的路线去找，去寻根，根根找到是个空的，那个空的就是你的根嘛！所以“循之不得”。因此中国文化最高处就是由《易经》开始，“故曰易也”。《列子》哲学最高形而上的那个本体，所谓太易，并非是上帝。有些人学佛认为这个宇宙不是上帝造的，是佛造的。佛从来没有讲过这样的话，如果佛这样讲的话，我是不信的。中国文化里没有这一套，它就是一股力量，这个力量自他不二，上古叫它为易。

易的变化

《易经》的文化有三个原则，理、象、数。理就是哲学的道理，佛学把理叫作性，明心见性就是体；象，就是宇宙万有的现象，佛法叫作法相；佛法不大提数，可是很多都牵涉到数，理象数三位一体。任何一个东西，一有现象，中间一定有个数字。我们讲一句话，咳嗽一下，也有数，动一下都有数，乃至于咳嗽的范围多大，都有数。

“易无形埒”，宇宙万有本体那个叫易，它没有形象，没有界限，没有边际。下面讲数理的变化，“易变而为一”，这个太易一变，能量一变，变为太初，所谓气，数学上就是一。宇宙万有开始就是一，一以前形而上的体是零，空无的。所以数学上这个零，最为难懂。这个零不是代表没有哦！数学的零画个圈圈，代表无穷数、无量数、不尽数、不可知数，太多太多了。你说宇宙万有，万万有，万万万说不完，都是一加起来的；除了一以外没有数，只有一个零。二、三都是一相加的，另外定一个名称而已。所以宇宙万有都在变化，因为一动就有一，所以老子讲“道生一，一生二，二生三，三生万物”。老子的道是个代名词，就是这个一，因为道一动，有个道，它本身就是一。可是一怎么生出二？因为有个一，它本身之中就有相对的二。有二，它本身里就有个三。三以后不讲了，为什么？宇宙不外乎三变，所以我们东方文化讲人生哲学，也是根据这个来的。我们常常讲“事不过三”，一个人失败也好，成功也好，连原谅一个人也不过三次，第四次就不原谅了。三也等于是个极数，已经到了极点，所以“事不过三”。

“一变而为七”，这就妙了，他这个说法不同了，稍稍牵涉到《易经》的数理。这个气再变为七分，加上易，就是八个，所以后来《易经》有八卦，所谓“卦者挂也”，是宇宙间的现象挂在那里，譬如太阳、月亮、金木水火土五个星球。这一段跟《易经》的大象与数有密切的关联。“七变而为九”，七这个变化，加上本体，再加上一变，就是九。宇宙万有的数，一三五七九，是单数是奇数，在易学里谓之阳数、天数；二四六八十，是双数是偶数，也叫阴数、地数。变到最高数九，就是极点究竟处了。你们都背过文天祥的《正气歌》，“嗟予遘阳九”，自己感叹阳数走到了顶，没有运气了，没有机会了，阳九就是这个意思。

“九变者，究也；乃复变而为一”，九到了极点了，十是另外一个一的开始了，到了一百又是另一个单元，又是一个一。“一者，形变之始也”，太易一变为太初，太初是气，一变为太始，是成形的开始。所以一讲象数的变化，万物不管有多少千万亿，乃至于无穷，只有一个一，没有那么多数。所以中国的数理哲学就是在这十个数里头跳来跳去，不承认后面的，后面都是一的变化，“一者，形变之始也”。

“清轻者上为天，浊重者下为地”，现在讲后天世界的形成。科学也晓得，地球外面有个气层，叫游离电子层，冲过地球气层之外就是太空了。中国过去叫这个地方为罡风，所以神仙在空中飞啊飞啊，碰到罡风就被化掉了。我们抬头看到的这个虚空，那是地球上的虚空，不是太空。你站在山顶上抬头看天空，好蓝啊！那也不是太空。我们小的时候就背《幼学琼林》，“气之轻清上浮者为天，气之重浊下凝者为地”，所以清阳气向上升变成天，重浊的气向下走，构成地球的物质，凝结成为我们地球。

第八十讲

冲和气　中气
不完美的人和事
无始无终　为而无为

冲和气 中气

先向诸位报告一下，本院从今天起进入寒假进修的阶段，所以课程非常紧密，因此《列子》的课就暂停了。对不起得很，下次上课，再行通知。也许把《列子》补充完了以后，会转入《参同契》的研究，但必须对《易经》有些基础，才比较方便。现在回到《列子》原文。

“冲和气者为人”，地球这个生命里又有个中气，冲和气就是中气，在阴阳气候上用的叫中气，我们一年二十四节气中，有十二个是中气，有十二个叫节。我们人体里有各种的气，集合阴阳、动静，混合中和了各种的气，构成的这个生命就是人。在道家看来，宇宙是万气同根，所以我们年轻时看《红楼梦》，上面说林黛玉得天地灵气而生，同学吵架骂人时，就说你得阴阳怪气而生。宇宙万气不是空气的气，不过讲空气的气也对，空气一层一层不同，爬过高山的人就会感觉到，多走几步路，多上几层，呼吸感觉就不一样。

记得大概十六七年前，我到香港，那个地方真难受。后来到大屿山，一到那里就舒服了，因为那里当时还是乡下一样。到了那个山巅，泥土、草的气味一过来，我说十几年了，这下总算闻到大陆边缘那个泥土的气息了。这就是说，每个地方泥土的气息都不同。所以，气当然是大自然化合的作用，同样的草木泥土，气息都不同。道家所讲的万气本根，中间有一种特别的气叫“冲和气”。修密宗的人要打通中脉等的说法，就是练冲和之气。《列子》里写这个“冲”字，医书里写成“衝”，密宗叫中脉，中国的医书叫“衝”脉，后人简写也写这个“冲”。冲和之气是所谓中央之气，用现在观念说，冲和是中和了一切的气，这个叫作冲和之气。

人是得冲和之气而有这个生命，人身体里有各种气，修道修成功了，全身都是清气，所以儒家讲学问是变化气质。变化气质不是一个空洞的理论，是实际的状况，所以学问修到家，整个身体都会变化的，健康长寿，祛病延年，那是一个事实。所谓气质改变，质是有形的，像骨头等，但是由什么力量来变呢？就是这个冲和之气，是冲气。人的生命中有天地的冲和之气，所以中国文化称天地人为三才。“故天地含精，万物化生”，所以天地间气跟质的变化有个精，等于鸡蛋变成鸡一样，又变出一个生命来，中间有这个精的作用，精是气跟质两种交流的变化所生的。等于说由形而上变成万有，构成我们人类和天地万物。当然你不要把它看成男女交媾的精，那个精是有形的、后天的。这个先天之精也是无形象的，这个要做交代。

不完美的人和事

子列子曰：“天地无全功，圣人无全能，万物无全用，故天职生覆，地职形载，圣职教化，物职所宜。然则天有所短，地有所长，圣有所否，物有所通。何则？生覆者不能形载，形载者不能教化，教化者不能违所宜，宜定者不出所位。故天地之道，非阴则阳；圣人之教，非仁则义；万物之宜，非柔则刚，此皆随所宜而不能出所位者也。”

这是由物理的、科学性的又变成哲学思想的引申。“子列子曰：天地无全功，圣人无全能，万物无全用”，这是个原则。佛学看这个世界叫娑婆世界，是个有缺陷的世界；道家不承认缺陷不缺陷，而是各有一偏，所以“天地无全功”，这个天地不是十全十美的。有些宗教家讲上帝是万能的，东方哲学不承认，因为佛有三不能！第一不能度无缘之人，第二不能转定业，第三不能度尽众生。如果上帝全能，为什么还有魔鬼跟上帝对立呢？连一个魔鬼都除不掉，算什么全能呢？所以道家思想就说，没有什么是万能的，白天你不能使它马上黑夜，必须十二个钟头以后才行。“万物无全用”，你看电最伟大，还有些东西不通电；原子弹那么厉害，防原子的东西也有啊！这就是“万物无全用”。

“故天职生覆，地职形载，圣职教化，物职所宜”，这就是中国文化最高的哲学道理。我们抬头看到这个天文天体的天，像一个锅盖一样，在台北看不见，假使到海洋上，大陆中原或西南一带，晚上躺在草地上看天，那真舒服啊！像一个蓝的锅盖一样盖下来。所以天只是盖覆，而这个地球呢？它的任务是承载万物，地球像虚空中的一条船，载重万物。至于人，得了道的圣人，活在这个世界上的任务是教育、教化。佛教出家人讲弘法，就是教化，从事社会教育工作。“物职所宜”，宇宙万物的职责，像萝卜吧，生出来是给人吃的，天地生这些万物，就是给人吃给人用的。

“然则天有所短，地有所长，圣有所否，物有所通”，虽然各有长处，也各有短处，比如天，表面上看起来是盖住，但是现在宇宙飞船都冲出去了，所以它是个空的。地就很难办了，你不要认为科学很伟大，我们自己对这个地球还是没有搞清楚，北极跟南极都还在探测。所以你不要看不起这个大地，“地有所长”，它具有无比的功能。

“圣有所否”，佛也好，上帝也好，得了道的圣人有些事情还是做不到的。你不要说有神通，本事再大有些还是做不到的，就像上帝对付不了魔鬼一样。“物有所通”，宇宙万有这个物啊，各有各的长处，都可以变化通融。“何则”，什么理由呢？“生覆者不能形载，形载者不能教化，教化者不能违所宜，宜定者不出所位”，那个天只能在上面像锅盖一样盖住，它无法把万物倒过来，像大地一样承载万物，做不到。大地是很伟大，承载了万物，但是不能教化众生。教育的功能靠人，但是只能有限度地教育，不能超越本位，你恨铁不成钢，但铁就是铁，很难炼成钢。所以“教化者不能违所宜”，万物有一定的范围，“宜定者不出所位”，各有各的本位，没有办法超过这个本位。这是中国的人生哲学、物理哲学，讲得很透彻。

“故天地之道，非阴则阳；圣人之教，非仁则义；万物之宜，非柔则刚，此皆随所宜而不能出所位者也”，所以说天地之道，这个道不是形而上的道，是形而下的原则、法则、定理。所以天地的定律、法则，不属于阴就属于阳，不是光明就是黑暗，两个是相对的。圣人的教化，不是仁就是义。外国换个名称，叫博爱啦、人道啦、自由民主啦，也就是一切推己及人，就是仁义之道。万物相宜的道理呢？不是柔就是刚，换一个名称，刚就是阳，柔就是阴。所以我在讲《易经》的时候，告诉大家阴阳是一对抽象的名词，不是呆定的，物理世界把阴阳叫作刚柔。“随所宜而不能出所位者也”，这是根据万物的本位所定的名称，所以万物各有一个范围，不出所位，各有各的范围。手表只管钟点，它不能泡茶；茶壶可以烧水，它不管时间，各有各的范围。

无始无终 为而无为

“故有生者，有生生者；有形者，有形形者；有声者，有声声者；有色者，有色色者；有味者，有味味者。生之所生者死矣，而生生者未尝终；形之所形者实矣，而形形者未尝有；声之所声者闻矣，而声声者未尝发；色之所色者彰矣，而色色者未尝显；味之所味者尝矣，而味味者未尝呈，皆无为之职也。能阴能阳，能柔能刚，能短能长，能圆能方，能生能死，能暑能凉，能浮能沉，能宫能商，能出能没，能玄能黄，能甘能苦，能膻能香，无知也，无能也，而无不知也，而无不能也。”

他接着说，“故有生者，有生生者；有形者，有形形者；有声者，有声声者；有色者，有色色者；有味者，有味味者”，这些字句在中国文学里叫作叠字，是文字的借用。“生生”，上面这个生代表功能，是动词；下面这个生代表生命，是名词。“故有生者，有生生者”，所以宇宙生万物，有一个能生万物的力量。“有形者”，有形的东西，是指有肉体的生命。“有形形者”，有能形成我们这个生命的，就是另外一个力量。“有声声者”，我们讲话有声音，上面这个声字，是有使你发声的这个功能。形、声、色、味都是现象，这些现象的后面有个本能，所以下面几句话的道理都是一样。

像中国的历史，少说有五千年，历代生了多少人啊！一代一代，什么西施啊、杨玉环啊，这些人都生过了，都没有了。生命所生出来的各种现象，每天吃的青菜、萝卜，过几天又长出来，吃完了到哪里去了？所以“生之所生者死矣，而生生者未尝终”，能生青菜、萝卜，能生万物的那个功能，它无始也无终，它没有动过。我们大家所谓学佛参禅、修道，也是一样的。

“形之所形者实矣，而形形者未尝有”，能生形象的固然形成了万物，形成之后，它自己本身不变，看不见，我们觉得它不存在，它却是无穷尽地存在。

“声之所声者闻矣，而声声者未尝发”，我们耳朵听到声音，阿弥陀佛也好，上帝也好，你所听到的声音，听到时已经空掉，“动静二相了然不生”。那个能使你听到声音的，那个能所双亡的闻性，动都没有动过，它本来在这里；观音菩萨的法门，就在你那里，用不着去找。这两句话把观音法门就讲完了，很高明。

“色之所色者彰矣，而色色者未尝显”，眼睛看到形态、颜色，一刹那已经过去了。眼睛眨一下，再看一下，看一下又过去了，又没有了，连续不断的，非空非有，能使眼睛看的那个没有动过。

嘴巴吃东西也是一样，“味之所味者尝矣，而味味者未尝呈”，当你感觉到甜，甜已经没有了，过去了，知道味道的那个本能，它没有显现过，它永远是淡的。“皆无为之职也”，这就是道，所以佛家后来讲成佛，证了道，得了涅槃，唯识学也叫无为，修道是修无为法，不是有为法。

下面差不多是同一个道理，“能阴能阳，能柔能刚，能短能长，能圆能方，能生能死，能暑能凉，能浮能沉，能宫能商，能出能没，能玄能黄，能甘能苦，能膻能香。无知也，无能也，而无不知也，而无不能也”。宇宙这些相对的现象，都在色声香味触法的范围，都是现象，都是本体道体的功用。可是，能发生这一切功用的这个本体、这个道，它为而无为。

续补

——《天瑞篇》后半部

生命的一切变化

变化 生灭 始终

人生的四个阶段

两个快乐的老人

子贡想休息

狂荡人 智谋人 虚静人

感觉不到的变化

天地会坏吗

你的身心性命属于谁

偷盗

生命的一切变化

> 子列子适卫，食于道，从者见百岁髑髅，攓蓬而指，顾谓弟子百丰曰：“唯予与彼知而未尝生未尝死也。此过养乎？此过欢乎？”

列子到卫国去，在路边吃饭的时候，跟从他的弟子们看到草丛里有一个百岁死人的头骨。“攓蓬而指”，列子拔一根蓬草，指着这个人头骨，就告诉弟子们，其中有个弟子名字叫百丰，列子看着百丰说你们懂吧！“唯予与彼知而未尝生未尝死也”，只有我跟这个骷髅才知道，我们既没有生过，也没有死过。你们不要看到他是骷髅，就认为他死了，他没有死；不要看到我们这个身体还在活动，就认为我们是活着，这也仅仅是你们现在的观念。假使一个人能够反观自照，当自己的身体死了，乃至变成白骨时，就会明白，那个身体有生老病死，可是能知道身体生死的这个自性还在嘛！并没有随着身体的生死而生死过啊！所以列子说，只有我跟他知道这个知的自性，既没有生过，也没有死过。“此过养乎？此过欢乎”，身体是生命借用的一个工具而已，而我们却把它当做生命本身，拼命地爱恋它，过分地追求营养、享受，吃好的、穿好的、住好房子、坐名车，玩好的、买好的，作威作福，为了它做了很多坏事。老子说“吾所以有大患者为吾有身”，人的一生，都把身体当做生命本身，都被它困住了。这不是很莫名其妙、很可笑的事情吗？

列子由这个骷髅而感叹，讲出生命本身是没有生死的，不过是借这个身体用一用而已。换言之，这个道，凭借宇宙万有显现了它的作用，但是它为而无为，并没有随着万有的生灭变化而生灭变化，所谓“有物先天地，无形本寂寥，能为万象主，不逐四时凋”。

那么，从现象上讲，身体是生灭的，死了变骷髅，骷髅化了变灰尘，灰尘又变为其他的东西。宇宙像个超级大的化学炉子，所有物质、生命现象在里面是互相转化的。下面就举例讲宇宙万有的变化。

“种有几，若鼃为鹑，得水为㡭，得水土之际，则为鼃蠙之衣；生于陵屯，则为陵舄。陵舄得郁栖，则为乌足。乌足之根为蛴螬，其叶为胡蝶。胡蝶胥也化而为虫，生灶下，其状若脱，其名为鸲掇。鸲掇千日，化而为鸟，其名为乾余骨。乾余骨之沫为斯弥，斯弥为食醯颐辂。食醯颐辂生乎食醯黄軦，食醯黄軦生乎九猷，九猷生乎瞀芮，瞀芮生乎腐蠸。羊肝化为地皋，马血之为转邻也，人血之为野火也。鹞之为鹯，鹯之为布谷，布谷久复为鹞也。燕之为蛤也，田鼠之为鹑也，朽瓜之为鱼也，老韭之为苋也，老羭之为猨也，鱼卵之为虫。亶爰之兽自孕而生曰类。河泽之鸟视而生曰鶂。纯雌其名大䁵，纯雄其名稺蜂。思士不妻而感，思女不夫而孕。后稷生乎巨迹，伊尹生乎空桑。厥昭生乎湿，醯鸡生乎酒。羊奚比乎不荀。久竹生青宁，青宁生程，程生马，马生人。人久入于机。万物皆出于机，皆入于机。”

这一段是讲物理、物种的变化。在释迦牟尼佛讲《楞伽经》的时候，弟子提了一百多个问题，也在讲“种有几”。现代科学讲基因啊、量子啊，也在追寻“种有几”。什么是“种有几”？万物最初的种子是从哪里来的？人生命的种子从哪里来？都在研究这个。列子有列子的说法，释迦牟尼佛有释迦牟尼佛的说法，现代科学有现代科学的说法，各有各的角度，各有各的观点，各有各的程度。后人做研究的，也各有各的注解，很难考据。大家自己去研究做个参考，这里就不讲了。

这一段结尾讲“万物皆出于机，皆入于机”，机是发动的开始，所以叫机关，“机”是最微细的发端、变化。譬如我们现代科学对于人的生命研究到基因，基因还没有到底哦，后面还有东西。古人提出来最初形成生命万有的那个叫“机”，物种物理之间微细的发端、变化叫作“机”，所以这里开始讲“种有几”，最后讲到“皆出于机，皆入于机”，是说万物之间的转变、物化，包括物理化学反应，是从最微细之处开始的，那个生灭变化的作用是很微细很微细的，但是一切万有的生灭变化都是宇宙本体的功能，不会超出这个本体之外。譬如我们吃五谷杂粮鸡鸭鱼肉，变成身体，乃至身体死亡，化入土地，变成其他植物动物的养料，都在物理的互相变化之中。可是，究竟是如何转化变化的，万有一切又是从哪里来、往哪里去的，那是很微妙很微妙的。所以说“种有几”，“皆出于机，皆入于机”。

变化 生灭 始终

> 黄帝书曰：“形动不生形而生影，声动不生声而生响，无动不生无而生有。”形必终者也，天地终乎？与我偕终。终进乎？不知也。道终乎本无始，进乎本不久。有生则复于不生，有形则复于无形。不生者，非本不生者也；无形者，非本无形者也。生者，理之必终者也，终者不得不终，亦如生者之不得不生。而欲恒其生，画其终，惑于数也。精神者，天之分；骨骸者，地之分。属天清而散，属地浊而聚。精神离形，各归其真，故谓之鬼。鬼，归也，归其真宅。

他又引用黄帝的话，“黄帝书曰：形动不生形而生影，声动不生声而生响，无动不生无而生有”，这是一小节，这是道家的看法，借用所谓黄帝书来表达。“形动不生形而生影”，我们这个形体一动作，其实没有另外生出一个动的形体，只有形体的影像，影像是第二重了。譬如我们看到手动，实际看到的是影像。所谓动不动，也是心念的分别。“声动不生声而生响”，响与声，如同影子与身体的关系，响是声的回响、余音，也可以说是声的变相。我们听到响声知道这个人讲话，讲话不过是个响声、是个作用而已，它的后面是心念在主导。我们讲话听到声音，背后的关键是念头动了。“无动不生无而生有”，至于能生万有后面的那个功能，也可以叫它是心，也可以叫它是能，它没有动过，实际上有形的作用都是它的功能所变化出来的，真空变出妙有。

“形必终者也”，有形的东西，我们能看到形象的东西，一定有生有灭，不会永恒存在，它只是变化而已。

“天地终乎？与我偕终”，他说这个天地啊，宇宙万有，宇宙几时会毁灭？这个宇宙万有有个终结的时候吗？其实它是无始无终的。他这里提问，天地几时有终结的时候呢？跟我们生命一样，什么时候才是生命终结的时候呢？“终进乎？不知也”，而事实上天地也好，我们的生命也好，活着时叫作有，死了叫作死亡，是终结吗？不一定，可以说是另一个生命的开始。“终进乎”，究竟是死还是生，是生还是死，是进是退，是退是进？“不知也”，非思量之所知，不能下定论，这是他的观念。

“道终乎本无始”，这个跟佛家关于宇宙的本体、生命的本体不生不死的观念是一个道理。“进乎本不久”，一切所谓进步，生命在进步啊，社会表面上在进步发展，其实随时在变，进步发展也会变去的。“不久”，没有永恒存在的。其实没有什么进步，也没有退步，无始无终的，本来的功能是不动的，所谓进步变化，是现象上的相对比较而言，是进步还是退步，不一定的。“有生则复于不生，有形则复于无形。不生者，非本不生者也；无形者，非本无形者也”，有生必有灭，一切万有由空生出来，幻化于空，又消灭于空，空有不二。那个本来的功能看到是无生的，空的，可是呢，它却可以变化出一切万有的现象，所以不能认为这个无生无形的是没有东西。“生者，理之必终者也”，有生必有死，“终者不得不终”，到了结束的时候不能不结束。“亦如生者之不得不生”，到了生的时候不能不生，这个是因果的力量。生与死只是两个相对的表象，是生命行为的因果，其实生命本来无始无终，没有什么值得悲哀的，没有什么值得感叹的。可是一般人不懂这个生命的道理，“而欲恒其生，画其终”，本来无常的，却拼命想办法延长寿命。“惑于数也”，这是自己迷糊了，不懂这个道理，这个是数理的当然，有始就有终，有生就有死，有一就有二，有二就有三，道理都一样。

“精神者，天之分；骨骸者，地之分。属天清而散，属地浊而聚”，精神仿佛虚空一样，是轻灵自由无形广大的。身体仿佛土地一样，是浊重有形而受限制的。“精神离形，各归其真”，这个身体死亡时，精神离开身体了，肉体则回到大地，精神与物质各自回到本位去，不过是个变化而已，其实并没有死，当然也没有真的生过。“故谓之鬼”，回到本位的那个影像、那个功能，我们一般人叫它是鬼。什么叫鬼？鬼在古文里的解释，“鬼，归也，归其真宅”，神气归位，回到自己变化的本位。所以大禹说“生，寄也；死，归也”。那时候，佛法没有来，道家没有昌盛，上古传统文化对于生死看得很淡薄，没有什么了不起。后来宋朝张载说“鬼神者，二气之良能也”，朱熹曰“愚谓以二气言，则鬼者阴之灵也，神者阳之灵也。以一气言，则至而神者为神，反而归者为鬼，其实一物而已”，就是根据道家这个思想来的。

人生的四个阶段

黄帝曰："精神入其门，骨骸反其根，我尚何存？"人自生至终，大化有四，婴孩也，少壮也，老耄也，死亡也。其在婴孩，气专志一，和之至也，物不伤焉，德莫加焉。其在少壮，则血气飘溢，欲虑充起，物所攻焉，德故衰焉。其在老耄，则欲虑柔焉，体将休焉，物莫先焉。虽未及婴孩之全，方于少壮，间矣。其在死亡也，则之于息焉，反其极矣。

"黄帝曰：精神入其门，骨骸反其根，我尚何存"，精神、肉体，各自归位，各自变去了，哪里又有个自我呢？平常我们以为有个我，把这个肉体、这个思想情绪看做自我，其实经不起推敲。中国文化在上古时已经知道本来无我了。"人自生至终，大化有四"，人这个肉体生命的变化有四个阶段，"婴孩也，少壮也，老耄也，死亡也"，等于生老病死四个阶段。"其在婴孩，气专志一，和之至也"，与《老子》讲的"专气致柔，能婴儿乎"异曲同工。人在婴儿阶段还没有分别意识，心气是合一的，精气神是饱满的。"物不伤焉"，所以打坐修定，气脉归位，恢复到刚刚生出来的婴儿那个状态，万物伤害不了你，因为他是无心的。"德莫加焉"，就是讲婴儿这个境界好极了，德行天然圆满。"其在少壮，则血气飘溢，欲虑充起"，到了青春期，这个思想欲望都起来了；"物所攻焉"，因此被物理世界、欲望、思想情绪困住了，烦恼不断；"德故衰焉”，心理行为道德就越来越退步了。“其在老耄，则欲虑柔焉”，老了，没有力气了，欲望啊、思想啊，都减弱了；“体将休焉”，身体快要坏了；“物莫先焉”，万物的力量比自己身体的生命力强了。“虽未及婴孩之全”，德行天然圆满的状况比婴儿差很远；“方于少壮，间矣”，但是比起青壮年阶段，当然又不同了。“其在死亡也”，到了死亡的时候，“则之于息焉”，就是回到休息状态，换句话说等于睡觉；“反其极矣”，回到原来的本位去了。道家将这个肉体的生死看做是个物理的变化，很自然、很普通，没有什么了不起。

两个快乐的老人

孔子游于太山，见荣启期行乎郕之野，鹿裘带索，鼓琴而歌，孔子问曰：“先生所以乐何也？”对曰：“吾乐甚多：天生万物，唯人为贵，而吾得为人，是一乐也。男女之别，男尊女卑，故以男为贵，吾既得为男矣，是二乐也。人生有不见日月不免襁褓者，吾既已行年九十矣，是三乐也。贫者士之常也，死者人之终也，处常得终，当何忧哉！”孔子曰：“善乎！能自宽者也。”

“孔子游于太山，见荣启期行乎郕之野，鹿裘带索，鼓琴而歌”，有一天，孔子到泰山游览，路过郕这个地方的郊外，看见一个叫荣启期的老人身上披着鹿皮，腰里随便捆着一条带子，一边弹琴一边唱歌。“孔子问曰：先生所以乐何也”，孔子就问了，老先生，请问您这样开心是为了什么呢？

“对曰：吾乐甚多”，荣启期就答复孔子了，我高兴的事太多了。“天生万物，唯人为贵，而吾得为人，是一乐也。男女之别，男尊女卑，故以男为贵，吾既得为男矣，是二乐也。人生有不见日月，不免襁褓者”，天地之间有万物，人是万物之中极为可贵的，而我生而为人，是一乐也。男女之间，男尊女卑，我生而为男人，二乐也。有的人在娘胎里就死了，有的人在生下来不久就死了，“吾既已行年九十矣，是三乐也”，而我呢，活到九十岁了，这是三乐，当然开心喽！“贫者士之常也，死者人之终也，处常得终，当何忧哉！”贫穷嘛，那是读书人正常的、平常的生活。至于死亡嘛，那是一定的，有生必有死嘛，有什么好怕的呢？安贫乐道，生死顺其自然，又怎么会有忧愁烦恼呢？

“孔子曰：善乎！能自宽者也”，孔子说，真了不起啊，这是能自我解脱烦恼的人啊！这是一个故事。还有另一个老人。

> 林类年且百岁，底春被裘，拾遗穗于故畦，并歌并进。孔子适卫，望之于野，顾谓弟子曰：“彼叟可与言者，试往讯之！”子贡请行，逆之垄端，面之而叹曰：“先生曾不悔乎，而行歌拾穗？”林类行不留，歌不辍，子贡叩之不已，乃仰而应曰：“吾何悔邪？”子贡曰：“先生少不勤行，长不竞时，老无妻子，死期将至，亦有何乐而拾穗行歌乎？”林类笑曰：“吾之所以为乐，人皆有之，而反以为忧。少不勤行，长不竞时，故能寿若此。老无妻子，死期将至，故乐若此。”子贡曰：“寿者人之情，死

者人之恶。子以死为乐，何也？”林类曰：“死之与生，一往一反，故死于是者，安知不生于彼？故吾知其不相若矣？吾又安知营营而求生非惑乎？亦又安知吾今之死，不愈昔之生乎？”子贡闻之，不喻其意，还以告夫子。夫子曰：“吾知其可与言，果然，然彼得之而不尽者也。”

“林类年且百岁”，林类是一位百岁老人，“底春被裘”，底春是春天最后一个月，已经暖和了，这位老人家穿着皮裘，“拾遗穗于故畦，并歌并进”，在人家收割过的田里去捡人家不要的麦穗，一边捡麦穗，一边唱着歌，悠然自得的样子。

“孔子适卫，望之于野，顾谓弟子曰：彼叟可与言者，试往讯之”，孔子到卫国去，在路边田野里看到这么一位老人家，他回头跟学生们说，这个老头子很洒脱啊，大概很有修养，你们可以去访问他。

“子贡请行”，子贡说我去吧！“逆之垄端”，他走下了田埂，迎面走过去，“面之而叹曰：先生曾不悔乎”，他与这位老人面对面了，子贡叹了一口气，唉！老人家，老先生，您都这把年纪了，还在这里劳作，靠捡人家不要的麦穗活命，太辛苦了，太可怜了，您难道不后悔吗？换句话说，您大概是年轻时不努力，才落得如此境地。可是您好像一点也不后悔，“而行歌拾穗”，一边捡人家不要的麦穗，还一边唱歌，高兴得很啊！

“林类行不留，歌不辍”，林类听了，一边继续捡麦穗，一边唱歌，根本不理子贡。“子贡叩之不已”，子贡跟在后面再三地追问。“乃仰而应曰”，林类于是抬起头来回答子贡了，

“吾何悔邪”，我有什么不对啊？有什么好难过后悔的啊？

“子贡曰：先生少不勤行，长不竞时”，你大概年轻时不勤奋，长大也不努力，才穷得这个样子。“老无妻子，死期将至，亦有何乐而拾穗行歌乎”，如今你都这把年纪了，又没有老婆孩子照顾，死亡在前面等着，可是你居然在这里一边捡人家不要的麦穗，还一边唱歌，那么高兴，是何道理呢？

“林类笑曰：吾之所以为乐，人皆有之，而反以为忧”，林类就哈哈笑了，他说，使我开心的理由啊，其实每个人都有，人生本来都很自在快乐的，可是大家认不清楚，反而自找烦恼。“少不勤行，长不竞时”，我小时候不努力，长大以后也不去跟人家竞争、赶时髦，“故能寿若此”，因此我才活得长命啊！“老无妻子，死期将至，故乐若此”，老了也没有老婆孩子烦我，我活了一百年了，也该死了，随遇而安，顺其自然，所以我很高兴啊，无忧无虑。

“子贡曰：寿者人之情，死者人之恶，子以死为乐，何也”，子贡说，人们都想活得长命，都怕死。可是你老人家好像认为死亡是很高兴的事，这是什么理由呢？

“林类曰：死之与生，一往一反”，林类说，生与死，不过一来一去而已，像住旅馆一样。“故死于是者，安知不生于彼”，你怎么晓得在这里死了，就不会在那里出生呢？“故吾知其不相若矣”，所以我觉得生死没有关系，这边死了那边生，无所谓的。“吾又安知营营而求生非惑乎”，一般人活着，忙忙碌碌的，执著地追求长寿，追求名利财色，我又哪里知道这些就不是迷惑呢？“亦又安知吾今之死，不愈昔之生乎”，谁又知道，我现在假使马上死了，也许到那一边比这辈子还快乐啊！

“子贡闻之”，子贡听了，“不喻其意”，不懂，不深切了解，“还以告夫子”，回来向老师报告。“夫子曰：吾知其可与言，果然，然彼得之而不尽者也”，我告诉你，这个人大概是个有道的人，所以叫你们跟他谈一谈，果然不错吧！得道了，道是不生不死，等于生而不生、死而不死的。

子贡想休息

> 子贡倦于学，告仲尼曰：“愿有所息。”仲尼曰：“生无所息。”子贡曰：“然则赐息无所乎？”仲尼曰：“有焉耳。望其圹，睪如也，宰如也，坟如也，鬲如也，则知所息矣。”子贡曰：“大哉死乎！君子息焉，小人伏焉。”仲尼曰：“赐！汝知之矣。人胥知生之乐，未知生之苦；知老之惫，未知老之佚；知死之恶，未知死之息也。”

“子贡倦于学，告仲尼曰：愿有所息”，子贡求学累了，疲倦了，同孔子讲，我想休息一下，做学问修行太苦了。

“仲尼曰：生无所息”，孔子说，活着没有什么可以休息的。

“子贡曰：然则赐无所息乎”，子贡叫端木赐，字子贡，他说那我永远不得休息了吗？

“仲尼曰：有焉耳。望其圹，睪如也，宰如也，坟如也，鬲如也，则知所息矣。”孔子说，休息？有啊，可以休息啊，你看看旷野里面那些墓穴、那些坟堆吧！那就是你休息的地方。“圹”是旷野，也是墓穴。“睪如也”，那些高土堆，代表坟墓。“宰如也”、“坟如也”，都是指坟墓。“鬲如也”，一个锅倒扣过来，就是坟丘那个样子，那就是休息的地方。

“子贡曰，大哉死乎”，子贡听了孔子那么答复，就感慨道，死亡真的很伟大啊，原来死亡是大休息，没有什么可怕的。“君子息焉”，这里所谓君子就是明白生死的人，他对死亡没有什么好怕的，知道那只是回归休息，自然安心面对。“小人伏焉”，这里所谓小人，就是不明白生死的人、愚痴的人，害怕死亡，困在生死观念上。

孔子一听，说“赐！汝知之矣”，子贡啊，你总算懂了。“人胥知生之乐，未知生之苦”，胥是皆、都的意思，一般人都认为活着好，却不晓得活着的痛苦。“知老之惫，未知老之佚”，一般人只知道老了好可怜啊，没有力气，疲懒了；可是大家不知道，老了是休息安逸的时候。“知死之恶，未知死之息也”，人人都怕死，不晓得死了是最大的休息。

> 晏子曰：“善哉！古之有死也！仁者息焉，不仁者伏焉。”死也者，德之徼也。古者谓死人为归人，夫言死人为归人，则生人为行人矣。行而不知归，失家者也。一人失家，一世非之；天下失家，莫知非焉。

这里引用了一句晏子的话，晏子说，自古以来，有生就有死，生很奇妙，死亡同样是很奇妙的事！明白生死的人，会安心随顺生死；不明白的人就怕死，被死亡吓住了。

然后接着是列子的话，“死也者，德之徼也”，就是说死亡、消灭是宇宙万有的必然趋势，有生必有灭的。古代认为人死是回家，那么活着的人就是外出旅行的人了。外出旅行却不知道回家，就是迷路的、找不到家的人了。一个人找不到家，大家都会认为他是迷路了；天下人都找不到家，却不知道问题所在。

狂荡人 智谋人 虚静人

有人去乡土，离六亲，废家业，游于四方而不归者，何人哉？世必谓之为狂荡之人矣。又有人钟贤世，矜巧能，修名誉，夸张于世而不知已者，亦何人哉？世必以为智谋之士。此二者，胥失者也，而世与一不与一，唯圣人知所与，知所去。

或谓子列子曰："子奚贵虚？"列子曰："虚者无贵也。"子列子曰："非其名也，莫如静，莫如虚。静也虚也，得其居矣；取也与也，失其所矣。事之破碼，而后有舞仁义者，弗能复也。"

"有人去乡土，离六亲，废家业，游于四方而不归者，何人哉？世必谓之为狂荡之人矣。"有一种人告别亲人，离开家庭，到处跑，却不知道回家，这是什么人呢？大家会认为这是迷惑的狂妄之人。第二种人呢，"钟贤世"，就是钟情于世间，爱这个现实的世界、现实的社会，出来做官啊、发财啊。"矜巧能"，自己很傲慢，认为自己有学问、有本事。"修名誉"，培养名誉，喜欢出名，尤其讲民主政治要培养名誉。"夸张于世而不知已者”，爱夸张、吹牛啊，把地位、金钱、名气当做招牌，在人前炫耀，自以为是，自欺欺人，却不晓得停止，“亦何人哉”，这算是什么人呢？“世必以为智谋之士”，大家会认为这样的人了不起，有智慧、有才华、有能力。“此二者，胥失者也”，其实这两种人都是迷惑狂妄的。“而世与一不与一，唯圣人知所与，知所去”，可是世上的人会否定前一种人，赞成、羡慕后一种人。只有真正明白的人——所谓圣人就是彻底明白的人，才知道到底是怎么回事，才知道取舍，知道何去何从。

有人问列子，先生为何如此看重虚呢？虚就是空。列子说，既然是虚，一切都空了，哪里还有个贵贱取舍呢？所谓虚，不过是个代号，静或虚都是代号，可以形容这个道的境界。你如果真的能够宁静、空灵，就会“得其居矣”，回到家了，居是归宿，静定空灵到极点就是归宿了。“取也与也，失其所矣”，取是抓过来，与是付出去，就是有增有减、有取有舍，都是过分，都不对。这是讲修道的原则，孟子讲“毋助毋忘”，《心经》讲“不增不减”，禅宗僧璨大师讲“至道无难，唯嫌拣择，但莫憎爱，洞然明白”，都是这个道理。

“事之破碼，而后有舞仁义者，弗能复也”，这个道德先天是完整的，本来是空灵自在的，不需要你去增加或者减少。但是后天的迷惑来了，使你看不到先天道德的光明，所以只好跟你讲仁义了。“弗能复也”，如果仁义也做不到，退一步就讲法治吧；法治再救不了，就堕落到讲武力、暴力了。一个人的堕落，社会国家的堕落，历史的演变，都是这个道理。

感觉不到的变化

粥熊曰："运转亡已，天地密移，畴觉之哉！故物损于彼者盈于此，成于此者亏于彼。损盈成亏，随世随死。往来相接，间不可省，畴觉之哉！凡一气不顿进，一形不顿亏；亦不觉其成，不觉其亏，亦如人自世至老，貌色智态，亡日不异。皮肤爪发，随世随落，非婴孩时有停而不易也，间不可觉，俟至后知。"

"粥熊曰：运转亡已，天地密移，畴觉之哉！"粥熊，就是鬻熊，粥是鬻的简写，读音是"育"，他是周文王、周武王的老师，楚国的祖先，道家的先驱，《鬻子》一书记载了他的思想。这一段引用鬻熊的话，说天地的运行变化是一刻也不停止的，可是这个运行变化是很微细的，谁能够觉察呢？畴就是谁。"故物损于彼者盈于此，成于此者亏于彼"，物质现象在一个地方减少了，在另一个地方又增加了；在这里形成了，又在那里亏损了。"损盈成亏"，损失了，充实了，形成了，亏减了，生生灭灭，"随世随死"，世就是出生，随生随死，等于庄子讲的方生方死、方死方生，"往来相接"，往来运行，变化不断，可是变化的微细处，"间不可省"，你是觉察不到的。

"凡一气不顿进"，譬如二十四节气，五天一候，三候一气，清明到谷雨之间不是一下子变化的，而是渐变的。它渐变的时候，你不大感觉的，等到了谷雨，下雨了，才明显一点。

“一形不顿亏”，就是一个有形的东西摆在那里，一块石头啊、一个房子啊，不是马上风化损坏的，都是一点一点变的，很不容易觉察。“亦不觉其成，不觉其亏”，它的形成，它的衰败亏损，都是渐变的，平常你感觉不到它在变化。“亦如人自世至老，貌色智态，亡日不异，皮肤爪发，随世随落，非婴孩时有停而不易也”，譬如人从出生到衰老，容貌、气色、智力、仪态无时无刻不在变化，皮肤、指甲、头发一边生长一边脱落，譬如婴儿时，看上去每天好像没有变化，其实随时在变化，过些天就发现孩子长大了。“间不可觉，俟至后知”，就是说变化之微细你无法察觉，等到变化很明显了才知道。

天地会坏吗

杞国有人，忧天地崩坠，身亡所寄，废寝食者。又有忧彼之所忧者，因往晓之，曰：“天积气耳，亡处亡气。若屈伸，呼吸终日，在天中行止，奈何忧崩坠乎！”其人曰：“天果积气，日月星宿不当坠邪?”晓之者曰：“日月星宿，亦积气中之有光耀者，只使坠，亦不能有所中伤。”其人曰：“奈地坏何?”晓者曰：“地积块耳，充塞四虚，亡处亡块，若躇步跐蹈，终日在地上行止，奈何忧其坏?”其人舍然大喜，晓之者亦舍然大喜。

这就是著名的杞人忧天的寓言故事。杞国是周代诸侯国名，在现在河南杞县一代。杞国有个人，整天担心天会塌下来，这个身体就无所寄托了，于是寝食不安。另外有个人担心，他这样下去不就疯了吗？于是就去劝说他，说这个天啊，只是无边无际的气，无处没有气。我们整天生存活动，都在呼吸这个气，都在这个气中生存生活，说明我们本来就生活在天上嘛！根本谈不到天塌下来嘛，你还担心个什么呢？

“其人曰：天果积气，日月星宿不当坠邪？”那个担忧天塌的人说，如果像你说的那样，天空中充满了气，那日月星辰就都在气体中，就无处可悬挂喽，既然无处可悬挂，又是在空中，它们为何不掉下来呢？“晓之者曰：日月星宿，亦积气中之有光耀者”，这个劝他的人就回答了，你看上去的日月星辰，不过是太空中闪烁着光明的自然现象，也是个物理变化。“只使坠，亦不能有所中伤”，假使坠落了，也是落在太空中，不会伤到我们。“其人曰：奈地坏何”，那个担心天塌的人又问了，那么这个大地要是坏了怎么办？“晓者曰：地积块耳，充塞四虚，亡处亡块，若躇步跐蹈，终日在地上行止，奈何忧其坏？其人舍然大喜，晓之者亦舍然大喜。”这个明白人就回答他，大地是土壤凝结积累起来的，充实在虚空中，到处都是土地，不论你怎样踩踏它，或者天天在地上走动啊、歇息啊，不是都很稳固吗？你何必担心它坏掉呢？于是，这个担忧天塌地陷的人就释然了，放下了忧虑，开心了！劝他的这个人也很高兴。

> “长庐子闻而笑之曰：虹蜺也，云雾也，风雨也，四时也，此积气之成乎天者也。山岳也，河海也，金石也，火木也，此积形之成乎地者也。知积气也，知积块也，奚谓不坏。”

长庐子是楚国人，一个道家人物，他听到了杞人忧天这个故事，就笑道：彩虹啊、云雾啊、风雨啊、四季的变化啊，等等，这些是天上的物理现象。大山啊、江河湖海啊、金石草木水火，等等，都是地上的物理现象。这些现象，有生就有灭，一定变去的，怎么会不坏呢！

> “夫天地，空中之一细物，有中之最巨者，难终难穷，此固然矣；难测难识，此固然矣！忧其坏者，诚为大远；言其不坏者，亦为未是。天地不得不坏，则会归于坏，遇其坏时，奚为不忧哉？”

所谓天地，不过是无限太空中的一个小小的现象，但是在我们所见到的现象中，算是最大的了。我们当然不知道天地的边际，也很难测量认知天地的究竟。那个整天担心天塌地陷的人，当然很滑稽，很荒唐。可是那个认为天地不坏的人也不对啊！天地既然是个现象，就一定会坏的，虽然时间很漫长，但是不可能不坏。遇到坏的时候，譬如碰上大地震，哪能不担忧呢？这一段是长庐子的话。

> 子列子闻而笑曰：“言天地坏者亦谬，言天地不坏者亦谬，坏与不坏，吾所不能知也。虽然，彼一也，此一也。故生不知死，死不知生；来不知去，去不知来。坏与不坏，吾何容心哉？”

列子听到杞人忧天的事和长庐子的评价之后，也发表了意见。他说啊，讲天地会坏也错，讲天地不会坏也错，坏与不坏，不是我们所知道的，都是猜测推断而已。虽然如此，要么不坏，要么坏，也不会超出这两种可能，不坏则不需要担心，坏了，大家一起完蛋，也不需要担心。大家活着时，不懂得死亡是怎么回事；死掉了，又不知道生是怎样。来不懂得去，去不懂得来。坏与不坏，“吾何容心哉”，我们又何必在意呢？换句话说，一般人活着的时候，会担心死的事，其实也不懂死到底是怎么回事。死的时候，也可能担心会再生呢，假使再生出来活着，也好麻烦哦！不过常人都是这样的，得到时怕失去，失去时又在期望得到，都是站在一端，期望另一端，或者害怕另一端，都在相对的现象、境界中不安。其实，都是庸人自扰，不如顺其自然，当下安心自在。

你的身心性命属于谁

> 舜问乎烝曰：“道可得而有乎？”曰：“汝身非汝有也，汝何得有夫道？”舜曰：“吾身非吾有，孰有之哉？”曰：“是天地之委形也。生非汝有，是天地之委和也。性命非汝有，是天地之委顺也。孙子非汝有，是天地之委蜕也。故行不知所往，处不知所持，食不知所以。天地强阳，气也，又胡可得而有邪？”

舜问乎烝曰：“道可得而有乎”，虞舜请教烝，这个大道，可以得到它而为我所用吗？烝就答复他，你的身体都不是你所拥有的，更何况道呢！舜就很奇怪了，我的身体不是我的，那是谁的呢？烝说，身体不过是天地赋予你的一个有形的现象而已。“生非汝有，是天地之委和也”，你这个身心的生命都不是你的，不过是天地中和的一个作用而已。和是中和，其实就是和合，因缘所生的，这个就是佛学讲因缘和合而生。“性命非汝有，是天地之委顺也”，你的性命，性格命运，也是天地自然的法则、因果的法则变化来的。“孙子非汝有，是天地之委蜕也”，你的子孙也不是你的，不过是天地的另一重变化而已。委蜕，像知了蜕壳一样。你等于是天地变化来的一个知了虫子，你的子孙不过是知了的蜕皮，是天地的另一重变化。“故行不知所往，处不知所持，食不知所以。天地强阳，气也，又胡可得而有邪”，同样道理，你的行动自以为很有目标，所处的位置、角度、立场自以为很有根据，乃至吃饭穿衣也自以为知道在做什么，其实都是你自以为的，都不是真知，都仅仅是相对的、临时的、假设的观念而已。乃至天地之间万有现象的变化，都不过是能与量的变化转换而已，哪个是你所能拥有的呢？哪个又是你呢？“强阳”等于《易经》讲的“天行健”，天地一直在运行运动变化，“气”用现在的话说就是能量。

偷盗

齐之国氏大富，宋之向氏大贫，自宋之齐，请其术。国氏告之曰：“吾善为盗，始吾为盗也，一年而给，二年而足，三年大壤。自此以往，施及州闾。”向氏大喜，喻其为盗之言，而不喻其为盗之道，遂踰垣凿室，手目所及，亡不探也。未及时，以赃获罪，没其先居之财。

齐国有个国某人很富有，宋国有个向某人很贫穷，向某人就跑到齐国，向国某人请教怎么样才能发财致富。国氏就说，我啊，善于偷盗，从开始偷盗起，一年以后可以养活自己家，再过一年财富就比较充实了，三年之后就很富有，此后渐渐可以资助帮忙邻居，乃至地方上做布施了。

这个向某人啊，听了之后很高兴，可是只听了人家说话的表面意思，以为就是去偷人家的东西，却不懂背后的意思，不懂得人家所谓偷盗的真正内涵。其实平常人讲话听话都犯这个毛病，十之八九都是讲话者词不达意，听话者呢，往往只抓住听到的字面，听到的是听话者自己的想法，而不是说话者真实的意思。所以，我说不会听话的人就不会讲话。这个向某人听了这个话就去偷东西了，跳墙挖洞的，什么东西都偷。没多久，就被起赃判罪了，还没收了他本来的家产。

向氏以国氏之谬己也，往而怨之。国氏曰："若为盗若何?"向氏言其状。国氏曰："嘻！若失为盗之道至此乎？今将告若矣。吾闻天有时，地有利，吾盗天地之时利，云雨之滂润，山泽之产育，以生吾禾，殖吾稼，筑吾垣，建吾舍。陆盗禽兽，水盗鱼鳖，亡非盗也。夫禾稼、土木、禽兽、鱼鳖，皆天之所生，岂吾之所有？然吾盗天而亡殃。夫金玉珍宝，谷帛财货，人之所聚，岂天之所与？若盗之而获罪，孰怨哉！"

这个向某人被放出来之后，认为是国某人骗他，害了他，就跑去埋怨国某人。国氏就问他，你是怎么偷盗的呢？向某人就如实说了。国氏就叹口气说，你太不懂偷盗的道理啦！我现在告诉你吧，上天有不同的时节，大地有各种资源，我偷盗的，换句话说，我借用的，是天时地利，用云雨来浇灌庄稼，存蓄水利，采集山货，猎取野兽，打捞鱼鳖水产，垒土伐木建筑房子围墙，这一切资源都是天地所生的，不是我所有的，但是我借用来致富，而没有问题。你偷的是什么？是别人所有的财产，不是天地给的，当然会被抓去坐牢啊！你自己头脑不清楚，又能埋怨谁呢？

> 向氏大惑，以为国氏之重罔己也。过东郭先生问焉。东郭先生曰："若一身庸非盗乎？盗阴阳之和以成若生，载若形，况外物而非盗哉？诚然，天地万物不相离也，认而有之，皆惑也。国氏之盗，公道也，故亡殃；若之盗，私心也，故得罪。有公私者，亦盗也；亡公私者，亦盗也。公公私私，天地之德。知天地之德者，孰为盗邪？孰为不盗邪？"

这段是说这个向某人还听不懂国氏的话，以为国氏又在骗他。他就跑到东郭先生那里去，讲了这段事情，请教东郭先生的意见。这位东郭先生就开导他说，如果说偷盗，你这个身体难道不是偷来的吗？你的身心都是天地之气因缘和合而生的，哪里是你所有的呢？何况一切身外之物都是借来用的、偷来用的啦！其实，天地万物宇宙万有彼此本来是一体的，都是道的各种作用而已，从未各自独立于本体大道之外，而且所有作用无时无刻不在变化中。你认为可以占有什么，占有名利财色，占有自己的身体，乃至有个自我，困在相对的现象中，都是你自己迷惑了，不过是妄想执迷而已。国民所谓的偷盗，是正常的借用大自然的行为，是公道的，所以没事。你的偷盗，是为了自己致富而偷别人家的财产，违反了公道，当然会判罪。不过话说回来，内心困在公私或者非公非私的各种相对观念中，也是迷惑，蒙蔽、偷盗了天真圆满的本性。天地之间就是既有公共资源，使大家通过努力达到正常生活需要，这是公道；也有私道，关照保护个人正常的生活，也会惩罚个人的非常欲望、过分行为。这是天地的大恩大德，也是大自然本来的因果道理。如果懂了这个，那么什么是偷盗？什么不是偷盗呢？

东方出版社南怀瑾作品

论语别裁
话说中庸
孟子旁通（上）
　梁惠王篇　万章篇
孟子旁通（下）
　离娄篇　滕文公篇　告子篇
孔子和他的弟子们
原本大学微言
孟子旁通（中）
　公孙丑篇　尽心篇

维摩诘的花雨满天
金刚经说什么
药师经的济世观
圆觉经略说
楞严大义今释
楞伽大义今释
禅话
禅海蠡测
静坐与修道
禅与生命的认知初讲
禅宗与道家
定慧初修
如何修证佛法
学佛者的基本信念
大圆满禅定休息简说
洞山指月

老子他说（初续合集）
庄子諵譁
列子臆说
我说参同契
中国道教发展史略述

易经系传别讲

易经与中医（外一种：太极拳与静坐）

小言黄帝内经与生命科学

漫谈中国文化

金融　企业　国学

廿一世纪初的前言后语

易经杂说

新旧教育的变与惑

南怀瑾讲演录 2004—2006

南怀瑾与彼得·圣吉

关于禅、生命和认知的对话

历史的经验（增订本）

中国文化泛言（增订本）